HTML5와 JavaScript 기반의 웹 프로그래밍 정석

초판 인쇄일 2016년 9월 13일
초판 발행일 2016년 9월 20일

지은이 이창현, 조경화
발행인 박정모
등록번호 제9-295호
발행처 도서출판 혜지원
주소 (10881) 경기도 파주시 회동길 445-4(문발동 638) 302호
전화 031)955-9221~5 팩스 031)955-9220
홈페이지 www.hyejiwon.co.kr

기획 · 진행 엄진영
디자인 김보라
영업마케팅 김남권, 황대일, 서지영
ISBN 978-89-8379-906-7
정가 26,000원

이 도서의 국립중앙도서관 출판예정도서목록(CIP)은 서지정보유통지원시스템 홈페이지(http://seoji.nl.go.kr)와
국가자료공동목록시스템(http://www.nl.go.kr/kolisnet)에서 이용하실 수 있습니다.(CIP제어번호: CIP2016019856)

HTML5와 JavaScript 기반의 웹 프로그래밍 정석

혜지원

머리말

지난날을 돌이켜 보면 이 책을 집필하기 시작하면서 컨셉과 구성에 대해 여러 날을 밤낮으로 고민했었습니다. 과거 HTML5의 표준이 확정되기 전부터 시중에 많은 HTML5 관련 책들이 출간되었지만 필자에게는 '아 바로 이책이야'라고 느낌이 오는 책이 없었기 때문에 필자 또한 이 책이 독자들로 하여금 그저 그런 HTML5 책 중의 한 권으로 남을까 두려웠기 때문입니다. 고민 끝에 HTML5와 자바스크립트의 방대한 API를 레퍼런스 형태로 다루는 것보다는 웹개발자가 되기를 꿈꾸는 학생들이나 입문자들이 쉽게 웹프로그래밍에 접근할 수 있도록 쉬운 개념 설명과 쉬운 예제의 학습용 컨셉으로 구성하였습니다. '어렵게 배운 내용을 쉽게 전달하려는 노력'의 기본 철학을 가진 필자는 전작의 책에서도 그랬듯이 자칫 어렵게 느껴질 수 있는 프로그래밍의 개념을 실생활의 예와 접목하여 쉽게 설명하려고 노력하였습니다.

이 책은 총 3파트, 22장으로 구성되어 있습니다. 파트별 분류로는 첫 번째는 HTML + CSS, 두 번째는 Javascript, 세 번째는 HTML5입니다.

첫 번째 파트인 HTML과 CSS는 웹프로그래밍의 가장 기본 지식으로써 웹개발자 및 웹디자이너 모두 공통적으로 숙지하고 있어야 할 필수 언어입니다. 1장부터 5장까지 구성되어 있으며 HTML의 기본 문법 및 스타일시트의 기본에 대해 학습합니다. 그리고 이 파트의 마지막인 5장에서는 HTML과 CSS만으로 간단한 실전 웹페이지를 제작해 봅니다.

두 번째 파트인 Javascript는 HTML 기반의 정적인 웹페이지를 동적으로 구현할 수 있도록 해주는 언어로 활용 범위가 비교적 넓기 때문에 웹개발자라면 반드시 기초 지식을 습득하고 있어야 합니다. 6장부터 13장까지 구성되어 있으며, 자바스크립트의 기본 문법 및 구조 그리고 이벤트 처리 및 자바스크립트의 객체들에 대해 학습합니다.

세 번째 파트인 HTML5는 기존의 정적인 HTML 기반에서 업그레이드된 버전으로 현재의 HTML5 버전에서는 웹 어플리케이션이라는 형태로 구현할 수 있도록 동적인 다양한 API가 제공되고 있습니다. 14장부터 22장까지 구성되어 있으며, HTML5의 캔버스, 멀티미디어, 위치정보, 웹스토리지, 웹워커, 오프라인 웹 어플리케이션 개발 등에 대해 학습합니다. 그리고 이 파트의 마지막인 22장에서는 HTML5를 이용한 실전 프로젝트로 간단한 게임을 제작해 봅니다.

이 세 개의 파트는 각각 독립적인 별개의 주제가 나누어진 것이 아니라 서로 뗄 수 없는 상호 보완적인 너와 나의 연결고리를 가지고 있습니다. 즉, HTML + CSS의 주제만으로는 한정적인 웹페이지만을 만들 수 밖에 없지만 자바스크립트를 추가함으로써 동적인 웹페이지로 개선시킬 수 있습니다. 그리고 이렇게 동적으로 만들어진 웹페이지를 HTML5의 다양한 기능을 통해 웹 어플리케이션으로 개선시킬 수 있습니다. 이 책에서는 각 파트의 주제가 유기적으로 자연스럽게 넘어갈 수 있도록 구성하였습니다.

여러분이 어떠한 이유에서든 이 책을 펼쳤다면 이 책을 통해 학습하는 가운데 지금 이 순간이 지루하고 힘든 머나먼 여정이 아니라 흥미로운 모험의 세계를 탐구해 나가는 뜻밖의 여정이 되었으면 좋겠습니다. 그리고 학습을 통해 지식 습득뿐만 아니라 한 개발자의 고민과 노하우 그리고 생각과 철학 등을 느낄 수 있다면 더 이상 바랄 것이 없을 것입니다.
이 책이 여러분의 개발 입문에 초석이 되길 바라며 여러분이 가는 길을 진심으로 응원하고 축복합니다.

필자가 여기에 있기까지 감사한 마음을 전하고 싶은 분들이 있습니다. 먼저 저의 바쁜 프로젝트로 인해 원고 마감 일정을 훌쩍 넘겼음에도 불구하고 끝까지 믿고 진행해 주신 도서출판 혜지원 박정모 사장님께 깊은 감사를 드립니다. 그리고, 늘 항상 옆에서 울타리가 되어주는 아내와 어느 새 부쩍 커버린 든든한 큰아들 주성이, 귀여운 막내 아들 은성이에게 감사와 사랑을 전합니다. 또한 항상 저희 가족을 위해 불철주야 기도하시는 저의 어머니께 감사의 마음을 전합니다.
마지막으로 필자의 개인적인 신앙고백을 하고 싶습니다.
책을 한 권 탈고할 때마다 지난날을 되돌아보면 그토록 많은 시간 고생을 했음에도 불구하고, 제가 한 것은 아무것도 없음을 고백할 수 밖에 없습니다. 이 책을 통해 작은 영광이라도 나타낼 수 있다면 이 모든 감사와 영광을 내 삶의 주관자 되시는 하나님께 돌리겠습니다.

한여름밤에....
저자 **이창현**

목차

PART 1 | HTML+CSS

Chapter 01 웹과 HTML

Chapter 02 HTML의 기본 태그

Chapter 03 HTML의 고급 태그

Chapter 04 CSS의 스타일시트

Chapter 05 HTML과 CSS를 이용한 웹 페이지 제작

PART 2 | 자바스크립트(JavaScript)

Chapter 06 자바스크립트(JavaScript)의 시작

Chapter 07 자바스크립트의 기본 문법

Chapter 08 이벤트와 이벤트 핸들러

Chapter 09 자바스크립트 객체

Chapter 10 윈도우 객체

Chapter 11 브라우저 정보 객체

Chapter 12 도큐먼트 객체

Chapter 13 폼(form) 객체

PART 3 | HTML5

Chapter 14 HTML5 소개

Chapter 15 캔버스 그리기

Chapter 16 오디오와 비디오

Chapter 17 위치 정보 사용

Chapter 18 드래그 앤 드롭

Chapter 19 웹 스토리지

Chapter 20 웹 워커

Chapter 21 오프라인 웹 어플리케이션

Chapter 22 HTML5 기술을 이용한 실전 프로젝트 제작

PART 1
HTML
+
CSS

웹문서의 가장 기본이 되는 기반은 HTML이다. 이 세상에 웹이 들어오면서 HTML은 1.0으로 시작하여 현재 HTML5 버전까지 발전해 온 상황이다. 물론 HTML5는 이전 버전들과 비교하면 차원이 다르게 발전했지만, 여전히 기본 베이스는 HTML이므로 HTML 문법을 알지 못하면 HTML5 및 자바스크립트를 다루기 어렵다. 이번 파트에서는 HTML 기본 및 고급 문법에 대해 살펴보고, CSS 스타일시트를 이용하여 웹 페이지의 스타일을 설정하는 방법에 대해 살펴볼 것이다. 그리고 학습한 HTML 문법과 CSS 스타일시트를 이용하여 간단한 실전 웹페이지를 제작해 볼 것이다.

Chapter

01 웹과 HTML

편견은 내가 다른 사람을 사랑하지 못하게 하고,
오만은 다른 사람이 나를 사랑할 수 없게 만든다.
– 제인 오스틴 –

인터넷(Internet)과 웹(Web)이라는 용어는 현대를 살아가는 우리에게 매우 익숙한 용어이다. 특히 웹이라는 것은 우리 생활에 있어서 일부가 되었으며, PC뿐만 아니라 다른 스마트 기기에서도 다양하게 활용되고 있다. 지금까지 남녀노소 누구나 다 할 줄 아는 웹의 사용자 입장이었다면, 이 책을 펼쳐든 지금부터는 웹 플랫폼을 기반으로 한 개발자의 관점에서 생각을 해보도록 하자. 지금까지 개념도 정확히 모르고 말로만 떠들었던 웹, 이성을 처음 만날 때 처음부터 들이대지 않고, 하나씩 알아가듯이, 웹 프로그래밍에 들어가기 앞서서 먼저 웹이란 무엇이고, 웹의 기반이 되는 언어인 HTML의 배경 그리고 웹을 표현하는 웹브라우저에 대해 간략하게 살펴보도록 하자.

1. 웹(Web)이란

1.1 웹이란 무엇인가

웹이라는 말은 이제 마치 우리 일상 생활의 고유명사처럼 너무 흔하게 사용되고 있다. 가정용 pc의 보급으로 인해 이미 인터넷망이 보편화된지는 오래되었고, 스마트 기기로 인해 인터넷 상의 웹은 더욱더 우리 생활에 없어서는 안될 필수적인 요소가 되어 버렸다. 지금은 유치원생들조차도 쉽게 사용하고 있는 것이 바로 웹과 인터넷이다.

웹(Web)은 처음부터 웹으로만 쓰였던 것은 아니고, 우리가 사이트 주소를 입력할 때 앞에 작성하는 'WWW(World Wide Web)'의 약자에서 끝 단어인 웹(Web)만 따온 것이다. 웹은 사전적으로 '거미줄'이라는 의미를 가지고 있는데, 우리가 사용하는 네트워크 망이 마치 거미줄과 같이 얽히고 설켜 있어 그 모습을 본따서 웹이라고 명명했을 것이다. World Wide Web을 직역하면 '세계적 규모의 거미줄' 정도가 되겠다. 즉, 전세계가 거미줄과 같은 거대한 네트워크로 연결되어 있다는 것이다.

20년 전에 웹의 창시자였던 팀 버너스리(Tim Berners−Lee)가 웹이라는 것을 만들 때 세계의 거미줄과 같은 네트워크를 생각하였다는 것은 참으로 대단한 일이다. 현재는 워낙 네트워크가 발전되어 굳이 네트워크가 이러한 구조다라고 말하지 않아도 복잡하게 얽히고 설켜있다는 것을 알 수 있다. 보통 하나의 웹사이트만 보아도 구성 요소들을 보면 텍스트, 이미지, 오디오, 비디오 등으로 구성되어 있고, 하나의 페이지는 다른 웹 페이지로 링크되어 연결되는 형태로 구성되어 있다.

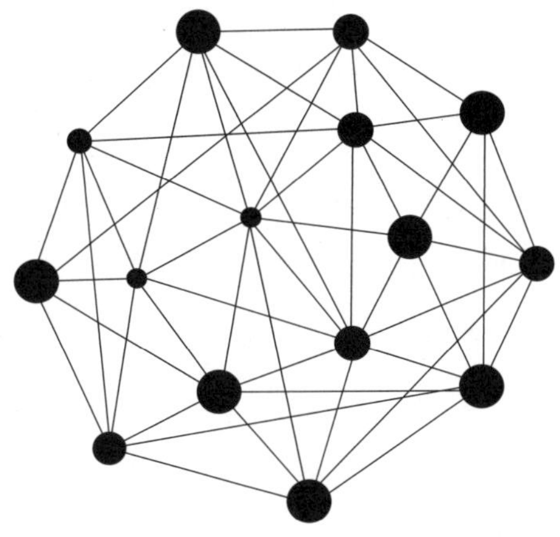

그림 1-1. 거미줄처럼 연결되어 있는 웹

참고 인터넷과 웹의 차이

우리는 보통 인터넷이라는 단어와 웹이라는 단어를 혼용해서 사용한다. 하지만 이 둘은 개념적으로 엄연히 다르다. 우리는 흔히 인터넷이라는 단어를 가정에 인터넷을 설치한다라고 말할 때 사용한다. 인터넷 서비스를 신청하면 서비스 기사 아저씨가 오셔서 랜(LAN)선과 공유기를 연결하여 내 컴퓨터를 인터넷의 바다로 항해를 하게 해주신다. 이 때 여기서의 인터넷이 의미하는 것은 물리적인 망을 의미한다.

이에 반해 웹이라는 것은 이러한 인터넷 망에서 서비스 중 하나일 뿐이다. 인터넷 서비스에는 대표적으로 우리가 지금 얘기하는 월드 와이드 웹(World Wide Web)이 있고, 텔넷(Telnet), FTP, 유즈넷(News), 고퍼(Gopher) 등의 서비스들이 있다. 그런데, 우리는 브라우저 상에서 웹서비스를 가장 많이 사용하기 때문에 마치 인터넷은 곧 웹인 것처럼 착각을 하는 것이다. 즉, 웹이라는 것은 인터넷 서비스 중에 하나일 뿐이다. 웹과 인터넷이 동일한 개념인 것처럼 착각하지 않기를 바란다.

웹은 인터넷 서비스 중에 하나이다. 필자가 대학생이였던 1990년대에는 이미지나 음악과 같은 파일을 보내기 위해서 주로 사용했던 것이 바로 FTP 프로토콜이다. 또한 과거 PC 통신을 하면서 채팅에 열을 올렸던 시절에 메시지를 주고 받을 때 사용했던 것이 바로 Telnet 프로토콜이다. 물론 필자는 당시에 프로토콜은 용도에 맞게 사용해야 한다고 생각했었고, 여러 프로토콜을 사용할 줄 아는 것이 마치 유능함을 과시하는 도구로 사용되기도 하였다. 하지만 용도에 따라 프로토콜을 나누어 사용하는 것에 대한 불편함을 해소하기 위해 통합적 기능으로 나온 프로토콜이 바로 HTTP(Hypertext transfer protocol)이다.

HTTP는 인터넷의 대중화를 일으킨 장본인이라 할 수 있다. HTTP 프로토콜을 이용하는 인터페이스를 웹이라고 하는데 결국 웹은 HTTP 프로토콜을 이용하여 서버와 클라이언트 간에 메시지든, 파일이든 통합적으로 주고 받을 수 있도록 하였다.

인터넷 주소창에 가장 많이 사용하는 프로토콜이 바로 http이며, 알게 모르게 사용하고 있다. 주소창에 'http://www'로 시작하는 것은 의미를 알지 못해도 마치 그냥 공식처럼 사용하고 있다. 결국 이것은 인터넷 주소의 문서를 http 프로토콜로 처리하라는 의미이다.

1.2 이 과정을 공부하는 목적

먼저 공부라는 것은 공부에 대한 동기부여가 확실해야만 가능하다. 공부하기 위해서는 필자가 생각하기에 크게 두 가지의 유형으로 구분된다고 생각하다. 첫 번째는 내가 무엇을 모르는지 모르는 상태에서 공부하는 것이고, 두 번째는 내가 무엇을 모르는지 아는 상태에서 공부를 하는 것이다.

우리가 이 책을 펴든 순간은 현재 내가 무엇을 모르는지조차 모르는 상태에서 공부하는 것이다. 나의 뇌세포에는 웹과 HTML, 자바스크립트, HTML5 등의 지식이 전혀 들어가 있지 않는 순수한 뇌의 상태이다. 우리가 이 과정을 공부하는 목적은 내가 모르는 지식을 쌓기 위함도 있지만, 내가 무엇을 모르는지 아는 상태가 되기 위한 목적도 있다. 내가 무엇을 모르는지 아는 상태가 되면, 명확하게 필요한 지식이 무엇인지 알기 때문에 지식 습득의 능력이 정확하고 빨라진다.

여기에서는 웹에 대해서 논하면서 HTML + CSS, 자바스크립트, HTML5 등에 대해서 언급할 것이다. 그런데, 우리는 아직 이러한 언어들이 무엇인지도 모르고, 어떻게 사용하는지는 커녕 본 적 조차도 없다. 기껏 해야 이것들이 웹에서 사용하는 언어다라는 정도만 아는 상태이다. '요즘 HTML5가 대세래', '웹 프로그래밍의 필수는 자바스크립트야', '웹 프로그래밍의 기본은 HTML 문법을 알아야 한대', 'HTML5로 3D 게임도 만든다더라' 등의 풍문들을 많이 들어보았을 것이다. 하지만, 정작 이 언어들이 서로 어떤 연관성을 가지고 있고, 각자의 위치가 어디쯤인지에 대해서는 전혀 알 수가 없다. 왜냐하면 아직 배워보지 않았기 때문이다. 현재 우리의 뇌 속에는 웹에 대한 관념과 지식이 아마도 다음 그림과 같은 수준에 불과할 것이다.

웹이 있고, 들어온 풍문에 의하면 HTML, CSS, 자바스크립트 정도가 있고, 요즘은 HTML5의 사용이 증가하는 추세다라는 정도... 도대체 HTML + CSS와 자바스크립트는 무슨 관계이며 HTML5는 또 이들과 무슨 상관이 있다는 말인가?

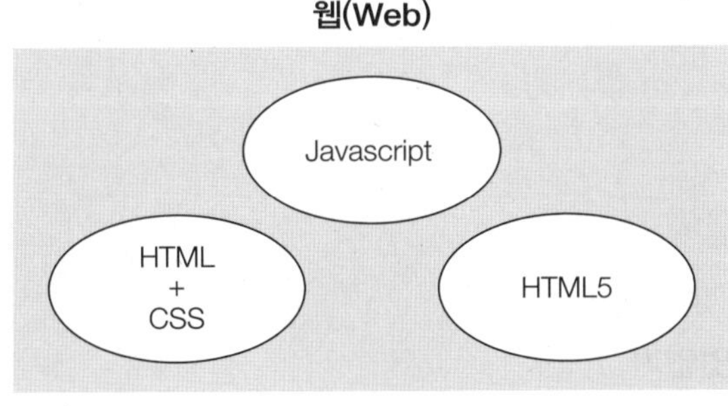

그림 1-2. 우리가 현재 알고 있는 웹에 대한 지식의 정도

이 상태가 바로 내가 무엇을 모르는지조차 모르는 상태인 것이다.
지금부터 이 책을 통해 공부하면 적어도 웹에 대한 이해가 그림 1-3과 같을 것이다. HTML과 CSS는 웹 문서의 근간을 이루고, 문서의 스타일을 설정한다. HTML5는 HTML의 가장 최신 버전이며, 수많은 기능들이 추가되었다. 웹은 기본적으로 보여지는 정적인 문서이지만, 자바스크립트라는 스크립트 언어를 문서에 추가할 수 있게 함으로써 동적인 웹문서를 지원하게 되었다. HTML과 자바스크립트는 서로 다른 언어이지만, 뗄레야 뗄 수 없는 밀접한 연관성을 가지고 있다.

웹(Web)

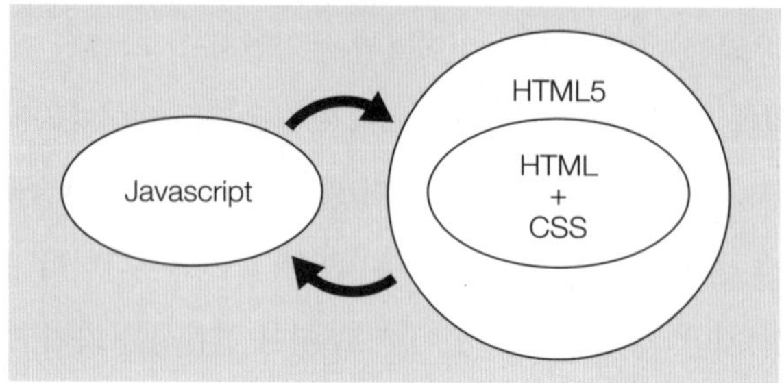

그림 1-3. 웹에 대한 학습의 방향을 설정할 수 있을 지식의 정도

여러분은 웹 프로그래밍에 대해서 공부하고자 이 책을 폈을 것인데, 이 책의 목차를 보았다면 HTML + CSS, 자바스크립트, HTML5 이렇게 3파트로 나누어져 있다는 것을 알 수 있을 것이다. 웹에는 어떠한 언어들로 구성되어있고, 이 세 가지의 언어는 어떠한 연관성을 가지며, 이 책에서는 어떻게 그 연관성을 이어나가고 있는지 파악하면서 학습하기를 바란다.

2. HTML이란

2.1 HTML이란 무엇인가

HTML이란 World Wide Web(www)을 통해 볼 수 있는 문서를 만들 때 사용하는 마크업(Markup) 언어이다. www는 앞서 언급 했듯이 웹을 말하고, 웹은 인터넷 서비스 중에 하나일 뿐이라고 했다. 그렇게 생각하면 웹은 좁은 의미로 생각할 수 있는데, 워낙 우리 생활 속에 웹의 사용이 보편화 되다 보니 인터넷 서비스를 통한 정보의 수집은 기본적으로 HTML을 의식하지 않고 사용하는 수준까지 이르렀다.

HTML은 Hypertext Markup Language의 약자이다. 하이퍼텍스트(Hypertext)와 마크업(Markup)의 속성을 가진 언어(Language)라는 의미이다. 먼저 하이퍼텍스트와 마크업에 대한 의미를 살펴보면 HTML을 정확하게 이해할 수 있을 것이다.

1) 하이퍼텍스트(Hypertext)

하이퍼와 텍스트를 조합해서 만든 단어로써 각각의 단어를 쪼개서 그 어원의 의미를 살펴보자. 하이퍼(Hyper)는 사전적으로 '과도한', '건너편의'라는 의미를 가지고 있다. 텍스트(Text)는 문서를 나타낸다. 두 단어를 합성하면 건너편의 문서 정도로 해석할 수 있다.

보통 우리가 일반 문서를 보게 되면 일정한 정보를 순차적으로 제공하는데 일반적인 문서의 경우는 한정된 정보를 제공한다. 하지만, 하이퍼텍스트의 경우는 문서와 문서끼리 연결한다. 즉, 내 문서와 건너편의 문서가 연결되어 있다는 의미이다. 신문 사설과 같은 문서를 읽다가 특정 단어의 각주로 옮겨가거나 다른 텍스트를 참고하기 위해 연결하여 순차적이고 한정적인 정보에서 벗어날 수 있다. 웹페이지에서 링크를 통해 페이지간 이동하는 것처럼 이러한 문서간의 이동이 가능한 문서를 하이퍼텍스트(Hypertext)라고 한다.

2) 마크업(Markup)

마크업은 사전적 의미로 문서의 활자, 조판 지정 표시를 뜻한다. 좀 더 구체적으로 말하자면 특수 목적의 표기법으로 문서의 구조와 배치 양식에 대한 정보를 표현하기 위한 일련의 문자들이나 기호들을 말한다. 즉, 문서의 실제 내용에 관한 정보가 아니라 문서 내의 표나 그림에 대한 배치, 글자에 대한 간격, 여백 등에 대한 정보들을 의미한다.

지금까지 하이퍼텍스트와 마크업에 대한 각각의 의미를 살펴보았다. 각 의미를 조합해보면 HTML이 어떤 언어인지 알 수 있을 것이다. 웹페이지간 링크로 인해 이동이 가능한 문서를 하이퍼텍스트(Hypertext)라고 했고, 문서 구조에 대한 정보를 가지는 표기법을 마크업(Markup)이라고 하였다. HTML(Hypertext Markup Language)이란 문서간 링크로 인해 이동가능한 문서 구조의 정보를 가지고 있는 언어라고 정의할 수 있다. 뒤에서 배우겠지만 마크업 언어인 HTML에서 사용하는 기호를 우리는 태그라고 부른다. HTML은 2장에서부터 HTML 태그들에 대해 본격적으로 배워볼 것이다. HTML을 공부한다는 것은 사실 HTML 태그를 배운다는 것과 거의 동일하다고 볼 수 있다.

2.2 HTML의 등장 배경

HTML의 역사적인 배경에 대해 기술하자면 연도별 기준으로 설명하는 것이 정석이긴 하지만 필자는 연도별 설명이 아니라 HTML 버전별로 묶어서 설명하도록 하겠다.

1) HTML의 최초 시작

HTML의 최초 창시자는 영국의 컴퓨터 과학자 팀 버너스리이다. 1980년대 당시 그는 CERN(유럽 입자 물리학 연구소)에서 연구자들과 문서를 공유하기 위해 인콰이어를 고안하였고, 이것이 훗날 HTML의 원형이 되었다. HTML은 1991년 10월에 비공식적으로 HTML이 공개되면서, HTML 태그라는 말을 처음으로 언급하게 된다. 1992년에 HTML DTD(Document Type Declaration) 1.0 비공식 초안이 나왔으며 비로소 1993년에 인터넷 초안과 함께 HTML 또한 초안이 발표되었다.

2) HTML 2.0 ~ HTML 3.2

이 때가 대략 1995년에서 1997년으로 운영체제로 윈도우95가 대히트를 쳤을 때였고, 당시 인터넷이라는 것이 생소한 시기였다. 브라우저 또한 당시에는 넷스케이프(Netscape)를 주로 사용하였고, 윈도우의 점유율이 늘어가면서 인터넷 익스플로러(IE)의 점유율도 덩달아 높아지기 시작했다. 이 때부터 양사의 브라우저 전쟁이 시작됐다. 웹사이트들이 점차 늘어나기 시작했고, 웹사이트를 쉽게 제작하기 위한 웹에디터의 등장 및 웹디자이너, 웹마스터와 같은 HTML 관련 직종이 늘어나는 시기였다. 초창기의 HTML의 기능은 현재 사용하는 프레임이나 테이블은 없었고, 간단한 문단이나 하이퍼링크, 리스트와 같은 것만으로 구성되어 있었다.

즉, 당시의 HTML은 마크업 언어답게 마크업의 특성에만 충실하였던 것이다. 그러나 사람들은 정보 전달만을 위한 마크업보다는 조금 더 화려하고 예쁜 화면을 구성하고 싶어졌다. 그래서 〈font〉나 〈marquee〉와 같은 태그들이 등장하면서 글자의 스타일을 설정할 수 있게 하고, 글자가 흘러가도록 하는 효과를 갖는 단순히 멋을 위한 기능들이 등장하였다. 사실 이러한 것들은 마크업(Markup)과는 맞지 않는 컨셉이었다.

3) HTML 4.0 ~ HTML 4.01

HTML 4.0은 HTML 스펙의 가장 큰 발전을 이루었으며 고전적 방식의 HTML로써는 마지막 버전이라고 할 수 있다. 이 때가 1997년에서 1999년이었다. 이전 버전까지는 마크업 언어와 스타일링 언어의 구분이 없었기 때문에 HTML의 스타일 코드들이 들어감으로써 매우 난잡해 보여 가독성이 좋지 않았다. 이러한 문제로 인해 HTML 4.0 버전에서 가장 두드러지게 개선한 부분이 바로 별도의 스타일링 언어인 CSS(Cascading Style Sheet)를 적극적으로 적용시킴으로써 난잡한 코드들을 개선시킬 수 있었다. 이 때 W3C에서는 HTML의 표준을 더이상 업데이트하지 않을 것이라고 선언했다.

4) XML과 XHTML 1.0

XML은 마치 HTML의 후속 버전으로 오인하기 쉽다. 하지만 XML은 그 태생의 목적 자체가 HTML과 다른데, HTML은 데이터 표현이 목적이었다면, XML은 데이터 교환을 위한 구조 정의가 목적이었다. 즉, 기존 HTML과 같은 마크업 기반의 언어들은 단순히 문서를 표현하기 위함이 주 목적이었기 때문에 문서나 자료의 교환을 위한 기능은 부족하였다. 이에 대한 대안으로 XML은 문서 자료 교환의 표준으로 발전하였고, HTML의 표준도 그에 맞추어 XML에 기반한 XHTML 1.0을 발표하였다.

XHTML은 HTML 문법 안에서 XML의 구조를 지원하기 위해 확장한 표준으로, HTML의 문법과 크게 차이를 보이지는 않는다. 즉, XHTML은 HTML을 XML에 맞게 사용할 수 있도록 재정의한 마크업 언어이다. 다만, XHTML은 HTML에 비해 문법적인 부분을 엄격하게 체크함으로써 웹프로그래밍 작성에 있어 정확함을 요구하고 있지만, 오히려 이러한 점이 사용자로 하여금 불편함으로 작용하여 크게 발전되지는 못하였다. 앞서 언급했지만 XML이 HTML의 후속버전이 아닌 만큼 두 언어는 서로 독립적이며, 상호 보완적인 관계로 어느 하나의 언어가 다른 언어를 잠식하여 그 언어만 단독 생존하는 그러한 관계는 성립하지 않는다.

5) HTML5

HTML은 4.0 발표 이후 발전 속도가 매우 더디었다. 웹브라우저 업체인 모질라, 애플, 오페라 등의 개발사들은 기존 HTML에는 한계가 있다고 느끼고 새로운 웹 문서화를 위한 표준안에 관심을 두기 시작했다. 그래서 이들은 W3C와 협력하려 하였으나 W3C는 XHTML 기반에서의 개발에만 집중하고 있었으므로 서로의 방향이 맞지 않았다.

결국 웹브라우저 업체들은 새로운 독자노선을 타게 되고, 이들이 주축이 되어 새로운 웹 표준안을 개발하기 위해 2006년도에 웹 하이퍼텍스트 워킹 그룹(WHATWG : Web Hypertext Application Technology Working Group)을 결성하여 HTML의 후속 모델의 논의에 상당한 성과를 만들었다.

이러한 활동에 힘입어 기존의 W3C(World Wide Web Consortium)의 팀 버너스 리는 WHATWG와 협력하여 2007년에 HTML 워킹그룹을 다시 신설하여 차세대 웹문서 표준안 개발에 박차를 가하기 시작하였다. 2014년 10월 28일 HTML5의 최종 표준안이 확정되었고, 현재까지 HTML5.1에 대한 표준화 작업이 계속 진행중에 있다.

W3C와 WHATWG

W3C는 웹의 창시자인 팀 버너스 리(Tim Berners-Lee)가 이끌고 있는 국제 표준화 기구이다. 이 기구에서는 HTTP, HTML 표준, URL 등과 같은 주요 기술을 논의하고 규정하여 표준화시키는 기능을 한다. 그러나 W3C의 표준화는 단지 권고(recommendation)하는 사항이지 법에 의한 강제 집행 사항은 아니다.
W3C에서는 조금 더 엄격하고 확장된 문서의 표준으로 XHTML을 발표하여 집중하였지만, 오히려 웹 브라우저 업체에서는 새로운 웹문서 표준에 대한 요구사항이 생겼다. 이로 인해 탄생한 그룹이 바로 WHATWG(Web Hypertext Application Technology Working Group)이며 HTML 및 관련 기술들을 발전시키는 데 관심이 있는 사람들이 만든 모임이다.

2.3 HTML의 발전 과정 모식도

앞서 설명했던 HTML의 등장 배경을 다음과 같이 모식도를 통해 정리해보도록 하자. HTML과 XML의 탄생 기반에는 SGML(Standard Generalized Markup Language)이 있었다. SGML은 1986년에 탄생한 마크업 언어로 일반 사용자가 사용하기에 쉽지 않았다는 단점이 있었다. 그러한 이유로 나온 것이 HTML 언어인데, 정해진 태그를 사용하면 되므로 사용자에게 쉽게 다가올 수 있었다.
이 후에 정해진 태그가 아닌 사용자 정의 태그에 대한 요구사항이 생기면서 XML이 등장하게 되는데, 이 또한 SGML이 가지고 있는 문서의 구조와 속성을 가지고 있고, HTML이 정해진 태그밖에 사용 못하는 한계를 보완하게 되었다.

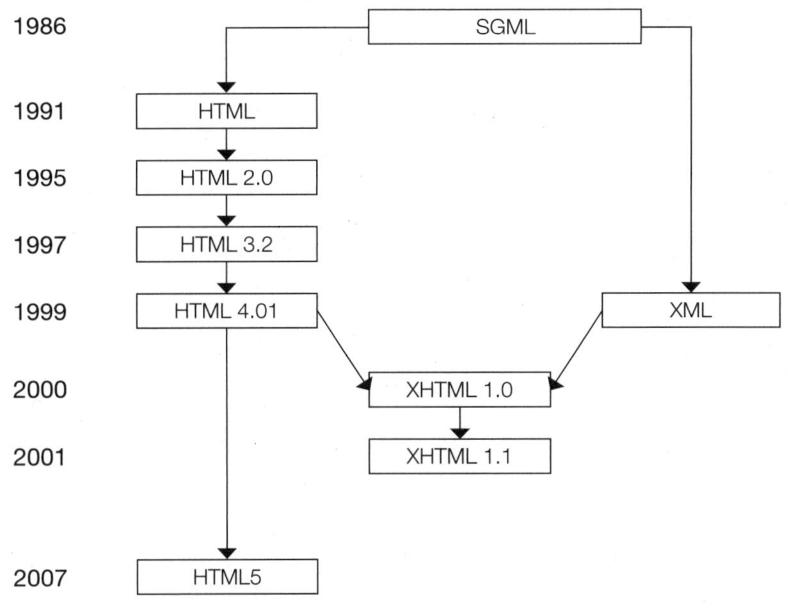

그림 1-4. HTML 발전 과정 모식도

다른 자료들을 보면 XML이 HTML 또는 XHTML로부터 이어져 나오는 버전쯤으로 표현하는 경우가 있는데, 이 두 언어는 엄연히 다른 목적으로 파생된 언어이며 서로 수직의 관계가 아닌 수평으로 상호 보완적인 관계임을 필자는 말하고 싶다. 또한 2000년에 출시한 XHTML의 경우 그림에서 보다시피 1.1 버전 이후 이어지는 것이 없다. 즉, XHTML 표준은 발표 이후 오히려 기존의 HTML에 비해 사용자들로부터 호응을 얻지 못하였고, 오히려 새로운 표준에 대한 요구가 더욱 증대되었던 시기였다. 그러한 요구에 맞추어 웹브라우저 회사들과 W3C가 공동 창립한 HTML 워킹 그룹에 의해 2007년 HTML5가 발표된다.

참고 SGML(Standard Generalized Markup Language)이란

SGML은 1986년 국제표준기구인 ISO에서 개발하였다. 만들었던 목적은 다양한 형식의 전자문서들의 구조와 내용을 기술하기 위함이였으며 주로 전자도서, 전자상거래 문서 및 거래 기록 등 다양한 문서의 형식을 정의하는데 사용되었다. HTML은 SGML로 정의된 문서 형식 중의 하나로 주로 웹 문서를 작성하는데 사용되었다.

3. 웹브라우저의 종류

3.1 웹브라우저란

일반 사용자들이 "인터넷을 한다", "웹서핑을 한다"라는 말을 할 때의 의미는 네트워크 기기를 통해 인터넷 접속을 하여 어떤 정보를 가져오는 것을 말한다. 이 때 실생활에서 가장 많이 사용하는 네트워크 기기로는 대표적으로 PC가 있고, 그 다음으로는 스마트폰을 들 수 있다. PC와 스마트폰을 이용하여 여러분이 인터넷 서핑이라는 행위를 할 때 먼저 하는 것이 무엇인가? 바로 웹브라우저를 실행하는 것이다. 왜냐하면 웹브라우저를 실행해야 기본적으로 웹페이지를 볼 수 있기 때문이다. 웹브라우저는 하이퍼텍스트를 탐색하는 도구로써 HTML로 작성된 문서를 볼 수 있게 해주는 프로그램이다.

여러분이 윈도우 기반의 PC를 사용한다면 대표적으로 인터넷 익스플로러를 사용할 것이고, 안드로이드 기반의 스마트폰으로 사용한다면 구글의 크롬을, 맥 기반의 아이폰을 사용한다면 애플의 사파리를 사용할 것이다. 웹브라우저는 특정 HTML 문서에 대해 모두 같은 형태와 내용의 웹페이지를 표현해주어야 하지만 약간의 차이는 있을 수 있다.

개발자라면 작성한 산출물이 모든 웹브라우저에서 원하는 결과를 나타낼 수 있도록 해야 한다. 그러기 위해서 가장 먼저 웹브라우저별로 각각의 특징과 차이점 및 역사를 알아야 한다.

3.2 대표적인 웹브라우저들

1) 인터넷 익스플로러(Internet Explorer)

PC가 보급되고 마이크로소프트사의 윈도우 운영체제가 대중화되면서 웹브라우저의 경쟁도 이 때부터 시작되었다. 1994년 넷스케이프사의 네비게이터라는 웹브라우저는 웹의 대중화에 기여하였다. 필자 또한 당시에 네비게이터를 주로 사용하였다. 1995년 윈도우95가 출시되는데, 윈도우 운영체제가 PC시장을 대부분 점유했던 당시, 마이크로소프트사에서는 윈도우95에 인터넷 익스플로러 웹브라우저를 포함시켜서 출시하게 된다. 아무래도 운영체제에 포함되어 있다 보니 인터넷 익스플로러는 사용 점유율을 거의 독점하다시피 하게 되고, 상대적으로 네비게이터의 사용은 급감하여 1998년 넷스케이프는 몰락하게 된다.

이후 인터넷 익스플로러는 지속적인 점유율을 유지하게 되는데, 특히 2001년에 발표된 6.0의 경우는 시장 점유율의 95%를 기록하기도 하였다. 이러한 기록에도 불구하고, 인터넷 익스플로러는 성능과 보안에 대한 문제가 있어 정기적인 패치와 보안 업데이트를 제공하여 성능을 강화하고 있다. 현재는 인터넷 익스플로러 11까지 출시된 상태이며, 장기적으로 보면 인터넷 익스플로러는 역사속으로 사라질 전망이다. 마이크로소프트사는 최근 윈도우10을 발표하면서 새로운 웹브라우저인 엣지(Edge)를 출시하였다. 마이크로소프트사는 당분간 인터넷 익스플로러 11 버전에 대한 관리를 하겠지만 앞으로 엣지를 키우는데 전력을 다할 것이다.

2) 크롬(Chrome)

크롬은 구글에서 독자적인 웹브라우저를 보유할 목적으로 모질라의 파이어폭스 개발팀을 스카웃한 후에, 2008년 구글에서 정식으로 출시한 오픈소스 웹브라우저이다. 윈도우 운영체제 및 리눅스 운영체제 모두 사용 가능하며, 안드로이드 및 iOS와 같은 모바일 기기에서도 사용 가능하다. 또한 자바스크립트 및 HTML5와 같은 최신 웹표준을 가장 우수하게 지원하며, 다른 브라우저에 비해 빠른 처리 속도를 보인다.

모든 웹브라우저에서의 가장 큰 골칫거리가 처리 속도의 최적화일텐데, 크롬은 최적화를 위해 구글 자체의 v8 자바스크립트 엔진 사용하고, 서버와의 통신 시 기존의 HTTP 방식 대신 SPDY 프로토콜을 사용하는 등 속도 최적화에 많은 노력을 기울이고 있다.

또한 악성 사이트 및 악성 코드에 대해 방어하는 등의 보안 기능도 포함되어 속도의 안정성 및 보안성을 모두 갖추고 있다. 전 세계의 웹브라우저 사용점유율 1위를 크롬이 차지한 이유도 아마 이러한 실행 속도의 안정성과 보안성에 있을 것이라고 생각한다.

3) 사파리(Safari)

애플이 2003년 맥(Mac) 운영체제에 탑재하기 위해서 만들었다. 아이튠즈와 유사한 북마크 관리 체계를 가지고 있고, 탭 브라우징 인터페이스를 사용하고 있다. 비록 맥 운영체제 및 iOS 기반에서 동작하도록 만든 웹브라우저이지만 사파리3.0부터 윈도우 운영체제에서도 사용할 수 있게 되었다. 다른 브라우저들과 마찬가지로 사파리 또한 속도 개선에 관심이 많은데 특히 사파리5.0에서는 자바스크립트를 25% 정도 더 빨리 렌더링해주며 더 안전하게 보여준다. 또한 HTML5 최신 웹 표준을 우수하게 지원하고 있다.

4) 오페라(Opera)

국내에는 많이 알려져 있지 않지만 유럽과 아프리카를 중심으로 적지 않은 사용자를 확보하고 있는 웹브라우저가 있는데 바로 오페라(Opera)이다. 오페라의 궁극적인 목적은 모든 운영체제 기반에서 어떠한 접속 환경에서도 웹을 이용할 수 있게 하는 것이었다. 아무래도 아프리카나 동유럽과 같은 지역은 우리나라와 달리 인터넷 이용 환경이 좋지 못하다보니 웹브라우저는 가볍고, 속도가 빨라야 유리하다. 바로 오페라가 이러한 장점이 있기 때문에 인터넷 환경이 좋지 못한 지역에서 주목을 받고 있다.

오페라는 노르웨이의 벤처회사인 오페라 소프트웨어가 1996년 PC용 웹브라우저 '오페라'를 출시하여 각광을 받게 되었고, 현재는 스마트폰 및 TV, 닌텐도 게임기 등의 다양한 기기에서도 사용되는 브라우저로 개발되었다. 모바일 시장이 확대되는 요즘 가볍고 속도가 빠르다는 장점을 가지고 오페라는 현재 모바일용 웹브라우저로 주목을 받고 있다.

5) 파이어폭스(Firefox)

통합 인터넷 응용 프로그램들을 제작 베포하는 모질라 재단의 웹브라우저이다. 오픈소스로써 성능이 빠르고, 윈도우 운영체제 및 리눅스 운영체제, 맥 운영체제 등의 여러 기반에서 실행이 가능하다. 원래 넷스케이프사에서 오픈소스 웹브라우저 '모질라'를 출시하려고 하였으나, 넷스케이프사가 AOL에 인수되면서 웹브라우저 개발자들은 해체되고, 결국 공식적인 '모질라' 출시는 무산되었다. 이후 해체된 개발자들이 주축이 되어 모질라 재단을 설립하여 웹브라우저를 출시하는데, 처음 이름은 피닉스(Phoenix)였다.

모질라 프로젝트에서는 '불'의 의미를 강조하고 있는데, 상표권 문제로 이름이 여러 차례 바뀌면서도 불의 의미와 로고는 계속 유지했다. 결국 최종적인 이름은 '파이어폭스'로 정하였다. 2000년대 초반 인터넷 익스플로러가 웹브라우저 시장을 독점을 하던 시기에 조금 더 개방적이고 혁신적인 웹브라우저를 개발하기 위한 목적으로 만들어졌다. 2003년 출시 이후 꾸준한 점유율의 증가를 보이고 있으며 2005년에는 20%의 점유율을 기록하기도 하였다. 인터넷 익스플로러의 불편함에서 벗어나고 싶었던 많은 사용자들의 대체 웹브라우저로써 그 역할을 톡톡히 한 것이다. 2009년도에는 파이어폭스가 인터넷 익스플로러의 일부 버전에서 점유율을 앞서기 시작했고, 시장 점유율은 46%까지 장악하였다.

그러나 최근 구글의 크롬이 등장하면서 해를 거듭할수록 시장 점유율을 크롬에게 빼앗기고 있다. 하지만, 파이어폭스는 시장 점유율에 크게 집착하지 않는듯하다. 왜냐하면 모질라의 정책 방향은 더 많은 사용자를 모으는 것보다 열린 웹을 위한 기술 투자에 집중하는 모습이기 때문이다. 또한 웹이 가진 의미와 개방성을 알리는 캠페인도 적극 진행하고 있다.

참고 SPDY란

SPDY(스피디)는 웹 콘텐츠를 전송할 목적으로 구글이 개발한 비표준 개방형 네트워크 프로토콜이다. 이것을 만든 목적은 빠른 웹페이지 로딩을 위해서이다. 당연히 웹페이지를 로딩하는 크롬 브라우저에 SPDY 프로토콜이 사용되고 있다.

그런데, 구글은 왜 SPDY라는 것을 만들게 되었을까? 인터넷 서비스 회사의 기본적인 고민은 인터넷의 빠른 서비스이다. 컴퓨터의 서버 및 클라이언트 및 네트워크 사양은 올라가지만 기하급수적으로 증가하는 정보량으로 인해서 인터넷은 상대적으로 느려지고 있다. 이러한 문제점을 극복하기 위해 많은 서버 기술들이 개발되었지만 한계가 있었다.

구글은 이러한 한계를 넘기 위해 기존의 http 프로토콜을 대신할 새로운 통신 프로토콜인 SPDY를 개발하여 구글 서비스에 적용시키는데, 기존 네트워크 방식에 비해 연결에 필요한 시간과 자원을 절약하여 속도를 높이는 방식이라고 생각하면 된다. SPDY를 지원하는 구글의 크롬 브라우저를 비롯하여 웹서비스들을 이용해 보면 확실히 속도의 차이를 경험할 수 있다.

구글은 2015년 2월 SPDY 기능 지원을 중단한다고 발표하였다. 그 이유는 인터넷 표준화기구에서 SPDY에 해당되는 http2를 확정하고 공개했기 때문이다. 앞으로는 http 1.0, http 1.1이 아닌 http2를 지원하는 웹서버들이 등장하고, 웹브라우저들도 http2를 지원하면서 지금보다 훨씬 빠른 웹서비스를 받을 수 있을 것이다.

3.3 웹브라우저의 세계 점유율 현황 및 방향

다음은 전세계의 웹브라우저 현황을 나타낸다. 인터넷 익스플로러, 파이어폭스, 크롬 웹브라우저에 대한 통계이다.

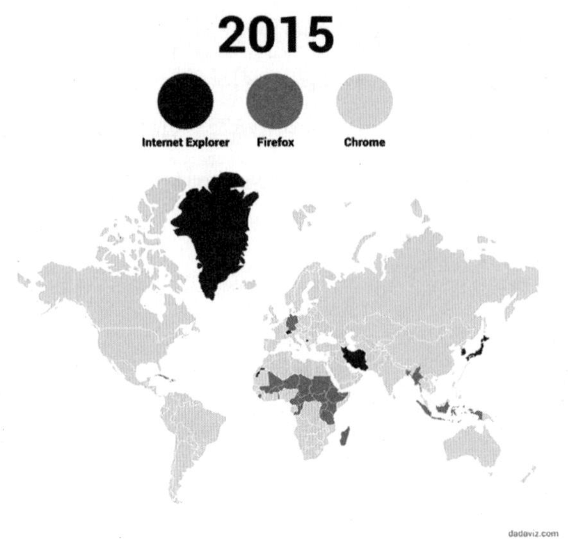

그림 1-5. 웹브라우저의 세계 점유율 현황 (출처 : dadaviz.com)

그림 1–5를 보면 웹브라우저 현황이 한 눈에 들어온다. 크롬이 현재 대세라는 것을 한눈에 볼 수 있으며 한 때 전 세계의 85%를 점유하기도 하였던 인터넷 익스플로러는 상대적으로 매우 줄어들었다. 그 중에서 우리나라를 보면 여전히 인터넷 익스플로러의 점유율이 상당히 높은 것을 볼 수 있다. IT강국이라는 대한민국이 인터넷 익스플로러의 점유율이 높은 이유는 무엇인가?

여러 가지 이유가 있겠지만, 가장 큰 이유는 국내의 정부기관 및 금융기관에서 인터넷 익스플로러 브라우저를 기반으로 개발하고 서비스하고 있기 때문이 아닐까 생각한다. 특히 ActiveX와 같은 모듈 설치 및 공인인증서와 같은 보안 모듈을 지원하는 브라우저는 인터넷 익스플로러가 유일하고, 다른 웹브라우저에서는 서비스 하지 않는다. 이러한 이유로 우리나라 사람들은 습관적으로 인터넷 익스플로러를 사용하는 것이 아닌가 생각한다.

혹자는 크롬이나 파이어폭스가 인터넷 익스플로러보다 보안에 취약하다는 말을 하기도 한다. 필자는 굳이 여기서 어떤 웹브라우저가 더 우월하고, 더 보안에 우수한지 말할 수 없다. 다만 그림에서 사용 점유율의 통계로 보았을 때 과연 보안에 커다란 결점이 있는 웹브라우저였다면 전 세계인의 과반수 이상이 사용할 수 있었을까 의문이 든다. 그리고 대한민국 내에서는 특정 웹브라우저(대부분 인터넷 익스플로러)를 기준으로 제작된 웹 기반 시스템을 모든 종류의 웹브라우저에서 동작할 수 있는 시스템으로 수정하는 작업이 매우 시급할 것으로 보인다.

4. Aptana Studio3를 이용한 HTML 문서 만들기

4.1 메모장으로 HTML 문서 만들기

모든 편집기의 기본은 바로 메모장이다. 필자가 말하는 메모장은 윈도우 운영체제에 기본으로 설치되어 있는 메모장을 말한다. 메모장은 저장시 어떠한 포맷으로도 저장이 가능하기 때문에 C 코드의 .c, 자바 코드의 .java, HTML 문서인 .html, 자바스크립트 코드의 .js 등의 확장자로 저장할 수 있다. 메모장으로 HTML 문서를 새로 만들어 보겠다.

❶ 먼저 메모장을 실행하자. [윈도키] + [R]을 누르면 다음과 같이 실행 창이 나타나는데, 실행 창에 'notepad'라고 입력한 후 [확인] 버튼을 누른다. 메모장이 실행되는 것을 확인할 수 있을 것이다.

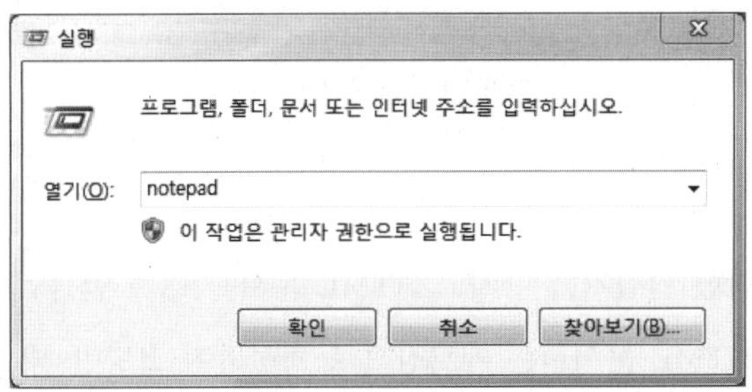

그림 1-6. 윈도우 실행 창

❷ 메모장 편집기에 원하는 문서를 작성하면 된다. html 문서 제작이 목적이므로 html 관련 문서를 작성하면 되는데, 아직 html 관련 문법을 배우기 전이므로 작성은 생략하도록 하겠다. 다만, 이 편집기에 html 문서를 작성하면 된다는 점만 알고 넘어가길 바란다.

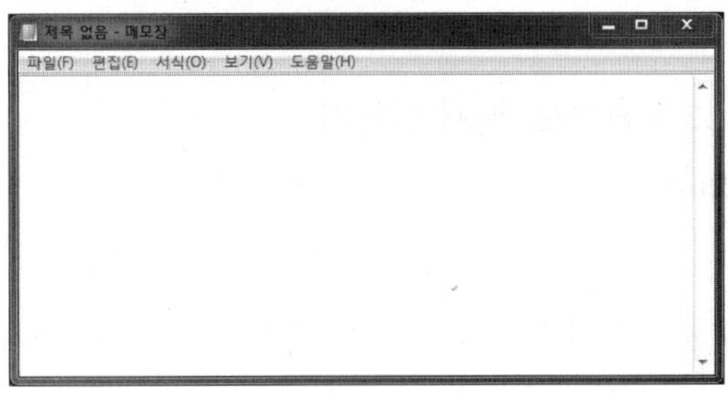

그림 1-7. 메모장 실행

❸ 편집기에 html 관련 내용을 작성했다고 하자. 이제 이 문서를 저장해야 하는데 html 문서의 경우 확장자는 .html이다. 그렇기 때문에 html 문서 저장시 '이름.html'이라고 저장해야 한다. 그림에서는 'notepad.html'이라고 저장하였다. 만약 확장자를 지정하지 않으면 확장자가 .txt인 일반 텍스트로 저장된다.

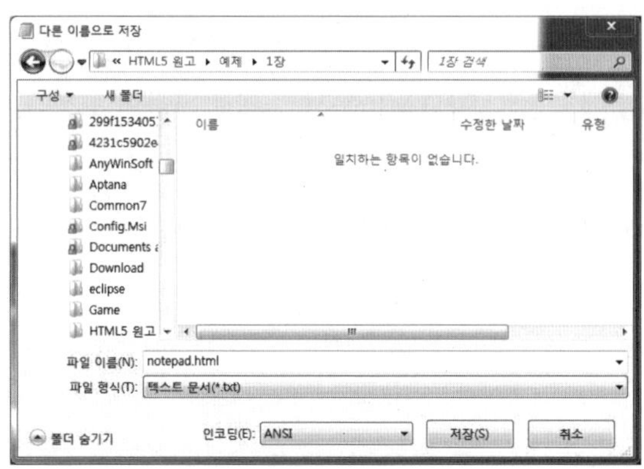

그림 1-8. html 문서로 저장

자, 메모장이라는 간단한 편집기를 가지고 HTML 문서를 쉽게 만들었다. 그렇다면 이제 앞으로 추가로 필요한 HTML 문서들은 메모장으로 생성하여 코딩만 해주면 되는 것 아닌가? 물론, 메모장으로 HTML 문서를 생성하고 작성할 수는 있지만 문서가 조금 더 복잡해지고, 문서의 양이 많아지게 되면 HTML 문서를 메모장만으로 관리하는 게 힘들어진다. 그래서 HTML 문서를 생성, 관리, 디버깅까지 가능하게 해주는 통합관리도구(IDE)들을 사용하게 되는데, 대표적으로 sublimeText와 Aptana Studio가 있다. 필자는 Aptana Studio를 사용하기 때문에 이 책에서는 Aptana Studio를 기준으로 설명하겠다.

4.2 Aptana Studio3로 HTML 문서 만들기

1) Aptana Studio3의 특징

Aptana Studio3의 특징은 사실 편집기 툴의 공통적인 특징이기도 하다. 이 책의 목적은 HTML5와 자바스크립트의 문법을 설명하기 위한 책이므로 Apatan Studio의 사용법에 주안을 두지는 않는다. 다만, 우리가 이용하는 도구일 뿐이므로 주로 사용하는 필요한 기능에 대해서만 설명할 것이다. 아직까지 HTML을 처음 공부하는 독자나 이러한 저작도구를 사용해 본적이 없는 독자들의 경우는 굳이 왜 이런 편집도구를 사용하는지 잘 이해가 가지 않을 것이다. 그것은 당연하다. 경험이 없기 때문이다. 하지만, Aptana Studio의 특징을 살펴보면 왜 굳이 HTML 편집툴을 사용하는지 조금이나마 이해할 수 있을 것이다. 자, 그럼 Aptana Studio의 특징에 대해 하나씩 살펴 보도록 하자.

① 공짜다. 즉, 프리웨어라는 말이다. 개발자에게는 프리웨어가 얼마나 고마운지 모른다. 저작권에 민감한 요즘의 시대에는 라이센스에 대해 정확히 알고 사용해야 한다. 아무튼 Aptana Studio는 기본적으로 무료이므로 마음 편히 설치하고 사용하면 된다.

② 언어별, 버전별 템플릿을 자동 생성해준다. 다양한 언어를 지원하며, 언어별 템플릿을 제공하여 코드의 베이스를 생성한다. 지원하는 템플릿으로는 CSS, HTML, Javascript, XML, IDL, JSON, PHP, Python, Ruby 등이 있다. 또한 버전별로도 템플릿을 지원하는데, HTML의 경우만 보더라도 크게 HTML 4.01 버전의 템플릿과 HTML5 버전의 템플릿이 지원되고 있다.

③ Project Explorer를 통해서 로컬 파일을 관리할 수 있다. 우리가 생성한 폴더 및 문서 파일들을 윈도우 탐색기의 트리 형태로 일목요연하게 관리하게 해준다.

④ 디버깅 환경을 제공하고, 실행 결과 확인이 쉽다. 코드의 오류 발생시 보통 디버깅 환경이 없으면 눈으로 디버깅을 해서 오류의 원인을 찾아내야 한다. 코드가 복잡해질수록 오류의 원인을 눈으로 찾기는 더 힘들어지고, 더욱 디버깅 환경이 절실해 질 수 밖에 없다. Aptana Studio는 오류 추적을 위한 디버깅 환경이 제공되고, 또한 코드의 실행 결과를 바로 브라우저를 통해 확인 가능하도록 브라우저 지정 기능도 제공한다.

⑤ 인텔리센스 기능을 제공한다. 예전부터 코딩을 속칭 '노가다'라고 많이 얘기하였다. 그 이유 중에 하나는 늘어만 가는 양의 코드를 일일이 작성해야 했기 때문이다. 아무리 신의 타수를 기록하는 사람이라 할지라도 늘 같은 패턴으로 반복되는 뻔한 코딩의 경우는 하고 싶지 않을 것이다. 편집기 도구들이 지향하는 것들 중에 하나가 바로 인텔리센스 기능인데, 검색엔진

에서 검색 시 첫 글자, 첫 단어만 입력해도 스마트하게 내가 무엇을 작성하려고 했는지 문장을 자동 완성시켜주는 기능과 비슷한 기능이다. 최근 출시되는 개발환경도구들은 이러한 인텔리센스 기능이 매우 훌륭하게 발전하고 있으며 이로 인해서 개발 생산성은 매우 높아지고, 개발 시간이 단축될 수 있다.

2) Aptana Studio3의 다운로드 및 설치

Aptana Studio3는 http;//www.aptana.com에 접속하여 설치파일을 다운로드하도록 한다.

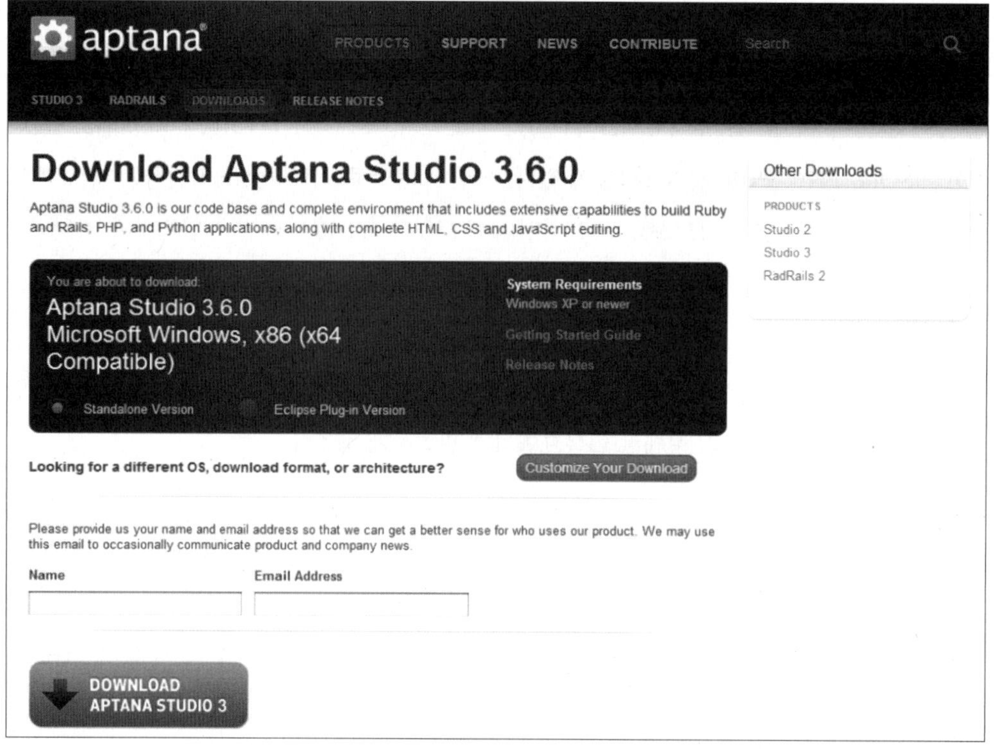

그림 1-9. Aptana Studio3 다운로드 페이지

Aptana Studio는 이클립스 기반에서 만들어졌으므로 이클립스에 플러그인으로 설치하여 사용할 수도 있다. 아무튼 다음과 같은 exe 설치파일을 다운로드 받게 될 것인데, 이를 더블클릭하여 실행하자.

그림 1-10. Aptana Studio3의 설치 파일

설치 시 나오는 이용 약관, 경로 및 체크 사항들은 모두 기본(Default)으로 하고 모두 [Next] 버튼을 누르도록 한다. 설치 자체는 어려운 부분이 없으므로 직접 해보면 되고, 설명은 생략하도록 하겠다. 다만 한 가지 눈여겨 볼 부분은 설치가 모두 끝나고, Aptana Studio3를 실행하면 다음과 같이 Workspace라는 것을 설정하라는 화면이 나온다.

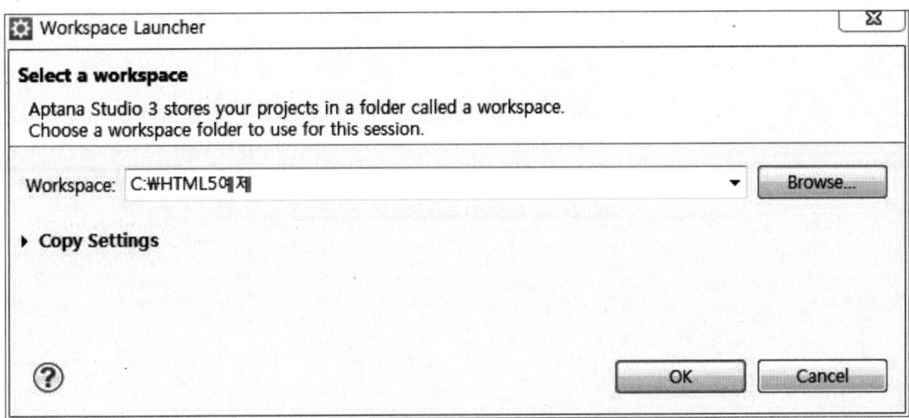

그림 1-11. Workspace 설정 대화상자

기존에 이클립스를 사용했던 사용자라면 익숙한 화면일 것이다. 앞으로 작업하게 될 기본 작업 공간을 지정하라는 것이다. 기본 경로가 지정되어 있으며 기본 경로가 마음에 들지 않으면 [Browse...] 버튼을 통해서 새로운 경로를 설정할 수 있다. Workspace는 한 번 지정하게 되면 사용자가 특별히 Workspace를 변경하지 않는 한 유지된다. 여러분이 프로젝트를 새로 생성하게 되면 Workspace로 지정한 폴더에 생성하게 된다. Workspace의 설정이 끝나면 다음과 같이 Aptana Studio3의 초기 화면이 나타난다.

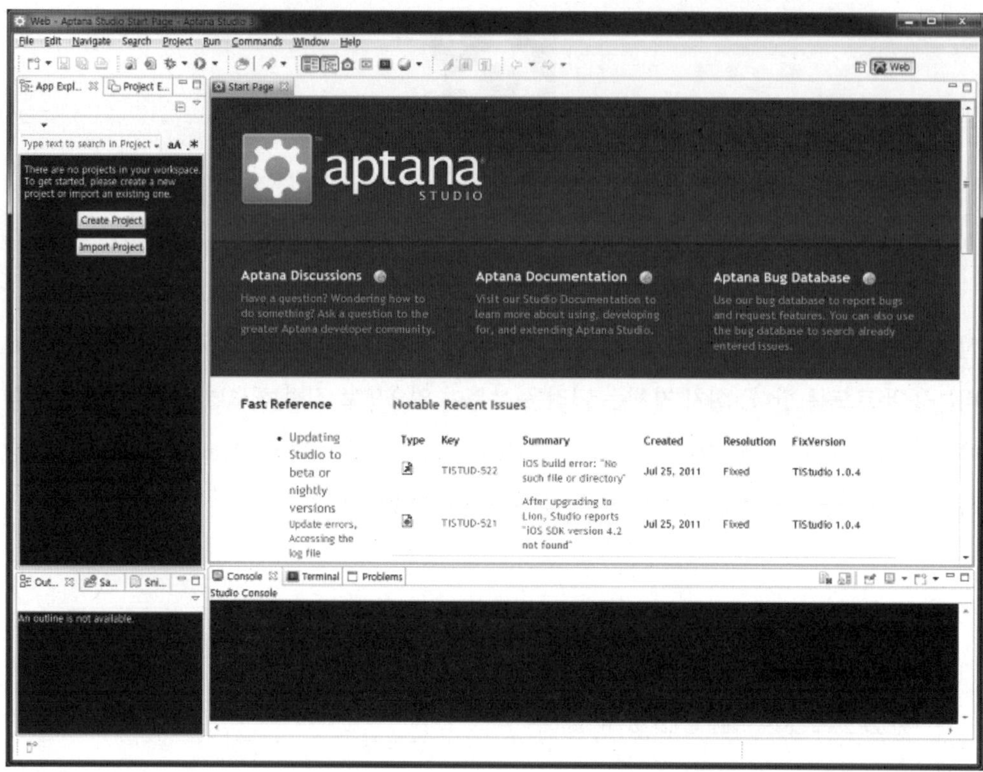

그림 1-12. Aptana Studio3의 초기 화면

3) HTML 문서 만들고 실행하기

Aptana Studio3가 모두 설치 되었으면 앞으로 우리가 작성할 HTML 문서를 편집도구를 이용하여 생성해보도록 하자.

❶ [File]–[New From Template]–[HTML]–[HTML –4.01 Transitional Template]을 선택한다.

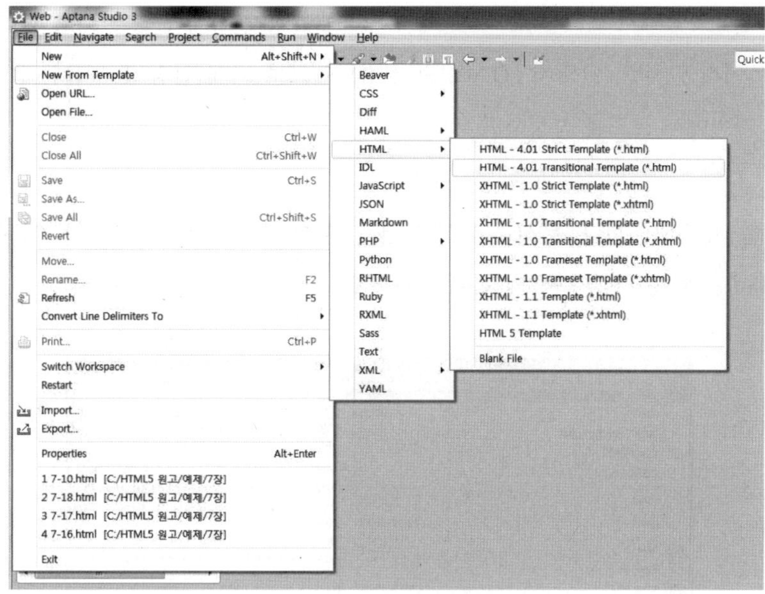

그림 1-13. HTML Template 선택

❷ 템플릿에 의해 만들어진 코드이다.

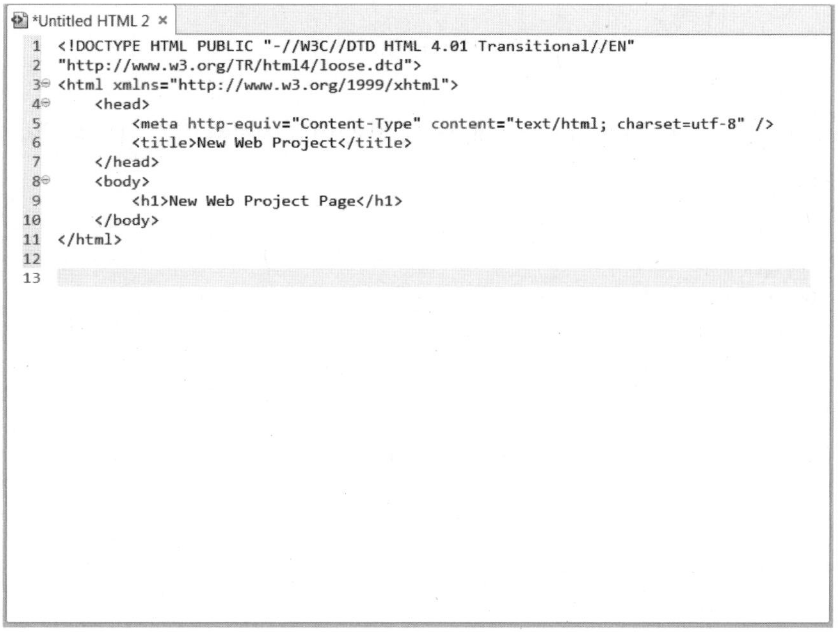

*Untitled HTML 2 ×

```
<!DOCTYPE HTML PUBLIC "-//W3C//DTD HTML 4.01 Transitional//EN"
"http://www.w3.org/TR/html4/loose.dtd">
<html xmlns="http://www.w3.org/1999/xhtml">
    <head>
        <meta http-equiv="Content-Type" content="text/html; charset=utf-8" />
        <title>New Web Project</title>
    </head>
    <body>
        <h1>New Web Project Page</h1>
    </body>
</html>
```

그림 1-14. HTML Template 코드

HTML 문서를 작성하기 위한 가장 기본 베이스가 템플릿에 의해 만들어졌다. 상단에 무언가 복잡하게 쓰여져 있지만, 단순히 HTML 관련 정보이므로 크게 신경 쓸 필요는 없다. 여러분은 이제 이 기반에서 코드를 작성하면 된다.

❸ 이 문서를 저장해야 한다. 문서를 생성만 했을 뿐 이 문서의 이름과 포맷을 아직 정해주지 않았다. [File] – [Save] 또는 단축키 [Ctrl + S]를 통해 문서를 저장하도록 하자.

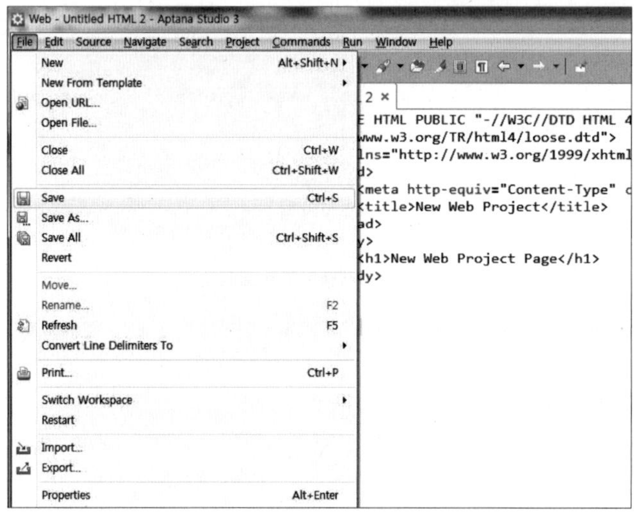

그림 1-15. 파일 저장 메뉴 선택

다음과 같이 저장 대화상자가 나타나는데, 이 때 파일 이름 지정시 이름 뒤에 확장자 .html을 붙여주어야 한다.

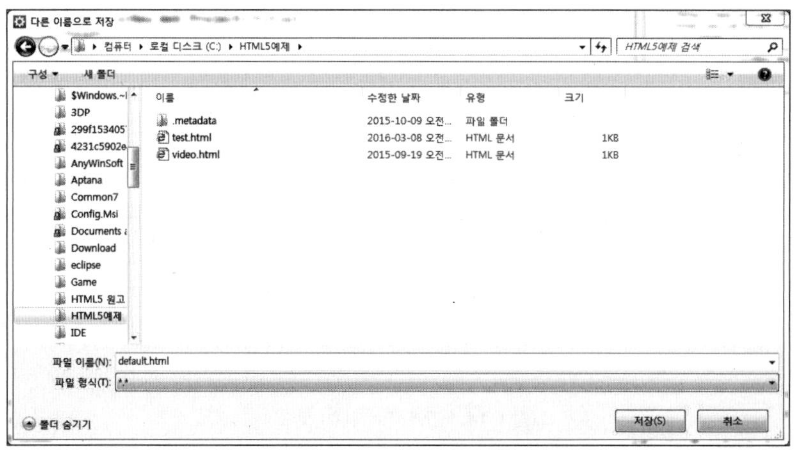

그림 1-16. 확장자 .html로 저장

'default.html' 파일을 생성하였다. 코딩을 한 줄도 하지 않고, 편집도구의 템플릿을 통해서만 기본 코드가 만들어진 것이다. 여러분이 앞으로 새로운 HTML을 만들어 사용한다면 이렇게 템플릿을 이용하면 편리하다.
그런데 사실 사용하다 보면 템플릿을 이용하여 편리하게 기본 구조를 생성하긴 하지만, 매번 생성시 이마저도 귀찮을 수 있다. 이럴 때는 그냥 기존 파일을 복사 및 붙여넣기하여 새로 복사된 파일을 이름만 바꾸고 내용도 수정하여 사용하면 된다. 앞으로 뒤에서 배울 내용들에 대한 예제 파일들은 문서의 내용 자체가 서로 비슷하기 때문에 파일을 복사 및 붙여넣기하여 생성 후 수정하는 방식을 사용할 것이다.

❹ 작성한 문서를 브라우저에서 실행하여 확인해보자. 가장 간단한 방법은 윈도우 탐색기를 통해 html 파일을 저장한 경로로 가서 더블클릭하면 브라우저의 실행과 함께 작성한 문서가 브라우저에 나타난다. 하지만, 편집기에서 작성하고 나서 별도의 윈도우 탐색기 창으로 그 파일을 찾아가 실행하여 확인하는 과정은 비효율적일 수 밖에 없다. Aptana Studio에는 이러한 비효율적인 과정을 해결하기 위해 [Run]이라는 메뉴 및 툴바가 제공되는데, 바로 브라우저 실행과 함께 작성한 코드에 대한 결과를 보여주는 기능을 한다.

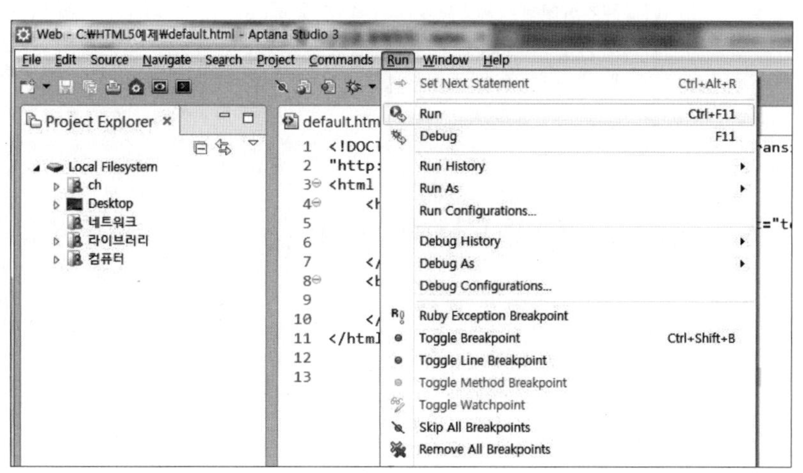

그림 1-17. 코드를 실행하기 위한 [Run] 메뉴와 툴바

그런데, 실행하기 앞서서 한 가지만 더 짚고 넘어가자. 실행결과는 브라우저에 나타나는데, 브라우저라는 것은 여러 종류가 있다. 사용자의 기호에 맞게 브라우저를 실행할 수 있어야 한

다. 실행 브라우저를 설정할 수 있는 메뉴가 있는데 바로 [Run]–[Run Configurations…]이다.

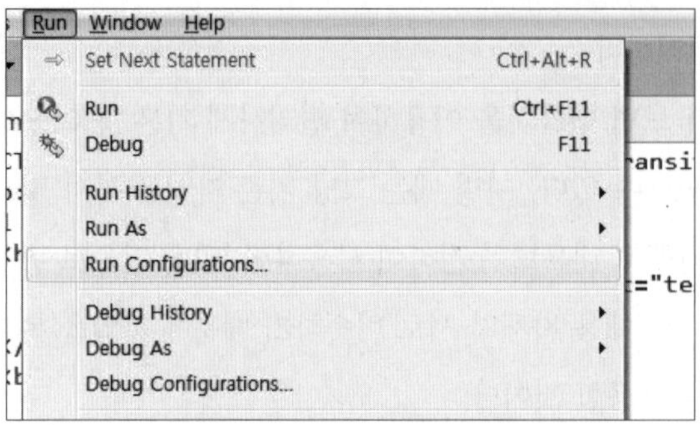

그림 1-18. 메뉴 Run Configurations...

메뉴를 실행하면 다음과 같은 대화상자가 나타나는데, 왼쪽 패널의 [Web Browser]를 선택하고, 마우스 오른쪽 버튼으로 [New] 메뉴를 선택한다.

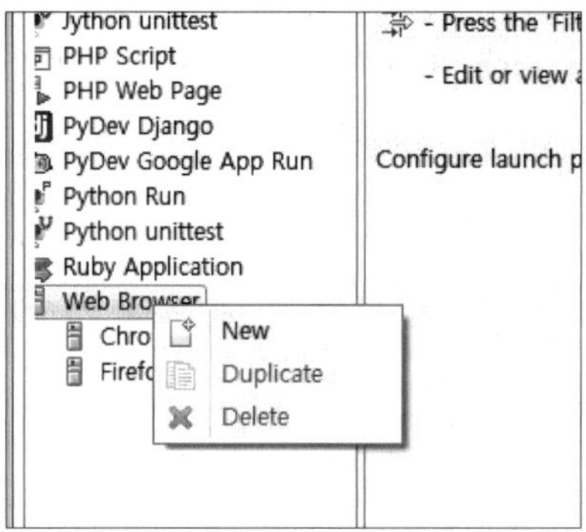

그림 1-19. 웹브라우저 설정 1

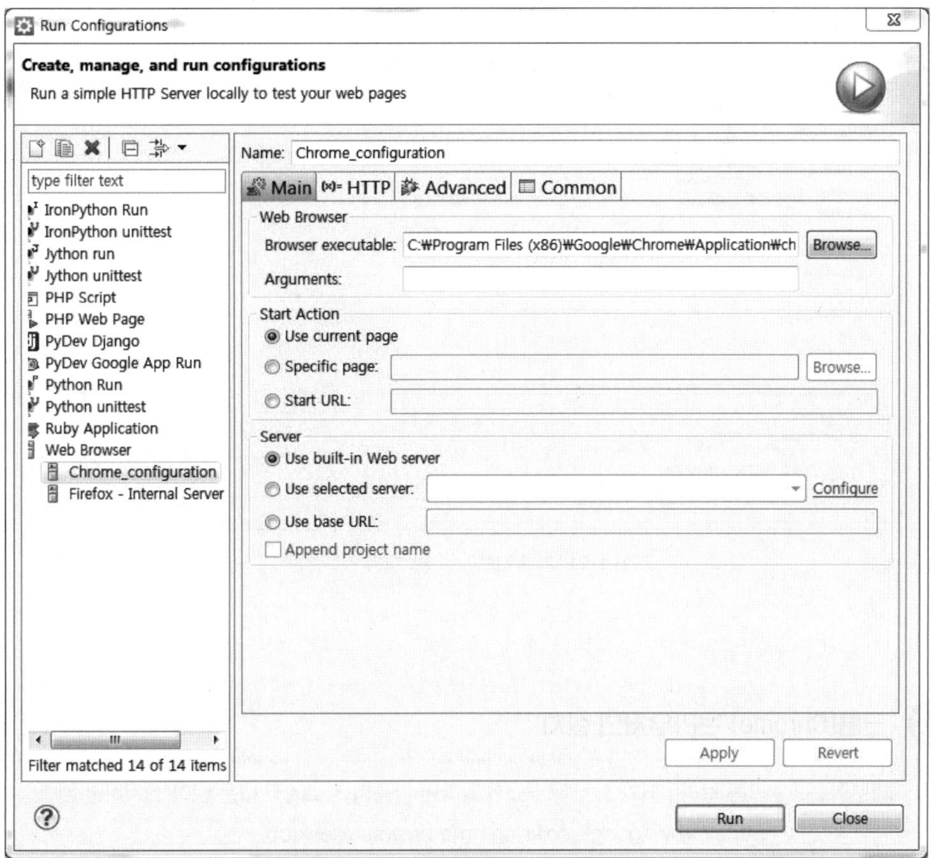

그림 1-20. 웹브라우저 설정 2

속도가 빠르면서도 HTML5의 표준을 가장 잘 따르고 적용하고 있는 브라우저가 크롬(Chrome)이라고 필자는 생각하고 있으므로, 이 책에서의 사용 브라우저는 크롬을 사용할 것이다. 따라서 기본 실행 브라우저를 크롬으로 설정할 것인데 [Browse...] 버튼을 통해 경로를 chrome으로 변경하도록 하자. 그리고 Name 또한 'Chrome_configuration'으로 변경하도록 하자.

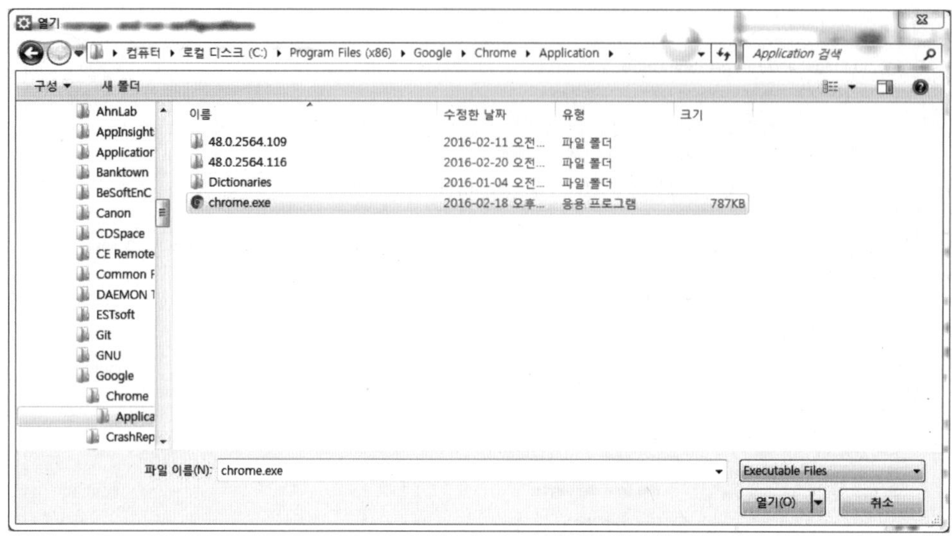

그림 1-21. 기본 웹브라우저를 크롬으로 설정

 크롬(Chrome) 브라우저의 설치

만약 여러분의 PC에 크롬 브라우저가 설치되어 있지 않다면 다음의 경로에서 다운 받아 설치하면 된다.

https://www.google.co.kr/chrome/browser/desktop/

아니면 구글 사이트에서 가서 '크롬 다운로드'라고 검색하자. 그러면 바로 크롬 브라우저를 다운로드할 수 있는 링크 페이지가 나타난다.

그림 1-22. 크롬 브라우저 다운로드 페이지

자, 이제 모든 설정이 끝났다. [Run] 메뉴 혹은 툴바를 통해 실행을 해보면 크롬 브라우저 기반에서 실행되는 문서를 확인할 수 있다.

그림 1-23. 실행 결과

Chapter 02

HTML의 기본 태그

나는 나의 역경에 대해서 하느님께 감사한다.
왜냐하면 나는 역경 때문에 나 자신, 나의 일
그리고 나의 하나님을 발견했기 때문이다.
-헬렌 켈러 -

여러분은 이제 웹프로그래밍의 문턱에 들어섰다. 이번 장은 여러분이 웹프로그래밍의 문턱에서 한발자국 넘어가는 단계이다. 영어를 처음 시작할 때는 A, B, C, D...와 같은 알파벳을 기본적으로 알아야 하고, 수학을 처음 시작할 때는 1, 2, 3, 4...와 같은 아라비아 숫자를 기본적으로 알아야 한다. 이번 장에서는 웹프로그래밍의 기본 문법인 HTML을 시작하기 위해 기본적으로 알아야 할 기본 태그들에 대해 배워볼 것이다. 달에 착륙했던 미국의 우주비행사 닐 암스트롱은 '이것이 인간을 위한 작은 일보(一步)이지만, 인류를 위해선 거대한 도약의 일보'라고 말했던 것처럼 우리도 비록 지금은 작은 일보(一步)이지만 웹프로그래밍의 전문가가 되기 위한 거대한 도약의 일보가 될 것이다.

1. HTML의 기본 구조

1.1 태그(Tag)란

HTML을 배우기 위해서는 기본적으로 태그라는 개념을 먼저 알아야 한다. 태그(Tag)란 사전적 의미로 '꼬리표'라는 뜻을 가지고 있다. 꼬리표라는 것은 어떤 의미 있는 키워드와 같은 것을 말하는데, 좀 더 구체적으로 말하면 어떤 자료 항목의 성질이나 특성을 알아보기 위한 간단한 문자와 같은 데이터를 말한다.

우리가 배울 HTML 문서에서의 태그들을 보면 어떤 특정한 기능을 가진 문자들로 이루어져 있다. 이 문자들은 실제로 브라우저상에 보여지지는 않지만 특정한 기능을 가진 문자를 태그(Tag)라 부른다.

다음은 태그의 기본 형태이다.

<태그 이름>

HTML 문서의 기본 구성은 모두 태그로 구성되고 태그 이름은 〈 〉 꺽쇠 안에 들어간다. HTML에서는 태그 사용을 〈태그 이름〉의 형태로 사용하자고 약속한 것이므로 HTML을 사용하기 위해서는 무조건 이 문법에 따라야 한다.

1.2 HTML의 기본 태그

모든 프로그래밍 언어의 시작점(entry point)이 main 함수이듯이 HTML 문서도 반드시 시작하는 지점이 있다. 예를 들어 밥을 해먹기 위해서 직접 쌀을 재배하고 수확하여 밥을 짓지는 않는다. 쌀을 마트에서 사온 후 밥솥을 통해 밥을 지으면 된다. 프로그래밍 또한 운영체제나 프레임워크를 직접 만들지 않고, 제공하는 기본 기능 위에서 응용하고 살을 붙여나가면 되는 것이다. 이러한 원리로 HTML 문서 또한 제공하는 기본 뼈대 태그들이 있는데, 바로 다음과 같다.

기본 태그	설명
〈html〉 ~ 〈/html〉	HTML 문서의 시작과 끝을 알리는 태그이다.
〈head〉 ~ 〈/head〉	직역하면 머리를 나타내는데, HTML 문서의 정보를 담고 있는 부분이다.
〈body〉 ~ 〈/body〉	직역하면 몸통이다. 사람의 몸을 생각한다면 모든 보이는 행동들을 다 처리한다고 보면 되는데, HTML 문서로 보면 실제 문서상에 보여지는 모든 기능들을 처리한다. 이 부분에서 실제로 수많은 태그들이 사용된다.

[표 2-1] HTML의 기본 태그들

다음은 HTML의 기본 태그를 이용한 기본 구조이다.

```
<html>
    <head>
        (문서의 기본 정보를 작성한다.)
    </head>
    <body>
        (문서의 모든 보여지는 기능들을 작성한다.)
    </body>
</html>
```

앞으로 작성하는 모든 HTML 문서는 무조건 이 기본 구조 기반에서 구성되어야 하며, 이 구조와 달라지면 오류가 발생하여 원하는 결과를 얻을 수 없을 것이다.

2. 글자/문단 태그

2.1 글자 관련 태그

1) <b> 태그

이 태그는 이 태그 사이에 있는 글자를 진하게 표현한다. 같은 기능을 하는 태그가 존재하는데, 바로 〈strong〉 태그이다. 글자를 강조할 때 즉, 진하게 표현할 때 사용되는 태그로 동일한 기능을 갖는다. 예제를 통해서 확인해 보자. (이 책에서 설명하는 모든 예제는 혜지원 출판사 홈페이지의 자료실에서 다운로드 받을 수 있다. www.hyejiwon.co.kr)

<2-1.html>

```
<html>
    <head>
        <meta http-equiv="Content-Type" content="text/html;
        charset=utf-8" />
    </head>
    <body>
```

```
        안녕하세요 <b>잠수함</b>입니다.
    </body>
</html>
```

<실행 결과>

2) <i> 태그

이 태그는 태그에 싸여 있는 글자를 이탤릭체로 표현한다. 같은 기능을 하는 태그로 〈em〉이 존재하고, 글자를 기울여 쓰고 싶을 때 사용하는 태그이다. 예제를 통해서 확인해 보자.

<2-2.html>

```
<html>
    <head>
        <meta http-equiv="Content-Type" content="text/html;
        charset=utf-8" />
    </head>
    <body>
        안녕하세요 <i>잠수함</i>입니다.
    </body>
</html>
```

<실행 결과>

3) <u> 태그

이 태그는 태그에 싸여 있는 글자에 밑줄을 표현한다. 예제를 통해서 확인해 보자.

<2-3.html>

```
<html>
    <head>
        <meta http-equiv="Content-Type" content="text/html;
        charset=utf-8" />
    </head>
    <body>
        안녕하세요 <u>잠수함</u>입니다.
    </body>
</html>
```

<실행 결과>

4) <del> 태그

이 태그는 태그에 싸여 있는 글자에 취소선을 표현한다. 같은 기능을 하는 태그로 〈s〉, 〈strike〉가 있으며, 글자에 취소 표시를 하고자 하는 경우 이 태그를 사용한다. 예제를 통해 확인해 보자.

<2-4.html>

```
<html>
    <head>
        <meta http-equiv="Content-Type" content="text/html;
        charset=utf-8" />
```

```
    </head>
    <body>
        안녕하세요 <del>잠수함</del>입니다.
    </body>
</html>
```

<실행 결과>

5) <mark> 태그

이 태그는 태그에 싸여 있는 글자를 형광색으로 강조 표시한다. 특정 문구나 단어를 강조하고자 할 때 사용하는 방법 중에 하나이다. 예제를 통해 확인해 보자.

<2-5.html>

```
<html>
    <head>
        <meta http-equiv="Content-Type" content="text/html;
        charset=utf-8" />
    </head>
    <body>
        안녕하세요 <mark>잠수함</mark>입니다.
    </body>
</html>
```

<실행 결과>

6) <sub> 태그

이 태그는 태그에 싸여 있는 글자를 아래 첨자로 표시한다. 예를 들면 화학기호의 경우 아래 첨자를 주로 사용하여 표현하는데, 이러한 표현을 하는 경우 사용하면 된다. 예제를 통해 확인해 보자.

<2-6.html>

```
<html>
    <head>
        <meta http-equiv="Content-Type" content="text/html;
        charset=utf-8" />
    </head>
    <body>
        안녕하세요 저는 H<sub>2</sub>O를 먹고 삽니다.
    </body>
</html>
```

<실행 결과>

7) <sup> 태그

이 태그는 태그에 싸여 있는 글자를 윗첨자로 표시한다. 예를 들면 승수 표현을 하는 경우 윗첨자를 사용하여 표현하는데, 이러한 경우 사용하면 된다. 예제를 통해 확인해 보자.

<2-7.html>

```
<html>
    <head>
        <meta http-equiv="Content-Type" content="text/html;
        charset=utf-8" />
```

```
    </head>
    <body>
        안녕하세요 2<sup>3</sup> = 8 입니다.
    </body>
</html>
```

<실행 결과>

8) <blockquote> 태그

이 태그는 태그로 싸여 있는 글자를 인용하는 문장으로 표시한다. 즉, 어떤 문장이 다른 곳에서 인용한 문장일 경우 그 문장을 이 태그로 감싸주면 표현되는 내용물의 좌우측에 40px의 공백이 생긴다. 예제를 통해 확인해 보자.

<2-8.html>

```
<html>
    <head>
        <meta http-equiv="Content-Type" content="text/html;
        charset=utf-8" />
    </head>
    <body>
        나는 학생들에게 말했다. <blockquote> "안녕하세요 잠수함입니다."</blockquote>
        그리고 떠났다.
    </body>
</html>
```

<실행 결과>

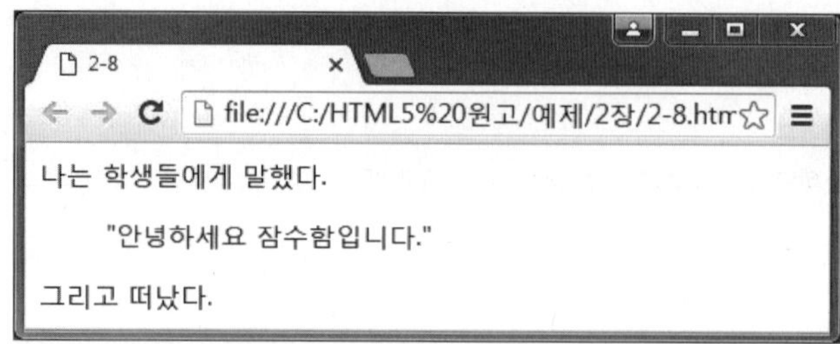

9) <marquee> 태그

이 태그는 문장 자체를 우측에서 좌측으로 이동시키는 기능을 한다. 즉, 문장이 이동하는 형태의 애니메이션 기능이라고 보면 된다. 예제를 통해 확인해 보자.

<2-9.html>

```
<html>
    <head>
        <meta http-equiv="Content-Type" content="text/html;
        charset=utf-8" />
    </head>
    <body>
        <marquee> 세월은 오른쪽에서 왼쪽으로 흘러갑니다.</marquee>
    </body>
</html>
```

<실행 결과>

지금까지 살펴본 글자 관련 9가지 태그 이외에도 많은 태그들이 더 존재한다. 우리는 주요한 태그들만 살펴보았고, 나머지 태그들 또한 이와 같이 간단한 예제를 통해서 테스트 해보면 금방 그 기능을 익힐 수 있다. 태그들의 기능 패턴들은 다 비슷하기 때문에 굳이 태그들을 더 소

개함으로써 지면을 낭비하고 싶지 않다. 나머지 추가적인 글자 태그들은 여러분들이 필요한 경우 찾아서 학습하기 바란다.

2.2 단락, 줄바꿈, 띄어쓰기

앞에서는 글자 관련 태그들에 대해 살펴 보았다. 지금부터는 문장 단위로 살펴보도록 하겠다. 여러 문장들 속에서는 문장과 문장을 개행할 수도 있고, 단락을 나눌 수도 있다. 또한 글자간 띄어쓰기도 할 수 있다. 이러한 각각의 경우 사용할 수 있는 태그들과 기호들이 각각 존재하는데 바로 〈p〉 태그, 〈br〉 태그,   기호이다.

1) <p> 태그

〈p〉 태그의 경우는 보통 단락을 나눌 경우 사용한다. 그래서 문장과 문장 사이에 〈p〉 태그를 사용하게 되면 문장 사이에 자동으로 하나의 빈 줄이 추가된다. 즉, 일반적으로 글을 볼 때 단락이 나누어지는 경우 한 줄을 비우는 것과 같다. 다음 예제를 통해 확인해 보자.

<2-10.html>

```
<html>
    <head>
        <meta http-equiv="Content-Type" content="text/html;
        charset=utf-8" />
    </head>
    <body>
            그리고 나한테 주어진 길을 걸어가야겠다.<p>오늘밤에도 별이 바람에 스치운다.
    </body>
</html>
```

<실행 결과>

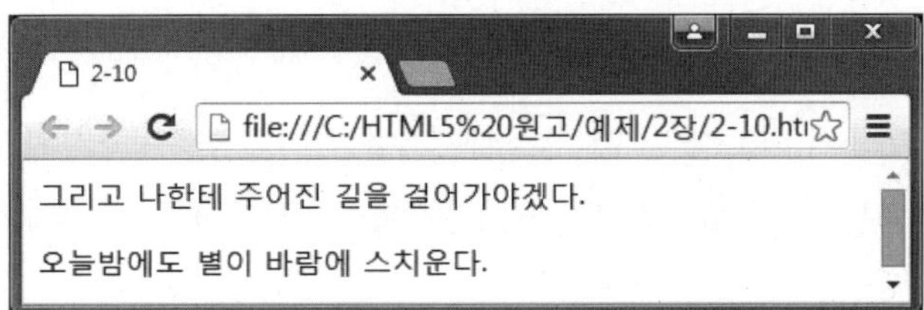

2)
 태그

문장과 문장 사이에서 줄바꿈을 하고 싶을 때 이 태그를 사용하면 된다. 새 단락을 시작하기 위한 〈p〉 태그와는 다르게 〈br〉 태그는 단순한 줄바꿈의 기능만 한다. 쉽게 말하면, 워드 프로세서에서 문서 작성시 엔터키로 한 번 개행하는 것과 같은 형태이다. 그래서 이 문자를 개행문자라고도 한다. 개행 자체는 행위이지 문자 그 자체가 아니기 때문에 눈에 보이지 않는다. 그래서 HTML에서는 이러한 개행 문자를 무시한다. 대신 〈br〉 태그를 통해 개행의 기능을 수행한다. 다음 예제를 통해 확인해 보자.

<2-11.html>

```
<html>
    <head>
        <meta http-equiv="Content-Type" content="text/html;
        charset=utf-8" />
    </head>
    <body>
            그리고 나한테 주어진 길을 걸어가야겠다.<br>오늘밤에도 별이 바람에 스치운다.
    </body>
</html>
```

<실행 결과>

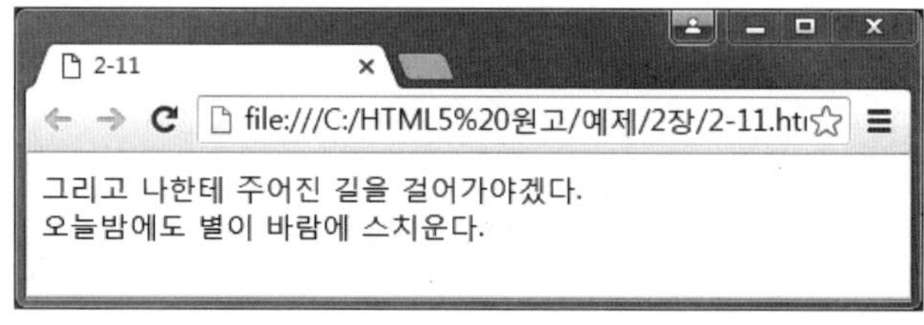

3)   기호

문서를 편집할 경우 단어간에 띄어쓰기를 한다. 보통은 한 칸만 띄어쓰기를 하는데, 만약 여러 칸의 공간을 띄어쓰기 하고자 할 때는 스페이스바를 여러 번 누르면 된다. 과연 HTML에서도 그것이 적용 가능할까? 적용되지 않는다. HTML에서 스페이스 문자는 한 칸만 적용된다. 즉, HTML 문서상에서 스페이스바를 여러 번 누른다 할지라도 한 칸만 인정된다는 뜻이다. 그렇다면 어떻게 해결해야 하는가? 바로   기호를 사용하면 해결할 수 있다. 다음 예제를 통해 확인해보자.

<2-12.html>

```
<html>
    <head>
        <meta http-equiv="Content-Type" content="text/html;
        charset=utf-8" />
    </head>
    <body>
        안녕하세요. 잠수함입니다.
    </body>
</html>
```

<실행 결과>

<2-13.html>

```
<html>
    <head>
        <meta http-equiv="Content-Type" content="text/html;
        charset=utf-8" />
    </head>
    <body>
        안녕하세요.                    잠수함입니다.
    </body>
</html>
```

<실행 결과>

예제 2-12.html은 두 문장 사이가 한 칸만 떨어져 있고, 예제 2-13.html은 두 문장 사이가 열 칸 떨어져 있는 것을 볼 수 있다. 결과를 비교해보면 어떤가? 아마 똑같은 결과가 나올 것이다. 이러한 문제점을 해결하기 위해   기호를 사용한다. 다음 예제와 결과를 통해 살펴보자.

<2-14.html>

```
<html>
    <head>
        <meta http-equiv="Content-Type" content="text/html;
        charset=utf-8" />
    </head>
    <body>
        안녕하세요.                
          잠수함입니다.
    </body>
</html>
```

<실행 결과>

2.3 문단 관련 태그

앞서 우리는 단락을 나누는 태그로 〈p〉를 사용한다고 하였다. 〈p〉 태그에 속성을 추가하여 정렬이나 여백을 줄 수 있는데 대표적으로 align과 style 속성을 들 수 있다.

1) align 속성

문단을 왼쪽, 오른쪽, 중앙, 양쪽 맞춤으로 정렬하는 태그이다. 우리가 사용하는 워드프로세서 정렬 기능과 동일하다. align의 속성으로 각각 'left', 'right', 'center', 'justify'를 줄 수 있고, 각 속성에 맞게 문장들은 정렬된다. 다음과 같은 형태로 속성값을 부여한다.

```
<p align = "속성값">
```

문단을 왼쪽, 오른쪽, 중앙, 양쪽 맞춤으로 정렬하는 예제를 작성해보자.

<2-15.html>

```
<html>
    <head>
        <meta http-equiv="Content-Type" content="text/html;
        charset=utf-8" />
    </head>
    <body>
        <p align = "left"> 문단을 왼쪽으로 정렬하는 속성입니다.</p>
        <p align = "right"> 문단을 오른쪽으로 정렬하는 속성입니다.</p>
        <p align = "center"> 문단을 중앙으로 정렬하는 속성입니다.</p>
        <p align = "justify"> 문단을 양쪽으로 정렬하는 속성입니다.</p>
    </body>
</html>
```

<실행 결과>

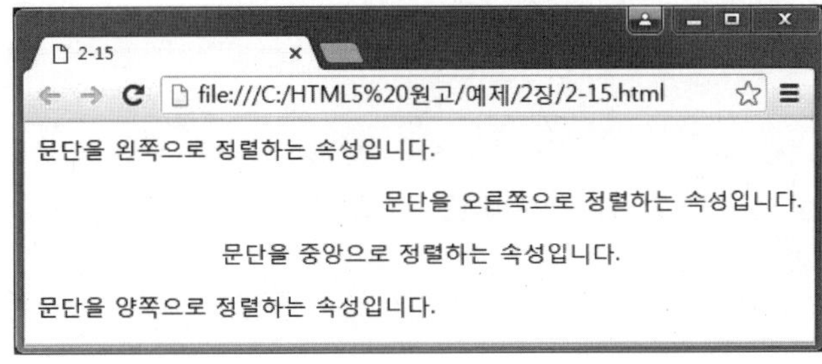

2) style 속성

원래 HTML은 기본 스타일을 갖는다. 지금까지 출력했던 글자들을 보면 기본적으로 글자색은 검정색, 문단의 배경은 하얀색, 폰트의 크기는 12px 등으로 출력되어 왔던 것을 볼 수 있었다. 이러한 기본 속성들은 style 속성을 통해 문단을 여러 가지 스타일로 변경할 수 있다. 다음과 같은 형태로 속성값을 부여한다.

```
<p style = "속성값">
```

지원하는 스타일 속성값은 상당히 많아서 모두 소개하기에는 지면의 낭비가 될 것 같아 대표적인 몇 가지만 소개하기로 하겠다.

스타일의 종류	스타일 설정 방법
폰트 크기 설정	font-size : 크기%
폰트 종류 설정	font-family : 폰트 이름
배경색 설정	background-color : 배경색 이름
글자색 설정	color : 글자색 이름
문단 여백 설정	padding-(left, right, bottom, justify) : 크기px

[표 2-2] 스타일 속성

스타일을 통해 폰트 크기, 종류, 문단의 배경색, 글자색, 문단 여백 등을 설정할 수 있다. 이러한 스타일 설정 내용을 예제로 작성해보자.

<2-16.html>

```
<html>
    <head>
        <meta http-equiv="Content-Type" content="text/html;
        charset=utf-8" />
    </head>
    <body>
```

```
        <p style="font-size:150%">폰트의 크기를 150% 확대합니다.</p>
        <p style="background-color:lightgray">문단의 배경색을 lightgray로 지정합니
        다.</p>
        <p style="color:red">글자색을 붉은색으로 지정합니다.</p>
        <p style="padding-left:100px">왼쪽으로 100px만큼의 여백을 줍니다.</p>
        <p style="padding-bottom:100px">아래쪽으로 100px만큼의 여백을 줍니다.</p>
        <p style="font-family:궁서">폰트 종류를 궁서체로 설정합니다.</p>
    </body>
</html>
```

<실행 결과>

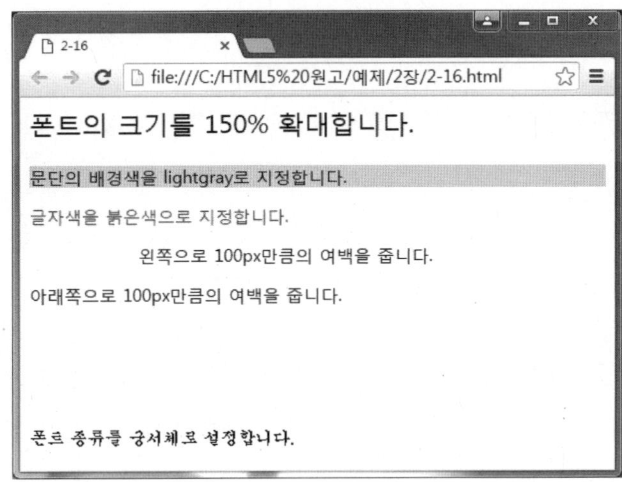

스타일 관련 내용은 뒤에서 배울 CSS에서 다시 다룰 내용이다. 지금은 HTML의 기본 흐름을 배우는 과정에서 잠깐 다룬 것이므로, 잘 이해가 안가거나 다소 설명이 부족하였더라도 뒤에서 더 자세히 다룰 것이므로 이 장에서는 이 정도로만 익혀두고 넘어가도록 하자.

3. 목록 태그

목록이라는 것은 연관되어 있는 항목들을 나열할 때 사용하는 것이다. 목록 형태로 데이터를 나타내면 한 눈에 파악하기에 매우 용이하다. 목록에는 순서가 있는 항목(ordered list)을 나타내는 리스트와 순서가 없는 항목(unordered list)을 나타내는 리스트 그리고 앞에 기호가 없는 항목을 나타내는 리스트인 정의 목록으로 나누어진다. 이 세 개의 리스트를 이용하여 HTML 상에 목록을 표현하는 예제를 작성해보고 그 특징을 살펴보도록 하자.

3.1 순서가 있는 항목 <ol>

항목들의 순서가 있거나 더 중요하고 덜 중요한 순서가 있다면 〈ol〉 태그를 사용하도록 한다. 다음은 〈ol〉 태그를 사용한 순서가 있는 리스트를 표현하는 형태이다.

```
<ol>
    <li>항목</li>
</ol>
```

실제 표현하고자 하는 항목들은 〈li〉 태그를 이용한다. 즉, 〈li〉 태그는 리스트를 시작한다는 의미로 이 태그 뒤에 리스트 항목들을 적으면 된다. 다음의 예제를 통해 항목들의 리스트가 어떻게 표현되는지 살펴보자.

<2-17.html>

```
<html>
    <head>
        <meta http-equiv="Content-Type" content="text/html;
        charset=utf-8" />
    </head>
    <body>
        개발 도서 베스트 셀러 순위<p>
        <ol>
            <li>C언어의 정석</li>
```

```
            <li>C++ 프로그래밍과 STL</li>
            <li>MFC 시스템 프로그래밍</li>
            <li>Win32 API 프로그래밍</li>
        </ol>
        </p>
    </body>
</html>
```

<실행 결과>

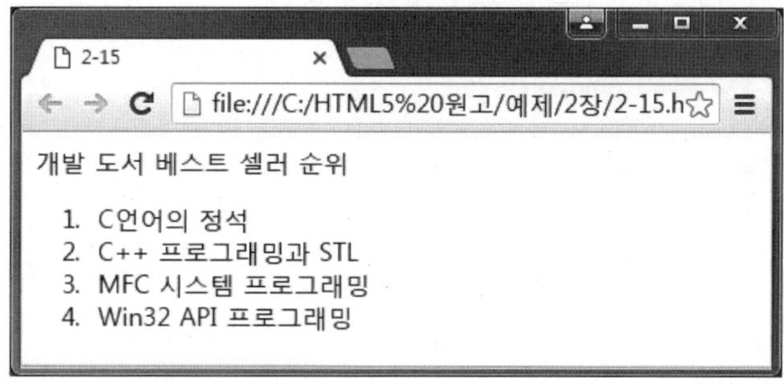

각각의 항목은 1, 2, 3, 4와 같은 숫자를 통해 순서가 표현되는 것을 볼 수 있다.

3.2 순서가 없는 항목 <ul>

항목들의 관계가 중요도에 있지 않고, 순서와 상관 없이 동등한 관계에 있다면 〈ul〉이라는 태그를 사용하도록 한다. 다음은 〈ul〉 태그를 사용한 순서가 없는 리스트를 표현하는 형태이다.

```
<ul>
    <li>항목</li>
</ul>
```

〈ol〉 태그를 사용할 때와 마찬가지로 〈ul〉을 사용시에도 표현하고자 하는 항목들은 〈li〉 태그를 이용한다. 다음의 예제를 통해 항목들의 리스트가 어떻게 표현되는지 살펴보자.

<2-18.html>

```
<html>
    <head>
        <meta http-equiv="Content-Type" content="text/html;
        charset=utf-8" />
    </head>
    <body>
        개발 언어의 종류<p>
        <ul>
            <li>C++</li>
            <li>Java</li>
            <li>JavaScript</li>
            <li>Android</li>
        </ul>
        </p>
    </body>
</html>
```

<실행 결과>

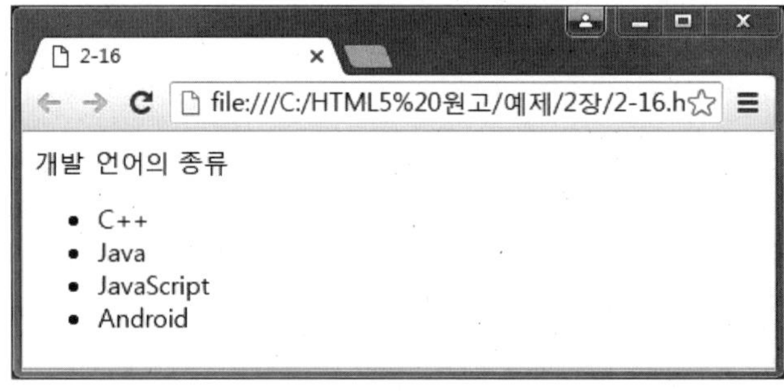

각각의 항목은 ●와 같은 기호로 표시되는 것을 볼 수 있다. 즉, 항목의 순서에 상관없이 리스트를 표현한 형태이다.

3.3 리스트와 리스트를 중첩해서 사용하는 경우

이번에는 리스트 안에 리스트를 중첩해서 표현하는 경우이다. 다음은 리스트를 중첩한 형태이다.

```
<ol>
    <li>항목1</li>
        <ul>
            <li>항목2</li>
            <li>항목3</li>
        </ul>
    <li>항목4</li>
</ol>
```

최상위는 〈ol〉 태그를 통해 순서있는 리스트를 만들고, 그 안에 〈ul〉 태그를 사용하여 순서없는 리스트를 중첩하여 표현하였다. 물론 그 반대의 형태로 표현해도 상관없고, 순서 있는 리스트끼리 중첩하거나, 순서 없는 리스트끼리 중첩하여도 상관 없다. 다음 예제를 통해서 중첩된 리스트의 형태를 확인해 보도록 하자.

<2-19.html>

```
<html>
    <head>
        <meta http-equiv="Content-Type" content="text/html;
        charset=utf-8" />
    </head>
    <body>
        <h3>개발 언어의 종류</h3><p>
            <ol>
                <li>C++</li>
                    <ul>
                        <li>클래스</li>
                        <li>상속성</li>
                        <li>다형성</li>
                    </ul>
                <li>Java</li>
                <li>JavaScript</li>
```

```
                <li>Android</li>
            </ol>
        </p>
    </body>
</html>
```

<실행 결과>

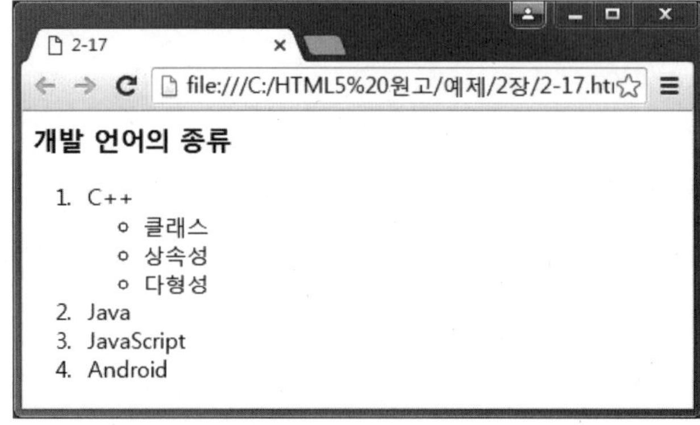

실행 결과를 보면 예상대로 개발 언어의 종류들이 리스트 형태로 출력이 되는데, 〈ol〉 태그의 영향을 받고 있으므로 순서가 있는 형태의 리스트로 나타난다. 리스트 중에 C++ 항목의 하위에 〈ul〉 태그의 형태로 리스트가 구성되는데, 이는 순서가 없는 형태의 리스트를 의미한다.

3.4 정의 목록 <dl>, <dt>, <dd>

앞에서 〈ul〉, 〈ol〉, 〈li〉 태그들을 조합하여 리스트를 만들면 순서가 있던 없던 간에 항목들의 선두에는 숫자 혹은 문자의 기호들이 붙어 있었다. 그런데, 리스트 작성시 반드시 이러한 기호들을 사용할 필요가 없을 수도 있다. 예를 들면 다음과 같은 형태이다.

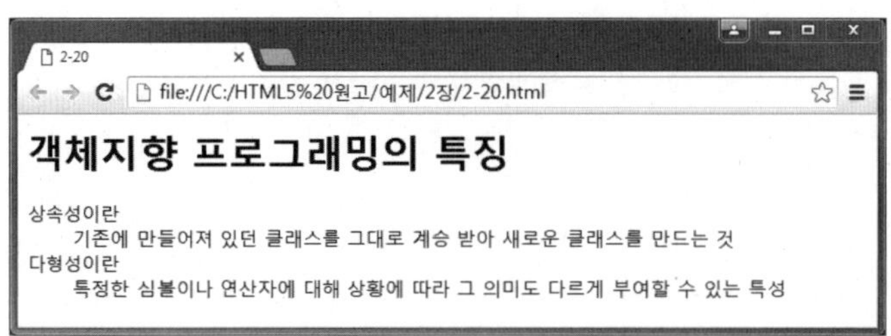

이러한 형태의 사용을 위한 태그들이 별도로 존재한다. 바로 다음과 같은 태그들이다.

1) <dl> 태그 : definition list의 약자로 정의 목록을 의미한다. 문단에서 정의를 하는 형태의 경우 이 태그를 사용하여 정의 목록을 작성할 것임을 시작하는 태그이다.

2) <dt> 태그 : definition term의 약자로 정의하고자 하는 용어의 제목을 작성할 때 사용하는 태그이다.

3) <dd> 태그 : definition description의 약자로 정의하고자 하는 용어의 설명을 기술할 때 사용하는 태그이다.

<2-20.html>

```
<html>
    <head>
        <meta http-equiv="Content-Type" content="text/html;
        charset=utf-8" />
    </head>
    <body>
        <p><h1>객체지향 프로그래밍의 특징</h1></p>
        <dl>
            <dt>상속성이란</dt>
            <dd>기존에 만들어져 있던 클래스를 그대로 계승 받아 새로운 클래스를 만드는 것</dd>
            <dt>다형성이란</dt>
            <dd>특정한 심볼이나 연산자에 대해 상황에 따라 그 의미도 다르게 부여할 수 있는 특성
            </dd>
        </dl>
        </p>
    </body>
</html>
```

4. 이미지 태그

HTML 문서에 이미지를 삽입하기 위해서는 <img> 태그를 사용한다. 사용법은 다음과 같다.

```
<img src = "이미지 경로">
```

이렇게 해당 이미지의 경로 및 이미지 파일의 이름을 넣어주면 웹 페이지 문서에 해당 이미지가 출력된다.

4.1 이미지 종류

HTML 웹페이지에서 사용하는 이미지 종류로는 대표적으로 jpg, png, gif 등의 파일이 있다. 종류별로 각각 특징이 달라서 사용 용도에 따라 선택하여 사용하면 된다.

1) JPG(JPEG, Joint Photographic coding Experts Group) 파일

이미지 파일 중에 압축률이 가장 뛰어나 일반적으로 많이 사용하는 포맷이다. 그래서 스마트폰의 카메라나 디지털 카메라로 사진을 찍었을 때 저장되는 포맷 또한 거의 JPG로 저장되는 것을 볼 수 있다.

JPG의 특징으로는 이미지를 만드는 사람이 이미지의 질과 파일의 크기를 조절할 수 있다는 점이다. 예를 들어, 이미지가 큰 파일을 작은 크기로 축소하게 되면 이미지의 질은 그만큼 떨어지거나 깨질 수 있는데, JPG의 압축기술을 통해 적절히 조절하여 이미지의 질을 최대한 보전하여 압축할 수 있게 한다. 이미지 색상 또한 24비트(1,600만) 가지의 색을 사용하기 때문에 다양한 색을 가진 이미지의 경우 JPG 포맷으로 표현하는 것이 매우 효과적이다.

2) GIF(Graphics Interchange Format) 파일

GIF의 생성 목적은 인터넷상에서 그래픽을 압축하여 빠르게 전송하려는 목적으로 개발되었다. 그래서 GIF 파일은 색상의 수를 줄여서 이미지의 용량을 줄이는 방법을 쓰는 포맷으로 사용된다. 즉, 지원되는 색상 수가 256까지만 저장이 가능하므로 JPG의 지원 색상 수에 비하면 턱없이 부족하다. 그래서 GIF 포맷의 경우는 주로 다양한 색상을 사용하지 않는 아이콘이나 버튼과 같은 이미지에 쓰이고, 움직이는 애니메이션과 같은 파일을 제작할 때도 유용하게 사용된다.

3) PNG(Portable Network Graphics) 파일

PNG는 GIF의 단점을 해결하고 개선하기 위해 고안한 것으로 GIF보다 압축률이 더 높다. 또한 256색만 지원하는 GIF와는 달리 트루컬러를 지원하며, 특히 RGBA와 같이 마지막 8비트에 Alpha 채널을 지원하여 이미지의 투명효과를 지원하는 것이 큰 특징이다. JPG와 비교했을 때 JPG가 특화된 압축 알고리즘을 통해 용량은 더욱 작을 수 있으나, 이미지 손실 면에서는 PNG가 JPG보다는 더욱 우수하다고 볼 수 있다. 웹 초기에는 이미지의 대표 포맷이 주로 JPG와 GIF 였지만, 최근에는 PNG 또한 많이 사용되고 있는 추세이다.

우리가 살펴본 세 가지 이미지 포맷 JPG, GIF, PNG는 HTML에서 사용하는 대표적인 이미지 포맷이고, 우리가 다룰 이미지 포맷에서 이 이상으로 더 다루지는 않을 것이다. 여러분이 실무에서 이미지를 다룰 경우에도 특수한 경우를 제외하고는 거의 이 세 가지 포맷을 벗어날 일은 없을 것이다.

4.2 이미지 경로

이미지 경로의 경우는 실제 이미지가 존재하는 경로를 지정해주어야 하는데, 크게 절대경로와 상대경로로 지정할 수 있다. 사실 절대경로와 상대경로에 대한 개념은 반드시 이미지 경로에만 관련된 이야기는 아니다. 여러분이 여타 다른 프로그래밍 개발 시 임의의 외부 라이브러리 및 파일등을 로드해야 하는 경우에 꼭 필요한 개념이므로 이번 기회에 잘 숙지하도록 하자.

1) 절대경로

절대경로란 불러오고자 하는 파일의 전체 경로 주소를 말한다. 웹서버의 전체 url이 될 수도 있고, 내 컴퓨터의 로컬경로가 될 수도 있다. 먼저 웹서버의 전체 url을 사용한 경우를 보자.

```
<img src = "http://www.jamsuham75.com/images₩lch.jpg">
```

보통 웹서버에 올라가 있는 파일의 경우 해당 파일을 읽어오기 위해서 해당 파일이 위치한 웹서버의 전체 경로를 작성한다. 또는 다음과 같이 해당 파일이 위치한 내 컴퓨터의 로컬경로를 다음과 같이 작성하기도 한다.

```
<img src = "D:₩HTML5₩images₩lch.jpg">
```

만약 여러분이 자신의 컴퓨터에서 웹페이지 문서를 만들어서 다음과 같이 이미지를 절대경로로 호출했다고 가정해보자. 내 컴퓨터에서는 해당 이미지가 아주 잘 보일 것이다. 왜냐하면 해당 이미지 파일이 이미지 태그에 작성된 그대로 존재하고 있기 때문이다. 그러나 웹페이지 문서가 다른 컴퓨터에서 열리거나 다른 웹서버에서 구동되어야 한다면 동일하게 이미지가 잘 보일까? 질문이 무색할 정도로 여러분은 이미지가 보이지 않을 것이라는 것을 예상할 수 있을 것이다.
로마의 법은 로마에서만 통하는 법, 한국에서는 통하지 않듯이 절대경로의 경우는 범용적으로 사용할 수 없는 경로이다. 절대경로를 사용하는 경우는 내 컴퓨터에서 나 혼자 작성하고 테스트하는 경우에 임시로 사용은 가능하나 배포하는 파일의 경우는 절대경로를 상대경로로 변경하여 배포하는 것이 일반적이다.

2) 상대경로

상대경로란 현재 문서를 기준으로 불러오고 싶은 파일의 경로를 찾아가는 것을 말한다. 이미지의 경우 이미지를 불러올 웹페이지 문서를 기준으로 이미지가 현재 디렉토리에 존재하는지, 상위 디렉토리에 존재하는지 또는 하위 디렉토리에 존재하는지를 구분한다. 만약 읽어오고자 하는 이미지 파일이 웹페이지 문서와 같은 디렉토리에 저장되어 있다면, 이미지 태그 내에서 이미지 경로작성시 이미지 파일명만 적어주면 읽어오게 된다. 하지만, 만약 같은 디렉토리가 아닌 상위 디렉토리 혹은 하위 디렉토리에 존재한다면 이에 대해 위치를 지정해야 한다.

① 이미지 파일이 현재 디렉토리에 존재하는 경우

이미지 파일을 읽어올 웹페이지 문서와 이미지 파일이 동일한 디렉토리에 존재하게 되면 다음과 같이 이미지 파일명만 작성하면 된다.

```
<img src = "lch.jpg">
```

② 이미지 파일이 웹페이지 문서 하위 디렉토리에 존재하는 경우

웹페이지 문서의 위치를 기준으로 해당 이미지 파일이 존재하고 있는 디렉토리를 작성한다. 예를 들어 웹페이지 문서와 동일한 디렉토리에 images라는 폴더가 있고, 이미지 파일이 그 안에 존재하고 있다면 다음과 같이 해당 디렉토리명과 파일명을 작성하면 된다.

```
<img src = "images/lch.jpg">
```

③ 이미지 파일이 웹페이지 문서 상위 디렉토리에 존재하는 경우

웹페이지 문서의 위치를 기준으로 해당 이미지 파일이 상위 디렉토리에 존재하는 경우는 상위 디렉토리 표시로 ../라고 표현한다. 다음과 같이 작성할 수 있다.

```
<img src = "../lch.jpg">
```

즉, 현재 웹페이지 문서의 바로 상위 디렉토리에 있는 lch.jpg를 호출한다는 의미이다. 이러한 경우도 생각해보자. 상위 디렉토리에 존재하면서 특정 폴더에 위치하고 있는 경우 말이다. 말하자면, lch.jpg는 상위 디렉토리의 images라는 폴더에 존재한다고 하면, 이러한 경우에는 다음과 같이 작성할 수 있다.

```
<img src = "../images/lch.jpg">
```

이렇게 상대경로를 설정하는 3가지 경우를 살펴보았는데, 일반적으로 프로그래밍 작업시에는 상대경로를 사용하는 것이 일반적이므로 상대경로 설정하는 방법에 대해 잘 이해하고 숙지하기를 바란다.

<2-21.html>

```
<html>
    <head>
    </head>
    <body>
        <img src = "images/Penguins.jpg">
    </body>
</html>
```

<실행 결과>

4.3 이미지 설정 속성

우리는 앞서 이미지 경로를 통해 이미지를 불러오는 방법에 대해서 배웠다. 불러온 이미지를 그대로 출력하지 않고, 필요에 따라 여러 가지 형태로 출력할 수 있는 속성을 알아보도록 하자.

1) 이미지의 크기 설정

먼저 이미지의 크기를 설정하는 속성이다. 이미지의 넓이와 높이를 지정할 수 있도록 속성 또한 제공하는데, width와 height로 지정할 수 있다.

```
<img src = "이미지 경로" width ="300" height = "300">
```

앞서 상대경로로 출력했던 예제 2-21.html의 내용에 이미지 크기 설정 속성을 추가하여 예제를 작성해보자. width와 height의 속성값을 각각 300으로 설정하였다.

<2-22.html>

```
<html>
    <head>
    </head>
    <body>
        <img src = "images/Penguins.jpg" width ="300" height ="300">
    </body>
</html>
```

<실행 결과>

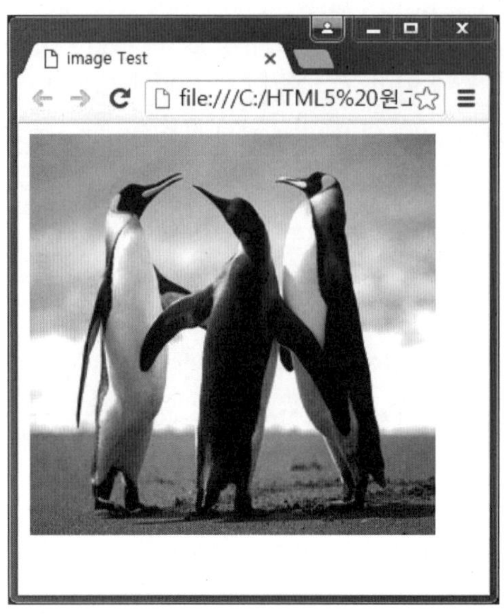

2) 이미지의 정렬 설정

이미지 정렬을 설정하는 속성이다. align 속성을 사용하고, 이미지를 텍스트와 맞추어 위, 아래, 가운데의 위치로 설정할 수 있고, 왼쪽 오른쪽으로 배치 가능하다. 사용 형태는 다음과 같다.

```
<img src = "이미지 경로" align = "속성값">
```

다음은 align 속성의 속성값들이다. 문서상에서 어떠한 기능을 하는지 살펴보도록 하자.

속성값	설명
top	텍스트의 맨 위쪽과 이미지의 맨 위쪽을 맞추어 정렬
middle	텍스트의 중간 부분과 이미지의 중간 부분을 맞추어 정렬
bottom	텍스트의 맨 아래쪽과 이미지의 맨 아래쪽을 맞추어 정렬
left	이미지를 왼쪽에 배치 후 오른쪽에 텍스트를 표시
right	이미지를 오른쪽에 배치 후 왼쪽에 텍스트를 표시

[표 2-3] align 속성값

앞에서 작성했던 예제에 align 속성을 추가하고 속성값을 변경하면서 이미지 정렬의 변화를 확인해보자.

<2-23.html>

```
<html>
    <head>
    </head>
    <body>
        <img src = "images/Penguins.jpg" width ="300" height ="300"
        align="left">
        짐 머피의 직업은 두말할 나위 없이 미천하다. 그는 지난 5년 동안 아내와 아이 하나를 부양하
        기 위해 소시지 공장에서 청소하는 일을 했다. 그가 장인의 장례식에 참석했을 때다. 다른 친척
        이 다가와 자신을 소개할 때 짐은 결국 회피할 수 없는 질문에 부딪혔다. "그런데 짐, 무슨 일을
        하세요?" 짐은 거친 숨을 들이쉬면서 "저는 청소부입니다"라고 털어놓았고 얼굴이 달아오르는
        것을 느꼈다. 짐은 친척의 얼굴에서 드러났던 경멸과 혐오의 표정을 절대 잊지 못할 것이다.
        그 친척은 "시원한 바람이나 쐬겠소"라고 말하면서 자리를 피했다. 짐은 그곳에 홀로 서 있으면
        서 당혹감을 느꼈다. 하지만 그것은 '거룩한 당혹감'이었다. 그는 친척의 질문을 직업에 대해 감
        사하도록 촉구하는 '하나님의 날카로운 자극'으로 이해했다. 헌신된 그리스도인인 짐은 이 부담
        을 진지하게 받아들였고, 결국 그는 그 직업에 더욱 열정적으로 임했다. 왜 그런가? 짐은 자신이
        소시지 회사를 위해 일하는 것이 아님을 깨달았기 때문이다. 그는 하나님을 위해 일하고 있었
        다. 이것이 진리이기 때문에, 짐은 당혹감을 느끼거나 변명할 필요가 전혀 없다고 생각했다. 그
        는 스스로 다음과 같이 다짐했다. '하나님의 뜻은 절대 부끄러워할 것이 아니다. 나는 이 일을 하
        고 있어서 행복하다. 그리고 나의 말과 행동이 그것을 보여 줘야 한다.' 「상 주시는 믿음」/ 게리
        토머스
    </body>
</html>
```

<실행 결과>

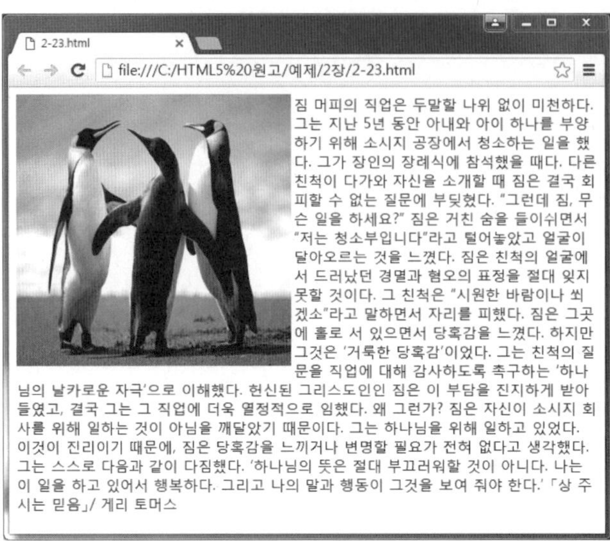

속성값 "left"로 설정하였을 때 이미지는 텍스트의 왼쪽에 배치되고, 오른쪽의 나머지 공간에 텍스트로 채워지는 것을 확인할 수 있다. 이번에는 속성값 align="right"로 변경하여 실행해보자.

<실행 결과>

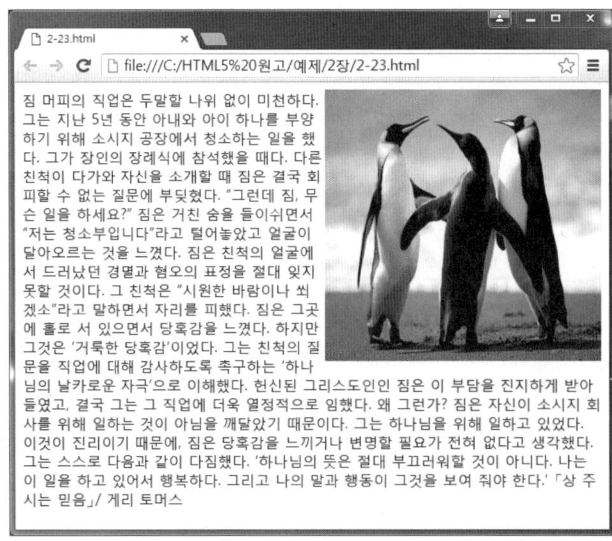

속성값 "right"의 경우 "left"인 경우와 반대로 이미지가 오른쪽에 배치될 것이라는 것은 예상하고 있었을 것이다. 예상대로 이미지는 오른쪽에 배치되고, 왼쪽의 나머지 공간에 텍스트로 채워지는 것을 확인할 수 있다.

지금까지 이미지 관련 설정 속성들에 대해서 몇 가지 살펴보았다. 이 외에도 border와 같은 속성도 사용하는데, 이미지의 테두리 선을 얼만큼 굵게 표현할 것인지에 대한 속성이다. 속성값은 정수인데, 값이 0이면 테두리 선이 보이지 않고, 1부터 테두리 선의 굵기 정도를 나타낸다. 이를테면 앞의 예제에 border = "5"라고 속성을 추가하고 실행 결과를 보면 다음과 같다.

```
<img src = "images/Penguins.jpg" width ="300" height ="300"
align="left" border = "5">
```

<실행 결과>

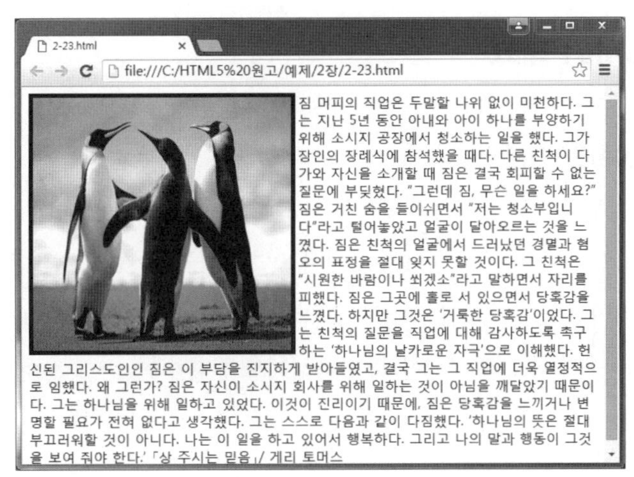

Chapter

03 HTML의 고급 태그

우리가 반드시 가져야 하는 용기 있는 모습은
자신의 아픔과 힘든 과거를 뒤로하고 이를 빠져 나와
우리의 꿈을 위해 사는 것이다.
– 오프라 윈프리 –

여러분은 앞장에서 태그가 무엇인지, 태그를 어떻게 사용하는지 그리고, HTML의 기본 태그들에 대해서 살펴보았다. 이번 시간에는 단순한 기본 태그들을 넘어서 페이지의 프레임을 설정하는 태그, 기본 컨트롤을 설정하는 태그, 음원이나 영상을 출력하는 멀티미디어 지원 태그 등 기본 태그에서 조금 더 확장한 기능의 태그들에 대해 알아보도록 하겠다.

1. 테이블(Table) 태그

1.1 테이블(Table)의 기본

테이블(Table)이란 우리가 워드 프로세서에서 볼 수 있는 표를 나타내는 것이다. 표는 일반 문서에서 많이 쓰이고 있다. 웹문서인 HTML에서도 그만큼 사용 빈도가 많은 편에 속한다. 표의 용도를 보면 데이터를 일목요연하게 보기 위한 목적으로 사용하지만, HTML에서는 웹페이지의 전체 레이아웃(layout)을 구성할 때 사용하기도 한다.

도서명	대출일자
반지의 제왕	2016-05-10
1Q84	2016-05-11
C++ 프로그래밍과 STL	2016-05-12

그림 3-1. 표의 형태

이러한 형태로 쓰이고 있다는 정도만 알아두고 표 형태의 관점에서 테이블을 구성하는 기본 태그들에 대해 알아보도록 하겠다. 테이블을 만들기 위한 태그로는 〈table〉, 〈tr〉, 〈td〉, 〈th〉 등이 있다. 각각의 태그에 대해 알아보고, 예제를 통해 활용 방법을 알아보도록 하자.

1) <table> : 표의 기본적인 구성을 하며, 표의 속성을 지정할 수 있다. table 태그의 지정 속성들은 다음과 같다.

table의 속성
colspan, rowspan, border, bgcolor, width, height, cellpadding, cellspacing, align, valign

[표 3-1] table의 속성

```
<table border = "1">
```

2) <tr> : table row의 약자이고, 행을 만드는 기능을 하는 태그이다. 기본 설정은 보통 글씨체에 왼쪽으로 정렬된다.

3) <td> : table data의 약자이고, 셀을 만드는 기능을 하는 태그이다. 기본 설정은 보통 글씨체에 왼쪽으로 정렬된다.

4) <th> : table head의 약자이고, 표의 제목을 나타내는 태그이다. 내장된 기본 설정은 굵은 글씨체에 중앙 정렬되어 있다.

참고 행(row), 열(col)에 대하여

데이터베이스에 데이터를 입력하기 위해 기본적으로 알아야 할 구조가 바로 행렬이다. 그런데 볼 때마다 늘 헷갈리는 게 바로 행렬이기도 하다. 무엇이 행이고, 무엇이 열인지 다시 정리해보자.

- **행(row, 行)** : 한자는 '다닌다'라는 의미를 가지고 있다. 사람이 어딘가를 다닌다는 의미는 지표면을 걸어다닌다는 의미이다. 즉, 걸어다닌다는 것은 가로축을 의미한다. 세로로 걷는 사람은 없으니 말이다. 그러므로 행은 표에서 가로축을 의미한다.

- **열(column, 列)** : 한자로 늘어서다라는 의미를 가지고 있고, 영어로는 column, 기둥을 의미한다. 즉, 기둥

이라는 것은 세로의 방향으로 서 있되, 길게 늘어서 있다. 열은 표에서 세로축을 의미한다.

이렇게 각각 어휘의 의미를 정확하게 파악해보면 아무 생각없이 외우는 것보다는 헷갈리지 않을 것이다.

앞에서 배운 테이블 태그를 기반으로 2행 2열의 표를 만드는 구조를 살펴보자.

```
<table border="1">
    <tr>
        <td>(0, 0)</td>
        <td>(0, 1)</td>
    </tr>
    <tr>
        <td>(1, 0)</td>
        <td>(1, 1)</td>
    </tr>
</table>
```

table 태그에 border를 1로 지정하였다. border는 표의 라인 굵기를 나타내는데, 만약 border를 정의하지 않으면 표의 라인이 나타나지 않고 데이터만 나오게 된다. <tr></tr>은 하나의 행을 의미하는데, <tr></tr>은 2쌍이 나타내고 있으므로 표의 2행을 구성한다. <td></td>는 열을 의미한다. 한 행에 2쌍의 <td></td>가 존재하므로 2행 2열의 표 구조라는 것을 파악할 수 있다. 앞서 배운 테이블 태그를 기반으로 3행 2열의 표를 구성하는 예제를 작성해보자.

<3-1.html>

```
<html>
    <head>
        <meta http-equiv="Content-Type" content="text/html;
        charset=utf-8" />
    </head>
    <body>
```

```
        <table border="1">
            <tr>
                <th>이름</th>
                <th>주소</th>
            </tr>
            <tr>
                <td>이창현</td>
                <td>수원시 영통구 매탄동</td>
            </tr>
            <tr>
                <td>조경화</td>
                <td>서울시 강남구 도곡동</td>
            </tr>
        </table>
    </body>
</html>
```

<실행 결과>

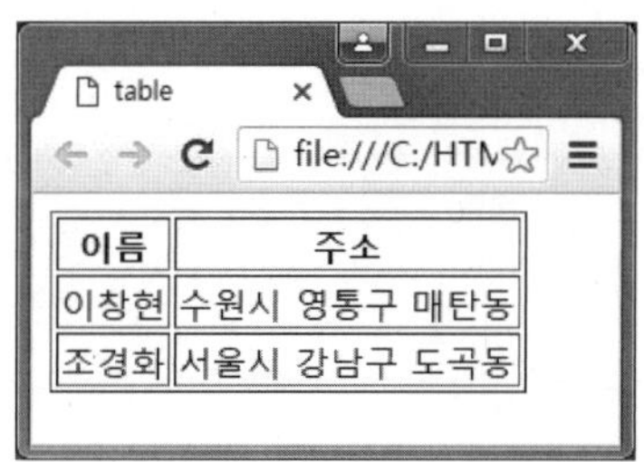

이름	주소
이창현	수원시 영통구 매탄동
조경화	서울시 강남구 도곡동

표의 전체 구성은 〈table〉 태그로 감싸고, 테이블 속성으로는 border = "1"을 추가하였다. 〈tr〉 태그는 한 행을 표현한다. 〈tr〉〈/tr〉의 쌍은 총 3쌍이므로 이 표는 전체 3행으로 구성되어 있는 것을 볼 수 있다. 〈th〉는 제목을 나타내는 태그로, 제목이 굵은 글씨체의 중앙 정렬되어 있고, 〈td〉는 각 셀에 데이터를 나타내는 태그로, 보통 글씨체에 왼쪽 정렬되어 있는 것을 볼 수 있다.

1.2 테이블(Table)의 여러 가지 속성

1) 행의 병합

우리는 앞에서 정석대로 표를 생성하는 방법을 배웠다. 그런데, 우리가 지금껏 보았던 표들을 보면 그렇게 행과 열이 딱딱 맞는 모범적인 표들만 있는 것은 아니다. 예를 들면 이력서와 같은 양식은 행과 열이 맞지 않는 대표적인 예이다. 말하자면, 셀끼리 병합된 부분들이 많다는 것이다. 지금 우리가 살펴볼 것은 셀끼리의 병합이다. 그 중에서도 행의 병합이다. 행의 병합을 하기 위해서는 사용해야 하는 속성이 있는데, 바로 colspan이다. colspan은 행(column)을 확장(span)한다는 의미로 이 속성을 이용하여 행의 셀을 합치는 개수를 지정할 수 있다. 사용 형태는 다음과 같다.

```
<td colspan = "2">데이터</td>
```

colspan의 설정값을 “2”라고 개수를 설정하면 행에서 2개의 셀을 합치게 된다. 이를 기반으로 다음 예제를 작성해보자.

<3-2.html>

```
<html>
    <head>
        <meta http-equiv="Content-Type" content="text/html;
        charset=utf-8" />
    </head>
    <body>
        <table border="1">
            <tr>
                <td colspan="2">(0,0)</td>
            </tr>
            <tr>
                <td>(1,0)</td>
                <td>(1,1)</td>
            </tr>
        </table>
    </body>
</html>
```

<실행 결과>

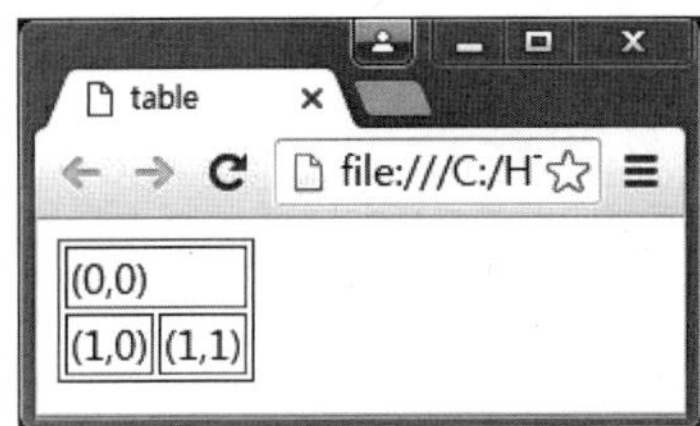

첫 번째 행을 병합한 것이므로 첫 번째 행의 두 번째 열은 필요가 없다. 왜냐하면 행을 병합하는 방향은 왼쪽에서 오른쪽이기 때문이다.

2) 열의 병합

이번에는 열의 병합에 대해 알아보자. 행의 병합과 마찬가지로 열의 병합도 셀끼리 합치는 것을 의미하고, 이 때 사용하는 속성이 rowspan이다. 열(row)을 확장(span)한다는 의미로 열의 셀을 합치는 개수를 지정할 수 있다. 사용 형태는 다음과 같다.

```
<td  rowspan = "2">데이터</td>
```

“2”라고 개수를 설정하면 열에서 2개의 셀을 합치게 된다. 다음 예제를 작성해보자.

<3-3.html>

```
<html>
    <head>
        <meta http-equiv="Content-Type" content="text/html;
        charset=utf-8" />
    </head>
    <body>
        <table border="1">
            <tr>
                <td rowspan="2">(0,0)</td>
                <td>(0,1)</td>
            </tr>
```

```
            <tr>
                <td>(1,1)</td>
            </tr>
        </table>
    </body>
</html>
```

<실행 결과>

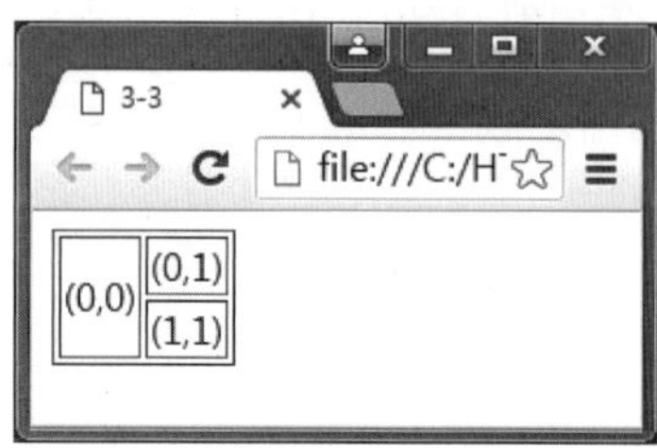

결과를 보면 알겠지만, 첫 번째 열을 병합한 것이므로 두 번째 행의 첫 번째 셀은 필요가 없다. 왜냐하면 열을 병합하는 방향이 위에서 아래 방향이기 때문이다.

3) 표의 여백 지정 및 테두리 설정

먼저 표의 테두리 설정 변경에 대해 알아보도록 하자. 속성 자체가 워낙 직관적이여서 이해하는데 어려움은 없다. 사용 속성은 border로써 테두리의 굵기를 설정한다. 기본적으로 "1"로 설정하며, 만약 설정하지 않으면 표의 테두리 선은 나타나지 않는다. 예제를 살펴보도록 하자.

<3-4.html>

```
<html>
    <head>
        <meta http-equiv="Content-Type" content="text/html;
        charset=utf-8" />
    </head>
    <body>
        <table border="10">
```

```
            <tr>
                <td>동(East)</td>
                <td>서(West)</td>
            </tr>
            <tr>
                <td>남(South)</td>
                <td>북(North)</td>
            </tr>
        </table>
    </body>
</html>
```

<실행 결과>

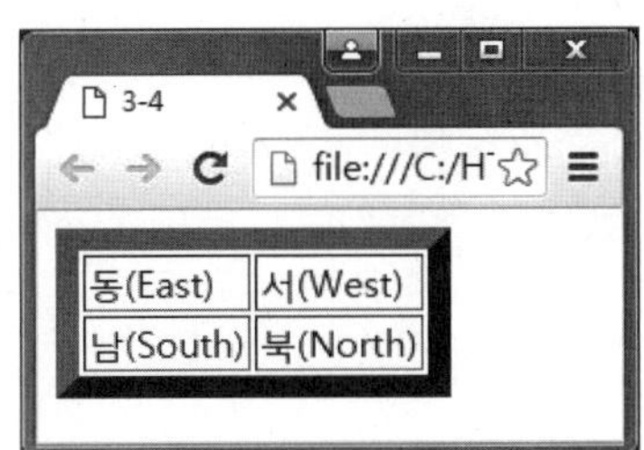

실행 결과를 보면 선의 두께가 10px만큼 굵게 설정된 것을 확인할 수 있다. 설정값을 1, 2, 3으로 변경해가면서 결과를 확인해보자.

여백 지정에는 두 가지 경우가 있는데, 셀과 셀 사이의 여백을 줄 때 선의 굵기를 지정하는 경우와 테이블에서 문장과 셀 사이의 여백을 설정할 경우이다. 먼저 셀과 셀 사이에 여백을 줄 때 사용하는 속성으로 cellspacing을 사용한다. 사용 형태는 다음과 같다.

```
<table cellspacing ="5"  border = "1">
```

테이블 생성시 테두리 굵기는 1px이고, 셀 간의 여백은 5px로 설정하겠다는 의미이다. 예제를 통해 결과를 보면 이해가 더 빠를 것이다.

<3-5.html>

```
<html>
    <head>
        <meta http-equiv="Content-Type" content="text/html;
        charset=utf-8" />
    </head>
    <body>
        <table cellspacing="10"  border="1">
            <tr>
                <td>동(East)</td>
                <td>서(West)</td>
            </tr>
            <tr>
                <td>남(South)</td>
                <td>북(North)</td>
            </tr>
        </table>
    </body>
</html>
```

<실행 결과>

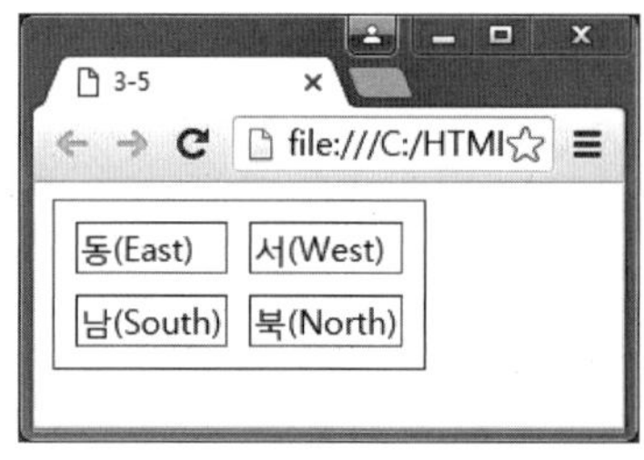

결과를 통해 이해를 쉽게 하기 위해서 cellspacing의 값을 10으로 설정하였다. 보다시피 셀과 셀간의 간격이 10px만큼 떨어진 것을 확인할 수 있다. cellspacing의 값을 여러 가지로 변경하면서 결과의 변화를 확인해 보도록 하자.

다음은 테이블에서 문장과 셀 사이의 여백을 설정하는 속성으로 cellpadding을 사용한다. 사용형태는 다음과 같다.

```
<table cellpadding ="10"  border = "1">
```

cellpadding을 10으로 지정하면 셀의 글자와 테이블의 테두리 사이에 10px만큼 간격을 유지하겠다는 의미이다. 예제를 통해 결과를 보고 빠르게 이해를 해보자.

<3-6.html>

```
<html>
    <head>
        <meta http-equiv="Content-Type" content="text/html;
        charset=utf-8" />
    </head>
    <body>
        <table cellpadding="50" border="1">
            <tr>
                <td>동(East)</td>
                <td>서(West)</td>
            </tr>
            <tr>
                <td>남(South)</td>
                <td>북(North)</td>
            </tr>
        </table>
    </body>
</html>
```

<실행 결과>

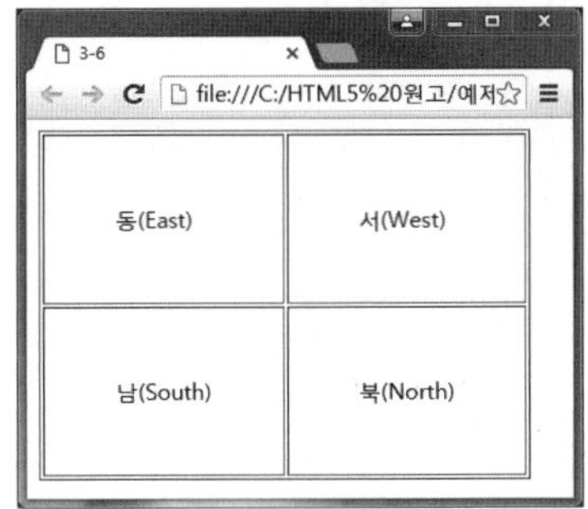

결과를 보면 각 셀에 글자가 출력되는데, 표의 테두리와 글자와의 간격이 50px만큼 유지하고 있음을 볼 수 있다. 잘 이해가 가지 않으면 cellpadding의 값을 10, 20, 30으로 변경해가면서 결과를 확인해보도록 하자.

4) 넓이, 높이, 정렬 설정

표의 높이와 넓이를 지정하는 속성은 width와 height이다. 다음 예제를 통해 표의 높이와 넓이를 변경해보자.

<3-7.html>

```
<html>
    <head>
        <meta http-equiv="Content-Type" content="text/html;
        charset=utf-8" />
    </head>
    <body>
        <table border="1" width="200" height="100">
            <tr>
                <td>동(East)</td>
                <td>서(West)</td>
            </tr>
            <tr>
                <td>남(South)</td>
                <td>북(North)</td>
            </tr>
        </table>
    </body>
</html>
```

<실행 결과>

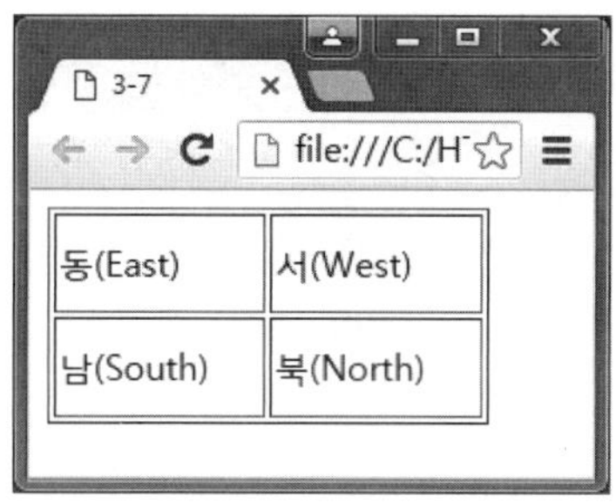

넓이를 200, 높이를 100으로 지정하였다. 표의 높이는 셀의 내용이나 열의 수가 증가함에 따라 변동이 되므로 잘 지정하지 않는다.

표의 높이를 지정하는 것뿐만 아니라 행(column)과 열(row)의 넓이와 높이를 별도로 지정할 수 있는데, 행의 〈td〉 태그에 width 속성을, 열의 〈tr〉 태그에 height 속성을 이용하면 설정이 가능하다.

<3-8.html>

```
<html>
    <head>
        <meta http-equiv="Content-Type" content="text/html;
        charset=utf-8" />
    </head>
    <body>
        <table border="1">
            <tr height = "20">
                <td width = "50">동(East)</td>
                <td width = "100">서(West)</td>
            </tr>
            <tr height = "50">
                <td>남(South)</td>
                <td>북(North)</td>
            </tr>
        </table>
    </body>
</html>
```

<실행 결과>

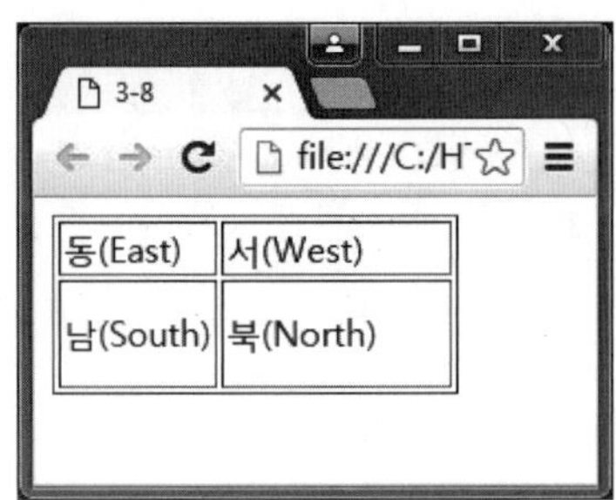

첫 번째 열의 높이는 20, 두 번째 열의 높이는 50으로 설정하였고, 첫 번째 행의 넓이는 50, 두 번째 행의 넓이는 100으로 설정하였다.

이번에는 셀의 내용을 정렬해보도록 하자. 정렬을 하기 위한 속성으로는 align과 valign이 있다. align은 셀의 가로줄을 왼쪽(left), 오른쪽(right), 가운데(center) 등으로 정렬한다. 그리고 valign의 경우는 셀의 세로줄을 위(top), 아래(bottom), 가운데(middle)로 정렬한다.

<3-9.html>

```
<html>
    <head>
        <meta http-equiv="Content-Type" content="text/html;
        charset=utf-8" />
    </head>
    <body>
        <table border="1">
            <tr height = "20" align = "center">
                <td width = "50">동(East)</td>
                <td width = "100">서(West)</td>
            </tr>
            <tr height = "50" valign="top">
                <td>남(South)</td>
                <td>북(North)</td>
            </tr>
        </table>
    </body>
</html>
```

<실행 결과>

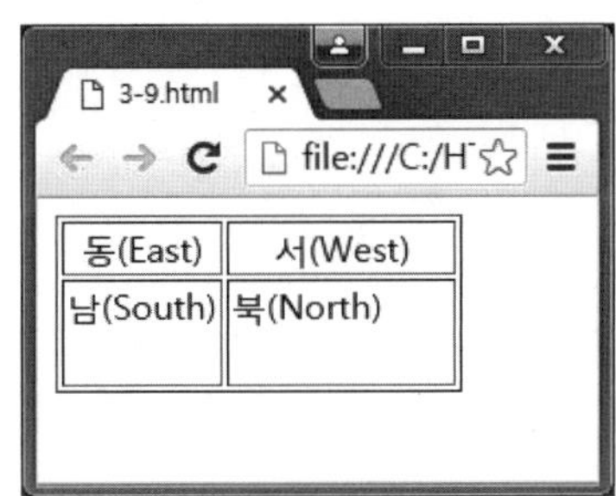

첫 번째 행의 셀의 내용을 가로축 중앙에 정렬하고, 두 번째 셀의 내용을 세로축 위쪽에 정렬하였다.

2. 링크 태그

2.1 <a> 태그

링크를 설정하려면 〈a〉 태그를 사용해야 한다. anchor의 약자로, 사전적인 의미는 '닻'이라는 뜻이다. 우리가 웹을 돌아다니는 것을 주로 웹서핑(web surfing)이라고 말하듯이 웹에서 돌아다니는 것을 마치 바다에서 배로 항해하는 것처럼 표현한다. 웹에서 항해를 하는 것은 보통 링크를 걸어서 이동을 시키므로 링크 태그로 anchor라는 단어의 약자인 a를 사용했는지 모른다. 아무튼 〈a〉 태그를 기본적으로 사용하는 형태는 다음과 같다.

```
<a href="http://www.hyejiwon.co.kr/">혜지원</a>
```

href를 통해 실제 이동할 주소값을 적는다. 그리고 〈a〉〈/a〉 태그 사이에 화면에 출력할 데이터를 입력한다.

<3-10.html>

```
<html>
    <head>
        <meta http-equiv="Content-Type" content="text/html;
        charset=utf-8" />
    </head>
    <body>
        <a href="http://www.hyejiwon.co.kr/">혜지원</a>
    </body>
</html>
```

<실행 결과>

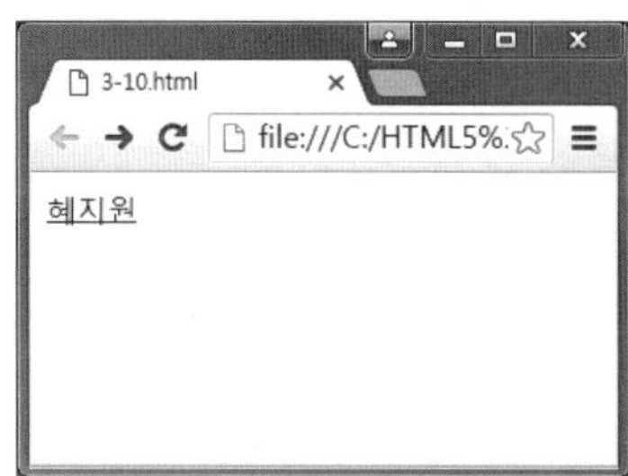

1) target 속성

〈a〉 태그의 기본 속성에 target 속성을 추가할 수 있는데, 링크가 걸린 페이지를 어떻게 열 것인지 결정하는 기능을 하는 속성이다. 속성값으로는 다음과 같은 것들이 있다.

속성값	설명
_top	현재 프레임의 설정에 상관 없이 링크로 불려진 내용이 현재 페이지를 꽉 채워버리는 것이다.
_self	현재 프레임에서 링크된 주소의 내용이 그대로 나타난다. target을 설정하지 않았을 경우 디폴트로 _self 형태로 나타난다.
_parent	이 설정은 부모 페이지가 있는 경우 적용이 가능한데, 자식 페이지에서 링크를 걸면 링크된 주소의 내용이 부모 페이지에 나타나게 된다.
_blank	링크된 주소를 항상 새로운 창으로 이동한다.

[표 3-2] target 속성값

주로 많이 사용하는 속성이 _blank와 _self이다. 두 속성에 대한 예제를 작성해 보도록 하자.

<3-11.html>

```
<html>
    <head>
        <meta http-equiv="Content-Type" content="text/html;
        charset=utf-8" />
    </head>
    <body>
        <a href="http://www.hyejiwon.co.kr/" target="_blank">혜지원</a>
    </body>
</html>
```

<실행 결과>

실행 결과를 살펴보면 링크된 페이지를 클릭했을 때 새로운 창이 생성되면서 링크된 주소로 이동되는 것을 확인할 수 있다.

<3-12.html>

```
<html>
    <head>
        <meta http-equiv="Content-Type" content="text/html;
        charset=utf-8" />
    </head>
    <body>
        <a href="http://www.hyejiwon.co.kr/" target="_self">혜지원</a>
    </body>
</html>
```

<실행 결과>

실행 결과를 살펴보면 링크된 페이지를 클릭했을 때 현재 페이지에서 링크된 주소로 이동되는 것을 확인할 수 있다.

지금 살펴본 네 가지의 속성값은 어떻게 열 것인지에 대한 기능이었다면 지금 하고자 하는 것은 어디에 열 것인지에 대한 기능을 말하고자 한다. 주로 하나의 브라우저 화면에서 프레임(Frame)이 두 개 이상으로 나누어졌을 경우 타겟을 설정하기 위해서 target 속성에 들어갈 속성값은 분할된 프레임 중 하나의 이름으로 설정한다. 형태는 다음과 같다.

```
<a href="http://www.hyejiwon.co.kr/"  target = "right">혜지원</a>
```

target 속성의 값은 'right'라는 이름으로 설정하였다. 이 의미는 right라는 이름을 가진 프레임에 해당 링크 주소로 이동을 시키겠다는 뜻이다. 우리가 뒤에서 프레임(frame) 태그에 대해 배울 것인데, 프레임에는 이름을 설정하는 속성이 있다. 해당 프레임의 이름 설정을 'right'라고 해주면 설정한 target의 속성값과 일치되어 해당 프레임에 링크 주소의 내용이 출력되도록 하는 것이다. 여러분은 우선 target을 지정하는 방법과 그 이유만 이해하고 있으면 된다. 뒤에 프레임(frame)을 배우면서 프레임 이름을 설정하고 링크가 프레임에 연결되어 출력되는 예제를 작성해보도록 하겠다.

2) title 속성

〈a〉 태그에 target에 이어 추가할 속성으로 title 속성이 있다. 이 속성은 링크될 이름에 마우스를 올렸을 때 타이틀 문구가 표시되도록 한다. 예제를 작성해서 확인해 보자.

<3-13.html>

```
<html>
    <head>
        <meta http-equiv="Content-Type" content="text/html;
        charset=utf-8" />
    </head>
    <body>
        <a href="http://www.hyejiwon.co.kr/" target="right" title="혜
        지원 사이트로 이동합니다.">혜지원</a>
    </body>
</html>
```

<실행 결과>

2.2 내부링크

지금까지 살펴본 링크의 개념은 주소 이동에 관한 것이었다. 그러나 한 페이지 내에서도 링크를 통해 이동이 가능한데 이를 내부링크라고 한다. 쉽게 말하면 워드 프로세서에서 책갈피 기능과 유사하다고 볼 수 있겠다. 보통 한 페이지에 많은 정보를 담고 있는 경우 페이지 내에서 내부링크를 사용하면 편리하다. 내부링크를 설정하는 방법은 다음과 같다.

```
<a href="#식별자명">이름설정</a>
<a name = "식별자명"></a>
```

문서내부의 링크를 걸 때도 외부링크를 걸 때와 마찬가지로 href를 사용하되, 속성값에 주소가 입력되는 것이 아니라 #을 접두어로 하는 식별자를 입력한다. 그리고 링크를 통해 이동하게 될 부분에는 name이라는 속성을 통해 링크를 걸어줄 때 사용했던 식별자명을 입력하되, # 기호만 빼고 입력한다. 즉, 식별자명을 통해서 링크 위치를 인식하는 것이다. 간단한 예제를 통해 확인해 보자.

<3-14.html>

```
<html>
    <head>
        <meta http-equiv="Content-Type" content="text/html;
        charset=utf-8" />
```

```
    </head>
    <body>
        <a href="#bottom"  name="top">요 아래를 보시오.</a>
        <p style = "height:1000px">.......</p>
        <a name = "bottom" href = "#top">뭘 봐.</a>
    </body>
</html>
```

<실행 결과>

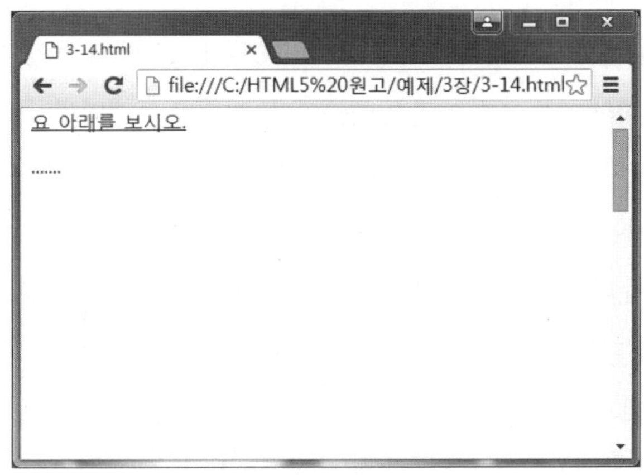

실행 결과를 보면 '요 아래를 보시오'와 '뭘 봐'는 서로 링크 관계이다. 페이지는 주로 좌, 우가 아니라 위, 아래로 이동을 하므로 위, 아래로 서로 이동할 수 있도록 속성을 설정하였다. #bottom은 bottom과 연결하였고, #top은 top와 연결하였다. 그래서 쌍방간에 서로 링크가 걸려서 클릭을 하면 왔다 갔다 할 수 있다. style = "height:1000px"은 페이지의 공간 영역을 최대한 늘리기 위해 일부러 1000px만큼 설정하였는데, 각각의 해상도에 따라서 차이가 있을 수 있으니 꼭 1000px가 아니더라도 여러분 마음대로 설정하여도 된다.

3. 프레임 태그

프레임이라고 하는 것은 테두리를 나타내는 것으로 웹브라우저 화면에서 영역을 나누어

HTML 문서를 표현할 때 사용한다. 웹브라우저 화면을 프레임별로 나누고, 프레임을 정의하는 문서와 프레임에 불러올 문서도 만들어야 한다. 보통 프레임을 나눌 때는 행 단위로 나누기도 하고, 열 단위로 나누기도 한다. 이러한 프레임을 정의하기 위해서는 프레임 태그를 사용해야 하는데, 〈frameset〉과 〈frame〉 태그를 사용한다.

3.1 <frameset> 태그

프레임 셋(frameset) 태그는 우리가 지금껏 배웠던 태그들과는 조금 개념적으로 다르게 생각해야 한다. 우리가 다뤘던 태그들은 지금껏 〈body〉〈/body〉 안에서 놀았다. 왜냐하면 한 페이지 안에서 변경하고 적용하는 것들이였기 때문이다. 그러나 프레임셋의 경우는 한 페이지 내에서 일어나는 것이 아니라 페이지를 여러 프레임으로 나누면서 시작하기 때문에 〈body〉〈/body〉 사이에 들어가는 것은 개념적으로 맞지 않다.

여러 프레임으로 나눈다는 것은 여러 페이지가 존재한다는 것인데, 가령 브라우저 화면을 왼쪽과 오른쪽 두 개의 페이지로 나누었다고 한다면, 일단 기본적으로 두 개의 페이지가 존재하는 것은 분명하고, 이 두 개의 페이지를 모두 관리하는 하나의 페이지가 더 존재해야 하므로 총 세 개의 페이지가 존재한다. 〈frameset〉을 설정하는 방법은 다음과 같다.

```
<frameset  cols ="왼쪽 프레임 영역, 오른쪽 프레임 영역">
    <frame  src = "왼쪽 프레임에 출력할 주소 및 파일">
    <frame  src = "오른쪽 프레임에 출력할 주소 및 파일">
</frameset>
```

1) cols 프레임 영역

프레임을 나누기 위해서는 먼저 프레임을 어떤 비율로 나눌 것인가를 정의해야 한다. 예를 들어 왼쪽과 오른쪽으로 나눈다고 하면 cols 속성을 사용하여 다음과 같이 설정할 수 있다.

```
cols = "20%, 80%" 또는 cols = "250, *"
```

%는 전체 수평 넓이의 비율을 20 : 80 으로 나누겠다는 의미이고, "250,*"의 의미는 픽셀단위로 왼쪽은 250 픽셀, 나머지는 오른쪽이라는 의미이다. 편한 방법대로 사용하면 되지만, 흔히 픽셀단위로 많이 사용하는 편이다.

예제를 통해 프레임을 나누어 보도록 하자. 앞서 이야기 했듯이 프레임 영역을 나누는 일은 〈body〉〈/body〉에서 처리하면 안되므로, 〈head〉〈/head〉 안에서 처리하도록 한다. 먼저 cols 속성을 이용하여 왼쪽과 오른쪽 프레임을 나누어 보도록 하자. frame의 src는 뒤에서 알아볼 내용이므로 일단 빈칸으로 처리하도록 한다.

<3-15.html>

```
<html>
    <head>
    <meta http-equiv="Content-Type" content="text/html;
    charset=utf-8" />
        <frameset cols = "200,*">
            <frame src ="">
            <frame src ="">
        </frameset>
    </head>
    <body>
    </body>
</html>
```

<실행 결과>

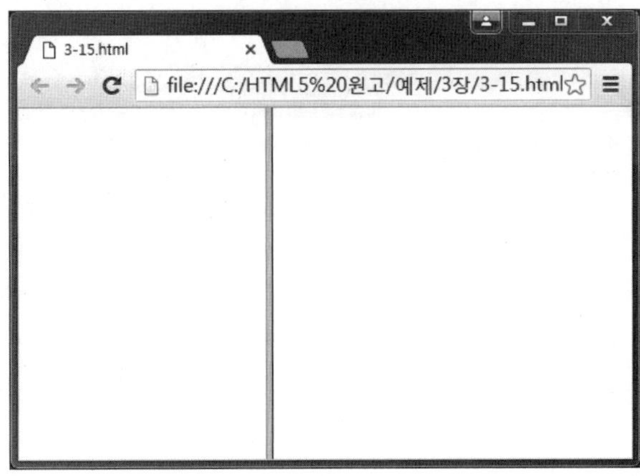

2) rows 프레임 영역

cols와는 반대로 가로로 프레임을 나누는 경우에는 rows 속성을 사용한다. 즉, 브라우저 화면을 상하로 나누겠다는 의미이다. cols와 마찬가지로 넓이 설정의 단위는 %나 픽셀 단위를 사용한다. 설정 형태는 다음과 같다.

```
rows = "50%, 50%" 또는 rows = "500, *"
```

이번에는 rows 속성을 이용하여 프레임을 나눈 예제이다. 비율은 50%, 50%로 나누도록 한다.

<3-16.html>

```
<html>
    <head>
    <meta http-equiv="Content-Type" content="text/html;
    charset=utf-8" />
        <frameset rows = "50%, 50%">
            <frame src ="">
            <frame src ="">
        </frameset>
    </head>
    <body>
    </body>
</html>
```

<실행 결과>

3) 여러 개의 프레임으로 나누기

cols와 rows를 이용하여 각각 상하, 좌우로 프레임을 나누었다면 이를 혼합하여 사용할 수도 있다. 즉, 〈frameset〉 태그 안에 〈frameset〉 태그를 중첩하여 사용하는 형태이다.

```
<frameset  cols ="왼쪽 프레임 영역, 오른쪽 프레임 영역">
    <frame  src = "왼쪽 프레임에 출력할 주소 및 파일">
    <frameset  rows ="위쪽 프레임 영역, 아래쪽 프레임 영역">
        <frame  src = "위쪽 프레임에 출력할 주소 및 파일">
        <frame  src = "아래쪽 프레임에 출력할 주소 및 파일">
    </frameset>
</frameset>
```

가장 바깥쪽 〈frameset〉 태그는 cols 속성으로 나누고 있으므로, 이 브라우저는 크게 왼쪽과 오른쪽 프레임 영역으로 나누고 시작한다. 그리고 중첩된 두 번째 〈frameset〉 태그는 앞에서 나눈 왼쪽과 오른쪽 프레임 중에 오른쪽에 속해 있고, rows 속성으로 나누고 있으므로 오른쪽 프레임에서 다시 위쪽과 아래쪽 프레임으로 나누어지게 된다. 이를 기반으로 간단한 예제를 작성해 보자.

<3-17.html>

```
<html>
    <head>
        <meta http-equiv="Content-Type" content="text/html;
        charset=utf-8" />
        <frameset cols = "200, *">
            <frame src ="">
            <frameset rows = "50%, 50%">
                <frame src ="">
                <frame src ="">
            </frameset>
        </frameset>
    </head>
```

```
    <body>
    </body>
</html>
```

<실행 결과>

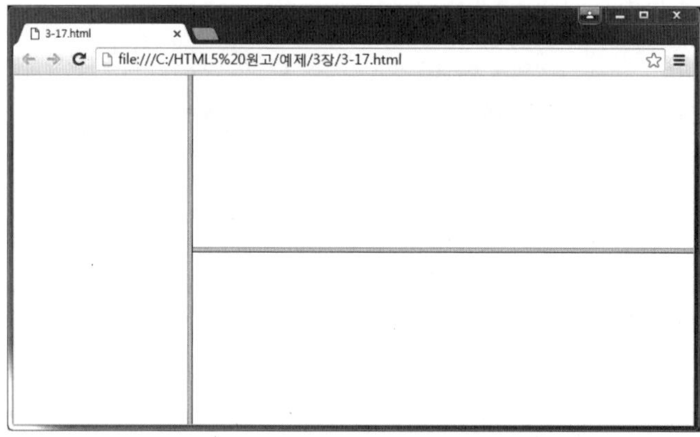

3.2 <frame> 태그

이번에는 〈frameset〉 태그 내부에서 동작하는 〈frame〉 태그에 대해서 이야기 해보자. 앞선 예제에서는 〈frame〉 태그는 일단 공백으로 처리하였으므로, 실제 브라우저에서는 빈 내용으로만 나타났었다. 이제는 그 내용을 채워보도록 하자.

```
<frameset  cols ="왼쪽 프레임 영역, 오른쪽 프레임 영역">
    <frame  src = "왼쪽 프레임에 출력할 주소 및 파일">
    <frame  src = "오른쪽 프레임에 출력할 주소 및 파일">
</frameset>
```

1) src 속성

〈frame〉 태그에서 가장 기본적으로 설정해야 할 속성이다. src는 어떤 문서를 불러올 것인지 실제 문서의 소스에 대한 주소 또는 문서 파일의 경로를 지정한다. 기본 형태는 다음과 같다.

```
<frame src = "index.html">
<frame src = "http://www.hyejiwon.co.kr">
```

앞서 우리가 작성했던 프레임셋의 예제를 기반으로 각 프레임에 불러올 문서를 설정해보자. 예제는 왼쪽과 오른쪽으로 나눈 cols 속성으로 한다.

<3-18.html>

```
<html>
    <head>
    <meta http-equiv="Content-Type" content="text/html;
    charset=utf-8" />
        <frameset cols = "200, *">
            <frame src = "3-13.html">
            <frame src = "http://www.hyejiwon.co.kr">
       </frameset>
    </head>
    <body>
    </body>
</html>
```

<실행 결과>

2) frameborder 속성

〈frame〉 태그의 부가적인 속성으로, 프레임 경계선 표시 여부를 설정한다. 속성값을 1로 설정하면 경계선이 보이고, 0으로 설정하면 경계선이 보이지 않는다. 앞의 예제에 다음의 속성을 추가하여 frameborder를 0으로 설정한 후 실행해보자.

```
<frame src = "http://www.hyejiwon.co.kr"  frameborder = "0">
```

<실행 결과>

프레임 사이에 경계선이 없어진 것을 확인할 수 있다.

3) 프레임(frame) 여백

프레임의 여백을 지정하는 속성으로 속성값에는 marginheight와 marginwidth가 있다. 이 두 개의 속성값을 각각 100으로 설정한 후 현재 프레임을 기준으로 상하 기준 100 픽셀, 좌우 기준 100 픽셀의 여백이 생긴 것을 확인할 수 있다. 앞의 예제의 설정값을 다음과 같이 수정하고 다시 실행해보자.

```
<frame src = "http://www.hyejiwon.co.kr"  frameborder = "1"
marginheight = "100" marginwidth = "100">
```

<실행 결과>

4) name 속성

프레임의 이름을 설정한다. 프레임 이름을 설정해주는 이유는 링크를 통해 보여줄 프레임의 타겟을 지정하기 위함이다. name 속성에 "right"라는 이름을 지정하여 예제를 수정해보도록 하자.

```
<frame src = "http://blog.naver.com/jamsuham75"  frameborder = "1"
marginheight = "100" marginwidth = "100"  name = "right">
```

<실행 결과>

왼쪽 프레임의 '혜지원'을 클릭하면 오른쪽 프레임의 내용이 혜지원 사이트로 이동하는 것을 확인할 수 있다. 왜냐하면 name 속성의 "right"라는 이름이 왼쪽 프레임의 문서인 '3-11.html'에서 target 속성을 "right"라는 이름으로 지정하였기 때문이다.

5) noresize 속성

앞서 작성했던 예제를 보면 frameborder가 0인 경우를 제외하고 프레임 경계선이 나타나는 것을 확인할 수 있다. 이 프레임 경계선은 이동시켜서 크기를 조절할 수 있는데, noresize 속성을 사용하게 되면 크기 조절이 불가능하다. 프레임 분리시 크기를 고정하고 싶을 때 이 속성을 사용하면 된다.

```
<frame src = " http://blog.naver.com/jamsuham75"  frameborder = "1"
marginheight = "100" marginwidth = "100" name = "right"  noresize>
```

4. 폼(Form) 태그

폼(form)이란 대화상자와 같이 사용자로부터 정보를 받아 처리할 수 있게 하는 기능을 한다. 우리가 가장 흔히 예를 들어볼 수 있는 것은 바로 회원가입 페이지이다. 회원가입 시 기본적으로 아이디, 비밀번호, 이름, 주소, 성별 그리고 필요하면 본인의 사진 이미지나 아바타 등의 이미지를 등록하기도 한다. 이렇게 입력한 데이터는 DB에 저장을 하여 관리한다. 사실상 폼을 통해서는 데이터를 입력만 하는 것이지 HTML에서 처리할 수는 없다. 처리하는 부분은 php와 같은 언어를 통해서 제작할 수 있는데, 현재 단원에서는 벗어나는 주제이므로 우리는 웹 페이지에서 데이터를 입력하는 폼 부분 위주로 다루도록 하겠다.

4.1 폼(Form) 태그

폼 태그는 폼 양식의 시작과 끝의 범위를 지정할 뿐 화면상에 보여지는 기능은 없다. 폼 태그의 사이에는 우리가 앞으로 배울 입력 태그들이 위치할 수 있는데, 예를 들면 텍스트 필드, 라디오 버튼, 체크박스, 전송 버튼 등이 위치하게 된다. 즉, 회원가입 페이지를 생각해보자면, 회원가입 전체 폼에 아이디, 패스워드, 성별 등을 입력하기 위한 텍스트박스, 라디오 버튼 등이 위치하고 있는 것을 볼 수 있다.

1) <form> 태그의 사용 형태

〈form〉 태그를 사용하는 형태이다. 이 태그 사이에 텍스트 필드, 라디오 버튼, 체크박스 등을 만드는 태그를 사용할 수 있다.

```
<form method = "get" action = "confirm.php" >
</form>
```

2) <form> 태그의 속성

〈form〉 태그를 사용할 때 속성을 지정할 수 있다. 폼은 사용자로부터 입력한 데이터를 처리해야 하기 때문에 기본적으로 통신방식을 설정하고, 처리하는 루틴을 읽어와야 한다. 다음 표를 보도록 하자.

속성	설명
method	통신 방법을 지정한다. 방법에는 get 방식과 post 방식 두 가지가 있다. get 방식은 1KB 이상의 데이터를 처리할 때 사용하고, post 방식은 1KB 미만의 데이터를 처리할 때 사용한다. 예) method = "get"
action	입력된 정보를 처리하는 프로그램의 경로를 지정한다. 예) action = "confirm.php"

[표 3-3] form 태그의 속성

4.2 입력(input) 태그

입력〈input〉 태그는 입력 양식 중 가장 기본적인 형태로 타입 속성값에 따라 여러가지 형태로 출력을 할 수 있다. 사용할 수 있는 타입 속성은 다음과 같다.

1) 입력 태그의 타입 속성

타입 속성	설명
Text	일반 텍스트를 입력할 수 있도록 한다. 최대로 입력 가능한 문자수를 제한할 수 있다.
Password	텍스트 입력 속성과 모두 동일하나 비밀번호 형태로 출력된다는 점만 다르다.
Checkbox	체크박스 형태로 출력한다.
Radio	라디오 버튼 형태로 출력한다.
Submit	폼에 입력한 데이터를 전송하는 버튼이다.
Reset	입력한 내용을 취소하고 다시 작성하게 하는 버튼이다.
image value	이미지 형태로 출력한다.

[표 3-4] 입력 태그의 타입 속성

〈input〉 태그를 타입 속성별로 살펴보도록 하자.

2) 텍스트(Text) 필드

텍스트 필드는 임의의 문자를 입력 받을 때 사용하는 필드이다. 회원가입 양식에서 아이디, 이름, 주소 등 텍스트를 입력하는 필드가 바로 텍스트 필드이다. 사용 형태는 다음과 같다.

```
<input type ="text"  name = "my_id">
```

type 속성은 비단 텍스트 필드뿐만 아니라 폼 태그 내에서는 필수적인 속성이다. 왜냐하면 앞서 살펴 보았듯이 type 속성에 따라서 입력 형태가 결정되기 때문이다. 그리고 또 하나의 필수적인 속성으로는 name이 있는데, 각 입력 필드의 이름을 의미한다. 이름은 유일해야(unique) 하며, 입력 필드끼리 중복이 되어서는 안된다. 왜냐하면 입력한 데이터를 처리 시 입력 필드 별로 구분을 할 수 있어야 하기 때문이다. 이 외에 부가적인 속성들이 있는데 표를 통해 살펴 보도록 하자.

속성	설명
size	텍스트 필드의 길이를 설정한다. 설정하지 않으면 디폴트로 20의 값을 갖는다. 예) size = "100"
maxlength	텍스트 필드에 입력할 수 있는 최대 글자수를 지정한다. 예) maxlength = "5"
value	텍스트 필드에 기본값을 설정한다. 예) value = "이름을 입력하세요."

[표 3-5] 텍스트 필드의 속성

속성값을 기반으로 텍스트 필드의 간단한 예제를 작성해보자.

<3-19.html>

```
<html>
    <head>
    <meta http-equiv="Content-Type" content="text/html;
    charset=utf-8" />
    </head>
    <body>
        <form method ="get" action="">
            <input type = "text" name ="my_id" size = "30"
            maxlength="8" value = "이름을 입력하세요.">
        </form>
    </body>
</html>
```

<실행 결과>

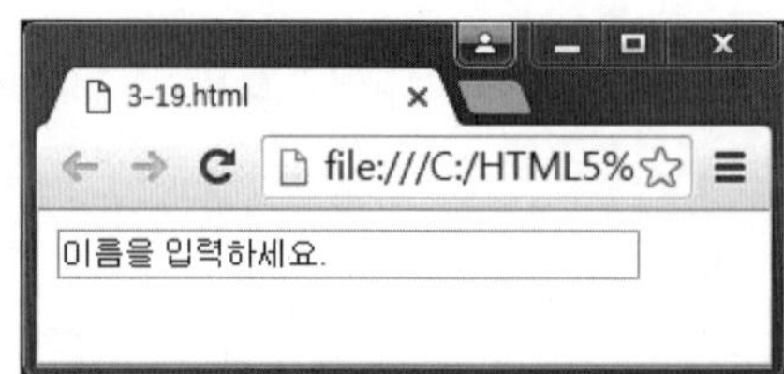

text 타입에 이름은 my_id, 텍스트 필드의 길이는 30, 최대 글자수는 8자, 기본 텍스트 입력값은 "이름을 입력하세요"라고 설정하였다. 직접 텍스트 필드에 문자를 입력해보자. 입력이 잘 된다면 텍스트 필드 동작에 문제가 없는 것이다.

3) 패스워드

텍스트 필드와 거의 동일하다. 차이점이 있다면 텍스트를 출력할 때 패스워드 형태(****)로 보여준다는 것뿐이다. 기타 속성들도 텍스트 필드와 동일하므로 별도의 설명은 생략하도록 하겠다. 패스워드 필드의 사용 형태는 다음과 같다.

```
<input type ="password"  name = "my_password">
```

type 속성값은 password로 지정하고, name은 my_password와 같은 고유값으로 지정한다. 간단한 예제를 작성해보자.

<3-20.html>

```
<html>
    <head>
    <meta http-equiv="Content-Type" content="text/html;
    charset=utf-8" />
    </head>
    <body>
        <form method ="get" action="">
            <input type = "password" name ="my_password" size = "20"
            maxlength="16" value = "1234">
```

```
        </form>
    </body>
</html>
```

<실행 결과>

password 타입에 이름은 my_password, 텍스트 필드의 길이는 20, 최대 글자수는 16자, 기본 패스워드 입력값은 "1234"라고 설정하였다. 직접 패스워드를 입력해보자. 텍스트 필드와 차이라면 "****" 형태의 표시 차이뿐 특이한 사항은 없다.

4) 체크박스

체크박스는 어떤 선택 사항에 있어서 중복 선택이 가능한 형태이다. 우리가 온라인 상에서 어떤 설문 조사를 할 때 여러 개의 답을 체크해야 하는 문제에서 체크박스를 통해 선택하도록 제공한다. 체크박스 또한 〈input〉 태그의 type 속성값만 checkbox로 설정해 주면 사용하는데 있어 특이할 만한 사항은 없다. 사용 형태는 다음과 같다.

```
<input type ="checkbox"  name = "my_check"  value="C++">
```

체크박스에서 value의 속성은 체크가 되었을 때 전송되는 값을 나타낸다. 그리고 추가로 한 가지 속성을 더 언급하자면 checked라는 속성이 있는데, 시작시 체크가 된 상태로 할 것인지를 지정하는 것이다. 간단한 예제를 작성해보자.

<3-21.html>

```
<html>
    <head>
        <meta http-equiv="Content-Type" content="text/html;
        charset=utf-8" />
    </head>
    <body>
        <form method ="get" action="">
            ● 평소에 선호하는 언어의 종류를 고르시오. <p>
            <input type = "checkbox" name ="cb1" value = "C++"
            checked>C++
            <input type = "checkbox" name ="cb2" value = "자바">자바
            <input type = "checkbox" name ="cb3" value = "아랍어"
            checked>아랍어
            <input type = "checkbox" name ="cb4" value = "자바스크립트">
            자바스크립트
            <input type = "checkbox" name ="cb5" value = "안드로이드">안
            드로이드
        </form>
    </body>
</html>
```

<실행 결과>

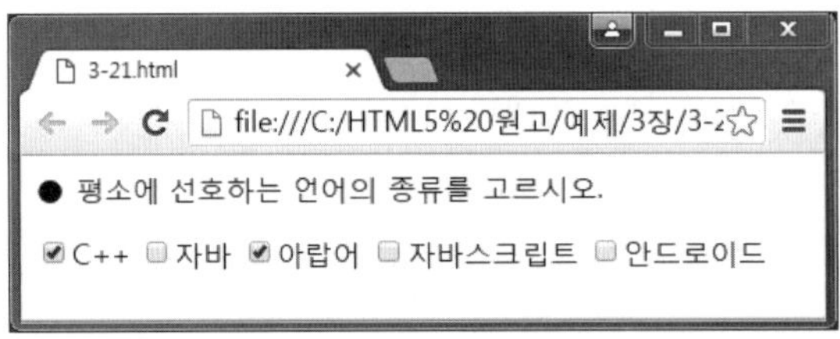

5) 라디오 버튼

체크박스가 여러 항목을 중복해서 선택할 수 있었다면, 라디오 버튼의 경우는 항목 중에 반드시 한 개만 선택할 수 있다. 그 외에는 체크박스와 크게 다른 점은 없다. 사용 형태는 다음과 같다.

```
<input type ="radio"  name = "my_radio"  value="yes">
```

type 속성은 radio를 사용하고, 나머지는 체크박스의 내용과 동일하다. 마찬가지로 라디오 버튼 중 하나를 선택한 채로 출력하고 싶으면 checked 속성을 추가하면 된다. 대신 라디오 버튼은 항목 중에 하나만 선택이 가능하므로 checked 또한 하나만 추가할 수 있다. 간단한 예제를 작성해보자.

<3-22.html>

```
<html>
    <head>
        <meta http-equiv="Content-Type" content="text/html;
        charset=utf-8" />
    </head>
    <body>
        <form method ="get" action="">
            ● 현재 당신의 PC를 포맷하시겠습니까? <p>
            <input type = "radio" name ="my_radio" value = "yes"
            checked>예
            <p><input type = "radio" name ="my_radio" value = "no">아
            니오
        </form>
    </body>
</html>
```

<실행 결과>

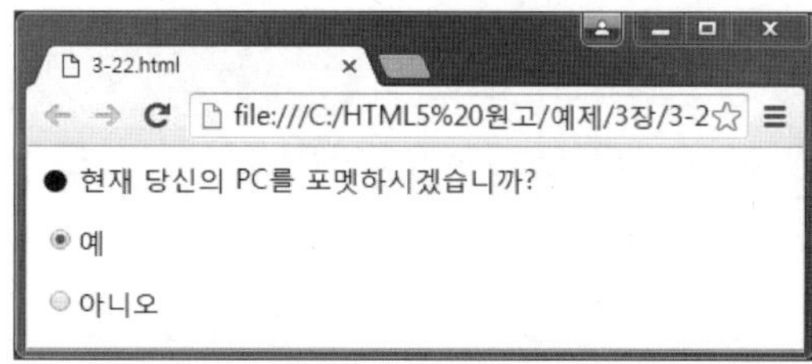

6) 전송 버튼

전송 버튼은 현재 내가 입력한 데이터를 처리하고, 지정한 페이지로 이동하게 한다. 사용형태는 다음과 같다.

```
<input type ="submit"  value="전송">
```

type 속성값은 "submit"으로 지정하면 일반 버튼 형태로 생성이 되고, value 속성을 지정함으로써 버튼상에 보여질 이름을 출력한다.

<3-23.html>

```
<html>
    <head>
        <meta http-equiv="Content-Type" content="text/html;
        charset=utf-8" />
    </head>
    <body>
        <form method ="get" action="">
            <input type = "text"  name ="my_id" maxlength="10">
            <input type = "submit"  value = "전송">
        </form>
    </body>
</html>
```

<실행 결과>

구색을 맞추기 위해 데이터를 입력할 텍스트 필드를 배치하고, 그 오른쪽에 전송 버튼을 배치하였다. 임의의 값을 텍스트 필드에 입력하고, 전송 버튼을 눌렀을 때 처리된 화면으로 이동해야 하는데, 현재 〈form〉 태그의 action 속성에 아무런 값도 넣어주지 않았으므로 이동하지 않는다.

action 속성

우리는 현재 HTML의 UI 과정만 보고 있기 때문에 action 속성의 처리에 대해서는 건너 뛰었다. 그런데, 전송 버튼을 눌렀을 때 아무런 반응이 없으니 조금 서운하기는 하다. 이러한 서운함을 조금이라도 달래기 위해 임시 페이지를 만들어서 이동시킬 수 있다. 다음과 같은 간단한 페이지를 만들어 보자.

```
<html>
    <head>
        <meta http-equiv="Content-Type" content="text/html;
        charset=utf-8" />
    </head>
    <body>
        <center><h1>무엇이 되었든 상관없이 다 처리하였습니다.</h1></center>
    </body>
</html>
```

파일 이름은 completed.html이라고 저장한 후, 앞의 예제의 〈form〉 태그의 action 속성에 다음과 같이 지정을 하자.

```
<form method ="get" action="completed.html">
```

<실행 결과>

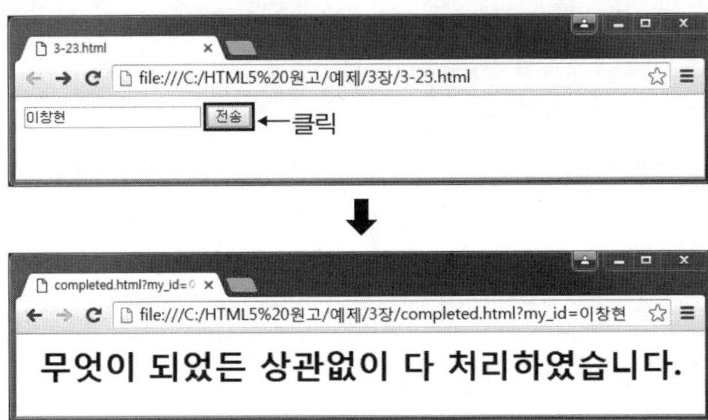

7) 리셋 버튼

전송 버튼과 마찬가지로 일반 형태의 버튼 모양이다. 다만, 리셋 버튼의 경우는 현재 폼에 입력한 데이터를 모두 취소하고 초기화시키는 기능을 한다. 사용 형태는 다음과 같다.

```
<input type ="reset"  value="재입력">
```

다음은 리셋 버튼의 예제이다.

<3-24.html>

```
<html>
    <head>
        <meta http-equiv="Content-Type" content="text/html;
        charset=utf-8" />
    </head>
    <body>
        <form method ="get" action="">
            <input type = "text"  name ="my_id" maxlength="10">
            <input type = "reset"  value = "재입력">
        </form>
    </body>
</html>
```

<실행 결과>

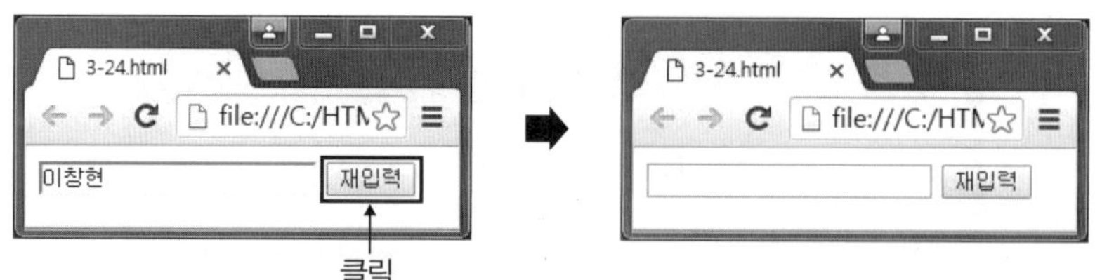

텍스트 필드에 데이터를 입력 후 재입력 버튼을 클릭해보면 입력한 데이터가 삭제되고 초기화 되는 것을 확인할 수 있다.

8) 이미지 버튼

이미지 버튼은 버튼의 외관을 이미지로만 변경하는 것 외에 전송 버튼과 전부 동일한 기능을 한다. 사용 형태는 다음과 같다.

```
<input type ="image"  src="이미지 경로">
```

type 속성을 image로 해주면 이미지 버튼을 사용하겠다는 것이고, src 속성을 통해 가져올 이미지를 지정한다. 다음은 이미지 버튼의 예제이다.

<3-25.html>

```
<html>
    <head>
        <meta http-equiv="Content-Type" content="text/html;
        charset=utf-8" />
    </head>
    <body>
        <form method ="get" action="">
            <input type = "text"  name ="my_id" maxlength="10">
            <input type = "image"  src = "image/btn.png" height = "30"
            width = "30">
        </form>
    </body>
</html>
```

<실행 결과>

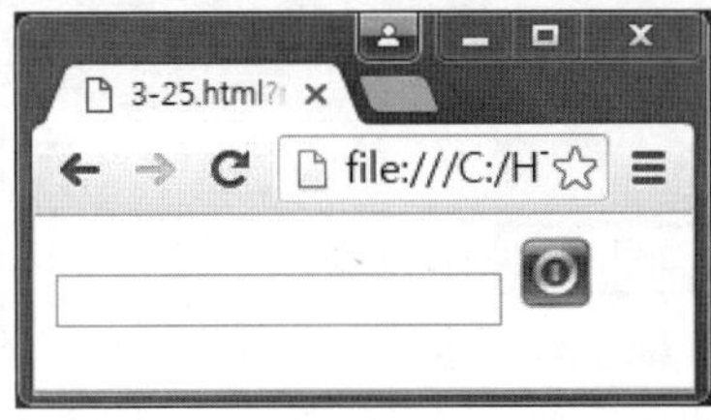

예제에서 사용하는 이미지 파일은 부록 예제(혜지원 홈페이지 자료실에서 다운로드 받을 수 있다)에서 [예제]–[3장]–[image]에 수록되어 있다. 예제 파일의 현재 위치는 [예제]–[3장]이므로 소스코드에서 수행할 png 파일의 경로를 "image/btn.png"라고 지정하였다.

9) 파일

메일이나 게시판에 파일을 첨부할 때 업로드하기 위한 [찾아보기] 버튼을 종종 보았을 것이다. 파일 타입은 바로 첨부파일을 업로드하는 기능을 제공한다. 사용 형태는 다음과 같다.

```
<input type ="file"  name="이름">
```

type 속성을 "file"이라고만 지정하면 파일을 첨부할 수 있는 버튼과 경로창이 자동으로 생성된다. 다음은 파일 예제이다.

<3-26.html>

```
<html>
    <head>
        <meta http-equiv="Content-Type" content="text/html;
        charset=utf-8" />
    </head>
    <body>
        <form method ="get" action="">
            <input type = "file"  name ="my_file">
        </form>
    </body>
</html>
```

<실행 결과>

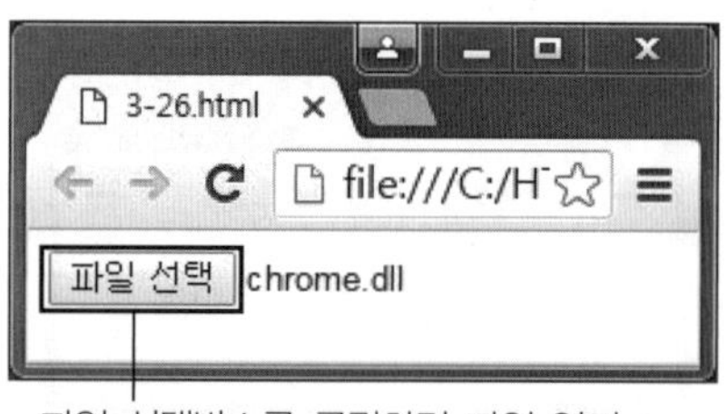

파일 선택박스를 클릭하면 파일 열기 대화상자가 나타난다.

4.3 텍스트 영역(Text Area)

텍스트 필드는 문자를 한 줄만 입력이 가능했다면 텍스트 영역은 문자를 여러 줄 입력할 수 있다. 즉, 멀티라인 입력이 가능하다는 말이다. 만약, 입력한 데이터가 설정한 텍스트 영역의 크기를 넘는다면 자동으로 스크롤바가 생기므로 문자를 입력하는데 있어서 제한은 없다. 사용형태는 다음과 같다.

```
<textarea rows ="10" cols = "50" name="contents"></textarea>
```

텍스트 영역은 〈textarea〉 태그를 사용하고, 기본적으로 가로와 세로의 길이를 설정하기 위해 rows와 cols를 통해 영역의 크기를 설정하였다. 시작할 때 기본적으로 텍스트 영역에 기본 문자를 입력해 놓고 싶을 때에는 〈textarea〉와 〈/textarea〉 태그 사이에 입력하도록 한다. 다음 예제를 살펴보자.

<3-27.html>

```
<html>
    <head>
        <meta http-equiv="Content-Type" content="text/html;
        charset=utf-8" />
    </head>
    <body>
        <form method ="get" action="">
            <textarea rows = "10" cols ="50" name = "contents">하고 싶
            은 말을 입력하세요.</textarea>
        </form>
    </body>
</html>
```

<실행 결과>

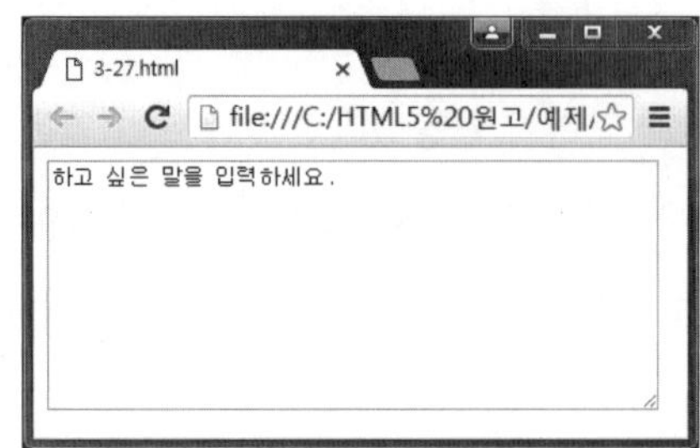

4.4 선택박스(Select Box)

콤보박스라고도 불리는 선택박스는 여러 항목들 중에 하나를 선택할 수 있게 한다. 선택박스를 사용하기 위한 태그로는 〈select〉를 사용하며 여러 항목들의 값은 〈option〉 태그를 통해 등록한다. 간단한 예제를 작성해보자.

<3-28.html>

```
<html>
    <head>
        <meta http-equiv="Content-Type" content="text/html;
        charset=utf-8" />
    </head>
    <body>
        <form method ="get" action="">
            <select value="">
                <option value="">당신의 세대는</option>
                <option value="10">10대</option>
                <option value="20">20대</option>
                <option value="30">30대</option>
                <option value="40">40대</option>
                <option value="50">50대</option>
                <option value="60">60대</option>
            </select>
        </form>
    </body>
</html>
```

<실행 결과>

〈select〉 태그에서 사용할 수 있는 속성으로는 name이나 size 정도를 설정할 수 있고, 〈option〉 태그에서는 선택시 사용할 값을 지정하는 value 속성과 초기 선택값을 지정하는 selected 속성 정도를 사용할 수 있다. size의 경우는 선택박스의 세로 길이의 값인데, 굳이 세로의 길이를 변경할 필요는 없으므로 잘 사용하지 않는다. 가로의 길이는 항목의 값의 길이에 따라 자동으로 가변적으로 변하기 때문에 신경 쓸 필요는 없다. 그리고, 선택박스의 초기 실행시 특정 항목의 값을 지정하여 나타내고 싶으면 속성으로 selected를 사용한다. 예제를 다음과 같이 수정하고 다시 실행해 보자.

```
<option value="40" selected>40대</option>
```

<실행 결과>

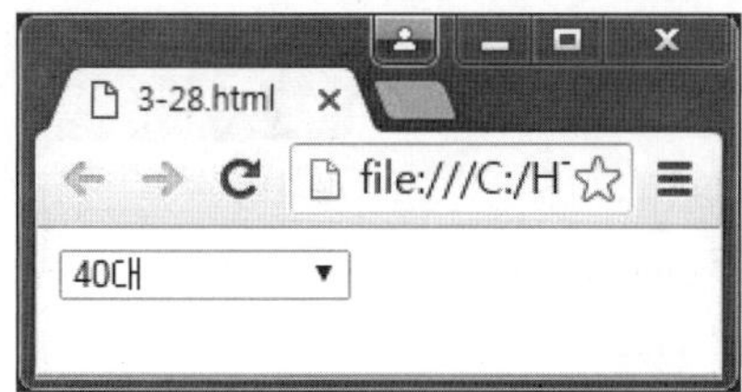

4.5 레이블(Label)

label의 사전적 의미는 인식할 수 있는 표식을 의미한다. 그래서 보통 프로그래밍 툴의 컨트롤에서 label은 컨트롤의 표식으로 사용되어 왔다. 〈label〉 태그도 비슷한 의미로 폼 기반의 입력 태그나 체크박스, 라디오 버튼 등의 이름을 표식해주고, 선택의 영역을 좀 더 확장시켜준다. 구체적으로 말하자면, 기존에 체크박스 선택시에는 체크박스의 사각영역을 정확하게 클릭해야 체크 설정 혹은 해제가 이루어졌다. 하지만, 레이블을 사용하면 레이블을 통해 설정한 이름을 클릭해도 체크박스에서 체크 혹은 해제가 이루어진다. 간단한 예를 들어보도록 하자.

<3-29.html>

```
<html>
    <head>
        <meta http-equiv="Content-Type" content="text/html;
        charset=utf-8" />
    </head>
    <body>
        <form method ="get" action="">
            <label for = "my_name">이름 </label><input name="my_text"
            type="text" id="my_name"></p>
            <label for = "male">남자</label><input name="my_radio"
            type="radio" id="male" checked></p>
            <label for = "female">여자</label><input name="my_radio"
            type="radio" id="female"></p>
        </form>
    </body>
</html>
```

<실행 결과>

앞서 배웠던 텍스트 필드와 라디오 버튼을 이용하여 출력하고 있다. 그런데, 공통적으로 각각 앞에 〈label〉 태그를 사용하여 각 컨트롤의 표식을 해주고 있는데, 여기서 눈여겨 볼 것은 〈label〉 태그의 속성으로 for를 사용하고 있다는 것이다. 이것은 각 컨트롤의 속성 id와 매치가 되는데 현재의 label과 컨트롤의 id를 통해서 연관성을 갖게 하는 것이다.

5. 멀티미디어(Multimedia) 태그

5.1 멀티미디어(Multimedia)의 종류

멀티미디어는 멀티(Multi)와 미디어(Media)라는 두 단어의 합성어로 여러 종류의 미디어라는 의미로 생각할 수 있다. 미디어라는 것은 보통 정보를 전송하는 매체를 말하며, 흔히 우편, 신문, 잡지, 방송 등의 모든 것을 통틀어 말한다. 이러한 미디어들은 결국 텍스트, 이미지, 오디오, 비디오 등의 요소로 구성되어 있으며, 이러한 요소들이 2개 이상 결합되어 표현되면 그것이 멀티미디어가 되는 것이다.

지금까지 HTML의 텍스트와 이미지 관련하여 다루었다. 물론 멀티미디어에서도 텍스트와 이미지는 기본으로 포함되지만 오디오와 비디오를 중점적으로 다루어 보도록 하겠다.

1) 오디오(Audio) 파일

HTML에서 이미지가 시선을 사로잡았다면 오디오는 효과적인 표현이나 감성을 울리는 음악을 삽입하는데 사용된다. HTML에서 사용하는 오디오 파일의 종류는 다음과 같다.

파일의 종류	설명
MIDI	미디 파일은 주로 컴퓨터 전자 악기에서 사용된다. 브라우저에서 기본적으로 지원하는 파일이기 때문에 플러그인 없이도 사용할 수 있다.
WAV	주로 음성이나 데이터를 기록하는 용도로 만든 오디오 포맷이다. 브라우저에서 기본적으로 지원하는 파일이다.
MP3	우리가 듣는 음악 파일로 많이 사용되고 있다. 왜냐하면 적은 용량으로 좋은 품질의 오디오를 제공하기 때문이다.
RA	실시간으로 전송 및 재생이 가능한 파일로, Real Network사에서 만들었다. 이 회사에서 제공하는 RealPlayer를 설치해야만 재생이 가능하다.

[표 3-6] 오디오 파일의 종류

2) 비디오(Video) 파일

비디오 동영상의 경우는 미디어의 집합체로써 진정한 멀티미디어라고 할 수 있을 정도로 표현에 있어서 가장 효과적이고 현대에는 수많은 동영상들이 웹상에 범람하고 있다. 최근에는 유튜브와 같은 동영상 및 실시간 인터넷 방송 등이 보편화되면서 활용도가 부쩍 증가되었다. 파일의 종류는 다음과 같다.

파일의 종류	설명
MPEG(MPG)	Motion Picture Experts Group의 약자이다. 직역을 하면 동영상 전문가 그룹을 의미하며, 비디오 및 오디오의 데이터 압축과 해제 방식을 규정하고, 동화상 포맷으로 사용되기도 한다.
AVI	Audio Video Interlea의 약자이다. 오디오와 비디오를 모두 지원하는 포맷으로, 마이크로소프트사에서 개발하였다.
RM	실시간으로 비디오 및 오디오를 전송 및 재생이 가능한 포맷으로, Real Network 사에서 만들었다. 이 회사에서 제공하는 RealPlayer를 설치해야만 재생이 가능하다.

[표 3-7] 비디오 파일의 종류

5.2 멀티미디어(Multimedia) 관련 태그

지금까지 개략적인 멀티미디어의 개념과 지원하는 파일 포맷들에 대해서 알아보았다. 지금부터는 웹에서 실제로 멀티미디어 파일을 가져와서 재생할 수 있도록 지원하는 태그들에 대해서 알아보도록 하겠다.

1) <embed> 태그

필자가 소싯적에 HTML을 처음 배우면서 마음에 들었던 태그 중에 하나가 바로 〈embed〉 태그이다. HTML 문서에서 웬만한 사운드나 동영상 요소를 삽입할 때 거의 이 태그 하나로 커버가 된다. 멀티미디어 파일을 재생시 브라우저에서 제공하는 재생기를 통해 출력한다. 이 태그는 다음과 같은 형태로 사용한다.

```
<embed src = "Sleep Away.mp3">
```

〈embed〉 태그에서 기본적으로 src 속성은 설정해 주어야 하며, src에는 재생하고자 하는 파일의 이름 또는 경로 및 주소가 입력되어야 한다. 이 외에도 재생에 필요한 속성을 더 추가해 줄 수 있는데, 다음과 같은 요소들이다.

속성	설명
height	입력되는 값은 숫자로써, 삽입되는 개체의 높이를 지정한다. 예) height = "300"
width	입력되는 값은 숫자로써, 삽입되는 개체의 넓이를 지정한다. 예) width = "300"
autostart	입력되는 값은 true / false 중 하나로 자동 실행 여부를 지정한다. true이면 자동 실행이 되고, false이면 사용자가 수동으로 실행하여야 한다. 예) autostart = "true"
loop	입력되는 값은 true / false 중 하나로 재생을 반복할지를 지정한다. true이면 반복재생이 되고, false이면 한 번 재생 후 반복되지 않는다. 예) loop = "true"
hidden	입력되는 값은 true / false 중 하나로 플레이어를 나타낼지 숨길지를 결정한다. true이면 브라우저 화면에 나타나고, false이면 동작은 하되 화면에서 나타나지 않는다.

[표 3-8] embed 태그의 속성

2) <object> 태그

object라는 뜻은 개체를 의미한다. 그러므로 〈object〉 태그는 html 문서에 개체를 삽입할 때 사용하는데, 그 개체가 또 다른 html 문서가 될 수도 있고 오디오, 비디오 등의 멀티미디어 파일 또는 플래시와 같은 플러그인이 될 수도 있다. 우리는 멀티미디어를 다루고 있으므로 오디오나 비디오를 삽입하는 관점에서 살펴보도록 하자. 다음과 같은 형태로 사용한다.

```
<object data = "Sleep Away.mp3">
```

〈object〉 태그에서는 기본적으로 data 속성을 설정해 주어야 하는데, 재생하고자 하는 파일의 이름 또는 경로 및 주소가 입력되어야 한다. 이 외에도 재생에 필요한 속성을 더 추가해줄 수 있는데, 다음과 같은 요소들이 있다.

속성	설명
type	파일의 유형을 지정한다. 예) type = "audio/mpeg"
height	입력되는 값은 숫자로써 삽입되는 개체의 높이를 지정한다. 예) height = "300"
width	입력되는 값은 숫자로써 삽입되는 개체의 넓이를 지정한다. 예) width = "300"

[표 3-9] object 태그의 속성

<bgsound> 태그

〈bgsound〉 태그는 Internet Explorer에서만 동작하는 기능이다. 컨트롤러가 화면에 나오지 않기 때문에 제어하기가 불편하다. 태그의 이름대로 background sound이므로 페이지의 배경음악을 재생하기에 적합한 태그이다. 사용법 및 속성은 〈embed〉 태그와 거의 비슷하므로 사용하는데 큰 어려움은 없을 것이다. 다음은 사용 형태이다.

〈bgsound src = "Sleep Away.mp3"〉

5.3 멀티미디어(Multimedia) 출력하기

멀티미디어 태그에 관하여 알아보았다. 이제 이 태그들과 멀티미디어 파일을 이용하여 오디오 및 비디오 파일을 출력해보자.

1) 오디오(Audio) 파일

먼저 midi 오디오 파일을 출력해보자. 크롬의 경우 mid 확장자는 별도의 지원 플러그인을 설치하지 않으면 동작하지 않으므로 Internet Explorer에서 실행하도록 하자.

<3-30.html>

```
<html>
    <head>
    </head>
    <body>
        <embed src = "multimedia/town.mid">
    </body>
</html>
```

<실행 결과>

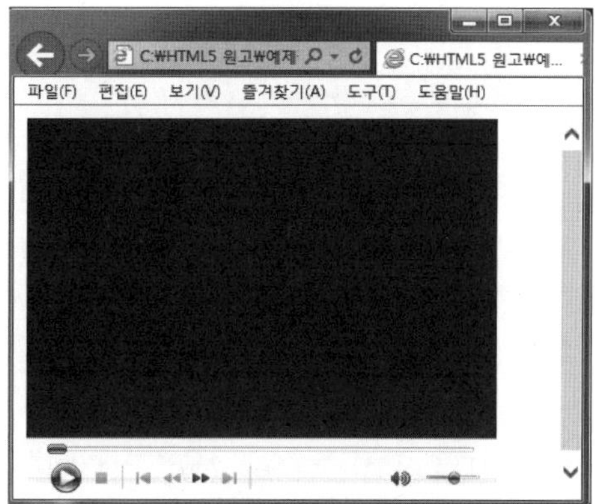

예제에서 사용하는 멀티미디어 파일은 부록 예제(혜지원 홈페이지 자료실에서 다운로드 받을 수 있다)에서 [예제]−[3장]−[multimedia]에 수록되어 있다. 예제 파일의 현재 위치는 [예제]−[3장]이므로 소스코드에서 수행 할 mid 파일의 경로를 "multimedia/town.mid"라고 지정하였다.

wav 오디오 파일을 출력해보자.

<3-31.html>

```
<html>
    <head>
    </head>
    <body>
        <embed src = "multimedia/sample.wav">
    </body>
</html>
```

<실행 결과>

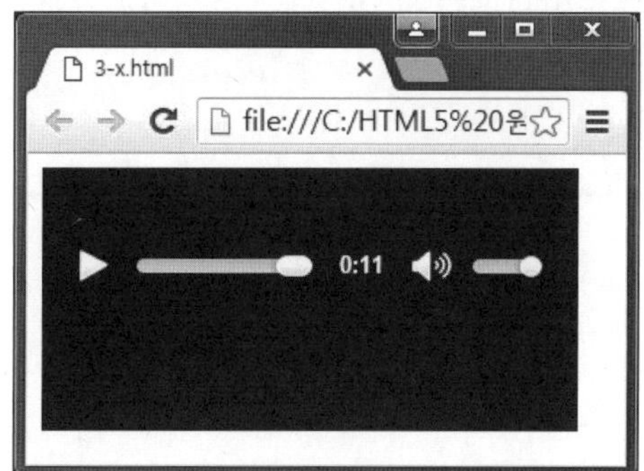

mp3 오디오 파일을 출력해보자.

<3-32.html>

```
<html>
    <head>
    </head>
    <body>
        <embed src = "multimedia/Sleep Away.mp3">
    </body>
</html>
```

<실행 결과>

2) 비디오(Video) 파일

비디오 파일을 사용할 때도 〈embed〉 태그를 사용하는데, 파일만 변경될 뿐 사용법은 오디오 파일과 비슷하다.

wmv 비디오 파일을 출력해보자. 크롬의 경우 wmv 확장자는 별도의 지원 플러그인을 설치하지 않으면 동작하지 않으므로 Internet Explorer에서 실행하도록 하자.

<3-33.html>

```
<html>
    <head>
    </head>
```

```
    <body>
        <embed src = "multimedia/Wildlife.wmv">
    </body>
</html>
```

<실행 결과>

avi 비디오 파일을 출력해보자. 크롬의 경우 avi 확장자는 별도의 지원 플러그인을 설치하지 않으면 동작하지 않으므로 Internet Explorer에서 실행하도록 하자.

<3-34.html>

```
<html>
    <head>
    </head>
    <body>
        <embed src = "multimedia/flick.avi">
    </body>
</html>
```

<실행 결과>

Chapter

04 CSS 스타일시트

사람은 누구 할 것 없이 자신만의 집을 지니고 살아가나
다른 사람의 도움을 받지 않고는 살아 갈 수 없다.
– 톨스토이 –

이번 시간에는 CSS가 무엇이고, 왜 사용해야 하는지 사용 이유와 CSS 스타일시트의 기본 속성에는 어떠한 것들이 있고, 어떻게 사용하는지 등에 대해서 알아보도록 한다. 우리가 개발을 할 때 보통 삽질한다는 표현을 쓰기도 한다. 순수하게 HTML만으로 문서를 개발하는 것이 손으로 땅을 파는 것이라고 비유를 하자면, CSS를 사용한다는 것은 삽을 이용하여 땅을 판다고 비유할 수 있겠다. 그만큼 불필요한 삽질을 덜어주고 효율성을 높여준다는 의미가 될 것이다.

1. CSS의 기본 개념

1.1 CSS란

CSS란 Cascading Style Sheet의 약자로 스타일시트라고도 한다. 스타일을 설정한다는 HTML로 만들어 놓은 페이지의 레이아웃과 모양을 훨씬 더 좋게 만드는 기술로써 웹 페이지 작성시 반복적으로 사용되는 서식을 미리 설정하거나 글자, 색상, 프레임 등을 꾸밀 수 있다. 앞으로 CSS와 스타일시트라는 용어를 혼용해서 사용할 것인데, 결국 같은 말이므로 별개라고 혼동하지 않길 바란다.

1.2 CSS(스타일시트)의 사용 이유 및 선언 방법

우리는 CSS(스타일시트)를 지금부터 배우려한다. 웹 문서를 제작하는데 지금까지 배웠던 HTML 문법만으로도 가능하였다. 그런데 굳이 스타일시트라는 것을 HTML에 적용하여 머리를 더 복잡하게 만들 필요가 있을까? 어떠한 것이든 필요에 의해 사용되는 것이지 불필요한데 그냥 사용하는 기술은 없다. CSS 또한 분명한 사용 이유가 있기 때문에 사용하는 것이고, 그러한 사용 이유가 분명하게 이해가 되어야 우리가 CSS를 사용하는데 있어서 거부감이나 불편함 없이 사용할 수 있을 것이다.
그래서 왜 CSS를 사용해야 하는지에 대한 사용 이유에 대해 살펴보고, 대략 어떠한 형태로 사용하는지 알아보도록 하겠다.

예를 들면 우리가 앞서 배웠던 HTML 지식을 기반으로, 폰트의 색깔은 빨갛고 크기는 10pt인 문서를 작성한다고 하자. 다음과 같이 작성할 수 있다.

<4-1.html>

```
<html>
    <head>
          <meta charset = "utf-8"/>
    </head>
    <body>
        <p><font color="red" size="2">별 하나에 추억과</font></p>
        <p><font color="red" size="2">별 하나에 사랑과</font></p>
        <p><font color="red" size="2">별 하나에 쓸쓸함과</font></p>
        <p><font color="red" size="2">별 하나에 동경과</font></p>
        <p><font color="red" size="2">별 하나에 시와</font></p>
        <p><font color="red" size="2">별 하나에 어머니, 어머니</font></p>
    </body>
</html>
```

<실행 결과>

결과를 보면 문단 전체가 크기 2의 빨간색으로 출력된 것을 알 수 있다. 결과의 예상대로 코드를 보면 font 태그의 color 속성과 size 속성이 설정되어 있음을 볼 수 있다. 그런데, 한 문장 한 문장마다 font 태그의 반복적인 설정이 눈에 거슬린다. 불과 6줄의 문장을 출력하는데 소스코드도 복잡하게 보이고, 반복적인 코딩으로 시간도 더 걸리며 속성값의 수정시에도 많은 시간이 소요된다. 그러면, 이 실행 결과와 동일한 결과가 나올 수 있도록 CSS(스타일시트)를 사용하여 다시 구현해 보도록 하겠다.

<4-2.html>

```
<html>
    <head>
        <meta charset = "utf-8"/>
        <style type="text/css">
            body {font:10pt; color: red;}
        </style>
    </head>
    <body>
        <p>별 하나에 추억과</p>
        <p>별 하나에 사랑과</p>
        <p>별 하나에 쓸쓸함과</p>
        <p>별 하나에 동경과</p>
        <p>별 하나에 시와</p>
        <p>별 하나에 어머니, 어머니</p>
    </body>
</html>
```

<실행 결과>

실행 결과는 앞의 예제와 동일하게 출력된다. 그런데, 소스 코드는 많이 달라져 있는 것을 확인할 수 있다. 우선, 반복적이였던 font 태그들이 눈에 띄지 않는다. 무엇보다도 〈head〉〈/head〉 태그 안에서 〈style〉 태그를 이용하여 font의 크기와 색상 속성을 한 번 설정한 것으로 문서 전체에 적용되는 것을 확인할 수 있었다. 우리가 매일 사용하는 브라우저상의 웹페이지들도 폰트, 글자크기, 글자색, 줄간격 등에 대한 서식들을 미리 정해놓고 제작을 한다. 이러한 서식들만 정의한 CSS 파일 여러 개를 별도로 저장하여 사용자의 취향에 맞게 테마별로 서식을 손쉽게 교체할 수도 있다.

이 두 예제를 비교함으로써 CSS(스타일시트)를 왜 사용해야 하는지, 어떠한 편리한 점이 있는지에 대해서 단적으로나마 알 수 있었다. 지금 소개한 CSS의 내용은 당연히 빙산의 일각에 불과하며 필자는 단순히 그 필요성을 설명하기 위해 소개한 것이므로 지금 시점에서 'CSS 별거 아니네'라고 생각하지 않길 바란다. 이제 본격적으로 CSS(스타일시트)에 대해서 살펴보도록 하자.

1.3 CSS 사용방법 3가지

CSS(스타일시트)를 사용하는 방법에는 3가지가 있다. 첫 번째로, CSS 확장자 파일을 별도로 만들어 HTML 문서에 참조하도록 만드는 외부 스타일시트, 두 번째로 한 웹페이지 내에서 한 번만 정의해주는 방법인 내부 스타일시트, 세 번째로 각 문장마다 정의해 주는 방법인 문장 안에서의 스타일시트가 있다. 각각의 스타일시트별로 예제를 통해서 어떻게 사용하는지 알아보도록 하자.

1) 외부 스타일시트(External style sheet)

서식을 정의한 별도의 CSS 파일을 만들어 HTML 문서에 연결하여 사용하는 방법이다. HTML 문서 내에 스타일시트 코드를 작성하는 것이 아니라 파일 형태로 참조하는 것이므로 코드의 길이를 상당히 줄일 수 있다는 장점이 있다. 다만, 파일이 분리되어 있다 보니 별도의 관리를 해야 한다는 번거로움이 있다.

다음 예제를 통해 외부 스타일시트의 사용방법을 살펴보도록 하자. 먼저 HTML 파일과 CSS 파일 두 개를 각각 같은 폴더에 만들어보자.

<style.css>

```
s1{
    font-size : 14pt;
    font-family:궁서;
    color:red;
}
```

<4-3.html>

```
<html>
    <head>
        <meta charset = "utf-8"/>
        <link rel = "stylesheet" type="text/css" href="style.css">
    </head>
    <body>
        <s1>
            <p>별 하나에 추억과</p>
            <p>별 하나에 사랑과</p>
            <p>별 하나에 쓸쓸함과</p>
            <p>별 하나에 동경과</p>
            <p>별 하나에 시와</p>
            <p>별 하나에 어머니, 어머니</p>
        </s1>
    </body>
</html>
```

<실행 결과>

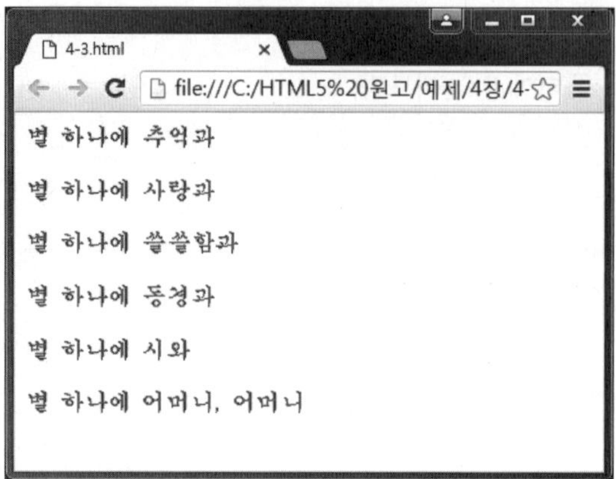

실행 결과를 보면 폰트 14 크기의 빨간색 궁서체 문장이 출력되는 것을 볼 수 있다. 시와 같은 진지한 문구에는 역시 궁서체가 제격이다. HTML 문서를 보면 폰트에 대한 설정 내용이 전혀 없다. 다만, style.css라는 파일이 링크되어 있는 것을 알 수 있다.

즉, style.css 파일에 문서에 대한 스타일의 내용이 정의되어 있는 것이다. style.css 파일의 내용은 크기 14pt에 궁서체의 빨간색으로 설정되어 있다. 즉, 문서의 본문에 외부 스타일시트인 style.css가 적용된 것이다.

2) 내부 스타일시트(Internal style sheet)

HTML 문서 안에서 스타일시트를 한 번 정의해 주는 형태이다. 문서 내부에 스타일을 지정하기 때문에 별도의 CSS 파일을 만들지 않아도 된다는 장점은 있지만, HTML 코드 내에 정의 되어 있으므로 그만큼 코드의 길이가 길어진다.

다음 예제를 통해 내부 스타일시트의 사용방법을 살펴보도록 하자.

<4-4.html>

```
<html>
    <head>
        <meta charset = "utf-8"/>
            <style type ="text/css">
```

```
                s1{
                    font-size : 14pt;
                    font-family:굴림;
                    color:blue;
                }
            </style>
    </head>
    <body>
        <s1>
            <p>별하나에 추억과</p>
            <p>별하나에 사랑과</p>
            <p>별하나에 쓸쓸함과</p>
            <p>별하나에 동경과</p>
            <p>별하나에 시와</p>
            <p>별하나에 어머니, 어머니</p>
        </s1>
    </body>
</html>
```

<실행 결과>

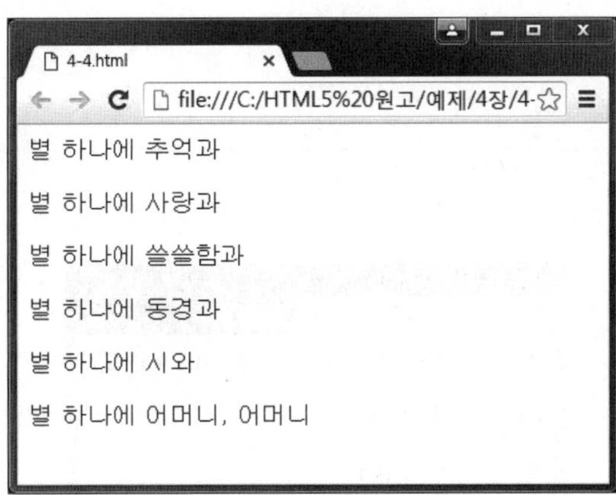

결과는 굴림체의 파란색 14pt의 스타일로 문장이 출력된다. 외부 스타일시트와의 차이점이라면 스타일시트가 별도의 파일이 아닌 HTML 문서의 〈head〉〈/head〉내부에 정의되어 있다는 점이다. 이렇게 한 번만 정의해 놓으면 본문의 문서에서 얼마든지 사용할 수 있다.

3) 문장 안에서의 스타일시트(Inline style)

문장 안에서라는 의미가 내부 스타일시트의 개념과 혼동될 수 있다. 방법으로는 내부에 정의하는 것이 맞지만 즉흥적으로 사용하는 것으로써 바로 정의해서 적용이 가능하다. 즉, 한 번만 정의해서 전체에 적용되는 개념이 아니라, 케이스별로 스타일을 정의하여 사용하는 형태이다. 다음의 예제를 작성해 보자.

<4-5.html>

```
<html>
    <head>
        <meta charset ="utf-8" />
    </head>
    <body>
        <p style = "font-family:궁서; color:red">별 하나에 추억과</p>
        <p style = "font-family:굴림; color:blue">별 하나에 사랑과</p>
        <p style = "font-family:바탕; color:green">별 하나에 쓸쓸함과</p>
        <p style = "font-family:명조; color:yellow">별 하나에 동경과</p>
        <p style = "font-family:고딕; color:black">별 하나에 시와</p>
        <p style = "font-family:궁서; color:gray">별 하나에 어머니,
        어머니</p>
    </body>
</html>
```

<실행 결과>

실행 결과를 보면 문장에서 라인 단위로 스타일을 설정하고 있음을 볼 수 있다. 케이스별로 스타일을 설정하다 보니 관리가 잘 안되고, 일괄적으로 수정하기도 힘들어 보이기 때문에 비효율적으로 보일 수도 있다. 하지만, 때때로 이러한 방법이 필요하기 때문에 반드시 나쁘다고는 볼 수 없다.

2. CSS의 구성 요소

CSS(스타일시트)를 이해하기 위해서는 CSS를 구성하고 있는 3가지 요소인 선택자(selector), 속성(property), 속성값(property value)을 알아야 한다. 각각의 구성 요소에 대해 알아보도록 하자.

2.1 선택자(selecctor), 속성(property), 속성값(property value)

먼저 선택자라는 것은 겉으로 보기에 일반 HTML 태그 요소와 비슷한데, CSS에서 기능적인 의미상 선택자라고 명명한다.

CSS에서 스타일을 설정하기 위해서는 선택자를 통해 설정이 가능하며, 선택자에는 크게 요소 선택자, 클래스 선택자, 아이디 선택자로 구분된다. 요소 선택자의 경우는 우리가 앞서 배웠던 HTML의 태그 요소들을 선택자로 사용하기 때문에 그리 낯설지는 않을 것이다. 예를 들면 h1, p, img 등의 태그 요소를 사용한 선택자이다. p 선택자를 보도록 하자.

```
p{
    color:red;
}
```

이 스타일의 의미는 p라는 요소의 선택자에 스타일을 지정하되, 색상을 red로 설정하라는 것이다. 이 때 color가 속성이고 red가 속성값을 의미한다. 여기에 속성과 속성값은 추가가 가능한데, 예를 들어 width라는 속성에 300이라는 속성값을 추가할 수도 있고, 또한 font-size 속성에 14pt 속성값을 추가할 수 있다. 이러한 속성과 속성값을 추가한 형태는 다음과 같다.

```
p{
    color:red;
    with:300;
    font-size:14pt
}
```

다음 예제를 작성해 보자.

<4-6.html>

```
<html>
    <head>
        <meta charset = "utf-8"/>
        <style type = "text/css">
        p{
            color:red;
            width:300;
            font-size:14pt
        }
        </style>
    </head>
    <body>
        <p>별 하나에 추억과</p>
        <p>별 하나에 사랑과</p>
        <p>별 하나에 쓸쓸함과</p>
        <p>별 하나에 동경과</p>
        <p>별 하나에 시와</p>
        <p>별 하나에 어머니, 어머니</p>
    </body>
</html>
```

<실행 결과>

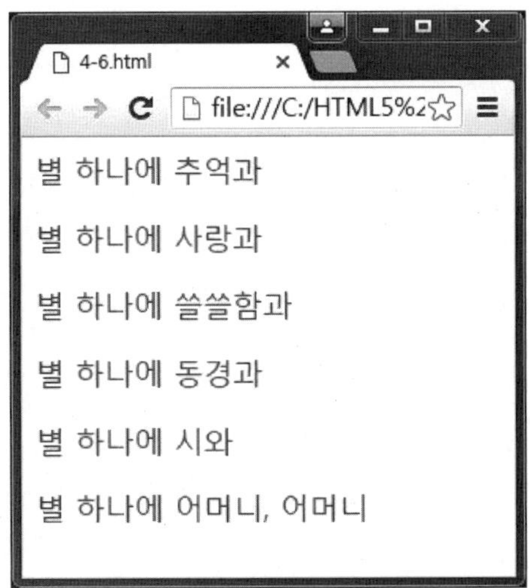

〈p〉 태그의 문단들은 모두 해당 스타일에 적용되는 것을 확인할 수 있다.

2.2 클래스(class) 선택자

앞에서 작성했던 p 선택자의 경우에는 〈p〉 태그로 사용하는 모든 문단에 스타일이 적용되었다. 특정 문단에만 스타일이 적용되도록 하고 싶다면 어떻게 해야 할까? 이럴 때 사용하는 것이 바로 클래스 선택자이다. 클래스 선택자는 클래스 이름 앞에 .을 붙여서 표현한다. 예를 들어 클래스의 속성이 jamsuham이라면 표현은 '.jamsuham'이라고 사용한다. 형태는 다음과 같다.

```
.jamsuham{
    color:red;
    width:300;
    font-size:14pt
}
```

클래스 속성이 jamsuham이고, 클래스 선택자로서 사용할 때 .jamsuham이라고 표현하였다. 이 클래스 선택자를 이용하여 스타일을 부분 적용하는 예제를 작성해보자.

<4-7.html>

```
<html>
    <head>
        <meta charset = "utf-8"/>
        <style type = "text/css">
            .jamsuham{
                color:red;
                width:300;
                font-size:20pt;
            }
        </style>
    </head>
    <body>
        <p class="jamsuham">별 하나에 추억과</p>
        <h1 class="jamsuham">별 하나에 사랑과</h1>
        <p>별 하나에 쓸쓸함과</p>
        <p>별 하나에 동경과</p>
        <p>별 하나에 시와</p>
        <p class="jamsuham">별 하나에 어머니, 어머니</p>
    </body>
</html>
```

<실행 결과>

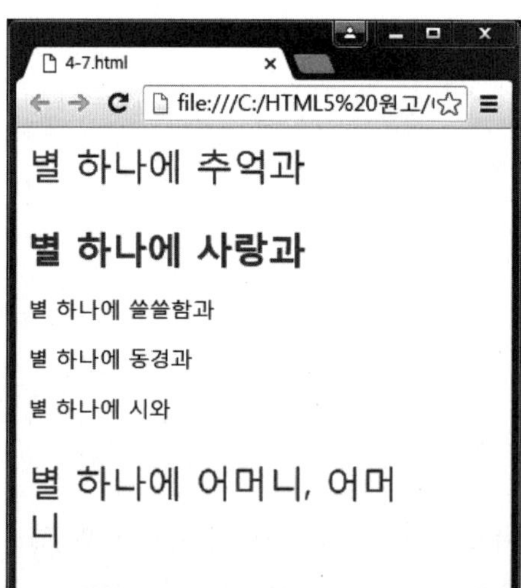

클래스 선택자를 사용하여 스타일 적용시에는 〈태그 class="클래스명"〉의 형태로 사용한다. 결과를 보면 클래스로 스타일시트를 적용한 부분만 적용된 것을 볼 수 있다. 지금까지 선택자를 사용할 때 한가지의 선택자만을 사용하였는데, 선택자를 여러 개 중첩해서 사용할 수 있다. 예를 들면 앞서 작성했던 jamsuham 클래스의 선택자에 p 선택자를 중첩해서 사용해보자.

```
p.jamsuham{
    color:red;
    width:300;
    font-size:14pt
}
```

요소와 클래스 이름에 띄어쓰기 없이 바로 붙여 쓴 것을 주의 깊게 보자. 이 의미는 p 선택자를 사용한 범위 중에 jamsuham 클래스 속성을 가진 문단에만 스타일을 적용하겠다는 의미이다. 다음 예제를 통해 확인해 보도록 하자.

<4-8.html>

```
<html>
    <head>
        <meta charset = "utf-8"/>
        <style type = "text/css">
            p.jamsuham{
                color:red;
                width:300;
                font-size:20pt
            }
        </style>
    </head>
    <body>
        <p class="jamsuham">별 하나에 추억과</p>
        <h1 class="jamsuham">별 하나에 사랑과</h1>
        <p>별 하나에 쓸쓸함과</p>
        <p>별 하나에 동경과</p>
```

```
        <p>별 하나에 시와</p>
        <p class="jamsuham">별 하나에 어머니, 어머니</p>
    </body>
</html>
```

<실행 결과>

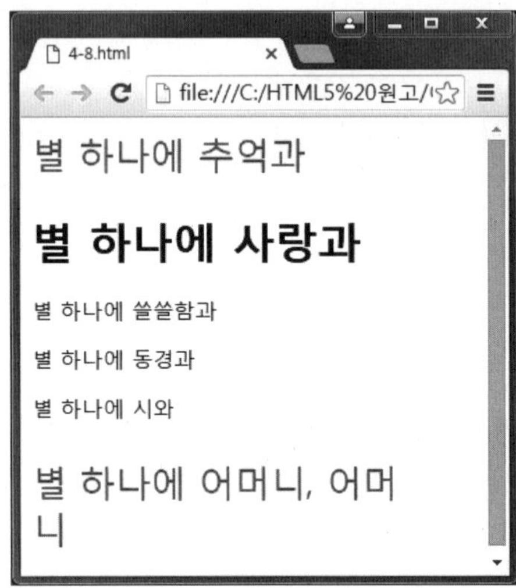

실행 결과를 보면 앞의 예제와 차이점을 볼 수 있다. 적용 범위가 p. jamsuham이므로 먼저 p 선택자의 범위가 1차 범위가 된다. 이 때, h1 태그의 경우는 해당이 안되므로 앞의 예제와 다르게 이번 예제에서는 스타일 적용이 되지 않는다. 즉, jamsuham 클래스 속성을 가지고 있더라도, p 선택자의 범위에서 벗어나므로 적용되지 않는다.

2.3 아이디(ID) 선택자

id 속성을 가진 요소를 선택하는 선택자이다. id 이름 앞에 '#'을 붙여서 표현하는데, 예를 들어 id가 jamsuham이라면 '#jamsuham'이라고 사용할 수 있다. 사용하는 개념이나 형태는 클래스와 유사하다.

```
#jamsuham{
    color:red;
    width:300;
    font-size:14pt
}
```

이를 기반으로 예제를 작성해보자.

<4-9.html>

```
<html>
    <head>
        <meta charset = "utf-8"/>
        <style type = "text/css">
            #jamsuham{
                color:red;
                width:300;
                font-size:20pt
            }
        </style>
    </head>
    <body>
        <p id="jamsuham">별 하나에 추억과</p>
        <h1 id="jamsuham">별 하나에 사랑과</h1>
        <p>별 하나에 쓸쓸함과</p>
        <p>별 하나에 동경과</p>
        <p>별 하나에 시와</p>
        <p id="jamsuham">별 하나에 어머니, 어머니</p>
    </body>
</html>
```

<실행 결과>

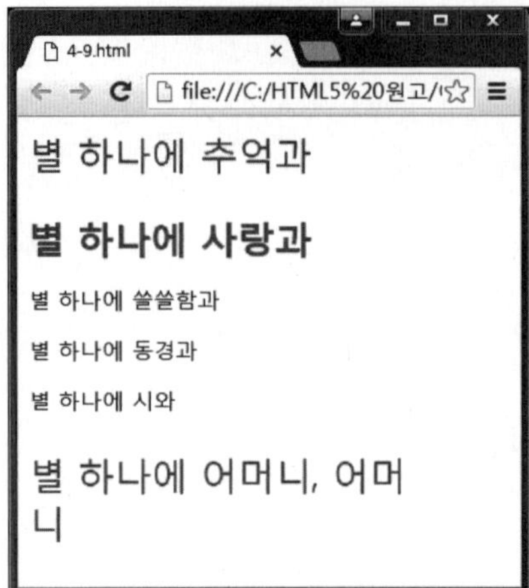

아이디 속성을 #jamsuham이라고 선언하고, 본문에서 〈p id="jamsuham"〉와 같은 형태로 아이디를 통해 스타일을 적용하는 것을 확인할 수 있다. 결과를 보면 id를 'jamsuham'이라고 적용한 문단들은 스타일이 적용된 것을 확인할 수 있다. 아이디 또한 클래스와 마찬가지로 중첩된 선택자를 사용할 수 있다. 형태는 다음과 같다.

```
p#jamsuham{
    color:red;
    width:300;
    font-size:14pt
}
```

이를 기반으로 예제를 작성해 보자.

<4-10.html>

```
<html>
    <head>
        <meta charset = "utf-8"/>
            <style type = "text/css">
                p#jamsuham{
```

```
                    color:red;
                    width:300;
                    font-size:20pt
                }
            </style>
    </head>
    <body>
        <p id="jamsuham">별 하나에 추억과</p>
        <h1 id="jamsuham">별 하나에 사랑과</h1>
        <p>별 하나에 쓸쓸함과</p>
        <p>별 하나에 동경과</p>
        <p>별 하나에 시와</p>
        <p id="jamsuham">별 하나에 어머니, 어머니</p>
    </body>
</html>
```

<실행 결과>

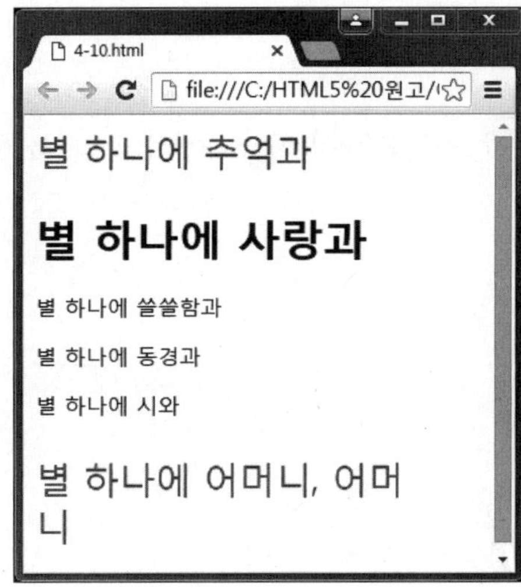

결과는 클래스와 마찬가지로 p 선택자의 범위하에 아이디 속성이 'jamsuham'인 경우만 스타일을 적용하도록 하는 것이다. 클래스와 아이디 속성의 경우 개념적으로 사용성이 너무 유사하다. 굳이 이 두 개를 나눌 필요가 있을까 하는 의문이 든다. 그러나 둘의 큰 차이점이 있다.

클래스는 한 문서에 여러 번 사용할 수 있지만, 아이디의 경우 고유성을 가지기 때문에 한 문서에 한 번만 사용할 수 있다는 점이다. 그래서 클래스 선택자가 아이디 선택자에 비해 비교적 많이 사용된다.

2.4 선택자의 중복

앞서 클래스와 아이디 선택자를 요소 선택자와 함께 사용하는 중복에 대해서만 알아보았다. 그런데, 이러한 선택자들을 모두 중복해서도 사용할 수 있다. 즉 클래스 선택자나 아이디 선택자도 모두 사용이 가능하다는 말이다.

```
h1, .jamsuham,p,#jamsuham{
    color:red;
    width:300;
    font-size:14pt
}
```

선택자를 다중으로 선택시 각 선택자를 구분하기 위해서 쉼표(,)를 통해 구분한다. 예제를 통해 확인해보자.

<4-11.html>

```
<html>
    <head>
        <meta charset = "utf-8"/>
            <style type = "text/css">
                h1, .jamsuham, p, #jamsuham{
                color:red;
                width:300;
                font-size:14pt
                }
            </style>
    </head>
```

```
    <body>
        <p id="jamsuham">별 하나에 추억과</p>
        <h1 id="jamsuham">별 하나에 사랑과</h1>
        <p class="jamsuham">별 하나에 쓸쓸함과</p>
        <h3 class="jamsuham">별 하나에 동경과</p>
        <p>별 하나에 시와</p>
        <p id="jamsuham">별 하나에 어머니, 어머니</p>
    </body>
</html>
```

<실행 결과>

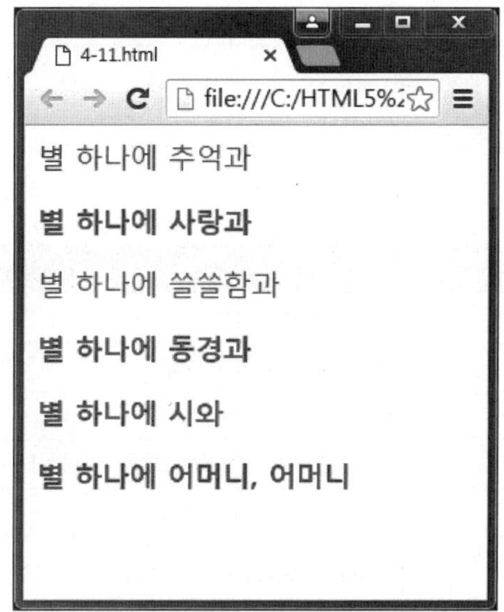

3. CSS의 기본 속성

앞서 CSS를 사용해야 하는 이유와 기본 구성 요소들에 대해서 알아보았다. 지금부터는 이를 기반으로 CSS에서 기본적으로 제공하는 속성들에 대해 살펴보도록 하겠다.

3.1 텍스트 처리 관련 속성

CSS를 기반으로 텍스트 처리 관련 속성으로는 text-decoration, text-align, text-indent, text−transform, letter−spacing, word−spacing, direction 등이 있다. 각각의 속성에 대해 하나씩 알아보도록 하자.

1) text-decoration

이 속성은 문자에 밑줄이나 취소선 등을 넣을 수 있다. 선의 색상은 글자색과 동일한 색상이 적용된다. 다음과 같은 형태로 사용하면 된다.

```
.jamsuham{
    text-decoration : 속성값;
}
```

속성값에는 다음과 같은 것들이 있다.

속성값	설명
none	아무런 변화가 없다.
underline	문자에 밑줄을 적용한다.
overline	문자에 윗줄을 적용한다.
line-through	취소선과 같이 관통하는 줄을 적용한다.
inherit	부모 요소의 속성을 물려 받는다.

[표 4-1] text-decoration 속성값

속성값을 이용한 예제를 작성해 보도록 하자.

<4-12.html>

```
<html>
    <head>
        <meta charset = "utf-8"/>
            <style type = "text/css">
                .jamsuham1{
```

```
            text-decoration:underline;
        }
        .jamsuham2{
            text-decoration:overline;
        }
        .jamsuham3{
            text-decoration:line-through;
        }
        .jamsuham4{
            text-decoration:none;
        }
    </style>
</head>
<body>
    <p class="jamsuham1">별 하나에 추억과</p>
    <p class="jamsuham2">별 하나에 사랑과</p>
    <p class="jamsuham3">별 하나에 쓸쓸함과</p>
    <p class="jamsuham4">별 하나에 동경과 별 하나에 시와 별 하나에 어머니, 어머니</p>
</body>
</html>
```

<실행 결과>

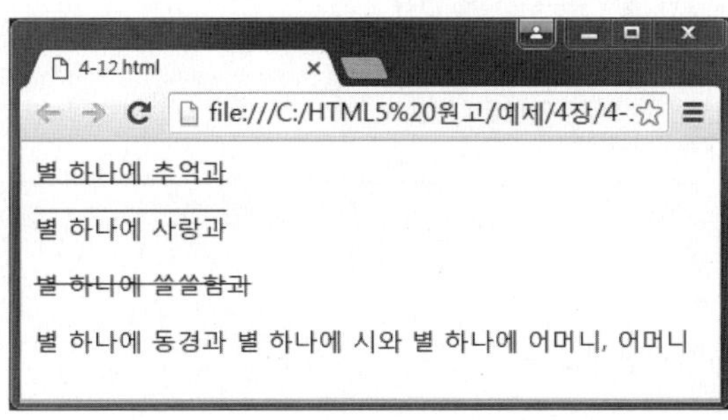

클래스 선택자를 각각 4개를 만들고, 속성값을 underline, overline, line-throgh, none으로 각각 달리 하였다. 실행 결과상에서 보듯이 밑줄, 윗줄, 취소선이 문자열에 적용되어 있는 것을 확인할 수 있다.

2) text-align

문장을 정렬하는 속성이다. 정렬에는 왼쪽 정렬, 오른쪽 정렬, 가운데 정렬, 양쪽 정렬이 있다. 다음과 같은 형태로 사용하면 된다.

```
.jamsuham{
    text-align : 속성값;
}
```

속성값에는 다음과 같은 것들이 있다.

속성값	설명
left	문자를 왼쪽 끝을 기준으로 정렬한다.
right	문자를 오른쪽 끝을 기준으로 정렬한다.
center	문자를 중앙에 정렬한다.
justify	문자를 양쪽으로 정렬한다. 즉, 라인의 개행이 일어날 때 문자열은 문자를 양 끝에 맞추어 정렬한다.

[표 4-2] text-align 속성값

속성값을 이용한 예제를 작성해보도록 하자.

<4-13.html>

```
<html>
    <head>
        <meta charset = "utf-8"/>
            <style type = "text/css">
                .jamsuham1{
                    text-align:left;
                }
                .jamsuham2{
                    text-align:right;
                }
                .jamsuham3{
```

```
                text-align:center;
            }
            .jamsuham4{
                text-align:justify; width:200
            }
        </style>
    </head>
    <body>
        <p class="jamsuham1">별 하나에 추억과</p>
        <p class="jamsuham2">별 하나에 사랑과</p>
        <p class="jamsuham3">별 하나에 쓸쓸함과</p>
        <p class="jamsuham4">별 하나에 동경과 별 하나에 시와 별 하나에 어머니, 어머니</p>
    </body>
</html>
```

<실행 결과>

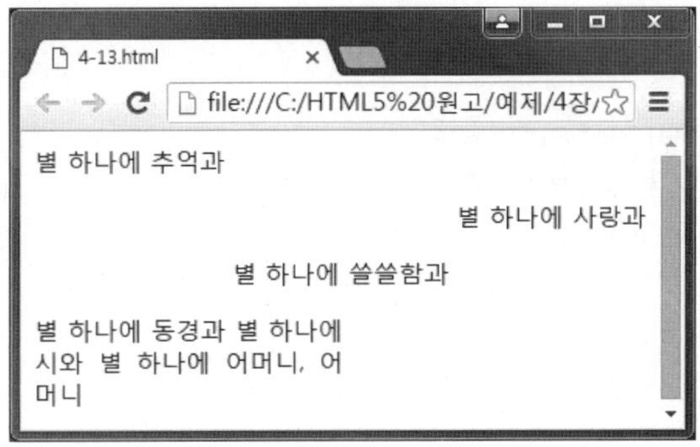

3) text-transform

이 속성은 대문자와 소문자가 있는 언어에만 적용이 가능하다. 한글에는 적용되지 않는 속성이므로 굳이 사용할 일이 없다면 참고로만 알아두면 된다. 사용 형태는 다음과 같다.

```
.jamsuham{
    text-transform:속성값;
}
```

속성값에는 다음과 같은 것들이 있다.

속성값	설명
none	아무런 변화를 주지 않는다.
uppercase	문장 전체를 대문자로 변환한다.
lowercase	문장 전체를 소문자로 변환한다.
capitalize	문장 안에서 각 단어의 첫 번째 글자를 대문자로 변환한다.
inherit	부모 요소의 속성을 물려 받는다.

[표 4-3] text-transform 속성값

예제를 작성해 보자.

<4-14.html>

```
<html>
    <head>
        <meta charset = "utf-8"/>
            <style type = ""text/css">
                .jamsuham{
                    text-transform:uppercase;
                }
            </style>
    </head>
    <body>
        <p class="jamsuham">to be or not to be</p>
    </body>
</html>
```

<실행 결과>

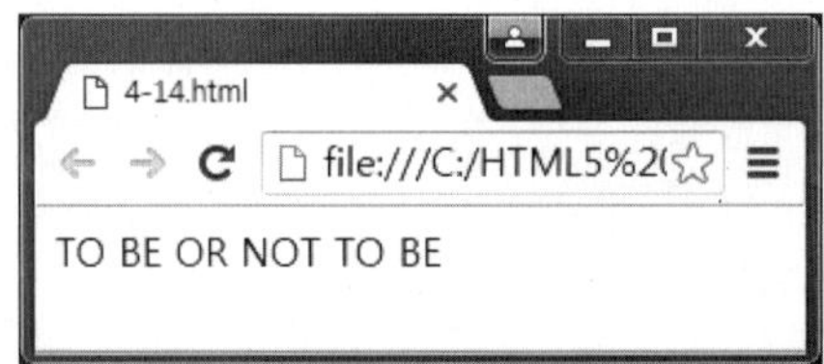

속성값을 uppercase로 설정하였으므로 실행 결과는 영문이 모두 대문자로 변환되는 것을 확인할 수 있다. 설정을 lowercase와 capitalize로도 변경하여 실행해 보도록 하자.

4) letter-spacing

이 속성은 글자의 공간, 즉 글자와 글자 사이의 간격을 지정한다. 글자 간격의 단위는 px나 em으로 설정하며 0을 기준으로 양수일수록 글자간의 간격이 넓어지고, 음수일수록 글자간의 간격이 좁아진다.

```
.jamsuham{
    letter-spacing:속성값px;
}
```

다음 예제를 통해 확인해 보자.

<4-15.html>

```
<html>
    <head>
        <meta charset = "utf-8"/>
            <style type = "text/css">
                .jamsuham1{
                    letter-spacing:-1px;
                }
                .jamsuham2{
                    letter-spacing:5px;
                }
            </style>
    </head>
    <body>
        <p class="jamsuham1">吾等은 玆에 我 朝鮮의 獨立國임과 朝鮮人의 自主民임을 宣
        言하노라.</p>
        <p class="jamsuham2"> 吾等은 玆에 我 朝鮮의 獨立國임과 朝鮮人의 自主民임을 宣
        言하노라.</p>
```

```
    </body>
</html>
```

<실행 결과>

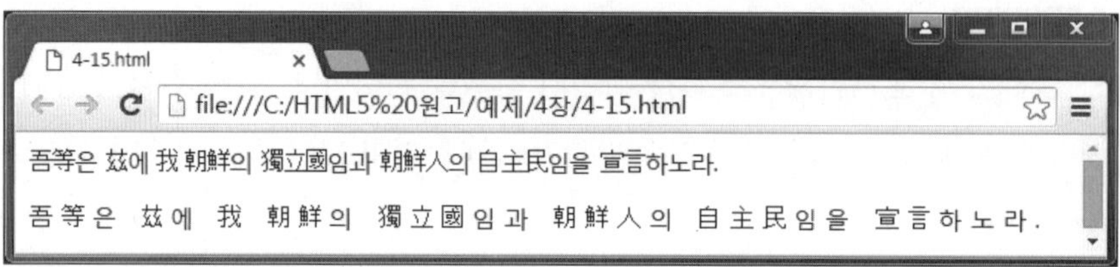

3.1 독립선언서의 서두 일부분이다. 같은 문장을 글자 간격의 지정을 달리해서 비교해보았다. 너무나 직관적이어서 특별한 설명이 필요없다.

5) word-spacing

letter-spacing과 비슷하게 간격을 설정하는 속성인데, 차이가 있다면 word-spacing은 글자가 아닌 단어간의 간격을 조정한다. 사용법은 letter-spacing과 동일하다. 예제를 통해 확인해보자.

<4-16.html>

```
<html>
    <head>
        <meta charset = "utf-8"/>
            <style type = "text/css">
                .jamsuham1{
                    word-spaceing:-1px;
                }
                .jamsuham2{
                    word-spacing:5px;
                }
            </style>
```

```
        </head>
        <body>
            <p class="jamsuham1"> 吾等은 玆에 我 朝鮮의 獨立國임과 朝鮮人의 自主民임을 宣
            言하노라.</p>
            <p class="jamsuham2"> 吾等은 玆에 我 朝鮮의 獨立國임과 朝鮮人의 自主民임을 宣
            言하노라.</p>
    </body>
    </html>
```

<실행 결과>

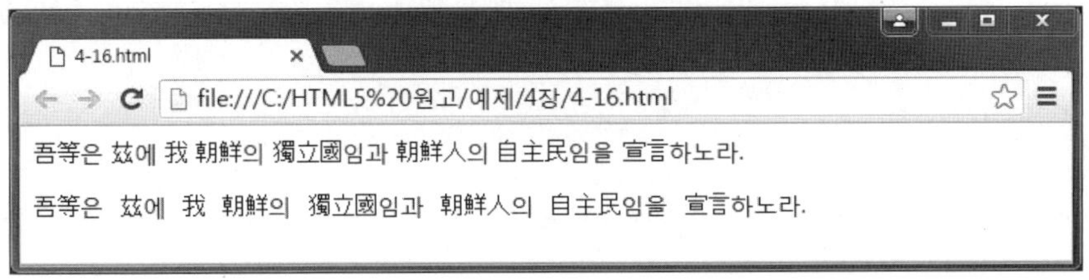

결과를 보면 letter-spacing과 다르게 단어와 단어 사이에 간격의 차이가 있음을 확인할 수 있다.

6) direction

글자의 방향을 설정하는 속성이다. 속성값으로는 ltr(left to right)와 rtl(right to left) 두 가지가 있다. ltr은 글자의 방향이 왼쪽에서 오른쪽으로, rtl은 오른쪽에서 왼쪽으로 설정하는 것이다. 워낙 직관적인 속성이라 이해하는데 큰 어려움은 없을 것이다. 예제를 작성해 보자.

<4-17.html>

```
    <html>
        <head>
            <meta charset = "utf-8"/>
                <style type = "text/css">
```

```
                .jamsuham1{
                    direction:ltr;
                }
                .jamsuham2{
                    direction:rtl;
                }
            </style>
    </head>
    <body>
        <p class="jamsuham1">吾等은 茲에 我 朝鮮의 獨立國임과 朝鮮人의 自主民임을 宣
        言하노라.</p>
        <p class="jamsuham2"> 吾等은 茲에 我 朝鮮의 獨立國임과 朝鮮人의 自主民임을 宣
        言하노라.</p>
    </body>
</html>
```

<실행 결과>

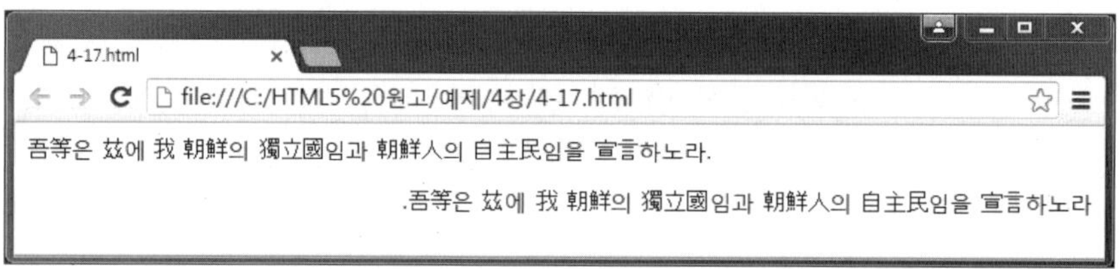

3.2 글꼴 처리 관련 속성

이번에는 문단이 아닌 글자 자체에 대한 여러 속성들을 알아보도록 하자. 속성들에는 색상, 서체, 크기, 스타일, 굵기, 줄 높이 등이 있다.

1) 색상(color)

글자의 색을 지정하는 속성으로 color가 있다. 속성값으로는 HEX 코드나 색상명 등이 올 수 있다. 사용 형태는 다음과 같다.

```
p{
    color:속성값;
}
```

다음 예제를 통해 확인해 보자.

<4-18.html>

```
<html>
    <head>
        <meta charset = "utf-8"/>
            <style type = "text/css">
                p{
                    color:red;
                }
            </style>
    </head>
    <body>
        <p>돌이켜 생각하면 조금 덜 고민하고 </p>
        <p>조금 덜 암담할걸... </p>
        <p>시간이 없어서 못한 것들을 돌이켜 보면 </p>
        <p>시간이 있어도 못했던 것들이 되버렸다. </p>
        <p>- 우근철 '그래도 괜찮아' 중에서- </p>
    </body>
</html>
```

<실행 결과>

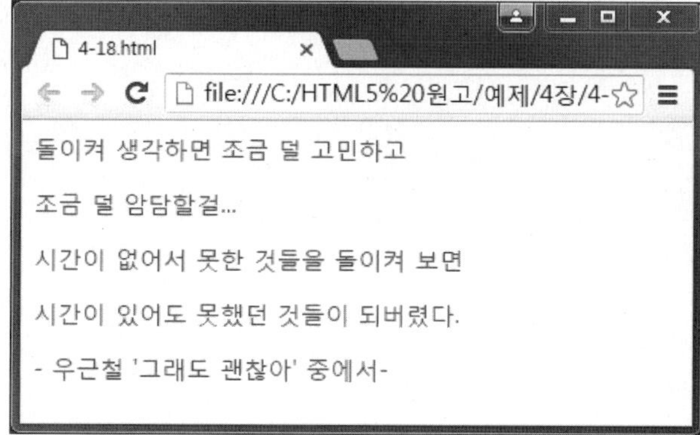

결과를 보면 문장 전체가 빨간색으로 나타나는 것을 확인할 수 있다. p 태그를 지정한 문장은 모두 빨간색 글자로 설정된다. 속성값을 color:#ff0000;처럼 HEX값으로 설정하여도 동일한 결과를 얻을 수 있다.

2) 서체(font-family)

다음은 서체를 설정하는 방법이다. 우리가 흔히 글꼴 혹은 폰트 지정이라고 말하는데, 서체를 지정하는 속성으로는 font-family를 사용하면 된다. 사용 형태는 다음과 같다.

```
p{
    font-family:속성값;
}
```

속성값은 우리가 흔히 사용하는 글꼴의 이름을 적으면 된다. 예를 들면 '돋움', '궁서', '바탕', '굴림' 등을 말하는 것이다.

다음 예제를 통해 확인해보자. 앞의 예제의 CSS 스타일시트에 속성을 추가하도록 하자.

<4-19.html>

```
<html>
    <head>
        <meta charset = "utf-8"/>
            <style type = "text/css">
                p{
                    color:red;
                    font-family:궁서;
                }
            </style>
    </head>
    <body>
        <p>돌이켜 생각하면 조금 덜 고민하고 </p>
```

```
            <p>조금 덜 암담할걸... </p>
            <p>시간이 없어서 못한 것들을 돌이켜 보면 </p>
            <p>시간이 있어도 못했던 것들이 되버렸다. </p>
            <p>- 우근철 '그래도 괜찮아' 중에서- </p>
        </body>
    </html>
```

<실행 결과>

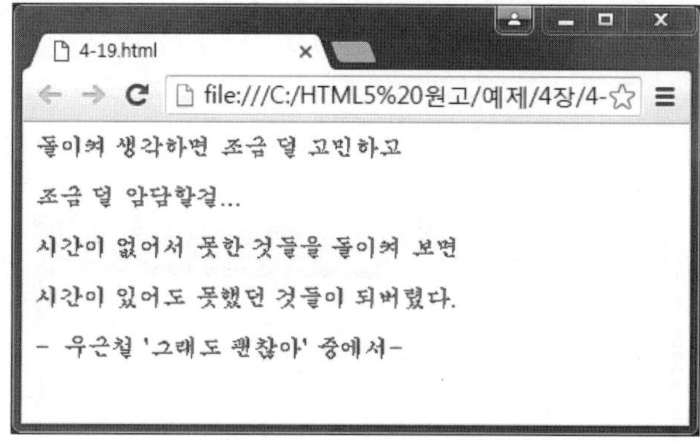

3) 글자 크기(font-size)

글자의 크기를 설정하는 속성으로 font-size를 사용한다. 속성값으로는 px 단위를 주로 사용하며 %나 em 단위를 사용하기도 한다. 다음 예제를 통해 확인해 보자.

<4-20.html>

```
<html>
    <head>
        <meta charset = "utf-8"/>
            <style type = "text/css">
                p{
                    color:red;
                    font-family:궁서;
                    font-size:20px;
```

```
                    }
                </style>
        </head>
        <body>
            <p>돌이켜 생각하면 조금 덜 고민하고 </p>
            <p>조금 덜 암담할걸... </p>
            <p>시간이 없어서 못한 것들을 돌이켜 보면 </p>
            <p>시간이 있어도 못했던 것들이 되버렸다. </p>
            <p>– 우근철 '그래도 괜찮아' 중에서– </p>
        </body>
</html>
```

<실행 결과>

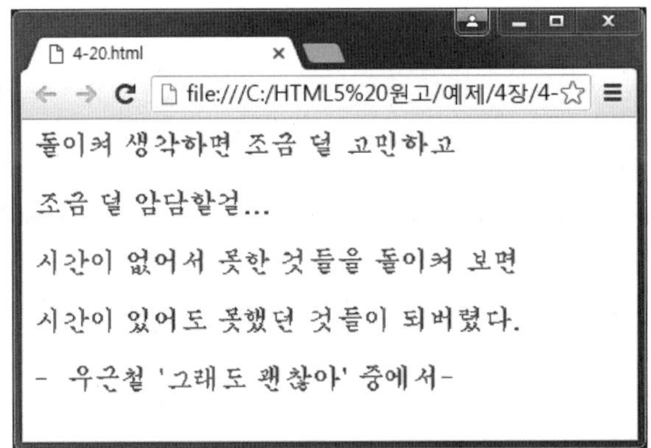

4) 글자 스타일(font-style)

글자에 스타일의 속성을 줄 수 있다. 속성으로는 font–style이고, 속성값의 종류는 다음과 같다.

속성값	설명
nomal	기본 형태로 보여준다.
italic	이탤릭체로 설정한다.
oblique	기울임꼴로 보여준다.
inherit	상위 요소의 font-style을 물려받는다.

[표 4-4] font-style 속성값

속성값을 oblique로 설정하는 예제를 작성해보도록 하자.

<4-21.html>

```
<html>
    <head>
        <meta charset = "utf-8"/>
            <style type = "text/css">
                p{
                    color:red;
                    font-family:궁서;
                    font-size:20px;
                    font-style: oblique;
                }
            </style>
    </head>
    <body>
        <p>돌이켜 생각하면 조금 덜 고민하고 </p>
        <p>조금 덜 암담할걸... </p>
        <p>시간이 없어서 못한 것들을 돌이켜 보면 </p>
        <p>시간이 있어도 못했던 것들이 되버렸다. </p>
        <p>- 우근철 '그래도 괜찮아' 중에서- </p>
    </body>
</html>
```

<실행 결과>

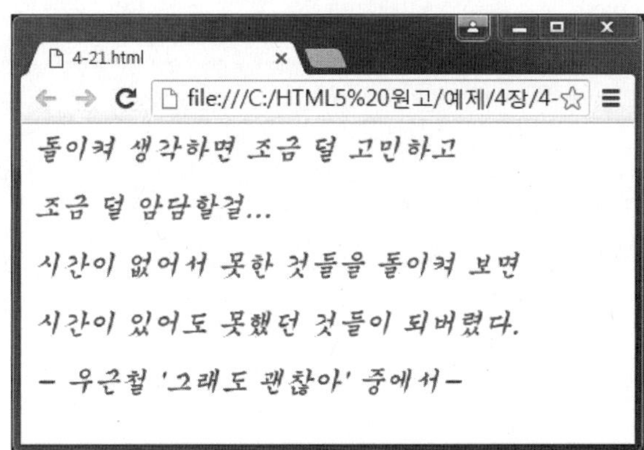

실행 결과를 보면 글꼴이 기울여서 출력되는 것을 확인할 수 있다. 속성값을 italic으로 변경하여 출력해보도록 하자. 두 경우를 비교해보면 결과적으로 차이가 없음을 알 수 있다. 그러나 엄밀하게 말하면 차이가 있는데, oblique의 경우는 기본 글꼴을 기울여서 표현하는 것인 반면, italic의 경우는 별도의 italic 서체가 있는 경우 그 서체로 표현해 주는 것이다. 하지만 결과적으로는 동일하게 표현되므로 굳이 미세한 차이의 구분을 지어서 사용할 필요 없이 일반적으로 italic으로 사용한다.

5) 글자 굵기(font-weight)

글자의 굵기를 설정해주는 속성이다. 속성으로는 font-weight이고 속성값으로는 다음과 같은 값들이 있다.

속성값	설명
normal	기본 굵기이다.
bold	굵은 글씨를 표현한다.
bolder	bold보다 더 굵은 글씨를 표현한다.
ligher	기본 굵기보다 더 얇은 굵기로 표현한다.
inherit	상위 요소의 값을 상속 받는다.

[표 4-5] font-weight 속성값

속성값을 bold로 설정하는 예제를 작성해 보도록 하자.

<4-22.html>

```
<html>
    <head>
        <meta charset = "utf-8"/>
            <style type = "text/css">
                p{
                    color:red;
                    font-family:궁서;
                    font-size:20px;
```

```
                        font-style: normal;
                        font-weight:bold;
                    }
                </style>
        </head>
        <body>
            <p>돌이켜 생각하면 조금 덜 고민하고 </p>
            <p>조금 덜 암담할걸... </p>
            <p>시간이 없어서 못한 것들을 돌이켜 보면 </p>
            <p>시간이 있어도 못했던 것들이 되버렸다. </p>
            <p>- 우근철 '그래도 괜찮아' 중에서- </p>
        </body>
    </html>
```

<실행 결과>

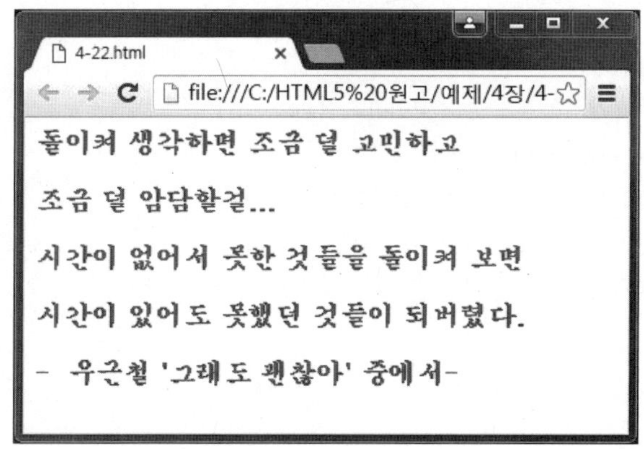

6) 줄 높이(line-height)

줄 높이를 지정하는 속성이다. 직역하면 줄 높이지만, 줄 간격이라고 하는 것이 의미상 맞다. 속성은 line-height이고 속성값은 px 단위나 % 단위로 입력하면 된다. 보통 한글의 경우는 line-height의 값을 100% 이상으로 지정한다. 줄 간격이 너무 붙어 있으면 가독성에 좋지 않기 때문에 떨어져 있으면 좋다.

예제를 작성해 보도록 하자. 속성값을 100%로 하고, 줄 간격을 확인하기 위해 width를 200으로 줄여 설정하였다.

<4-23.html>

```
<html>
    <head>
        <meta charset = "utf-8"/>
            <style type = "text/css">
                p{
                    color:red;
                    font-family:궁서;
                    font-size:20px;
                    font-style: normal;
                    font-weight:bold;
                    line-height:100%;
                    width:200;
                }
            </style>
    </head>
    <body>
        <p>돌이켜 생각하면 조금 덜 고민하고 </p>
        <p>조금 덜 암담할걸... </p>
        <p>시간이 없어서 못한 것들을 돌이켜 보면 </p>
        <p>시간이 있어도 못했던 것들이 되버렸다. </p>
        <p>- 우근철 '그래도 괜찮아' 중에서- </p>
    </body>
</html>
```

<실행 결과>

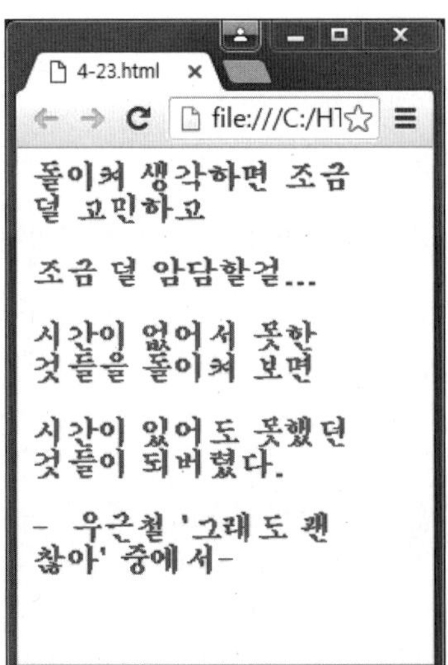

속성값을 90%, 120% 등으로 변경하여 실행해보자. 한글의 경우는 100%이하로 떨어지면 줄 간격이 좀 불편해 보인다. 필자가 보기에는 120% 정도가 문단을 보기에 적절해 보인다.

3.3 배경 색상 및 이미지 처리 관련 속성

앞서 텍스트와 폰트에 대해 다루었다. 즉, 글자에 관련된 속성들만 보았던 것이다. 이번에는 글자가 아닌 배경, 배경의 색상이나 배경의 이미지 설정 등에 관하여 알아보도록 하자.

1) 배경 색상(background-color)

배경에 색상을 설정하는 속성이다. 속성값으로는 #으로 시작되는 HEX 값이나 색상 이름을 넣을 수 있다. 사용 형태는 다음과 같다.

```
div{
    background-color:속성값;
}
```

다음 예제를 통해 확인해 보자.

<4-24.html>

```
<html>
    <head>
        <meta charset = "utf-8"/>
            <style type = "text/css">
                div{
                    background-color:ivory
                }
            </style>
    </head>
    <body>
        <div>하루에 1권씩만 읽어도 1년에 고작 365권이다.<br>
        결국 10년을 읽어도 3650권이다.<br> 결론은 하루에 1권을 읽는다 해도 30년을 읽어야 만권
        을 읽을 수 있다는 얘기다.<br> 얼핏 듣기에 혹 유명인사나 학자들 중에 책을 만권 읽었다더
```

```
        라. 만권을 소장하고 있다더라 하는 얘길<br> 들으면 그냥 그런가보다 대수롭지 않게 생각했는
        데. 막상 계산해보니 책 만권을 읽는다는 것은<br> 참 쉬운 일이 아닌것 같다.<br>- 잠수함 -
        <br>
        </div>
    </body>
</html>
```

<실행 결과>

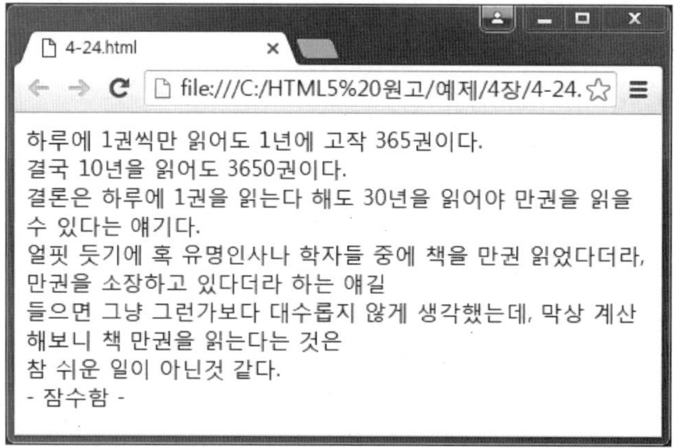

〈div〉 태그에 포함되는 영역은 노란색 배경으로 채워진다. 속성값을 HEX로 입력해도 같은 결과가 나온다. background-color:#FFFF00로 변경하여 실행해 보자.

2) 배경 이미지(background-image)

이미지 파일을 배경으로 설정하는 속성이다. 속성으로는 background-image를 사용하며, 속성값으로는 url(이미지 경로)를 사용하면 된다. 사용 형태는 다음과 같다.

```
div{
    background-image:url(이미지 경로);
}
```

다음 예제를 통해 확인해 보자.

<4-25.html>

```
<html>
    <head>
        <meta charset = "utf-8"/>
            <style type = "text/css">
                div{
                    color:white;height:1000;
                    background-image:url(image/green.jpg);
                }
            </style>
    </head>
    <body>
        <div>하루에 1권씩만 읽어도 1년에 고작 365권이다.<br>
        결국 10년을 읽어도 3650권이다.<br> 결론은 하루에 1권을 읽는다 해도 30년을 읽어야 만권
        을 읽을 수 있다는 얘기다.<br> 얼핏 듯기에 혹 유명인사나 학자들 중에 책을 만권 읽었다더
        라. 만권을 소장하고 있다더라 하는 얘길<br> 들으면 그냥 그런가보다 대수롭지 않게 생각했는
        데. 막상 계산해보니 책 만권을 읽는다는 것은<br> 참 쉬운 일이 아닌것 같다.<br>– 잠수함 –
        <br>
        </div>
    </body>
</html>
```

<실행 결과>

3) 배경 이미지 반복(background-repeat)

배경 이미지는 출력 영역이 넘어가면 기본적으로 반복된다. 반복 여부를 결정할 수 있는 속성이 있는데, 바로 background-repeat이고, 속성값으로는 다음과 같은 값들이 있다.

속성	설명
repeat	이미지가 가로 세로 바둑판 형태로 반복되어 나타난다. 기본값이다.
repeat-x	이미지가 가로 방향으로만 반복되어 나타난다.
repeat-y	이미지가 세로 방향으로만 반복되어 나타난다.
no-repeat	이미지를 한 번만 보여주고 반복하지 않는다.

[표 4-6] background-repeat 속성값

다음 예제를 통해 확인해보자. 배경 이미지를 반복하지 않는 속성값인 no-repeat를 적용해 보도록 하자.

<4-26.html>

```
<html>
    <head>
        <meta charset = "utf-8"/>
            <style type = "text/css">
                div{
                    color:white;height:1000;
                    background-image:url(image/green.jpg);
                    background-repeat:no-repeat
                }
            </style>
    </head>
    <body>
        <div>하루에 1권씩만 읽어도 1년에 고작 365권이다.<br>
        결국 10년을 읽어도 3650권이다.<br> 결론은 하루에 1권을 읽는다 해도 30년을 읽어야 만권을
        읽을 수 있다는 얘기다.<br> 얼핏 듯기에 혹 유명인사나 학자들 중에 책을 만권 읽었다더라. 만
        권을 소장하고 있다더라 하는 얘길<br> 들으면 그냥 그런가보다 대수롭지 않게 생각했는데. 막
        상 계산해보니 책 만권을 읽는다는 것은<br> 참 쉬운 일이 아닌것 같다.
```

```
        <br>— 잠수함 — <br>
        </div>
    </body>
</html>
```

<실행 결과>

이미지 출력이 반복되지 않는 것을 확인할 수 있다. repeat—x와 repeat—y 속성값도 적용해서 실행 결과를 확인해보자.

4) 배경 이미지 위치 지정(background-position)

배경 이미지의 좌표를 설정하는 속성이다. 속성은 background—position이며, 속성값으로는 %나 px값이 올 수 있다. 속성값은 x축과 y축 두 개의 값을 입력하되 구분은 띄어쓰기로 한다. 사용 형태는 다음과 같다.

```
div{
    background-position : x축 속성값 y축 속성값;
}
```

속성값에는 다음과 같은 것들이 있다.

속성값	설명
%	이미지의 크기를 기준으로 상대값으로 이미지를 이동한다.
px	x축에서는 가장 왼쪽, y축에서는 가장 위쪽을 기준으로 픽셀단위로 이동한다.
left	x축에서 사용하는 값으로 가장 왼쪽 기준에서 이미지를 출력한다. 0%와 동일한 값이다.
right	x축에서 사용하는 값으로 가장 오른쪽 기준에서 이미지를 출력한다. 100%와 동일한 값이다.
top	y축에서 사용하는 값으로 가장 위쪽 기준에서 이미지를 출력한다. 0%와 동일한 값이다.
bottom	y축에서 사용하는 값으로 가장 아래쪽 기준에서 이미지를 출력한다. 100%와 동일한 값이다.
center	x축과 y축에 동일하게 사용할 수 있다. 이미지를 가운데 출력하며, 50%와 동일한 값이다.

[표 4-7] background-position 속성값

다음 예제를 통해 확인해보자. 배경 이미지의 위치는 center 0%로 설정하였다. 즉, x축으로는 가운데 위치이고, y축으로는 가장 위쪽을 의미한다.

<4-27.html>

```
<html>
    <head>
        <meta charset = "utf-8"/>
            <style type = "text/css">
                div{
                    color:white;height:1000;
                    background-image:url(image/green.jpg);
                    background-repeat:no-repeat;
                    background-position:center 0%;
                }
            </style>
```

```
        </head>
        <body>
            <div>하루에 1권씩만 읽어도 1년에 고작 365권이다.<br>
            결국 10년을 읽어도 3650권이다.<br>  결론은 하루에 1권을 읽는다 해도 30년을 읽어야 만
            권을 읽을 수 있다는 얘기다.<br>  얼핏 듯기에 혹 유명인사나 학자들 중에 책을 만권 읽었다
            더라, 만권을 소장하고 있다더라 하는 얘길<br>  들으면 그냥 그런가보다 대수롭지 않게 생각
            했는데, 막상 계산해보니 책 만권을 읽는다는 것은<br>  참 쉬운 일이 아닌것 같다.<br>- 잠
            수함 -  <br>
            </div>
    </body>
    </html>
```

<실행 결과>

5) 배경 이미지의 스크롤 여부(background-attachment)

배경 이미지의 스크롤 여부를 설정하는 속성이다. 기본적으로 이 속성을 사용하지 않으면 이미지는 문서와 함께 스크롤된다. 사용형태는 다음과 같다.

```
div{
    background-attachment: 속성값;
}
```

속성값에는 다음과 같은 것들이 있다.

속성값	설명
scroll	기본값으로 요소가 고정되어 있어 이미지는 문서와 함께 스크롤된다.
local	요소 안 내용에 고정되어 있다. 결국 scroll의 속성과 같은 결과를 보여준다.
fixed	문서는 스크롤 되지만 이미지는 스크롤되지 않아 배경 이미지 위에 문서가 떠 있는 느낌을 준다.

[표 4-8] background-attachment 속성값

다음 예제를 통해 확인해보자. 속성값을 fixed로 설정한다.

<4-28.html>

```
<html>
    <head>
        <meta charset = "utf-8"/>
            <style type = "text/css">
                div{
                    color:white;height:1000;
                    background-image:url(image/green.jpg);
                    background-repeat:no-repeat;
                    background-position:left  0%;
                    background-attachment:fixed;
                }
            </style>
    </head>
    <body>
        <div>하루에 1권씩만 읽어도 1년에 고작 365권이다.<br>
        결국 10년을 읽어도 3650권이다.<br>  결론은 하루에 1권을 읽는다 해도 30년을 읽어야 만
```

```
            권을 읽을 수 있다는 얘기다.<br>  얼핏 듯기에 혹 유명인사나 학자들 중에 책을 만권 읽었다
            더라. 만권을 소장하고 있다더라 하는 얘길<br>  들으면 그냥 그런가보다 대수롭지 않게 생각
            했는데. 막상 계산해보니 책 만권을 읽는다는 것은<br>  참 쉬운 일이 아닌것 같다.<br>– 잠
            수함 –  <br>
            </div>
        </body>
    </html>
```

<실행 결과>

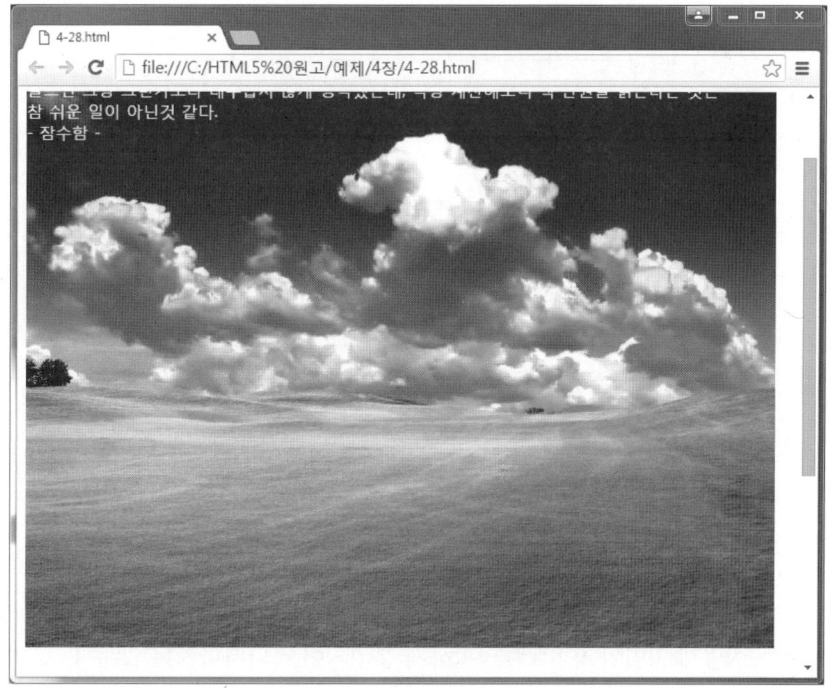

3.4 여백 처리 관련 속성

페이지의 레이아웃을 잡을 때 가장 기본이 되는 요소 중 하나가 바로 여백 처리이다. 여백에는 바깥 여백, 안 여백 등이 있으며 이를 통해 넓이와 높이의 값을 어떻게 주어야 하는지 알아보도록 하자.

1) 박스 모델(Box Model)

여백 처리에 관해 논하려면 먼저 박스 모델(Box Model)에 대해 이해를 해야 하는데, 박스 모델이란 HTML의 기본 구조의 바탕이라고 보면 된다. 박스라는 것은 기본적으로 사각형 모양이다. 우리가 보는 브라우저의 모양부터 사각형이고, 그 안에 나타내어지는 내용들 또한 사각형 안에서 이루어진다. 그래서 박스라는 단어를 사용하였고, 이러한 박스를 기반으로 HTML의 기본 구조를 모델링화 시킨 것을 박스 모델이라고 한다. 이렇게만 이야기 하면 추상적으로만 와 닿을 것이다. 좀 더 구체적으로 살펴보기 위해서 다음 그림을 보고 이해해보도록 하자.

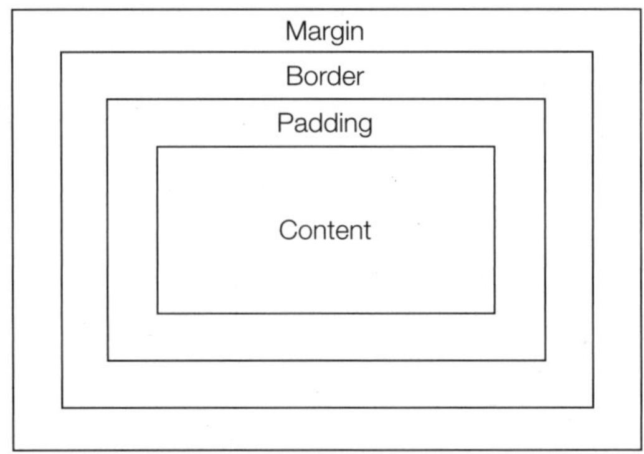

그림 4-1. 박스 모델(Box Model) 구조

하나의 박스는 이렇게 바깥 여백(Margin), 테두리(Border), 안 여백(Padding), 내용(Content) 영역으로 구성이 된다. 우리는 그림을 통해서 영역을 명시적으로 구분하였지만, 실제로 브라우저 상에서는 이렇게 영역이 4단계로 명확하게 분리되어서 나타나지는 않는다. 그래서 눈으로 문서를 보아도 구분하기가 쉽지 않다. 박스 모델 구조를 브라우저 상에서 어떻게 표현되는지 살펴보도록 하자. 다음 예제를 작성해보자.

<4-29.html>

```
<html>
    <head>
        <meta charset = "utf-8"/>
            <style type = "text/css">
```

```
                div{
                    margin:50px;
                    border:20px solid black;
                    padding:30px;
                }
            </style>
    </head>
    <body>
        <div>
            <h1>Contents</h1>
        </div>
    </body>
</html>
```

<실행 결과>

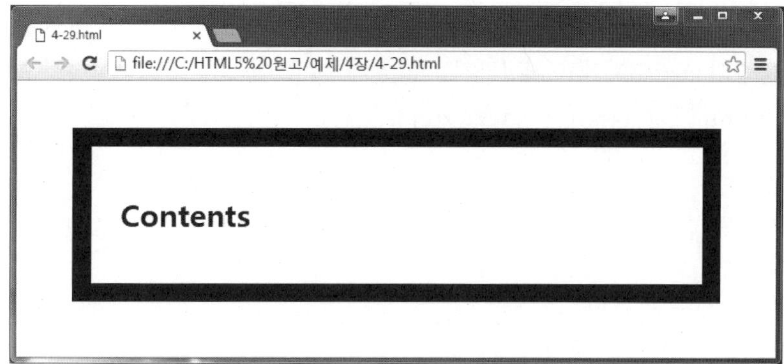

결과를 보면 박스 모델의 윤곽이 조금은 나타나는 것을 알 수 있다. 브라우저의 가장 바깥쪽 여백이 바로 바깥 여백(margin)을 나타내고, 그 바로 안쪽에 표시한 검은색 테두리가 바로 Border를 의미한다. 영역 구분을 위해서 테두리(Border)는 검은색으로 표시하였다. 그 다음 안쪽의 여백은 Contents라는 글자와 테두리 사이인데, 그 여백이 바로 안 여백(padding)이다. 실행 결과의 그림에서 영역을 구분하면 다음과 같다.

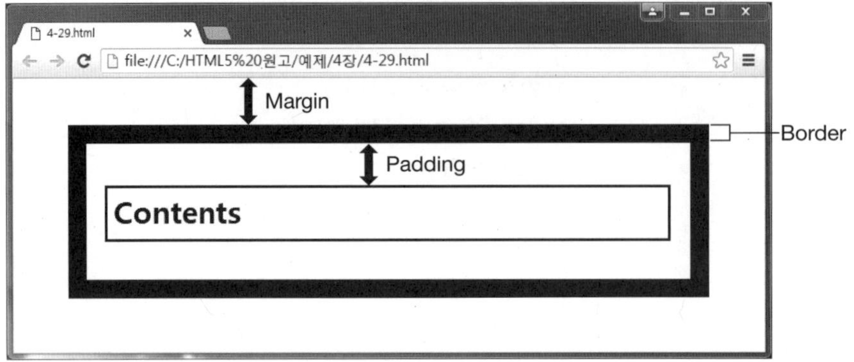

그림 4-2. 브라우저상에서 박스 모델 영역 구분

2) 바깥 여백(margin)

박스 모델 영역 중 가장 먼저 바깥 여백에 대해 알아보도록 하자. 바깥 여백의 속성은 margin으로 앞서 간단한 예제를 다루면서 살펴보았다. 그런데 사각형의 영역은 말 그대로 사면에 대한 여백이 존재한다. 우리는 앞서 살펴본 예제에서 단순히 margin이라고만 사용했지 구체적으로 어떤 방향의 margin이라고 설정하지는 않았다. 바깥 여백의 설정은 상하좌우에 대한 여백을 정의할 수있다. 설정 방법은 다음과 같다.

```
div{
    margin-top : 50px;
    margin-right : 50px;
    margin-bottom : 50px;
    margin-left : 50px;
}
```

각각 위쪽 외부 여백, 오른쪽 외부 여백, 아래쪽 외부 여백, 왼쪽 외부 여백에 대한 설정을 하였다. 이를 각각 설정하는 것이 번거로움이 있으므로 축약형으로 사용하기도 하는데 다음과 같이 사용 가능하다.

```
div{
     margin:10px 300px 0px 0px;
}
```

설정값의 순서는 앞에서 설정했던 순서와 동일하게 위쪽, 오른쪽, 아래쪽, 왼쪽 순서이다. 앞의 예제에서 margin의 설정값을 수정하여 실행해 보도록 하자.

<4-30.html>

```
<html>
    <head>
        <meta charset = "utf-8"/>
            <style type = "text/css">
                div{
                    margin:10px 300px 0px 0px;
                    border:20px solid black;
                    padding:30px;
                }
            </style>
    </head>
    <body>
        <div>
            <h1>Contents</h1>
        </div>
    </body>
</html>
```

<실행 결과>

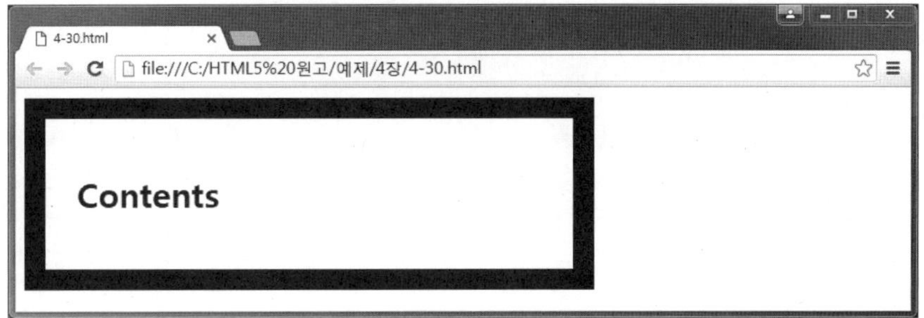

3) 테두리(Border)

테두리(border) 속성은 두께, 형태, 색상을 설정할 수 있다. 앞서 작성했던 예제에서 이미 border 속성의 두께는 20px, 형태는 solid, 색상은 black으로 설정한 바 있다. 이 이외의 기타 속성값에 대해서는 잘 사용하지 않으므로 border 속성에 대해서는 이 정도로만 이해하면 충분하다.

```
div{
    border:20px solid black;
}
```

border 속성의 속성값을 다음과 같이 변경하여 실행해 보도록 하자.

<4-31.html>

```
<html>
    <head>
        <meta charset = "utf-8"/>
            <style type = "text/css">
                div{
                    margin:10px 300px 0px 0px;
                    border:20px dotted red;
                    padding:30px;
                }
            </style>
    </head>
    <body>
        <div>
            <h1>Contents</h1>
        </div>
    </body>
</html>
```

<실행 결과>

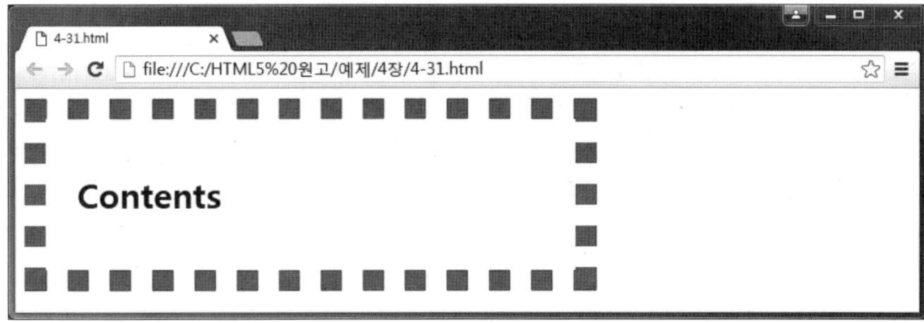

4) 안 여백(padding)

안 여백(padding)의 속성은 바깥 여백(margin)과 거의 흡사하다. 안 여백의 속성값은 위쪽, 오른쪽, 아래쪽, 왼쪽의 순으로 설정이 가능하고, 마찬가지로 축약형으로도 표현이 가능하다.

```
div{
    padding-top : 30px;
    padding-right : 30px;
    padding-bottom : 30px;
    padding-left : 30px;
}
```

```
div{
    padding:0px 500px 50px 100px;
}
```

padding 속성의 속성값을 다음과 같이 변경하여 실행해 보도록 하자.

<4-32.html>

```
<html>
    <head>
        <meta charset = "utf-8"/>
```

```
            <style type = "text/css">
                div{
                    margin:10px 300px 0px 0px;
                    border:20px solid black;
                    padding:0px 500px 50px 100px;}
            </style>
        </head>
        <body>
            <div>
                <h1>Contents</h1>
            </div>
        </body>
    </html>
```

<실행 결과>

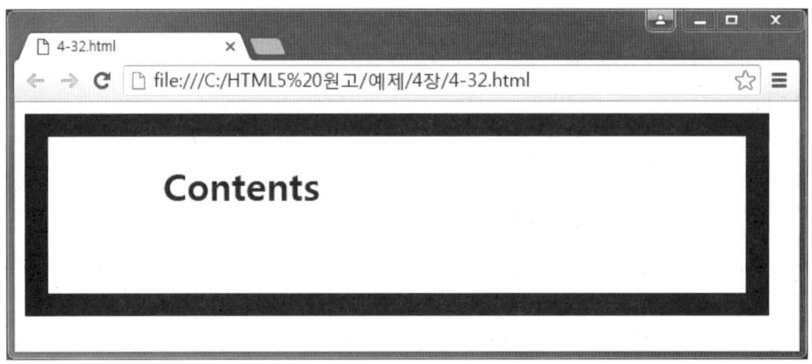

Chapter

05 HTML과 CSS를 이용한 웹 페이지 제작

역경은 청년에게 있어서 빛나는 가치이다.
– 에머슨 –

사람 몸의 각 기관이나 기계의 각 기관들은 각각의 제 기능들을 담당하고 있다. 이러한 기능들이 모여서 하나의 개체를 이루게 되고, 완전체가 되는 것이다. 우리는 앞에서 HTML 문법과 CSS의 속성 기능을 각각의 기능별로 학습하였다. 지금까지 살펴본 각 기능별로의 예제들은 그다지 볼품은 없어 보였지만, 이것들을 하나의 웹 페이지 형태인 완전체로 작성해 보도록 할 것이다. 그리고 여러분이 실전에서 웹 페이지를 작성시 무작정 하는 것이 아니라 어떠한 단계를 거쳐 작업 수행을 하는지 살펴보도록 하자.

1. 독서지도 웹 페이지 레이아웃 설계

HTML이라는 기술을 습득했다고 해서 웹 페이지를 훌륭하게 만들 수 있는 것은 아니다. 요즘은 기술도 중요하지만 그보다 더 중요하게 생각하는 것은 바로 콘텐츠이다. 개발하고자 하는 콘텐츠가 정해지면 그 이후에 그에 맞는 기술을 선정할 수 있다. 우리는 독서지도 관련한 콘텐츠를 선정하여 간단한 웹페이지를 만들고자 한다. 어떠한 프로그래밍에서도 마찬가지이지만, 가장 먼저 해야 할 작업은 구상과 설계이다. 자, 눈감고 여러분이 만들 독서지도 관련 웹페이지를 상상해 보자. 다시 눈을 뜨고, 이면지를 한 장 책상에 놓고, 머릿속에 구상했던 내용을 막 그려보기도 하고, 적어보기도 하자. 이것은 필자가 쓰는 방법이기도 하지만, 혼자서 브레인스토밍(brainstorming)을 하면서 이면지에 생각나는 것을 막 적어보자.

1.1 레이아웃 기본 형태

웹페이지는 갖추어야 할 기본 형태가 있다. 가장 먼저 해당 페이지의 이름을 나타내는 로고나

타이틀이 가장 상단에 있어야 하고, 두 번째로 콘텐츠를 각각 분류하여 표시하게 할 메뉴가 필요하다. 그리고, 메뉴 선택시 해당 메뉴에 해당하는 내용을 보여줄 영역이 필요하고, 마지막으로 이 페이지를 만든 제작자의 저작권 표시가 있어야 한다. 이 정도가 첨가물이 거의 들어가지 않은 기본 형태라고 볼 수 있다. 다음은 기본 형태의 모양을 이면지에 막 끄적거린 형태이다.

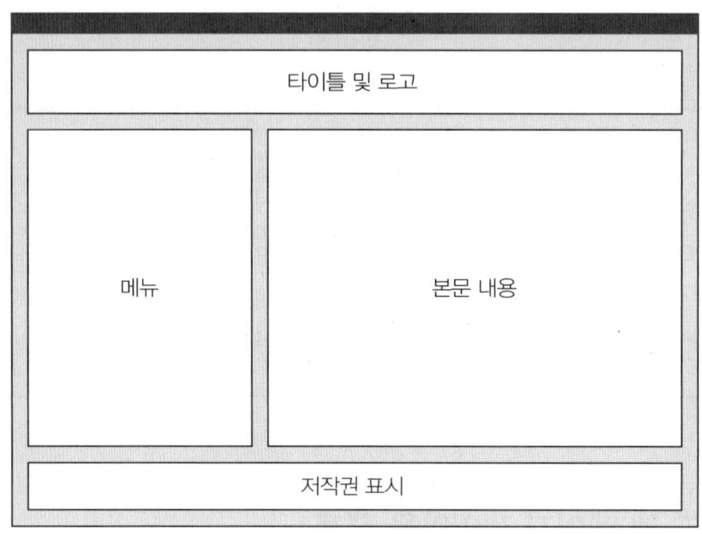

그림 5-1. 레이아웃 기본 형태 설계

독서지도에 관한 타이틀 및 로고를 웹페이지의 가장 위쪽에 배치할 것이고, 메뉴는 그 아래 왼쪽, 본문 내용은 오른쪽 그리고 저작권 표시는 가장 아래쪽에 배치할 것이다. 어떠한 웹사이트를 들어가보면 대부분 이러한 비슷한 구조를 볼 수 있을 것이다. 자, 이제 기본적인 레이아웃은 잡았으니 조금 더 구체적으로 동작 구조를 중심으로 생각해 보도록 하자.

1.2 레이아웃 소스 파일 구조 설계

기본적인 레이아웃을 잡았으면 이제부터는 동작 구조를 기반으로 생각해보자. 우리가 보는 하나의 페이지는 사실상 내부적으로는 여러 개의 페이지로 나누어져 있다. 즉, 한 개의 페이지를 보고 있는 것 같지만, 그 안에는 여러 개의 페이지가 연결되어 존재하고 있다는 것이다.

앞서 살펴본 기본 구조를 바탕으로 독서지도에 관련한 파일 구조를 다음과 같이 나타낼 수 있다.

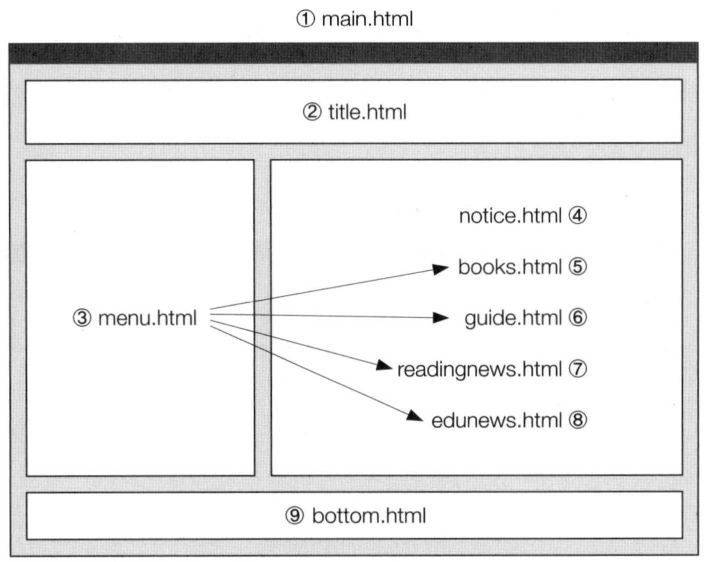

그림 5-2. 레이아웃 소스 파일 구조 설계

총 9개의 영역으로 나누어져 있는데, ② ~ ⑨까지 각각의 html 파일은 서로 독립적인 파일로 존재한다. 이러한 각각의 파일들이 모여서 하나의 페이지를 이루고 있는 것이다. 각 요소에 대해 살펴 보도록 하자.

① main.html은 이 페이지의 바탕을 이루는 파일로써 전체 페이지의 프레임 구조를 담당하고 있다.
② title.html은 이 페이지의 타이틀 제목 및 로고를 표시하는 문서이다.
③ menu.html은 이 페이지의 메뉴를 표시하는 문서이다. 각 메뉴의 클릭시 메뉴와 링크된 문서는 우측 본문 내용 영역에 나타난다.
④~⑧까지의 문서가 본문 내용 영역에 표시된다. 이 때 ④의 문서는 웹페이지 수행 초기에 나타나는 내용이고 ⑤~⑧은 menu.html의 메뉴 항목 클릭시 연결된 문서들이다.
⑨ bottom.html은 이 페이지의 저작권을 표시하는 문서이다.

2. 메인 페이지 구현

먼저 메인 페이지를 구현해 보도록 하자. 메인 페이지는 전체 페이지의 프레임 구조를 구성하는 역할을 한다. 파일의 이름은 main.html이라고 정하자. 전체 페이지의 구성은 앞의 그림에서 살펴본 것과 같이 크게, 타이틀 및 로고, 메뉴, 본문 내용, 저작권 표시 이렇게 총 4부분으로 나눌 수 있다.

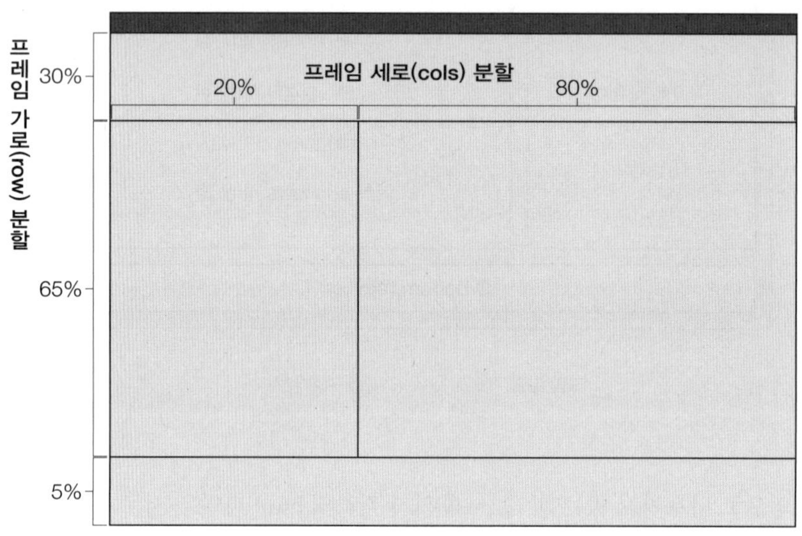

그림 5-3. 메인 페이지 main.html의 프레임 분할 비율

먼저 프레임의 가로(rows) 분할 비율을 살펴보면 30%, 65%, 5%로, 프레임의 세로(cols) 분할 비율은 20%, 80%로 나눈 것을 확인할 수 있다. 이 비율은 정해진 규칙이 있는 것이 아니라, 우리가 현재 독서지도 페이지를 제작하는데 있어서 구상한 페이지의 형태가 이 비율이 잘 맞을거라고 생각했기 때문이다. 자, 이제 main.html 파일을 생성하고, 다음과 같이 페이지의 프레임을 나누어보도록 하겠다. 이미 우리는 3장에서 프레임 분할 방법을 학습한 바 있다. 혹시 기억이 잘 나지 않는다면 3장을 다시 복습해보기를 바란다.

<main.html>

```
<html>
    <head>
        <meta charset = "utf-8"/>
            <frameset rows = "30%,65%,5%" frameborder = "1">
                <frame src ="">
                <frameset cols = "20%,80%">
                    <frame src ="">
                    <frame src ="" name = "right">
                </frameset>
                <frame src ="">
            </frameset>
    </head>
    <body>
</body>
```

<실행 결과>

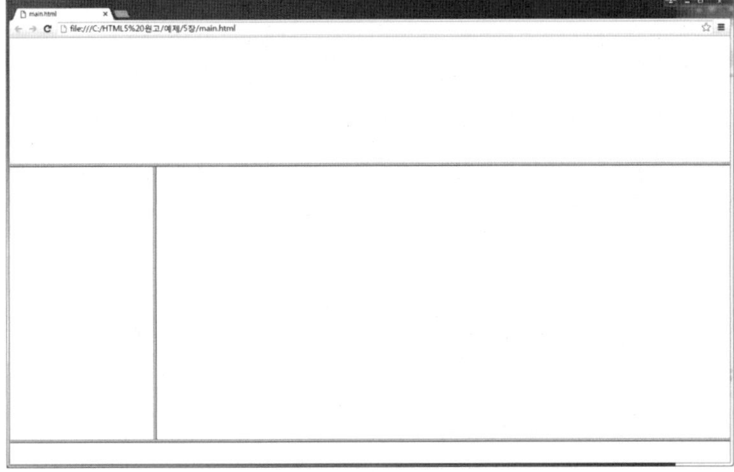

먼저 가로축 분할시 〈frameset rows〉 속성을 사용하여 30%, 65%, 5%로 영역을 나누었다. 그 하위로 태그 〈frame src =“”〉가 나오고 〈frameset cols = “20%,80%”〉가 작성된 것을 볼 수 있다. 이 의미는 rows의 30% 영역은 〈frame src =“”〉로 인해 확보는 되었지만, src의 값이 비어 있으므로 아무것도 표시하지 않는다. 아직은 src에 들어갈 문서를 작성하지 않았기 때문에 당분간은 값을 비워두자. 그 다음에 cols 속성이 20%, 80%로 나오는데, 이것은 rows 속성 두 번째인 65% 내에서 cols 속성 20%과 80%으로 나누겠다는 의미이다. 하위로 〈frame src =""〉가 두 번 나오는 것은 20%와 80% 각각에 해당하는 문서를 의미한다. 마찬가지로 src에 들어갈 문서를 작성하지 않았기 때문에 값을 비웠다. 마지막으로 코드 하단의 〈frame src =""〉는 rows 속성의 5%에 해당하는 영역으로 마찬가지로 값을 비웠다.

한 가지 보고 넘어가야 할 부분은 frameborder = "1"와 같이 프레임 선의 표시 여부인데, "1"인 경우는 프레임 선을 표시하겠다는 의미이다. 현재는 프레임 영역을 보기 위해서 프레임의 선을 표시하였지만, 뒤의 페이지 완성본에서는 프레임 선을 나타내지 않는 속성값 "0"으로 설정할 것이다.
이제부터 프레임을 분할한 각 해당 영역의 문서를 작성해 보도록 하자.

2.1 타이틀 및 로고

먼저 타이틀 및 로고 문서를 보도록 하자. 문서 파일의 이름은 title.html로 정하였다. 보통 전체 페이지의 가장 상단에 위치하는 영역으로 웹사이트의 로고나 이름을 표현한다. 이 문서는 가로축 분할의 30%에 해당하는 영역이다. title.html 파일을 생성하고 다음과 같이 작성해 보자.

<title.html>

```
<html>
    <head>
        <meta charset = "utf-8"/>
            <style type = "text/css">
                tstyle{
                    color:#00008B;
                    font-family:휴먼굵은샘체;
                    font-size:70px;
                }
            </style>
    </head>
```

```
    <body bgcolor = "#ffffe0">
        <div id = "header">
            <img src = "image/headerlogo.jpg" width ="500" height =
            "280"><tstyle>아이들을 위한 독서 지도</tstyle>
        </div>
    </body>
</html>
```

<실행 결과>

실행 결과를 보면 이 페이지를 상징하는 이미지와 타이틀 제목이 출력되었고, 문서의 배경색은 옅은 아이보리색이다. 복습하는 차원에서 코드를 분석해 보도록 하자.

1) 문서 배경색 지정

현재 문서의 배경색 지정시 사용하는 속성은 bgcolor이다. body 태그의 속성으로 bgcolor = "#ffffe0"를 설정하였고, 이것은 실행 결과와 같이 문서의 배경을 LigthYellow 색으로 출력하게 한다. 만약 bgcolor 속성 자체를 설정하지 않는다면 문서의 배경은 기본적으로 흰색 바탕으로 출력된다.

2) 이미지 지정

이미지를 출력하는 태그로는 〈img〉를 사용하는데, headerlogo.jpg 파일을 넓이 500, 높이 280의 속성으로 출력하였다. 별도의 align 속성을 지정하지 않으면 출력의 결과처럼 기본으로 왼쪽 정렬한다.

3) 글자 스타일 지정

우리는 4장 CSS 스타일시트에서 스타일을 미리 지정하여 사용하는 방법을 학습하였다. 스타일시트에는 크게 외부 스타일시트와 내부 스타일시트가 있는데, 예제에서처럼 같은 문서 내의 〈head〉〈/head〉 태그 내부에 스타일을 정의하면 내부 스타일시트이다. tstyle이라는 이름으로 스타일시트를 정의하였는데 글자의 색상은 #00008B(Darkblue), 글자의 폰트 종류는 휴먼굵은샘체, 글자의 크기는 70px 이렇게 세 가지의 속성을 설정하였다. 이렇게 정의한 스타일시트를 다음과 같이 사용하여 문서 내에 일괄 적용이 가능하다. 물론 이 문서는 타이틀이라서 "아이들을 위한 독서 지도"라는 한 문장만 적용하였다.

```
<tstyle>아이들을 위한 독서 지도</tstyle>
```

이 예제만 가지고서는 스타일시트의 편리함을 느끼기에는 부족하지만 앞으로 작성하는 다른 문서들도 여러 문장들을 사용한다면 기본적으로 스타일시트를 정의하여 적용하도록 할 것이다.

2.2 메뉴

두 번째로 페이지의 허리에 해당하는 메뉴 문서를 작성해 보도록 하자. menu.html 문서를 생성하고, 다음과 같이 코드를 작성하자. 메뉴는 '추천도서', '독서지도법', '독서소식', '교육소식' 이렇게 네 개를 등록하기로 한다.

<menu.html>

```
<html>
    <head>
        <meta charset = "utf-8"/>
    </head>
    <body bgcolor = "#fffafa">
        <div id = "menu">
            <ul>
```

```
                <li><a href = "books.html" target = "right"><h2>추천도
                서</h2></a></li>
                <li><a href = "guide.html" target = "right"><h2>독서지
                도법</h2></a></li>
                <li><a href = "readingnews.html" target =
                "right"><h2>독서소식</h2></a></li>
                <li><a href = "edunews.html" target = "right"><h2>교육
                소식</h2></a></li>
            </ul>
        </div>
    </body>
</html>
```

<실행 결과>

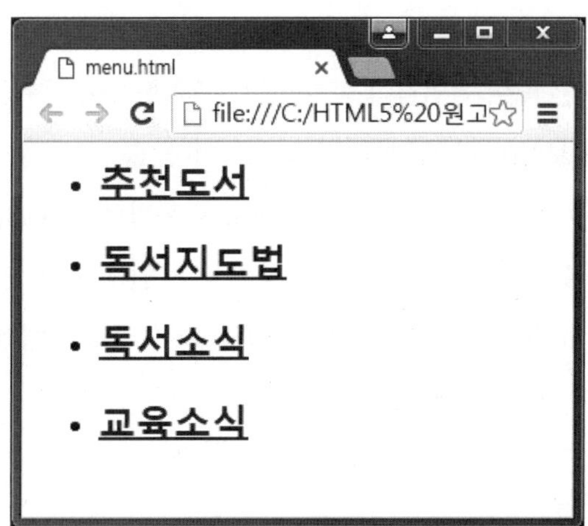

실행 결과를 보면 네 개의 메뉴 목록이 세로 형태로 나타나 있는 것을 확인할 수 있다.

1) 문서 배경색 지정

현재의 문서 배경색은 #fffafa(Snow) 색으로 지정하였다. 배경색의 지정은 다른 프레임간의 구분을 해주는 역할을 하므로 디자인 측면에서 색상을 잘 선택하는 것도 중요하다.

2) 순서가 없는 항목 설정

항목 설정에는 순서가 있는 항목과 순서가 없는 항목 두 가지가 있었다. 메뉴에서는 순서가 없는 항목 태그인 <ul>과 <li>를 사용하여, 각 항목별로 '•' 기호로 표시된다.

3) 하이퍼링크

메뉴의 본연의 기능은 해당 메뉴 항목을 클릭하면 링크에 의해 해당 내용을 사용자에게 보여주는 것이다. 그래서 메뉴는 단순히 메뉴 항목 이름의 텍스트를 출력하여 보여주기만 하는 것이 아니라, 하이퍼링크에 의해 메뉴 항목 클릭시 그에 해당하는 문서를 보여줄 수 있도록 연결되어 있어야 한다. 각 메뉴별로 <a href> 태그를 사용하여, 각각 해당 문서를 연결하였는데, 이 문서들에 대해 아직 작성하지 않았다. 링크될 문서들에 대해서는 뒤에서 다루고 작성할 것이므로, 일단은 예제에 작성한대로 각 해당 문서의 이름은 기입해 놓도록 하자. 실행하여 각 메뉴를 클릭해보면 아직은 페이지 연결이 되지 않고, 아무 반응이 없을 것이다.

그리고, 또 한 가지 살펴보아야 할 속성이 바로 target이다. target은 링크된 문서를 어디에 출력할 것인지 목표 영역을 지정하는 속성이다. 각 메뉴 항목별로 target의 속성이 'right'인 것을 볼 수 있는데, 이것은 메뉴 항목 클릭시 name 속성이 'right'인 프레임 영역에 출력하라는 의미이다. 그렇다면 이름이 'right'인 프레임 영역은 어디인가? 우리가 앞에서 메인 페이지 구현 시 cols 영역을 20%, 80%로 나누어 주었던 것을 기억하는가?

```
<frameset cols = "20%,80%">
    <frame src ="">
    <frame src ="" name = "right">
</frameset>
```

cols 영역의 20%는 메뉴이고, 80% 영역의 name이 "right"임을 확인할 수 있다. 메뉴 항목 클릭시 target의 속성인 "right"의 영역, 즉, 80% 프레임 영역에 출력이 될 것이다. 이 부분은 이후에 각 메뉴 항목에 대응하는 해당 문서를 작성한 후 확인해 볼 수 있다.

2.3 공지사항

대부분의 웹 페이지들을 보면 초기 본문 화면에 공지사항과 같은 공지 내용을 기재한다. 공지사항은 cols 영역의 20%, 80% 중 80% 영역에 출력하도록 한다. 공지사항 문서는 notice.html 이라고 생성하고, 다음과 같이 작성하자.

<notice.html>

```
<html>
    <head>
        <meta charset = "utf-8"/>
        <style type = "text/css">
            nstyle{
                color:#800000;
                font-family:휴먼굵은샘체;
                font-size:30px;
            }
        </style>
    </head>
    <body>
        <div id = "notice">
            <ul>
                <nstyle>
                <h2>〈공지사항〉</h2>
                <li>사이트를 방문해주신 모든 분들을 환영합니다.</li>
                <li>새로운 도서 출간 안내입니다.</li>
                <li>독서지도 교육소식입니다.</li>
                </nstyle>
            </ul>
            <img src = "image/infologo.jpg" align="left">
        </div>
    </body>
</html>
```

<실행 결과>

실행 결과를 보면 공지사항에 대한 내용 항목들을 출력하되, 순서가 없는 항목으로 출력하고 있다. 그러므로 공지사항의 항목 내용들은 〈ul〉, 〈li〉 태그를 사용하였다. 공지사항의 내용 출력에 사용되는 글자 스타일을 nstyle이라는 이름의 스타일시트로 정의하였는데 color는 #800000(Maroon)색, 폰트는 휴먼굵은샘체, 폰트 크기는 30px로 설정하였다. 마지막으로 이미지 출력시 align 속성을 지정할 수 있는데, 우리는 align = "left"라고 설정하였다. 이미지는 현재 문서의 왼쪽 기준으로 정렬하라는 것이다. 만약 속성값을 "right"라고 변경한다면 현재 문서의 오른쪽을 기준으로 출력될 것이다.

2.4 저작권 표시

어떠한 웹 사이트를 방문하면 필수적으로 저작권 관련 문구가 아래쪽에 배치되어 있는 것을 아무리 컴맹이라도 한 번쯤은 보았을 것이다. 마지막으로 전체 페이지의 가장 아래쪽 프레임 영역인 저작권 표시를 보도록 하자. bottom.html이라는 이름으로 파일을 생성하고, 다음과 같이 작성하자.

<bottom.html>

```
<html>
    <head>
        <meta charset = "utf-8"/>
        <style type = "text/css">
            tstyle{
                color : #696969;
                font-family:Times New Roman;
                font-size:20px;
            }
        </style>
    </head>
    <body bgcolor = "#D3D3D3">
        <div id = "bottom">
            <tstyle><center>2016 changhyun lee, kyunghwa cho All
            rights reserved</center></tstyle>
        </div>
    </body>
</html>
```

<실행 결과>

문서의 배경색인 bgcolor는 #D3D3D3(LightGray)로 설정하였고, 이에 대한 글자의 스타일 시트는 tstyle이라는 이름으로, 글자색 color는 #696969(DimGray), 폰트 모양은 Times New Roman, 폰트 크기는 20px로 설정하였다.

2.5 각 문서를 메인 페이지에 배치하기

자, 앞서서 전체 페이지의 각 영역에 배치할 문서인 title.html, menu.html, notice.html, bottom.html을 각각 작성하여 만들었다. 각각 존재하는 이 문서들을 이용하여 메인 페이지에 배치하도록 하자. 앞서서 main.html을 작성한 바 있는데, 각각의 프레임 영역만 나누고 해당 영역에 배치될 문서들은 작성되지 않았으므로 공란으로 두었다. 이제는 해당 영역의 문서들을 작성하였으므로 배치하여 메인 페이지의 형태를 완성해 보도록 하자. main.html 파일을 불러와서 다음과 같이 굵은 글씨로 표시된 코드를 추가, 수정하자.

<main.html>

```
<html>
    <head>
        <meta charset = "utf-8"/>
            <frameset rows = "30%,65%,5%" frameborder = "0">
                <frame src ="title.html">
                <frameset cols = "20%,80%">
                    <frame src ="menu.html">
                    <frame src ="notice.html" name = "right">
                </frameset>
                <frame src ="bottom.html">
            </frameset>
    </head>
    <body>
    </body>
</html>
```

<실행 결과>

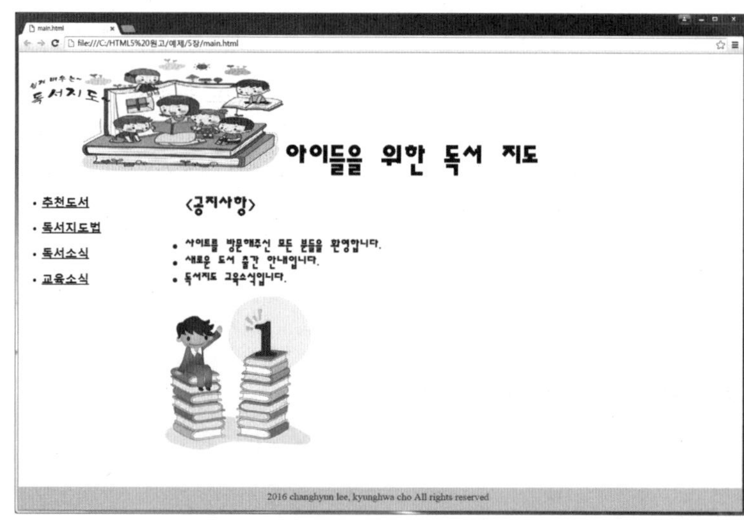

실행 결과를 보면 각 프레임 영역에 해당 문서들이 배치되어 하나의 완전한 페이지를 이루고 있다. title.html, menu.html, notice.html, bottom.html의 문서내용이 메인 페이지에서 배분한 비율로 적절하게 배치된 것을 확인할 수 있다.
메인 페이지의 기본 구성과 초기 페이지는 이렇게 완성되었다. 다음으로는 메뉴의 각 항목별로 링크되는 문서를 작성하여 메뉴 항목 클릭시 링크되어 출력되도록 작성하도록 하자.

3. 추천도서 문서 구현

먼저 추천도서 메뉴 항목에 대한 링크 문서를 작성해 보자. 추천도서는 유아, 초등, 중 · 고등, 전문서로 나누고, 각 항목에 따른 책 이미지를 세 권씩 나열하여 출력하도록 한다. 문서의 이름은 books.html로 생성하고, 다음과 같이 작성하자.

<books.html>

```
<html>
    <head>
        <meta charset = "utf-8"/>
        <style type = "text/css">
            bstyle{
                color:#800000;
                font-family:휴먼굵은샘체;
                font-size:30px;
            }
        </style>
    </head>
    <body>
        <div id = "books">
        <bstyle>
        <h2>오늘의 추천 도서<p></h2>
            <li>유아</li><p>
            <img src = "image/1.jpg" width = "100" height = "150"
            border = "1" hspace = 20>
```

```
            <img src = "image/2.jpg" width ="100" height = "150"
            border = "1" hspace = 20>
            <img src = "image/3.jpg" width ="100" height = "150"
            border = "1" hspace = 20><p>
            <li>초등</li><p>
            <img src = "image/4.jpg" width ="100" height = "150"
            border = "1" hspace = 20>
            <img src = "image/5.jpg" width ="100" height = "150"
            border = "1" hspace = 20>
            <img src = "image/6.jpg" width ="100" height = "150"
            border = "1" hspace = 20><p>
            <li>중.고등</li><p>
            <img src = "image/7.jpg" width ="100" height = "150"
            border = "1" hspace = 20>
            <img src = "image/8.jpg" width ="100" height = "150"
            border = "1" hspace = 20>
            <img src = "image/9.jpg" width ="100" height = "150"
            border = "1" hspace = 20><p>
            <li>전문서</li><p>
            <img src = "image/10.jpg" width ="100" height = "150"
            border = "1" hspace = 20>
            <img src = "image/11.jpg" width ="100" height = "150"
            border = "1" hspace = 20>
            <img src = "image/12.jpg" width ="100" height = "150"
            border = "1" hspace = 20><p>
        </bstyle>
        </div>
    </body>
</html>
```

<실행 결과> (main.html 실행후 추천도서 클릭하면 나오는 화면)

main.html을 실행하여 먼저 메뉴의 '추천도서' 항목을 클릭하면, 우리가 작성한 books.html 문서로 링크되어 이동하는 것을 확인할 수 있다. 눈여겨 볼 부분은 책 이미지를 배치하고, 이미지의 넓이와 높이를 일괄적으로 100과 150 픽셀로 설정하여 질서감을 주었다. 그리고 이미지의 테두리 속성인 border의 값을 1로 주어서 이미지 외부에 얇은 테두리를 그리고 있다. 또한 이미지 간의 간격을 두어야 보기에 좋은데, 이 때 사용하는 속성이 hspace이고, 각 이미지마다 20픽셀의 값을 주어서 일정한 간격을 유지하였다.

글자의 스타일시트의 경우 bstyle이라는 이름으로 정의하였는데, color는 #800000(Maroon)색, 폰트는 휴먼굵은샘체, 폰트 크기는 30px로 설정하였다.

4. 독서지도법 문서 구현

다음으로는 독서지도법 메뉴 항목에 대한 링크 문서를 작성해 보자. 독서지도법은 유아지도, 초등지도, 중고등지도 세 가지로 나누고, 각 항목에 대한 설명을 출력한다. 독서지도법의 문서 이름은 guide.html로 생성하고, 다음과 같이 작성하자.

<guide.html>

```
<html>
    <head>
        <meta charset = "utf-8"/>
        <style type = "text/css">
            gstyle{
                color:#800000;
                font-family:휴먼굵은샘체;
                font-size:30px;
            }
        </style>
    </head>
    <body>
        <gstyle>
        <dl>
            <dt><img src = "image/13.jpg"></dt>
                <dd>0-2세 영유아시기는 자장가 노래와 명언을 들려주고 시적인 동요와 시를같
                이 읽어주며 먼저 책과 친해져서 3,4세가 되었을 때는 그림책을 보여주고 읽어주면
                서 표현해 보도록 한다. 이 때 의성어나 의태어가 들어간 책이 좋다. 5,6세가 되어서
                는 단순한 전래동화, 환상동화를 보여주며 주인공과 자신을 동일시 하며 느낌이나
                생각을 그림으로 표현해 보도록 한다.</dd><p>
            <dt><img src = "image/14.jpg"></dt>
                <dd>단편 동화나 환상 동화를 봄으로써 흥미를 갖고 보고한다. 책을 본 후 둘이
                같이 이야기를 나누고 줄거리를 다른 사람에게 전달하는 것도 좋은 방법이다. 학습
                용으로는 수학동화나 위인전을 봄으로써 학습량을 높인다. 이때 등장 인물에 행동
                을 평가하며 토론식으로 나누기도 하고 읽기를 감상문으로 써보기도 하면서 이미지
                를 그려본다.<dd><p>
            <dt><img src = "image/15.jpg"></dt>
                <dd>중등 시기는 교과서와 관련된 책을 선정해주는 것이 좋으며 그림이 포함된
```

```
책이나 역사와 과학관련 책도 좋다. 간간히 시책을 가까이 하는 것도 감수성이 예
민한 나이에 적합하다. 토론식을 유도하는 것도 좋지만 조금 지루해 한다면 퀴즈를
만들어서 하는 방법도 좋다. 고등 시기에는 논리적 사고력을 키워나가는 시기로 다
양한 분야에 관심을 키우고 고전 철학 및 역사서를 읽도록 유도하며 명작, 고전, 수
필로 휴식이 적절히 섞일 수 있도록 하는 것도 좋은 방법이다.<dd><p>
        </gstyle>
        </dl>
    </body>
</html>
```

<실행 결과>

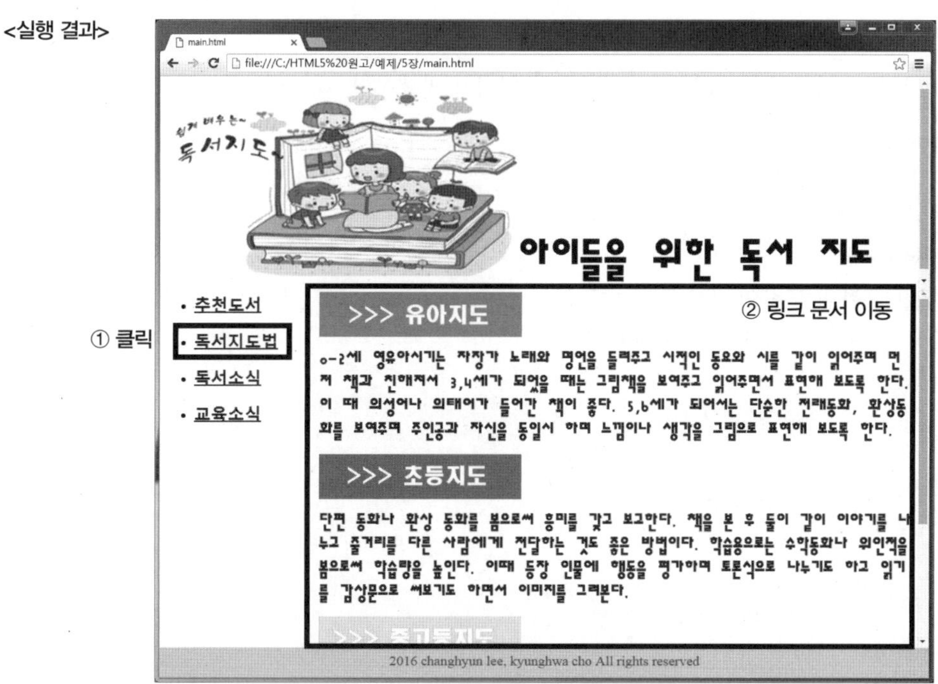

main.html을 실행하여 먼저 메뉴의 '독서지도법' 항목을 클릭하면, 우리가 작성한 guide.html 문서로 링크되어 이동하는 것을 확인할 수 있다. 코드에서 눈여겨 볼 부분은 〈dl〉, 〈dt〉, 〈dd〉 태그 세트이다. 2장에서 학습했던 태그로써 어떤 용어를 정의하거나 설명할 때 사용하는 태그이다. 유아지도, 초등지도, 중고등지도의 제목은 이미지로 제공되고 있으므로 〈dt〉 태그는 제목 이미지에 사용하고, 각각의 설명부분에는 〈dd〉 태그를 사용하였다. 그 외에 글자의 스

타일시트 이름은 gstyle로 정의하였고, 앞의 books.html에서 정의했던 스타일시트와 동일하게 폰트의 색상, 크기, 모양을 설정하였다.

5. 독서소식 문서 구현

다음으로는 독서소식 메뉴 항목에 대한 링크 문서를 작성해 보자. 독서소식은 소식에 대한 내용을 이미지와 텍스트를 조합하여 나열한다. 독서소식의 문서 이름은 readingnews.html로 생성하고, 다음과 같이 작성하자.

<readingnews.html>

```
<html>
<head>
    <meta charset = "utf-8"/>
    <style type = "text/css">
    rstyle{
        color:#800000;
        font-family:휴먼굵은샘체;
        font-size:30px;
     }
    </style>
</head>
<body>
    <div id = "read">
        <ul>
            <rstyle>
                <li><h2>어린이날 서점으로의 문화여행</h2></li>
                <img src = "image/16.jpg" width = "500" height =
                "350" ><p>
                <li><h2>도서관, 군부대 등 다채로운 독서문화 행사</h2></li>
                국립중앙도서관에서는 "책 읽는 기쁨, 책 속에서 지혜를" 이라는 주제 아래 최근 유
                네스코 세계기록유산으로 등재된 '동의보감' 특별전(9.1~25)을 비롯한 장애아동 ·
                청소년 독후감 대회, 일반인과 어린이, 청소년 등 모든 계층이 참여할 수 있는 낭독
```

```
                    회와 연극, 음악 공연 등 다채로운 행사를 마련, 온 국민이 우리의 지적 유산을 즐기
                    고 책 읽는 기쁨을 나누는 축제의 한마당을 개최합니다. 9월 〈독서의 달〉의 풍성한
                    독서문화 행사를 통하여 국민의 지적 능력 향상은 물론 건전한 정서를 함양할 수
                    있는 기회가 될 것을 기대해 보며, 우리 모두 책! 책! 책! 책을 읽읍시다!
                </rstyle>
            </ul>
        </div>
    </body>
    </html>
```

<실행 결과>

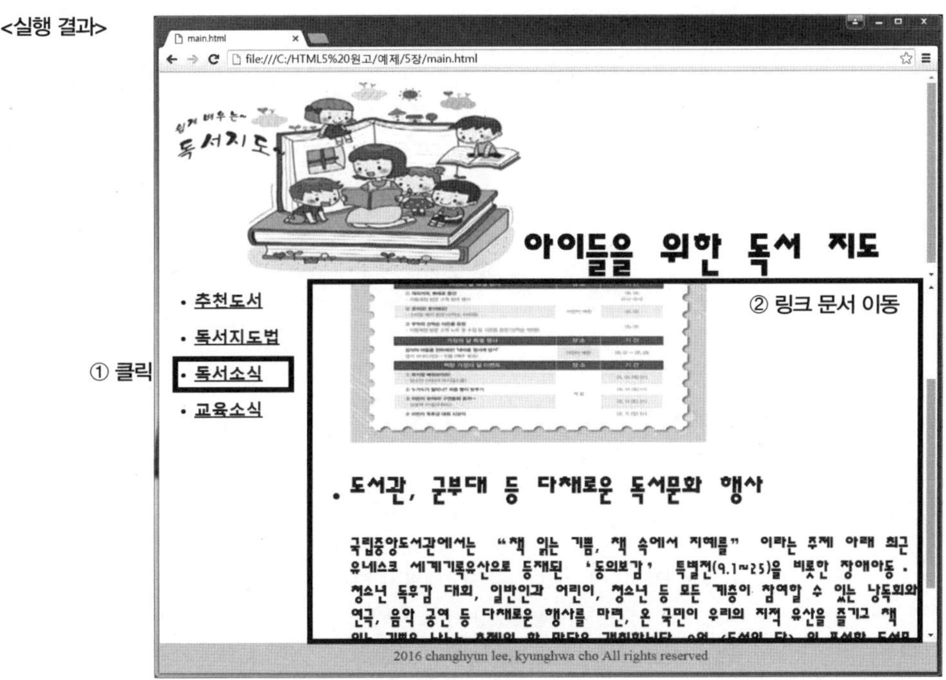

main.html을 실행하여 먼저 메뉴의 '독서소식' 항목을 클릭하면, 우리가 작성한 readingnews.html 문서로 링크되어 이동하는 것을 확인할 수 있다. 마찬가지로 글자의 스타일시트는 rstyle로 정의하였고, 스타일시트 정의 내용은 앞에서의 예제와 동일하다. 항목의 나열 형태는 순서가 없는 형태를 사용하였고, 이미지 및 텍스트 배치에 있어서는 크게 특별한 것은 없다.

6. 교육소식 문서 구현

다음으로는 교육소식 메뉴 항목에 대한 링크 문서를 작성해 보자. 교육소식은 소식에 대한 내용을 이미지와 텍스트를 조합하여 나열한다. 교육소식의 문서 이름은 edunews.html로 생성하고, 다음과 같이 작성하자.

<edunews.html>

```
<html>
<head>
    <meta charset = "utf-8"/>
    <style type = "text/css">
    estyle{
        color:#800000;
        font-family:휴먼굵은샘체;
        font-size:30px;
     }
    </style>
</head>
<body>
    <div id = "read">
        <estyle>
            <ol>
                <h2>「청소년 인문 학교」</h2>
                <li>기간 : 2016. 4월 ~ 12월 / 매월 세 번째 주 토요일 15:00~17:00</li>
                <li>대상 : 중.고등학생 250명</li>
                <li>장소 : 연향도서관 극장</li>
                <li>내용 및 방법 : 매월 1권의 책을 읽고 자체 토론 후 저자 초청 강연 및 토론
                </li>
                <li>강사 : 청소년 도서 작가 9명(이옥수 외 8명)</li><p>
                <img src = "image/17.jpg" width = "700" height =
                "350"><p><p>
            </ol>
            <ol>
                <h2>「책 읽는 아이, 토론하는 우리집」의 저자 김성현 선생님의 독서 특강
                </h2><p><p>
```

```
                "평생교육습관 독서, 내 아이와 함께"<p><p>
                <li>초등 5~6학년 자녀와 함께 공감하는 시간~</li>
                <li>장소: 경기도평생교육학습관</li>
                <li>일시: 2015.9.19.(토), 10:00~12:00</li>
                <li>대상: 초등 5~6학년, 학부모, 일반</li><p>
            </ol>
        </estyle>
    </div>
</body>
</html>
```

<실행 결과>

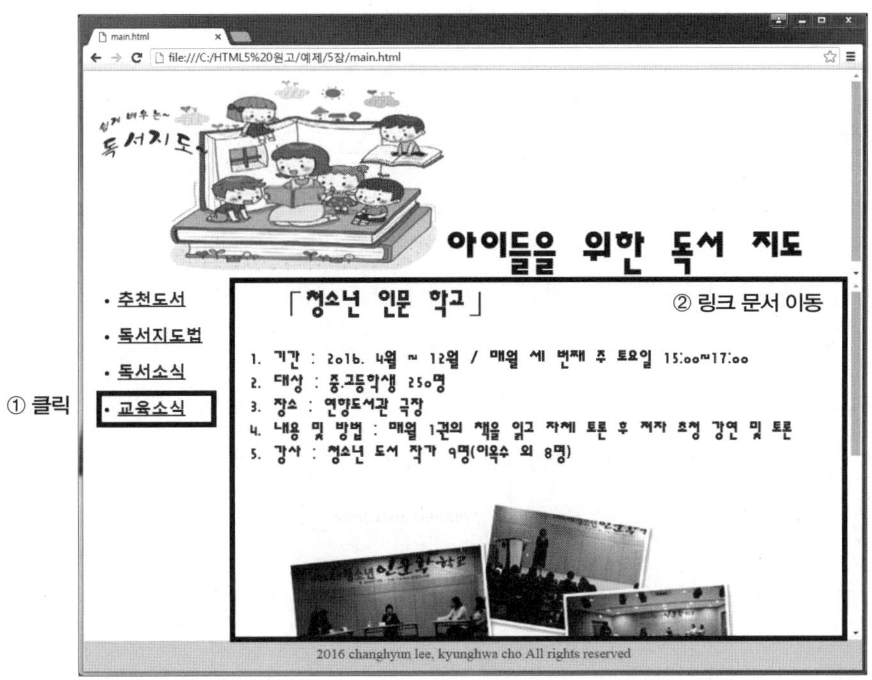

main.html을 실행하여 먼저 메뉴의 '교육소식' 항목을 클릭하면, 작성한 edunews.html 문서로 링크되어 이동하는 것을 확인할 수 있다. 코드에서 눈여겨 볼 부분은 텍스트의 항목을 순서가 있는 항목으로 사용하였다는 점이다. 그래서 태그 <ol>을 사용하였고, 이 태그의 하위에 사용되는 <li> 태그는 1, 2, 3, 4....와 같은 순서가 있는 항목을 자동으로 배치시켜 준다. 그 외의 내용은 앞에서 다루었던 HTML 문법 내용들과 중복되므로 설명은 생략하도록 하겠다.

스타일시트의 다른 사용법

우리가 앞서 다루었던 문서들을 살펴보면 계속 공통적으로 반복되는 것이 있는데 바로 스타일시트이다. 예제에서 사용했던 스타일시트의 사용법은 내부 스타일시트이다. 즉, 필요한 스타일시트를 현재 파일 내부에 정의하여 사용하는 것이다.

그런데, 생각해 보면 매번 문서를 만들 때마다 같은 내용의 정의를 한다는 것은 매우 비효율적이다. 혹시라도 여러분들 중에 지금의 형태가 비효율적이라는 것을 느꼈다면 코딩에 대한 천부적인 감각이 있는 것이다. 아무튼 이 비효율적인 방법을 조금 더 효율적으로 변경할 수 있는 방법이 있다. 이미 여러분들이 4장에서 배운 바 있는 외부 스타일시트 사용이다.

반복되는 스타일시트의 내용을 한 번 정의하여 저장하고, 이 스타일을 사용하고자 하는 문서는 스타일시트의 문서를 읽어오기만 하면 된다. 스타일시트의 정의는 style.css라는 파일을 생성하여 다음과 같이 작성한다.

<5-11. style.css>

```
mystyle{
        color:#800000;
        font-family:휴먼굵은샘체;
        font-size:30px;
}
```

그리고, 이 스타일이 필요한 문서에서는 <head></head> 사이에 다음과 같은 문장을 추가하기만 하면 해당 문서에 스타일이 적용된다.

```
<link rel = ""stylesheet"" type=""text/css"" href=""style.css"">
```

우리가 앞에서 작성했던 여러 문서들 중에 위의 스타일을 사용하는 문서들은 이와 같이 외부 스타일시트를 사용하여 적용해 보도록 하자.

7. HTML과 CSS를 정리하면서

지금까지 1장부터 4장까지 배웠던 HTML과 CSS의 내용을 바탕으로 독서지도에 관한 내용을 다룬 간단한 웹 페이지를 제작하여 보았다. 페이지 자체는 크게 화려하지도 않고, 많은 기술이 사용된 것도 아니다. 딱, 앞에서 배웠던 기술들을 바탕으로 그 범위를 벗어나지 않는 내용들이었다. 그런데, 여기서 한 가지 얻은 중요한 내용은 바로 실전 감각이라는 것이다. 우리가 알고 있던 단편적인 내용들을 실제로 어떻게 활용하고 사용하는지 직접 해 보았다는 것에 의미가 있는 것이다. 우리가 직접 구상하고, 설계하고, 구조와 뼈대를 만들어서 그 위에 직접 각각의 문서를 만들어 살을 붙였다. 하면서 "아~! 이렇게 웹 페이지를 만드는 거구나"라고 느꼈다면 성공한 것이다.

남자들끼리의 싸움에 있어서 싸움을 잘하는 사람은 어떠한 조건을 가진 사람일까? 흔히 유도 3단, 태권도 3단, 합기도 3단 등의 단증을 자랑스럽게 꺼내 보여도 실전 싸움에서는 형편 없는 것을 필자가 어렸을 때 여러 번 본적이 있다. 이들이 한땀 한땀 배운 무술들은 실전 싸움에서는 제대로 한 번 써먹어 보지도 못하고 그냥 주먹만 오가는 개싸움으로 끝난다. 이들은 왜 싸움에 실패를 했을까?(물론 이들이 싸움을 위해서 무술을 배우지는 않았을 것이다) 어떠한 무술이든 이론과 동작을 기반으로 한 정신수양 운동이다. 즉, 평소에는 이 무술을 적용할 만한 실전 경험이 없었기 때문이다. 싸움의 기술은 별거 없다. 실전에서 쫄지 않고, 악과 깡으로 덤비는 놈이 이긴다. 마찬가지로, 코딩의 기술 또한 특별한 것이 없다. 실전에 많이 접해보고, 생각하고, 많이 작성해 보는 사람이 이기는 것이다. 그러한 차원의 의미에서 이번 장이 여러분의 실전 감각에 조금이나마 도움이 되길 바라는 마음으로 1파트 HTML과 CSS를 마치고자 한다.

HTML 자체는 텍스트 기반이기 때문에 우리가 문서라고 부른다. 문서 자체는 지식 정보를 전달하기 위한 목적이기 때문에 그렇게 화려하지도, 세련되지도 않은 것이 바로 HTML이다. 여기에 그나마 세련미와 효율성을 가미한 것이 바로 CSS인데, 사실 HTML과 CSS만 가지고 제작되었던 과거 웹 페이지들은 매우 심심하였다. 이러한 문서 기반의 심심한 페이지들을 역동적이고, 다양한 확장성으로 기상천외한 기능들을 수행하게 해주는 것이 바로 자바스크립트이다. 6장부터 자바스크립트에 관하여 학습할 것이고, 여러분은 자바스크립트의 배움을 통해 웹 기술의 가장 강력한 무기를 장착하게 될 것이다.

PART 2

자바 스크립트 (JavaScript)

HTML 기반의 웹문서는 텍스트 기반의 정보를 제공하는 문서이므로 매우 심심하다. 이러한 웹문서에 이벤트 및 여러 가지 객체를 사용하여 정적인 웹문서를 동적인 웹문서로 발전시켜주는 것이 바로 자바스크립트이다. 이번 파트에서는 자바스크립트를 사용하기 위한 기본 문법, 이벤트 발생 및 처리하는 방법 그리고, 자바스크립트에서 제공하는 객체들의 구조 관계 및 각 객체의 특성에 대해 살펴볼 것이다.

Chapter

06 자바스크립트(JavaScript)의 시작

선행이란 다른 사람들에게 무엇을 베푸는 것이 아니라,
자신의 의무를 다하는 것이다.
–칸트–

지금부터 자바스크립트라는 언어의 세계로 들어가게 될 것이다. 늘 새로운 시작 앞에서 해야 하는 것은 그 대상에 대한 근본부터 파헤치는 것이다. 이번 시간에는 자바스크립트의 개념과 배경, 개발환경 요소, 기본 사용법 등에 대한 이야기를 해볼 것이다. 자바스크립트의 몸풀기 정도로 생각하고, 가벼운 마음으로 시작하도록 하자.

1. 자바스크립트의 개념

1.1 자바스크립트란

기존 HTML의 문서는 텍스트와 이미지 정도로만 구성되어 있었다. 마치 한 폭의 수채화를 보는 듯한 정적인 느낌이었다. 하지만, 이러한 문서 형태는 이제 사용자에게 외면당하게 되고, 조금 더 새로운 형태의 문서를 요구하게 하였다. 즉, 동적인 형태의 문서를 원하게 되었고, 이에 따라 자바스크립트는 동적인 효과를 나타내기에 충분한 프로그래밍 언어로 자리매김하게 되었다. 자바스크립트 기능은 '딱, 이거다'라고 말할 수 없다. 워낙 기능이 다양하기 때문에 일반적인 HTML에서 볼 수 없었던 동적인 형태의 기능들은 모두 자바스크립트로 구현했다고 보면 된다. 앞으로 살펴보겠지만, 간단한 예를 들면 메뉴나 버튼 위로 마우스 포인터를 올려놓았을 때, 새로운 서브 메뉴나 버튼 이미지가 변경되는 동적인 변화가 있는 경우들을 볼 수 있다.

또한, 자바스크립트는 자바나 C++와 같은 컴파일 기반의 언어와는 다르게 한 줄씩 번역하여 실행하는 인터프리터(interpreter) 방식의 언어이다 보니 컴파일 언어에 비해 문법이 비교적 엄격하지는 않다. 즉, 자바스크립트를 처음 접하는 사용자라면 자바나 C++와 같은 언어에 비해 무척 쉽게 접근할 수 있다는 말이다.

1.2 자바스크립트의 역사

자바스크립트는 1995년 넷스케이프라는 브라우저를 개발한 넷스케이프사에서 탄생하였다. 자바스크립트의 처음 이름은 본래 자바스크립트가 아니였고, 라이브스크립트(Live-Script)였으나 그 해 12월 자바스크립트의 기능을 업그레이드하면서 자바 언어를 만든 썬(Sun)사의 승인을 얻어 이름 또한 자바스크립트로 바꾸었다. 이 때, 마이크로소프트(Microsoft)사의 인터넷 익스플로러를 비롯하여 넷스케이프사의 네비게이터 브라우저도 자바스크립트를 지원하기 시작하였다. 이로써 HTML에서 할 수 있는 기능의 한계를 자바스크립트를 통해서 조금 더 확장할 수 있게 하였다. 이후 자바스크립트는 모든 브라우저에서 기본적으로 지원하는 스크립트 언어가 되었다.

자바(Java)와 자바스크립트(Javascript)

이름만 들어보면 마치 자바와 자바스크립트는 형제나 자매와 같이 연관성이 있을 것 같은 느낌을 준다. 하지만, 두 언어간에는 객체지향 기반 언어라는 점과 이름에 자바가 들어간다는 점 외에는 문법적으로 보았을 때 크게 연관성은 없다. 오히려 기능적으로 웹페이지를 살아있는 것처럼 움직이게 해주기 때문에 라이브스크립트라는 이름이 더 적합할지도 모르겠다. 아마도, 자바스크립트의 언어에 대한 인지도를 높이기 위해서 인기 있는 언어인 자바의 이름을 자바라는 이름을 차용하지 않았나 하는 생각도 해본다.

2. 자바스크립트를 하기 위해 필요한 것들

2.1 자바스크립트 개발 도구

자바스크립트를 하기 위해서 우리에게 필요한 환경 요소는 우리가 앞서 작성해왔던 HTML의 환경 요소와 동일하다. 단지 텍스트 편집기와 웹브라우저만 있으면 준비 완료 끝이다. 우리 곁에는 늘 훌륭한 텍스트 편집기로 메모장이 존재하고 있지만, 메모장은 너무 정직한 편집기 툴이기 때문에 우리에게 코딩을 위한 많은 시간을 요구한다. 그러한 이유로 자바스크립트 또한 앞에서 살펴본 웹프로그래밍 개발 도구인 Aptana Studio 3을 사용하여 작성하도록 하고, 웹브라우저는 크롬(Chrome)을 사용하도록 한다.

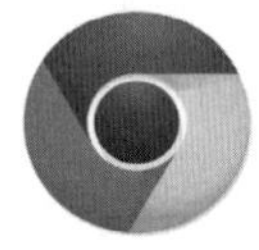

그림 6-1. Aptana Studio 3와 크롬 브라우저 로고

2.2 알아야 할 약간의 HTML 배경 지식

자바스크립트 코드는 HTML 태그들 기반에서 작성된다. 그렇다고 HTML 태그들을 모두 마스터할 필요는 없다. 다만, 기본적인 〈head〉나 〈body〉와 같은 구조를 이루는 기본적인 태그 정도는 알고 있어야 한다는 말이다. 웹과 인터넷이 보편화된 시대에 누구나 인터넷을 즐기다가 한 번쯤은 실수로 웹페이지의 HTML 소스코드를 봤던 기억이 있지 않는가? 누구나 적어도 한 번 이상은 보았을 것이라고 생각한다. 그만큼 HTML 문법은 지금 이 순간에도 마음만 먹으면 소스코드를 볼 수 있을 정도로 친숙한 언어이고, 문법 태그 자체도 전혀 어렵지 않기 때문에 혹여 현재 이 글을 읽고 있는 독자의 머릿속에 'HTML은 먹는 음식인가요?' 혹은 'HTML은 새로운 메이저리그같은 이름인가요?' 등의 질문을 할 정도로 배경지식이 없어도 상관은 없다.

자바 스크립트에 입문하기 위해 사전 HTML 문법 학습에 30분만 투자하면 누구나 자바스크립트에 입문할 수 있다. 필자가 지금 이야기 하고 있는 독자의 대상은 HTML 과정을 전혀 학습하지 않고 바로 자바스크립트에 입문하고자 하는 독자들을 대상으로 말한 것이다. 하지만, 전혀 걱정할 것이 없다. 앞에서 이미 HTML + CSS를 모두 학습하고 오지 않았는가? 현재 자바스크립트를 학습하기 위한 모든 조건은 다 갖추었다고 보아도 무방하다.

3. 누가 배워야 하는가?

자, 그럼 자바스크립트는 누가 배워야 하는가?
첫 번째로 '관심 있는 사람은 누구나'이다. 필자가 이렇게 말한 이유는 자바스크립트는 그만큼 접근성이 뛰어난 언어이기 때문이다. 기존의 C언어나 자바와 같은 언어의 경우 배움에 있어 지루하고 긴 교육과정의 여정을 거쳐야만 하였다. 하지만, 자바스크립트는 간결하면서도 결과물의 피드백을 바로 확인할 수 있는 간단하고 신속한 언어이다. 우리가 늘 프로그래밍의 입문 과정으로 C언어를 꼽았다면, 자바스크립트 또한 입문자에게 프로그래밍의 흥미와 동기부여를 유발하는 입문 언어로 크게 손색이 없다고 할 수 있다.
두 번째로 'HTML + CSS 기반의 웹개발자'이다. HTML 기반의 웹페이지는 매우 정적인 느낌이다. 정적인 웹페이지에 생기를 불어넣을 수 있는 것이 바로 자바스크립트이다. 즉, HTML 기반으로 개발하던 웹개발자들이 자바스크립트를 적용하게 되면 동적인 웹페이지로 변모시킬 수 있고, 훨씬 질이 높은 웹페이지로 업그레이드할 수 있다.

그 외에도 자바스크립트는 일반 웹프로그래밍 뿐만 아니라, unity와 같은 게임엔진 등에서도 사용되는 등 다양하고 넓게 활용되고 있다. 스크립트 언어 중에는 거의 독보적이라고 할 수 있겠다.

4. 자바스크립트의 기본 구성

4.1 자바스크립트의 기본 형태

자바스크립트를 작성하는데 있어서 뼈대가 되는 가장 기본적인 규칙이 있다. 바로 〈script〉〈/script〉 태그인데, 스크립트 코드는 이 태그 사이에서 작성하면 된다. 만약 HTML 코드에 스크립트 코드가 함께 작성되어 있으면 어떤 코드가 HTML 코드인지 아니면 스크립트 코드인지 구분할 수 없다. 그래서 스크립트 코드를 작성하는 영역은 〈script〉〈/script〉로 구분해준다. 사용 형태는 다음과 같다.

```
<script>
    스크립트 소스코드
</script>
```

script의 언어가 자바스크립트이고 타입이 text인 경우 type 속성을 별도로 명시하지 않고 자바스크립트 코딩이 가능하다. 그러나, 생략이 허용된다 하더라도 다음과 같이 관습적으로 명시해주는 것이 좋다.

```
<script = "text/javascript">
    자바스크립트 소스코드
</script>
```

4.2 자바스크립트 기반에서 HelloWorld 출력하기

간단한 예제를 하나 작성해보자. 어떠한 언어이든 입문할 때 가장 먼저 해보는 것이 해당 언어로 'HelloWorld'라는 문자열을 화면에 출력하는 것이다. '이것이 뭐라고~' 하는 독자도 있을 수 있다. 하지만, 이것은 닐 암스트롱이 아폴로 11호를 타고 달에 첫 발을 딛는 순간과 같은 역사적인 순간이다. 필자는 프로그래밍 강의 때마다 초반에 늘 하는 이야기가 있는데, 어떠한 언어에 입문을 하던지 해당 언어로 'HelloWorld'를 출력할 수 있으면 학습의 50%는 이미 끝난 것이라고 말한다. 조금 과장된 표현이 아닌가 생각할지 모르겠지만 사실이다. 필자 또한 새로운 언어를 습득할 때 가장 감격스러운 순간이 'HelloWorld'를 출력할 때이다. 왜냐하면, 이미 새로운 언어를 통해서 내가 무엇인가 작은 결과를 보았다는 말이고, 그 이후에는 이 흐름대로 학습을 일사천리로 이어나갈 수 있기 때문이다. 즉, 학습 효과가 다음과 같은 그래프 형태로 나타난다(필자의 개인 견해임).

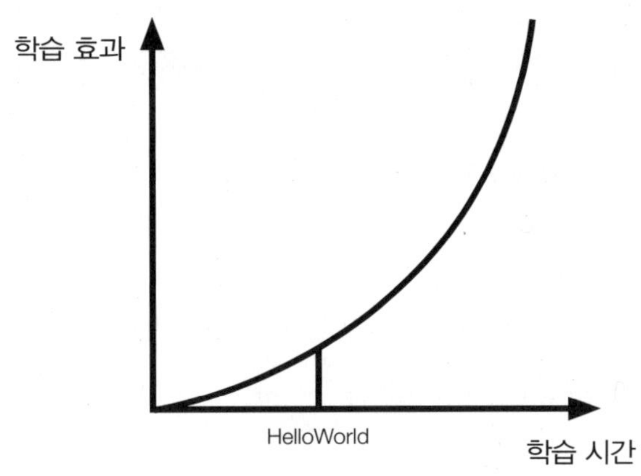

그림 6-2. HelloWorld 출력 이후의 학습 효과

자, 이제 본격적으로 자바스크립트 코드를 최초로 작성해보는 역사적인 순간을 맞이하도록 하자. Aptana Studio를 실행한 후 Project Explorer를 보도록 하자. 트리에서 가장 루트인 Local FileSystem을 보자. 이 디렉토리는 내 컴퓨터의 로컬 디렉토리이다. 여러분이 원하는 디렉토리를 생성하여 해당 디렉토리에서 파일을 관리해도 되고, 책에서 제공하는 예제(혜지원 홈페이지 자료실에서 다운로드 받을 수 있다)의 디렉토리에 의거해서 다음과 같이 [예제] – [6장] 폴더에 6–1.html 파일을 생성해도 된다. 다음과 같이 파일을 생성하자.

[6장] 폴더를 선택한 상태에서 오른쪽 마우스를 눌러 팝업 메뉴를 띄운다. 이 때 [New From Template] – [HTML] – [HTML–4.01] 메뉴를 선택하자.

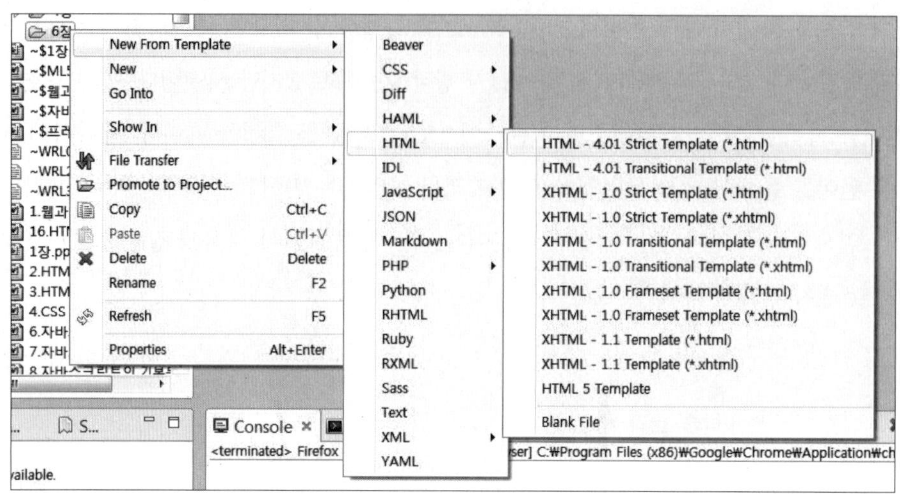

그림 6-3. 팝업 메뉴에서 HTML Template 선택하기

새로운 HTML 파일을 생성시 파일 이름을 무엇으로 정할지 물어보는 마법사 창이다. 파일 이름은 6-1.html이라고 정하고, [Finish] 버튼을 누르자.

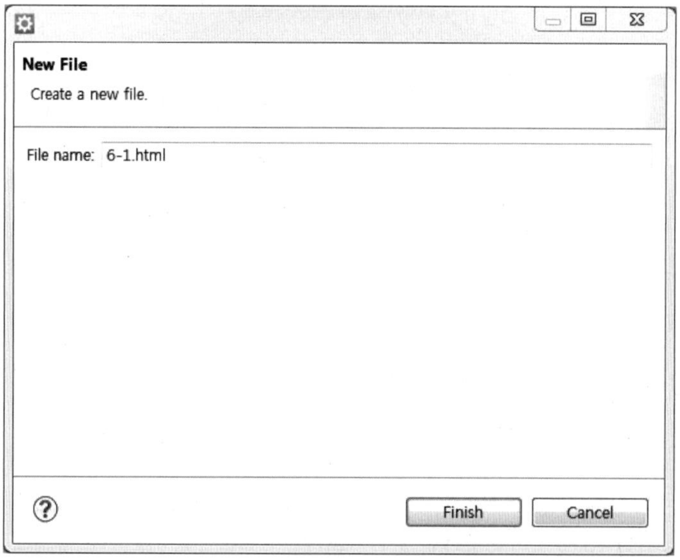

New File

Create a new file.

File name: 6-1.html

Finish Cancel

그림 6-4. 생성할 HTML 파일 이름 설정

HTML Template 코드가 자동으로 작성되어 있는 것을 확인할 수 있을 것이다. HTML에서 Aptana 사용법 설명시 언급했듯이 〈html〉 태그와 〈head〉 태그 사이에서 자동으로 생성한 부가 정보 코드들은 편의상 우리 예제에서는 생략하도록 한다. 예제 실행에 전혀 영향을 주지 않으므로 생략해도 전혀 무방하다. 다음과 같이 〈head〉〈/head〉 태그 사이에 코드를 작성해 보자.

<6-1.html>

```
<html>
    <head>
        <!-- HTML 태그 사이에 기술 -->
        <script type="text/javascript">
            document.write("HelloWorld");
        </script>
    </head>
    <body>
    </body>
</html>
```

<실행 결과>

어떠한 프로그래밍 언어이든 가장 기본적으로 화면에 출력하는 메소드들은 최소한 한 개 이상 존재한다. 자바스크립트에서 브라우저에 결과물을 출력하는 메소드로는 대표적으로 document.write()가 있다. 이 메소드에 전달된 인자들은 타입에 상관없이 모두 브라우저상에 출력된다.

예제에서 전달 인자로 전달한 "HelloWorld" 문자열의 결과를 확인해 보면 브라우저상에 그대로 출력된 것을 확인할 수 있다. write() 메소드를 제공하는 document 객체에서는 이외에도 더 많은 속성 및 메소드를 제공하고 있다. document 객체에 대해서는 '12장 도큐먼트 객체'에서 자세하게 다루도록 한다. 또한 예제의 실행 결과는 크롬에서 뿐만 아니라 인터넷 익스플로러와 파이어폭스와 같은 자바스크립트를 지원하는 다른 웹브라우저에서도 동일한 결과를 확인할 수 있다.

4.3 자바스크립트 작성 규칙

자바스크립트를 작성할 때 알아두어야 할 몇 가지 규칙이 있다.

1) 세미콜론(;)

컴파일 기반의 언어의 경우 문장의 끝을 나타내는 세미콜론(;)이 매우 중요하다. 만약 세미콜론을 실수로 빠뜨렸을 경우 코드 컴파일시 에러가 발생한다. 하지만, 자바스크립트의 경우는 줄 단위로 실행하기 때문에 한 줄이 끝났을 때 세미콜론을 표기하지 않았다고 해서 에러가 발생하지 않는다. 즉, 문법적인 오류가 아니라는 말이다. 만약 한 줄에 여러 문장을 작성하였다면 문장별 구분을 위해서 세미콜론(;)으로 구분해 주어야 한다. 다음은 세미콜론을 사용한 맞는 문장과 틀린 문장의 예이다.

<table>
<tr><th>맞는 문장</th><th>틀린 문장</th></tr>
<tr><td>var a = 10; var b = 20;</td><td rowspan="3">var a = 10 var b = 20;</td></tr>
<tr><td>var a = 10;
var b = 20;</td></tr>
<tr><td>var a = 10
var b = 20</td></tr>
</table>

[표 6-1] 세미콜론 사용이 맞는 문장과 틀린 문장

주의할 점은 두 문장을 한 줄에 사용할 경우에는 구분자로 세미콜론을 사용해야 한다는 것이다.

2) 따옴표

따옴표에는 HTML과 동일하게 큰 따옴표(“ ”)와 작은 따옴표(‘ ’)로 구분한다. 사용하는 문법도 HTML과 동일하여 같은 따옴표를 중복해서 사용할 수 없다. 다음과 같은 경우 오류가 발

생한다.

```
<script>
    document.write("my name is "changhyun lee"");
</script>
```

이 경우의 문제는 무엇인가? 이 코드의 개발자 의도는 my name is “changhyun lee”라는 문장을 화면에 출력하고 싶었을 것이다. 그러나 큰 따옴표가 네 개 나오면 처음 두 개의 따옴표가 한 쌍이 되고, 그 나머지 두 개의 따옴표가 한 쌍이 되면서 그 사이의 문자열이 오류로 처리가 된다. 이러한 경우 다음과 같이 처리하면 해결할 수 있다.

첫 번째로 바깥쪽 큰 따옴표를 작은 따옴표로 변경한다. 다음과 같은 형태이다.

```
<script>
    document.write('my name is "changhyun lee"');
</script>
```

두 번째로 출력하고자 하는 큰 따옴표 앞에 역슬래시를 추가한다. 형태는 다음과 같다.

```
<script>
    document.write("my name is \"changhyun lee\"");
</script>
```

이 두 형태 모두 같은 결과를 오류 없이 출력한다. 예제를 작성해보자.

<6-2.html>

```
<html>
    <head>
    <meta charset = "utf-8">
```

```
    <script type="text/javascript">
        document.write('my name is "changhyun lee"<br/>');
        document.write("my name is \"changhyun lee\"");
    </script>
    </head>
    <body>
    </body>
</html>
```

<실행 결과>

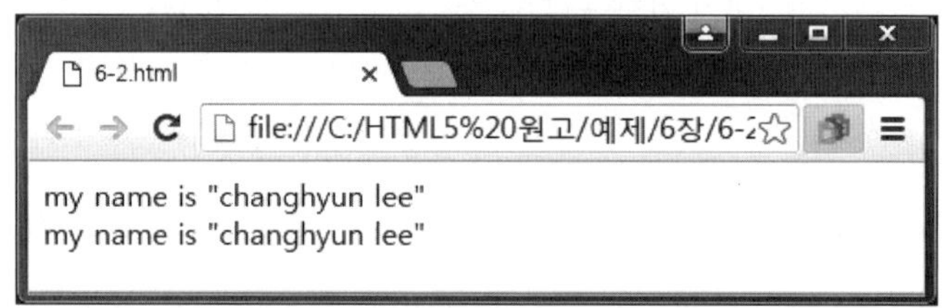

3) 대소문자 구분

자바스크립트는 대소문자를 구분하는 언어이다. 즉, 변수 및 함수의 이름을 정할 때 또는 그 밖의 키워드들을 입력할 때 대소문자를 구분하지 않으면 오류가 생긴다. 변수의 경우를 보자.

```
<script>
    var a = 10;
    var A = 20;
</script>
```

변수의 이름은 대소문자의 차이만 있지 같은 변수이다. 하지만, 자바스크립트에서는 대소문자를 구분하기 때문에 다른 변수로 인식한다. 함수 이름의 경우도 마찬가지이다.

```
<script>
    function test()
    {
```

```
        document.write('test' + '<br/>');
    }
    function TEST()
    {
        document.write('TEST');
    }
</script>
```

함수의 이름이 test와 TEST로 각각 정의되어 있는데, 이름은 같을지라도 대소문자가 서로 구분되므로 서로 다른 함수로 인식한다.
키워드의 경우도 마찬가지로 대소문자를 구분하는데, 예를 들어 루프문인 while문의 경우 While이나 WHILE이라고 사용하면 같은 키워드로 인식하지 않기 때문에 정상적인 동작을 하지 않는다.

4) 주석(comment)문

주석(comment)은 어떤 프로그래밍 언어에서든지 중요한 요소이다. 주석이란 사전적인 의미로 낱말이나 문장을 쉽게 풀이한 것을 말한다. 우리가 작성하는 코드도 하나의 소통을 위한 언어이다. 언어를 사용하다 보면 문장에 대한 보조 설명 및 해석이 필요한 경우가 있다. 하물며 프로그래밍 언어인 자바스크립트는 주석과 같은 해석 및 설명이 필요하다.
아무리 당시에 잘 만든 자바스크립트 코드도 하루나 이틀 후에 다시 보게 되면 "내가 왜 이렇게 작성했지?"하는 생각이 든다. 물론 필자와 같이 건망증이 심하지 않은 독자들이라면 주석이 필요 없을 수도 있다. 또한 우리가 소스코드를 인수인계 하는 경우에도 주석이 큰 도움이 되는데, 평소에 소스코드 작성시 주석을 달아놓으면 나중에 다른 사람이 이 코드를 보았을 때 쉽게 이해할 수 있다. 그렇다면 주석은 어떤 방식으로 사용해야 하는지 살펴보도록 하자. 주석의 사용은 크게 두 가지로 나눌 수 있다.

첫 번째 방법은 한 줄만 주석으로 처리하는 경우이다. 이 때 주석으로 처리하고자 하는 문장 앞에 // 기호를 표시하면 그 문장은 주석처리 되어 코드에 전혀 영향을 주지 않는다.

```
<script>
    document.write("to be or not to be"); //사느냐 죽느냐 그것이 문제로다.
</script>
```

이 경우는 코드에 대한 설명을 주석문으로 달아놓은 것이다. 한 줄에 주석문 표시가 가능한 경우에는 // 주석 기호를 사용한다. 코드 실행시 코드 자체를 주석으로 처리하고 싶을 때가 있다. 주석 처리한 코드는 실행코드에 포함이 되지 않는다. 코드 실행시 테스트 코드를 주로 이러한 식으로 사용하고 주석 처리하곤 한다.

```
<script>
    //document.write("Hello");
    document.write("my name is changhyun lee");
</script>
```

두 번째 방법은 여러 줄을 주석으로 처리하는 경우이다. 여러 줄 주석을 사용할 때 주석 기호는 /* 로 시작해서 */로 끝난다. 즉, /*와 */ 사이에 있는 내용들은 모두 주석으로 처리된다. 주로 코드에 대해 장문의 설명이나 코드의 작성날짜 및 저작자 등을 기록할 때 사용한다. 그리고, 여러 줄의 코드를 주석으로 처리하고자 할 때 // 기호로는 줄마다 처리해주어야 하는 불편함이 있으므로 /* */ 주석 기호를 사용하여 간단하게 처리할 수 있다.

```
<script>
/*
    작성일시 : 2020.12.25
    작성자 : 이창현
    작성내용 : 사느냐 죽느냐 그것이 문제로다.
*/
    document.write("to be or not to be");
</script>
```

자바스크립트 선언시 type과 language의 차이점

옛날 방식의 자바스크립트 선언 방법은 다음과 같았다.

```
<script language="javascript"></script>
```

html 4.01 이전의 웹표준에서는 위와 같이 사용하였고, 그 이전의 자료나 책을 보면 자바스크립트 선언시 language로 선언되어 있는 것을 볼 수 있을 것이다. 하지만 html 4.01 이후의 웹표준에서는 language 속성은 더 이상 권장하지 않는다고 발표하였고, type 속성으로 대체하였다. 현재의 자바스크립트 선언 방법은 다음과 같다.

```
<script type="text/javascript"></script>
```

우리의 책에서는 앞으로 자바스크립트 선언시 현재의 웹표준 방법인 type 속성을 따를 것이다.

5. 자바스크립트 실행하기

앞서 CSS를 배우면서 CSS 스타일 적용시 크게 두 가지 방식이 있다고 하였다. 하나는 스타일의 내용을 작성한 CSS 파일을 외부로 빼서 HTML 문서에 연결하여 사용하는 외부 스타일시트 방식이고, 또 하나는 CSS의 내용을 HTML 문서 내에서 정의하는 내부 스타일시트 방식이다. 자바스크립트도 CSS와 동일하게 두 가지 방식으로 실행할 수 있는데, 하나는 HTML 문서 안에 자바스크립트를 삽입하는 방식이고, 또 하나는 HTML 문서를 외부의 자바스크립트 파일과 연결하는 방식이다. 개념적으로는 CSS 적용 방식과 동일하다.

5.1 HTML 문서 안에 자바스크립트 집어 넣기

앞에서 'HelloWorld' 문자열을 출력하면서 이미 HTML 문서 안에서 자바스크립트를 사용하는 방법을 알아보았다. HTML 문서 안에서 자바스크립트를 사용하는 방법은 가장 보편적이며, 우리가 앞으로 소스코드를 작성하고 설명할 때도 대부분 이 방법을 사용할 것이다.

```
<script = "text/javascript">
    var a = 40;
    alert('알리바바와 ' + a + '명의 도둑');
</script>
```

<script>와 </script> 태그 사이에서 자바스크립트 관련하여 꿈을 마음껏 펼치면 된다. 단, 이 범위를 벗어나면 안된다는 점이다. 그리고, <script>와 </script>의 자바스크립트 코드는 <head></head> 사이에 들어갈 수도 있고, <body></body> 사이에 들어갈 수도 있다. 이는 용도에 따라서 선택하여 사용할 수 있는데, HTML의 경우 페이지의 내용은 주로 <body></body> 태그 안에서 작성한다. 그러므로 만약 <head></head> 안에서 자바스크립트가 작성되었다면 페이지 내용이 화면에 로딩되기 전에 실행될 것이라는 것을 유추할 수 있겠다. 예제에서는 자바스크립트의 간단한 테스트 코드이므로 <head></head>에서 작성해보도록 하겠다.

<6-3.html>

```
<html>
    <head>
    <meta charset = "utf-8">
    <script type="text/javascript">
        var a = 40;
        alert('알리바바와 ' + a + '명의 도둑');
    </script>
    </head>
    <body>
    </body>
</html>
```

<실행 결과>

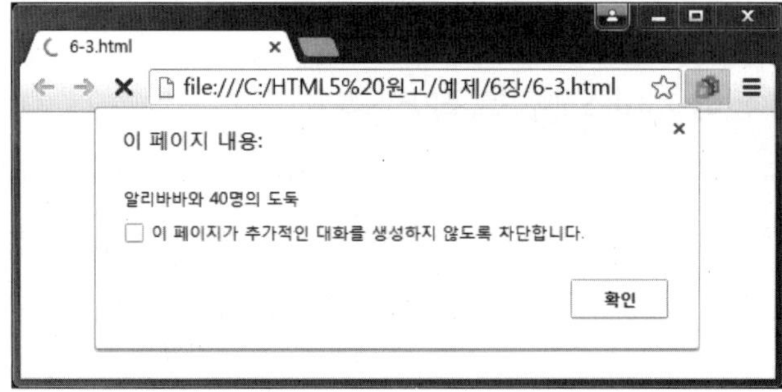

5.2 외부 스크립트 파일과 연결하기

이 방법은 별도의 자바스크립트 파일을 HTML 문서에 연결하는 방식이다. 이렇게 하면 외부에서 HTML 코드는 볼 수 있어도, 자바스크립트 코드에 대해서는 공개되지 않으므로 코드의 보안에 대한 장점을 가지고 있다. HTML 문서에 연결할 자바스크립트 파일의 확장자는 .js이고, 메모장이나 일반 텍스트 편집기에서 로딩하여 내용을 확인할 수 있다. 예를 들어 'myscript.js'라는 파일을 생성했다고 가정해보자. 그렇다면 HTML 문서에서 'myscript.js'라는 파일을 연결하여 사용하는 형태는 다음과 같다.

```
<script = "text/javascript"  src = "myscript.js">
</script>
```

즉, 'myscript.js'라는 파일의 내용을 HTML 문서에 그대로 포함시키겠다는 의미이다. 'myscript.js' 파일을 실제로 생성하고 작성해보자. Aptana에서 늘 만들던대로 [6장] 폴더 선택 후 팝업메뉴를 열어보자. 그리고 메뉴의 [New From Template] – [JavaScript] – [JavaScript Template]을 선택하자.

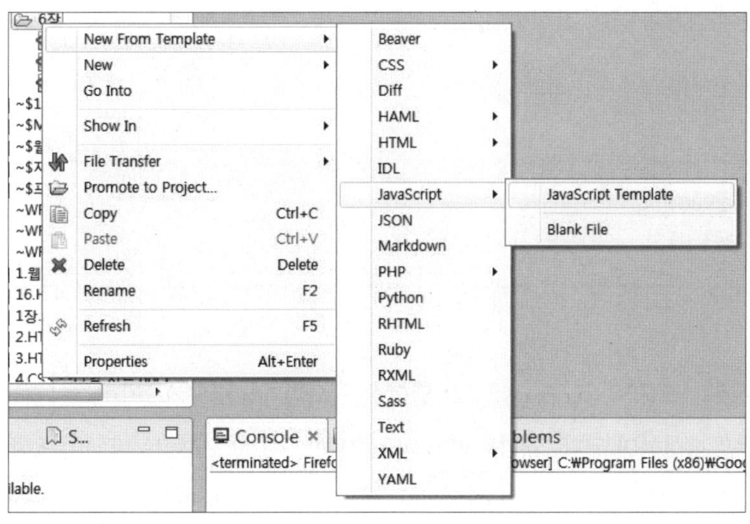

그림 6-5. 팝업 메뉴에서 JavaScript Template 선택하기

다음과 같이 생성할 자바스크립트 파일의 이름을 입력하라는 마법사가 나타난다. 우리는 myscript.js라는 이름으로 자바스크립트 파일을 만들 것이다. 파일 이름 입력 후 [Finsh] 버튼을 누르자.

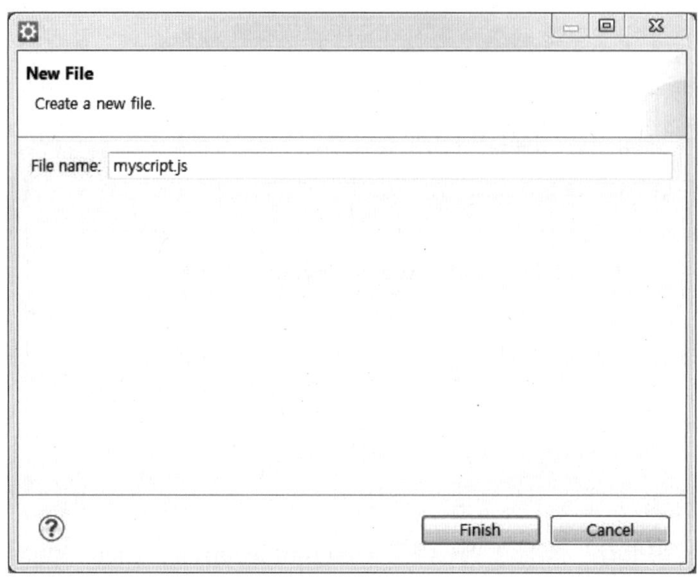

그림 6-6. 생성할 Javascript 파일 이름 설정

생성된 파일에 다음과 같이 작성한다.

<myscript.js>

```
var a = 1980;
alert('응답하라 ' + a);
```

js 파일 내부에는 별도의 〈script〉 태그를 달아줄 필요가 없다. 단지, 자바스크립트 문법에 해당하는 문장만 작성하면 된다. 왜냐하면 js 파일 자체가 자바스크립트 파일이므로 자바스크립트의 영역 표시를 해줄 필요가 없기 때문이다. 작성이 끝났으면 다음과 같이 'myscript.js' 파일을 HTML 문서에 포함시켜 실행해보자.

<6-4.html>

```
<html>
    <head>
    <meta charset = "utf-8">
    <script type="text/javascript" src = "myscript.js">
    </script>
    </head>
    <body>
    </body>
</html>
```

<실행 결과>

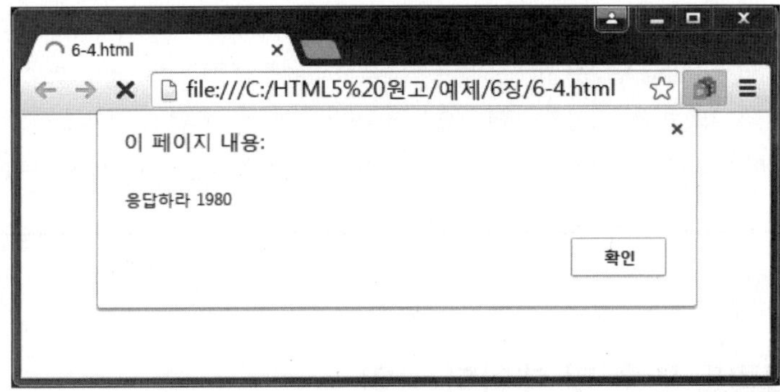

HTML 문서를 보면 'myscript.js' 파일을 포함한 것 외에는 실질적인 내용은 없다. 결국, 결과는 'myscript.js' 파일의 코드를 수행하여 출력하고 있다. 왜냐하면 문서가 'myscript.js'를 포함하고 있기 때문이다. 이것이 바로 외부 스크립트를 연결하는 가장 기본 형태이다.

Chapter 07

자바스크립트의 기본 문법

행복의 한쪽 문이 닫힐 때, 다른 한쪽 문은 열린다.
하지만 우리는 그 닫힌 문만 오래 바라보느라
우리에게 열린 다른 문은 못 보곤 한다.
-헬렌 켈러 -

수학과 영어 과목에서 늘 강조하는 것이 기초이다. 기초가 부족하면 모래 위에 성을 쌓듯이 더 이상 오르지 못하고 허물어지고 만다. 우리는 자바스크립트 학습의 초입점에 와 있다. 즉, 자바스크립트의 기초를 닦아야 할 시점이다. 기초를 꼼꼼하게 잘 익혀 놓으면 이후의 학습에 큰 탄력을 줄 것이다. 이번 시간에는 자바스크립트 언어의 기본 문법인 변수, 타입, 연산자, 조건문, 반복문, 함수 등에 대해서 알아보도록 하겠다.

1. 자바스크립트 변수 및 데이터 타입

1.1 변수

1) 변수의 정의

변수(Variable)란 사전적인 의미로 '어떤 상황의 가변적인 요인'이라는 뜻이다. 우리가 살아가면서 어떤 상황이나 어떤 요소에 대해 그것이 변수가 될 거라는 말을 종종 사용하기도 한다. 프로그래밍 언어에서 변수라는 것도 말 그대로 '변하는 수'를 말한다. 즉, 개념적으로 변한다라는 의미에서는 사전적인 의미와 일맥상통한다. 값이 메모리에 할당되었지만, 그 값은 언제든지 다른 값으로 변경될 수 있다는 것이다.

2) 변수 선언

변수가 무엇인지 알았다면 변수를 이제 선언하고 어떻게 사용하는지 알아보도록 하자. 기존에 컴파일 기반의 프로그래밍 언어(c/c++ 또는 java)를 접해본 독자들은 변수 선언시 데이터 타입을 정해주어야 한다는 것을 알고 있을 것이다. 그렇다고 굳이 접해보지 않았어도 전혀 상관은 없다. 어차피 우리는 자바스크립트의 특징만 알면 된다. 자바스크립트는 타입에 대해 매우 유동적이어서 선언시 데이터 타입을 정해주지 않아도 상관 없다. 그래서 변수 선언시에 변수 앞에 var이라는 키워드를 붙여주면 변수 선언이 된다.

변수 선언 형태는 다음과 같다.

```
var 변수이름;
```

변수이름이 각각 name과 age인 두 개의 변수를 선언하자. 변수는 존재하는 그 자체로는 의미가 없고, 값이 입력되어야 한다. 변수를 선언하고 값을 입력하여 보자.

<7-1.html>

```
<html>
    <head>
        <meta charset = "utf-8"/>
        <script = "text/javascript">
            var name;
            name = "Abraham ";
            var age;
            age = 10;
            document.write(name + age);
        </script>
    </head>
    <body>
    </body>
</html>
```

<실행 결과>

각각 두 개의 변수 name과 age를 선언하였다. 변수 선언시 데이터 타입은 var로 선언하였고, 각각의 변수에 name = "Abraham"과 age = 10으로 값을 입력하였다. 변수 선언과 변수에 값을 입력하는 코드를 각각 분리하여 작성하였지만, 변수 선언과 동시에 값을 입력할 수도 있다. 이를 변수의 초기화(Initialization)라고 하는데, 초기화를 적용하면 코드를 다음과 같이 변경할 수 있다. 물론 실행 결과는 앞의 예제와 동일하다.

```
var name = "Abraham  ";
var age = 10 ;
document.write(name + age)
```

3) 변수 이름 사용 규칙

변수 이름을 정할 때에는 해당 변수의 용도나 의미에 맞게 정하는 것이 좋다. 즉, 변수의 이름만 딱 보아도 이 변수가 어떠한 역할을 하는 변수인지 알 수 있어야 한다. 변수의 이름을 정하는데 있어서 기본적으로 개발자에게 자유가 있지만, 최소한 지켜야 할 규칙들이 몇 가지 있다. 이 규칙들만 유념하여 변수의 이름을 선언하도록 하자.

변수 선언 규칙	사용 예
변수의 첫 글자를 특수문자나 숫자로 시작 할 수 없다.	var 5brother; (사용불가)
변수의 첫 글자는 영문자이거나 언더스코어(_)만 와야 한다.	var name; (사용가능) var _name; (사용가능)
자바스크립트는 대소문자를 구분하므로 같은 이름이라도 대소문자에 유념해야 한다.	var name; var Name; (둘 다 사용가능하지만 서로 다른 변수로 취급한다.)

변수 선언 규칙	사용 예
변수의 이름이 여러 단어일 경우 단어의 각 사이를 언더스코어(_)로 연결하거나, 두 번째 단어의 시작문자를 대문자로 한다.	var my name; (사용불가) var myName; (사용가능) var my_name (사용가능);
자바스크립트에서 사용하고 있는 예약어(키워드)를 변수이름으로 사용할 수 없다.	4) 예약어 참조

[표 7-1] 변수 이름 사용 규칙

4) 예약어

예약어라는 것은 특정 언어의 문법에 정해져 사용되는 키워드들이다. 자바스크립트에도 이러한 예약어가 정해져 있다. 그래서 이러한 예약어를 변수 이름이나 함수 이름으로 사용할 수 없다. 다음은 자바스크립트 언어의 문법을 구성하는 예약어들이다.

예약어
break, case, catch, continue, default, delete, do, else, false, finally, for, function, if, in, instanceof, new, null, return, switch, this, throw, true, try, typeof, var, void, while, with

[표 7-2] 자바스크립트 예약어들

다음의 예약어들은 현재 사용되지 않고, 미래에 사용될 것이라는 예상으로 미리 예약해놓은 예약어들이다. 물론 아직은 정식으로 등록한 예약어는 아니라서 사용에는 문제가 없을지라도 추후에 버전업이 되었을 때 발생할지 모르는 문제에 대비하여 다음의 예약어는 가급적 사용을 피하도록 하자.

예약어
abstract, boolean, byte, char, class, const, debugger, double, enum, export, extends,final, float, goto, implements, import, int, interface, long, native, package, private, protected, public, short, static, super, synchronized, throws, translent, volat

[표 7-3] 자바스크립트 확장 예정 예약어들

이 외에도 자바스크립트 내부에서 미리 제공되는 전역변수나 내장함수들이 있는데, 이러한 것들을 우리가 직접 식별자로 사용하게 되면 이미 선언되어 있는 키워드를 다시 중복 선언 혹은 재정의하는 꼴이 되어 버려서 오류가 발생하거나 의도와 다른 결과를 초래할 수 있다. 그래서 다음의 예약어들도 변수나 함수의 이름으로 사용하지 않길 바란다.

예약어
arguments, Array, Boolean, Date, decodeURI, decodeURIComponent, encodeURI, Error, escape, eval, EvalError, Function, Infinity, isFinite, isNaN, Math, NaN, Number, Object, parseFloat, parseInt, RangeError, ReferenceError, RegExp, String, SystaxError, TypeError, undefined, unescape, URIError

[표 7-4] 자바스크립트 기타 예약어들

1.2 데이터 타입

어떤 프로그래밍 언어든 데이터 타입은 존재한다. 자바스크립트에서도 처리하는 값의 형태에 따라 데이터를 구분하는데, 이러한 정보 유형을 데이터 타입(Data Type)이라고 한다. 데이터 타입에는 크게 숫자(Number), 문자열(String), 불린(Boolean), 널(Null)로 분류할 수 있다.

타입	설명
숫자형(Number)	숫자 표현 및 산술연산이 가능한 데이터 타입이다. 숫자는 정수와 실수로 분류할 수 있다.
문자열(String)	문자열을 표현하는데 사용하는 데이터 타입이다. 문자열이라는 것은 말 그대로 문자들이 모여서 하나의 열을 이루는 데이터를 말한다.
불린(Boolean)	불린(Boolean)은 논리적인 요소를 나타내고, true와 false 두 가지의 값을 갖는다.
널(Null)	널은 아무 값도 없다는 의미로 null이라는 한 가지 값만 가질 수 있다.

[표 7-5] 데이터 타입 설명

1) 숫자형(Number)

자바스크립트에서 숫자형 데이터를 표현할 경우에는 따옴표를 사용하지 않고, 오직 숫자만으로 표현한다. 자바스크립트에서 사용하는 숫자의 종류에는 크게 정수와 실수로 나누어진다. 정수이든 실수이든 숫자형은 모든 산술연산이 가능하다.

■ 정수

정수란 0을 포함한 양의 자연수와 음의 자연수를 통틀어 말한다. 단, 정수는 소수점을 가지지 않는다. 정수의 형태는 다음과 같다.

```
100, 0, -29, 30, -128
```

■ 실수

실수는 소수점이나 지수와 함께 쓰인 숫자를 나타내는 자료형이다. 흔히 부동소수(浮動小數)라고도 하는데, 여기서 말하는 부동은 "떠서 움직인다"는 의미이다. 예를 들어 3.14라는 값을 표현할 때, 이 값을 0.314 * 10^1 또는 0.0314 * 10^2으로 표현할 수 있는데, 즉, 지수부에 따라 소수점의 자리가 옮겨지기 때문에 소수점이 떠 있다는 의미로 부동 소수라고 한다.
실수에는 기수, 가수, 지수부로 나누어지는데, 실수에서 각각이 의미하는 바가 무엇인지 살펴보도록 하자.

```
0.0314 * 10²
가수 : 0.0314
지수 : 10²의 2
기수 : 10²의 10
```

숫자형은 모두 산술연산이 가능하다. 다음은 숫자형의 산술연산 예제이다. 네 개의 정수와 실수를 사칙연산에 의거하여 연산하였다.

<7-2.html>

```
<html>
    <head>
        <meta charset = "utf-8"/>
        <script = "text/javascript">
            var a = 10;
            var b = 20;
```

```
            var c = 0.3;
            var d = 0.3;
            document.write("a + b = " + (a + b) + "<br/>");
            document.write("a - b = " + (a - b) + "<br/>");
            document.write("c * d = " + (c * d)  + "<br/>");
            document.write("c / d = " + (c / d)  + "<br/>");
        </script>
    </head>
    <body>
    </body>
</html>
```

<실행 결과>

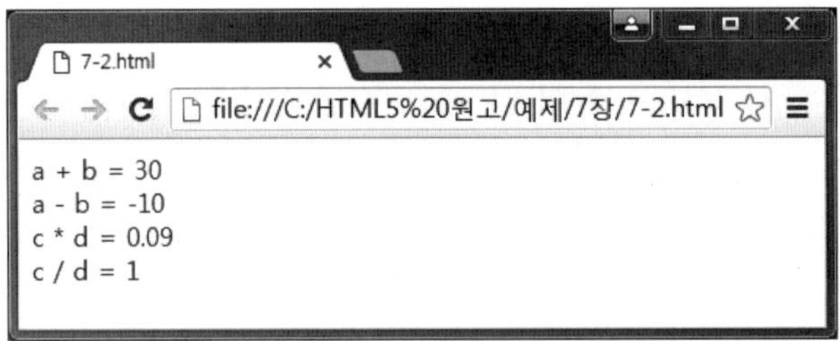

2) 문자열(String)

문자열은 문자(character)들의 집합으로 이루어져 있다. 문자열을 표시할 때는 따옴표로 표시하여 작성한다.

```
<script = "text/javascript">
     var name = "Abraham ";
     var address = 'Suwon';
</script>
```

문자열 작성시 따옴표는 큰 따옴표(" ")나 작은 따옴표(' ')로 표시하며, 숫자인 경우에도 따옴표 안에서 사용하게 되면 문자열로 인식하게 된다.

<7-3.html>

```
<html>
    <head>
        <meta charset = "utf-8"/>
        <script = "text/javascript">
            var name = "Abraham ";
            var address = 'Suwon 776';
            document.write("name : " + name + '<br>'+ "address : " +
            address);
        </script>
    </head>
    <body>
    </body>
</html>
```

<실행 결과>

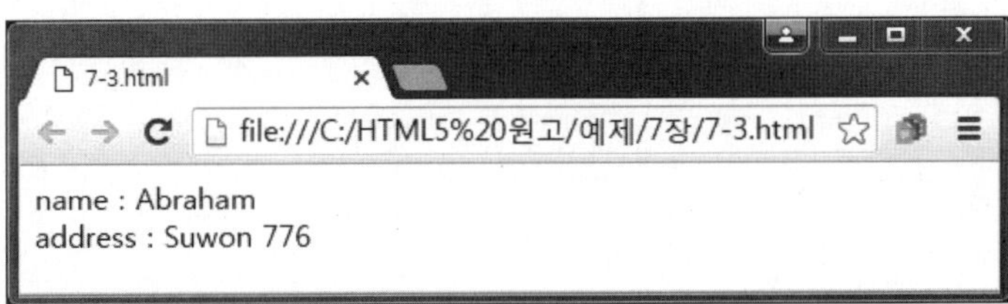

 따옴표 사용시 주의사항

문자열 작성시 큰 따옴표(" ")와 작은 따옴표(' ')를 혼용해서 사용하면 안된다. 즉 다음과 같은 식으로 사용하게 되면 오류가 발생한다.

```
var name = "Abraham';
var address = 'suwon 776";
```

아마도 의도적으로 따옴표를 혼용해서 사용하는 사람은 없을 것이다. 다만, 코드 작성시 실수로 따옴표에 오류가 발생할 수 있으니 유의하자는 차원에서 설명을 한 것이다. 종종 저러한 어처구니 없는 실수가 심심치 않게 발생하므로 참고하길 바란다.

3) 불린형(Boolean)

불린(Boolean)형은 참(true)과 거짓(false) 두 개의 값만 갖는다. 참과 거짓을 판별하는 타입이므로 주로 조건문에서 많이 사용된다. 다음 예제를 작성해보자.

<7-4.html>

```
<html>
    <head>
        <meta charset = "utf-8"/>
        <script = "text/javascript">
            var single = false;
            var male = true;
            document.write("single : " + single + '<br/>');
            document.write("male : " + male);
        </script>
    </head>
    <body>
    </body>
</html>
```

<실행 결과>

4) 널(null)

널(null)이라는 것은 어떠한 값도 담고 있지 않은 상태를 말한다. 그래서 어떤 변수가 널(null) 값을 가지고 있다고 한다면, 기본형과 유도형의 어떤 값도 갖지 않는다는 의미다. 널(null)값도 엄연히 모든 값들과 구분되는 고유한 값이다. 따라서, 어떤 변수를 초기화하고자 하는 경우에 널(null) 값을 사용한다. 널(null)값은 문자열형에서 사용하면 null로, 숫자형에서는 0, 불린형에서는 false로 사용된다. 예제를 통해 확인해보도록 하자.

<7-5.html>

```
<html>
    <head>
        <meta charset = "utf-8"/>
        <script = "text/javascript">
            var a = null;
            document.write("문자형 : " + (a) + '<br/>');
            document.write("숫자형 : " + (3 + a)+ '<br/>');
        </script>
    </head>
    <body>
    </body>
</html>
```

<실행 결과>

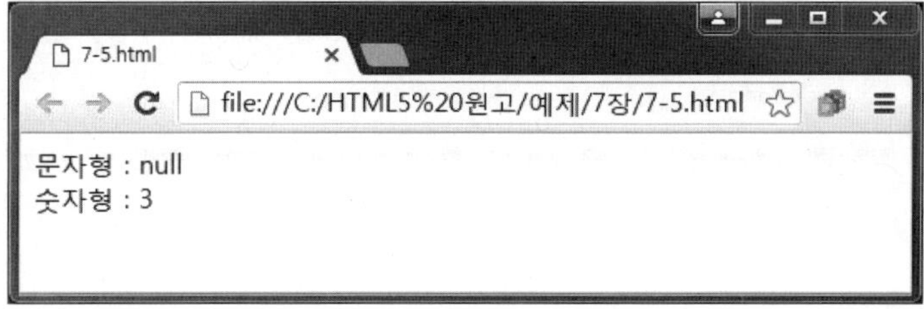

5) undefined

undefined의 사전적인 의미는 '정의되지 않은'이다. 즉, 값이 할당되지 않은 임의의 어떤 변수에 접근하는 경우에 undefined라고 명시가 되는데, 널(null)값과 혼동할 수 있다.

널(null)의 경우는 사용자가 명시적으로 값이 없다고 지정을 하는 것이지만, undefined의 경우는 사용자의 실수로 초기화하지 않은 변수의 값을 호출하는 것에 대해서 프로그램이 실행하면서 오류를 나타내는 것이다. 엄밀히 말하면 일반 컴파일 기반의 언어에서는 엄격한 문법 기반에서 오류로 간주하기도 하지만, 자바스크립트는 너무도 관대하여 오류 표시를 내지 않고 undefined라고 표시한다. 다음 예제를 보도록 하자.

<7-6.html>

```
<html>
    <head>
        <meta charset = "utf-8"/>
        <script = "text/javascript">
            var a;
            document.write("a = " + a + '<br/>');
        </script>
    </head>
    <body>
    </body>
</html>
```

<실행 결과>

1.3 동적인 타입

자바스크립트는 타입에 대해 매우 관대하다. 보통 프로그래밍 언어는 선언한 타입에 맞게 변수를 사용해야 한다. 하지만, 자바스크립트의 경우는 타입을 알지 못해도 변수의 쓰임에 따라서 타입이 동적으로 결정된다. 다음의 경우처럼 하나의 변수에 숫자형의 정수가 입력될 수도 있고, 문자열이 입력될 수도 있다.

<7-7.html>

```
<html>
    <head>
        <meta charset = "utf-8"/>
        <script = "text/javascript">
            var x;
```

```
            x = 5;
            document.write("x = " + x + "<br/>");
            x= "change hyun";
            document.write("x = " + x );
        </script>
    </head>
    <body>
    </body>
</html>
```

<실행 결과>

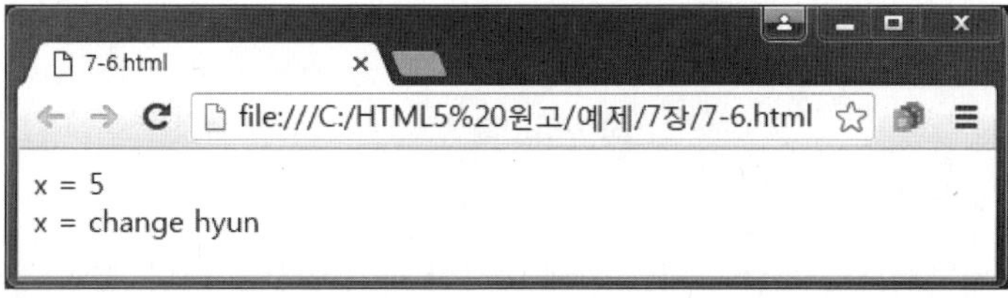

x라는 변수를 선언하고 x에 숫자 5를 입력하였다. 변수 x를 출력해보면 5가 나온다. 같은 변수에 문자열 "chang hyun"을 입력하였다. 이 과정은 일반 다른 프로그래밍 언어에서는 가능한 문법이 아니다. 하지만 자바스크립트에서는 가능하다. 마찬가지로 변수 x를 출력해보면 문자열 "chang hyun"이 출력되는 것을 확인할 수 있다.

2. 자바스크립트 연산자

거의 모든 프로그래밍 언어에 공통적으로 사용하는 것이 바로 연산자이다. 컴퓨터라는 것은 기본적으로 연산을 하지 않으면 깡통에 불과하기 때문이다. 그래서 너무나도 당연하게 알아야 하는 것이 바로 연산자이다. 기존에 다른 프로그래밍 언어를 먼저 공부했다면 연산자를 복습하는 의미로 보고, 프로그래밍 언어를 처음 공부하는 독자들은 연산자의 개념을 확실히 짚고 넘어가길 바란다. 왜냐하면 앞서 필자가 연산자의 개념은 모든 프로그래밍 언어의 공통이라고 하지 않았는가!

2.1 산술 연산자

우리가 일상에서 사용하는 사칙 연산과 같은 개념이다. 그래서 산술 연산자에는 더하기, 빼기, 곱하기, 나누기 이렇게 기본적인 연산을 하고, 여기에 하나를 더 추가를 한다면 나눗셈의 나머지 연산이다. 산술 연산자를 확인해보자.

연산자	설명
+	더하기 예) a + b
-	빼기 예) a - b
*	곱하기 예) a * b
/	나누기 예) a / b
%	나머지 예) a % b

[표 7-6] 산술 연산자

산술 연산자는 기본적으로 대상이 되는 수에 대하여 사칙 연산을 한다. %의 경우는 나머지를 나타내는데, 예를 들어 a가 5, b가 3인 경우 5를 3으로 나누면 몫은 1이고, 나머지는 2가 된다. 이때 %로 연산한 결과는 a % b = 2가 된다는 말이다.

산술 연산 자체는 이해하는데 크게 어려움이 없을 것이다. 그런데, 자바스크립트가 다른 언어와 크게 다른 특징 때문에 연산자의 방식도 바뀌는 부분이 있다. 바로 앞에서 설명했던 동적인 타입 때문이다. 이 부분을 잘 이해해야 한다. 컴파일 기반의 다른 언어에서는 문자열과 숫자가 연산을 할 수 없다. 엄밀하게 말하면, 연산을 위해 형변환(Type casting)이라는 과정을 처리해주어야만 가능한데, 매우 번거로운 작업이다. 하지만, 자바스크립트에서는 이러한 형변환 과정을 언어차원에서 자동으로 처리한다. 예를 들면 이런 식이다.

```
<script = "text/javascript">
    var a = 2;
    var b = " chang hyun"
    document.write("a + b = " + a + b)
</script>
```

이 식의 결과는 어떻게 나올 것으로 예상되는가? 식은 '숫자 + 문자열'의 형태이다. 다른 언어에서는 이러한 형태는 묻지도 따지지도 않고, 연산 불가라고 판단하여 바로 오류라고 표기한다. 하지만, 자바스크립트 입장에서는 오류가 아니고, 숫자 2를 문자열로 자동 형변환하여 '2 chang hyun'의 결과를 출력한다. 즉, '숫자 + 문자열'의 연산 형태를 자바스크립트에서는 '문자열'로 간주한다는 것이다.

또 다른 경우를 보도록 하자. 이번에는 반대로 '숫자 – 문자열'의 경우를 살펴보자. 결과는 어떻게 될 것 같은가? 만약 앞에서의 '2 – chang hyun'의 경우는 연산 자체가 불가하므로 NaN의 결과를 출력하게 된다. 그런데, 이러한 경우는 조금 흥미롭다.

 **NaN**

자바스크립트에서 사용하는 NaN은 영어 약자를 풀어보면 'Not a number'이다. 직역하면 '숫자가 아니다'라는 의미이다. NaN이 표시되는 경우는 보통 연산식에서 피연산자가 연산이 되지 않는 문자열이거나 변수에 연산할 수 있는 아무런 데이터가 없는 경우임에도 불구하고, 연산을 시도하는 경우 발생한다.

```
<script = "text/javascript">
    var a = 15;
    var b = "10"
    document.write("a - b = " + (a - b))
</script>
```

마찬가지로 '숫자 + 문자열'의 형태이지만, 문자열은 숫자의 값을 가지고 있다. 이러한 경우 b의 값은 문자열에서 숫자형으로 자동 형변환되어 15 – 10의 연산을 한다. 즉, 결과는 5라는 값이 출력된다.

<7-8.html>

```
<html>
    <head>
        <meta charset = "utf-8"/>
        <script = "text/javascript">
            var a = 2;
            var b = " chang hyun";
```

```
            document.write("a + b = " + a + b + '<br/>');
            a = 15;
            b = "10";
            document.write("a - b = " + (a - b));
        </script>
    </head>
    <body>
    </body>
</html>
```

<실행 결과>

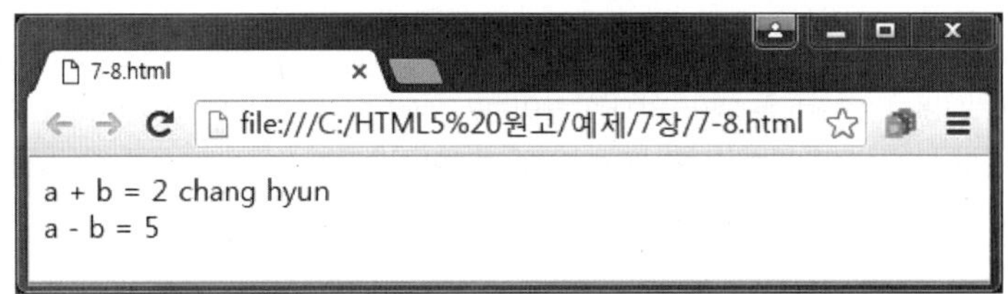

2.2 대입 연산자

대입 연산자는 기본적으로 오른쪽 값을 왼쪽으로 대입하는 형태이다. 그리고 대입 연산자와 산술 연산자가 같이 사용되는 형태의 대입 연산자도 존재한다. a+=b의 경우는 a = a + b를 표현한 것인데, a와 b를 더한 후 다시 a에 대입하는 형태이다. 나머지 산술 연산자들도 같은 원리이다.

연산자	설명	
=	대입	예) a = b
+=	더하여 대입	예) a += b → a = a + b
-=	빼어 대입	예) a -= b → a = a - b
*=	곱하여 대입	예) a *= b → a = a * b
/=	나누어 몫을 대입	예) a /= b → a = a / b
%=	나누어 나머지 대입	예) a %= b → a = a % b

[표 7-7] 대입 연산자

다음 예제를 통해 대입 연산자의 사용법을 확인해보자.

<7-9.html>

```
<html>
    <head>
        <meta charset = "utf-8"/>
        <script = "text/javascript">
            var a = 5;
            var b = 3;
            document.write("a += b = " + (a += b) + '<br/>');
            document.write("a -= b = " + (a -= b) + '<br/>');
            document.write("a *= b = " + (a *= b) + '<br/>');
            document.write("a /= b = " + (a /= b) + '<br/>');
            document.write("a %= b = " + (a %= b) + '<br/>');
        </script>
    </head>
    <body>
    </body>
</html>
```

<실행 결과>

2.3 증감 연산자

증감이라는 말은 증가와 감소를 합친 줄임말이다. 의미는 1만큼 더하거나 빼겠다는 것인데, 1만큼 더하겠다는 의미의 연산자는 ++이고, 1만큼 빼겠다는 의미의 연산자는 -- 이다. 그래서 이 연산자를 변수에 사용하면 된다. 그런데 특이한 점은 이 연산자가 변수의 앞에 붙어 있느냐 뒤에 붙어 있느냐에 따라 연산자의 기능이 달라진다. 연산자가 변수의 앞에 붙으면 이를 전위 연산자라고 하고, 변수의 뒤에 붙으면 이를 후위 연산자라고 한다.

연산자	설명	
++	증가 전위 연산자	피연산자의 앞쪽에 위치. 먼저 증가 연산을 최우선으로 한다. 예) ++a → a = a + 1
	증가 후위 연산자	피연산자의 뒤쪽에 위치. 피연산자의 연산 후 증가 연산을 나중에 한다. 예) a++ → a = a + 1
--	감소 전위 연산자	피연산자의 앞쪽에 위치. 먼저 감소 연산을 최우선으로 한다. 예) --a → a = a - 1
	감소 후위 연산자	피연산자의 뒤쪽에 위치. 피연산자의 연산 후 감소 연산을 나중에 한다. 예) a-- → a = a - 1

[표 7-8] 증감 연산자

예를 들어 변수 a = 3, b = 2라고 선언했다고 하자. 변수 a에 증가 전위 연산자를 적용하고, 변수 b를 더하도록 하자.

```
++a + b
```

이 식의 경우 변수 a 앞에 ++가 붙어 있으므로 a를 먼저 1 증가시킨 후 변수 b와 더한다. 여기서 주목할 점은 ++a의 경우 어떤 다른 연산보다 우선 순위이므로 a와 b가 더하기 전에 a를 먼저 1 증가시킨 후 연산을 한다는 점이다. 그러므로 결과는 4 + 2인 6이 된다.
이번에는 a에 증가 후위 연산자를 적용하고, 변수 b를 더하도록 하자.

```
a++ + b
```

이 식에서 주목할 점은 후위 연산자인 a++인 경우는 다른 연산보다 우선 순위가 낮으므로 a와 b의 더하기 연산이 끝난 후 a는 비로소 1이 증가한다. 그러므로 결과는 3 + 2이고, 5가 된다.
감소 연산자 또한 같은 원리이므로 ++ 연산자를 -- 연산자로만 바꾸어 따져보기를 바란다.

예제를 통해 증감 연산자의 사용법을 확인해보자.

<7-10.html>

```
<html>
    <head>
        <meta charset = "utf-8"/>
        <script = "text/javascript">
            var a = 5;
            document.write("++a = " + ++a + ", a = " + a + '<br/>');
            a = 5;
            document.write("a++ = " + a++ + ", a = " + a + '<br/>');
            a = 5;
            document.write("--a = " + --a + ", a = " + a + '<br/>');
            a = 5;
            document.write("a-- = " + a-- + ", a = " + a + '<br/>');
        </script>
    </head>
    <body>
    </body>
</html>
```

<실행 결과>

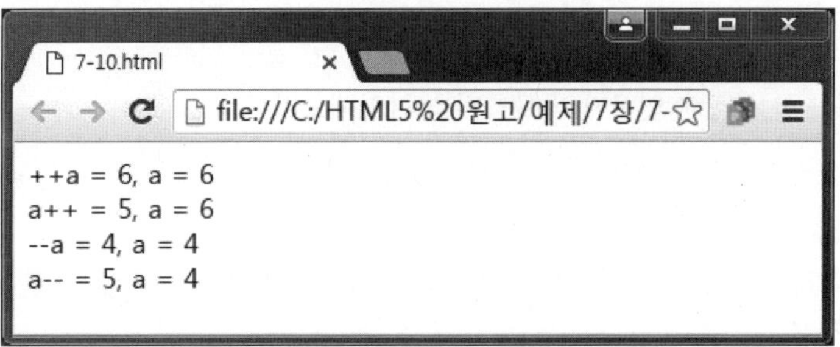

2.4 비교 연산자

비교 연산자는 두 수의 같음, 다름, 크고, 작음을 비교하는 연산이다. 비교 연산자의 경우는 우리가 수학 교과 과정에서 사용했던 연산과 동일하므로 이해하는데 큰 어려움은 없을 것이다. 비교를 하여 비교한 결과가 맞으면 true, 틀리면 false를 리턴한다. 비교 연산자는 뒤에서 배울 조건문에서 주로 사용하므로 중요한 연산자이다. 다음 비교 연산자 표를 보도록 하자.

연산자	설명
==	두 수가 같다. 예) a == b
===	두 수가 같되, 타입까지 같다. 예) a === b
!=	두 수가 같지 않다. 예) a != b
!==	두 수가 같지 안되, 타입까지 같지 않다. 예) a !== b
>	왼쪽이 오른쪽 값보다 크다. 예) a > b
>=	왼쪽이 오른쪽 값보다 크거나 같다. 예) a >= b
<	오른쪽이 왼쪽 값보다 크다. 예) a < b
<=	오른쪽이 왼쪽 값보다 크거나 같다. 예) a <= b

[표 7-9] 비교 연산자

자바스크립트에서 주목해야 할 비교 연산자는 바로 '==='와 '!=='이다. 보통은 같다라는 비교 연산자는 '=='를 사용하고, 같지 않다라는 비교 연산자는 '!='를 사용하는데, '==='와 '!=='의 경우도 같은 의미로 사용하되, 타입까지 비교하는 경우 사용한다. 자바스크립트에서 특징적인 점은 동적인 타입을 갖는다는 것이다. 만약 문자 "1"과 숫자 1의 경우 타입은 다르지만 비교했을 때 1이라는 값으로는 동일한 값으로 간주할 수 있다. 이러한 점 때문에 타입까지 검사하는 비교 연산자가 추가된 것이다.

다음 예제를 통해 비교 연산자의 사용법을 확인해보자.

<7-11.html>

```
<html>
    <head>
        <meta charset = "utf-8"/>
        <script = "text/javascript">
            var a = 5;
            var b = 3;
            var c = "3";
            document.write("a == b : " + (a == b) + '<br/>');
            document.write("a > b : " + (a > b) + '<br/>');
            document.write("a != b : " + (a != b) + '<br/>');
            document.write("b == c : " + (b == c) + '<br/>');
```

```
            document.write("b === c : " + (b === c) + '<br/>');
            document.write("b != c : " + (b != c) + '<br/>');
            document.write("b !== c : " + (b !== c) + '<br/>');
            document.write("a > c : " + (a > c));
        </script>
    </head>
    <body>
    </body>
</html>
```

<실행 결과>

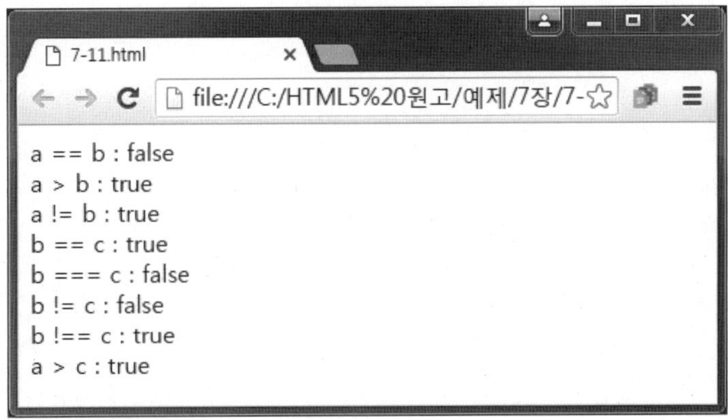

2.5 논리 연산자

논리 연산자는 크게 3가지로 구성되는데 AND 연산자, OR 연산자, NOT 연산자이다. AND 연산자의 경우는 두 조건이 모두 참인 경우에만 참이고, 두 조건중에 하나라도 거짓이면 모두 거짓으로 처리한다. OR 연산자의 경우는 두 조건중에 하나만 참이면 모두 참인 것으로 처리하고 거짓이 되려면 두 조건이 모두 거짓인 경우에만 거짓으로 처리한다. NOT 연산자는 무조건 조건을 반대로 처리하는데 참이면 거짓으로, 거짓이면 참으로 변경한다. 다음 표를 보도록 하자.

연산자	설명
&&	AND 연산. 두 조건이 모두 참이여야 참이다. 둘 중에 하나라도 거짓이면 모두 거짓. 예) (a > b && a < 10)
||	OR 연산. 두 조건중에 하나라도 참이면 전체가 참이다. 둘 다 모두 거짓이여야 모두 거짓. 예) (a > b || a < 10)
!	NOT 연산. 무조건 반대이다. 참이면 거짓으로, 거짓이면 참으로 바뀐다. 예) !(a < 10)

[표 7-10] 논리 연산자

다음 예제를 통해 논리 연산자의 사용법을 확인해보자.

<7-12.html>

```
<html>
    <head>
        <meta charset = "utf-8"/>
        <script = "text/javascript">
            var a = 5;
            var b = 3;
            var c = 1;
            document.write("a > b && a > c : " + (a > b && a > c) +
            '<br/>');
            document.write("a > b && a < c: " + (a > b && a < c) +
            '<br/>');
            document.write("a > b || a < c : " + (a > b || a < c) +
            '<br/>');
            document.write("a < b || a < c: " + (a < b || a < c) +
            '<br/>');
            document.write("!(a > b) : " + !(a > b) + '<br/>');
            document.write("!(a < b) : " + !(a < b) + '<br/>');
        </script>
    </head>
    <body>
    </body>
</html>
```

<실행 결과>

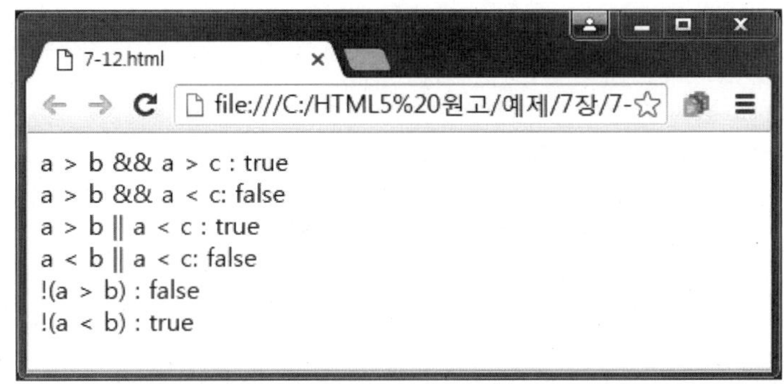

3. 조건문

조건문을 분기문이라고도 말하는데 어떤 특정 조건에 따라서 수행 루트를 분기하여 처리하기 때문에 분기문이라고도 말한다. 어떤 조건에 의해 분기 처리하기 위한 조건문으로는 if문과 switch문이 주로 사용되며, 다른 언어에서도 공통적으로 사용하는 명령문이기도 하다.

3.1 if ~ else문

조건문의 형태에서 가장 기본적인 문장이다. 이것 아니면 저것을 선택하도록 한다. 사용 형식은 다음과 같다.

```
if (조건식)
{
   조건식이 참인 경우 수행
}
else
{
   조건식이 거짓인 경우 수행
}
```

if문이라는 문장의 형식을 보면 조건식의 참과 거짓에 따라서 조건식이 참인 경우는 if문 내부의 문장을 수행하고, 거짓인 경우는 else문 내부의 문장을 수행한다. 조건식의 경우는 대표적으로 우리가 앞서 배웠던 비교 연산자를 주로 사용한다. 이를테면 다음과 같은 형태이다.

```
if(a > b) if(a == b)  if(10 < a)  if(a <= 0)
```

조건식에서는 참이나 거짓을 리턴하는데, 참인 경우가 되는 리턴값은 보통 true나 0보다 큰 자연수(1, 2, 3, 4....)가 해당되고, 거짓인 경우가 되는 리턴값은 보통 false, 0, NaN, null, undefined 등이 해당된다.

<7-13.html>

```
<html>
    <head>
        <meta charset = "utf-8"/>
        <script = "text/javascript">
            var a = 5;
            var b = 3;

            if(a > 0)
            {
                document.write("a는 0보다 크다." + "<br/>");
            }
            else
            {
                document.write("a는 0보다 같거나 작다." + "<br/>");
            }

            if(a < b)
            {
                document.write("a는 b보다 작다." + "<br/>");
            }
            else
            {
                document.write("a는 b보다 크다." + "<br/>");
            }
```

```
        </script>
    </head>
    <body>
    </body>
</html>
```

<실행 결과>

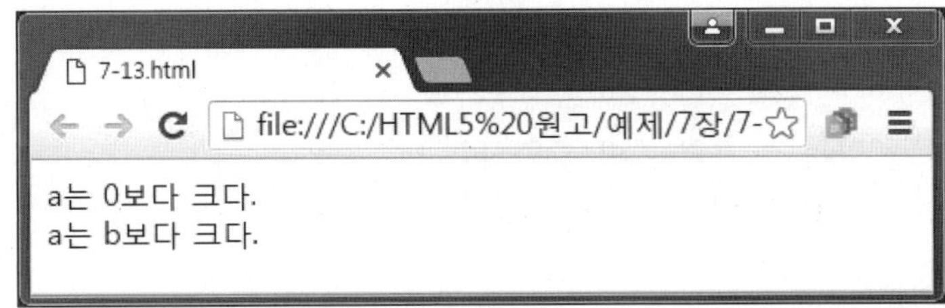

3.2 if ~ else if ~ else문

if ~ else문의 경우 이것 아니면 저것을 선택하는 양자 택일의 구도였다면 지금 살펴보고자 하는 if ~ else if ~ else문의 경우는 이것 아니면 저것 아니면 그것... 등 여러 개중에 하나를 선택할 수 있는 조건문이다. 기존의 if ~ else문 사이에 else if문을 추가하여 조건식을 확장하였다.

```
if(조건식1)
{
  조건식1이 참인 경우 수행
}
else if(조건식2)
{
  조건식2가 참인 경우 수행
}
..................................
else
{
  조건식1, 조건식2 모두 거짓인 경우 수행
}
```

여러 조건식을 갖는 예제를 작성해보자. 예를 들어 성적 점수에 따라 등급을 표시하는 프로그램을 자바스크립트로 작성해보자. 성적이 90 – 100 점 사이면 A, 80 – 89 사이면 B, 70 – 79 사이면 C, 그 이하의 점수면 F라고 표시하도록 하자.

<7-14.html>

```
<html>
    <head>
        <meta charset = "utf-8"/>
        <script = "text/javascript">
            var  val = 90;
            if(val >= 90 && val <=100)
            {
                document.write("A등급" + "<br/>");
            }
            else if(val >= 80 && val < 90)
            {
                document.write("B등급" + "<br/>");
            }
            else if(val >= 70 && val < 80)
            {
                document.write("C등급" + "<br/>");
            }
            else
            {
                document.write("F등급" + "<br/>");
            }
        </script>
    </head>
    <body>
    </body>
</html>
```

<실행 결과>

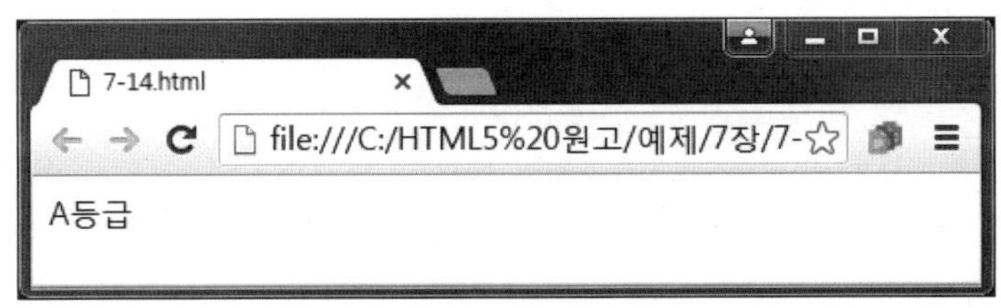

else if문을 사용하여 3개의 조건식을 사용하였다. 성적 점수는 범위가 있으므로 범위의 최댓값과 최솟값의 범위를 && 연산자를 통해 조건식을 작성하였다. 각각의 조건식 범위에 해당하지 않는 범위들은 else문을 통해 나머지를 처리하였다.

3.3 switch ~ case문

if~else if ~ else문을 통해서 조건식을 확장할 수 있다고 하였다. 그런데, 만약 조건식이 10개 정도 된다고 하자. 예를 들면 다음과 같은 형태이다.

```
if(조건식1)
    조건식1이 참인 경우 수행
else if(조건식2)
    조건식2가 참인 경우 수행
else if(조건식3)
    조건식3가 참인 경우 수행
else if(조건식4)
    조건식4가 참인 경우 수행
    ................................
else if(조건식10)
    조건식10이 참인 경우 수행
else
    조건식 모두 거짓인 경우 수행
```

조건식 10개를 딱 봐도 반복되는 코드가 길게 늘어서서 난잡한 느낌을 주고 가독성 또한 떨어진다. 물론 기능적으로 문제가 있는 것은 아니다. 이렇게 사용해도 되지만, 우리는 조금 더 가독성이 좋고 정리된 코드를 원한다. 이렇게 조건식이 많아지는 경우 효율적으로 사용할 수 있는 조건문이 있는데, 바로 switch – case문이다. 사용 형태는 다음과 같다.

```
switch(n)
{
    case 1:
      수행 1
      break;
    case 2:
      수행 2
      break;
    case 2:
      수행 2
      break;
    case 3:
      수행 3
      break;
      ..................................
    case 10:
      수행 10
      break;
    default:
      나머지 수행
      break;
}
```

switch문의 n은 정수가 대입되어야 하는데, case문의 수와 매치한다. n이 1이면 case 1의 문장인 수행 1을 실행하고, n이 2이면 case 2의 문장인 수행 2를 실행한다. 이 때 간과해서는 안될 명령문이 바로 break문이다. break문의 기능은 수행중인 switch~case문을 빠져나가게 하는 것이다. 그래서 각 case문마다 break문이 있는 것은 해당 case문만 수행하고 빠져나가라는 의미인 것이다. 만약 case 1의 break문이 빠져 있다면, case 1 수행을 한 후에 빠져나가지 못하고, 그 다음 수행문인 case 2를 수행하게 될 것이다. 이것은 우리가 의도한 시나리오가 아닐 것이다.

그리고 또 한 가지 눈여겨 볼 것은 default문이다. 앞에서 살펴본 if ~ else if ~ else문에서 본 것처럼 마지막 else문은 여러 조건식에 모두 부합하지 않는 경우 수행되는 영역이었다. switch~case문에서도 해당되는 case문이 한 개도 없을 경우 처리해주는 영역이 바로 default 문이다.

<7-15.html>

```
<html>
    <head>
        <meta charset = "utf-8"/>
        <script = "text/javascript">
            var shortcut = 1;
            switch(shortcut)
            {
                case 1:
                    document.write("아내 : 010-2773-XXXX");
                    break;
                case 2:
                    document.write("아들 : 010-9186-XXXX");
                    break;
                case 3:
                    document.write("집사님 : 010-1234-XXXX");
                    break;
                default:
                    document.write("해당 단축키가 없습니다.");
                    break;
            }
        </script>
    </head>
    <body>
    </body>
</html>
```

<실행 결과>

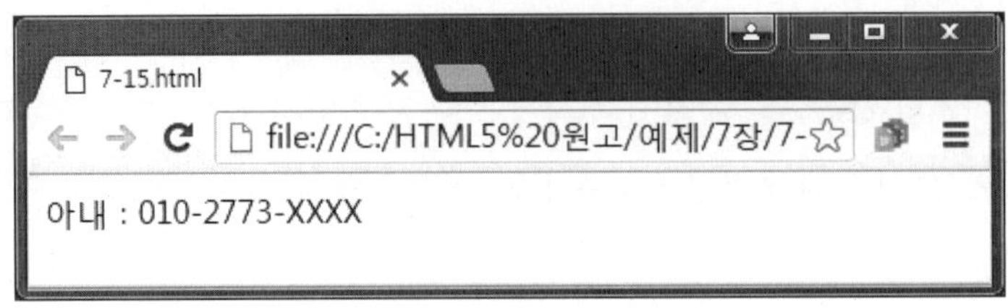

4. 반복문

프로그래밍을 하면서 반복적으로 처리해야 할 것들이 생긴다. 예를 들어서 브라우저에 "Javascript"라는 문장을 5번 출력하라고 한다면 어떻게 할 것인가? 그렇다. 간단하다. 우리가 예제에서 늘 해왔던 것처럼 document.write("Javascript"); 문장을 5번 출력하면 된다.

```
document.write("Javascript");
document.write("Javascript");
document.write("Javascript");
document.write("Javascript");
document.write("Javascript");
```

여기까지는 전혀 문제 없다. 그런데, 만약 이 문장을 브라우저에 100번 출력하라고 한다면 어떨까? copy & paste로 100 문장을 작성해야 하는가? 물론 그렇게라도 한다면 원하는 결과를 얻을 수는 있겠지만 결코 좋은 방법은 아니다. 이러한 반복적인 구문을 수행하기 위해서 반복문이라는 것을 사용한다. 반복문을 사용하면 이와 같이 문장을 100 문장이든 1000 문장이든, 간단하게 출력할 수 있다. 반복문에는 크게 3가지가 있는데 while문, do~while문, for문이 있다.

4.1 while문

먼저 반복문 중에 while문을 살펴보도록 하겠다. 반복문의 기본 원리는 모두 동일하므로 while문을 기반으로 반복문을 설명하도록 하겠다. while문의 형태는 다음과 같다.

```
while (반복 조건)
{
    반복 문장
}
```

반복문에는 반복 조건이라는 것이 있다. 반복 조건이 참인 동안 {} 영역 안의 문장인 반복 문장을 반복해서 수행한다. 반복 조건이 거짓인 경우에 비로소 while문을 빠져나갈 수 있다. 간단한 예제를 작성해 보도록 하자.

<7-16.html>

```
<html>
    <head>
        <meta charset = "utf-8"/>
        <script = "text/javascript">
            var i = 0;
            while(i < 5)
            {
                document.write((i+1) + ".Javascript" + "<br/>");
                i++;
            }
        </script>
    </head>
    <body>
    </body>
</html>
```

<실행 결과>

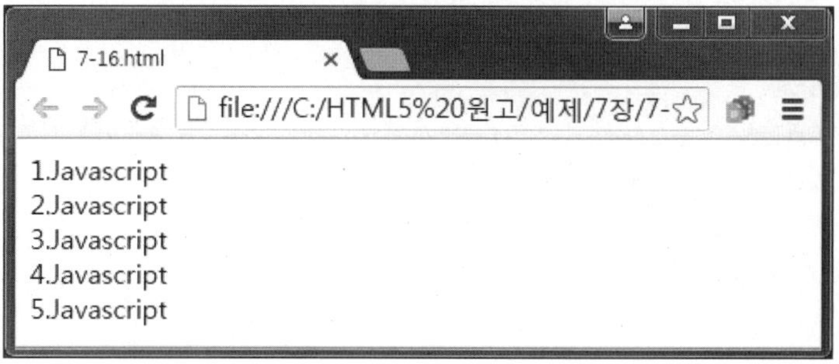

변수 i의 초기값은 0이고, while문을 통해 i의 값을 5보다 작은지를 비교하고 있다. 5보다 작다는 조건에 부합하므로 반복 내용을 수행한다. i는 증가 연산자에 의해 1 증가시킨다. 그리고 다시 반복하여 while문에서 i가 5보다 작은지 비교하는 루틴을 수행한다. 이러한 과정을 5번 반복하는 것이다.

4.2 do~while문

do~while문도 while문과 동일한 개념의 반복문이다. 다만 반복문의 위치가 앞쪽이 아니라 뒤쪽에 있다는 점이 다르다. 사용 형태는 다음과 같다.

```
do
{
    반복 문장
}while (반복 조건)
```

사용 형태에서 보듯이 반복 검사를 뒤에서 하기 때문에 반복 문장은 반복 조건의 만족 유무에 상관 없이 적어도 한 번은 수행한다. 반복 문장을 한 번 수행한 후 while문의 반복 조건 검사를 한다. 반복 조건이 참이면 다시 do문장으로 돌아가서 또 {} 사이의 반복 문장을 수행하고, whle문의 반복 조건 검사를 다시 하게 된다. 조건 만족을 하면 다시 do로 가서 반복을 하고, 조건을 만족하지 못하면 do~while문을 빠져나간다. 앞의 예제를 do~while문으로 변경하여 보자.

<7-17.html>

```
<html>
    <head>
        <meta charset = "utf-8"/>
        <script = "text/javascript">
            var i = 0;
            do
            {
```

```
            document.write((i+1) + ".Javascript" + "<br/>");
            i++;
        }while(i < 5)
    </script>
  </head>
  <body>
  </body>
</html>
```

<실행 결과>

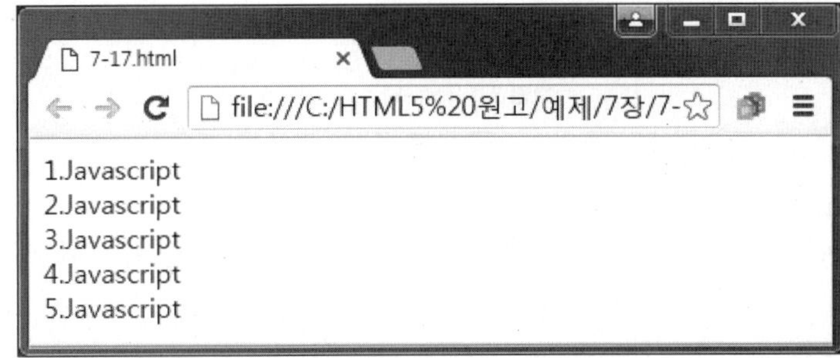

4.3 for문

for문 또한 다른 반복문과 동일한 개념이다. 다만, 사용 형태만 조금 다를 뿐인데, 필자는 반복문의 형태상으로 볼 때 for문이 오히려 다른 반복문에 비해 사용하기 편한 구조로 되어 있고, 그만큼 익숙하여 반복문을 작성할 때는 for문을 즐겨 사용하는 편이다. 왜냐하면 앞에서 살펴본 while문의 경우는 변수의 초기화, 반복 조건, 변수 증감의 처리를 각각 다른 문장에서 처리해주었는데, for문의 경우는 이 3가지 요소를 for문이라는 반복문 한 문장에서 모두 처리한다. 사용 형태는 다음과 같다.

```
for(초기화; 반복 조건; 증감문)
{
    반복 문장
}
```

for문의 첫 번째 부분은 변수를 초기화하고, 두 번째 부분은 반복문을 계속 수행할지 말지를 결정하기 위한 반복 조건을 검사하며 세 번째 증감문은 변수값을 증가시키거나 감소시켜주는 부분이다. for문의 수행 순서는 다음과 같다.

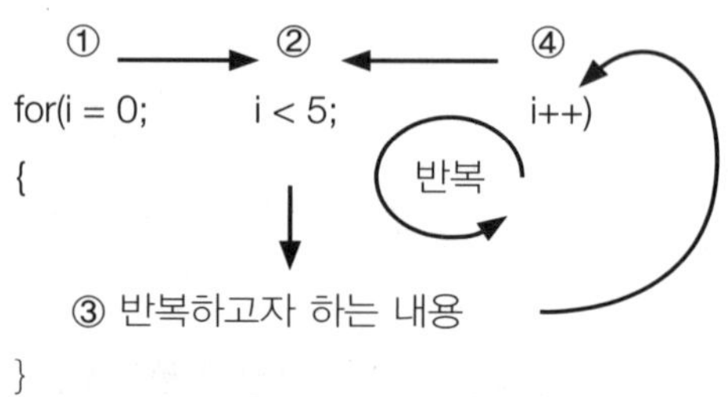

그림 7-1. for문의 수행 순서

가장 먼저 ①번인 변수의 초기화가 수행되고, ②번인 반복 조건을 수행한다. i의 초기값은 0이므로 i 〈 5 보다 작다는 조건은 참이다. 그러므로 반복하고자 하는 내용인 ③번을 수행하고, 수행이 끝나면 ④번 증감문을 수행한다. i를 1 증가시킨 후, 다시 반복문을 수행하기 위해 ②번인 반복 조건을 수행한다. 왜냐하면 ①번은 변수의 초기화 과정으로 최초 1번만 수행한다. 그래서 for문은 반복이 될 때 ②-③-④의 순서로 반복이 진행된다. 앞의 예제를 for문을 이용하여 작성해보자.

<7-18.html>

```
<html>
    <head>
        <meta charset = "utf-8"/>
        <script = "text/javascript">
            for(var i = 0; i < 5; i++)
            {
                document.write((i+1) + ".Javascript" + "<br/>");
            }
        </script>
    </head>
    <body>
```

```
    </body>
</html>
```

<실행 결과>

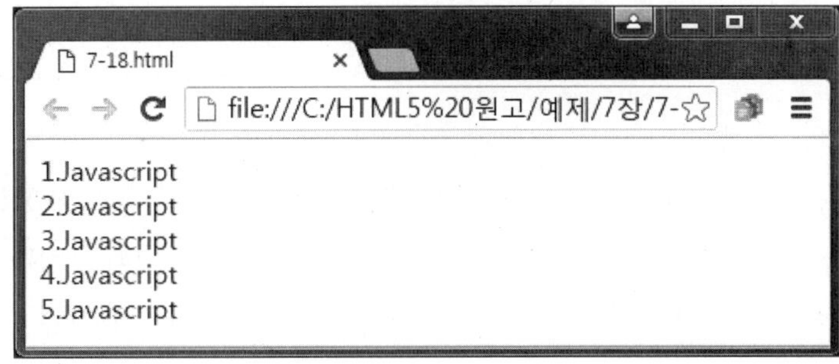

5. 함수

우리가 프로그래밍을 한다는 의미는 무엇일까? 필자는 이렇게 정의하고 싶다. 프로그래밍이란 필요한 기능을 모듈 단위로 요구 조건에 맞게 만드는 것 또는 요구 조건에 합당한 필요한 기능을 찾아보는 것 그리고 만들거나 찾은 기능들을 유기적으로 잘 조합하는 것이라고 말하고 싶다. 필자가 방금 프로그래밍을 정의하면서 사용한 기능이라는 단어는 사실 함수라는 단어로 대체하여도 같은 말이 된다. 즉, 프로그래밍이란 함수 덩어리들의 조합이라고 할 수 있겠다.

5.1 함수란 무엇인가

1) 일반적인 개념의 함수

우리는 이미 중학교 수학 시간에 함수라는 단어를 한 번쯤은 배운 적이 있을 것이다. 수학에서의 함수 형태는 어떤가? y가 x의 함수일 때의 형태이다.

```
y = f(x)
```

함수라는 것은 임의의 어떤 입력 x에 대해 그에 따른 출력 y가 존재하는 것을 말한다. 위 함수의 정의 기호에 의거하여 만약 함수의 기능이 입력한 값에 대해 2배의 출력 결과값을 가진 기능으로 정의한다면 다음과 같다.

```
y = 2x
```

이 함수는 임의의 입력값 x에 대해 2배의 출력 결과값을 나타낼 것이다. 예를 들어 x값에 2를 입력하면 결과값 y는 4가 될 것이다. 어떤 값을 입력하던지 무조건 2배로 뻥튀기 해서 넘겨주는 기능을 가진 함수인 것이다. 만약 이러한 기능을 가진 함수 기계가 있다면 얼마나 좋겠는가? 100원을 넣으면 200원이 되어서 돌아오고, 200원을 다시 넣으면 400원이 되어 돌아오는 착한 함수일 것이다.

2) 함수 사용의 장점

앞서 y = 2x와 같은 값을 2배로 리턴하는 기능은 매우 단순하다. 하지만, 요즘 기계나 소프트웨어를 보면 기능이 매우 다양하고 복잡해졌음을 알 수 있다. 소프트웨어의 기능을 보면 보통 한 두가지가 아니라 사용자가 잘 사용하지도 않는 불필요한 기능들까지 많이 포함되어 기본적으로 10가지 이상의 기능을 탑재하고 있다.

가장 간단한 프로그램인 계산기만 보아도 벌써 그 기능이 사칙 연산(더하기, 빼기, 곱하기, 나누기)의 기능만 4가지이고, 잘 사용하지 않는 기능인 제곱근 구하기(sqrt)라든지 나머지 구하기(%)와 같은 기능들이 추가되면 더 늘어나게 된다. 이렇게 간단하다고 생각하는 계산기의 경우도 기능이 점점 늘어나게 되면 그 복잡도는 증가하게 된다. 하물며 최근 제작되는 소프트웨어의 복잡도는 말할 것도 없다. 이럴 때 우리가 함수를 사용하는 목적을 알 수 있는데, 함수는 하나의 특정 기능을 처리하기 위한 목적으로 사용한다. 계산기의 경우 사칙연산의 기능만 보게 되면 4가지의 기능으로 구성되어 있다. 이 기능들을 한 곳에서 모두 처리할 수도 있지만, 더하기, 빼기, 곱하기, 나누기 각각의 기능을 함수로 나누어 처리하는 것이 더 효율적이다. 그 이유는 두 가지로 볼 수 있다.

■ **코드의 가독성이 좋아진다.**

모든 기능을 한 곳에서 처리하게 되면 코드를 보고 해석하는 입장에서 매우 읽기가 힘들어진다. 예를 들어 우리가 어떤 글을 읽을 때 주제에 따라 단락별로 나누어 놓으면 읽기도 수월하고 독해가 쉬워진다. 하지만, 글을 단락별로 구분하지 않고 계속 이어지면 가독성이 떨어져서 글을 이해하기 어려워진다.

프로그래밍 언어도 기계와 통신하기 위한 수단으로써 교류적 언어이기 때문에 효율적인 표현(효율적인 코드)을 사용하는 것이 바람직하다. 계산기 프로그램의 사칙 연산의 경우 하나의 함수에 사칙 연산의 기능이 모두 들어가 있으면, 우리가 코드를 보고 어떤 것이 더하기 기능인지, 빼기의 기능인지 한참을 보고 파악해야 한다. 하지만, 함수를 사용하게 되면, 이 함수가 더하기 기능인지 빼기의 기능인지 한 눈에 알 수 있다. 이렇게 함수를 만들어 기능별로 나누는 것을 모듈화라고 말하며, 이러한 모듈화가 더 많이 세분화 될수록 코드의 가독성은 더욱 좋아진다.

■ **코드의 유지 보수 및 확장이 용이해진다.**

여러분이 어느 소프트웨어 회사에 경력사원으로 입사하였다고 하자. 이 때 이전 근무자의 코드를 인수인계 받아서 파악을 해야 하는데, 코드가 완전 스파게티 코드라고 한다면 대략 난감할 것이고, 어쩌면 새로 코드를 짜는 것이 시간적으로 더 빠를 수도 있는 최악의 상황을 맞이할 수도 있다. 그렇다면 가장 좋은 코드란 어떤 코드인가?

좋은 코드를 만들기 위한 가장 기본은 가독성이 좋은 코드, 즉, 어떤 개발자가 보아도 이해하기 쉬운 코드가 가장 좋은 코드이다. 이해하기 쉬운 코드의 기본은 각 기능을 모듈화 시키는 것이다. 즉, 각 기능별로 함수화 시키는 것이다. 이전 근무자가 코드를 기능별로 함수화 시켜서 잘 정리만 해 놓았다면 여러분은 그 코드를 기반으로 유지보수를 하고, 기능에 대한 추가 요구사항이 생기게 되면 충분히 기능을 확장 시킬 수도 있을 것이다.

5.2 함수의 사용

1) 함수의 구성 요소

함수는 다음과 같은 형태로 구성되어 있다.

```
function 함수이름(전달인자1, 전달인자2, ...)
{
    함수의 내용
}
```

- **function** : 함수 선언시 키워드 function으로 시작한다.
- **함수이름** : 정의할 함수의 이름이다. 함수 호출 시 함수의 이름을 사용하는데, 이름은 함수의 기능을 잘 설명할 수 있는 이름으로 짓는 것이 좋다.
- **전달인자** : 함수의 기능을 수행하기 위해 필요한 값을 외부에서 전달인자로 넘겨줄 수 있다. 전달인자는 필요 없는 경우에는 빈 괄호로 놓을 수도 있고, 전달인자가 필요한 경우에는 1개 이상 설정할 수 있다.
- **함수의 내용** : 함수의 { } 중괄호 안의 내용들이 수행할 기능에 대한 내용들이다.

2) 함수 정의하기

앞서 함수의 구성 요소를 살펴 보았다. 이러한 구성 요소와 형태를 바탕으로 함수를 정의할 수 있다. 함수는 <script></script> 내에 정의할 수 있다. 함수를 하나 정의해 보자. 두 개의 전달인자를 받되, 각각 이름과 나이를 입력 받아서 브라우저에 출력하도록 하자. 함수는 다음과 같이 정의할 수 있다.

```
function myInfo(name, age)
{
    document.write("이름: " + name + '<br/>');
    document.write("나이: " + age + '<br/>');
}
```

나의 이름과 나이와 같은 정보를 출력하는 기능이므로 함수의 이름은 myInfo라고 정하였고, 전달인자는 각각 이름과 나이를 나타내는 의미로 name과 age로 정하였다. 함수의 내용은 전달인자로 넘겨받은 name과 age의 값을 브라우저에 출력하는 기능이다.

함수를 정의만 해놓고 호출하여 사용하지 않는다면 그 아무리 훌륭한 알고리즘을 가진 함수를 만들었을지라도 무용지물인 것이다. 한마디로 땅을 파기 위한 훌륭한 포크레인 장비를 보유하고 있음에도 불구하고 운전할 수 있는 운전자가 없어서 구경만 하는 꼴인 것이다. 자, 그럼 우리는 방금 정의한 함수를 호출하여 활용해보도록 하자.

3) 함수 호출하기

프로그램은 실행하는 도중 이미 앞에서 정의되어 있는 함수의 이름을 만나면, 해당 함수를 호출하여 프로그램 제어를 호출한 함수로 넘긴다. 호출된 함수는 수행을 하고 수행이 끝나면 그 함수를 호출하였던 위치로 돌아오고, 프로그램은 그 이후의 실행을 계속한다.
함수를 호출하는 방법은 함수명으로 하는데, 함수의 전달인자가 없으면 함수명 뒤에 ()괄호를 붙여 공란으로 표시하고, 전달인자가 있으면 ()괄호 안에 그에 상응하는 매개변수를 넘겨준다. 호출 형태는 다음과 같다.

```
myInfo(myName,  myAge);
```

간단한 예제를 작성해보도록 하자.

<7-19.html>

```
<html>
    <head>
        <meta charset = "utf-8"/>
        <script = "text/javascript">
            function myInfo(name, age)
            {
                document.write("이름 : " + name + '<br/>');
                document.write("나이 : " + age + '<br/>');
            }

            var myName = "이창현";
```

```
            var myAge = 20;
            myInfo(myName, myAge);
        </script>
    </head>
    <body>
    </body>
</html>
```

<실행 결과>

참고 함수와 메소드의 차이

함수와 메소드는 사실 형태상으로는 동일하다. 다만, 구분되는 차이는 정의되는 위치에 있다. 객체지향 언어가 생겨나면서 클래스라는 개념이 생겨났다. 클래스 내부에는 변수나 함수를 선언 및 정의할 수 있는데, 이 때 클래스 내부에 정의된 함수를 메소드라고 한다. 즉, 메소드는 클래스의 멤버인 것이다. 반대로 클래스 바깥에 정의된 것을 함수라고 한다.

4) 반환값(리턴값)에 관하여

우리가 앞서 보았던 함수의 형태는 입력한 이름과 나이만 출력하고 끝난다. 함수 안에서 직접 출력했기 때문에 쉽게 결과 확인이 가능했다. 이번에는 함수를 호출했을 때 그 함수에서 실행 결과를 출력하지 않고, 함수를 호출했던 위치로 돌아가 결과값을 반환하고 출력하는 경우를 살펴보겠다. 이러한 경우 함수에 반환값(리턴값)을 사용하면 함수 외부에서 해당 반환값을 받을 수 있다. 반환값을 우리는 보통 리턴값이라고도 혼용해서 부른다. 동일한 용어이므로 혼동하지 않길 바란다. 반환값은 함수 정의의 마지막 줄에 'return 반환값'을 추가하면 된다.
예를 들어 두 수를 외부에서 전달인자로 입력 받아 더하는 함수를 작성해보자.

```
function myAdd(x, y)
{
    var result = x + y;
    return result;
}
```

두 수를 더하는 기능을 가지고 있으므로 함수의 이름을 myAdd라고 정하였다. 전달인자로 두 수 x, y를 받고 있으며, 두 전달인자를 더한 결과값을 변수 result에 넘겨준다. 이 함수의 마지막 줄에 두 수를 더한 result값을 return에 의해서 반환한다. 이 의미는 myAdd 함수를 호출한 그 지점으로 결과값을 반환한다는 뜻이다. return은 값을 리턴하는 기능도 있지만, 또 하나의 기능으로는 해당 함수를 종료하는 기능을 가지고 있다. 그래서 함수 내의 return 이후의 코드는 실행되지 않고 모두 무시된다. 그러므로 이 때 주의해야 할 점은 return문이 함수를 종료시키기 때문에 함수 안에서 실행해야 할 문장들은 반드시 return문 앞에 나와야 한다는 것이다. 간단한 예제를 작성해보자.

<7-20.html>

```
<html>
    <head>
        <meta charset = "utf-8"/>
        <script = "text/javascript">
            function myAdd(x, y)
            {
                var hap = x + y;
                return hap;
            }

            var num1 = 10;
            var num2 = 20;
            var result = myAdd(num1, num2);
            document.write("result = " + result );
        </script>
    </head>
```

```
    <body>
    </body>
</html>
```

<실행 결과>

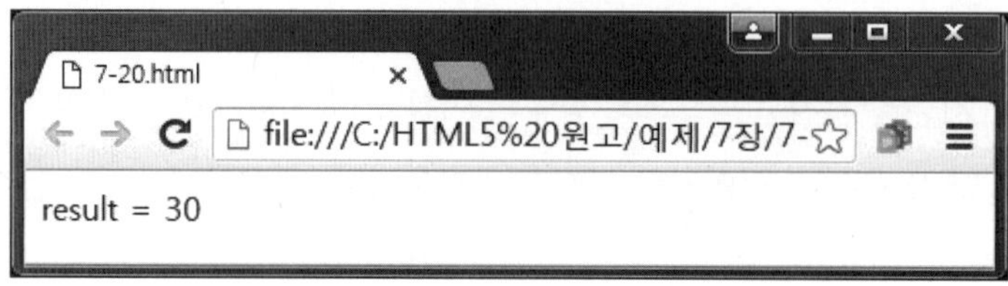

myAdd 함수는 두 개의 전달인자 x, y 값을 받아 두 수의 합을 변수 hap에 저장한 후, return을 통해 값을 반환하고 있다. 반환한 값은 myAdd 함수를 호출했던 지점으로 리턴하는데, 반환값을 변수 result가 받아주고 있다. 함수의 결과값을 반환 시 반환값을 저장할 변수를 반드시 선언한다. 자바스크립트는 다른 컴파일 기반 언어와 달리 타입에 대해 자유로우므로 반환값의 타입이나 반환값을 받는 변수의 타입에 신경을 쓰지 않아도 되는 장점이 있다.

5) 사용자로부터 데이터 입력 받기

앞에 작성했던 예제를 조금 변경해보자. 우리는 지금까지 함수의 전달인자에 대응되는 변수의 값을 코드 상에서 미리 입력하였다. 그런데, 이번에는 변수의 값을 미리 입력하지 않고, 사용자로부터 값을 입력 받도록 변경하자. 이 때 prompt 함수를 사용하면 대화상자를 통해 사용자로부터 데이터를 입력 받을 수 있다. 사용 형태는 다음과 같다.

```
var result = prompt(메시지, 입력값);
```

prompt 함수를 사용하면 사용자 입력 대화상자가 나타나는데, 첫 번째 전달인자인 메시지는 대화상자상에 나타나고, 두 번째 전달인자인 입력값은 입력박스에 나타날 기본 입력값이다. 이 함수는 사용자의 입력값을 반환하는데, 그 반환값을 result라는 별도의 변수에 저장하였다.

함수 prompt를 사용하여 사용자로부터 데이터를 입력 받는 예제를 작성해보자.

<7-21.html>

```
<html>
    <head>
        <meta charset = "utf-8"/>
        <script = "text/javascript">
            function myAdd(x, y)
            {
                var hap = x + y;
                return hap;
            }

            var num1 = prompt("첫 번째 숫자 입력", 0);
            var num2 = prompt("두 번째 숫자 입력", 0);
            var result = myAdd(Number(num1), Number(num2));
            document.write("result = " + result);
        </script>
    </head>
    <body>
    </body>
</html>
```

<실행 결과>

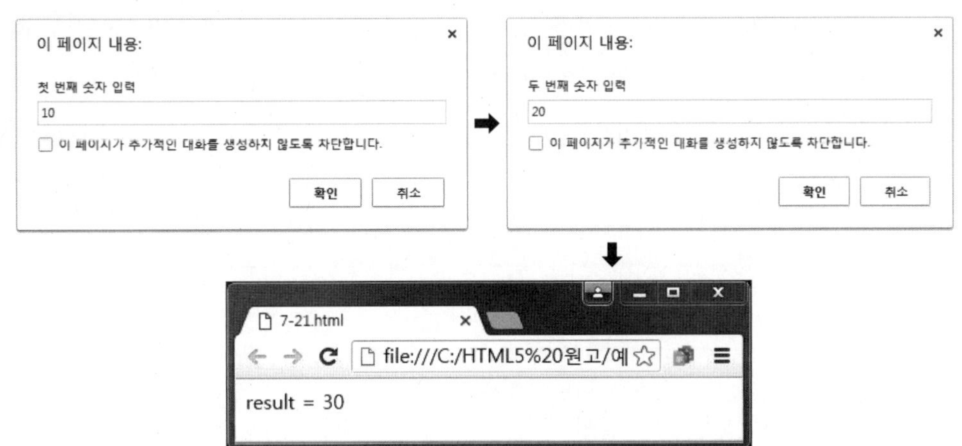

첫 번째 대화상자에 숫자 10을 입력하고, 두 번째 대화상자에 숫자 20을 입력하였다. 이렇게 입력된 각각의 값은 변수 num1과 num2에 저장되고, 이 두 수의 합을 구하는 함수인 myAdd의 전달인자로 넘긴다. 이 때 주의해야 할 사항은 변수 num1과 num2를 전달인자로 넘길 시, 이 변수의 타입이 숫자형이라는 것을 나타내기 위해서 숫자형 타입인 Number를 명시하였다. 왜냐하면 prompt의 반환값의 타입은 문자형이기 때문이다.

참고 내장함수의 종류

prompt() 함수와 같이 자바스크립트 내부에 정의되어 간단하게 호출하여 사용할 수 있는 함수들을 내장함수(built-in function)라고 한다. 자바스크립트에서 자주 사용되는 내장함수에는 다음과 같은 것들이 있다.

함수이름	설명
alert(문자열)	입력한 문자열을 메시지 박스에 출력한다.
confirm(문자열)	[확인], [취소]와 같은 확인이 필요한 대화상자를 나타낸다.
prompt(문자열)	대화상자를 통해 사용자로부터 값을 입력 받는다.
parseInt(문자열)	문자열을 정수로 변환하는 함수이다.
parseFloat(문자열)	문자열을 부동소수점으로 변환하는 함수이다.
isNaN(값)	주어진 값이 NaN(Not a Number)인지 판단하는 함수이다.
eval(수식문자열)	수식으로 입력된 문자열을 계산하는 함수이다.

[표 7-11] 자바스크립트 내장함수의 종류

6) 가변길이 전달인자 목록에 관하여

함수를 실행할 때 여러 개의 전달인자를 넘겨줄 수 있다고 하였다. 이 때 자바스크립트 내부의 속성으로 전달인자의 개수나 각각 전달인자의 값을 알아낼 수 있다. 함수 실행시 여러 개의 전달인자를 사용한다면 그 전달인자들은 배열 형태로 저장된다. 예를 들어 앞에서 작성했던 myAdd(x, y)라는 함수가 정의되어 있다고 하자. 이 때 함수는 다음과 같이 호출할 수 있었다.

```
myAdd(10, 20);
```

이렇게 함수가 호출이 되면 이 전달인자들은 내부적으로 배열의 속성으로 저장 관리가 되는데, 형태는 다음과 같다.

```
함수명.arguments[index]
```

이러한 형태에 의거하면 myAdd.arguments[0]에 10이 저장되고, myAdd.arguments[1]에 20이 저장된다. 전달인자가 더 늘어나게 되면 myAdd.arguments[2], myAdd.arguments[3]...에 저장 및 관리가 될 것이다. 즉, 내부적으로 '함수.arguments'라는 배열에 전달인자가 순서대로 저장되는 형태이다. 참고로 배열의 인덱스는 1이 아니라 0부터 시작한다. 반드시 주의하기 바란다.

그리고, 전달인자의 개수를 알 수 있는 속성이 있는데, 바로 arguments의 속성인 length이다. 만약 여러분이 전달인자의 개수를 알고 싶다면 length 속성을 알아낼 수 있다. 형태는 다음과 같다.

```
함수명.arguments.length
```

arguments 속성을 이용하여 예제를 작성해보자.

<7-22.html>

```
<html>
    <head>
        <meta charset = "utf-8"/>
        <script = "text/javascript">
            function myAdd(x, y)
            {
                var sum = 0;
                for(var i = 0; i < myAdd.arguments.length; i++)
                {
                    sum += myAdd.arguments[i];
```

```
                document.write("myAdd.arguments[" + i +"] = " +
                myAdd.arguments[i] + "<br/>");
            }
            return sum;
        }
        var result = myAdd(10, 20, 100, 200);
        document.write("result = " + result);
    </script>
  </head>
  <body>
  </body>
</html>
```

<실행 결과>

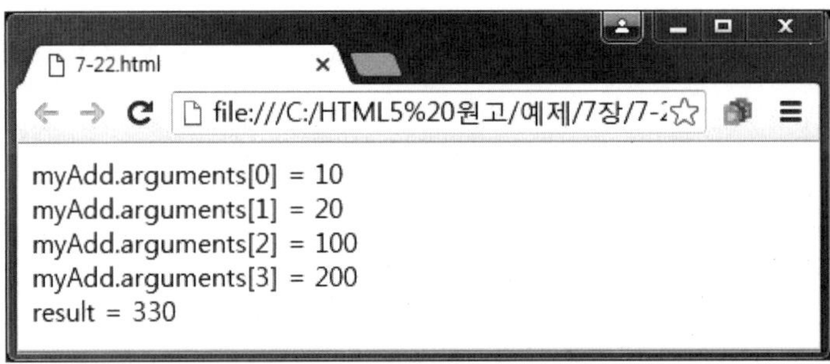

우리가 앞서 작성했던 myAdd 함수는 전달인자가 2개였지만 예제에서는 가변인자로 4개의 전달인자를 전달하여도 저장이 가능하다. 입력한 전달인자의 개수를 myAdd.arguments.length로 구하고, 반복문을 통해 myAdd.arguments[i] 배열 요소의 값을 읽어와 출력하였다. 그리고, 각 요소의 값을 모두 합한 결과값도 출력하였다.

배열이란

변수 1개를 선언하는 것은 전혀 문제 없다. 변수를 5개 선언한다고 하자. 이것도 크게 문제될 것은 없다. 만약 변수를 10개 선언한다고 하자. 이 때부터 손가락이 조금씩 피곤해지기 시작한다.

```
var a1; var a2; var a3; ............. var a10;
```

어찌되었든 10개의 변수도 선언을 하였다. 그런데 만약 변수를 100개 선언한다고 한다면.... 이 때 우리는 깔끔하게 gg(good game)를 치게 될 것이다. 그렇다면 변수 100개의 선언은 꿈같은 이야기인 것인가? 그렇지 않다. 배열을 사용하면 변수 100개이든, 1000개이든 간단하게 선언할 수 있다. 예를 들어 크기가 100인 배열을 선언한다고 하자. 이 말은 100개의 변수를 선언하는 것과 같은 말이다.

```
var a = new Array(100);
```

지금은 배열이 왜 사용되는지, 어떻게 선언하는지 정도까지만 간단하게 보고 넘어가자. 배열에 관한 자세한 내용은 9장 자바스크립트 객체의 Array 객체에서 자세하게 다루도록 하겠다.

Chapter 08

이벤트와 이벤트 핸들러

두려움은 희망 없이 있을 수 없고 희망은 두려움 없이 있을 수 없다.
– 바뤼흐 스피노자 –

우리는 늘 같은 일상을 살다가 생일, 결혼기념일, 졸업, 프로포즈와 같은 특별한 날 이벤트를 하곤 한다. 즉, 이벤트는 아무 때나 하는 것이 아니라 시기에 맞게 적절하게 해야 효과가 있는 것이며 이러한 이벤트로 인해 서로의 관계는 더욱 돈독해지고, 삶은 더욱 윤택해진다. 마찬가지로 자바스크립트에서도 특정한 시점에 적절한 이벤트가 발생하고 처리하도록 하는데, 이러한 이벤트 처리를 통해 웹페이지의 기능은 더욱 견고해지고, 윤택해진다. 이번 시간에는 자바스크립트의 이벤트와 이벤트를 처리하는 방법에 대해 알아보도록 하자.

1. 이벤트란

우리가 앞서 배운 HTML 및 자바스크립트의 기본 문법들은 단지 텍스트와 이미지를 배열하여 정보를 제공하는 수준이었다. 하지만, 요즘 웹사이트들을 보면 단순한 정보 제공 및 링크 수준이 아니라 역동적이면서도 다양한 기능들이 제공되는 것을 볼 수 있다. 이러한 것들이 가능한 이유는 자바스크립트에서 이벤트 개념이 적용되기 때문인데 이벤트라는 것이 무엇인지 살펴보도록 하자.

1.1 이벤트의 개념

이벤트(event)란 사전적인 의미로는 '사건'을 의미하는데, 프로그래밍상 어떤 특정한 동작이 발생하면 이벤트가 발생했다고 말한다. 예를 들면, 우리가 마우스의 왼쪽 버튼으로 하이퍼링크를 클릭하는 것도 이벤트라고 할 수 있고, 키보드로 특정 키를 누르는 것도 이벤트라고 할 수 있다. 또한 스마트 기기에서 손으로 터치하는 행위 또한 이벤트라고 할 수 있다.

1.2 자바스크립트의 주요 이벤트

자바스크립트에서 발생하는 이벤트는 상당히 많은데, 그 중에서 주로 사용되는 주요 이벤트들을 살펴보도록 하자.

이벤트	이벤트 발생 시점
abort	웹문서를 읽어오는 동안 사용자가 중지하는 경우
blur	입력 포커스가 입력 항목을 벗어났을 경우
click	마우스로 링크나 폼의 요소를 클릭했을 경우
change	폼 요소가 가지는 값이 사용자에 의해 변경되었을 경우
error	에러가 발생했을 경우
focus	폼 요소에 입력 포커스가 주어졌을 경우
keydown	키보드의 키를 눌렀을 경우
keyup	키보드의 키를 눌렀다가 뗐을 경우
load	웹문서를 읽어 올 경우
mouseout	마우스 영역을 벗어나는 경우
mouseover	마우스 포인터가 해당 요소 위치 위로 움직였을 경우
mousedown	마우스 버튼을 눌렀을 경우
mouseup	마우스 버튼을 눌렀다가 뗐을 경우
select	사용자가 폼 요소의 특정 필드를 선택했을 경우
submit	폼 내용이 전송되는 경우
unload	해당 페이지를 빠져 나가는 경우

[표 8-1] 이벤트의 종류

이벤트가 발생하는 시점에 따라서 발생하는 이벤트의 종류들이 각각 다르다. 이벤트의 이름을 보면 영문의 의미와 매우 직관적이므로 이벤트의 이름만으로도 그 기능을 추측할 수 있다. 참고로 이벤트 기반의 언어에서 사용하는 이벤트의 이름은 거의 비슷하게 사용하므로, 자바스크립트의 이벤트를 잘 숙지하면 다른 이벤트 기반 언어에서도 동일하게 그 개념을 익힐 수 있다.

2. 이벤트 핸들러

2.1 이벤트 핸들러란

우리는 보통 일상에서 어떤 사건이 발생하면 그냥 '사건이 일어났네'하고 보고만 말지 않는다. 그 사건에 대한 처리를 하는 과정을 거친다. 마찬가지로 웹브라우저에서도 이벤트가 발생하면 '이벤트가 발생했네'라고 보고만 있는 것이 아니라, 이벤트의 신호를 포착한 후 프로그램에 전달하여 이벤트에 대한 처리를 해야 한다. 이렇게 이벤트 발생시 이벤트를 처리하는 기능을 이벤트 핸들러 또는 이벤트 처리기라고 한다. 우리는 용어의 통일을 위해서 이벤트 핸들러(Event Handler)라고 하겠다. 이벤트 핸들러는 사용자가 인위적으로 호출할 수 없고, 이벤트 발생시 자동으로 호출되어 기능을 수행한다.

2.2 이벤트와 이벤트 핸들러의 연결 방법

1) HTML 태그의 속성으로 연결 시켜주는 방법

이벤트와 이벤트 핸들러를 연결시켜주는 방법 중에 가장 간단한 방법이 HTML 태그의 속성으로 연결시켜주는 방법이다. 앞서 배웠던 HTML 태그의 속성으로 이벤트 핸들러를 등록하여 사용하는 형태이다.

```
<태그 속성 = "속성값"     이벤트 핸들러 = "함수">
```

이벤트는 특정 HTML 태그에서 발생하는 것이기 때문에 태그 뒤에 이벤트 핸들러를 등록하였다. 간단한 예로 사용자가 버튼 객체를 클릭했을 경우 이벤트 핸들러를 처리하도록 다음과 같이 사용할 수 있다.

```
<input type = "button"    value = "버튼"   onClick = "func()">
```

자, 이 의미는 웹페이지상에 버튼을 하나 생성하되, 생성한 버튼 객체에 마우스로 클릭시 처리 함수 func()을 수행하라는 의미이다. 이벤트 핸들러의 이름을 보면 앞에서 살펴본 이벤트 이름들 앞에 on만 붙여주면 이벤트 핸들러의 이름이 된다. 방금의 예도 click이라는 이벤트를 포착하기 위한 이벤트 핸들러의 이름을 onClick이라고 하면 이벤트 핸들러의 이름이 된다. 다음은 이벤트 종류에 따른 이벤트 핸들러이다.

이벤트 종류	이벤트 핸들러	설명
마우스 이벤트	onMouseOver	특정 객체 위에 마우스를 올렸을 경우
	onMouseDown	마우스 버튼을 눌렀을 경우
	onMouseUp	마우스 버튼을 눌렀다가 놓았을 경우
	onClick	마우스 버튼을 눌렀다 뗐을 때인데, onMouseDown과의 차이점은 동일 객체 내에서 클릭했을 경우임.
	onDblClick	마우스 버튼을 더블 클릭했을 경우
키보드 이벤트	onKeyDown	키보드의 키를 눌렀을 경우
	onKeyUp	키보드의 키를 눌렀다가 뗐을 경우
기타 이벤트	onFocus	폼 요소에 입력 포커스가 주어졌을 경우
	onSubmit	폼 내용이 전송되는 경우
	onReset	폼 내용이 리셋버튼으로 초기화 되는 경우

[표 8-2] 이벤트 핸들러의 종류

예제를 통해 이벤트 핸들러를 이용한 처리 방법을 살펴보자.

<8-1.html>

```
<html>
    <head>
        <meta charset = "utf-8"/>
        <script = "text/javascript">
        </script>
    </head>
    <body>
        <form>
            <input  type = "button"  value = "버튼"  onclick = "func()">
        </form>
    </body>
</html>
```

<실행 결과>

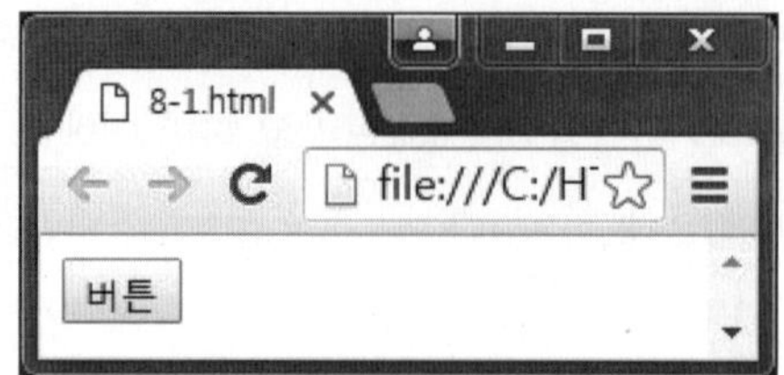

버튼을 만드는 방법은 우리가 앞의 HTML 과정에서 배운 내용들이다. 〈form〉 태그 안에서 〈input〉 태그의 속성인 type으로 "button"을 지정하였고, 버튼의 값은 한글로 "버튼"으로 설정하였다. 여기까지가 폼에서 버튼 컨트롤을 생성하는 과정이다. 자, 이제 우리가 하고 싶은 것은 이 버튼을 눌렀을 때 무언가를 처리해주고 싶다. 그래서 버튼 클릭시에 func() 함수를 처리할 수 있도록 클릭 이벤트 핸들러인 onclick에 func() 함수를 연결하였다. 버튼을 클릭해보자. 어떤가? 그렇다. 당연히 아무런 일도 일어나지 않을 것이다. 왜냐하면 func() 함수를 처리하기 위한 처리 내용을 구현하지 않았기 때문이다.

func() 함수의 처리 내용을 구현해보도록 하자. 자바스크립트 함수의 정의는 〈head〉〈/head〉 태그 또는 〈body〉〈/body〉 태그 사이 어디에도 올 수 있다. 하지만, 이벤트 핸들러에서 사용할 함수들은 대부분 〈head〉〈/head〉 태그 사이에 작성하도록 하자. 왜냐하면 웹 문서 수행 시 이벤트 핸들러로 등록된 함수의 정의를 먼저 읽어야 어떤 함수를 수행할 것인지 알 수 있기 때문이다. func() 함수는 "버튼을 클릭하였습니다."라는 경고 메시지 창을 띄우는 기능으로 구현하겠다.

<8-2.html>

```
<html>
    <head>
        <meta charset = "utf-8"/>
        <script = "text/javascript">
            function func()
            {
                alert("버튼을 클릭하였습니다.");
            }
```

```
        </script>
    </head>
    <body>
        <form>
            <input  type = "button"  value = "버튼"  onclick = "func()">
        </form>
    </body>
</html>
```

<실행 결과>

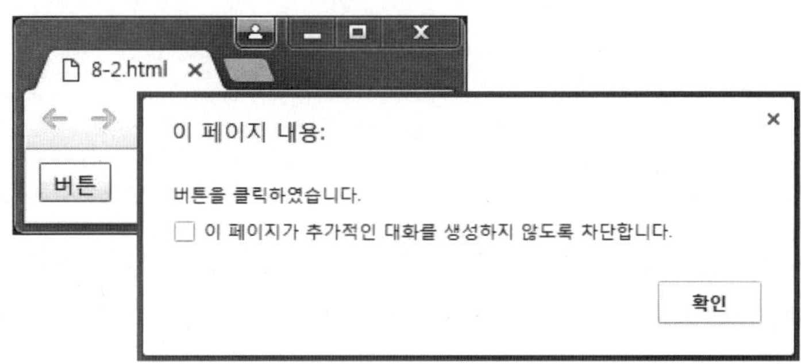

func() 함수의 구현 내용은 단순히 alert()를 사용하여 "버튼을 클릭하였습니다."라는 메시지를 출력하는 것이다. 클릭 이벤트 핸들러인 onclick에 func() 함수를 등록하였으므로 해당 버튼을 클릭하게 되면 func() 함수가 호출되어 메시지 경고 창이 실행되는 것을 확인할 수 있다.

참고 인라인 이벤트 핸들러 처리 방법

앞서 이벤트 핸들러 처리 함수는 자바스크립트 영역에서 정의를 하였지만, 다음과 같이 스크립트 태그 안에서 작성하지 않고, 직접 이벤트 핸들러에 작성할 수도 있다. 이를 인라인 이벤트 핸들러 처리 방법이라고도 말하는데, 굳이 용어 자체가 중요한 것은 아니고, 이러한 방식으로 처리할 수 있다는 것을 숙지하기 바란다.

```
<input type = "button"    value = "버튼"  onClick = "alert('버튼을 클릭하
였습니다.')";>
```

보통 함수로 처리하는 기능의 경우는 코드의 양이 많은 경우인데, 이와 같이 처리할 코드가 한 줄, 두 줄에 불과하다면 인라인 이벤트 핸들러 방식으로 처리하는 것이 효과적이다.

2) 자바스크립트 영역에서 연결 시켜주는 방법

앞에서 살펴본 이벤트 핸들러 등록 방법은 보편적이고 고전적인 방법으로 사용되어 왔다. 하지만, 이와 같은 형태는 문서를 최적화하고 유지보수를 쉽게 하기 위한 형태로는 적합하지 않다. 문제점은 이벤트 핸들러가 HTML 코드 전체에 섞여 있다는 점이다. 이러한 형태는 외부 자바스크립트 파일을 가져올 때에도 웹브라우저의 캐시 기능을 사용할 수 없다. 가장 좋은 모델은 HTML은 오로지 문서를 표시해주는 역할을 하고, 자바스크립트는 오로지 동작의 기능만을 구현하는 역할의 형태이다. 다음은 자바스크립트 내에 속성을 지정하는 형태이다.

```
element.이벤트핸들러 = function()
```

id에 맞는 요소를 이용하여 이벤트 핸들러를 등록하고, 기능을 정의할 수 있는 함수와 연결할 수 있다. 앞에서 작성했던 버튼 예제를 기반으로 자바스크립트 코드 내에서 속성을 지정하는 형태로 예제를 수정해보자.

<8-3.html>

```
<html>
    <head>
        <meta charset = "utf-8"/>
    </head>
    <body>
        <form>
            <input  type = "button"  id = "myid"  value = "버튼">
        </form>
        <script = "text/javascript">
            var element = document.getElementById("myid");
            element.onclick = function ()
            {
                alert("버튼을 클릭하였습니다.");
            }
        </script>
    </body>
</html>
```

<실행 결과>

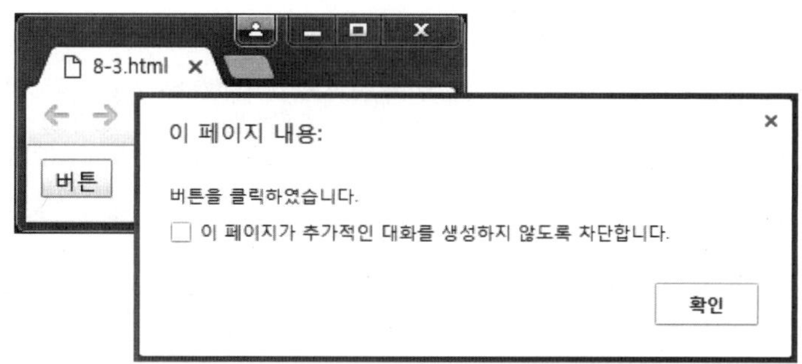

HTML 태그 요소에 id 속성을 추가하여 자바스크립트 코드 내에서는 id의 속성값을 통해 해당 요소를 알아낼 수 있게 하였다. 해당 문서의 요소를 얻어오기 위한 메소드로는 getElementById()를 사용하였고, 얻어온 요소 element를 통해 이벤트 핸들러 onclick을 등록하였다. 이 때, 기능 구현을 위해 function() 함수를 onclick 이벤트 핸들러에 연결하여 {} 중괄호 내에서 구현하였다. 우리는 테스트를 위해 단순히 alert() 함수로 경고창을 띄우는 기능만을 구현했지만 실무 코드에서는 다양한 형태의 구현을 할 수 있다.

3) 이벤트 리스너(addEventListener)를 사용하여 연결 시켜주는 방법

이번에는 이벤트 리스너를 사용하여 연결 시켜주는 방법에 대해 알아보자. 앞서 자바스크립트 영역에서 연결하는 방법은 MVC 모델 철학에 의거하여 HTML 문서의 기능과 자바스크립트의 기능 구현의 역할을 나누는 효율적인 방법이고, 크게 문제 없어 보이는 방법이었다. 하지만, 이 방법에는 한 가지 문제점이 있는데, 하나의 이벤트에 여러 개의 이벤트 핸들러 함수를 정의할 수 없다는 것이다. 이러한 문제의 해결방법은 바로 이벤트 리스너(Event Listener)인데, 이 방법은 동일한 요소의 이벤트에 여러 개의 리스너를 연결할 수 있고, 삭제도 가능하다. 현재로써는 이 방법이 가장 안전하다고 할 수 있다. 이벤트 리스너를 사용하는 형태는 다음과 같다.

```
element.addEventListener("이벤트", function(), boolean)
```

addEventListener()의 첫 번째 인자는 click이나 load와 같은 이벤트의 이름을 등록하고, 두 번째 인자는 이벤트 핸들러 함수를, 세 번째 인자는 이벤트를 처리하는 방식을 표시하는 것으로 boolean 타입을 갖는다. 생략이 가능하며 설정값이 false이면 버블업(bubble-up) 방식으로 처리하고, true이면 케스케이드다운(cascade-down) 방식으로 동작한다. 이벤트 리스너 addEventListener()를 사용한 예제를 작성해보자.

<8-4.html>

```
<html>
    <head>
        <meta charset = "utf-8"/>
    </head>
    <body>
        <form>
            <input  type = "button" id = "myid" value = "버튼">
        </form>
        <script = "text/javascript">
            var element = document.getElementById("myid");
            element.addEventListener("click", function()
            {
                alert("버튼을 클릭하였습니다.");
            })
        </script>
    </body>
</html>
```

<실행 결과>

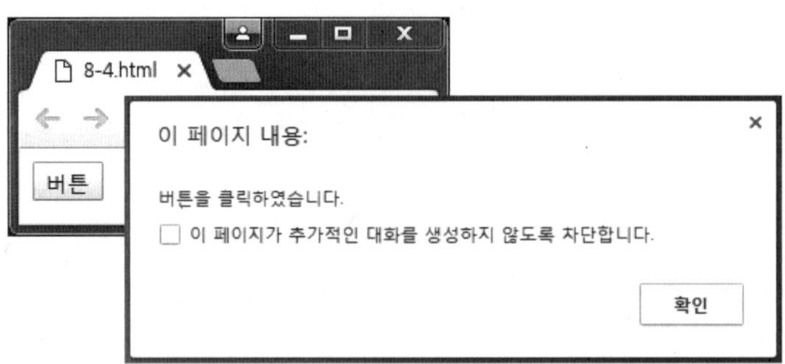

우리가 앞서 작성했던 예제에서 addEventListener() 메소드로만 교체한 형태라서 크게 어려운 점은 없다. "click" 이벤트가 발생하면 이벤트 핸들러 함수인 function() 함수가 수행되는 형태이다. 자, 그런데, 예제의 결과만 가지고 보았을 때 addEventListener() 메소드를 사용한 결과와 사용하지 않은 결과의 차이를 알기는 어렵다. 앞에서 addEvnet Listener() 메소드를 사용하지 않는 경우의 문제점을 하나의 이벤트에 여러 개의 이벤트 핸들러 함수를 정의할 수 없다는 것이라고 언급한 적이 있는데, 이 문제점을 예제를 통해 살펴보고, 왜 addEventListener()를 사용해야 하는지에 대한 당위성을 알아보자. 다음 예제를 작성해보자.

<8-5.html>

```
<html>
    <head>
        <meta charset = "utf-8"/>
    </head>
    <body>
        <form>
            <input  type = "button" id = "myid" value = "버튼">
        </form>
        <script = "text/javascript">
            var element = document.getElementById("myid");
            element.onclick = function ()
            {
                alert("첫 번째 이벤트입니다.");
            }

            var element = document.getElementById("myid");
            element.onclick = function ()
            {
                alert("두 번째 이벤트입니다.");
            }
        </script>
    </body>
</html>
```

<실행 결과>

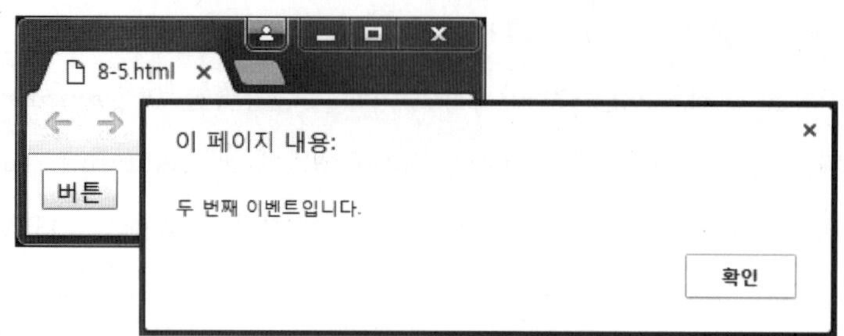

이 예제의 실행 결과는 어떠한가? 버튼을 클릭했을 때 "두 번째 이벤트입니다."라는 경고창만 뜬다. 코드를 보면 같은 버튼에 같은 이벤트 핸들러인 onclick을 등록하였고, 차이점이라면 alert() 함수의 내용만 다르게 하였다. 이 코드의 작성 의도는 click 이벤트 발생시 등록되어 있는 이벤트 핸들러의 처리가 순서대로 처리되기를 바라고 있지만, 코드는 마지막에 등록된 처리만 하고 있음을 확인하였다. 이번에는 addEventListener() 메소드를 이용한 처리 예제를 작성해보자.

<8-6.html>

```
<html>
    <head>
        <meta charset = "utf-8"/>
    </head>
    <body>
        <form>
            <input  type = "button" id = "myid" value = "버튼">
        </form>
        <script = "text/javascript">
            var element = document.getElementById("myid");
            element.addEventListener("click", function()
            {
                alert("첫 번째 이벤트입니다.");
            });

            var element = document.getElementById("myid");
            element.addEventListener("click", function()
            {
```

```
                alert("두 번째 이벤트입니다.");
            });
        </script>
    </body>
</html>
```

<실행 결과>

실행결과는 어떠한가? 앞의 예제와 달리 등록된 이벤트의 처리가 순서대로 "첫 번째 이벤트입니다."라는 경고창이 뜨고 확인을 누르면 "두 번째 이벤트입니다."라는 경고창이 수행되는 것을 확인할 수 있다. 이렇게 두 개 이상의 프로세스를 같은 이벤트에 등록하여 처리하고 싶을 때는 addEventListener() 메소드를 사용하면 된다. 이 방식이 이벤트를 등록하는 가장 권장하는 방식이다.

4) IE(Internet Explorer)에서 사용하는 이벤트 리스너

앞에서 살펴보았던 addEventListener() 메소드 사용은 IE(Internet Explorer) 8 버전 이하에서는 호환되지 않는다. 대신 이에 해당하는 다른 메소드가 제공되는데 바로 attachEvent()이다.

메소드의 원형은 다음과 같다.

```
element.attachEvent("이벤트핸들러", function())
```

첫 번째 인자는 addEventListener() 메소드와는 다르게 'click'과 같은 이벤트명이 아닌 앞에 'on'이 붙은 'onclick' 형태의 이벤트 핸들러명이 입력되고, 두 번째 인자는 마찬가지로 이벤트 핸들러 함수를 입력한다. 현재 Internet Explorer 버전을 8 이상 사용하고 있다면, 굳이 이 예제를 작성할 필요는 없다. 왜냐하면 작성한 예제를 테스트할 수 없기 때문이다. 먼저 여러분의 PC의 브라우저 버전을 체크하고 진행하도록 하자. 예제는 앞에서 작성했던 8-6.html을 기반으로 attachEvent() 메소드를 이용한 동일한 기능을 구현하도록 한다.

<8-7.html>

```
<html>
    <head>
        <meta charset = "utf-8"/>
    </head>
    <body>
        <form>
            <input  type = "button" id = "myid" value = "버튼">
        </form>
        <script = "text/javascript">
            var element = document.getElementById("myid");
            element.attachEvent("onclick", function()
            {
                alert("첫 번째 이벤트입니다.");
            });

            var element = document.getElementById("myid");
            element.attachEvent("onclick", function()
            {
                alert("두 번째 이벤트입니다.");
            });
        </script>
```

```
    </body>
</html>
```

<실행 결과>

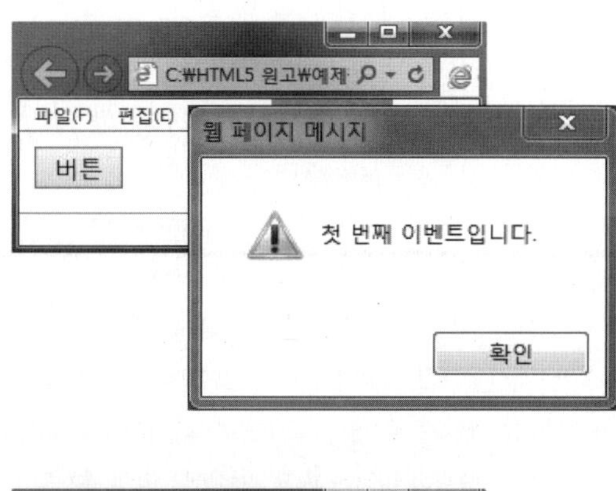

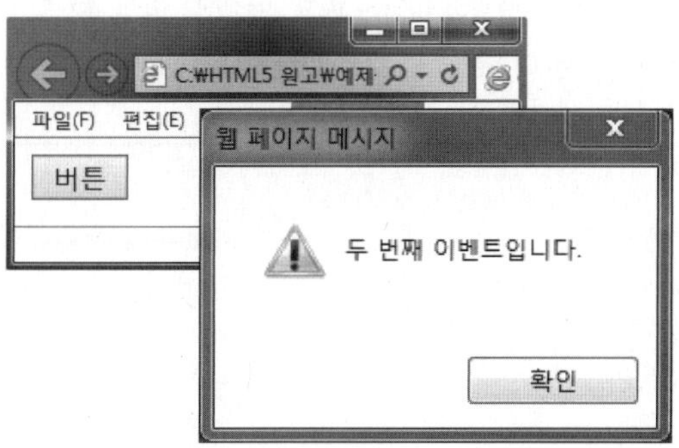

실행을 하기 전에 고려해야 할 사항은 IE에서 지원하는 메소드이므로 크롬을 비롯한 다른 브라우저에서는 정상적으로 수행되지 않는다는 점이다. 또한 IE8 이상의 버전에서도 지원하지 않으므로 수행되지 않는다. 앞서서도 언급했지만 IE8 이하의 버전에서 수행하길 바라고, 혹여 IE 브라우저의 버전이 8이상이면 굳이 이 예제를 수행하려고 노력할 필요는 없다. 그냥 이러한 메소드가 IE에서 지원한다는 정도와 사용형태 정도만 눈으로 보고 넘어가면 된다.

Chapter

09 자바스크립트 객체

현명한 사람이 되려거든 사리에 맞게 묻고 조심스럽게 듣고
침착하게 대답하라.
그리고 더 할말이 없으면 침묵하기를 배워라.
– 라파엘로 –

필자는 어릴 때부터 마술 보는 것을 무척 좋아하였다. 특히 마술사의 빈주먹에서 끊임없이 만국기가 나오는 마술이 있었는데 끊임없이 나오는 그런 마술이 마치 마술램프에 지니가 들어간 것 마냥 신기하기 그지 없었다. 필자가 객체라는 개념을 깨닫기 시작할 때도 비슷한 느낌이었는데 마술사의 마법처럼 작은 공간에 들어갈 것 같지 않는 수많은 정보들이 들어가 있고 또한 레고의 블록처럼 내가 원하는 곳에 자유롭게 넣고 뺄 수 있다. 이번 시간에는 이러한 마술 같은 객체에 대해 알아보도록 하자.

1. 객체의 개념

1.1 객체지향의 정의

객체지향이라는 언어는 여러분이 개발자라면 또는 전공관련 학생이라면 수도 없이 들었을 것이다. 객체지향이라는 개념은 현재까지의 프로그래밍 패러다임을 여전히 지배하고 있다. 왜냐하면 과거에서부터 현재까지 배우는 언어들이 여전히 객체지향이기 때문이다.

객체지향 프로그래밍(Object-Oriented Programming)의 기본 철학은 모든 사물을 말한다. 예를 들면, 사람, 컴퓨터, 동물 등과 같은 생명체 및 사물들이 모두 객체가 될 수 있고, 컴퓨터의 각 부품인 CPU, 그래픽 카드, 사운드 카드, 마더보드 등이 각각의 객체가 될 수 있다. 물론 그보다 더 세세하게 쪼개어 객체로 지정할 수 있다. 그런데, 각각의 사물들에는 두 가지의 면을 볼 수 있는데, 상태(State)와 행동(Behave)이다. 예를 들어 동물 중에 개라는 객체를 보면, 속성으로는 눈, 코, 입, 크기, 색깔, 무게, 종류 등이 존재하고, 행위로는 짖는다, 달린다, 잔다, 먹는다, 싼다 등으로 정의할 수 있다. 이렇듯 모든 사물은 상태와 행위로 이루어진 객체를 정의하고, 이러한 객체들이 모여서 또 다른 객체를 이루게 된다.

1.2 웹에서의 객체

우리가 배우고 있는 웹인 자바스크립트에서의 객체 의미를 살펴보도록 하자. 자바스크립트에서의 객체란 웹 문서에서 다룰 수 있는 대상들을 가리킨다. 객체는 모든 사물이라고 이야기했듯이 웹 문서 안의 텍스트 필드, 이미지, 링크 등도 모두 객체이다.
또한 자바스크립트 내부에서 자주 사용되는 기능들에 대해서도 객체형태로 제공하기도 한다. 예를 들면 배열의 기능을 사용하도록 Array라는 객체가 제공되어 손쉽게 배열을 선언 및 사용이 가능하고, 현재날짜, 현재시간을 얻어오거나 날짜 정보를 이용하여 프로그램을 작성시 Date라는 객체가 제공되므로 쉽게 구현할 수 있다.

1.3 속성(Property)

모든 객체에는 그 객체와 관련된 속성들이 있다. 앞서 예를 들었던 개의 경우 눈, 코, 입, 무게, 종류 등의 다양한 속성을 가지고 있다. 이러한 속성값들에 의해 다른 개와의 차별성을 가질 수 있다. 이러한 객체의 속성들을 공식적으로 속성 또는 프로퍼티라고 하는데, 자바스크립트에서 사용하는 객체 또한 이러한 객체의 속성값들을 다양하게 설정할 수 있다.
객체의 속성을 표시할 때는 객체의 이름 뒤에 마침표를 찍고, 그 뒤에 속성 이름을 표시한다. 예를 들어 개라는 객체의 이름을 dog이라고 하고, 앞서 말했던 속성의 이름을 각각 eye, nose, mouth, weight, kind 등으로 설정하였다고 가정하자. 다음과 같이 속성을 표시한다.

```
dog.eye
dog.nose
dog.mouth
dog.weight
dog.kind
```

1.4 메소드(method)

모든 객체에서는 그 객체의 속성뿐만 아니라 메소드(method)가 존재한다. 메소드란 객체의 동작 방법들을 말한다. 일반적으로 프로그래밍에서 기능을 정의하는 것은 함수이다. 메소드라는 것은 기능을 표현하는 것이므로 함수와 같은 형태를 가지고 있다. 그래서 메소드의 이름 뒤에는 ()괄호 기호가 붙는다. 그러면 메소드의 예를 들어보자. 마찬가지로 앞서 말했던 개의 동작들을 보면 짖는다, 달린다, 먹는다 등이 있다. 각각의 메소드 이름을 bark, run, eat이라고 하자. 다음과 같이 메소드를 표시한다.

```
dog.bark()
dog.run()
dog.eat()
```

자바스크립트는 수많은 객체들을 제공한다. 여러분이 자바스크립트를 배운다는 것은 자바스크립트의 객체들을 배운다고 해도 과언이 아닐 정도로 자바스크립트에서 제공하는 객체의 종류가 다양하다. 우리가 이번 장에서 배울 내용 또한 자바스크립트에서 다양하게 제공하는 객체 중에 내장 객체들에 대해 알아볼 것이다.

1.5 객체 만들기

자바스크립트에서 제공하는 객체들을 사용하기 위해서는 인스턴스(Instance)라는 것을 생성해야 한다. 자, 갑자기 이러한 개념이 나와서 당황스러울 수 있을 것이다. 우리가 얘기했던 객체에 대해 다시 생각해보자. 개라는 객체가 있는데, 이 개라는 객체는 한 마리의 개만을 말하는 걸까? 그렇지 않다. 개라는 객체는 속성과 특징을 가진 일반적인 객체이다. 개라는 객체를 Dog이라고 가정하면, 이 Dog이라는 객체를 통해서 객체의 이름을 가진 여러 개의 인스턴스를 생성할 수 있다. 객체를 하나의 틀이라고 할 수 있고, 인스턴스를 틀에 의해 만들어진 결과물이라고 할 수 있다. 일상에서 가장 흔한 예로 붕어빵을 들 수 있는데, 붕어빵 틀에 붕어빵 재료를 넣고 구우면, 수 십개의 붕어빵을 금방 찍어 낼 수 있다. 붕어빵 틀은 한 개이고, 그에 따른 결과물인 붕어빵은 여러 개가 나온다. 붕어빵 틀은 객체라고 보면 되고, 붕어빵을 인스턴스라고 생각하면 딱 맞는 개념이다. 그래서 객체는 한 개이지만, 인스턴스는 여러 개가 될 수 있다.

우리가 앞서 보았던 속성 및 메소드의 경우 Dog 객체(틀)를 통해 만들어진 인스턴스 dog을 통해 호출하는 것이다. 객체의 인스턴스를 만들 때에는 new라는 키워드를 사용한다.

```
var 인스턴스 = new 객체()
```

객체에 new 키워드를 사용하여 반환한 값이 객체이름인 인스턴스이다. Dog 객체를 예로 들어보자.

```
var dog = new Dog()
dog.bark();
dog.run()
```

new Dog()는 새로운 Dog() 객체를 만드는 것이다. 새로운 Dog() 객체가 바로 dog인데 이를 인스턴스라고 부르고, 이 인스턴스를 이용하여 객체의 속성 및 메소드를 dog.bark(), dog.run()와 같은 형태로 사용할 수 있다. 왜냐하면 객체의 속성 및 메소드는 Dog 객체 안에 정의되어 있기 때문이다. 인스턴스는 계속 여러 개를 만들 수 있기 때문에 var dog2 = new Dog() 형태로 생성이 가능하다.

2. Date 객체

2.1 Date 객체란

Date 객체는 날짜와 시간을 사용하게 해주는 내장 객체이다. 자바스크립트에서 시간과 날짜는 사용자 컴퓨터의 시간을 기준으로 하되, 그리니치 표준시(GMT)로 1970년 1월 1일 00:00:00을 기준으로 한다.

2.2 Date 객체의 사용 형태

1) Date 객체의 인스턴스 생성 형식

Date 객체의 인스턴스 생성은 new 연산자를 통해서 해주어야만 한다. 일반적인 Date 객체의 인스턴스 생성 형태는 다음과 같다.

객체의 인스턴스 생성 형태	설명
인스턴스 = new Date();	시스템의 현재 날짜를 자동으로 지정한다.
인스턴스 = new Date(연, 월, 일, 시, 분, 초, 1/1000초)	특정 날짜와 시간을 지정한다.
인스턴스 = new Date(시, 분, 초, 1/1000초)	특정 시간을 지정한다.
인스턴스 = new Date(월, 연, 일, 시, 분:초: 1/1000초)	문자열로 된 날짜와 시간을 지정한다.

[표 9-1] Date 객체의 인스턴스 생성 형태

new Date()처럼 빈 괄호로 객체를 생성하면 현재 날짜를 갖는 인스턴스가 생성되고, 괄호 안에 특정 날짜나 시간을 입력하여 객체를 생성하면 그 날짜에 대한 인스턴스가 생성된다.

2) Date 객체에서 지원하는 메소드

Date 객체에 정의된 메소드의 목록이다. 생성한 인스턴스를 통해 Date 객체의 메소드들을 사용할 수 있다.

메소드	설명
getYear()/setYear()	년도 출력/년도 입력
getMonth()/setMonth()	월(0–11) 출력/월 입력
getDate()/setDate()	일(1–31) 출력/일 입력
getDay()/setDay()	요일(0–6) 출력/요일 입력
getHours()/setHours()	시(0–23) 출력/시 입력
getMinutes()/setMinutes()	분(0–59) 출력/분 입력
getSeconds()/setSeconds()	초(0–59) 출력/초 입력
getTime()/setTime()	기준시 출력/기준시 입력
toString()	날짜와 시간을 문자열로 변환

toLocaleString()	날짜와 시간을 지역시간 문자열로 변환
toGMTString()	날짜와 시간을 GMT 문자열로 변환
getTimezoneOffset()	GMT와 지역시간의 차이를 분단위로 표시
getFullYear()/setFullYear()	년도를 4자리수로 출력/ 년도를 4자리수로 입력

[표 9-2] Date 객체의 지원 메소드

모두 날짜와 시간 관련 메소드이며 연, 월, 일, 시, 분, 초 단위로 값을 입출력 할 수도 있고, 국제 표준 형식으로 표기된 날짜를 문자열로 변환해주는 등의 기능을 제공한다. 이 메소드들을 이용하여 두 개의 예제를 작성해 보도록 하자. 첫 번째는 현재 날짜와 시간을 표시하는 메소드를 이용하여 현재 날짜와 시간을 출력하는 예제이다.

<9-1.html>

```
<html>
    <head>
        <meta charset = "utf-8"/>
        <script = "text/javascript">
            var cdate = new Date();
            document.write("오늘의 날짜는 ")
            document.write((cdate.getYear() + 1900) +"년 ");
            document.write((cdate.getMonth() + 1) +"월 ");
            document.write(cdate.getDate() +"일 <br/>");
            document.write("현재 시간은 ")
            document.write(cdate.getHours() +"시 ");
            document.write(cdate.getMinutes() +"분 ");
            document.write(cdate.getSeconds() +"초 ");
        </script>
    </head>
    <body>
    </body>
</html>
```

<실행 결과>

Date() 객체를 통해 현재 날짜와 시간을 얻어온 인스턴스 cdate를 생성하였고, 날짜의 경우는 getYear(), getMonth(), getDate() 메소드를 이용하여 년, 월, 일을 출력할 수 있다. 주의할 점은 getYear() 메소드에는 1900을 더해주어야 하고, getMonth() 메소드의 경우는 월의 반환값이 0부터 시작되므로 +1을 해주어야 한다. 시간의 경우는 각각 시, 분, 초로 나타낼 수 있고 getHours(), getMinutes(), getSeconds() 메소드를 사용한다. 크게 특이사항은 없다.

두 번째는 현재 날짜를 얻어온 객체를 이용하여 GMT 시간 출력과 Locale 형태로 출력하는 메소드를 사용하는 예제이다. GMT 시간 출력은 toGMTString() 메소드를 사용하고, Locale 형태의 출력은 toLocaleString() 메소드를 사용한다. 메소드의 이름이 매우 직관적이다.

<9-2.html>

```
<html>
    <head>
        <meta charset = "utf-8"/>
        <script = "text/javascript">
            var cdate = new Date();
            document.write("GMT 시간 출력 : ")
            document.write(cdate.toGMTString() + "<br/>");
            document.write("Locale 방식 출력 : ")
            document.write(cdate.toLocaleString());
        </script>
    </head>
    <body>
    </body>
</html>
```

<실행 결과>

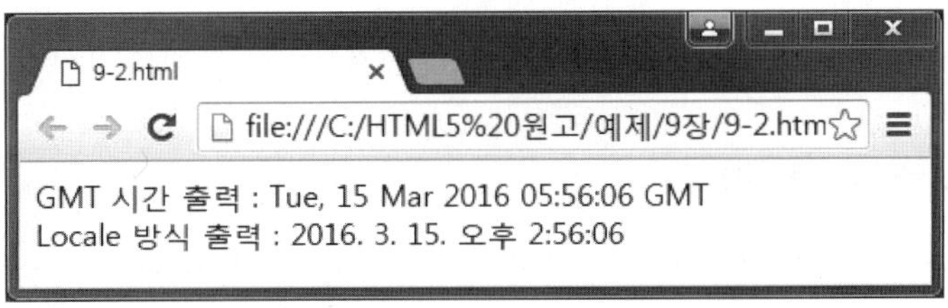

GMT(그리니치 평균시)

GMT(Greenwich Mean Time)는 천문학적인 시간계의 근거로 경도 0도인 그리니치 자오선의 평균시이다. 세계의 각 표준시는 이 시간을 기준으로 결정된다. 시간은 경도에 따라 달라지는데 그 경도가 이웃지방과 15도 차이가 날 때마다 1시간씩 차이가 난다. GMT의 시작점이 되는 지역은 영국의 런던이고, 마지막 점은 뉴질랜드의 웰링턴인데, GMT 세계 시간표를 보면 각 지역마다 30분에서 1시간 단위로 나누어 놓은 것을 볼 수 있다. 참고로 한국의 표준시는 그리니치 표준시의 기준으로 9시간 빠르다.

0:00	**GMT/LON(런던)**	**GMT+0**
1:00	PAR(파리)	GMT+1
2:00	CAI/JRS(카이로/예루살렘)	GMT+2
3:00	JED(제다)	GMT+3
3:30	THR(테헤란)	GMT+3.5
4:00	DXB(두바이)	GMT+4
4:30	KBL(카불)	GMT+4.5
5:00	KHI(카라치)	GMT+5
5:30	DEL(델리)	GMT+5.5
6:00	DAC(다카)	GMT+6
6:30	RGN(양곤)	GMT+6.5
7:00	BKK(방콕)	GMT+7
8:00	HKG(홍콩)	GMT+8
8:30	FNJ(평양)	GMT+8.5
9:00	TYO(도쿄)	GMT+9
9:30	ADL(다윈)	GMT+9.5
10:00	SYD(시드니)	GMT+10
11:00	NOU(누메아)	GMT+11
12:00	**WLG(웰링턴)**	**GMT+12**

3. String 객체

3.1 String 객체의 사용 형태

문자열은 자바스크립트 언어에서 많이 사용하는 타입이다. 우리는 앞서 "HelloWorld"와 같은 문자열을 출력할 때부터 이미 문자열을 다루고 있었다. 사실 문자열도 엄연한 객체인데, 다만 이를 객체화 형태로 사용하지 않았을 뿐이다. 그리고, 자바스크립트는 문자열 타입에 대해 문법적으로 매우 관대한 편이라 사용하기도 매우 쉽다. 사용 형태는 다음과 같다.

```
var str1 = new String("javascript");
var str2 = "javascript";
```

객체의 인스턴스를 생성할 때는 new 연산자를 사용해야 한다고 알고 있다. String 객체도 객체이므로 new 연산자를 사용하여 인스턴스를 생성하기도 하지만, new 연산자 없이 바로 " " 안에 문자열을 입력하여 대입해도 new 연산자를 통해 생성한 것과 똑같은 결과를 가져온다. 이것이 바로 문자열 사용의 자유도 중의 하나이다.

3.2 문자열의 기본 기능

1) 문자열끼리 합치기

자바스크립트에서 문자열은 더하기 연산(+)을 이용하면 문자열끼리 연결이 가능하다.

```
var str1 = '사람이 ' ;
var str2 = '아니므니다';
var result = str1 + str2;
```

2) 문자열과 다른 자료형 합치기

자바스크립트에서는 문자열에 다른 자료형(Number, Boolean, object)을 연결하고자 할 때, 다른 자료형을 문자열로 자동 형변환시켜서 연결을 수행한다.

```
var str = '은하철도 ' ;
var num = 999;
var result = str + num;
```

3) 문자열 비교하기

문자열 비교 시 문자열 대 문자열 비교가 가능하고 문자열 대 다른 자료형과의 비교도 가능하다. 다만, 다른 자료형과 비교시에는 문자열로 자동 형변환 후 비교하게 된다. 비교 연산자는 7장에서 이미 배운바 있는데, 다시 한 번 상기해보도록 하자.

```
document.write('안녕하세요?' == '안녕하세요!');
document.write('8293' == 8293);
document.write('8293' === 8293);
document.write('A' == 'a');
document.write('A' < 'B');
```

보통 '같다'와 '같지 않다'를 비교를 할 때는 '=='와 '!=' 연산자를 사용한다. 이것은 양쪽의 값을 서로 비교하는 것으로 너무나도 일반적인 연산자라서 부연 설명이 필요 없다. 그런데 자바스크립트에서는 '==='와 '!==' 연산자도 사용한다고 하였다. 이것은 값의 비교뿐만 아니라 타입까지 비교하는 엄격한 연산자라고 하였다. 잘 기억이 나지 않는다면 7장의 비교 연산자를 다시 공부하길 바란다.

문자열 비교 시 주의할 점이 있는데, 문자열은 대소문자를 구분한다는 것이다. 예를 들면 'abc'와 'ABC'는 다른 문자열로 취급한다. 또한, 숫자가 아닌 문자열끼리 대소를 비교하는 경우에는 대소의 기준을 알파벳 순으로 비교하기도 한다. 즉, 알파벳이 뒤쪽으로 갈수록 크기가 증가한다. 예를 들면 B가 A보다 큰 것이다.

문자열의 기본 기능들에 대해서 살펴보았는데, 이를 기반으로 예제를 하나 작성을 해보자.

<9-3.html>

```
<html>
    <head>
        <meta charset = "utf-8"/>
        <script = "text/javascript">
            var str1 = '사람이 ' + '아니므니다';
            var str2 = '은하철도 ' + 999;
            document.write(str1 + "<br/>");
            document.write(str2 + "<br/>");
            document.write(('안녕하세요?' == '안녕하세요!') + "<br/>");
            document.write(('8293' == 8293) + "<br/>");
            document.write(('8293' === 8293) + "<br/>");
            document.write(('A' == 'a') + "<br/>");
            document.write('A' < 'B');
        </script>
    </head>
    <body>
    </body>
</html>
```

<실행 결과>

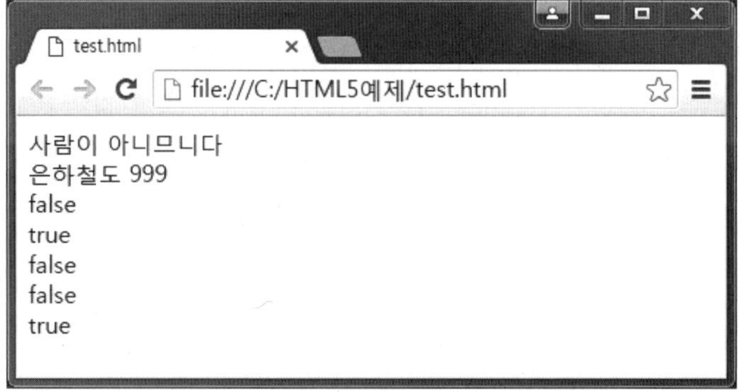

3.3 String 객체에서 지원하는 메소드

어떠한 프로그래밍 언어든 문자열 관련 제어 기능은 중요하기도 하고, 그만큼 까다롭기도 하다. 자바스크립트의 경우도 문자열 처리를 위해 제공하는 메소드 또한 다양하게 제공되고 있는데, 대신 메소드 사용법이 어렵지 않고 매우 직관적으로 제공된다. 제공되는 메소드를 기능

군으로 분류하여 살펴보도록 하겠다.

1) String 객체 위치 검색 관련 메소드

문자열의 위치를 검색하여 알아내고 변환하는 기능의 메소드이다.

메소드	설명
charAt()	지정한 위치의 문자가 무엇인지 알아낸다.
charCodeAt()	지정한 위치의 문자를 유니코드로 변환한다.
fromcharCode()	유니코드를 문자로 변환한다.
indexOf()	지정한 문자열의 첫 번째 인덱스 위치를 알아낸다.
lastIndexOf()	지정한 문자열의 마지막 인덱스 위치를 알아낸다.

[표 9-3] String 객체 위치 관련 메소드

문자열의 위치는 전체 문자열의 맨 앞을 0으로 시작하여 1, 2, 3...의 형태로 각 문자마다 인덱스가 부여된다. 인덱스를 통해서 문자열 내의 문자 위치를 파악할 수 있다. 예를 들어 다음과 같은 문자열이 있다고 하자.

하	늘	과		바	람	과		별	과		시
0	1	2	3	4	5	6	7	8	9	10	11

그림 9-1. 문자열의 인덱스

각 문자열의 인덱스가 해당 위치를 나타내는 것인데, 주의할 점은 인덱스의 시작은 0부터라는 것과 공백도 하나의 인덱스를 차지한다는 것이다. 인덱스를 이용하여 특정 위치에 어떤 문자가 있는지 알아낼 수 있다.

① charAt() 메소드

charAt() 메소드는 문자열의 해당 인덱스 위치의 문자를 반환한다. charCodeAt() 메소드도 같은 기능이지만 반환되는 문자가 유니코드로 변환된다.

문자열.charAt(인덱스)

사용법은 너무나 직관적이다. 예를 들어 인덱스가 5인 문자, 즉 문자열의 6번째 위치의 문자를 가져와보도록 하자. 그림 9-1에 의하면 '람'이라는 문자가 반환될 것으로 예상할 수 있다.

<9-4.html>

```
<html>
    <head>
        <meta charset = "utf-8"/>
        <script = "text/javascript">
            var str = '하늘과 바람과 별과 시';
            var retVal = str.charAt(5);
            document.write('retVal = ' + retVal);
        </script>
    </head>
    <body>
    </body>
</html>
```

<실행 결과>

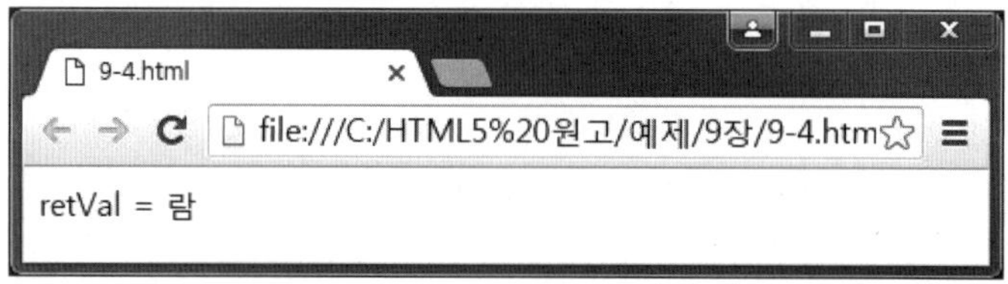

② indexOf() 메소드

indexOf() 메소드는 전달인자로 입력한 문자열의 위치를 반환한다. 몇백 페이지 되는 긴 문서를 볼 때, 문자열 키워드 검색을 통해 해당 문자열의 위치를 파악할 수 있는데, 이러한 함수를 통해 기능을 구현할 수 있다. 사용 형태는 다음과 같다.

```
문자열.indexOf(찾을 문자열)
문자열.indexOf(찾을 문자열, 시작 인덱스)
```

사용법은 두 가지인데, 첫 번째는 전달인자가 '찾을 문자열'만 있는 경우로 전체 문자열에서 찾을 문자열이 시작하는 인덱스를 반환한다. 두 번째는 전달인자가 '찾을 문자열'과 '시작 인덱스' 두 개를 가지고 있는데, 전체 문자열에서 시작 인덱스부터 시작하여 찾을 문자열을 찾아 인덱스를 반환하는 것이다. 앞에서 사용했던 문자열 "하늘과 바람과 별과 시"를 이용하여 예제를 작성해보자.

<9-5.html>

```
<html>
    <head>
        <meta charset = 'utf-8'/>
        <script = 'text/javascript'>
            var str = '하늘과 바람과 별과 시';
            var index1 = str.indexOf('늘');
            document.write('index1 = ' + index1 + '<br/>');
            var index2 = str.indexOf('과', 3);
            document.write('index2 = ' + index2);
        </script>
    </head>
    <body>
    </body>
</html>
```

<실행 결과>

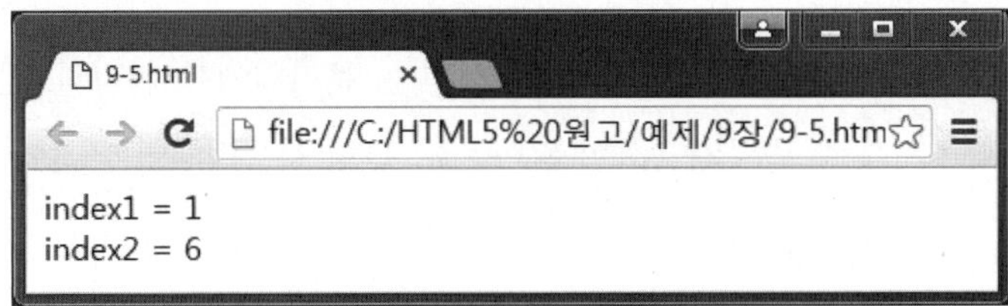

첫 번째 indexOf('늘')은 '늘'이라는 문자가 전체 문자열의 두 번째 인덱스에 존재하므로 인덱스 1을 반환한다. 두 번째 indexOf('과', 3)의 경우는 '과'라는 문자를 찾되, 인덱스 3부터 찾으라는 것이다. 문자열 전체에 '과'라는 문자가 3번 나오는데, 첫 번째 '과'는 인덱스가 2이므로 해당이 되지 않는다. 인덱스 3이후에 만나는 '과'는 두 번째 '과'인데, 인덱스가 6이다. 그러므로 6을 반환한다.

2) String 객체 추출 관련 메소드

전체 문자열에서 필요에 따라 일부 문자열만 추출할 수 있는데, 찾고자 하는 시작과 끝의 위치를 알려주기만 하면 해당 문자열을 추출할 수 있다.

메소드	설명
slice()	시작과 끝의 위치를 매개변수로 받아 문자열을 추출한다.
substring()	시작과 끝의 위치를 매개변수로 받아 문자열을 추출한다.
substr()	지정한 길이만큼 문자열을 추출한다.

[표 9-4] String 객체 추출 관련 메소드

① slice()/substring() 메소드

이 두 메소드는 사용법이 동일하므로 같이 설명을 하겠다. 두 메소드 모두 시작과 끝 인덱스를 전달인자로 받아서 그 범위에 있는 문자열을 반환한다. 사용 형태는 다음과 같다.

```
문자열.slice(시작 인덱스, 끝 인덱스)
문자열.substring(시작 인덱스, 끝 인덱스)
```

예를 들어, 앞에서 살펴본 "하늘과 바람과 별과 시"라는 문자열에서 '바람과'라는 문자열만 추출하고 싶다면, 메소드를 어떻게 사용하면 될까? 자, 앞의 사용형태와 문자열의 인덱스를 잘 생각하면서 먼저 작성해보자. '바'라는 문자가 시작되는 인덱스는 4임을 알 수 있다. 그리고, '과'라는 문자가 끝나는 인덱스는 6임을 알 수 있다. 이 때 주의할 점은 '과'라는 문자가 6이라고 끝나는 인덱스를 6으로 써주면 '과'는 출력되지 않고, '바람'만 나오게 된다. 즉, 끝 인덱스

는 끝나는 문자의 그 다음 인덱스 값을 써주어야 한다. 그래서 끝 인덱스는 7이 되어야 한다.

```
var str = '하늘과 바람과 별과 시';
str.slice(4, 7)
```

다음과 같은 형태이다.

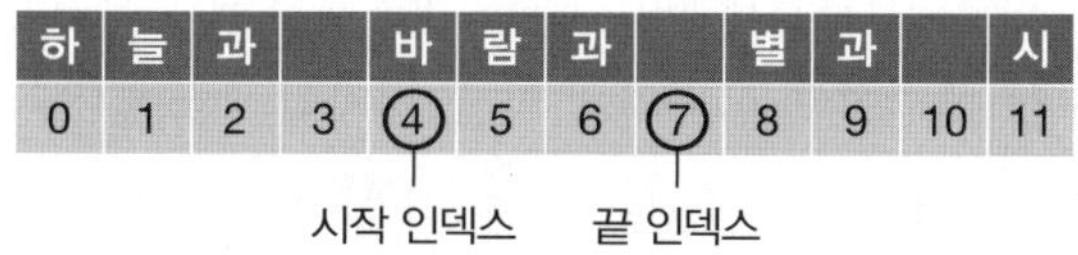

그림 9-2. 문자열 추출 인덱스

substring() 메소드도 원리 및 전달인자의 사용법이 slice() 메소드와 거의 동일하다. 다음 예제를 작성해보자.

<9-6.html>

```
<html>
    <head>
        <meta charset = "utf-8"/>
        <script = "text/javascript">
            var str = '하늘과 바람과 별과 시';
            var retSlice = str.slice(4,7);
            document.write('retSlice = ' + retSlice + '<br/>');
            var retSubstring = str.substring(8,10);
            document.write('retSubstring = ' + retSubstring);
        </script>
    </head>
    <body>
    </body>
</html>
```

<실행 결과>

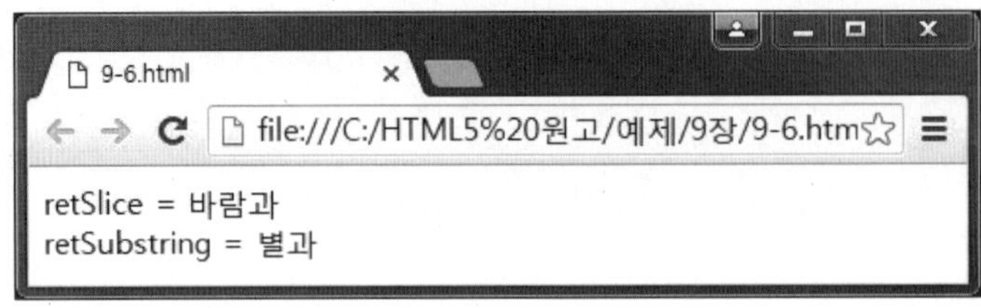

slice() 메소드와 substring() 메소드의 사용법은 거의 동일하지만 차이가 있다면 slice() 메소드는 끝 인덱스에 음수가 들어가지만, substring() 메소드의 끝 인덱스에는 음수가 들어갈 수 없다는 점이다. 끝 인덱스에 음수가 들어가게 되면, 문자열의 끝에서부터 역순으로 인덱스를 계산한다. 앞의 예제에서 끝 인덱스만 다음과 같이 변경하였다고 하자.

```
var str = '하늘과 바람과 별과 시';
str.slice(4, -5)
```

이렇게 되면, 인덱스 4부터 −5까지의 문자열을 추출하게 된다. −5의 인덱스는 어떻게 계산되는지 살펴보자.

	하	늘	과		바	람	과		별	과		시
끝점 양수	0	1	2	3	(4)	5	6	7	8	9	10	11
끝점 음수	11	10	9	8	7	6	(5)	4	3	2	1	0

시작 인덱스 끝 인덱스

그림 9-3. slice() 메소드의 끝점이 음수인 경우

끝점이 음수인 경우에는 인덱스의 시작점이 문자열의 오른쪽 끝점이 0이 되고, 왼쪽으로 갈수록 인덱스의 값이 증가하는 것으로 간주한다. 그래서 −5의 인덱스는 '과'이므로, 결과는 '바람과'가 출력될 것으로 예상할 수 있다.

<9-7.html>

```
<html>
    <head>
        <meta charset = "utf-8"/>
        <script = "text/javascript">
            var str = '하늘과 바람과 별과 시';
            var retSlice = str.slice(4,-5);
            document.write('retSlice = ' + retSlice );
        </script>
    </head>
    <body>
    </body>
</html>
```

<실행 결과>

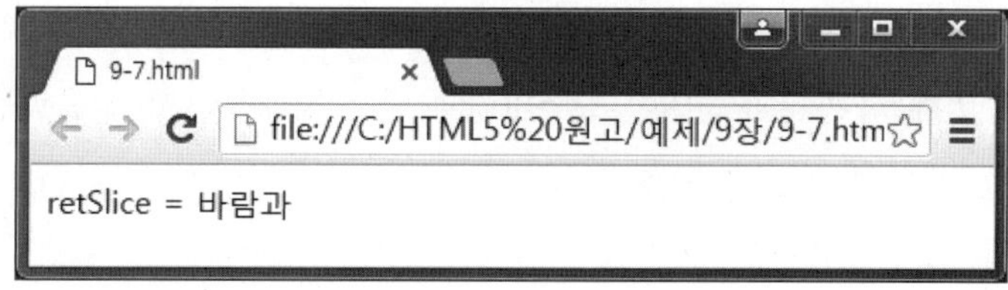

② substr() 메소드

이 메소드도 문자열을 추출하는 기능을 가지고 있는데, substring()과는 전달인자의 종류와 추출 방식이 조금 다르다. 전달인자로는 시작 인덱스와 추출 문자열의 길이를 입력 받는다. 사용 형태는 다음과 같다.

```
문자열.substr(시작 인덱스, 길이)
```

substr() 메소드는 시작 인덱스를 기준으로 입력한 길이만큼의 문자열을 추출하는 기능이다. 예를 들어 문자열을 시작 인덱스가 4이고, 길이가 6인 문자열을 추출해 보도록 하자.

```
var str = '하늘과 바람과 별과 시';
var retSub = str.substr(4,6);
```

문자열 추출의 형태는 다음과 같다.

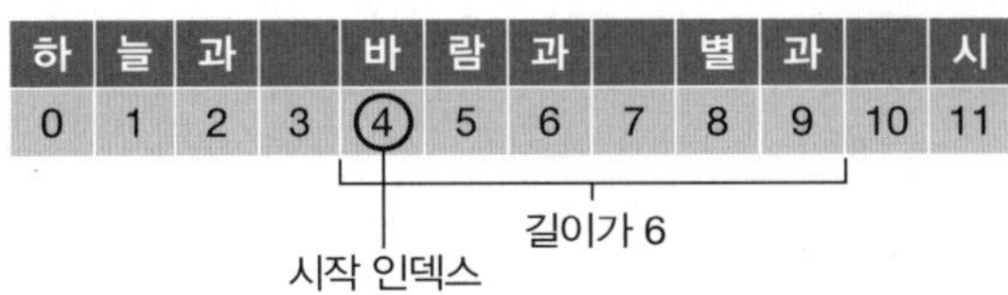

그림 9-4. substr() 메소드의 문자열 추출 형태

그림에 의거하여 결과를 예측해보면 시작 인덱스가 4이므로 '바'에서 시작하여, 문자 길이가 총 6개이므로 세 번째 '과'까지의 범위이므로 '바람과 별과' 라는 문자열이 출력될 것으로 예측할 수 있다.

<9-8.html>

```
<html>
    <head>
        <meta charset = "utf-8"/>
        <script = "text/javascript">
            var str = '하늘과 바람과 별과 시';
            var retSub = str.substr(4,6);
            document.write('retSub = ' + retSub);
        </script>
    </head>
    <body>
    </body>
</html>
```

<실행 결과>

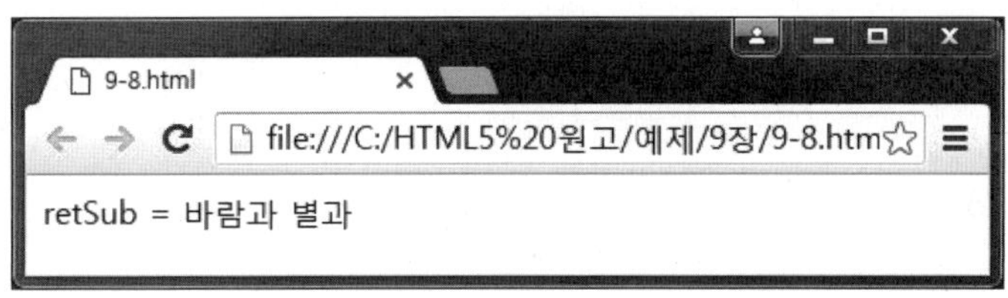

3) String 객체 폰트 관련 메소드

String 객체에는 문자열의 폰트를 설정할 수 있는 메소드들이 제공된다. 다음과 같은 종류의 메소드들이 지원된다.

메소드	설명
big()	글자의 크기를 크게 한다. 〈big〉 태그를 사용한 것과 같다.
blink()	글자를 깜박거리게 한다. 〈blink〉 태그를 사용한 것과 같다.
bold()	글자를 진하게 한다. 〈b〉 태그를 사용한 것과 같다.
fixed()	글자를 고정 너비 글꼴로 설정한다.
fontcolor()	글자의 색상을 설정한다.
fontsize()	글자의 크기를 설정한다.
italic()	글자를 이탤릭체로 설정한다. 〈i〉 태그를 사용한 것과 같다.
small()	글자의 크기를 한 단계 작게 한다. 〈small〉 태그를 사용한 것과 같다.
strike()	글자 중간을 가로지르는 선을 넣는다. 〈strike〉 태그를 사용한 것과 같다.
sub()	글자에 아래첨자를 표시한다. 〈sub〉 태그를 사용한 것과 같다.
sup()	글자에 위첨자를 표시한다. 〈sup〉 태그를 사용한 것과 같다.

[표 9-5] String 객체 폰트 관련 메소드

표 9-5에서 보았듯이 기능들의 다수가 HTML 태그와 중복되는 것을 볼 수 있다. 자바스크립트에서는 문자열 객체를 통해서도 편리하게 사용할 수 있도록 폰트 관련 메소드를 지원하고 있다. 사용 형태는 앞에서 살펴본 문자열 위치나 추출 관련 메소드들과 동일하며, 각 메소드들의 사용 방법은 예제를 통해 살펴보도록 하자.

<9-9.html>

```
<html>
    <head>
        <meta charset = "utf-8"/>
        <script = "text/javascript">
            var str = "하늘과 바람과 별과 시";
            var name = "윤동주";
            var myStr = str.fontcolor("blue");
            myStr = myStr.italics();
            myStr = myStr.fontsize(6);
            myStr = myStr.bold();
            myStr = myStr + ' ' + name.sub();
            document.write('myStr = ' + myStr);
        </script>
    </head>
    <body>
    </body>
</html>
```

<실행 결과>

fontcolor() 메소드는 글자의 색깔을 바꾸는 기능으로 전달인자로는 “red”, “blue”, “yellow”와 같이 색깔 이름을 넣어주면 문자열의 색상이 설정된다. fontsize() 메소드는 글자의 크기를 지정하는 기능으로 범위는 1부터 7까지이다. 1이 가장 작은 글자의 크기이고, 7이 가장 큰 글자의 크기이다. bold()와 italics()는 각각 글자를 굵게, 이탤릭체로 설정하는 메소드이다. 마지막으로 sub() 메소드의 경우는 아래 첨자를 표시하는 기능으로 수학에서 사용하는 다음과 같은 $\log_a^x$의 경우 a와 같은 방식이 아래 첨자 표현 방법이다.

4) String 객체 링크 관련 메소드

HTML에서 해당 문자열에 링크를 거는 경우에 〈a〉 태그를 사용했었다. 자바스크립트의 String 객체에서도 동일한 기능 및 확장된 기능의 메소드가 제공되는데, 다음과 같다.

메소드	설명
anchor()	특정 문자열에 책갈피를 지정하는 기능이다. 즉, 한 문서안에서 특정 위치로 이동할 수 있게 한다.
link()	문자열에 직접 하이퍼링크를 만드는 기능으로, 페이지 단위로 이동한다.

[표 9-6] String 객체 링크 관련 메소드

흔히 웹페이지를 보다 보면 긴 문서들이 종종 나온다. 한참 스크롤하면서 읽다 보면 다시 처음의 위치로 스크롤을 올리거나, 마지막 위치로 스크롤 내리는 것이 불편하기도 하고, 중간중간에 북마크하는 것도 쉽지 않다. 이러한 경우 anchor() 메소드 기능을 활용하면 처음과 마지막 그리고 중간에 지정한 책갈피로 빠르게 이동이 가능하다. 사실 여러분은 이미 앞의 HTML과 CSS 과정에서 같은 기능을 다룬 적이 있다. 다만 자바스크립트에서도 같은 기능이 제공된다는 것을 소개하는 것이다. 사용법은 다음과 같다. 단순히 문자열에 링크만을 만들 경우에는 link() 메소드를 사용한다.

```
문자열.link(링크주소)
```

한 문서 안에서 링크를 클릭하여 이동하는 경우에는 link() 메소드와 anchor() 메소드를 같이 사용하는데, link() 메소드를 통해 해당 링크를 걸 때 링크 주소 대신 앵커명을 사용한다. 일종의 별명과 같은 것이다. anchor()의 경우에도 link()와의 연결을 위해 같은 앵커명을 설정한다. 이 때 주의할 점은 link()에서 사용하는 앵커명 앞에는 #을 붙여주어야 한다.

```
문자열.anchor(앵커명)
문자열.link(#앵커명)
```

예제를 하나 작성해보자. 페이지에서 링크된 문자열을 클릭하면 앵커로 지정된 위치로 이동하도록 하고, 일반 링크를 통해 페이지 이동을 하는 예제이다.

<9-10.html>

```
<html>
    <head>
        <meta charset = "utf-8"/>
        <script = "text/javascript">
            var str1 = "맨 아래로 내려 갑니다.";
            document.write(str1.link("#down") + "<br/>");
            document.write("<br><br><br><br><br><br><br><br><br><b
            r>");
            var str2 = "환영합니다";
            document.write(str2.anchor("down") + "<br/>");
            document.write("잠수함 블로그입니다".link("http://blog.naver.
            com/jamsuham75"));
        </script>
    </head>
    <body>
    </body>
</html>
```

<실행 결과>

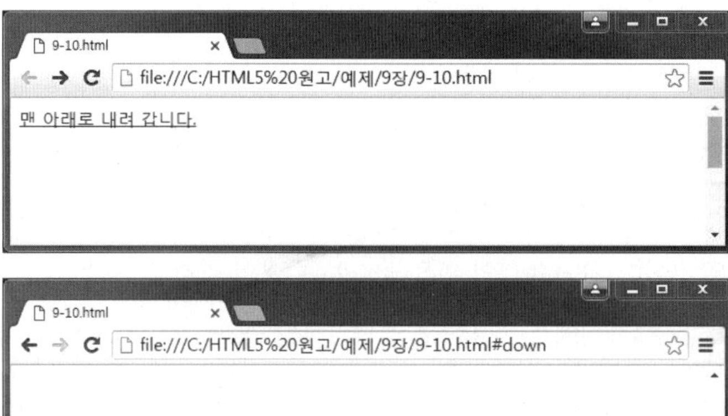

주의해서 보아야 할 부분은 link()와 anchor() 메소드에서 사용한 앵커의 이름은 'down'이고, link()의 경우 '#'을 앵커의 이름 앞에 붙였다는 점이다. 어쨌든, 앵커 이름에 의해 연결되어 있으므로 한 페이지 내에서 이동이 가능한 것이다.

4. Array 객체

배열을 사용하는 이유는 같은 타입의 변수를 여러 개 한꺼번에 선언하고자 하는 경우에 유용하게 사용할 수 있다. 그런데, 자바스크립트에서는 같은 타입이 아니어도 상관 없이 선언이 가능하고, Array와 같은 객체의 형태로 배열을 제공하고 있다.

4.1 Array 객체의 사용 형태

본격적으로 배열 객체의 사용법에 대해 알아보도록 하자. 자바스크립트에서는 Array 객체를 사용한다고 하였으므로 new 연산자를 이용한 인스턴스를 만들어야 한다.

```
인스턴스 = new Array()
인스턴스 = new Array(배열의 크기)
```

Array 객체에는 빈괄호로 선언해도 되고, 배열의 크기를 지정하여도 된다. 미리 배열의 사용처를 알고 정확하게 크기를 안다면 선언시에 배열의 크기를 지정할 수 있지만 거의 대부분은 배열을 얼마나 사용할 지 알지 못하므로, 배열의 크기를 지정하지 않고 비워놓는다. 그렇다고, 걱정할 필요는 없다. 자바스크립트에서는 배열의 크기를 지정하지 않았을지라도 배열에 초기값을 할당하면 그 개수만큼 가변적으로 배열의 크기가 늘어나기 때문이다.
예를 들어 날짜의 월을 배열로 선언해보자. 월은 총 12개월로 구성되어 있는데, 우리가 현재 배열을 고려하지 않고 변수를 선언한다면 12개의 변수를 선언해야 한다. 생각만 해도 마음이 조금 답답해진다.

```
var january;
var february;
................
var December;
```

그러나, 방금 배운 배열의 형태로 선언을 한다면 이러한 형태로 가능하다.

```
var month = new Array();
```

딱 보아도 배열로 선언한 형태가 마음이 상쾌해지는 것을 느낄 수 있다. 물론 월의 경우는 12개월로 정확히 크기가 정해져 있으므로 다음과 같이 배열의 크기를 지정하는 것이 더 정확한 선언이 될 것이다.

```
var month = new Array(12);
```

이 경우 배열이 할당된 메모리 구조는 다음과 같다.

month[0]	month[1]	month[2]	month[3]	month[4]	month[5]	month[6]	month[7]	month[8]	month[9]	month[10]	month[11]

그림 9-5. 월이 할당된 배열의 메모리 구조

총 12개의 메모리 공간이 확보되며, 인덱스는 0부터 시작한다. 배열의 각 요소를 나타낼 때는 [ ]에 인덱스(index)로 표시하는데, 나열된 순서를 나타내는 것이다. 그래서 배열의 각 요소가 하나의 변수와 같으며, 배열의 각 요소에 값을 할당할 수 있다. 다음은 초기값을 할당한 형태이다.

```
month[0] = 1;
month[1] = 2;
month[2] = 3;
............................
month[10] = 11;
month[11] = 12;
```

이렇게 되면 12개의 메모리 공간에 각각 1, 2, 3...11, 12 등의 값이 할당되어 있는 것이다. 그런데, 꼭 이렇게 초기값을 할당하지 않고, 배열을 선언과 동시에 초기화할 수도 있다.

```
var month = new Array(1,2,3,4,5,6,7,8,9,10,11,,12);
```

다음은 배열을 선언과 동시에 초기값을 할당하고, 그 중에 원하는 배열의 요소를 출력하는 형태의 예제를 작성해보자.

<9-11.html>

```
<html>
    <head>
        <meta charset = "utf-8"/>
        <script = "text/javascript">
            var month = new Array(1,2,3,4,5,6,7,8,9,10,11,12);

            document.write(month[0] + '월' + '<br/>');
            document.write(month[5] + '월' + '<br/>');
            document.write(month[10] + '월' + '<br/>');
        </script>
    </head>
    <body>
    </body>
</html>
```

<실행 결과>

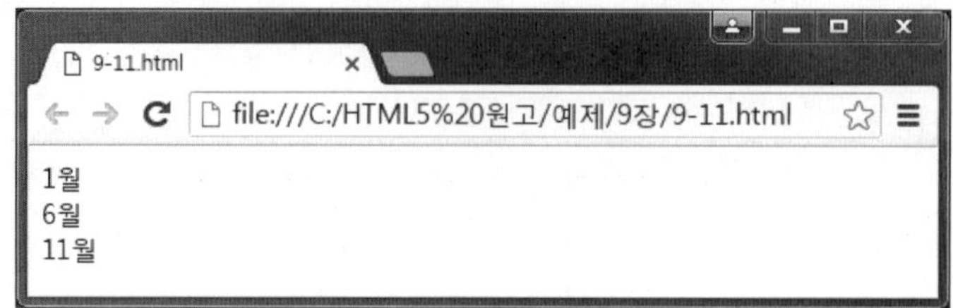

4.2 Array 객체의 지원 속성 및 메소드

자바스크립트에서 배열을 사용하는 기본적인 형태에 대해서는 알아보았다. 이번에는 배열 객체인 Array에서 지원하는 속성 및 메소드에는 어떤 것들이 있는지, 이러한 메소드들을 통해 배열이 어떻게 더 효과적으로 활용되는지 살펴보도록 하자. 다음은 Array 객체의 메소드들이다.

메소드	설명
concat()	두 배열을 합쳐서 하나의 배열로 만든다.
join()	배열의 요소를 연결하여 문자열로 만든다.
reverse()	배열 요소의 순서를 역순으로 변경한다.
slice()	배열을 나눈다.
sort()	배열의 요소를 정렬한다.

[표 9-7] Array 객체의 메소드

1) 배열의 길이 구하기

배열의 길이는 배열 선언시 할당하는 경우에는 알지만, 만약 배열 선언시 할당하지 않은 경우에는 알 수가 없다. 왜냐하면 초기값을 얼마나 할당하느냐에 따라서 배열의 길이는 가변적으로 변하기 때문이다. 이 때 Array 객체에서는 배열의 길이를 얻어올 수 있는 속성이 제공되는데, 바로 length이다. 사용 형태는 다음과 같다.

```
var month = new Array();
var size = month.length;
```

Array 객체를 통해 생성한 인스턴스 month는 length 속성을 사용하면 배열의 길이를 구할 수 있다. 예제 9-11.html에서는 전체 배열의 요소 중에 3개의 값만 출력하였다. 만약 12개의 값을 모두 출력하고자 한다면 어떻게 하겠는가? 단순하게 생각하면 document.write를 12번 사용하여 예제와 같이 출력하면 될 것이다. 하지만, 우리는 앞서 반복문이라는 구문을 배운 적이 있다. 반복문을 사용하되, 배열의 길이를 알면 그 크기만큼 반복을 하여 배열의 요소를 출력하면 된다. 다음과 같이 예제를 작성해보자.

<9-12.html>

```
<html>
    <head>
        <meta charset = "utf-8"/>
        <script = "text/javascript">
            var month = new Array(1,2,3,4,5,6,7,8,9,10,11,12);

            for(var i = 0; i < month.length; i++)
                document.write(month[i] + "월" + " ");
        </script>
    </head>
    <body>
    </body>
</html>
```

<실행 결과>

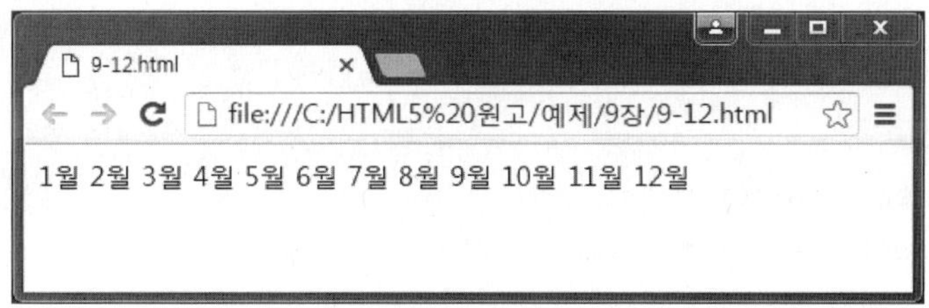

각 배열 요소에는 1부터 12까지의 값이 할당되어 있는데, 각 배열 요소의 값을 출력하고자 한다면 month[0]....month[11]까지의 값을 출력하면 된다. 이 때 반복되는 형태의 명령을 간단

하게 처리할 수 있는 것이 바로 반복문이므로 for문을 사용하여 반복 처리하도록 하였다. 반복문은 어느 조건이 만족하는 동안 반복하는 것이고, 조건이 만족하지 않는 경우 반복을 빠져나간다. 예제의 경우는 배열의 길이까지만 출력하면 되므로 반복 조건은 배열의 길이보다 작으면 된다. 그래서 반복 조건에 배열의 길이인 month.length를 사용하였다. 길이, 즉 month.length는 값이 12이므로 i값은 0부터 11까지, 즉 12번을 반복하게 된다.

2) concat() 메소드

배열을 사용하다 보면 각각의 배열을 하나로 합치고 싶을 때가 있다. 그런 경우에 concat() 메소드를 사용하면 간단하게 배열을 합칠 수 있다. 사용 방법은 다음과 같다.

```
var 배열명3 = 배열명1.concat(배열명2);
```

합칠 두 배열은 '배열명1'과 '배열명2'이고, 두 배열을 합치게 되면 '배열명3'에 합쳐진 형태로 새로운 배열이 생성된다. 이 때 주의할 점은 두 배열이 합쳐지는 순서이다. 배열명1.concat(배열명2)의 경우는 '배열명1 + 배열명2'의 형태로 합쳐지게 되고, 반대로 배열명2.concat(배열명1)의 경우는 '배열명2 + 배열명1'의 형태로 합쳐지게 된다. 다음과 같이 예제를 작성해보자.

<9-13.html>

```
<html>
    <head>
        <meta charset = "utf-8"/>
        <script = "text/javascript">
            var major = new Array("컴퓨터공학", "전자공학", "제어계측학");
            var minor = new Array("국문학", "영문학", "경영학");
            var total = major.concat(minor);
            document.write("전공/부전공 리스트 : " + total);
        </script>
    </head>
    <body>
```

```
    </body>
</html>
```

<실행 결과>

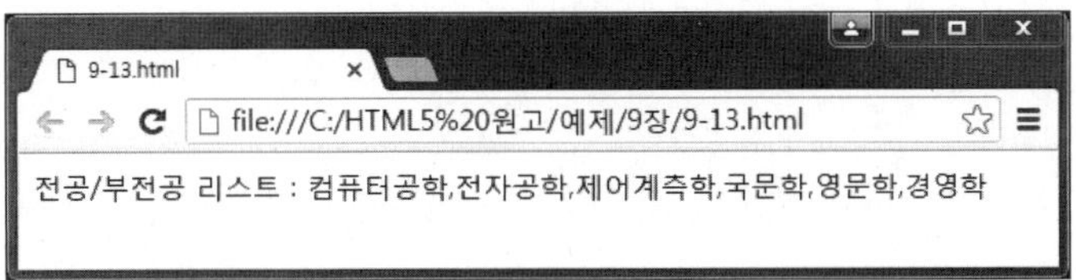

각각 배열 major와 minor를 선언 및 초기화를 하고, concat() 메소드로 두 배열을 합하였다. concat() 메소드 사용시, major가 먼저 나오고, minor가 후에 나오므로 합쳐진 순서는 major + minor 순이다.

3) join() 메소드

이 메소드는 배열의 모든 원소를 문자열로 변환하고 이어 붙여서 반환하는 기능을 한다. 앞에서도 언급했지만, 자바스크립트의 배열은 같은 타입이 아니더라도 하나의 배열을 형성할 수 있다는 특징이 있다. 이러한 특징 때문에 join() 메소드도 사용이 가능한 것이다. 숫자든 문자든 어떤 타입을 막론하고, join() 메소드를 사용하게 되면 모두 문자열로 변환되고, join() 메소드의 전달인자로 구분자를 넣어주게 되면, 배열 요소간의 구분을 전달한 구분자로 구분하게 된다. 사용 형태는 다음과 같다.

```
var 배열명2 = 배열명1.join(구분자)
```

배열명1의 배열 요소값은 문자이든, 숫자이든 상관 없이 join() 메소드를 만나면 모두 문자열로 변환된다. 이 때 join() 메소드의 구분자는 있어도 되고, 없어도 상관 없는데, 구분자가 있는 경우에는 배열의 요소의 구분을 구분자를 통해서 한다. 다음 예제를 작성해보자.

<9-14.html>

```
<html>
    <head>
        <meta charset = "utf-8"/>
        <script = "text/javascript">
            var subject = new Array("국어",100," 영어",90," 수학",80);
            var total = subject.join('/');
            document.write("과목 점수 : " + total);
        </script>
    </head>
    <body>
    </body>
</html>
```

<실행 결과>

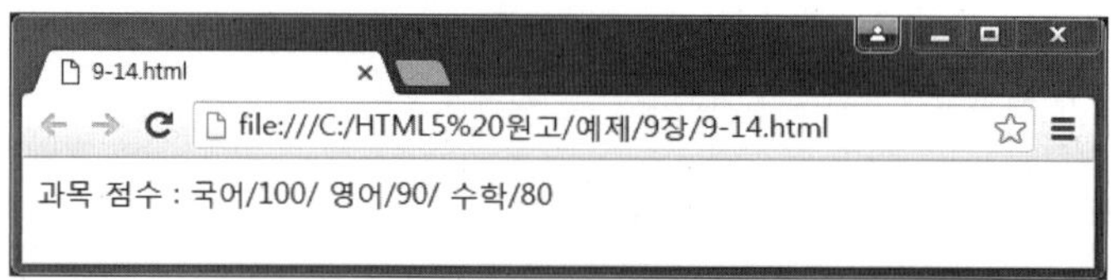

subject 배열의 요소들을 보면 문자열과 숫자형이 하나 건너로 공존하고 있는 것을 볼 수 있다. 이 때, join('/') 메소드를 사용함으로써 모든 배열의 요소값들은 문자열로 변환되고, 구분자 '/'가 join()의 전달인자이므로 배열을 출력시 각 배열 요소간의 구분은 '/'으로 구분되는 것을 확인할 수 있다.

4) reverse() 메소드

reverse라는 용어 자체가 사전적 의미로 '뒤집다'는 뜻이다. 의미 그대로 배열을 뒤집는 기능을 하는 메소드이다. 즉, 배열의 순서를 역순으로 바꾸어 준다. 사용 형태는 다음과 같다.

```
var 배열명2 = 배열명1.reverse()
```

우리가 앞서 작성했던 예제 9-12.html을 이용하여 예제를 작성해보자. 앞에서 우리는 1월부터 12월까지의 월수를 배열로 저장하였고, 저장한 배열의 요소를 for 반복문을 통해서 출력하였다. 이번에 우리가 할 것은 이 예제를 기반으로 역순으로 출력하는 코드를 추가하고자 한다.

<9-15.html>

```
<html>
    <head>
        <meta charset = "utf-8"/>
        <script = "text/javascript">
            var month = new Array(1,2,3,4,5,6,7,8,9,10,11,12);

            for(var i = 0; i < month.length; i++)
                document.write(month[i] + "월" + " ");
            document.write("<br/>");
            var reverseMonth = month.reverse();
            for(var i = 0; i < reverseMonth.length; i++)
                document.write(reverseMonth[i] + "월" + " ");
        </script>
    </head>
    <body>
    </body>
</html>
```

<실행 결과>

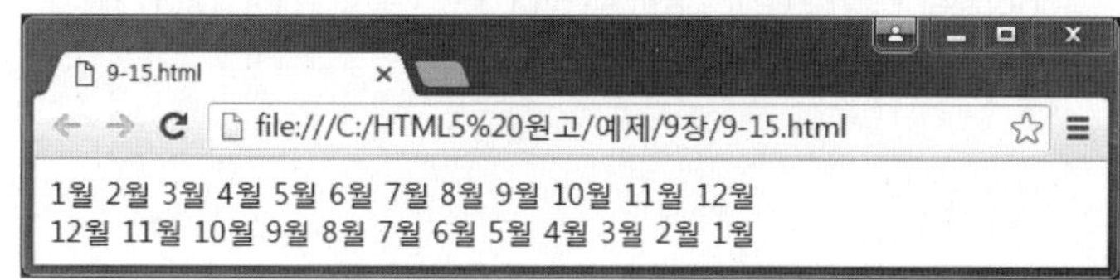

배열 month를 reverse() 메소드를 이용하여 역순으로 변경하고, reverseMonth 배열에 대입하였다. 역순으로 바뀐 배열 reverseMonth를 반복문을 통해 출력하면 역순으로 출력되는 것을 확인할 수 있다.

5) slice() 메소드

String 객체의 slice() 메소드와 동일한 기능을 가지고 있다. 배열에서도 지원되는 메소드로 시작 인덱스와 끝 인덱스를 알면 그 사이의 요소들만 추출하는 기능이다. 사용 형태는 다음과 같다.

```
var 배열명2 = 배열명1.slice(시작 인덱스, 끝 인덱스)
```

주의할 점은 끝 인덱스는 자신은 포함하지 않는다는 것이다. 문자열의 slice()에서도 주의할 사항으로 언급한 적이 있다. slice(4, 6)이라고 한다면 시작 인덱스 4의 요소는 포함하고, 끝 인덱스 6의 요소는 포함이 안된다. 즉, 추출되는 요소는 4, 5까지라는 말이다. 다음 예제를 작성해보자.

<9-16.html>

```
<html>
    <head>
        <meta charset = "utf-8"/>
        <script = "text/javascript">
            var alphabet = new Array("A", "B", "C", "D", "E", "F",
            "G");
            var partAlpha = alphabet.slice(2,5);
            document.write("partAlpha = " + partAlpha);
        </script>
    </head>
    <body>
    </body>
</html>
```

<실행 결과>

9-16.html

file:///C:/HTML5%20원고/예제/9장/9-16.html

partAlpha = C,D,E

알파벳 A부터 G까지의 문자를 요소로 갖는 배열이 있다. 이 배열의 2번 인덱스부터 5번 인덱스까지의 문자를 추출한 것이다. 2번 인덱스는 세 번째 인덱스를 말한다. 즉, 'C'를 나타내고, 5번 인덱스는 여섯 번째 인덱스를 말하지만 포함되지 않고 그 전 인덱스까지만 포함되므로 4번 인덱스인 'E'를 나타낸다. 그래서 출력은 'C,D,E'가 나온다.

6) sort() 메소드

Array객체에는 정렬해주는 기능도 포함되어 있는데, 바로 sort() 메소드이다. 사용 형태는 다음과 같다.

```
var 배열명2 = 배열명1.sort()
```

별도의 전달인자 없이 호출하면 문자인 경우 배열 안의 요소들은 알파벳 순으로 정렬되고, 알파벳 순서가 아닌 다른 순서로 배열을 정렬하려면 전달인자를 통해 비교 함수를 직접 작성해야 한다. sort() 메소드가 제공하는 알파벳 순의 기본 정렬의 기능을 작성하고, 이에 더하여 배열의 요소가 숫자인 경우 오름차순으로 정렬하도록 하는 비교 함수를 작성해 보도록 하자.

<9-17.html>

```
<html>
    <head>
        <meta charset = "utf-8"/>
        <script = "text/javascript">
            var alphabet = new Array("D", "Y", "M", "A", "F", "C",
            "K");
            var num = new Array(12,5,7,4,8,3,2,1,9,10,11,6);
            var sortAlpha = alphabet.sort();
            document.write("sortAlpha = " + sortAlpha + "<br/>");
            var sortNum = num.sort(function(left, right){
                return left - right;
            });
```

```
                document.write("오름차순 = " + sortNum);
            </script>
        </head>
        <body>
        </body>
    </html>
```

<실행 결과>

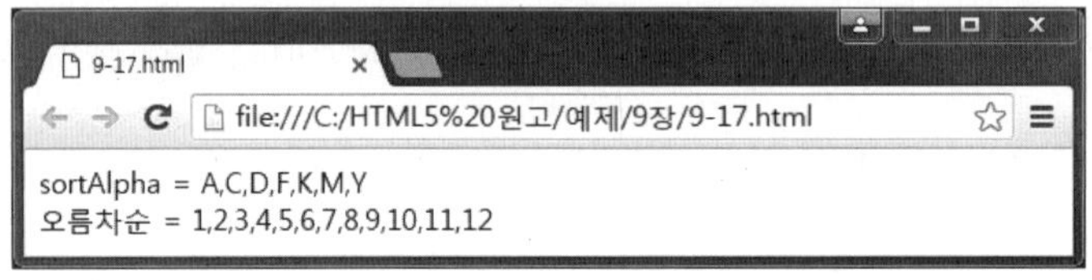

배열의 요소가 문자인 경우는 sort() 메소드의 기능이 알파벳 순이므로 출력 결과가 어렵지 않을 것이다. 그런데, 숫자형의 경우 sort() 메소드 내에 함수를 정의한 것을 보면 각각 두 배열의 요소의 차를 반환함으로써 비교를 하고 있다. 첫 번째 요소가 두 번째보다 먼저 나타나야 한다면 반환값은 0보다 작은 음수값을 반환해야 한다. 그렇게 함으로써 오름차순으로 정렬하였다.

5. Function 객체

5.1 Function 객체의 개념

Function은 함수를 의미하는데 함수를 객체처럼 사용할 수 있다는 말이다. C언어의 함수 포인터와 비슷한 개념이다. 물론 C언어를 배우지 않아서 함수 포인터가 무엇인지 몰라도 전혀 걱정할 것은 없다. 쉽게 말하면 사용자가 정의한 함수를 마치 변수처럼 사용할 수 있다는 말이다. C언어에서는 함수의 주소값을 넘긴다라고 말한다. 물론, 개념이 비슷하다고 하지만 사용법은 자바스크립트가 훨씬 간단하고 자유롭다. 정리하면, 자바스크립트에서의 함수는 하나의 객체라고 생각하면 이해가 될 것이다.

5.2 Function 객체의 사용 형태

Function 객체를 사용하는 형태는 다음과 같다.

```
var func = new Function(전달인자1, 전달인자2, ...., 계산식);
```

new 연산자를 사용하여 Function 객체의 인스턴스 func를 생성하는데, 이 때, Function 객체에는 여러 개의 전달인자를 대입할 수 있고, 마지막 전달인자에는 계산식이 들어간다. 언뜻 이 형태가 눈에 확 들어오지도 않고, 이해가 가지 않을 것이다. 자, 우리가 지금 배우고 있는 주제가 무엇인가? 함수이다. 지금 Function 객체의 형태를 유심히 보면 마치 함수의 형태와 비슷하다. 예를 하나 들어보자. 앞서 7장의 함수를 배우면서 두 수를 입력 받아 그 합을 구하고 반환하는 myAdd라는 함수를 구현한 적이 있다. 이 함수를 Function 객체를 이용하여 구현해보자. myAdd 함수의 형태는 다음과 같다.

```
function myAdd(x, y)
{
    var hap = x + y;
    return hap;
}
```

이 함수를 Function 객체를 사용한 형태로 변경하면 다음과 같다.

```
var myAdd = new Function('x, y', 'return(x + y)');
```

이 코드를 보면 Function 객체를 new 연산자를 통해 myAdd라는 인스턴스를 생성하였으므로 함수가 객체라는 사실이 분명하다. 그리고, Function 객체의 전달인자를 보면 입력할 변수 x와 y를 전달하고, 마지막 전달인자에는 이 두 수 x와 y를 더하여 반환하고 있다. 이 때, 주의할 점은 입력할 전달인자와 반환할 전달인자를 구분하기 위해 작은 따옴표 ' '를 사용하고 있다는 것이다.

다음 Function 사용 예제를 작성해보자.

<9-18.html>

```
<html>
    <head>
        <meta charset = "utf-8"/>
        <script = "text/javascript">
            var myAdd = new Function('x, y', 'return(x + y)');
            document.write("result = " + myAdd(1,2));
        </script>
    </head>
    <body>
    </body>
</html>
```

<실행 결과>

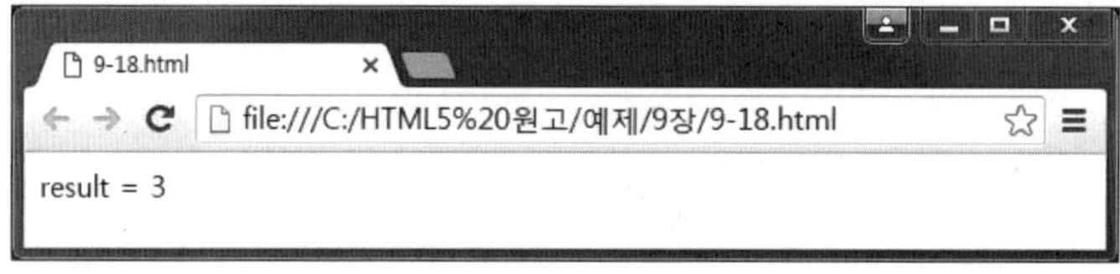

6. Number 객체

6.1 Number 객체의 개념

7장에서 데이터 타입을 공부하면서 Number라는 타입을 이미 본 적이 있다. 이를 숫자형이라고 하였고, 크게 정수와 실수 두 가지 형태가 있다고 하였다. 지금까지 자바스크립트를 코딩하면서 숫자를 사용하는데 전혀 불편함이 없었다. 그런데 굳이 숫자형을 객체 형태로 만들어 오히려 더 불편함을 초래할 필요가 있을까 하는 의문이 들 것이다. 그렇다. 일반 숫자형만을 사용할 때는 이 Number 객체를 사용할 필요는 없다. 다만, 이 객체의 사용이 필요한 경우는 Number 객체에서 제공하는 속성을 사용해야 할 경우나 문자열을 숫자로 형변환 해야 하는 경우 등에 사용한다.

6.2 Number 객체의 사용 형태

Number 객체의 경우도 인스턴스 생성시 new 연산자를 사용한다. 사용 형태는 다음과 같다.

```
var objNum = new Number("1234");
```

Number 객체의 전달인자인 " " 안에는 숫자만 들어와야 하고, 그 외의 문자가 들어가면 수가 아니라는 표시의 NaN이 출력된다. 예제를 하나 작성해보자. 문자열 변수 두 개와 숫자형 변수 1개 그리고 Number 객체를 통해 생성한 인스턴스 1개를 각각 생성하고, 각 변수를 연산 및 출력시 어떤 결과가 나오는지 확인해 보도록 하자.

<9-19.html>

```
<html>
    <head>
        <meta charset = "utf-8"/>
        <script = "text/javascript">
            var str1 = "8293";
            var str2 = "abc";
            var objNum = new Number("1234");
            var num = 1234;
            document.write('문자열 + 숫자형 : ' + (str1 + num) + '<br/>');
            document.write('objNum + 숫자형 : ' + (objNum + num) +
            '<br/>');
            document.write('Number객체(숫자) : ' + Number(str1) + '<br/>');
            document.write('Number객체(문자) : ' + Number(str2));
        </script>
    </head>
    <body>
    </body>
</html>
```

<실행 결과>

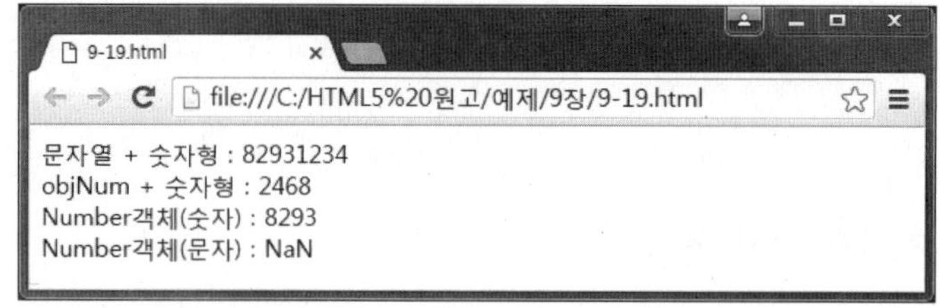

첫 번째는 문자열 str1과 숫자형 num을 더한 결과이다. 이 경우는 정수인 num이 문자열로 자동 형변환되어 문자열이 붙어서 '82931234'로 출력되는 것을 확인할 수 있다. 두 번째는 objNum 인스턴스와 num의 합인데, 두 수 모두 숫자형이므로 두 수의 합인 '2468'이 출력된다. 세 번째는 전달인자가 숫자형인 Number의 객체인데, 이는 문자열이 숫자형으로 형변환되어 숫자로 표시된다. 네 번째는 전달인자가 문자형인 Number의 객체인데, 이 객체는 숫자형만 형변환할 수 있으므로 숫자가 아니라는 NaN이라는 표시를 한다.

이번에는 Number 객체에서 제공하는 속성에 대해 알아보도록 하겠다.

속성	설명
MAX_VALUE	자바스크립트에서 표현할 수 있는 최댓값이다.
MIN_VALUE	자바스크립트에서 표현할 수 있는 최솟값이다.
NaN	Not a Number(숫자가 아니다.)
NEGATIVE_INFINITY	음의 무한대이다.
POSITIVE_INFINITY	양의 무한대이다.

[표 9-8] Number 객체 속성

속성 사용 방법은 다음과 같다.

```
Number.MAX_VALUE
Number.MIN_VALUE
Number.NaN
Number.NEGATIVE_INFINITY
Number.POSITIVE _VALUE
```

사용시 주의할 점은 인스턴스로 속성을 사용하는 것이 아니라 Number 객체로 속성을 사용한다는 점이다. 속성을 이용한 예제를 작성해보자.

<9-20.html>

```
<html>
    <head>
        <meta charset = "utf-8"/>
        <script = "text/javascript">
            document.write('최대값: ' + (Number.MAX_VALUE) + '<br/>');
            document.write('최소값: ' + (Number.MIN_VALUE) + '<br/>');
            document.write('수가 아니다: ' + (Number.NaN) + '<br/>');
            document.write('음의 무한대: ' + (Number.NEGATIVE_INFINITY)
            + '<br/>');
            document.write('양의 무한대: ' + (Number.POSITIVE_INFINITY)
            + '<br/>');
        </script>
    </head>
    <body>
    </body>
</html>
```

<실행 결과>

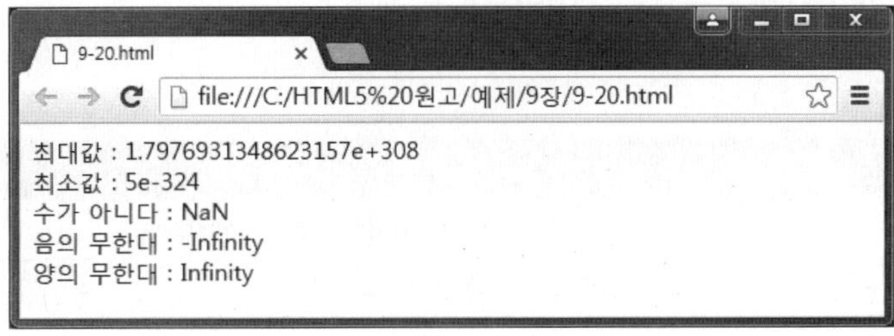

결과를 보면 최댓값은 자바스크립트에서 표현할 수 있는 가장 최대수를 표현한 것이고, 최솟값은 자바스크립트에서 표현할 수 있는 가장 최소수를 표현한 것이다. 수가 아닌 경우에는 NaN을 표시하고, 음의 무한대는 −Infinity, 양의 무한대는 Infinity라고 표시된다.

7. Math 객체

7.1 Math 객체의 사용 형태

Math 객체는 수학적인 계산과 관련된 지원을 하는 객체이다. 예를 들면 PI(3.14)나 제곱근 구하는 메소드인 sqrt() 그리고 삼각함수인 sin(), cos() 등과 같은 메소드들이 대표적이다. 사용 방법은 다음과 같다.

```
Math.속성
Math.메소드()
```

Math 객체는 별도의 인스턴스를 생성하지 않고, 바로 Math 객체를 통해 사용한다.

7.2 Math 객체의 지원 속성 및 메소드

Math 객체에서 지원하는 속성 및 메소드들 중에 주로 사용되는 것들만 살펴보도록 하자.

1) 속성

Math 객체의 지원 속성을 살펴보도록 하자.

속성	설명
E	자연로그 밑에 사용하는 오일러 상수이다.
PI	원주율을 나타낸다.
LN2	2의 자연로그이다.
LN10	10의 자연로그이다.
SQRT2	2의 제곱근이다.
SQRT1_2	1/2의 제곱근이다.

[표 9-9] Math 객체 속성

2) 메소드

Math 객체의 지원 메소드를 살펴보도록 하자.

메소드	설명
abs(x)	전달인자의 절대값을 반환한다.
acos(x)	arc 코사인값을 반환한다.
asin(x)	arc 사인값을 반환한다.
atan(x)	arc 탄젠트값을 반환한다.
atan2(x,y)	arc 탄젠트값을 반환한다.
ceil(x)	전달인자의 소수부분을 올린다.
cos(x)	코사인 함수이다.
exp(x)	지수함수이다.
floor()	전달인자의 소수 부분을 버린다.
log(x)	로그함수이다.
max(x,y)	두 전달인자 중 최댓값을 반환한다.
min(x,y)	두 전달인자 중 최솟값을 반환한다.
pow(x,y)	전달인자의 지수값을 반환한다.
random()	0과 1사이의 무작위 수를 반환한다.
round(x)	전달인자의 소수점 이하 부분을 반환한다.
sin(x)	사인값을 반환한다.
sqrt(x)	전달인자에 대한 제곱근을 반환한다.
tan(x)	탄젠트값을 반환한다.

[표 9-10] Math 객체 메소드

Math 객체의 속성과 메소드를 사용한 간단한 예제를 작성해보도록 하자.

<9-21.html>

```
<html>
    <head>
        <meta charset = "utf-8"/>
        <script = "text/javascript">
            document.write('Math.E : ' + (Math.E) + '<br/>');
```

```
            document.write('Math.PI : ' + (Math.PI) + '<br/>');
            document.write('Math.LN2 : ' + (Math.LN2) + '<br/>');
            document.write('Math.LN10 : ' + (Math.LN10) + '<br/>');
            document.write('Math.SQRT2 : ' + (Math.SQRT2) + '<br/>');
            document.write('Math.SQRT1_2 : ' + (Math.SQRT1_2) +
            '<br/>');
            document.write('Math.max(10,5) : ' + (Math.max(10,5)) +
            '<br/>');
            document.write('Math.min(10,5) : ' + (Math.min(10,5)) +
            '<br/>');
            document.write('Math.abs(-5) : ' + (Math.abs(-5)) +
            '<br/>');
            document.write('Math.pow(2,3) : ' + (Math.pow(2,3)) +
            '<br/>');
            document.write('Math.random() : ' + (Math.random()) +
            '<br/>');
            document.write('Math.floor(3.8) : ' + (Math.floor(3.8)) +
            '<br/>');
        </script>
    </head>
    <body>
    </body>
</html>
```

<실행 결과>

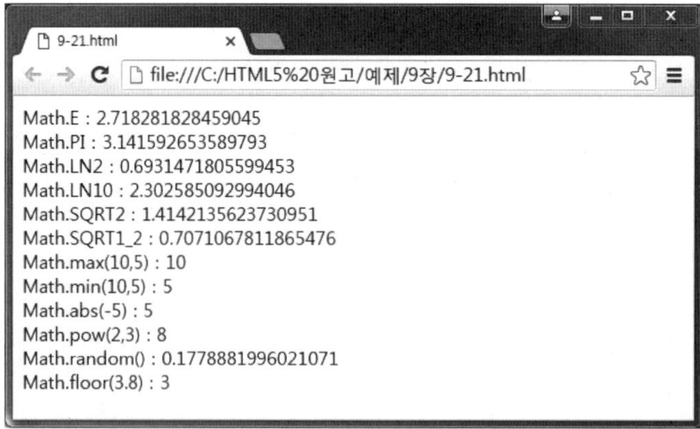

Chapter

10 윈도우 객체

발견은 준비된 사람이 맞닥뜨린 우연이다.
– 알버트 센트 디외르디 –

어느 조직이든 서열이 존재한다. 자바스크립트의 객체 사회에서도 서열이 존재하는데 window라는 객체가 전체를 총괄하는 대장 역할을 하는 객체이다. 물론 가장 상위의 서열이다 보니 그 하위로 파생되는 객체들이 있기 마련이다. 이번 시간에는 자바스크립트의 최상위인 window 객체에 대해 알아보도록 하자.

1. window 객체

window 객체는 객체의 계층 구조에서 최상위에 존재하며 자바스크립트의 기본 객체이기도 하다. 전역 객체이면서 윈도우나 프레임을 의미한다. window 객체를 기점으로 해서 document 객체, navigator 객체, Object 객체와 같은 하위 객체들이 갈라져 나온다. 대표적인 기능으로는 윈도우 열기, 윈도우 닫기, 윈도우 크기 조절 등 윈도우를 제어하는 다양한 작업을 할 수 있다.

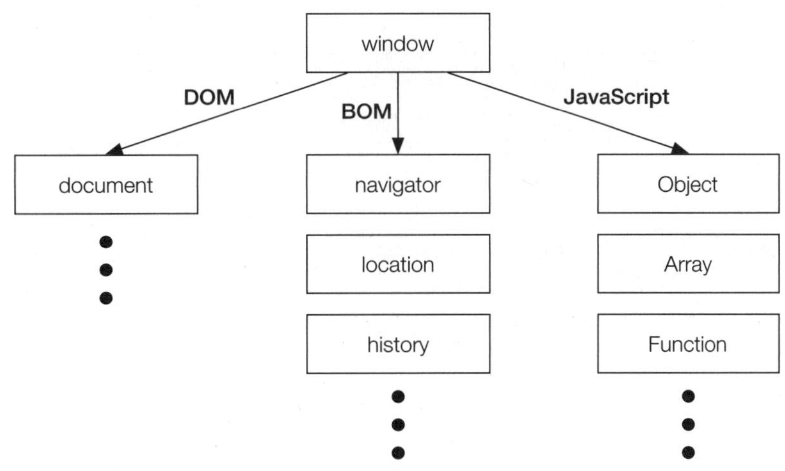

그림 10-1. window 객체의 계층 구조

우리가 앞서 사용했던 자바스크립트 함수 중에 alert()와 같이 객체의 참조 없이 사용했던 메소드들은 엄밀하게 따지면 window.alert()와 같이 사용해야 하지만 window 객체는 전역 객체이므로 보통 생략하고 사용한다. 그 하위 객체인 document, navigator, location 등의 메소드를 사용시에도 계층 구조에 맞게 window.document.write()와 같이 사용해야 하지만 보통은 window를 생략하고, document.write()라고 사용한다. 자바스크립트 객체 사용시 전역객체 window가 생략되어 있다는 점을 명심하도록 하자.

2. window 객체 속성

먼저, window 객체의 요소 중에 속성을 살펴보도록 하자. 윈도우 객체 속성의 종류는 다음과 같다.

속성	설명
classes	문서 안에 삽입된 class 정보들을 저장한다.
closed	브라우저 창의 닫혀 있는 상태를 나타낸다.
defaultStatus	브라우저 상태바에서 기본값을 설정한다.
document	현재 윈도우의 document 객체를 반환한다.
frames	윈도우에 사용된 프레임 정보를 저장한다.
history	현재 윈도우의 history 객체를 반환한다.
length	부모 창의 프레임 개수를 설정한다.
location	현재 윈도우의 location 객체를 반환한다.
name	윈도우의 이름을 지정한다.
opener	open()으로 열어준 부모 창을 나타낸다.
parent	부모창을 선택한다.
scrollbar	윈도우의 스크롤바
self	자기 자신의 윈도우이다.
status	브라우저의 상태바에 문자열을 출력하는 경우 사용한다.
statusbar	윈도우의 상태바를 나타낸다.
top	최상위 윈도우를 선택한다.
toolbar	윈도우의 툴바를 나타낸다.

[표 10-1] window 객체 속성

window 객체 속성 중에 defaultStatus 속성을 이용하여 상태바에 메시지를 출력하는 예제를 작성해보자.

<10-1.html>

```
<html>
    <head>
        <meta charset = "utf-8"/>
    </head>
    <body>
        <script = "text/javascript">
            function viewStatus()
            {
                defaultStatus = "상태 표시줄에 메시지를 표시합니다.";
            }
        </script>
        <button onclick="viewStatus()">상태바 메시지</button><p>
    </body>
</html>
```

<실행 결과>

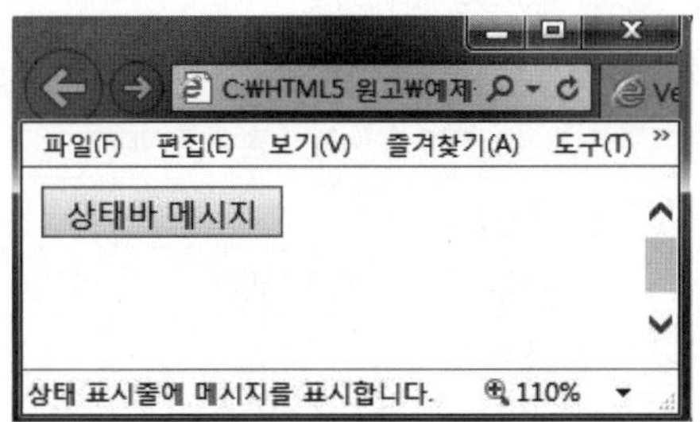

'상태바 메시지' 버튼을 클릭하면 viewStatus() 함수가 호출되고, defaultStatus 속성에 의해서 "상태 표시줄에 메시지를 표시합니다."라는 문자열이 출력된다. 속성 자체로는 기능보다는 설정의 의미이므로 가시적으로 보여줄 수 있는 것이 많지 않다.

3. window 객체 메소드

이번에는 window 객체의 메소드에 관하여 알아보자. 먼저 윈도우 객체 메소드의 종류 및 기능을 살펴보자.

메소드	설명
alert()	경고창을 출력한다.
back()	한 단계 전 URL로 이동한다.
blur()	포커스를 이동한다.
captureEvents()	모든 타입의 이벤트를 판단한다.
clearInterval()	setInterval() 메소드 동작을 정지한다.
clearTimeout()	setTimeout() 메소드 동작을 정지한다.
close()	타겟이 되는 윈도우를 닫는다.
confirm()	확인, 취소를 선택할 수 있는 대화상자를 보여준다.
eval()	문자열을 숫자로 변경한다.
focus()	포커스를 준다.
find()	윈도우 안에 지정된 문자열이 있으면 true, 없으면 false를 반환한다.
forward()	한 단계 후 URL로 이동한다.
handleEvent()	이벤트를 다룰 취급자를 정한다.
home()	초기 설정한 페이지로 이동한다.
moveBy()	윈도우를 상대적인 좌표로 수직 수평 이동한다.
moveTo()	윈도우를 절대적인 좌표로 수직 수평 이동한다.
open()	새로운 윈도우를 연다.
print()	화면에 있는 내용을 프린터로 출력한다.
prompt()	입력창이 있는 대화상자를 나타낸다.
resizeBy()	윈도우 크기를 상대적인 좌표로 재설정한다.
releaseEvent()	다른 계층의 이벤트로 이벤트를 넘긴다.
resizeTo()	윈도우의 크기를 절대적인 좌표로 재설정한다.
routeEvent()	판단한 이벤트와 같은 계층의 이벤트이다.
scroll()	윈도우를 스크롤한다.
scrollBy()	윈도우를 상대적인 좌표로 스크롤한다.
scrollTo()	윈도우를 절대적인 좌표로 스크롤한다.
setTimerout()	일정한 시간 간격으로 명령문을 반복 실행한다.

setInterval()	일정 시간마다 지정된 처리를 반복한다.
stop()	불러오기를 중지한다.
toSource()	오브젝트 값을 문자열로 반환한다.
toString()	오브젝트를 문자열로 변경한다.
valueOf()	오브젝트의 값을 반환한다.

[표 10-2] window 객체 메소드

메소드라는 것은 기능 단위이기 때문에 메소드를 이용하여 보여줄 수 있는 것들이 비교적 많다. 여기에 나와 있는 메소드들을 전부 다 소개하고 예제를 작성해 본다면 아마 이 책의 절반을 차지할 수도 있을 것이다. 지금부터 활용 빈도가 높은 대표적인 메소드 몇 가지만 소개하여 사용 방법을 알아볼 것이다. 나머지 메소드들은 필요에 따라서 도움말을 참고하여 사용하면 된다.

3.1 윈도우 열기

먼저 브라우저 상에서 가장 많이 사용되는 기능 중에 하나가 바로 윈도우를 여는 것이다. 윈도우를 연다는 의미는 윈도우 팝업 창을 의미한다. 팝업 창은 보통 웹 사이트의 공지사항을 강조할 때 사용되기도 하고, 웹 상에서 보여지는 이미지를 조금 더 자세히 보고자 할 때 사용되기도 한다.

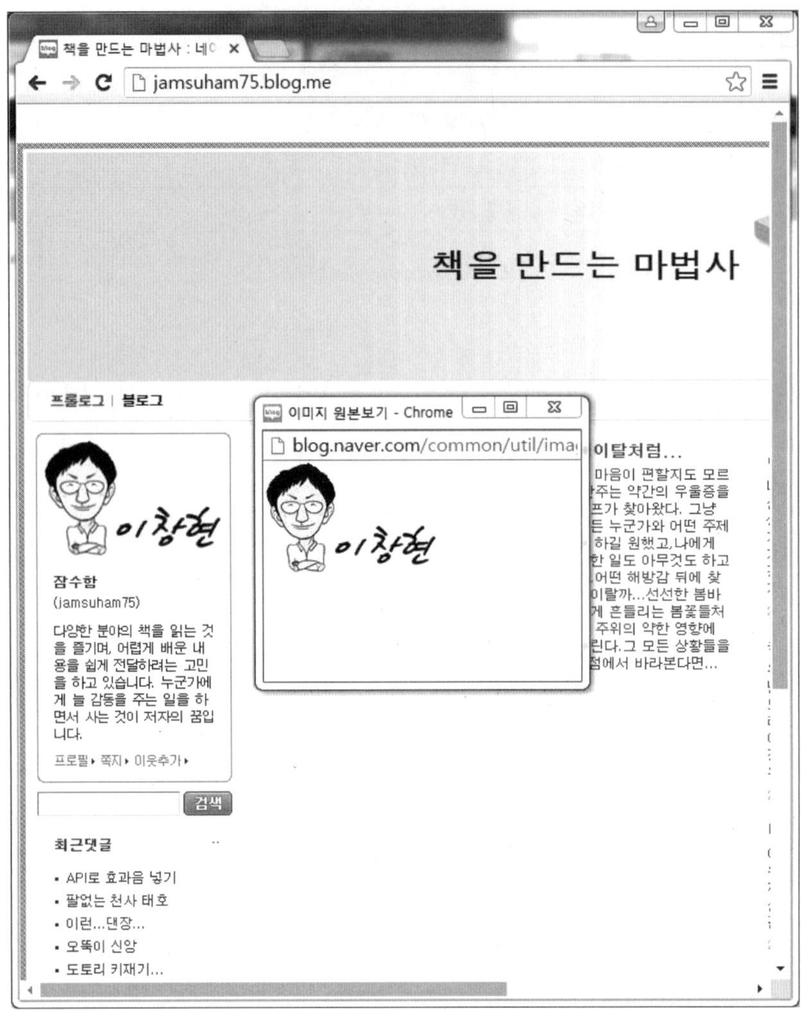

그림 10-2. 원본 이미지를 보여주는 팝업 창

과거 브라우저에서는 불필요한 팝업창의 남발로 인해 사용자들의 불편함이 컸다. 그래서 최근 브라우저에서는 팝업 차단 기능이 추가되었고, 이 기능이 기본 설정으로 제공되기도 한다. 만약 팝업 차단 기능이 설정되어 있다면, 우리가 살펴보고자 하는 open() 메소드가 정상 동작하지 않을수도 있기 때문에 먼저 설정이 되어 있는지 체크를 해보도록 하자.

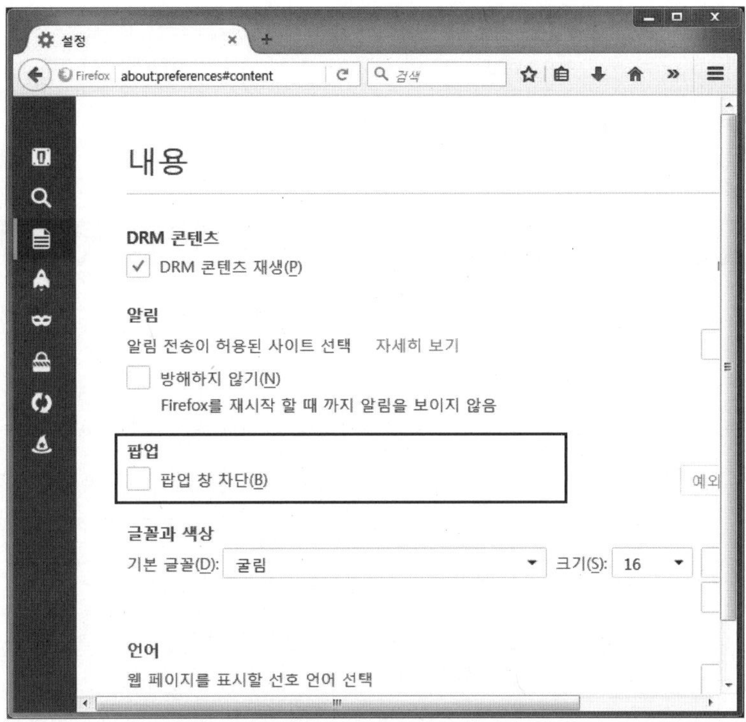

그림 10-3. Firefox에서 팝업 차단 해제 설정 방법

이번 10장에서 우리는 Firefox 브라우저를 사용할 것이기 때문에 Firefox 브라우저의 '팝업 창 차단' 체크를 해제하도록 한다. 주로 우리는 크롬 브라우저를 사용했기 때문에 크롬 브라우저 기반으로 결과를 확인 해도 상관 없지만, 필자의 경험상 window 객체 메소드의 경우는 크롬 보다는 Firefox에서 정확한 동작이 이루어지므로 이번 장에서는 Firefox 기반으로 동작해보도록 하겠다.

새로운 윈도우를 여는 메소드는 open()이다. 사용 형태는 다음과 같다.

```
window.open("url", "윈도우 이름", "윈도우의 특성")
```

open() 메소드는 세 개의 전달인자를 사용하는데 첫 번째 전달인자는 새 윈도우가 존재하는

url을 대입한다. 두 번째 전달인자는 새로 열 윈도우의 이름을 지정하고 세 번째 전달인자는 새 윈도우의 넓이나 높이, 툴바의 여부 등을 설정할 수 있다. 다음은 윈도우 생성시 설정할 수 있는 설정 옵션 값들이다.

설정 옵션	값	설명
copyhistory	yes / no	히스토리 정보를 복사한다.
directories	yes / no	IE(인터넷 익스플로러) 연결 도구 모음 여부를 설정한다. 익스플로러 전용 설정이다.
location	yes / no	주소 입력 창 여부를 설정한다.
memubar	yes / no	메뉴표시줄 여부를 설정한다.
resizable	yes / no	윈도우 크기 조절 가능 여부를 설정한다.
scrollbar	yes / no	윈도우의 스크롤바를 설정한다.
status	yes / no	윈도우의 상태 표시줄 표시 여부를 설정한다.
toolbar	yes / no	윈도우의 툴바 표시 여부를 설정한다.
width	픽셀	윈도우의 넓이를 설정한다.
height	픽셀	윈도우의 높이를 설정한다.

[표 10-3] window 생성시 설정 옵션

이제 open() 메소드를 사용하여 새 윈도우를 여는 간단한 예제를 작성해보자. 그런데 작성하기 앞서서 새 창의 대상이 되는 test.html 파일을 먼저 생성하도록 하자.

<test.html>

```
<html>
    <head>
        <meta charset = "utf-8"/>
    </head>
    <body>
        <h1>안녕하세요 새로운 마음의 창 입니다.</h1>
    </body>
</html>
```

이렇게 작성한 test.html 파일은 지금 작성하는 10-2.html 파일과 같은 경로에 저장하도록 한다. '새 윈도우 열기'라는 이름의 버튼을 한 개 생성하자. 버튼에 맵핑된 이벤트 핸들러는 newOpen()라고 정하고, 버튼 클릭시 새로운 윈도우가 출력되도록 open() 메소드를 이용하여 다음과 같이 작성해보자.

<10-2.html>

```
<html>
    <head>
        <meta charset = "utf-8"/>
    </head>
    <body>
        <script = "text/javascript">
            var newWin;
            function newOpen()
            {
                newWin = window.open('test.html', ' ', 'width = 600,
                height = 300');
            }
        </script>
        <button onclick=" newOpen()">새 윈도우 열기</button><p>
    </body>
</html>
```

<실행 결과>

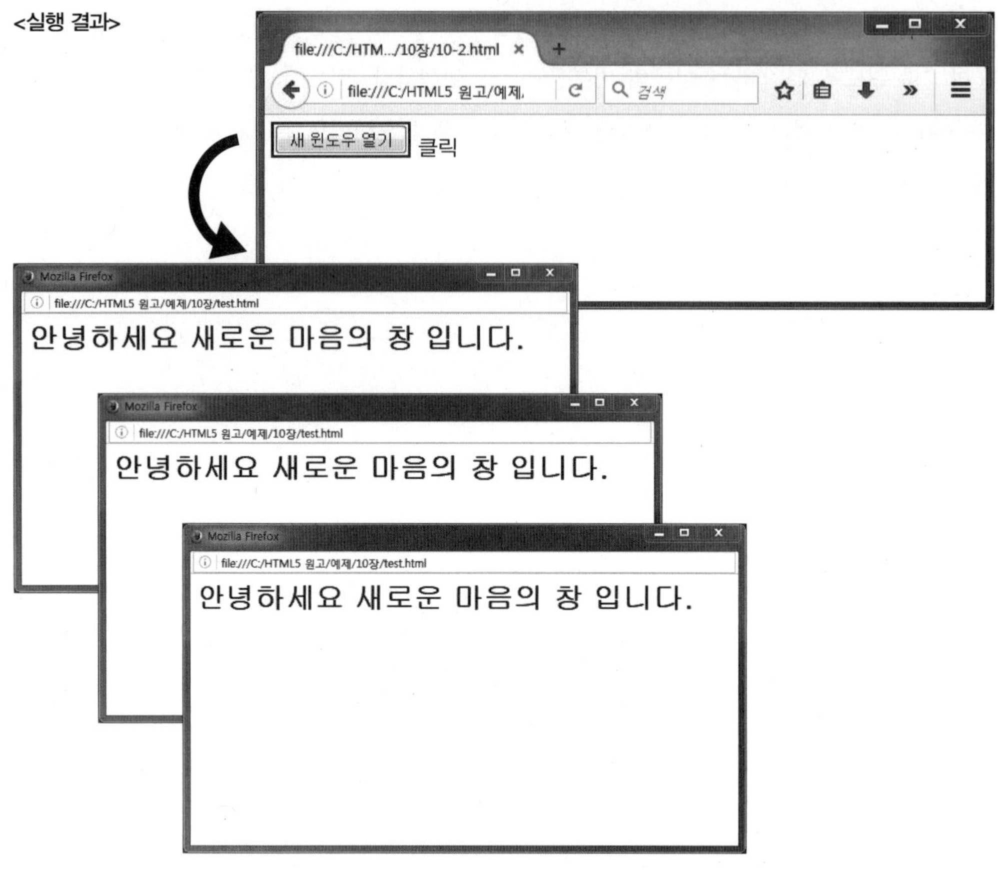

참고로 이 예제의 실행 결과는 크롬에서 정상 동작하지 않으므로 파이어폭스에서 수행하였다(10장 예제 동일).

open() 메소드의 첫 번째 전달인자는 앞에서 미리 작성했던 test.html로 지정하고, 두 번째 전달인자인 윈도우의 이름은 ' ' 공란으로 두었다. 그리고, 세 번째 전달인자는 넓이 600, 높이 300만큼 설정하였다. 작성이 끝났으면 '새 윈도우 열기' 버튼을 클릭해보자. 새로운 윈도우가 출력되는데, 윈도우는 설정한대로 넓이 600, 높이 300만큼의 크기로 생성된다. 여기서 한 가지 눈여겨 볼 부분은 버튼을 클릭할 때마다 똑같은 새로운 윈도우가 생성된다는 것이다. 만약 이렇게 똑같은 윈도우가 중복되어서 생성되는 것을 원치 않는다면, 앞서 open() 메소드에서 공란으로 설정했던 두 번째 전달인자인 윈도우의 이름을 설정해 주면 된다. 다음과 같이 코드를 변경해보자.

```
newWin = window.open('test.html', 'new', 'width = 600, height = 300');
```

이렇게 'new'라고 설정을 해주면 새로 생성되는 윈도우의 이름은 'new'가 되는 것이다. 버튼을 최초 클릭시 앞의 예제와 동일한 형태로 새로운 창이 출력된다. 하지만, 두 번, 세 번 버튼을 클릭하면 앞에서처럼 새로운 윈도우가 생성되지 않고, 최초에 생성되었던 윈도우만 그대로 유지하고 있다. 그 이유는 두 번째 전달인자에서 생성할 윈도우의 이름을 'new'라고 지정함으로써 이미 열려있는 'new' 윈도우는 중복해서 열지 못하게 하고 있다. 코드를 수정 후 실행하여 '새 윈도우 열기' 버튼을 여러 번 클릭해 보도록 하자.

<실행 결과>

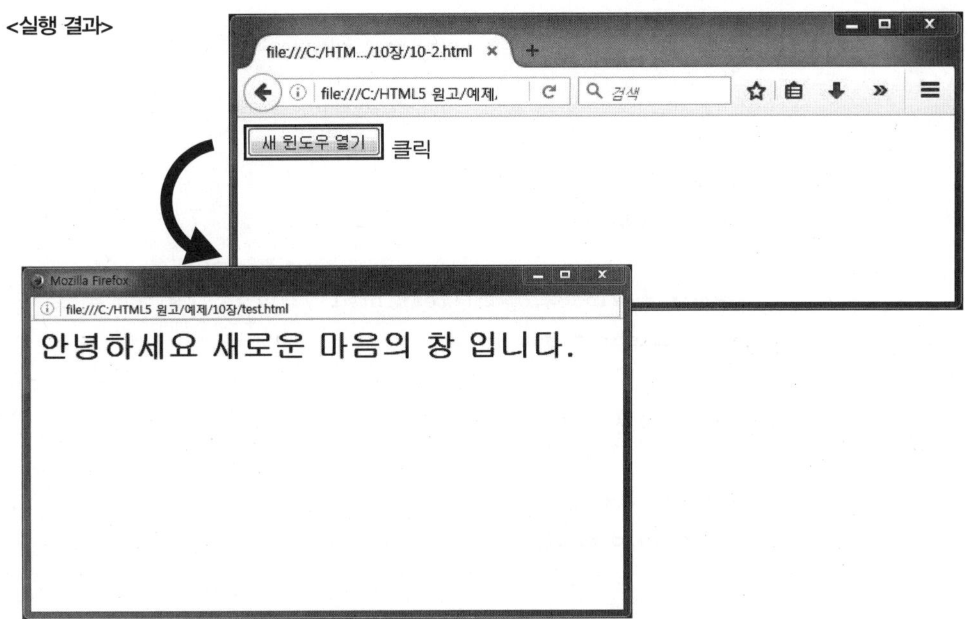

3.2 윈도우 닫기

이번에는 윈도우를 닫는 기능에 대해 알아보자. open() 메소드를 사용해서 윈도우를 생성하였다면 생성한 윈도우를 닫는 기능도 있어야 한다. 이 때 윈도우를 닫기 위해 사용하는 메소드가 바로 close()이다. 이 메소드를 사용하면 방법에 따라 새로 생성한 팝업 윈도우를 닫을 수도 있고, 자기 자신의 윈도우를 닫을 수도 있다. 사용 형태는 다음과 같다.

```
window.close()
```

close() 메소드를 사용할 때 팝업과 같이 새로 생성된 윈도우를 닫으려면 open() 메소드로 윈도우 생성시 반환 받은 객체를 이용하여 close() 메소드를 호출해 주면 된다. 다음 예제를 작성해 보자.

<10-3.html>

```
<html>
    <head>
        <meta charset = "utf-8"/>
    </head>
    <body>
        <script = "text/javascript">
            var newWin;
            function newOpen()
            {
                newWin = window.open('test.html', 'new', 'width =
                600, height = 300');
            }
            function winClose()
            {
                newWin.close();
                //window.close();
            }
        </script>
            <button onclick=" newOpen()">새 윈도우 열기</button>
            <button onclick="winClose()">윈도우 닫기</button><p>
    </body>
</html>
```

<실행 결과>

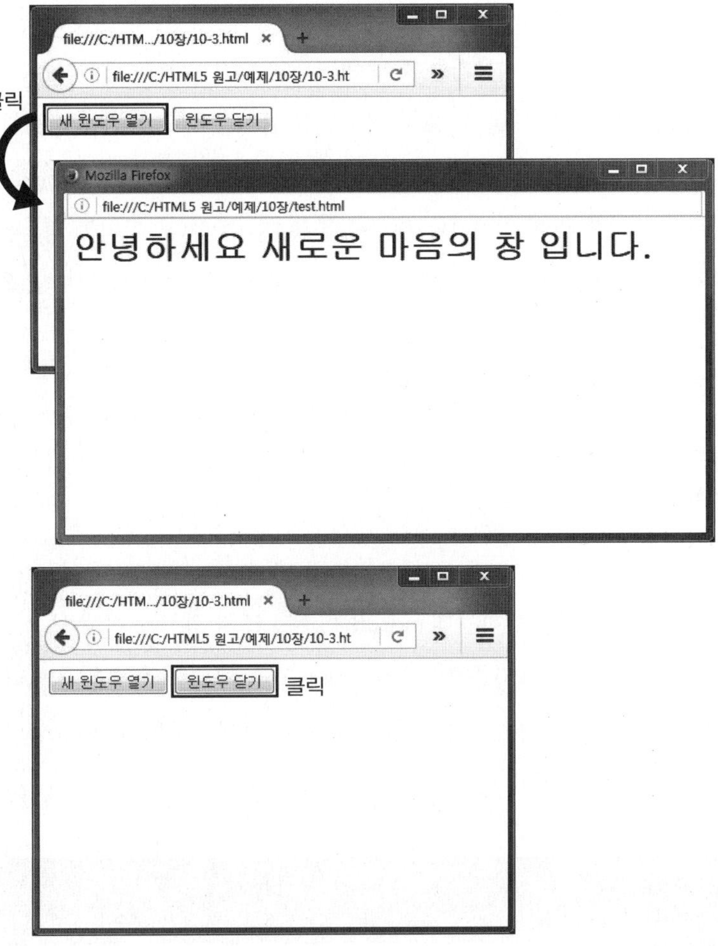

open() 메소드를 이용하여 새 윈도우를 열 때 리턴값으로 객체를 반환하는데 newWin로 받는다. 이렇게 하는 이유는 newWin이 새 윈도우의 인스턴스이므로 윈도우를 종료시 newWin 객체가 필요하기 때문이다. 코드에서처럼 newWin의 메소드로 close()를 호출하면 새 윈도우가 종료되고, 주석으로 처리되어 있는 window 객체의 메소드인 close()를 호출하면 자기 자신의 윈도우를 종료한다.

3.3 윈도우 위치 설정하기

이번에는 window 객체의 제공기능 중에 윈도우의 출력 위치를 조절하는 기능을 알아보자. 브라우저와 같은 윈도우를 띄울 때 보통 윈도우의 위치는 바로 이전에 닫았던 위치에서 다시 열리는 것을 보게 된다. 그런데, 웹 사이트 내에서 팝업과 같은 윈도우를 보면 공지사항과 같은 경우에는 가장 왼쪽 위에 위치하는 경우를 종종 볼 수 있다. 이러한 경우는 인위적으로 윈도우의 위치를 설정한 것으로 다음의 자바스크립트 함수를 통해서 윈도우의 위치를 설정할 수 있다.

```
window.moveBy(x, y)
window.moveTo(x, y)
```

두 개의 메소드를 통해 지원하는데 moveBy() 메소드의 경우는 현재 보고 있는 브라우저 윈도우의 가장 왼쪽 위 지점을 기준으로 하고, moveTo() 메소드의 경우는 모니터 화면의 가장 왼쪽 위 지점을 기준으로 한다. 다음 그림은 moveBy() 메소드와 moveTo() 메소드의 위치 설정을 위한 기준점을 표시하고 있다.

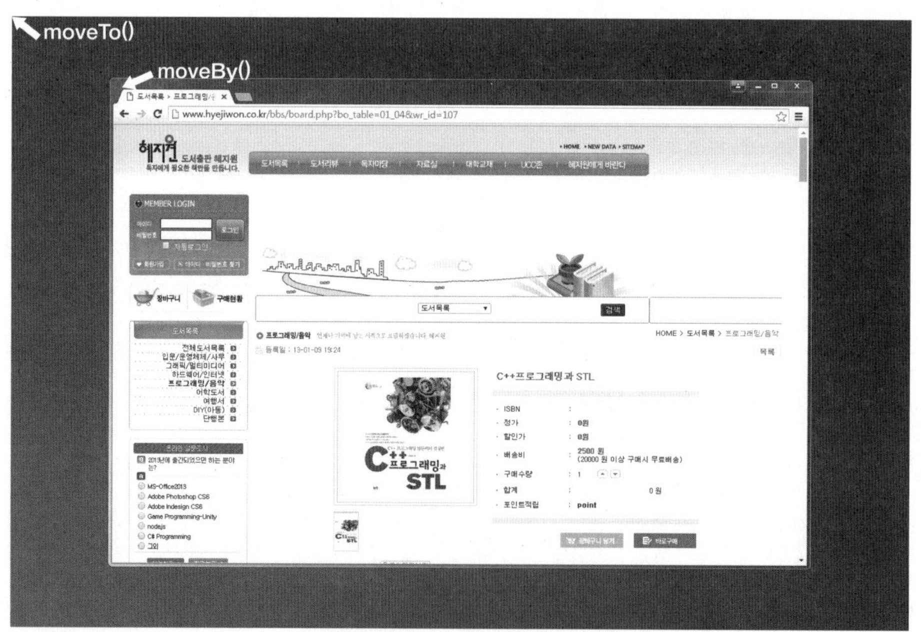

그림 10-4. 윈도우 이동 함수의 기준점

이를 기반으로 새로 생성한 윈도우의 위치를 변경하는 예제를 작성해보자.

<10-4.html>

```
<html>
    <head>
        <meta charset = "utf-8"/>
    </head>
    <body>
        <script = "text/javascript">
            var newWin;
            function newOpen()
            {
                newWin = window.open('test.html', 'new', 'width =
                600, height = 300');
            }
            function winMove()
            {
                var xdistance = document.getElementById("setX");
                var ydistance = document.getElementById("setY");
                newWin.moveBy(xdistance.value, ydistance.value);
                newWin.fucus();
            }
        </script>
        <button onclick="newOpen()">새 윈도우 열기</button>
        <button onclick="winClose()">윈도우 닫기</button><p>
        X : <input  type = "text" id = "setX" value = "0">
        Y : <input  type = "text" id = "setY" value = "0"><p>
        <button onclick="winMove()">윈도우 이동</button>
    </body>
</html>
```

<실행 결과>

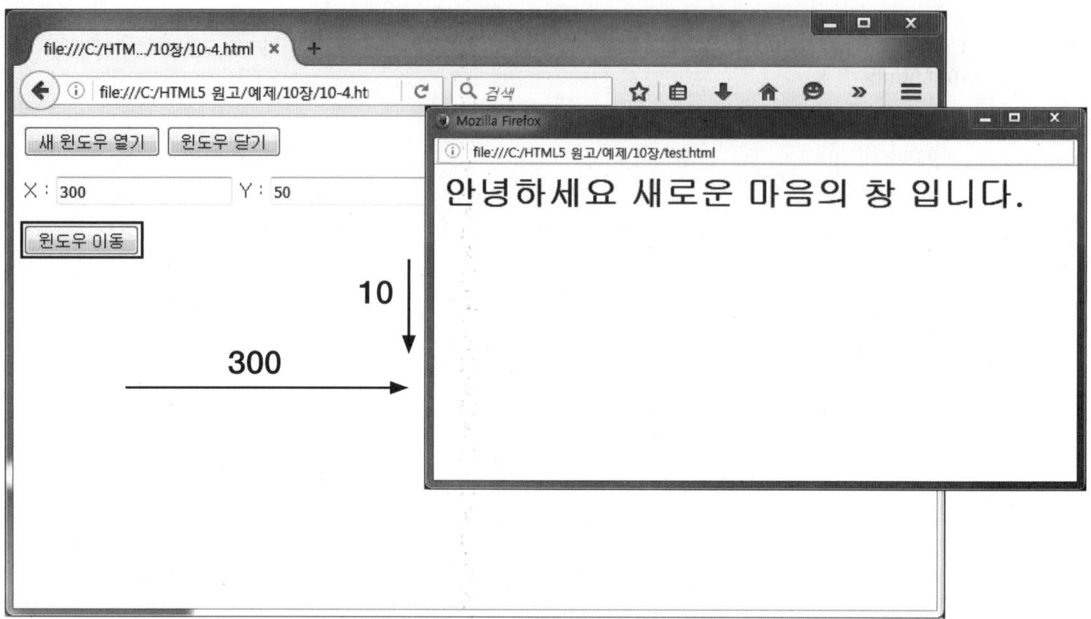

이번에는 두 개의 텍스트박스를 배치하였다. 그 이유는 각 텍스트박스에 사용자로부터 이동을 원하는 X와 Y의 좌표값을 입력 받아 기준점으로부터 실시간 윈도우의 이동을 테스트하기 위함이다. 각각 X, Y 텍스트박스에 값을 입력한 후 '윈도우 이동' 버튼을 클릭하면 winMove() 함수가 호출되고, 각각 텍스트박스에 입력된 값을 얻어와서 moveBy() 메소드의 전달인자로 입력한다. moveBy() 메소드와 moveTo() 메소드는 윈도우 이동의 기준점만 다를 뿐 전달인자의 사용방법은 동일하므로 예제를 moveTo() 메소드로 변경하여 실행해 보도록 하자. 코드를 다음과 같이 변경해 보자.

```
newWin.moveTo(xdistance.value, ydistance.value);
```

변경 후 텍스트박스의 X, Y 값은 앞의 예제와 같이 각각 X : 300, Y : 50의 값을 입력 후 '윈도우 이동' 버튼을 클릭해 보자.

<실행 결과>

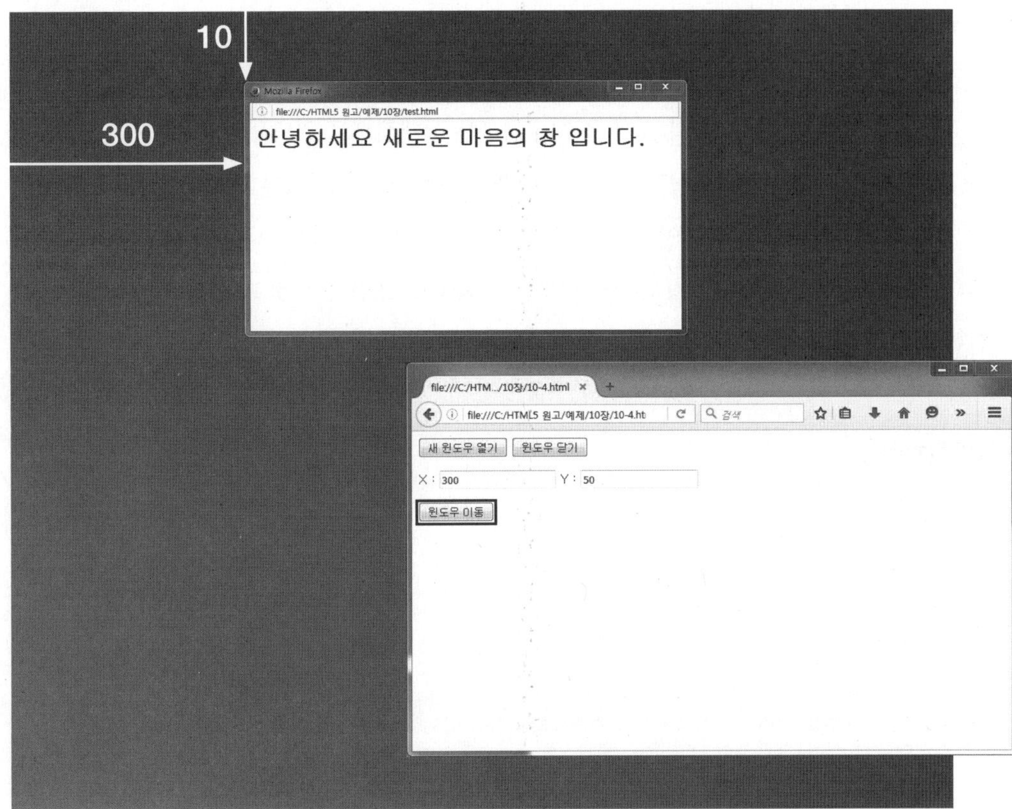

3.4 윈도우 크기 설정하기

이번에는 window 객체의 제공 기능 중에 윈도우의 크기를 조절하는 기능을 알아보자. 보통 윈도우의 크기를 조절할 때에는 마우스를 이용하여 창의 오른쪽 및 아래쪽 끝을 드래그하여 조절한다. 하지만, 윈도우 크기를 설정하는 메소드가 제공되는데 각각 resizeBy(), resizeTo() 이다.

```
window.resizeBy(x, y)
window.resizeTo(x, y)
```

두 메소드 모두 윈도우 크기를 변경하는 기능을 하고 있는데, 약간의 차이점이 있다. 첫 번째로 resizeBy() 메소드의 경우는 현재 브라우저의 크기를 기준으로 상대적인 값을 사용한다. 전달인자의 값인 x, y의 경우 현재 브라우저 크기를 기준으로 넓이를 x만큼, 높이를 y만큼 변경한다는 의미이다. 만약 x나 y의 값이 음수인 경우는 상대적으로 윈도우의 크기가 줄어들게 된다. 두 번째로 resizeTo() 메소드의 경우는 현재 브라우저의 크기와는 전혀 상관 없이 절대적인 크기를 사용한다. 즉, 전달인자의 값인 x, y의 값은 픽셀단위의 절대적인 윈도우의 크기가 된다. 그러므로 이 메소드의 경우는 x, y의 값이 음수로 표현하는 것 자체가 의미가 없다. 간단한 예제를 통해 메소드의 사용법을 이해해보자.

<10-5.html>

```
<html>
    <head>
        <meta charset = "utf-8"/>
    </head>
    <body>
        <script = "text/javascript">
            var newWin;
            function newOpen()
            {
                newWin = window.open('test.html', 'new', 'width =
                600, height = 300');
            }
            function winMove()
            {
                var xdistance = document.getElementById("setX");
                var ydistance = document.getElementById("setY");
                newWin.moveBy(xdistance.value, ydistance.value);
                newWin.fucus();
            }
            function winResize()
            {
                var xdistance = document.getElementById("setX");
                var ydistance = document.getElementById("setY");
                newWin.resizeBy(xdistance.value, ydistance.value);
```

```
                newWin.fucus();
            }
        </script>
        <button onclick="newOpen()">새 윈도우 열기</button>
        <button onclick="winClose()">윈도우 닫기</button><p>
        X : <input  type = "text" id = "setX" value = "0">
        Y : <input  type = "text" id = "setY" value = "0"><p>
        <button onclick="winMove()">윈도우 이동</button>
        <button onclick="winResize()">윈도우 크기 변경</button>
    </body>
</html>
```

<실행 결과>

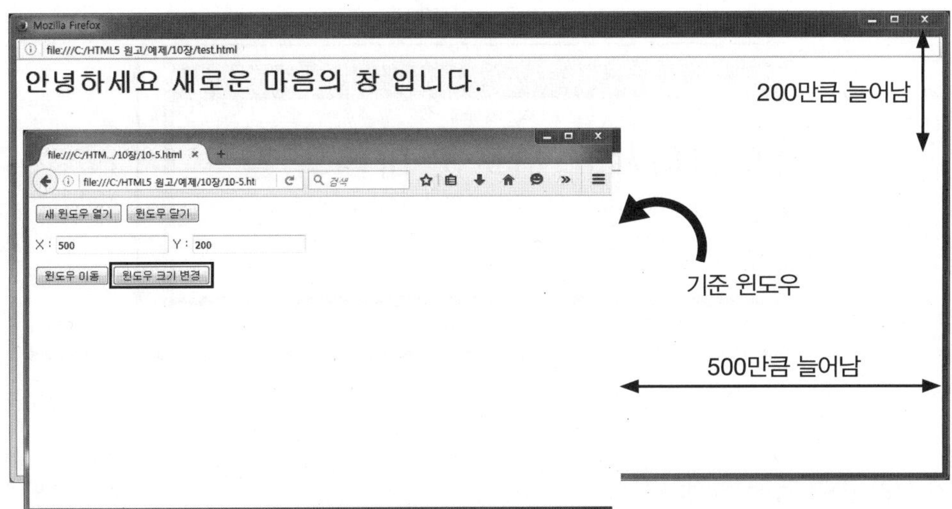

resizeBy() 메소드는 현재 브라우저의 크기를 기준으로 각각 X, Y만큼 윈도우의 크기를 변경하는 기능이다. 예제에서는 각각 X는 500, Y는 200만큼 입력하고 윈도우 크기를 변경하고 있다. 이번에는 resizeTo() 메소드를 사용하여 윈도우의 크기를 변경해 보자. 앞에서 작성했던 예제의 resizeBy() 메소드를 다음과 같이 resizeTo() 메소드로 변경하여 보자.

```
newWin.resizeTo(xdistance.value, ydistance.value);
```

변경 후 텍스트박스의 X, Y 값은 앞의 예제와 같이 각각 X : 500, Y : 200의 값을 입력 후 '윈도우 크기 변경' 버튼을 클릭해 보자. resizeTo() 메소드의 경우는 픽셀단위의 절대적인 크기를 나타내므로 가로의 길이가 500픽셀이고, 세로의 길이가 200픽셀인 크기의 윈도우가 생성된다.

<실행 결과>

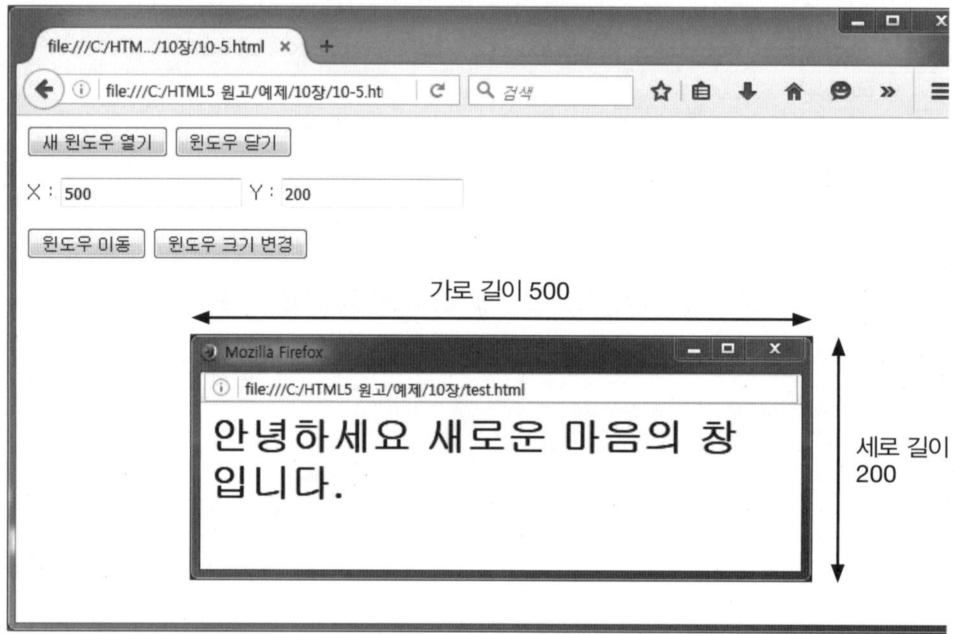

3.5 시간 관련 동작 설정하기

이번에는 window 객체의 제공 기능 중에 시간에 맞춰서 동작하게 하는 기능을 알아보자. 보통 타이머라고 하는데 일회성으로 사용되는 경우가 있고, 주기적으로 반복되는 경우가 있다.

1) 일회성 시간 기능

일회성으로 사용되는 메소드로는 setTimeout()과 clearTimeout() 두 가지가 있다. 먼저 setTimeout() 메소드는 설정한 시간 이후 특정 기능을 수행하도록 하는 기능이다. 사용 형태는 다음과 같다.

```
timerID = window.setTimeout(함수 또는 명령, 시간)
```

setTimeout()의 반대 기능 메소드인 clearTimeout()은 setTimeout()의 기능을 무력화시키는 메소드이다. 전달인자로는 setTimeout() 메소드의 반환 객체를 받아서 사용한다. 즉, 시간 설정시 저장한 인스턴스이므로 이 인스턴스를 사용해야만 설정한 시간 기능을 중단할 수 있다. 사용 형태는 다음과 같다.

```
twindow.clearTimeout(timerID)
```

이 메소드의 경우 setTimeout()의 설정 시간 이전에 동작을 해야 그 기능의 효과가 나타난다. 설정 시간이 지난 후에 clearTimeout()을 해봐야 아무 소용 없다는 것이다.
보통 테러 영화 같은데서 악당이 시한 폭탄을 설치하여 주인공을 위협하는 장면을 본 적 있을 것이다. 시한 폭탄은 이름 그대로 특정 시간이 카운팅되면서 카운팅이 끝나면 폭발하도록 설정되어 있고, 정의의 주인공은 이 폭탄을 해체하려고 갖은 노력을 다하여 결국 5초 남짓 남겨 놓고 폭탄을 제거한다. 뻔한 시나리오이지만 우리는 이러한 영화를 볼 때마다 마음 졸이며 보게 된다. 아무튼 이 두 개의 메소드를 시한 폭탄 설정과 폭탄 해제, 이렇게 두 가지의 원리로 생각하면 이해하기가 빠를 것이다. 간단한 예제를 통해 메소드의 사용법을 이해해보자.

<10-6.html>

```
<html>
    <head>
        <meta charset = "utf-8"/>
    </head>
    <body>
        <script = "text/javascript">
            var timeID;
            function timeStart()
            {
```

```
            alert("5초 후에 폭탄이 폭발합니다.");
            timeID = window.setTimeout(function()
            {alert("BOM~~~!!!");}, 5000);
        }
        function timeStop()
        {
            window.clearTimeout(timeID);
            alert("폭탄이 간신히 해체되었습니다. 목숨을 건졌습니다.");
        }
    </script>
    <button onclick="timeStart()">시한 폭탄 설정</button>
    <button onclick="timeStop()">시한 폭탄 해체</button><p>
  </body>
</html>
```

<실행 결과>

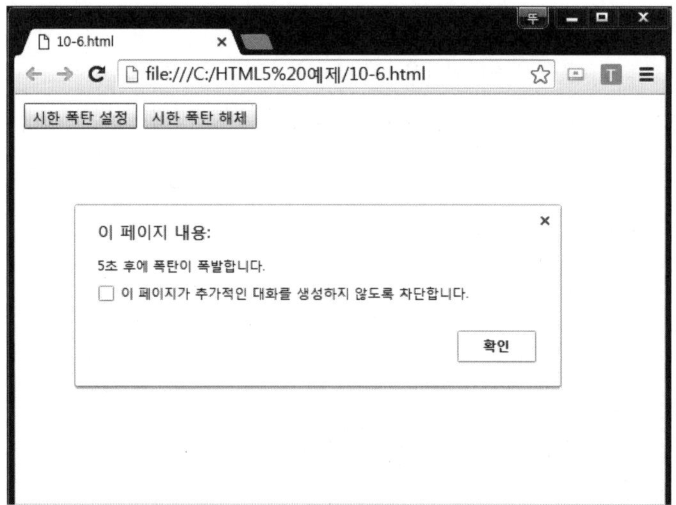

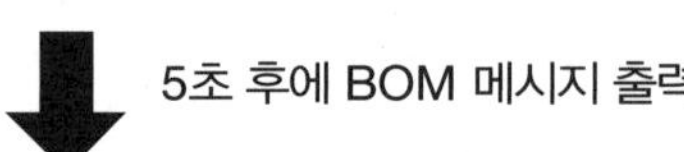

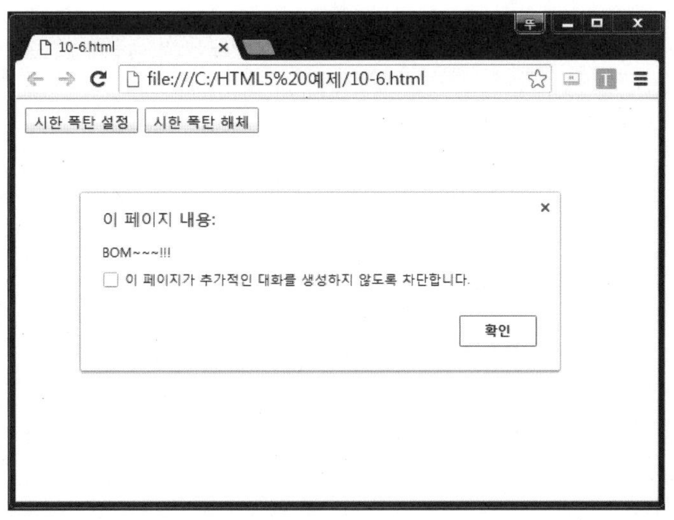

'시한 폭탄 설정'이라는 버튼과 '시한 폭탄 해제'라는 버튼을 생성한 후 각각 timeStart()와 timeStop() 함수에 연결하였다. timeStart() 함수 안에서 setTimeout() 메소드를 사용하였는데, 첫 번째 전달인자인 함수로는 'BOM~~~!!'이라는 메시지 경고창을 출력하도록 하였고, 설정 시간은 '5000' 즉, 밀리세컨드 단위이므로 5초로 설정하였다. timeStart() 함수가 수행되면 5초 후에 'BOM~~~!!" 경고창이 나타난다. 만약 '시한 폭탄 설정' 버튼을 누르고 나서 5초 이내에 '시한 폭탄 해제' 버튼을 누르게 되면 timeStop() 함수가 수행되어 clearTimeout() 메소드가 동작하게 된다. 이 때 이 함수에 전달인자로는 setTimeout() 수행 시 반환했던 객체인 timeID를 넣어주면 된다. "폭탄이 간신히 해제되었습니다. 목숨을 건졌습니다."라는 메시지를 출력하고, 5초 후에 아무 일도 일어나지 않는다.

<실행 결과>

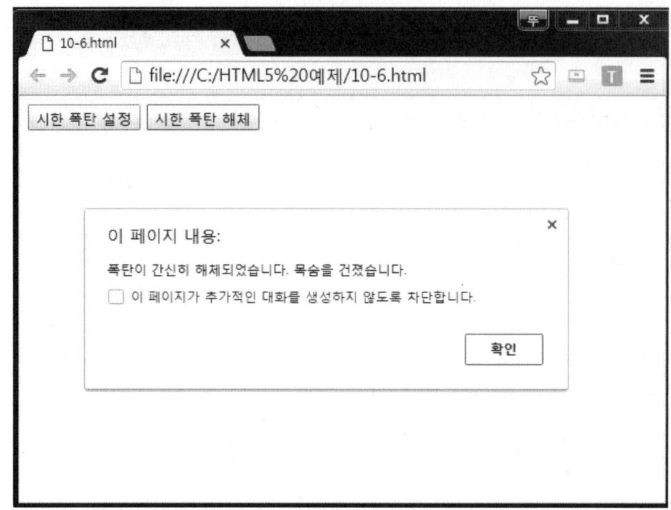

2) 주기적 시간 기능

주기적으로 반복 처리하는 기능을 제공하는 메소드가 있다. 바로 setInterval() 메소드와 clearInterval() 메소드이다. setInterval() 메소드의 사용 형태는 다음과 같다. 앞에서 살펴본 setTimeout() 메소드와 사용 형태가 동일하다.

```
timerID = window. setInterval (함수 또는 명령, 시간)
```

첫 번째 전달인자로 기능을 가진 함수나 명령을 전달하고, 두 번째 전달인자로 주기적으로 수행할 시간을 설정한다. 반환 객체는 인스턴스로써 timerID로 받아서 clearInterval() 메소드 수행 시 전달인자로 사용한다. clearInterval() 메소드의 사용 형태는 다음과 같다.

```
window. clearInterval (timerID)
```

이 두 메소드는 같은 기능을 주기적으로 수행하게 하고 멈추게 하는 기능이므로 스톱워치 기능과 거의 유사하다. 말이 나온 김에 이 메소드들을 이용하여 간단한 스톱워치를 만들어 보도록 하자.

<10-7.html>

```
<html>
    <head>
        <meta charset = "utf-8"/>
    </head>
    <body>
        <script = "text/javascript">
            var timeID;
            var count = 0;
            function timeStart()
            {
                timeID = window.setInterval(function(){
                    document.getElementById("result").innerHTML =
                    count++;
                    }, 100);
            }
            function timeStop()
            {
                window.clearInterval(timeID);
            }
        </script>
        <button onclick="timeStart()">카운트 시작</button>
        <button onclick="timeStop()">카운트 중지</button><p>
        <div id = "result"></div>
    </body>
</html>
```

<실행 결과>

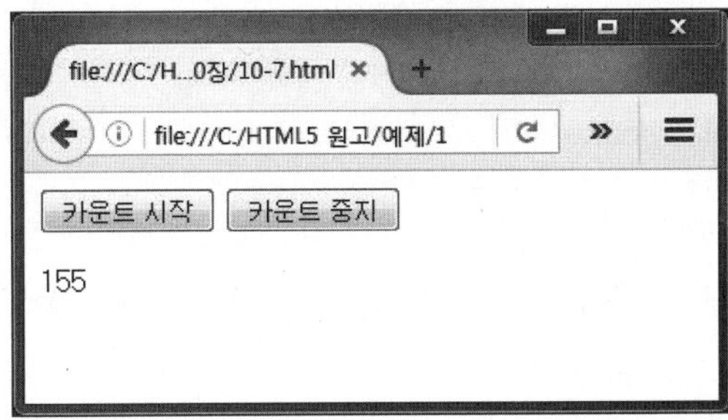

두 개의 버튼 '카운트 시작'과 '카운트 중지'에서는 각각 setInterval() 메소드와 clear Interval() 메소드를 호출하였다. 이 때 setInterval() 메소드의 경우 첫 번째 전달인자로 브라우저에 count 변수를 출력하는 기능을 전달하였고, 두 번째 전달인자로는 주기 시간인 100을 전달하였다. 즉, 0.1초마다 count 변수가 1씩 증가하여 갱신된 값이 화면에 출력하도록 하였다. 동작 중에 '카운트 중지' 버튼을 클릭하면 증가하던 count 값이 멈추게 된다.

4. window 객체 이벤트

우리는 앞서 window 객체에서 제공하는 속성과 메소드들에 대해 알아보았다. 이러한 기능들은 window 객체에서 제공하고 사용자가 필요할 때 사용하는 처리하는 기능들이었다. 이번에 알아볼 것은 window 객체에서 제공하는 이벤트들이다. 이 이벤트들은 기본적으로 window 객체에서 제공되며 우리는 이벤트가 발생시 해당 이벤트 핸들러를 작성하여 처리해 줄 수 있다. window 객체의 이벤트 목록은 다음과 같다.

이벤트	설명
onBlur	브라우저가 포커스를 잃었을 때 발생한다.
onDragDrop	다른 곳의 객체를 드래그하여 브라우저에 끌어다 놓으려고 할 때 발생한다.
onError	문서 수행 시 에러가 나면 발생한다.
onFocus	브라우저에서 포커스를 얻었을 때 발생한다.
onLoad	문서를 읽어올 때 발생한다.
onMove	브라우저의 위치를 변경할 때 발생한다.
onResize	브라우저의 크기를 변경할 때 발생한다.
onUnload	현재 문서를 지우려고 할 때 발생한다.

[표 10-4] window 객체 이벤트

이벤트의 내용을 보면 브라우저의 포커스를 얻었을 때 또는 포커스를 잃었을 때, 브라우저의 크기나 위치를 변경할 때, 문서를 읽어올 때 등 발생한다. 이벤트 발생시 이벤트 핸들러를 작성하고 등록하는 방법은 다음과 같다.

```
<body   이벤트="이벤트 핸들러">
```

<body> 태그 시작시 처리할 이벤트명을 작성하고 처리할 이벤트 핸들러 즉, 함수를 등록한다. 여러분이 처리하고 싶은 이벤트에 한해서 작성하면 된다. 이벤트는 여러 개 등록이 가능하다. 여러 개를 등록할 경우는 다음과 같이 작성한다.

```
<body 이벤트="이벤트 핸들러" 이벤트="이벤트 핸들러" ...............>
```

이벤트를 이용하여 간단한 예제를 작성해보도록 하자. 모든 이벤트를 등록할 필요는 없고, 앞에서 다루었던 윈도우 크기 변경시 또한 포커스 잃었을 때 그리고 문서를 처음 로딩시에 발생하는 이벤트에 대한 처리를 해보도록 하자.

<10-8.html>

```
<html>
    <head>
        <meta charset = "utf-8"/>
    </head>
    <body onLoad="myLoad()" onResize="myResize()" onBlur="myBlur()">
        <script = "text/javascript">
            function myLoad()
            {
                alert("문서를 로드했습니다.");
            }
            function myBlur()
            {
                alert("포커스 잃었습니다.");
            }
            function myResize()
            {
                alert("브라우저 크기를 조절합니다.");
            }
```

```
        </script>
        <h1>Window 객체에서 제공하는 이벤트입니다.</h1>
    </body>
</html>
```

<실행 결과>

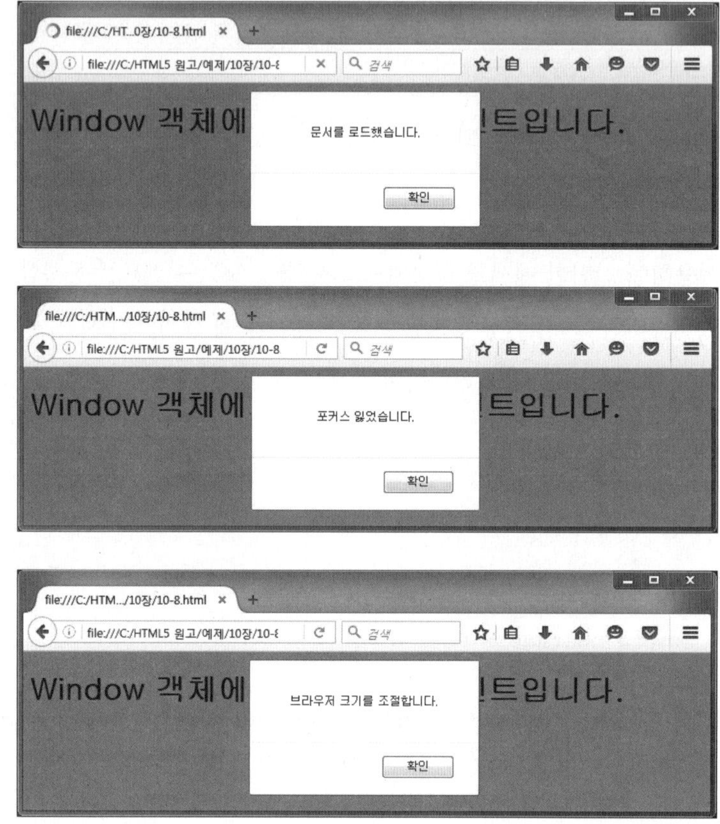

문서 로드시 발생하는 이벤트로 onLoad를, 포커스를 잃었을 때 발생하는 이벤트로 onBlur를, 브라우저 크기를 조절할 때 발생하는 이벤트로 onResize를 등록하였다. 그리고 각각의 이벤트 핸들러로는 myLoad(), myBlur(), myResize()라고 설정하였다. 문서를 브라우저상에 띄우게 되면 가장 먼저 "문서를 로드했습니다."라는 메시지 창이 나타난다. 이후에 포커스를 다른 창으로 옮기게 되면 "포커스를 잃었습니다."라는 메시지 창이 나타난다. 또한 브라우저의 크기를 변경하려고 시도하면 "브라우저 크기를 조절합니다."라는 메시지 창이 나타난다. 모두 우리가 처리하기 위해 등록한 이벤트들이다.

Chapter

11 브라우저 정보 객체

우리가 반드시 가져야 하는 용기있는 모습은
자신의 아픔과 힘든 과거를 뒤로하고
이를 빠져나와 우리의 꿈을 위해 사는 것이다.
-오프라 윈프리-

이번 시간에는 앞서 살펴본 최상위 전역 객체인 window 객체로부터 한 단계 파생된 브라우저 정보 객체에 대해 알아보도록 하자. 브라우저 정보 객체에는 크게 location, history, navigator 객체 등이 있으며, 이들 객체를 통해서 브라우저의 방문 기록이나 링크 주소, 브라우저 정보 등을 확인할 수 있다.

1. location 객체

location은 사전적으로 '장소, 위치'와 같은 의미를 가지고 있다. 브라우저상에서의 '장소'나 '위치'를 나타내는 것이라면 해당 사이트의 위치를 나타내는 브라우저의 주소 표시줄과 같은 정보를 나타내는 것이라 추측할 수 있다. 즉, location 객체는 현재 웹 사이트의 URL에 대한 정보를 포함하고 있다. 이 객체를 사용해서 URL을 변경할 수도 있고 문서의 위치, 호스트 이름, 프로토콜의 종류 등의 정보들을 얻을 수 있다.

1.1 location 객체 속성

location 객체에는 여러 가지 속성들이 제공되는데 주로 사용하는 속성들은 URL 주소를 저장하는 href 속성과 링크의 경로 이름을 저장하는 pathname 정도이다. 다음은 location 객체의 속성이다.

속성	설명
hash	책갈피의 이름을 지정한다.
host	호스트 이름과 포트 번호를 지정한다.
hostname	호스트 이름을 지정한다.
href	URL을 지정한다.
pathname	링크의 경로를 지정한다.
port	포트 번호를 지정한다.
protocol	프로토콜의 종류를 지정한다.
search	검색 엔진을 호출한다.

[표 11-1] location 객체 속성

location 객체의 각 속성을 이용한 사용법을 살펴보자.

1) location 객체 속성 정보 알아오기

다음은 location 객체를 이용하여 현재 브라우저상의 주소 관련 속성 정보를 얻어오는 방법이다.

```
location.host;
location.hostname;
location.href
location.pathname;
location.protocol;
location.port;
location.search;
```

이 방법을 사용하여 location 객체의 속성 정보를 출력하는 예제를 작성해 보자.

<11-1.html>

```
<html>
    <head>
        <meta charset = "utf-8"/>
```

```
        </head>
        <body>
            <script = "text/javascript">
                var locationProp = location.protocol + '\n'
                + location.host + '\n'
                + location.hostname + '\n'
                + location.href + '\n'
                + location.pathname + '\n'
                + location.port + '\n'
                + location.search + '\n';
                alert(locationProp);
            </script>
        </body>
    </html>
```

<실행 결과>

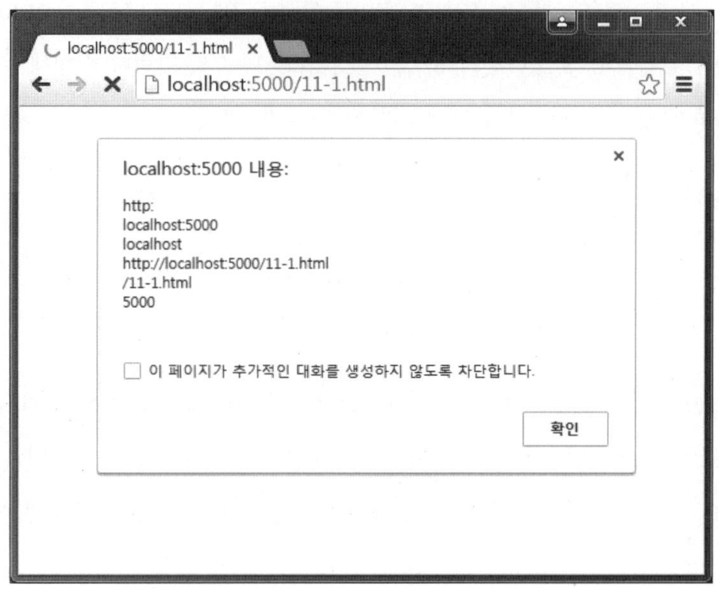

예제를 로컬에서 수행해도 상관은 없지만, hostname이라던지 port와 같은 정보는 나타나지 않기 때문에 자신의 컴퓨터에 웹서버가 설치되어 있다면 잠시 웹서버에 예제 파일을 넣어놓고 브라우저 주소창에 'localhost:5000/11-1.html'를 입력하여 접속해보자. 실행 결과에 의거하여 각 속성의 출력 부분을 보면 다음과 같다.

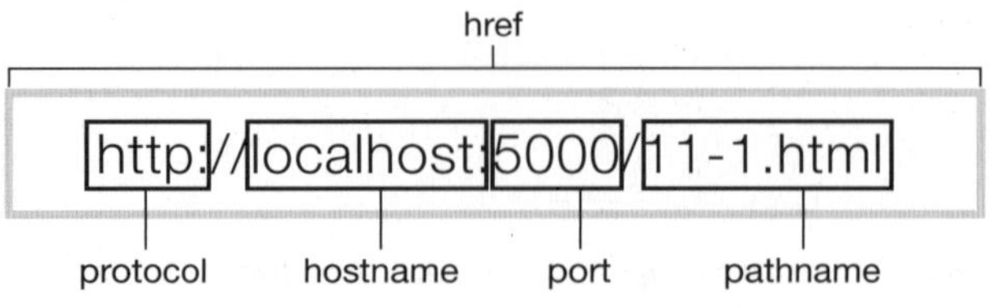

그림 11-1. location 객체의 각 속성 부분

우리가 사용하고 있는 protocol은 'http', hostname은 'localhost', 로컬서버에 접속하였으므로 이렇게 출력이 되었지만 도메인이 있는 원격 서버였다면 실제 도메인 주소가 출력되었을 것이다. port는 '5000', pathname은 '11−1.html'에 해당한다.

2) location 객체 속성 정보 설정하기

location 객체 속성은 알아오는 것뿐만 아니라 설정도 가능하다. 예를 들어 href 속성으로 현재 주소값을 얻어올 수 있었다면 같은 속성에 새로운 주소를 입력하여 현재 문서를 새로운 주소의 문서로 이동 가능하게 한다. 사용 방법은 다음과 같다.

```
location.href = "http://www.hyejiwon.co.kr/";
location = "http://www.hyejiwon.co.kr/";
```

이 두 개의 방법은 모두 동일한 효과를 나타낸다. 하지만, location.href의 경우가 더욱 명확한 표현이므로 명확한 문장을 사용하는 것을 권장한다. 이것을 이용하여 간단한 예제를 작성해 보자. '주소 변경'이라는 버튼을 한 개 배치하고, 버튼 클릭시 설정한 주소로 이동하도록 작성해 보자.

<11-2.html>

```
<html>
    <head>
        <meta charset = "utf-8"/>
```

```
    </head>
    <body onLoad = "myLoad()">
        <script = "text/javascript">
            function myLoad()
            {
                var locationProp = location.href;
                document.getElementById("result").innerHTML = "현재 주
                소값은 " + locationProp + "입니다.";
            }
            function changeAddr()
            {
                location.href = "http://www.hyejiwon.co.kr/";
            }
        </script>
        <button onclick="changeAddr()" type="button">주소 변경</button>
        <div id = "result"></div>
    </body>
</html>
```

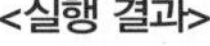
<실행 결과>

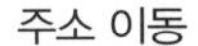
주소 이동

현재 브라우저상의 주소값은 location.href 속성에 의해 화면에 출력된다. 이 때 '주소 변경'이라는 버튼을 클릭하면, changeAddr() 함수에서 location.href에 새로운 주소인 혜지원 웹 사이

트 주소를 입력하게 된다. 여기서 주목할 부분은 location.href 속성은 정보를 가져올 수도 있고, 정보를 설정할 수도 있다는 점이다.

1.2 location 객체 메소드

location 객체에는 두 개의 메소드가 제공된다. 메소드 목록은 다음과 같다.

메소드	설명
reload()	새로 고침을 한다. 문서를 다시 읽어온다.
replace()	현재 문서에서 다른 문서로 이동한다.

[표 11-2] location 객체 메소드

reload() 메소드는 브라우저의 새로 고침 기능과 동일한데 현재 문서를 다시 읽어오는 기능이다. 우리가 현재 보고 있는 웹 문서가 최신 문서가 아닐 수 있다. 새로 고침을 하는 순간 최신 문서가 적용이 되는데 사용자가 직접 버튼을 클릭하지 않고 주기적으로 reload() 메소드를 호출해 준다면 최신 문서를 유지할 수 있다. 예를 들어 웹 메일의 경우 주기적인 메일 알람을 알려주기 위해서 reload() 메소드를 사용하면 유용하다. 그리고, replace() 메소드는 현재 문서를 다른 문서로 변경하여 보여주는 기능을 한다. 이 두 메소드의 기능을 이용하여 간단한 예제를 작성해 보자. 현재 시간을 화면에 출력하는 기능을 가진 문서를 작성한다. 그런데, 현재 시간을 출력한다는 것은 1초 이후에는 다시 과거의 시간이 되어 버린다. 즉, 주기적으로 타이머의 기능이 동작하지 않는다면 시간 출력은 정적인 출력이 되는 것이다. 이 때 브라우저를 새로 고침하면 다시 현재의 시간으로 갱신이 되도록 한다. 새로 고침하는 버튼을 생성한다. 그리고 문서를 이동하는 버튼을 또 하나 생성하자. 이 버튼을 클릭하면 현재 문서에서 다른 문서로 이동하는 기능이다.

<11-3.html>

```
<html>
    <head>
        <meta charset = "utf-8"/>
    </head>
    <body>
        <script = "text/javascript">
            var currentTime = new Date();
            document.write("현재 시간은 "+currentTime.
            toLocaleString()+"입니다."+"<p>");

            function updateDoc()
            {
                location.reload();
            }
            function moveDoc()
            {
                location.replace("11-2.html");
            }
        </script>
        <button onclick="updateDoc()" type="button">새로 고침</button>
        <button onclick="moveDoc()" type="button">문서 이동</button>
    </body>
</html>
```

<실행 결과>

- '새로 고침' 버튼 클릭시

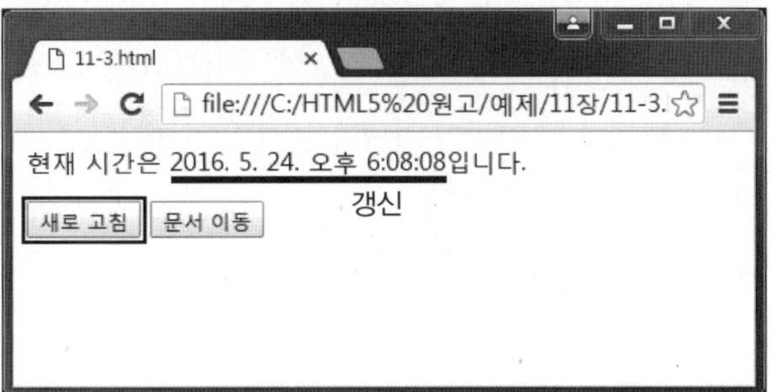

• '문서 이동' 버튼 클릭시

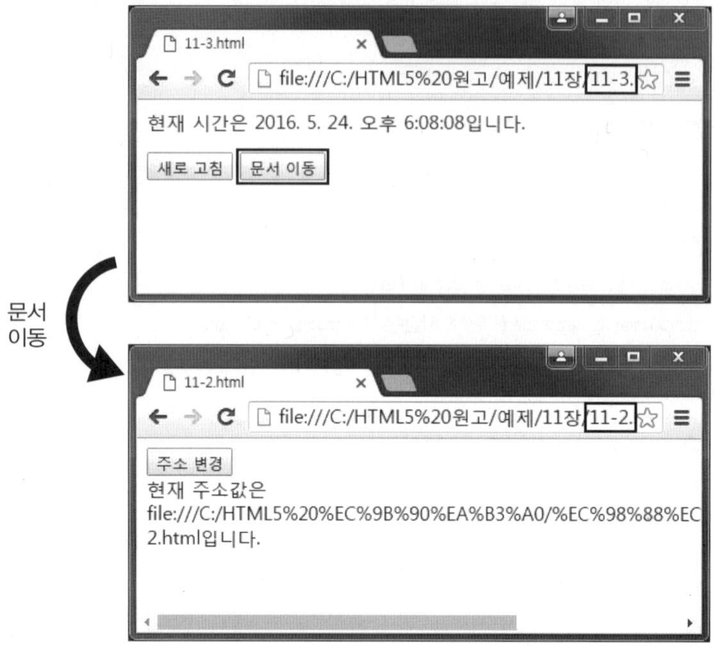

현재 시간을 Date 객체를 이용하여 얻어온다. 그리고, 얻어온 현재 시간을 시간 포맷에 맞게 변경하여 화면에 출력한다. 현재 시간의 출력은 일회성이므로 자동 갱신되지 않는다. 현재 시간을 갱신하기 위해 '새로 고침' 버튼에 updateDoc() 함수를 연결하고, 함수 내부적으로 location.reload() 메소드를 호출하도록 구현하여 브라우저 전체를 새로 고침하도록 하였다. 브라우저를 새로 고침한다는 의미는 예제 코드 전체를 다시 수행한다는 것이기 때문에 현재 시간을 얻어오는 루틴도 다시 수행하게 된다.

그리고, '문서 이동' 버튼은 moveDoc() 함수와 연결하고 함수 내부적으로 location.replace('11-2.html') 메소드를 호출하도록 구현하여 브라우저 내에서의 문서 이동을 수행하였다. 주의할 점은 웹 주소의 이동이 아니라 문서의 이동이다. 주로 같은 웹사이트 내에서 문서 이동을 할 때 사용하는 메소드이다.

2. history 객체

history의 사전적 의미는 '역사'이다. 즉, 역사는 곧 과거의 기록이다. 단어의 의미만으로 이 객체의 기록을 대략 추측할 수 있을 것 같다. 브라우저에서의 기록이라고 하면 여기저기 다녔던 주소들의 목록들일 것이다. 우리가 방문했던 웹 사이트의 목록들이 관리될 수 있는 것은 history 객체가 있기 때문이다.

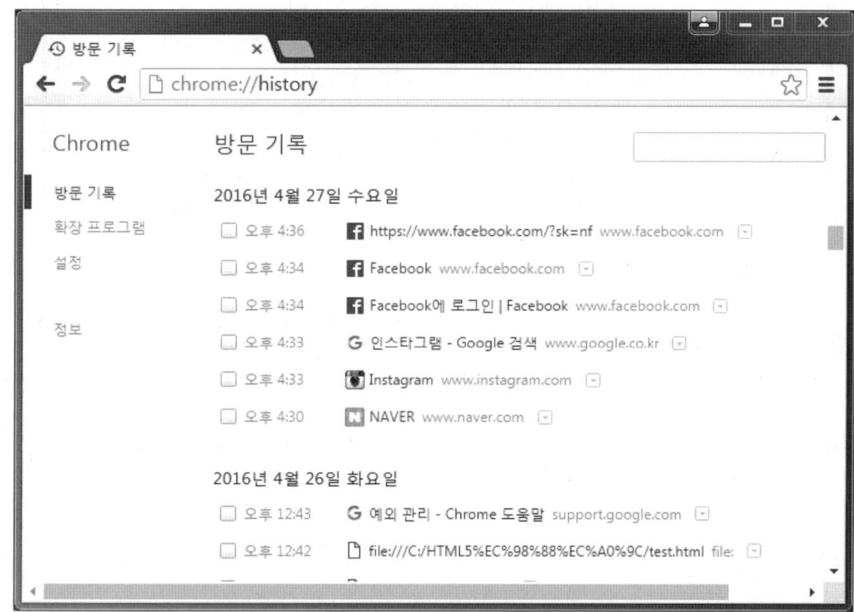

그림 11-2. 구글 크롬에서의 방문 기록

2.1 history 객체 속성

history 객체의 속성에는 방문했던 URL 주소의 개수를 저장하는 length 속성이 있다. 즉, 이 속성을 이용하면 내가 현재까지 얼마나 많은 사이트를 다녔는지 알 수 있다. 크롬 브라우저의 ← 버튼을 클릭하면 이전페이지로 가고, 계속 누르고 있으면 방문 기록이 나타난다. 나타나는 방문 기록에 현재 문서까지 포함하면 바로 history.length 값이 된다.

그림 11-3. 구글 크롬에서 방문기록 가기

이 속성을 이용하여 다음과 같이 방문 기록 횟수를 출력하는 예제를 작성해보자.

<11-4.html>

```
<html>
    <head>
        <meta charset = "utf-8"/>
    </head>
    <body>
        <script = "text/javascript">
            function historyCount()
            {
                var urlCount = history.length;
                document.write("현재까지 방문횟수는  "+urlCount+"군데 입니
                다."+"<p>");
            }
        </script>
       <button onclick="historyCount()" type="button">방문 횟수</button>
    </body>
</html>
```

<실행 결과>

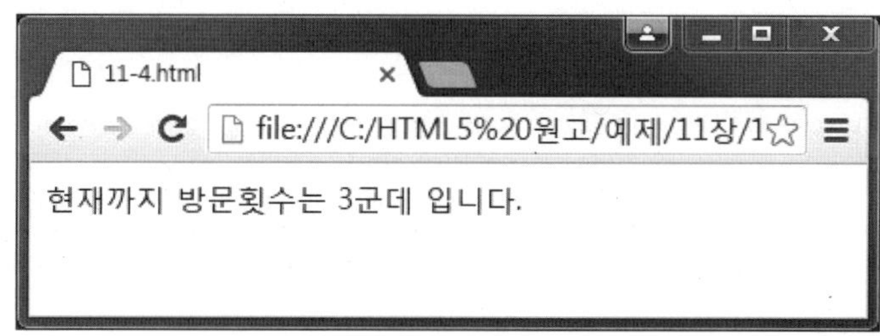

'방문 횟수' 버튼을 생성하고, 버튼 클릭시 history.length의 값을 출력함으로써 현재 브라우저에서 웹 사이트에 방문한 횟수를 알 수 있다.

2.2 history 객체 메소드

history 객체는 방문했던 웹 사이트의 URL 정보를 저장하고 있다. 그렇기 때문에 브라우저 상에서 '뒤로', '앞으로' 버튼을 클릭하면 해당 사이트로 이동이 가능한 것이다. 다음은 history 객체에서 지원하는 메소드들이다.

메소드	설명
back()	브라우저의 '뒤로' 기능처럼 히스토리에서 한 단계 뒤로 이동한다.
forward()	브라우저의 '앞으로' 기능처럼 히스토리에서 한 단계 앞으로 이동한다.
go()	'뒤로', '앞으로'와 같이 한 단계씩 이동이 아니라 괄호 안의 지정한 수 만큼 앞뒤 이동이 가능하다.

[표 11-3] history 객체 메소드

back() 메소드는 브라우저의 '뒤로' 버튼 기능처럼 방문 사이트의 이전 단계로 이동한다. forward() 메소드는 브라우저의 '앞으로' 버튼 기능처럼 방문 사이트의 이후 단계로 이동한다. go() 메소드의 경우는 전달인자로 이동할 단계의 숫자를 지정하는데, 양수이면 앞으로 이동하고, 음수이면 뒤로 이동한다. 예를 들어 go(−1)이면 back()과 동일한 효과이고, go(1)이면 forward()와 동일한 효과이다. 사용 형태는 다음과 같다.

```
history.back();
history.forward();
history.go(-2);
```

이 메소드들을 이용하여 예제를 작성해 보자.

<11-5.html>

```
<html>
    <head>
        <meta charset = "utf-8"/>
    </head>
    <body>
        <script = "text/javascript">
            function goBack()
            {
                history.back();
            }
            function goForward()
            {
                history.forward();
            }
            function goTo()
            {
                var step = document.getElementById("goText");
                history.go(step);
            }
        </script>
        <button onclick="goBack()">뒤로</button>
        <button onclick="goForward()">앞으로</button><br>
        이동 페이지 수 입력 : <input type="text" name="goText" value="-2"
        size="10">
        <button  onclick="goTo()">go</button>
    </body>
</html>
```

<실행 결과>

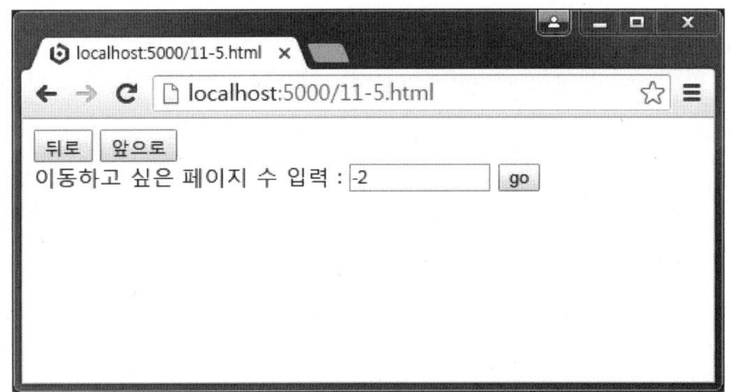

각각 두 개의 '뒤로'와 '앞으로' 버튼을 배치한다. '뒤로' 버튼은 goBack() 함수와 연결하고, 내부 구현은 history.back()으로 현재 페이지의 바로 이전 페이지로 이동한다. '앞으로' 버튼은 goForward() 함수와 연결하고, 내부 구현은 history.forward()로 현재 페이지의 바로 이후 페이지로 이동한다. 그리고, 'go' 버튼의 경우는 여러 단계의 페이지를 한 번에 이동할 수 있는 기능으로 페이지 수를 입력할 text 입력 창을 배치하였다. 입력된 페이지 수를 변수 step에 저장하고, history.go(step) 구현을 통해 원하는 페이지로 이동할 수 있다. 참고로 이 예제를 제대로 테스트하려면 이 예제 페이지에 방문하기 전후로 여러 다른 페이지에 방문하도록 하자.

3. navigator 객체

브라우저에는 여러 가지 브라우저가 존재하고 있기 때문에 브라우저마다 동작하는 메소드가 다른 경우도 있고, 버전마다 동작이 다른 경우도 있다. 이러한 경우 navigator 객체를 사용해서 사용자의 브라우저 종류가 무엇인지, 어떤 버전을 사용하고 있는지 확인한 후 그에 맞게 사용할 수 있다. 대표적인 예를 들면 이벤트 핸들러의 경우 IE(Internet Explorer)와 Netscape 버전으로 나눌 수 있는데, 이것을 조금 쉽게 이해하면 IE와 비IE로 나눈다고 볼 수도 있다.

IE	Netscape
attachEvent()	addEventListener()

[표 11-4] IE와 Netscape의 이벤트 핸들러 비교

우리가 앞에서 다루었던 이벤트 핸들러의 경우 비IE 브라우저에서는 addEventListener()를 사용했다면 IE 브라우저에서는 attachEvent()를 사용한다. 이는 과거 IE와 Netscape 간의 브라우저 전쟁의 잔재이다. 이러한 몇 가지의 경우를 제외하면 IE와 비IE 양쪽에서 모두 사용할 수 있다. 그리고, navigator 객체는 브라우저 정보를 담고 있지만, 그 정보를 다른 객체들처럼 수정할 수는 없다.

3.1 navigator 객체 속성

다음은 navigator 객체의 속성 정보들이다. 속성 정보들을 모두 나타내자면 더 있지만, 모든 속성 정보를 소개하는 것은 큰 의미는 없고, 대표적인 브라우저 속성 정보 몇 개만 살펴보도록 하자.

속성	설명
appCodeName	브라우저의 코드명을 표시한다.
appName	브라우저의 종류를 표시한다.
appVersion	브라우저의 버전을 표시한다.
platform	사용하고 있는 운영체제의 시스템 환경을 표시한다.
userAgent	브라우저의 정보를 표시한다.

[표 11-5] navigator 객체 속성

navigator 객체의 사용 형태는 다음과 같다. 브라우저의 코드명을 표시하는 형태이다.

```
navigator.appCodeName;
```

나머지 속성들도 이와 같이 사용하여 출력해 볼 수 있다. 간단한 예제를 통해서 navigator 객체 속성을 출력해보자.

<11-6.html>

```
<html>
    <head>
        <meta charset = "utf-8"/>
    </head>
    <body>
        <script = "text/javascript">
            document.write("appCodeName : " + navigator.appCodeName +
            "<p>");
            document.write("appName : " + navigator.appName + "<p>");
            document.write("appVersion : " + navigator.appVersion +
            "<p>");
            document.write("platform : " + navigator.platform + "<p>");
            document.write("userAgent : " + navigator.userAgent +
            "<p>");
        </script>
</body>
</html>
```

<실행 결과>

navigator 객체의 속성 중 브라우저에 대한 정보를 몇 가지 출력해 보았다. 그런데, 이렇게 일일히 정보를 출력하는 것은 조금 불편하다. 모든 정보를 한 번에 볼 수 있는 방법은 없을까? 코드를 다음과 같이 수정해보자.

<11-7.html>

```
<html>
    <head>
        <meta charset = "utf-8"/>
    </head>
    <body>
        <script = "text/javascript">
            for (var name in navigator){
                document.write(name + ": " + navigator[name] + "<p>");
            }
        </script>
</body>
</html>
```

<실행 결과>

11-7.html

file:///C:/HTML5%20원고/예제/11장/11-7.html

vendorSub:

productSub: 20030107

vendor: Google Inc.

maxTouchPoints: 0

hardwareConcurrency: 4

appCodeName: Mozilla

appName: Netscape

appVersion: 5.0 (Windows NT 6.1; Win64; x64) AppleWebKit/537.36 (KHTML, like Gecko) Chrome/50.0.2661.102 Safari/537.36

platform: Win32

product: Gecko

userAgent: Mozilla/5.0 (Windows NT 6.1; Win64; x64) AppleWebKit/537.36 (KHTML, like Gecko) Chrome/50.0.2661.102 Safari/537.36

language: ko

languages: ko-KR,ko,en-US,en

onLine: true

cookieEnabled: true

doNotTrack: null

geolocation: [object Geolocation]

plugins: [object PluginArray]

mimeTypes: [object MimeTypeArray]

webkitTemporaryStorage: [object DeprecatedStorageQuota]

webkitPersistentStorage: [object DeprecatedStorageQuota]

serviceWorker: [object ServiceWorkerContainer]

getBattery: function getBattery() { [native code] }

sendBeacon: function sendBeacon() { [native code] }

getGamepads: function getGamepads() { [native code] }

navigator 객체를 for 반복문을 통해서 수행을 하면서 navigator 객체의 속성 요소를 배열을 통해 얻어올 수 있다. 즉, 반복의 범위는 navigator[name]의 시작부터 navigator[name]의 요소의 마지막까지이다. name은 navigator 객체 속성의 이름이 된다. 실행 결과를 보면 navigator 객체 속성의 이름과 값이 모두 출력된 것을 확인할 수 있다. 그런데, 이 속성 정보들을 출력은 하였지만, 딱히 이 정보를 가지고 무엇을 할 수 있을지 아직 잘 모르겠다. 예를 들면, 이 정보를 이용하여 브라우저의 이름을 식별하여 분기하는 예제를 간단하게 작성해 보자. 최근 다양한 웹브라우저 사용의 증가로 브라우저 체크 기능은 필요한 기능이기는 하다.

<11-8.html>

```
<html>
    <head>
        <meta charset = "utf-8"/>
    </head>
    <body>
        <script = "text/javascript">
            var agent = navigator.userAgent.toLowerCase();
            if (agent.indexOf("chrome") != -1) {
                document.write("<h1>" + "크롬 브라우저입니다."+ "</h1>");
            }else if(agent.indexOf("firefox") != -1) {
                document.write("<h1>" + "파이어폭스 브라우저입니다."+ "</h1>");
            }
        </script>
</body>
</html>
```

<실행 결과>

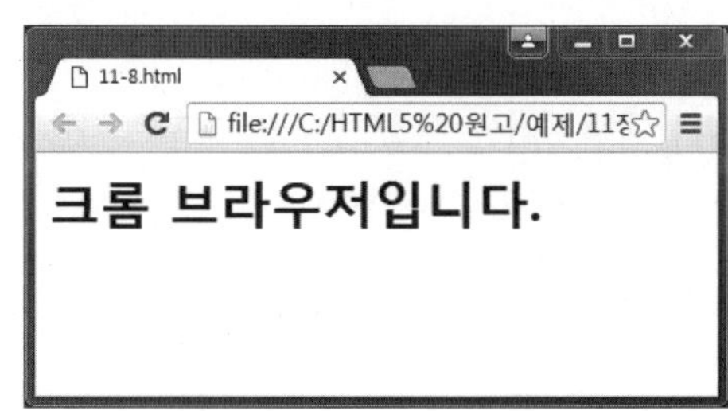

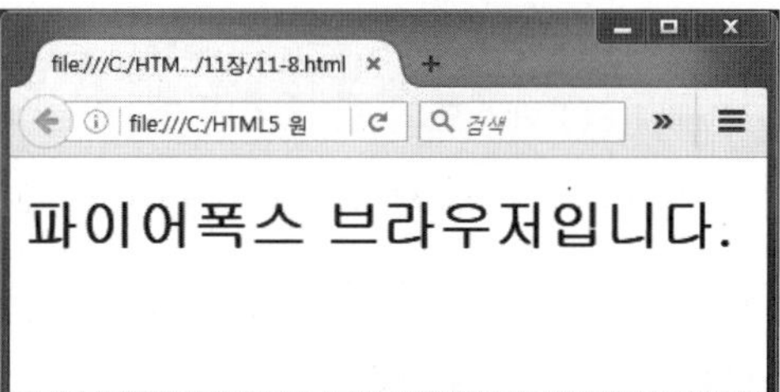

navigator.userAgent 속성 정보를 통해 얻어온 문자열을 보면 크롬의 경우 이러한 문자열이 나타난다.

```
Mozilla/5.0 (Windows NT 6.1; Win64; x64) AppleWebKit/537.36 (KHTML,
like Gecko) Chrome/50.0.2661.102 Safari/537.36
```

이 문자열을 toLowerCase() 메소드를 통해 소문자로 변환하고, indexOf() 메소드를 통해 소문자 "chrome"이라는 문자열이 있는지 확인하고 있다. 속성 정보의 문자열을 보면 "Chrome"이라는 문자열이 전체 문자열 후반부에 존재하고 있는 것을 발견할 수 있다. 파이어폭스 또한 같은 원리로 userAgent 속성 정보에 "Firefox"라는 문자열이 포함되어 있으므로 파이어폭스를 통해 이 예제를 수행하게 되면 "파이어폭스 브라우저입니다."라는 문자열이 출력된다.

3.2 navigator 객체 메소드

이번에는 navigator 객체 메소드에 대해 알아보자. 단 두 가지의 메소드만 제공하고 있는데, 각각 javaEnabled() 메소드와 taintEnabled() 메소드이다.

메소드	설명
javaEnabled()	자바의 지원 여부를 확인한다. 반환값은 true/false
taintEnabled()	브라우저의 이상을 확인한다. 반환값이 true이면 이상, false이면 정상이다. 이 메소드의 경우 자바스크립트 1.2 버전에서는 삭제되었다.

[표 11-6] navigator 객체 메소드

taintEnabled() 메소드의 경우 자바스크립트 1.2 버전에서부터는 사용되지 않으므로 사용을 하지 않도록 한다. 사용되지 않는 메소드를 굳이 소개하는 이유는 이전에는 사용되던 메소드인데 사용이 중단된 것이므로 사용에 혼동을 피하고자 함이다. javaEnabled() 메소드를 사용한 예제를 작성해보자.

<11-9.html>

```
<html>
    <head>
        <meta charset = "utf-8"/>
    </head>
    <body>
        <script = "text/javascript">
            var java = navigator.javaEnabled();

            if (java) {
                document.write("<h1>" + "자바를 지원하는 브라우저입니다." +
                "</h1><p>");
            }else {
                document.write("<h1>" + "자바를 지원하지 않는 브라우저입니다."+
                "</h1><p>");
            }
        </script>
    </body>
</html>
```

<실행 결과>

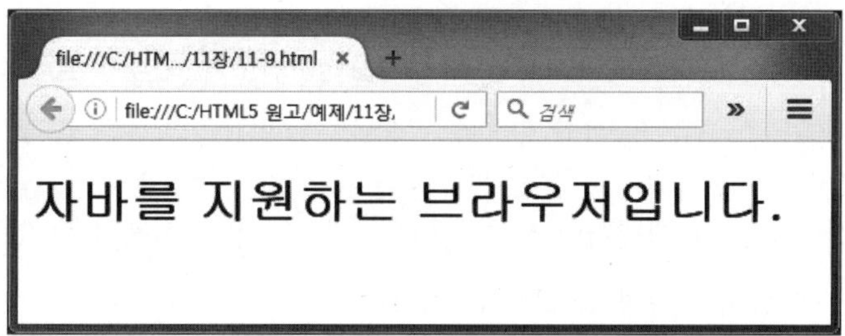

javaEnabled()의 반환값은 true/false이다. true이면 브라우저에서 자바 사용을 지원하는 것이고, false이면 자바 사용을 지원하지 않는다는 의미이다.

4. screen 객체

screen 객체는 웹브라우저의 화면이 아니라 운영체제 화면의 크기 정보, 사용 가능한 색상 수 등의 정보들이 포함된다. 다음은 screen 객체의 속성 정보들이다.

속성	설명
availHeight	실제 화면의 사용 가능한 높이
availWidth	실제 화면의 사용 가능한 넓이
colorDepth	사용 가능한 색상 수
Height	화면의 높이
pixelDepth	한 픽셀당 비트 수
width	화면의 넓이

[표 11-7] screen 객체 속성

availWidth와 availHeight 속성의 경우는 실제로 사용 가능한 화면의 크기를 나타내며, 데스크톱의 작업 표시줄과 같은 공간은 이 범위에서 제외된다. screen 객체의 속성 정보를 사용하는 형태는 다음과 같다.

```
screen.availHeight;
```

screen 객체 또한 navigator 객체처럼 정보를 읽을 수는 있지만, 설정할 수 있는 정보는 아니다. screen 객체를 이용하여 속성 정보를 출력해 보자.

<11-10.html>

```
<html>
    <head>
        <meta charset = "utf-8"/>
    </head>
    <body>
```

```
        <script = "text/javascript">
            document.write("width : " + screen.width + "<p>");
            document.write("height : " + screen.height + "<p>");
            document.write("availWidth  : " + screen.availWidth  +
            "<p>");
            document.write("availHeight  : " + screen.availHeight  +
            "<p>");
        </script>
    </body>
</html>
```

<실행 결과>

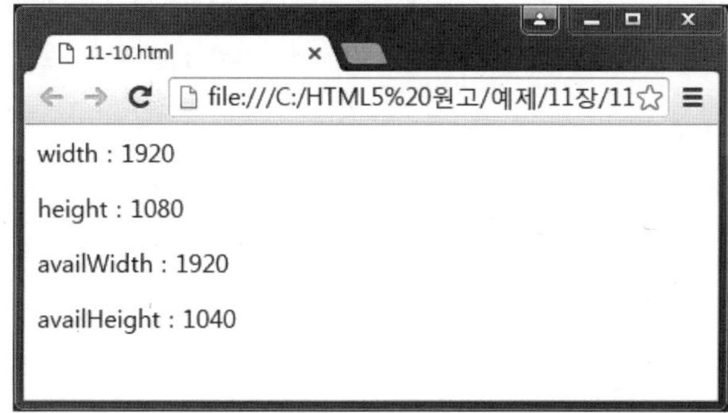

screen 객체의 현재 넓이와 높이 정보인 width와 height를 출력하였고, 사용 가능한 넓이 정보인 availWidth와 사용 가능한 높이 정보인 availHeight를 출력하였다. 전체 높이는 1080인데, 사용 가능한 높이가 1040으로 40픽셀이 빠지는 이유는 데스크탑의 작업 표시줄 공간이 제외되었기 때문이다.

이번에는 screen 객체의 전체 속성 정보를 모두 출력해보는 예제를 작성해 보자. for 반복문을 이용하여 screen객체의 배열 요소값을 가져오되, 처음부터 마지막 요소까지 가져올 수 있다.

<11-11.html>

```
<html>
    <head>
        <meta charset = "utf-8"/>
```

```
    </head>
    <body>
        <script = "text/javascript">
            for (var name in screen){
                document.write(name + ": " + screen[name] + "<p>");
            }
        </script>
    </body>
</html>
```

<실행 결과>

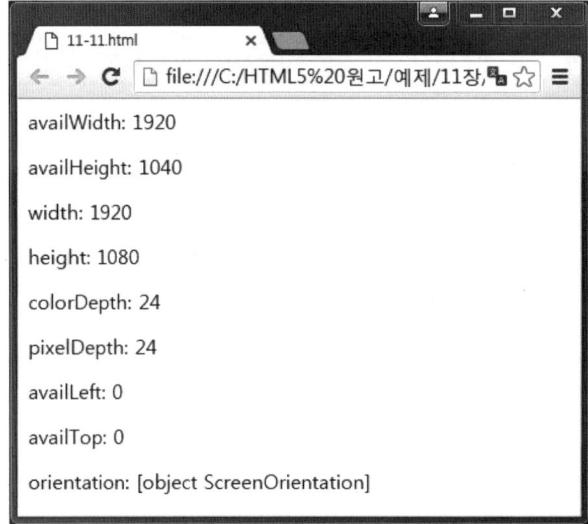

Chapter

12 도큐먼트 객체

책의 가장 좋은 영향력은
독자로 하여금 스스로 행동하도록 자극하는 것이다.
– 칼라일 –

이번 시간에는 자바스크립트의 최상위 객체인 window 객체로부터 한 단계 파생된 도큐먼트 객체에 대해 알아보도록 하자. 도큐먼트 객체는 이름의 의미대로 문서를 나타내는데, 우리가 만드는 브라우저 상의 콘텐츠가 말 그대로 문서이다. 그러므로 실제로 브라우저에 표현되는 문서의 요소들을 다루는 객체라고 보면 된다.

1. document 객체

document 객체는 window 객체의 하위 객체로 웹 문서와 관련된 여러 정보를 가지고 있는데 태그 속의 내용과 관련하여 처리할 수 있다. 수많은 내용을 처리할 수 있는 기능이 있지만 document 객체를 이용하여 직접 처리하기도 하고, 파생된 하위 객체들을 이용하여 처리하기도 한다. 하위 객체로는 layer, link, image, area, anchor, applet, form 등이 있는데 문서의 링크 지정, 이미지 지정, 책갈피 지정, 폼 지정 등이 이에 해당한다.

1.1 document 객체 속성

document 객체로 사용할 수 있는 속성은 다음과 같다.

속성	설명
anchors	책갈피를 지정한다.
applets	웹 문서 안의 자바 애플릿을 참조한다.
bgColor	웹 문서의 배경색을 지정한다.
cookies	쿠키값을 저장한다.
domain	현재 서버의 도메인을 지정한다.

속성	설명
embeds	플러그인을 설정한다.
fgColor	글자색을 지정한다.
forms	폼을 지정한다.
images	이미지를 지정한다.
layers	레이어를 지정한다.
lastModified	웹 문서의 최종 수정일을 지정한다.
links	링크를 지정한다.
location	현재 문서의 주소를 지정한다.
referrer	현재 문서를 호출한 페이지의 주소를 지정한다.
title	현재 문서의 제목을 지정한다.
URL	현재 문서의 주소를 저장한다.

[표 12-1] document 객체 속성

이 속성 중에 bgColor와 fgColor를 사용하여 페이지의 배경색과 글자색을 변경하는 예제를 작성해 보자.

<12-1.html>

```
<html>
    <head>
        <meta charset = "utf-8"/>
    </head>
    <body>
        <script = "text/javascript">
            var colorValue;
            function backColor()
            {
                colorValue = document.getElementById("colorValue");
                document.bgColor = colorValue.value;
            }
            function textColor()
            {
                colorValue = document.getElementById("colorValue");
```

```
            document.fgColor = colorValue.value;
        }
    </script>
    <h1>배경색과 글자색을 변경합니다.</h1>
    색상 입력 : <input  type = "text" id = "colorValue" value = ""><p>
    <button onclick="backColor()">배경색 변경하기</button>
    <button onclick="textColor()">글자색 변경하기</button>
  </body>
</html>
```

<실행 결과>

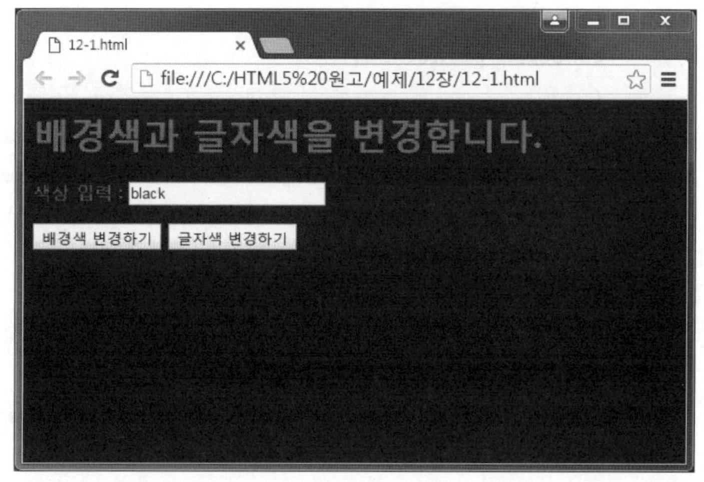

배경색 변경 버튼과 글자색 변경 버튼 두 개를 생성하고, 텍스트박스에 색상 이름을 입력한 후 두 버튼 중에 하나를 선택하면 배경 또는 글자 색이 변경된다. 이 때 배경색을 변경하는 함수인 backColor()에서는 텍스트로부터 색상 정보를 가져와 bgColor 속성에 값을 대입하고 있다. 글자 색을 변경하는 경우에는 textColor()에서 마찬가지로 텍스트로부터 색상 정보를 가져와 fgColor 속성에 값을 대입하고 있다.

이번에는 색상 정보가 아닌 문서 정보를 출력하는 예제를 작성해 보자. 형태는 앞의 예제와 같이 두 개의 버튼과 한 개의 텍스트박스를 배치하도록 하자. 텍스트박스에는 현재 문서의 변경할 타이틀 제목을 입력하기 위함이고, 한 개의 버튼은 '타이틀 변경하기' 또 하나의 버튼은 '문서 정보 출력하기' 기능이다. 다음과 같이 작성하자.

<12-2.html>

```
<html>
    <head>
        <meta charset = "utf-8"/>
    </head>
    <body>
        <script = "text/javascript">
            function changeTitle()
            {
                var docValue = document.getElementById("titleValue");
                document.title = docValue.value;
            }
            function printInfo()
            {
                var docInfo = "문서가 최근 바뀐 날짜 : " + document.
                lastModified + "\n\n" + "현재 URL : " + document.URL +
                "\n\n" + "문서 제목 : " + document.title + "\n\n";
                alert(docInfo);
            }
        </script>
        <h1>문서 타이틀 변경 및 문서 정보 출력하기</h1>
        타이틀 입력 : <input  type = "text" id = "titleValue" value = "
        새문서"><p>
        <button onclick="changeTitle()">타이틀 변경하기</button>
        <button onclick="printInfo()">문서 정보 출력하기</button>
    </body>
</html>
```

<실행 결과>

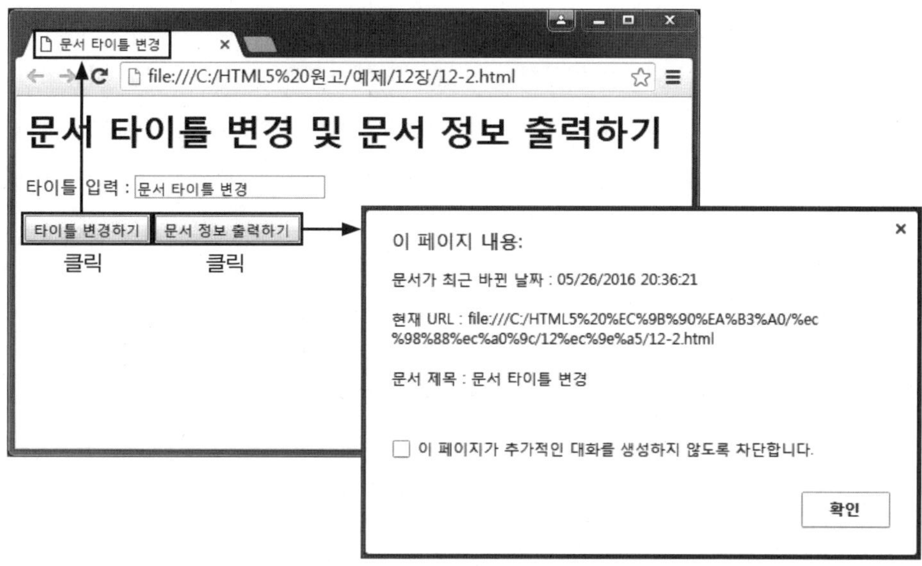

텍스트박스에 변경할 타이틀명을 입력하고 '타이틀 변경하기' 버튼을 누르면 브라우저 상단의 타이틀 바의 제목이 변경되는 것을 확인할 수 있다. 타이틀을 변경하는 함수인 changeTitle() 안에서는 텍스트박스에 입력된 값을 가져와서 title 속성에 대입하고 있다. 그리고, '문서 정보 출력하기'의 경우는 단순히 경고 메시지 창에 정보를 보여주고 있는데, 문서를 마지막으로 수정한 날짜 정보인 lastModified, 현재 문서의 URL 정보 그리고 현재 문서의 타이틀인 문서 제목을 출력하고 있다.

1.2 document 객체 메소드

document 객체로 사용할 수 있는 메소드는 다음과 같다.

속성	설명
clear()	문서를 깨끗이 지운다.
close()	open() 메소드를 통해 기록하기 시작한 기록을 종료한다.
open()	문서에 기록을 시작한다.
write()	문서에 내용을 표시한다.
writeln()	문서에 내용을 표시하되, 메소드를 시작할 때마다 개행하여 새로운 줄에 표시한다.

[표 12-2] document 객체 메소드

기본적으로 새로운 문서를 작성할 때는 open() 메소드를 사용하여 문서를 시작하고, 문서의 기록이 끝나면 close() 메소드를 사용하여 문서 기록을 종료한다. open()과 close() 사이에서 write() 메소드를 통해 문서의 내용을 기록한다. writeln() 메소드는 write()와 같은 기능의 메소드이지만 한 가지 차이는 문서의 내용을 출력할 때 먼저 개행을 하기 때문에 새로운 줄에 출력을 한다는 점이다. clear() 메소드는 write() 메소드를 통해 기록한 문서의 내용들을 깨끗이 지우는 기능을 한다. 이 메소드들을 이용하여 메인 페이지로부터 새로운 문서인 팝업 윈도우를 출력해 보도록 하자.

팝업 윈도우는 새로운 문서이므로 document 객체의 메소드를 사용하여 문서를 작성해야 한다. 예제는 먼저 새로운 문서를 시작하기 위해 open() 메소드로 시작을 하고, write()를 통해 텍스트와 이미지를 출력하도록 할 것이다. 그리고, 작성이 끝나면 close() 메소드로 마무리를 한다. 또한, 출력한 문서를 clear() 메소드를 통해 지울 수 있게 한다. 다음과 같이 작성해 보자.

<12-3.html>

```
<html>
    <head>
        <meta charset = "utf-8"/>
    </head>
    <body>
        <script = "text/javascript">
            var newWin;
            function newOpen()
            {
                newWin = window.open('', '', 'width = 350, height =
                600');
                newWin.document.open();
                newWin.document.write("<h1><center>베스트 셀러
                </center></h1>");
                newWin.document.write('<img src="image/C++.jpg"
                width=330 height=460>');
                newWin.document.close();
            }
```

```
            function newClear()
            {
                newWin.document.open();
                newWin.document.clear();
                newWin.document.close();
            }
        </script>
        <h1>새 문서 직접 만들기</h1>
        <button onclick="newOpen()">새 문서 열기</button>
        <button onclick="newClear()">문서 지우기</button>
    </body>
</html>
```

<실행 결과>

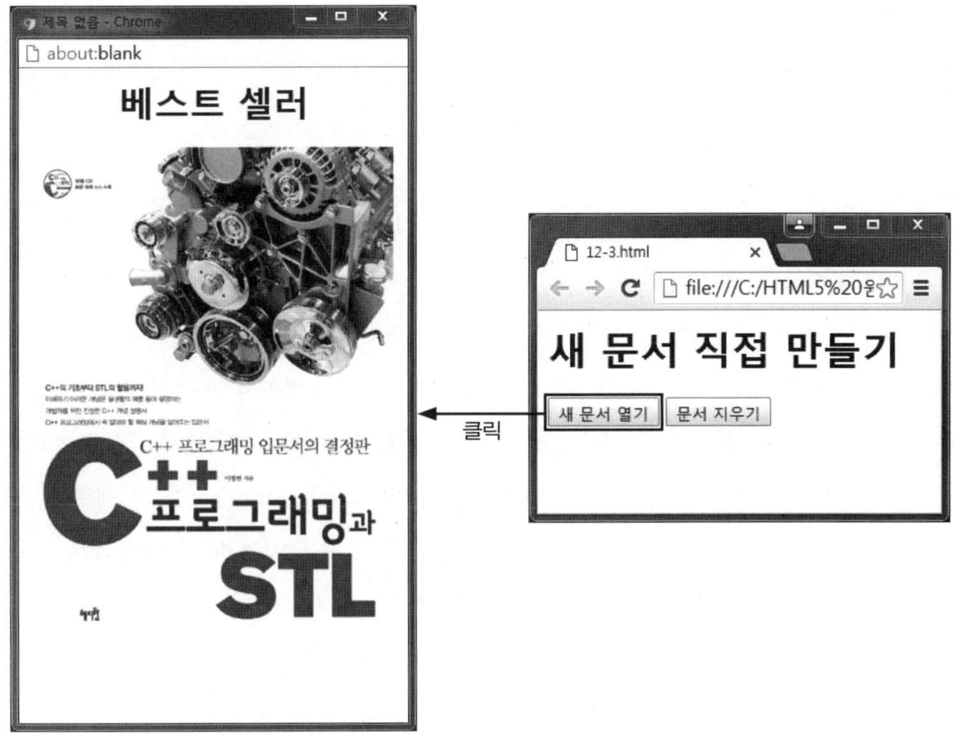

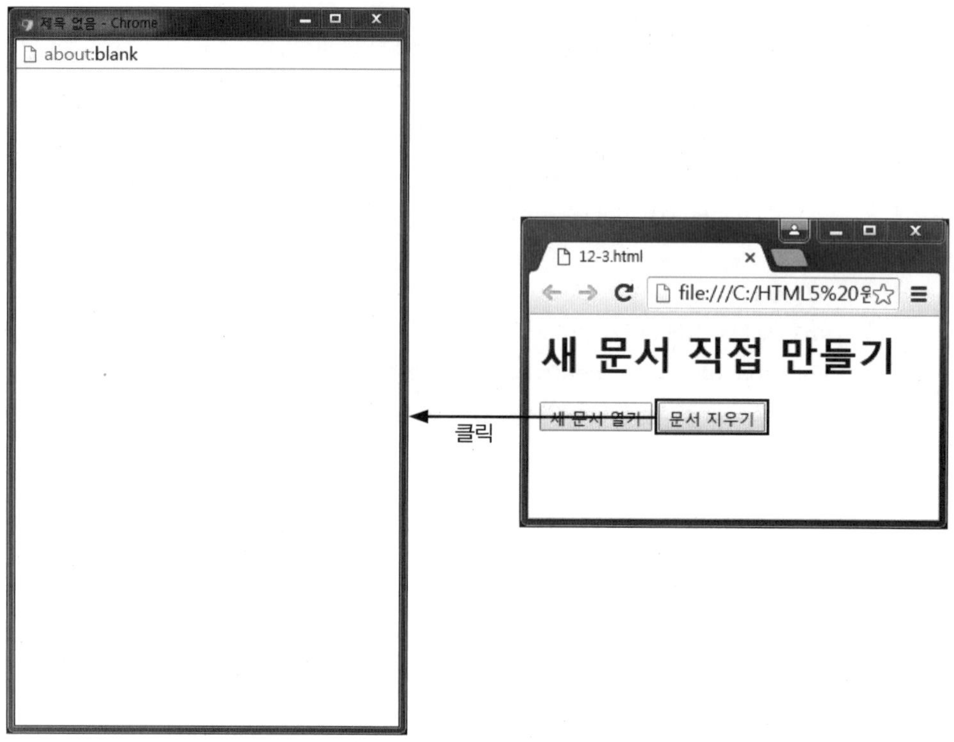

실행 결과를 보면 '새 문서 열기' 버튼을 클릭하면 새 윈도우가 생성되면서 텍스트와 이미지가 나타난다. 그 다음에 '문서 지우기' 버튼을 클릭하면 출력되었던 텍스트와 이미지가 모두 사라진다. 먼저 '새 문서 열기' 버튼을 클릭했을 때 문서를 작성하기 위한 윈도우를 새로 생성한다. 우리가 앞서 배웠던 window 객체의 open() 메소드를 이용하여 윈도우를 생성한 후 반환값인 객체 newWin을 받는다. 이후 생성하는 document 객체는 newWin 기반에서 작성할 것이다. 즉, 새로 생성한 윈도우에 새 문서를 작성하기 때문이다. document.open()으로 새로운 문서 작성을 시작하고, document.close()로 문서 작성을 끝낸다. 그 사이에 document.write() 메소드로 텍스트 및 이미지를 출력하였다. 다음으로 '문서 지우기' 버튼을 클릭했을 때 마찬가지로 document.open()와 document.close() 사이에서 document.clear() 메소드를 사용하여 현재 작성되어 있는 모든 문서를 삭제한다.

문자열 안에 문자열 표현하기

자바스크립트에서 문자열을 표현할 때 사용하는 따옴표는 큰 따옴표(" ") 또는 작은 따옴표(' ') 모두 사용이 가능하다. 예를 들어서 document.write('베스트셀러');나 document.write("베스트셀러"); 모두 맞는 문법이다. 그런데, 간혹 문자열 안에 문자열이 들어가는 중첩이 발생하는 경우가 있다. 말하자면 다음과 같은 상황이다.

document.write("베스트셀러는 "C++ 프로그래밍과 STL" 입니다.");

이 문장의 경우 오류가 발생한다. 왜냐하면 큰 따옴표가 중첩되어 사용되었기 때문이다. 그렇다면 이러한 문자열 안에 문자열을 표현해야 하는 경우는 어떻게 해결할 수 있는가? 이 때는 바깥쪽 문자열을 큰 따옴표를 사용하였다면 안쪽 문자열은 작은 따옴표를 사용하고, 반대로 바깥쪽 문자열이 작은 따옴표를 사용하였다면 안쪽 문자열은 큰 따옴표를 사용하면 된다. 이와 같이 작성하면 된다.

document.write("베스트셀러는 'C++ 프로그래밍과 STL' 입니다.");

이번에는 write() 메소드와 writeln() 메소드와의 차이를 알아보기 위한 예제를 작성해 보자.

<12-4.html>

```
<html>
    <head>
        <meta charset = "utf-8"/>
    </head>
    <body>
        <pre>
        <script = "text/javascript">
            //write() 메소드
            document.write("<h1>write() 메소드</h1>");
            document.write("<h2>별 하나에 추억과 ");
            document.write("별 하나에 사랑과 ");
            document.write("별 하나에 쓸쓸함과</h2><p><p>");

            //writeln() 메소드
            document.write("<h1>writeln() 메소드</h1>");
            document.writeln("<h2>별 하나에 추억과");
```

```
            document.writeln("별 하나에 사랑과");
            document.writeln("별 하나에 쓸쓸함과</h2>");
        </script>
        </pre>
    </body>
</html>
```

<실행 결과>

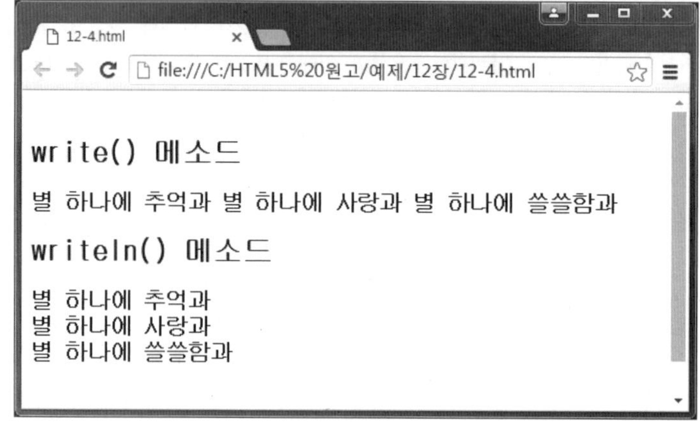

write() 메소드로 여러 문장을 출력하게 되면 개행이 되지 않은 채로 한 줄에 출력이 되는 것을 볼 수 있는 반면 writeln() 메소드로 여러 문장을 출력하게 되면 문장 시작시 자동 개행이 되어 출력되는 것을 확인할 수 있다. 여기서 주의할 점이 있는데 writeln() 메소드가 정상 동작하기 위해서는 외부에 〈pre〉〈/pre〉 태그를 사용해야 한다. 만약 이 태그를 사용하지 않고 writeln() 메소드를 사용한다면 write() 메소드를 사용한 형태와 동일하게 나타날 것이다.

2. anchor 객체

2.1 앵커의 의미

앵커(anchor)란 사전적인 의미로 바다를 항해하는 배의 '닻'을 의미한다. 그런데, 인터넷 상에서 앵커라는 용어가 쓰이는 이유는 흔히 인터넷을 정보의 바다라고 표현하기 때문이다. 우리는 인터넷에서 정보를 찾아다니는 것을 웹 서핑(surfing)이라고도 표현한다. 아무튼 웹상에서 앵커의 의미는 하이퍼링크(hyperlink)와 마찬가지로 밑줄이 그어진 단어나 문장을 나타내며 클릭을 하게 되면 다른 페이지로 이동하게 된다.

2.2 anchor 객체의 속성

anchor 객체는 document 객체의 하위 객체로 문서에 설정한 책갈피 정보를 제공한다. 웹 문서에는 여러 개의 anchor가 들어 있기 때문에 anchor 정보는 배열 형태로 저장되어야 한다. anchor 객체는 문서에 설정한 순서대로 anchor들이 배열 형태로 저장된다. anchor의 정보로 지정되는 형태는 〈a href="#"〉와 〈a name=" "〉같이 서로 지정된 링크에 대한 정보를 가지고 있는 객체들이다. anchor 객체를 사용하는 형태는 다음과 같다.

```
document.anchors[인덱스];
document.anchors.속성;
```

문서에서 가장 먼저 나타나는 anchor를 순서대로 document.anchors[0], document.anchors[1], document.anchors[2]...의 형태로 저장한다. 각각의 anchor 객체를 통해 속성에 접근할 수 있는데 anchor 객체의 속성은 다음과 같다.

속성	설명
length	문서에 삽입된 책갈피 개수를 알려준다. 즉, 〈a〉 태그 요소들의 수를 반환한다.
name	책갈피의 이름을 알려준다.
text	책갈피로 설정한 문자열을 알려준다.
x, y	해당 anchor의 x, y 좌표를 알려준다.

[표 12-3] anchor 객체 속성

anchor의 속성 중에 length는 문서에 삽입된 anchor, 즉 책갈피의 개수를 알려준다. length 속성을 이용하여 anchor의 개수를 출력하고, 저장된 anchor의 이름을 출력하는 예제를 작성해 보자.

<12-5.html>

```
<html>
    <head>
        <meta charset = "utf-8"/>
    </head>
    <body>
        <a href="#MFC"> MFC 시스템 프로그래밍</a> <P>
        <a href="#API"> Win32 기반 API 프로그래밍 </a> <P>
        <a href="#C++"> C++ 프로그래밍과 STL </a> <P>
        <hr>
        <br><br><br><br><br><br><br><br><br><br><br>

        <a name="MFC"> MFC 시스템 프로그래밍 </a><P>
        <img src = "image/MFC.jpg"><br>
        <a name="API"> Win32 기반 API 프로그래밍 </a><P>
        <img src = "image/API.jpg"><br>
        <a name="C++"> C++ 프로그래밍과 STL</a><P>
        <img src = "image/C++.jpg"><br>
        <hr>

        <script = "text/javascript">
            document.write("anchor의 갯수 : " + document.anchors.length
            + "<br>");
            for(var i=0; i<document.anchors.length; i++)
                document.write(document.anchors[i].name + "<br>");
        </script>
    </body>
</html>
```

<실행 결과>

①번 클릭시

②번 클릭시

③번 클릭시

실행 결과를 수행해 보면 'MFC 시스템 프로그래밍' 클릭시 'MFC 시스템 프로그래밍'의 해당 이미지로 바로 이동하고, 'win32 기반 API 프로그래밍'과 'C++ 프로그래밍과 STL' 또한 클릭시 각각 해당 이미지로 바로 이동하는 것을 확인할 수 있다. 이러한 동작이 가능한 이유는 앵커(anchor)의 기능 때문이다.

문서 내에서 책갈피 기능으로 각각 〈a href = "#MFC"〉과 〈a name = "MFC"〉, 〈a href = "#API"〉과 〈a name = "API"〉, 〈a href = "#C++"〉과 〈a name = " C++"〉로 설정하였다. 즉, 각 앵커의 이름으로 식별하여 바로 이동이 가능하다. 자바스크립트 코드를 보면 document.anchors.length를 통해 앵커의 전체 개수를 얻어올 수 있는데 총 3개이다. 전체 개수를 통해 그 수만큼 반복하며 앵커의 이름을 얻어올 수 있다.

마찬가지로 anchors 객체를 이용하는데 앵커의 전체 개수인 3만큼 반복을 하며 document.write(document.anchors[i].name + "〈br〉"); 문장을 수행한다. 이 때, 앵커는 배열로 관리되며 anchors[i].name과 같이 해당 인덱스의 이름을 얻어올 수 있다. 결국 i는 반복문을 수행하면서 0, 1, 2가 되고, 그에 해당하는 앵커의 이름은 'MFC', 'API, 'C++'가 출력되는 것을 확인할 수 있다.

3. link 객체

3.1 링크의 의미

링크라는 것은 이미 HTML에서 배운 바대로 연결한다는 의미이다. 자바스크립트에서의 link 객체 또한 웹 문서 안에서 연결하는 모든 링크 정보들을 가지고 있다. 다음과 같은 형태를 하나의 링크로 간주한다.

```
<a href = "http:// www.hyejiwon.co.kr"> 혜지원 </a>
```

앵커와 마찬가지로 링크 또한 하나의 웹 문서에 여러 개가 존재하기 때문에 links라는 배열 형태로 저장된다. 사용 형태는 다음과 같다.

```
document.links[인덱스];
document.links.속성;
```

링크 개수는 앵커와 마찬가지 형태로 document.links.length 속성을 사용하면 현재 문서에서 링크된 전체 개수를 얻어올 수 있다.

3.2 links 객체의 속성

links 객체의 속성에는 링크와 관련된 여러 가지 정보들이 있는데 속성 정보들은 다음과 같다.

속성	설명
hash	표식 이름을 지정한다.
host	링크에 연결된 호스트 이름과 포트 번호를 지정한다.
hostname	링크에 연결된 호스트 이름을 지정한다.
href	링크에 연결된 URL을 지정한다.
pathname	폴더의 경로를 지정한다.
port	포트 번호를 지정한다.
protocol	프로토콜의 종류를 지정한다.
search	검색 엔진을 호출한다.
target	지정된 URL 문서를 보여줄 타겟을 표시한다.

[표 12-4] link 객체 속성

links 객체와 속성 정보들을 이용하여 웹 문서의 링크 정보를 출력하는 예제를 작성해 보자.

<12-6.html>

```
<html>
    <head>
        <meta charset = "utf-8"/>
    </head>
```

```
    <body>
        <a href="http://www.hyejiwon.co.kr" target="_blank">혜지원</a>
        <br>
        <a href="http://blog.naver.com/jamsuham75" target="_blank">내
        블로그</a> <br>
        <a href="http://edu.kosta.or.kr/index.action" target="_
        blank"> kosta </a> <br>
        <script language="javascript">
            for(var i=0; i<document.links.length; i++)
            {
                document.write("href : " + document.links[i].href +
                "<br>");
                document.write("pathname : " + document.links[i].
                pathname + "<br>");
                document.write("target : " + document.links[i].target
                + "<br><hr>");
             }
        </script>
    </body>
</html>
```

<실행 결과>

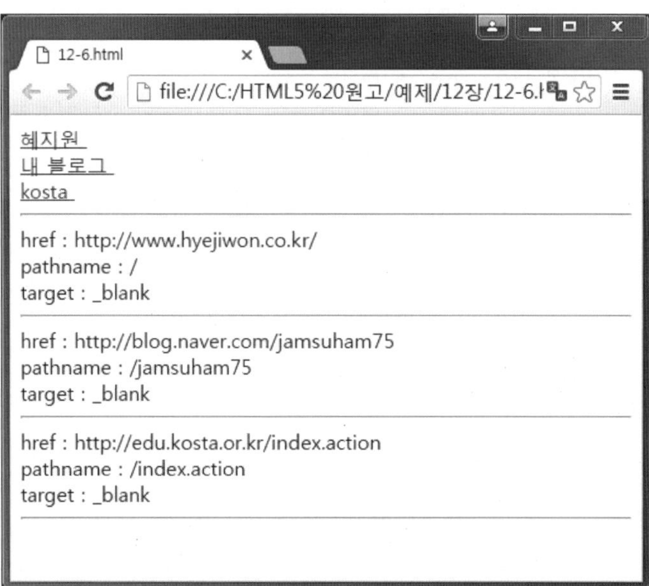

〈a href〉를 이용하여 세 개의 사이트에 링크를 설정하였다. 이에 links 객체를 통해 링크의 정보를 얻어올 수 있는데 document.links.length는 링크의 총 개수를 얻어 그 수만큼 반복을 한다. links 객체는 배열로 관리된다고 하였으므로 반복하는 동안 links[인덱스]를 통해 각 요소의 링크 정보를 얻을 수 있다. 예제에서는 사이트의 주소인 href, 사이트 내의 경로인 pathname 그리고 페이지를 출력할 대상인 target 정보를 출력하였다.

4. image 객체

앞에서 살펴본 anchor와 link 객체는 〈a〉 태그와 같이 링크된 요소들과 연관이 있었다면, 지금 살펴볼 image 객체는 〈img〉 태그와 같은 이미지 요소들과 연관이 있다. image 객체는 〈img〉 태그와 같이 문서상에 삽입된 이미지를 모두 탐색하여 이미지의 정보들을 저장한다. 문서 안에 이미지가 여러 개 사용될 수 있기 때문에 이미지 정보들은 배열 형태로 저장하고 객체는 images를 사용한다. image 객체의 사용 형태는 다음과 같다.

```
document.images[인덱스].속성;
```

사용 형태를 보면서 앞서 살펴본 anchor, link 객체와 사용 패턴이 거의 동일함이 느껴지지 않는가? 이와 같이 여러분들이 document 객체의 기타 다른 하위 객체들을 사용할 때에 이러한 패턴만 인식하고 있다면 사용하는데 큰 문제는 없을 것이다. 다음은 이미지 객체의 요소에서 정보를 얻기 위한 속성들이다.

속성	설명
align	이미지의 정렬 방법을 지정한다.
border	이미지의 테두리 선을 표시한다.
complete	이미지 전송 완료 여부를 지정한다.
height	이미지의 세로 길이를 지정한다.

속성	설명
hspace	이미지의 좌우 여백을 지정합니다.
lowsrc	저해상도 이미지를 사용할 경우 저해상도 이미지의 위치를 지정한다.
name	이미지에 대한 이름을 지정한다.
src	이미지의 소스 파일을 지정한다.
vspace	이미지의 상하 여백을 지정한다.
width	이미지의 가로 길이를 지정한다.

[표 12-5] Image 객체 속성

문서상에 여러 개의 이미지가 설정되어 있다면 이미지 객체와 속성 정보를 이용하여 원하는 정보를 얻을 수 있다. 예를 들어 첫 번째 이미지의 소스와 이미지의 이름 정보를 가져오고 싶다면 각각 document.images[0].src와 document.images[0].name의 문장으로 확인할 수 있다. image 객체 또한 전체 개수를 얻어오기 위해서는 document.images.length를 사용한다. 다시 한 번 말하지만 앞에서 다루었던 객체들과 패턴이 동일함을 알 수 있다.

자, 이제 별다른 설명이 필요 없을 것 같다. 간단한 예제를 작성해 보자. 간단하게 3개의 이미지를 배치하고, 각 이미지의 속성 정보를 얻어와서 출력하는 예제이다.

<12-7.html>

```
<html>
    <head>
        <meta charset = "utf-8"/>
    </head>
    <body>
        <h1><center>베스트 셀러</center></h1>
        <hr>
        <img src = "image/MFC.jpg">
        <img src = "image/API.jpg">
        <img src = "image/C++.jpg">
        <hr>
        <script = "text/javascript">
```

```
        document.write("image 갯수 : " + document.images.length + "<br>");
        for(var i=0; i<document.images.length; i++)
        {
            document.images[i].border = 2;
            document.images[i].width = "210";
            document.images[i].height = "300";
        }
        for(var i=0; i<document.images.length; i++)
        {
            document.images[i].border;
            document.write("파일 경로 : " + document.images[i].src +
            "<br>");
            document.write("넓이 : " + document.images[i].width +
            "<br>");
            document.write("높이 : " + document.images[i].height +
            "<br>");
        }
        </script>
    </body>
</html>
```

<실행 결과>

총 3개의 이미지를 <img> 태그를 이용하여 화면에 출력하였다. 그런데, 이미지 사이즈를 원본 크기보다 작게 조절하고 싶고, 이미지에 테두리를 주고 싶다. 각각의 이미지는 image 객체에 배열로 관리되고 있으므로 모든 이미지에 똑같이 적용할 속성이므로 반복문을 이용하여 일괄 적용하였다. 테두리의 경우는 document.images[i].border = 2;와 같이 각 요소에 2만큼의 두께를 적용하였다. 그리고 이미지의 가로, 세로 크기는 각각 document.images[i].width = "210";와 document.images[i].height = "300";로 설정하여 각 요소의 이미지의 크기를 조절하였다.

Chapter

13 폼(form) 객체

언제나 현재에 집중할 수 있다면 행복할 것이다.
– 파울로 코엘료 –

폼생폼사라는 말이 있다. 이 말의 의미는 '폼에 살고, 폼에 죽는다.'는 뜻이다. 우리가 지금까지 자바스크립트를 공부하면서 내부적인 원리와 개념들을 익혀왔다. 하지만 이러한 것들이 잘 활용되기 위해서는 겉으로 잘 포장이 되어야 한다. 보기 좋은 떡이 먹기에 좋다는 속담이 있듯이, 아무리 내실 있는 내용일지라도 눈에 들어오지 않으면 아무 소용이 없다. 웹 사이트의 경우도 내용만 좋고, 구성이나 형태가 엉망이면 말 그대로 폼생폼사가 된다. 자바스크립트의 마지막 주제인 폼의 학습을 통해 웹 사이트를 조금 더 보기 좋고, 효율적인 형태로 발전시켜보자.

1. 폼 객체의 기본

1.1 폼(form) 객체란

폼(form) 태그에 대해서는 우리가 이미 3장. HTML 고급 태그에서 배운 바 있다. 이미 여러분들이 눈으로 보고 HTML을 통해 만들어 보기도 했기 때문에 폼이란 무엇인지에 대해 어쩌구 저쩌구 여러 말 하는 것은 지루하고 불필요한 설명에 지나지 않을 것이다. 폼 형태에 대한 설명은 대표적으로 회원 가입 페이지를 한 번 보면 설명이 거의 다 된다.

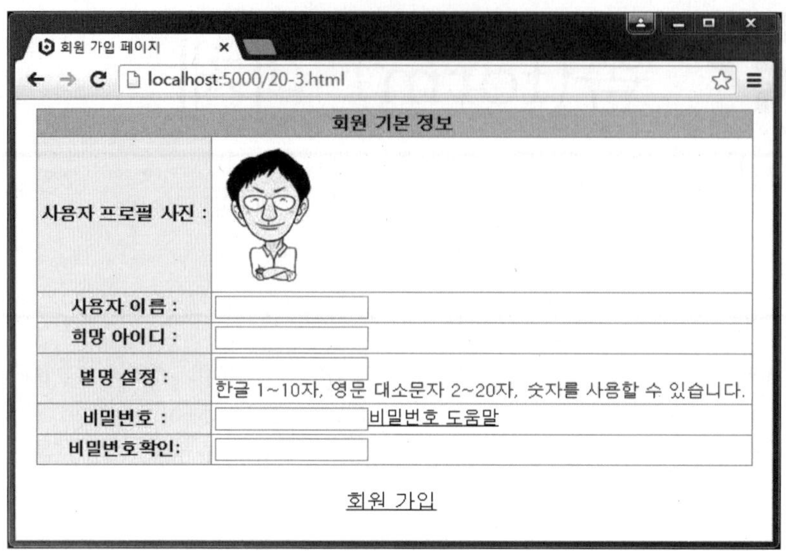

그림 13-1. 회원 가입 페이지

이미 우리는 HTML 기반에서 이러한 폼들에 대해 학습을 했고, 그림과 같은 회원 기본 정보 페이지를 제작할 수도 있다. 그렇다면 왜 굳이 자바스크립트에서 폼을 다시 다루는 것인가? 예를 들면 위의 그림에서 별명 설정에서 글자 제한을 나타내는 문구를 볼 수 있다. 즉, 한글은 10자, 영문은 20자까지 입력 가능하다는 것이다. 만약 글자가 너무 짧거나 초과되었을 경우 사용자에게 경고 메시지를 줄 수 있는데, 이것은 자바스크립트를 이용해야만 가능한 일이다. 즉, 기존 HTML만을 사용한 각 필드의 요소들은 단순히 사용자로부터 입출력 및 스타일 설정 위주였다면 자바스크립트를 사용함으로써 각 필드의 요소들을 제어할 수 있게 되는 것이다.

1) 폼 객체

폼(form) 객체는 document 객체의 하위에 있는 내장 객체로써 기존의 〈form〉 태그를 자바스크립트로 정의한 것이다. 사용 형태는 다음과 같다.

```
document.폼 이름.속성(메소드)
```

폼 객체는 document 객체의 하위에 있으므로 'document.폼' 이름으로 시작한다. 폼 이름은 폼 객체 하위의 여러 개의 폼 요소들이며 하위에 제공되는 폼 객체의 속성이나 메소드를 사용할 수 있다. 사용시 한 가지 주의할 점은 이와 같은 자바스크립트의 코드는 〈form〉 태그를 통해 폼이 삽입된 HTML 코드보다 아래쪽에 위치해야 한다는 것이다. 왜냐하면 자바스크립트를 통해 동작하는 요소들이 미리 정의되어 있어야 하기 때문이다.

2) 폼 객체의 하위 객체들

자바스크립트의 객체 구조에서 폼 객체의 경우는 window–document–form 구조의 하위에 위치하고 있다. 구조도는 다음과 같다.

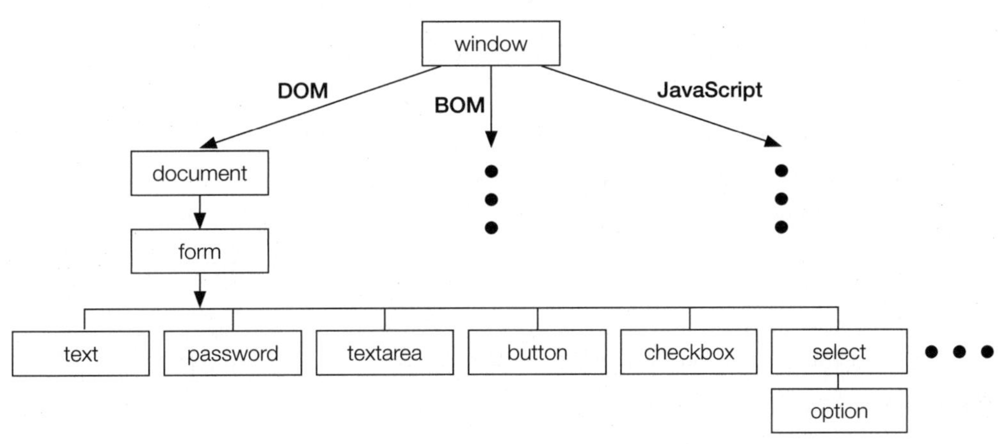

그림 13-2. 폼 객체의 계층 구조도

form 객체의 하위 또한 우리가 익히 살펴본 바 있는 〈input〉 태그를 통해 입력했던 폼 요소들이다.

1.2 폼(form) 객체의 속성

HTML 기반의 〈form〉 태그를 사용할 때 여러 가지 속성을 사용할 수 있었는데 이 속성들은 폼 객체의 속성을 사용해서 설정 및 수정이 가능하다. 다음은 폼 객체의 여러 가지 속성 목록이다.

속성	설명
name	폼의 name 속성 정보를 지정한다.
method	폼에 입력된 정보를 전송하는 방식을 지정한다.
action	submit 버튼 클릭시 실행할 루틴을 지정한다.
target	action에서 지정한 프로그램의 실행 결과를 표시할 대상을 지정한다.
elements	〈form〉 태그 안의 입력된 폼 요소들을 배열로 정의한다.
length	〈form〉 태그 안의 입력된 폼 요소들의 개수를 지정한다.

[표 13-1] 폼 객체 속성

폼 객체의 속성 중 name, method, action, target은 각각의 폼의 〈form〉 태그 안에서 사용되는 속성들이고 나머지 elements와 length 속성의 경우는 전체 폼 요소들에 대한 전체 리스트 및 개수를 나타낸다. elements는 배열 형식을 가지고 있으며 폼 요소들은 elements[0]부터 삽입된 순서대로 저장된다. 다음은 폼 객체의 속성의 사용 형태이다.

```
document.폼 이름.속성
document.폼 이름.elements[인덱스]
```

예를 들어 HTML 문서로 두 개의 버튼을 배치해 보도록 하자. 이 때 〈form〉 태그를 통해서 폼을 만들고 〈input〉 태그를 통해 두 개의 버튼을 배치한다.

<13-1.html>

```
<html>
    <head>
        <meta charset = "utf-8"/>
    </head>
    <body>
        <form name = "test">
            <input type = "button" name = "btn1" value = "첫 번째 버튼">
            <input type = "button" name = "btn2" value = "두 번째 버튼">
        </form>
```

```
        <script = "text/javascript">
            document.write("name : " + document.test.name + "<p>");
            document.write("method : " +document.test.method + "<p>");
            document.write("length : " +document.test.length + "<p>");
            document.write("elements[0].name:"+document.test.
            elements[0].name + "<p>");
            document.write("elements[0].value:"+document.test.
            elements[0].value + "<p>");
            document.write("elements[1].name:"+document.test.
            elements[1].name + "<p>");
            document.write("elements[1].name:"+document.test.
            elements[1].value + "<p>");
        </script>
    </body>
</html>
```

<실행 결과>

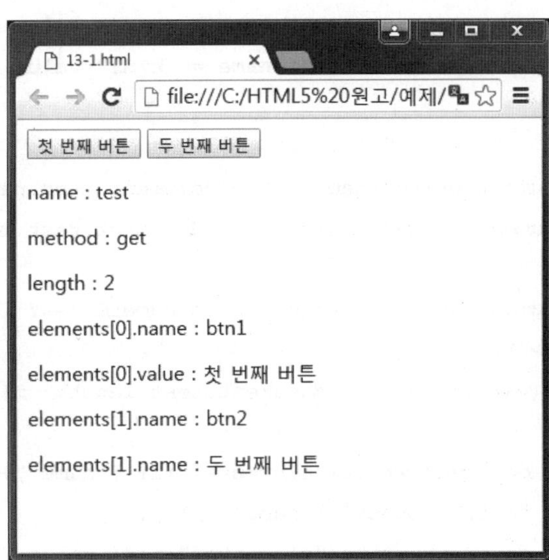

폼의 이름인 name은 'test'라고 설정하고, 각각 두 개의 버튼 'btn1'과 'btn2'를 삽입하였다. 여기까지는 우리가 HTML에서 배운 내용이므로 크게 새로울 것은 없다. 눈 여겨 볼 부분은 자바스크립트 영역에서 폼 객체를 활용하여 폼의 속성값을 출력하고 있다. 그리고 폼의 요소인 각각 두 개의 버튼의 이름과 값을 출력하고 있는 것을 확인하였다.

이번에는 기존 예제에 폼의 요소 중 텍스트박스를 두 개 더 추가한 후 코드를 간결하게 수정해 보자. 현재 코드의 구조는 폼의 요소가 늘어날수록 코드의 길이가 비례하여 늘어나는 구조이다.

<13-2.html>

```
<html>
    <head>
        <meta charset = "utf-8"/>
    </head>
    <body>
        <form name = "test">
            <input type = "text" name = "text1" size = "20" value =
            "첫 번째 입력"><p>
            <input type = "text" name = "text2" size = "10" value="두
            번째 입력"><p>
            <input type = "button" name = "btn1" value = "첫 번째 버튼">
            <input type = "button" name = "btn2" value = "두 번째 버튼">
        </form>
        <script = "text/javascript">
            document.write("name : " + document.test.name + "<p>");
            document.write("method : " +document.test.method +
            "<p>");
            document.write("length : " +document.test.length +
            "<p>");
            for(var i = 0; i < document.test.length; i++)
            {
                document.write("elements["+i+"].name:"+document.
                test.elements[i].name+"<p>");
                document.write("elements["+i+"].value:"+document.
                test.elements[i].value+"<p>");
            }
        </script>
    </body>
</html>
```

<실행 결과>

예제 13−1.html과 다른 점은 반복문을 사용하여 배열 형태인 elements 요소를 출력하고 있다는 점이다. elements는 배열 형태이고 폼 요소의 삽입 순서대로 인덱스가 결정된다. for문을 사용하여 document.test.length만큼 반복을 하면서 배열 elements의 각 요소의 속성을 출력하고 있다. text와 button의 속성 중 공통적인 name과 value의 속성만 출력하였다.

1.3 폼(form) 객체의 메소드

이번에는 폼 객체의 메소드에 대해 알아보자. 다시 〈form〉 태그를 이야기 해보면 회원가입과 같은 폼 양식을 보면 맨 아래쪽에 '등록' 버튼과 '다시작성' 버튼이 대부분 공식처럼 배치되어 있는 것을 볼 수 있다. 이 때 '등록'과 같은 버튼의 경우는 〈submit〉 태그를 사용하는데, 버튼을 누르는 순간 폼에 입력된 정보들을 action 속성에서 지정한 프로그램으로 넘겨서 처리하도록 한다. 그리고 '다시작성'과 같은 버튼의 경우는 〈reset〉 태그를 사용하는데, 사용자가 폼에 입력한 내용을 전부 다 지우고 새로 입력해야 하는 경우 사용한다.

이에 폼 객체에서도 이러한 기능을 다루는 두 개의 메소드가 제공되는데, 태그의 이름과 동일한 submit()과 reset() 메소드이다. 메소드는 다음과 같다.

메소드	설명
reset()	사용자가 입력한 폼의 내용들을 모두 지운다.
submit()	사용자가 입력한 폼의 내용들을 action에서 지정한 프로그램으로 넘긴다.

[표 13-2] 폼 객체 메소드

이 메소드들을 이용하여 '등록'과 '다시작성'의 기능을 간단하게 구현해 보자

<13-3.html>

```
<html>
    <head>
        <meta charset = "utf-8"/>
    </head>
    <body>
        <form name = "test">
            아이디 : <input type = "text" name = "id" size = "20" value
            = ""><p>
            패스워드 : <input type = "password" name = "password" size =
            "10" value=""><p>
            <input type = "submit" name = "btn1" value = "등록하기"
            onClick="register()">
            <input type = "reset" name = "btn2" value = "다시작성"
            onClick="reWrite()">     </form>
        <script = "text/javascript">
        function register()
        {
            document.test.submit();
            alert("회원가입을 축하합니다.");
        }
        function reWrite()
        {
            document.test.reset();
```

```
            alert("다시 입력하세요.");
        }
        </script>
    </body>
</html>
```

<실행 결과>

버튼의 타입을 각각 'submit'과 'reset'으로 등록하고, 버튼의 클릭 이벤트인 'onClick'으로 각각 이벤트 핸들러인 register()와 reWrite()를 등록하였다. '등록하기' 버튼을 클릭하면 이벤트 핸들러인 register()가 호출되고, 그 내부에서 submit() 메소드가 호출된다. action으로 지정한 프로그램이 없기 때문에 실제로 등록을 처리하지는 않고 메시지만 출력하고 있다. '다시작성'

버튼을 클릭하면 이벤트 핸들러인 reWrite()가 호출되고, 그 내부에서 reset() 메소드가 호출된다. reset() 메소드의 기능은 입력한 폼의 요소들을 초기화하는 기능을 하므로 입력한 텍스트박스의 내용들이 초기화되는 것을 확인할 수 있다.

1.4 폼(form) 객체의 이벤트

각각의 submit()과 reset() 메소드가 존재하므로 그에 대응하는 이벤트도 제공된다. 바로 onSubmit과 onReset 이벤트이다.

이벤트	설명
onReset	reset 버튼을 누를 경우 발생한다.
onSubmit	submit 버튼을 누를 경우 발생한다.

[표 13-3] 폼 객체 이벤트

앞의 예제 13-3.html에서는 일반 버튼에 'onClick' 이벤트를 이용하여 각각의 이벤트 핸들러인 register()와 reWrite()에 연결하였다. 이번에는 제공하는 이벤트인 onSubmit과 onReset를 이용하여 이벤트 핸들러를 등록해 보도록 하겠다.

<13-4.html>

```
<html>
    <head>
        <meta charset = "utf-8"/>
    </head>
    <body>
        <form name = "test" onSubmit = "register()" onReset =
        "reWrite()">
            아이디 : <input type = "text" name = "id" size = "20"
            value = ""><p>
            패스워드 : <input type = "password" name = "password" size
            = "10" value=""><p>
            <input type = "submit" name = "btn1" value = "등록하기">
```

```
            <input type = "reset" name = "btn2" value = "다시작성">
        </form>
        <script = "text/javascript">
            function register()
            {
                document.test.submit();
                alert("회원가입을 축하합니다.");
            }
            function reWrite()
            {
                document.test.reset();
                alert("다시 입력하세요.");
            }
        </script>
    </body>
</html>
```

기능적인 결과는 13-3.html과 동일하다. 다만 차이점은 이벤트 핸들러를 연결하는 방식인데, 앞의 예제에서는 일반 버튼의 이벤트 방식으로 'onClick' 이벤트 발생시 처리하도록 하였다면 13-4.html에서는 제공되는 이벤트인 onSubmit과 onReset을 〈form〉 태그 추가시 등록하였다. 두 예제 중에 무엇이 더 좋은 코드라고 우열을 가릴 비교 대상은 아니다. 다만, 제공되는 이벤트가 있다면 그것을 활용하는 것이 내부적으로는 조금 더 효율적이지 않을까 하는 생각으로 권장하는 것이다. 아무래도 해당 기능을 위해서만 제공되는 이벤트이니 말이다.

2. text 객체

HTML에서 ID 또는 이름과 같은 텍스트를 입력하도록 배치하였던 텍스트박스를 자바스크립트에서 text 객체를 통해 관리할 수 있다. 이미 텍스트박스를 배치하는 것은 HTML 과정을 통해서 학습하였고, 앞의 예제 13-4.html에서도 〈input type = "text"〉의 태그 사용으로 텍스트박스를 사용하였다. HTML을 통해 텍스트박스를 생성하는 구문을 다시 정리하여 보자.

```
<input type = "text" name = "텍스트박스 이름" value = "초기값"  onFocus = "
처리 명령" .......>
```

이렇게 생성된 텍스트박스를 자바스크립트를 이용하여 접근하는 방법을 살펴보자. 앞에서 살펴본 폼 객체의 접근 방법과 동일하다.

```
document.폼 이름.텍스트박스 이름
document.폼 이름.elements[인덱스]
```

text 객체는 폼 객체의 하위에 위치하므로 '폼 이름.텍스트박스 이름'으로 접근할 수 있고, elements에 배열로 저장이 되므로 인덱스의 값을 알고 있다면 '폼 이름.elements[0]'와 같은 형태로 접근이 가능하다. 두 방식 중에 편한 방식을 선택하여 사용하면 된다.

2.1 text 객체의 속성

〈input〉 태그를 통해 설정하였던 속성들은 text 객체에서도 사용할 수 있는 속성이 된다. text 객체의 속성은 다음과 같다.

속성	설명
defaultValue	값을 지정하지 않았을 경우 박스 안에 표시할 기본값을 지정한다.
name	텍스트박스의 이름을 지정한다.
value	텍스트박스에 입력한 내용을 지정한다.

[표 13-4] text 객체 속성

앞의 예제 13-4.html을 기반으로 text 객체의 속성을 이용한 코드를 작성해 보자. 앞의 예제에서는 두 텍스트박스에서 어떠한 텍스트 입력 없이 빈 텍스트로 '등록하기' 버튼을 눌렀을 때 그대로 등록이 되는 구조였다. 하지만, text 객체를 이용하여 속성을 사용할 수 있으므로 텍스트박스에 빈 텍스트로 등록이 되지 않도록 조건을 줄 수 있다. 즉, 각 텍스트박스의 value 속성이 " "인지 체크하면 된다.

<13-5.html>

```
<html>
    <head>
        <meta charset = "utf-8"/>
    </head>
    <body>
        <form name = "test" onSubmit = "register()" onReset =
        "reWrite()">
            아이디 : <input type = "text" name = "id" size = "20"
            value = ""><p>
            패스워드 : <input type = "password" name = "password" size
            = "10"  value=""><p>
            <input type = "submit" name = "btn1" value = "등록하기">
            <input type = "reset" name = "btn2" value = "다시작성">
        </form>
        <script = "text/javascript">
            function register()
            {
                if(document.test.id.value == "")
                {
                    alert("ID를 입력하세요");
                }
                else if(document.test.password.value == "")
                {
                    alert("패스워드를 입력하세요");
                }
                else
                {
                    document.test.submit();
                    alert("회원가입을 축하합니다.");
                }
            }
```

```
            function reWrite()
            {
                document.test.reset();
                alert("다시 입력하세요.");
            }
        </script>
    </body>
</html>
```

<실행 결과>

실행을 해서 텍스트박스에 아무것도 입력하지 않고 '등록하기' 버튼을 눌렀을 때 id 텍스트의 value 값은 null이므로 조건문에 의해 'ID를 입력하세요'라는 경고창이 출력된다. 다음으로 id 텍스트박스에만 아이디를 입력하고 '등록하기' 버튼을 누르면 이번에는 password 텍스트

value 값이 null이므로 조건문에 의해 '패스워드를 입력하세요'라는 경고창이 출력된다.

2.2 text 객체의 메소드

text 객체에서 제공하는 메소드는 다음과 같다.

메소드	설명
focus()	텍스트박스에 포커스를 이동한다. 포커스 상태이면 커서가 깜박인다.
blur()	텍스트박스의 포커스를 제거한다.
select()	텍스트박스의 내용을 선택한다.

[표 13-5] text 객체 메소드

텍스트박스의 기능을 보면 포커스 유무와 입력한 내용의 선택 정도임을 사용자 입장에서도 알 수 있다. 제공하는 메소드는 텍스트박스의 기능을 사용하는 상식선에서 생각을 해도 이해하는데 어려움이 없다. focus() 메소드는 해당 텍스트박스로 포커스를 이동시키고, blur()은 해당 텍스트박스에서 포커스를 없애는 기능이다. 보통 웹 기반에서 입력 페이지를 보면 기본적으로 가장 먼저 입력해야 할 부분에 커서가 위치하고 있는 것을 볼 수 있다. 앞서 작성했던 예제 13-5.html의 경우 실행을 해보면 어떠한 텍스트박스에도 포커스가 위치하고 있지 않다. 사용자가 일부러 포커스를 주고 입력을 해야 하는 상황이다. 이러한 경우에 페이지가 로딩되면서 아이디 텍스트박스에 포커스가 위치하고 있다면 매우 아름답고 바람직해 보일 것이다. 그렇게 되도록 예제를 작성해 보자.

<13-6.html>

```
<html>
    <head>
        <meta charset = "utf-8"/>
    </head>
    <body onLoad = "init()">
        <form name = "test" onSubmit = "register()" onReset =
        "reWrite()">
```

```
            아이디 : <input type = "text" name = "id" size = "20"
            value = ""><p>
            패스워드 : <input type = "password" name = "password" size
            = "10"  value=""><p>
            <input type = "submit" name = "btn1" value = "등록하기">
            <input type = "reset" name = "btn2" value = "다시작성">
        </form>
        <script = "text/javascript">
            function init()
            {
                document.test.id.focus();
            }
            function register()
            {
                if(document.test.id.value == "")
                {
                    alert("ID를 입력하세요");
                }
                else if(document.test.password.value == "")
                else if(document.test.password.value == "")
                {
                    alert("패스워드를 입력하세요");
                }
                else
                {
                    document.test.submit();
                    alert("회원가입을 축하합니다.");
                }
            }
            function reWrite()
            {
                document.test.reset();
                alert("다시 입력하세요.");
            }
        </script>
    </body>
</html>
```

<실행 결과>

13-6.html
file:///C:/HTML5%20원고/예제/
아이디 :
패스워드 :
등록하기 다시작성

〈body onLoad = "init()"〉과 같이 페이지가 로딩시에 함수 init()을 호출하도록 하였다. init() 함수의 내부를 보면 document.test.id.focus()와 같이 아이디 텍스트박스에 포커스를 주고 있다. 즉, 페이지가 로딩시에 포커스는 아이디 텍스트박스에 위치하게 된다.

2.3 text 객체의 이벤트

text 객체에서 이벤트가 제공되는데, 메소드가 동작하는 그 시점에 발생하는 이벤트들이다.

이벤트	설명
onBlur	텍스트박스에서 포커스가 벗어났을 경우 발생한다.
onChange	텍스트박스 안에서 내용이 변경되었을 경우 발생한다.
onFocus	텍스트박스 안에 포커스가 되었을 경우 발생한다.
onSelect	텍스트박스의 내용을 선택했을 경우 발생한다.

[표 13-6] text 객체 이벤트

텍스트박스의 포커스 유무 관련 이벤트들과 텍스트 내용 선택시 이벤트는 제공하는 메소드의 기능과 비례한다. 한 가지 특이한 점은 onChange 이벤트인데, 텍스트박스 안에서 내용이 변경되었을 경우 발생하는 이벤트이다. 앞의 예제를 수정하여 이 이벤트를 적용해 보자.

<13-7.html>

```
<html>
    <head>
        <meta charset = "utf-8"/>
    </head>
    <body onLoad = "init()">
        <form name = "test" onSubmit = "register()" onReset =
        "reWrite()">
            아이디 : <input type = "text" name = "id" size = "20"
            onChange="change()"><p>
            패스워드 : <input type = "password" name = "password" size
            = "10"  value=""><p>
            <input type = "submit" name = "btn1" value = "등록하기">
            <input type = "reset" name = "btn2" value = "다시작성">
        </form>
        <script = "text/javascript">
            function init()
            {
                document.test.id.focus();
            }
            function change()
            {
                alert("ID가 변경되었습니다.");
            }
            function register()
            {
                if(document.test.id.value == "")
                {
                    alert("ID를 입력하세요");
                }
                else if(document.test.password.value == "")
                {
                    alert("패스워드를 입력하세요");
                }
                else
                {
                    document.test.submit();
```

```
                alert("회원가입을 축하합니다.");
            }
        }
        function reWrite()
        {
            document.test.reset();
            alert("다시 입력하세요.");
        }
    </script>
  </body>
</html>
```

<실행 결과>

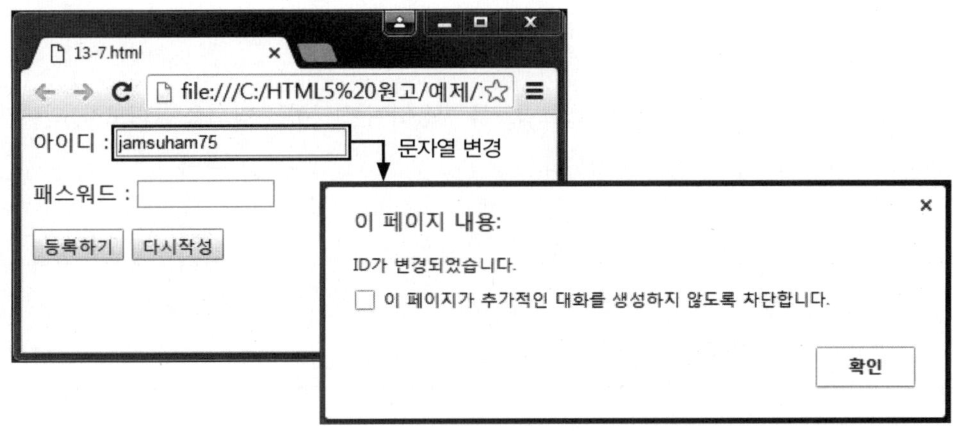

아이디 텍스트박스에 onChange 이벤트를 등록하여 입력한 아이디가 변경되었을 때 이벤트가 발생하도록 하였다. 이벤트 발생시 change() 함수가 호출되어 처리하도록 하였으며, "ID가 변경되었습니다."라는 메시지를 출력하도록 하였다.

3. password 객체

3.1 password 객체의 사용 방법

password 객체는 비밀번호를 입력하기 위해 배치한 패스워드 박스를 관리하는 객체이다. 예제에서도 확인했다시피 패스워드 박스도 일반 텍스트박스와 형태가 똑같다. 다만 패스워드의 보안 특성상 문자를 모두 '•'의 형태로 보여준다는 것뿐이다. 사용 형태가 같다는 것은 결국, 속성, 메소드, 이벤트 등도 동일하다는 의미이다. 텍스트박스에서와 마찬가지로 HTML을 통해 패스워드 박스를 생성하는 구문을 다시 정리하여 보자.

```
<input type = "password" name = "패스워드 박스 이름"  onFocus = "처리 명령"
.......>
```

이렇게 생성된 패스워드 박스를 자바스크립트를 이용하여 접근하는 방법을 살펴보자. 앞에서 살펴본 text 객체의 접근 방법과 동일하다.

```
document.폼 이름.패스워드 박스 이름
document.폼 이름.elements[인덱스]
```

password 객체는 폼 객체의 하위에 위치하므로 '폼 이름.패스워드 박스 이름'으로 접근할 수 있고, elements에 배열로 저장이 되므로 인덱스의 값을 알고 있다면 '폼 이름.elements[0]'와 같은 형태로 접근이 가능하다. 두 방식 중에 편한 방식을 선택하여 사용하면 된다.

3.2 password 객체의 속성, 메소드, 이벤트

password 객체의 속성, 메소드, 이벤트 모두 text 객체와 동일하므로 별도로 중복 설명하지 않도록 하겠다.

속성	설명
defaultValue	값을 지정하지 않았을 경우 필드 안에 표시할 기본값을 지정한다.
name	패스워드 박스의 이름을 지정한다.
value	패스워드 박스에 입력한 내용을 지정한다.

[표 13-7] password 객체 속성

메소드	설명
focus()	패스워드 박스에 포커스를 이동한다.
blur()	패스워드 박스의 포커스를 제거한다.
select()	패스워드 박스의 내용을 선택한다.

[표 13-8] password 객체 메소드

이벤트	설명
onBlur	패스워드 박스에서 포커스가 벗어났을 경우 발생한다.
onChange	패스워드 박스 안에서 내용이 변경되었을 경우 발생한다.
onFocus	패스워드 박스 안에 포커스가 되었을 경우 발생한다.
onSelect	패스워드 박스의 내용을 선택했을 경우 발생한다.

[표 13-9] password 객체 이벤트

관련 속성, 메소드, 이벤트의 사용 방법은 text 객체를 다루면서 예제를 통해 살펴보았다. 그렇다고 패스워드에서 그냥 넘어가면 섭섭할 것 같다. 그래서 좀 더 현실성 있는 기능을 적용해 보자. 패스워드의 경우는 보통 문자의 길이 제한을 둔다. 패스워드의 문자열이 8자 이상 12자 이하가 되도록 입력하게 하고, 만약 문자열 길이가 8자 미만이나 12자 이상일 경우에는 경고 메시지를 출력하도록 작성해 보자.

<13-8.html>

```
<html>
    <head>
        <meta charset = "utf-8"/>
```

```
</head>
<body onLoad = "init()">
    <form name = "test" onSubmit = "register()" onReset =
    "reWrite()">
        아이디 : <input type = "text" name = "id" size = "20"
        onChange="change()"><p>
        패스워드 : <input type = "password" name = "password" size
        = "10"  value=""> (8자 이상 12자 이하) <p>
        <input type = "submit" name = "btn1" value = "등록하기">
        <input type = "reset" name = "btn2" value = "다시작성">
    </form>
    <script = "text/javascript">
    ............................................ 중간 생략 ................................................
        function register()
        {
            if(document.test.id.value == "")
            {
                alert("ID를 입력하세요");
            }
            else if(document.test.password.value == "")
            {
                alert("패스워드를 입력하세요");
            }
            else
            {
                var pwLen = document.test.password.value.length;
                if(pwLen < 8 || pwLen > 12)
                {
                    alert("8자 이상 12자 이하로 입력해주세요.");
                }
                else
                {
                    document.test.submit();
                    alert("회원가입을 축하합니다.");
                }
            }
        }
```

```
        </script>
    </body>
</html>
```

위의 소스 코드 중간에 앞의 예제 13-7.html에서 작성했던 코드의 일부는 현 예제에서 불필요하므로 '.................. 중간 생략 ....' 으로 처리하였다.

<실행 결과>

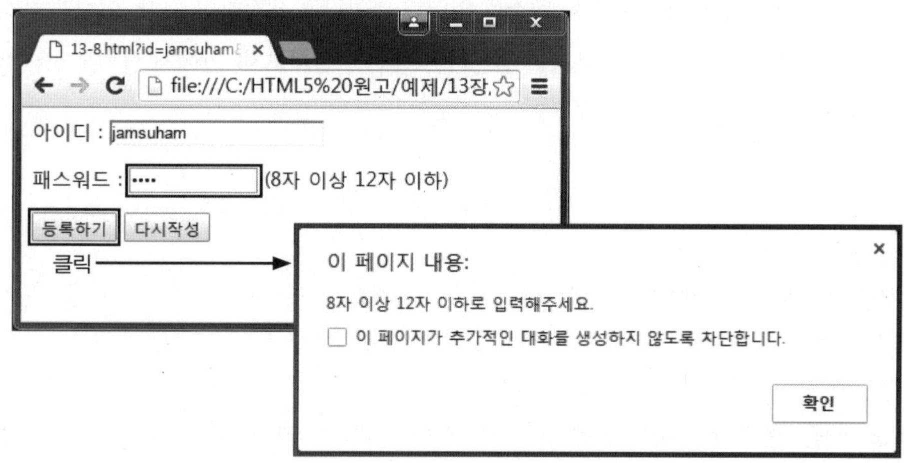

패스워드를 입력하고 '등록하기' 버튼을 눌렀을 때 register() 함수 내부에서는 패스워드에 대한 분기를 한 번 더 하게 되는데, 바로 문자열의 길이 체크이다. 패스워드 문자열의 길이를 document.test.password.value.length로 구하여 이 길이가 8보다 작은지 또는 12보다 큰지 검사한다. 범위에 만족하지 않으면 그림과 같이 경고 메시지를 출력한다.

4. textarea 객체

4.1 textarea 객체의 사용 방법

텍스트박스에서는 한 줄로만 입력이 가능했다면, 텍스트 영역에서는 텍스트를 여러 줄 입력할 수 있다는 특징이 있다. 사실 이 점만 제외하면 텍스트박스와 매우 비슷하다. HTML 기반에서 textarea를 입력하는 형태이다.

```
<textarea name = "텍스트 영역 이름" rows="라인 수" cols="가로 길이" onFocus="처리 명령"....>
```

텍스트 영역의 크기는 rows 속성과 cols 속성에 따라 좌우된다. rows 속성의 경우 텍스트 영역의 높이라고 생각하면 되고, cols는 텍스트 영역의 넓이라고 생각하면 된다. 이렇게 생성된 텍스트 영역을 자바스크립트를 이용하여 접근하는 방법을 살펴보자. 앞에서 살펴본 text 객체의 접근 방법과 동일하다.

```
document.폼 이름.텍스트 영역 이름
document.폼 이름.elements[인덱스]
```

textarea 객체는 폼 객체의 하위에 위치하므로 '폼 이름.텍스트 영역 이름'으로 접근할 수 있고, elements에 배열로 저장이 되므로 인덱스의 값을 알고 있다면 '폼 이름.elements[0]'와 같은 형태로 접근이 가능하다. 두 방식 중에 편한 방식을 선택하여 사용하면 된다.

4.2 textarea 객체의 속성, 메소드, 이벤트

textarea 객체의 속성, 메소드, 이벤트 모두 text 객체와 동일하다.

속성	설명
defaultValue	값을 지정하지 않았을 경우 필드 안에 표시할 기본값을 지정한다.
name	텍스트 영역의 이름을 지정한다.
value	텍스트 영역에 입력한 내용을 지정한다.

[표 13-10] textarea 객체 속성

메소드	설명
focus()	텍스트 영역에 포커스를 이동한다.
blur()	텍스트 영역의 포커스를 제거한다.
select()	텍스트 영역의 내용을 선택한다.

[표 13-11] textarea 객체 메소드

이벤트	설명
onBlur	텍스트 영역에서 포커스가 벗어났을 경우 발생한다.
onChange	텍스트 영역 안에서 내용이 변경되었을 경우 발생한다.
onFocus	텍스트 영역 안에 포커스가 되었을 경우 발생한다.
onSelect	텍스트 영역의 내용을 선택했을 경우 발생한다.

[표 13-12] textarea 객체 이벤트

이번에는 〈textarea〉 태그를 이용하여 텍스트 영역을 배치하고, textarea 객체를 이용하여 제어하는 예제를 작성해 보자. 예제 13-4.html을 기반으로 텍스트 영역을 추가하고, 버튼을 추가로 하나 배치한다. 텍스트가 한 줄일 경우에는 한 줄 선택은 그리 어렵지 않다. 하지만, 텍스트 영역과 같이 여러 줄에 걸쳐 텍스트가 작성되어 있는 경우에는 드래그를 해서 선택을 해야 한다. 또는 우리는 단축키 ctrl+A를 사용하기도 한다. 우리가 배치할 버튼을 ctrl+A와 동일한 기능을 갖도록 구현할 것이다.

<13-9.html>

```
<html>
    <head>
        <meta charset = "utf-8"/>
    </head>
    <body onLoad = "init()">
        <form name = "test" onSubmit = "register()" onReset =
        "reWrite()">
            아이디 : <input type = "text" name = "id" size = "20"
            value = ""><p>
```

```
            패스워드 : <input type = "password" name = "password" size
            = "10" value=""><p>
            하고 싶은 말 :<p><textarea name="diary" rows="7" cols="50"></
            textarea><p>
            <input type = "submit" name = "btn1" value = "등록하기">
            <input type = "reset" name = "btn2" value = "다시작성">
            <input type="button" name = "btn3" value = "전체선택"
            onClick = "selectAll()">
        </form>
        <script = "text/javascript">
        ............................................ 중간 생략 ...............................................
            function selectAll()
            {
                document.test.diary.select();
            }
        </script>
    </body>
</html>
```

<실행 결과>

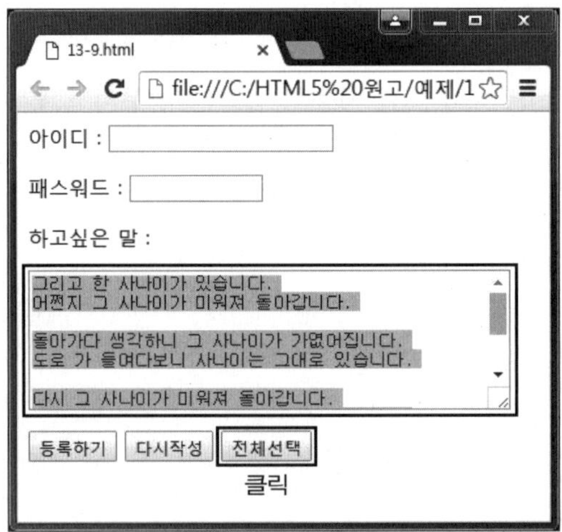

〈textarea〉 태그를 추가하고, name = "diary", rows = "7", cols = "50"라고 설정해 주었다. 그리고 '전체선택'이라는 버튼을 추가하고, 클릭시 selectAll() 함수를 호출하도록 설정하였다.

selectAll() 함수의 내부에는 document.test.diary.select()가 구현되어 있는데, diary가 textarea의 name이므로 해당 텍스트 영역을 select하게 된다. 실행 결과를 보면 텍스트를 입력 후 '전체선택' 버튼을 클릭하면 텍스트 영역 전체가 선택되는 것을 확인할 수 있다.

5. 버튼(button/submit/reset) 객체

5.1 버튼 객체의 사용 방법

버튼은 크게 button, submit, reset 세 가지로 나뉜다. 일반적으로 사용하는 버튼은 button이고, submit과 reset은 등록 및 재작성 기능에 최적화된 버튼이다. 이렇게 나누어져 있지만 결국 버튼이므로 형태나 속성 모두 동일하다. 그리고 이미 앞의 예제에서 submit과 reset을 사용했었다. 다음은 HTML 기반에서 button을 입력하는 형태이다.

```
<input  type = "button" name="버튼 이름" value="버튼 표시" onClick="처리 명령">
<input  type = "submit" name="버튼 이름" value="버튼 표시" onClick="처리 명령">
<input  type = "reset" name="버튼 이름" value="버튼 표시" onClick="처리 명령">
```

이렇게 생성된 버튼을 자바스크립트를 이용하여 접근하는 방법을 살펴보자. 앞에서 살펴본 여러 객체의 접근 방법과 동일하다.

```
document.폼 이름.버튼 이름
document.폼 이름.elements[인덱스]
```

버튼 객체 또한 폼 객체의 하위에 위치하므로 '폼 이름.버튼 이름'으로 접근할 수 있고, elements에 배열로 저장이 되므로 인덱스의 값을 알고 있다면 '폼 이름.elements[0]'와 같은 형태로 접근이 가능하다. 두 방식 중에 편한 방식을 선택하여 사용하면 된다.

5.2 버튼 객체의 속성, 메소드, 이벤트

다음은 버튼 객체의 속성, 메소드, 이벤트에 관한 내용이다.

속성	설명
name	버튼의 이름을 지정한다. 여러 개의 버튼이 배치되어 있을 경우 버튼의 이름으로 구분한다.
value	버튼에 표시할 내용을 지정한다.

[표 13-13] 버튼 객체 속성

메소드	설명
focus()	버튼에 포커스를 이동한다.
blur()	버튼의 포커스를 제거한다.
click()	버튼을 클릭한다.

[표 13-14] 버튼 객체 메소드

이벤트	설명
onBlur	버튼에서 포커스가 벗어났을 경우 발생한다.
onFocus	버튼에 포커스가 되었을 경우 발생한다.
onClick	버튼을 클릭했을 경우 발생한다.

[표 13-15] 버튼 객체 이벤트

버튼의 경우는 사용자가 사용하기에 매우 직관적이면서 제한적이다. 버튼은 기본적으로 사용자가 클릭하면 동작할 수 있도록 되어 있으며 포커스 지정과 포커스 삭제 등의 기능을 할 수 있다. 그 이상의 기능이 있고 싶어도 있을 수가 없다. 어차피 버튼이라는 것은 클릭하기 위해 만들어진 것이기 때문이다. 우리는 앞서 submit과 reset 버튼에 관하여 구현을 한 바 있다.

button 타입으로 일반 버튼을 한 개 더 추가하여, 다른 버튼의 이름을 변경하는 예제를 작성해 보자.

<13-10.html>

```
<html>
    <head>
        <meta charset = "utf-8"/>
    </head>
    <body onLoad = "init()">
        <form name = "test" onSubmit = "register()" onReset =
        "reWrite()">
            아이디 : <input type = "text" name = "id" size = "20"
            value = ""><p>
            패스워드 : <input type = "password" name = "password" size
            = "10" value=""><p>
            하고 싶은 말 :<p><textarea name="diary" rows="7" cols="50"></
            textarea><p>
            <input type = "submit" name = "btn1" value = "등록하기">
            <input type = "reset" name = "btn2" value = "다시작성">
            <input type="button" name = "btn3" value = "전체선택"
            onClick = "selectAll()">
            <input type = "button" name = "btn4" value = "버튼이름 바꾸
            기" onClick = "changeName()">
        </form>
        <script = "text/javascript">
        .......................................... 중간 생략 ..............................................
            var bToggle = true;
            function changeName()
            {
                if(bToggle){
                    document.test.btn1.value = "안등록하기";
                    bToggle = !bToggle;
                }
                else{
                    document.test.btn1.value = "등록하기";
                    bToggle = !bToggle;
```

```
                }
            }
        </script>
    </body>
</html>
```

<실행 결과>

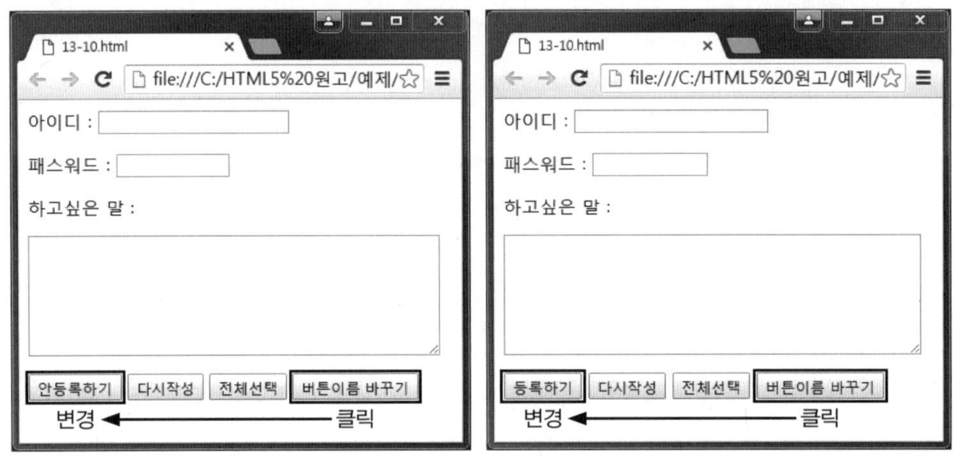

'버튼 이름 바꾸기'라는 버튼을 한 개 더 추가하였고, onClick 이벤트를 등록하여 changeName() 함수와 연결하였다. bToggle이라는 변수를 전역으로 선언하고, 초기값은 true로 하였다. 즉, 불린형 변수로 사용하겠다는 의미이다. 버튼을 클릭하여 changeName() 함수가 호출이 될 때마다. bToggle 변수는 bToggle = !bToggle 문장에 의해 true와 false의 값을 반복하게 된다. 이러한 형태를 우리는 토글이라고 말한다. 어쨌든 토글 형태의 루틴 안에서 분기되어 document.test.btn1.value 즉, '등록하기' 버튼의 버튼 표시를 변경하고 있다. 실행하여 '버튼이름 바꾸기' 버튼을 반복해서 누르면, '등록하기' 버튼의 표시가 '안등록하기'로 변경되었다가, 다시 누르면 '등록하기'로 변경되는 것을 확인할 수 있다.

6. checkbox 객체

6.1 checkbox 객체의 사용 방법

이번에는 체크박스에 대해 알아보도록 하자. 체크박스라는 것은 여러 항목 중에서 원하는 것을 선택할 수 있는 일종의 버튼으로 체크되거나 체크되지 안하거나의 두 가지의 상태를 가지고 있다. 즉, 체크되어 있는 상태이면 true를 체크되어 있지 않는 상태이면 false 값을 갖는 것이다. 앞에서 토글에 대해 언급했었는데, 체크박스의 형태가 바로 토글 형태이다. 체크박스는 보통 여러 항목들이 존재하기 때문에 각 항목마다 이름을 다르게 설정해야 한다. HTML 기반에서 체크박스를 입력하는 형태이다.

```
<input  type = "checkbox" name="체크박스 이름" value="값" checked
onClick="처리 명령">
```

이렇게 생성된 체크박스를 자바스크립트를 이용하여 접근하는 방법을 살펴보자. 앞에서 살펴본 여러 객체의 접근 방법과 동일하다.

```
document.폼 이름.체크박스 이름
document.폼 이름.elements[인덱스]
```

6.2 checkbox 객체의 속성, 메소드, 이벤트

다음은 checkbox 객체의 속성, 메소드, 이벤트에 관한 내용이다. 일반 버튼과는 사뭇 다른 독특함이 있으므로 각 속성에 대해서 좀 더 자세히 알아보도록 하겠다.

속성	설명
checked	체크박스의 체크 상태를 지정한다.
defaultChecked	초기의 체크 상태를 지정한다.
name	체크박스의 이름을 지정한다. 〈input〉 태그의 name 속성이다.
value	체크박스에 할당된 값이다. 〈input〉 태그의 value 속성이다.

[표 13-16] checkbox 객체 속성

1) checked

체크박스의 현재 체크 상태를 나타내는 속성으로 논리값인 true 아니면 false의 값을 갖고 있다. 값이 true이면 사용자가 체크박스에 체크를 했다는 뜻이고, 값이 false이면 사용자가 체크박스에 체크를 해제했다는 뜻이다.

2) defaultChecked

HTML 기반에서 체크박스를 삽입할 때 특정 항목에 checked라는 속성을 삽입하면 브라우저에 표시할 때 체크가 된 상태로 표시한다. 이 때 이 체크 값은 checkbox 객체의 defaultChecked 속성에 저장이 된다. 속성 이름 그대로 defaultChecked이기 때문에 페이지가 시작될 때 체크박스의 초기 상태가 체크된 상태인지 아닌지만을 나타낸다.

3) name

HTML 기반에서 체크박스를 삽입할 때 설정한 name의 속성과 checkbox 객체의 name 속성은 같다. 자바스크립트를 통해 name 속성의 값을 수정할 수 있다.

4) value

HTML 기반에서 체크박스를 삽입 할 때 설정한 value의 속성과 checkbox 객체의 value 속성은 같다. 자바스크립트를 통해 value 속성의 값을 수정할 수 있다.

체크박스 속성을 기반으로 간단한 예제를 작성해 보자. 우리가 일상에서 회원 가입을 하게 되면 필수적으로 체크를 해야 하는 것이 개인정보 활용 동의서이다. 웹상에서의 동의서는 모두 체크박스로 체크하도록 되어 있다. 세 개의 개인정보 동의 체크박스를 배치하고, 체크의 유무를 확인할 수 있게 한다. 만약 세 개중에 한 개라도 체크가 되어 있지 않는 경우에 '등록하기' 버튼을 누르게 되면 "모든 항목을 체크해 주십시요."라는 경고 메시지가 출력되도록 작성해 보자.

<13-11.html>

```
<html>
    <head>
```

```
    <meta charset = "utf-8"/>
</head>
<body onLoad = "init()">
    <form name = "test" onSubmit = "register()" onReset =
    "reWrite()">
        아이디 : <input type = "text" name = "id" size = "20"
        value = ""><p>
        패스워드 : <input type = "password" name = "password" size
        = "10" value=""><p>
        하고 싶은 말 :<p><textarea name="diary" rows="7"
        cols="50"></textarea><p><hr>
        개인정보 동의<p>
        <input type = "checkbox" name = "chk1" value = "1">개인정보
        수집<p>
        <input type = "checkbox" name = "chk2" value = "2">개인정보
        조회<p>
        <input type = "checkbox" name = "chk3" value = "3">개인정보
        제공<p>
        <input type = "submit" name = "btn1" value = "등록하기">
        <input type = "reset" name = "btn2" value = "다시작성">
    </form>
    <script = "text/javascript">
        function register()
        {
            var check1 = document.test.chk1.checked;
            var check2 = document.test.chk2.checked;
            var check3 = document.test.chk3.checked;

            if(check1&&check2&&check3) {
                document.test.submit();
                alert("회원가입을 축하합니다.");
            }
            else{
                alert("모든 항목을 체크하여 주십시요.");
            }
        }
    </script>
```

```
        </body>
</html>
```

<실행 결과>

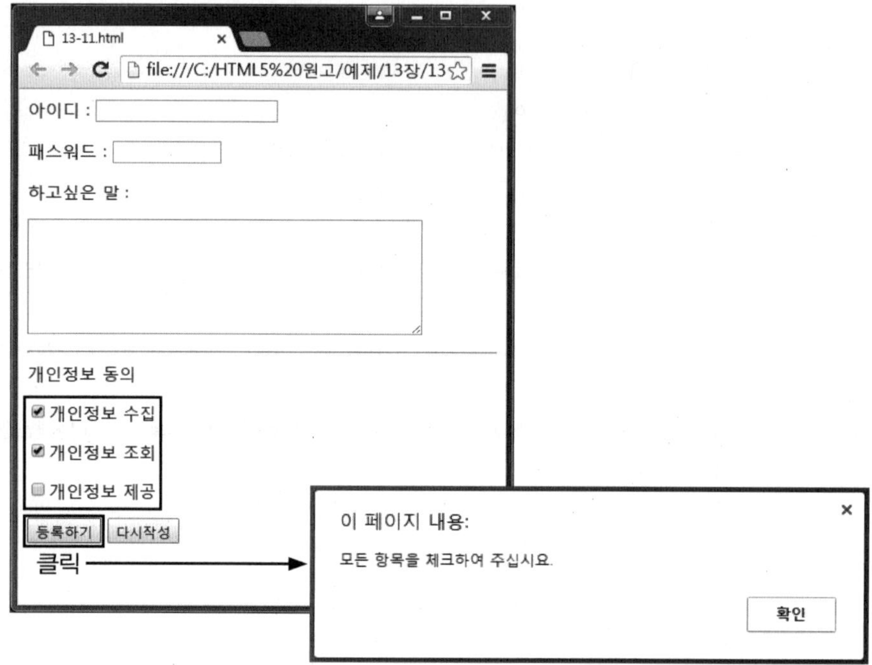

실행 후 개인정보 동의에 관한 세 개의 체크 사항 중에 두 개만 체크하고 '등록하기'를 클릭하면 경고 메시지가 나타난다. '등록하기' 버튼의 이벤트 핸들러인 register() 내부를 보면, 각각의 체크박스인 chk1, chk2, chk3에 대한 체크 상태 여부를 가져와서 체크 상태를 비교하고 있다. 세 개의 체크 상태가 모두 true여야만 등록이 가능하고, 세 개중에 한 개라도 false이면 안된다. 그러므로 세 개의 체크 상태를 비교시 서로 && 관계 연산자를 사용해서 비교해야 한다.

다음은 체크박스의 메소드에 관한 내용이다. 체크박스 객체에서 사용할 수 있는 동작은 체크박스를 클릭하는 것뿐이다. 동작의 형태는 체크와 체크 해제 두 가지인데 동작은 클릭 한 가지이지만 보이는 형태는 토글 방식으로 체크와 체크 해제로 나타난다.

메소드	설명
click()	체크박스를 클릭한다.

[표 13-17] checkbox 객체 메소드

체크박스의 메소드는 click() 한가지뿐이라고 하였다. 그렇다면 이에 따른 이벤트 또한 onClick 한 가지이다. 체크박스를 클릭했을 때 실행할 명령이나 함수가 있다면 onClick 이벤트 핸들러를 사용하여 구현하면 된다. 체크박스의 상태에 상관 없이 클릭을 하게 되면 무조건 onClick 이벤트 핸들러가 실행된다.

이벤트	설명
onClick	체크박스를 클릭했을 경우 발생한다.

[표 13-18] checkbox 객체 이벤트

이번에는 체크박스의 onClick() 이벤트를 이용하여 체크박스를 클릭했을 때 처리하는 루틴을 작성해 보자. 앞의 13-11.html 예제에서는 개인정보 동의서 체크를 각각 체크하는 기능이었다. 우리가 일반적으로 개인정보 동의서를 체크하다 보면 내용이 길어서 체크를 빠뜨리는 경우도 있고, 체크 항목이 많아서 빠뜨리는 경우도 있다. 여러분은 혹시 이러한 동의서 체크를 한 번의 체크로 모두 적용 가능하게 하는 체크박스를 본 적이 있는가? 요즘같이 개인정보 동의서를 수시로 체크해야 하는 경우에는 사용자의 귀차니즘으로 원 체크되는 기능의 체크박스가 대부분 제공되고 있다. 앞에서 각각 체크했던 세 개의 체크박스를 한 번에 체크할 수 있는 기능을 onClick 이벤트를 사용하여 구현해 보자.

<13-12.html>

```
<html>
    <head>
        <meta charset = "utf-8"/>
    </head>
    <body>
        <form name = "test" onSubmit = "register()" onReset =
        "reWrite()">
```

```
    아이디 : <input type = "text" name = "id" size = "20"
    value = ""><p>
    패스워드 : <input type = "password" name = "password" size
    = "10" value=""><p>
    하고 싶은 말 :<p><textarea name="diary" rows="7"
    cols="50"></textarea><p><hr>
    개인정보 동의<p>
    <input type = "checkbox" onClick="checkAll()">개인정보 전체선
    택<p>
    <ul><input type = "checkbox" name = "chk1" value = "1">개
    인정보 수집<p>
    <input type = "checkbox" name = "chk2" value = "2">개인정보
    조회<p>
    <input type = "checkbox" name = "chk3" value = "3">개인정보
    제공</ul><p>
    <input type = "submit" name = "btn1" value = "등록하기">
    <input type = "reset" name = "btn2" value = "다시작성">
</form>
<script = "text/javascript">
    function checkAll()
    {
        for(var i = 4; i < 7; i++)
        {
            document.test.elements[i].click();
        }
    }
    function register()
    {
        var check1 = document.test.chk1.checked;
        var check2 = document.test.chk2.checked;
        var check3 = document.test.chk3.checked;

        if(check1&&check2&&check3) {
            document.test.submit();
            alert("회원가입을 축하합니다.");
        }
        else{
```

```
                    alert("모든 항목을 체크하여 주십시요.");
                }
            }
        </script>
    </body>
</html>
```

<실행 결과>

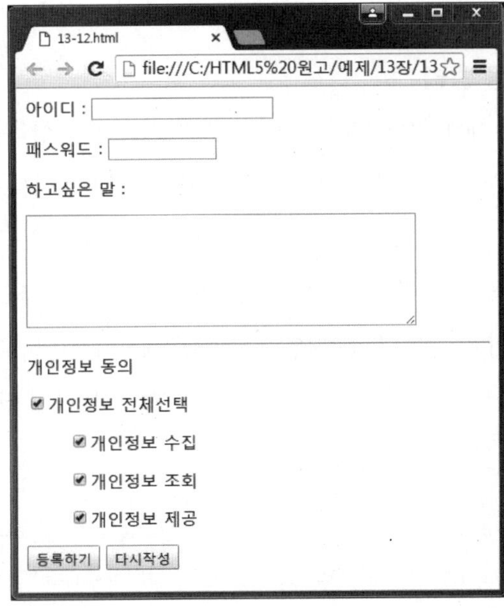

실행 후 '개인정보 전체선택' 체크박스를 클릭해 보자. 하위의 세 개의 체크박스가 한 번에 모두 체크가 된다. 다시 '개인정보 전체선택' 체크박스를 클릭하면 세 개의 체크박스가 모두 체크 해제된다. 이러한 동작이 가능한 이유는 체크박스 클릭시 onClick 이벤트가 발생이 되고, 이벤트 핸들러인 checkAll()에서 처리하고 있기 때문이다. checkAll() 함수의 내부 구현을 살펴보자. document.test.elements[i].click()이 핵심이다. 무엇을 동작시키는 것인가?

test의 elements는 곧 form의 구성 요소들을 말하는 것이다. 즉, 각각의 구성 요소들을 click() 시키는 동작이다. 그런데, 우리는 모든 폼 요소들을 클릭시킬 필요는 없다. 하위 세 개의 체크박스만 클릭시키면 된다. elements 배열의 경우 폼에 삽입한 순서대로 저장된다고 하였으므로 텍스트박스 2개, 텍스트 영역 1개, 체크박스 1개까지가 하위 3개의 체크박스 이전의 요소들이다. 즉, 인덱스는 0부터 시작하므로 0, 1, 2, 3이다. 즉, 하위 체크박스의 시작 인덱스는 4부터이고, 그 뒤로 세 개의 체크박스이므로 반복문의 범위는 7보다 작을 때까지로 설정하였다. 즉, 인덱스 4, 5, 6의 체크박스가 클릭된 것이다.

7. radio 객체

7.1 radio 객체의 사용 방법

이번에는 라디오 버튼에 대해 알아보도록 하자. 체크박스는 여러 항목을 중복해서 선택할 수 있었다면, 라디오 버튼은 그와 반대로 여러 항목 중에 한 개만 선택할 수 있다. 한 개만 선택이 가능하다 보니 같은 그룹에 있는 라디오 버튼의 이름을 따로 따로 구분하여 지정할 필요가 없다. 왜냐하면 같은 그룹 내의 라디오 버튼 중 한 개를 클릭하면 그 외 나머지 라디오 버튼은 취소되기 때문이다. 그리고, 모양 또한 차이가 있는데 체크박스는 사각형 안에 체크 표시인 반면에 라디오 버튼은 둥근 모양 안에 체크를 한다. HTML 기반에서 라디오 버튼을 입력하는 형태이다.

```
<input  type = "radio" name="라디오버튼 그룹 이름" value="값" checked
onClick="처리 명령">
```

이렇게 생성된 라디오 버튼을 자바스크립트를 이용하여 접근하는 방법을 살펴보자. 앞에서 살펴본 여러 객체의 접근 방법과 거의 동일하지만 라디오 버튼들의 경우는 하나의 그룹으로 관리되기 때문에 배열의 인덱스로 접근해야 한다는 점이 특이하다.

```
document.폼 이름.라디오 버튼 그룹 이름[인덱스]
document.폼 이름.elements[인덱스1][인덱스2]
```

라디오 버튼의 경우는 하나의 그룹 안에 여러 개의 라디오 버튼이 존재하고 있기 때문에 그룹 내에서 배열로 관리된다. 그래서 라디오 버튼 그룹 이름 자체가 배열이 되므로 배열의 인덱스에 의해 각 라디오 버튼의 요소를 가져올 수 있다. 또한 elements 배열 요소를 사용한다면 인덱스1이 폼 요소에 대한 인덱스가 되고, 인덱스2가 라디오 버튼 요소에 대한 인덱스가 된다. 이 또한 취향이나 상황에 맞게 선택하여 사용하기를 바란다.

7.2 radio 객체의 속성, 메소드, 이벤트

다음은 radio 객체의 속성이다. radio 속성은 체크박스 속성과 거의 유사한데, 체크 상태와 체크 해제 상태에 대한 속성이 주요 포인트이다.

속성	설명
checked	라디오 박스의 체크 상태를 지정한다.
defaultChecked	초기의 라디오의 체크 상태를 지정한다.
name	라디오의 이름을 지정한다. 〈input〉 태그의 name 속성이다.
value	라디오에 할당된 값이다. 〈input〉 태그의 value 속성이다.

[표 13-19] radio 객체 속성

1) checked

라디오 버튼의 현재 체크 상태를 나타내는 속성으로 논리값인 true 아니면 false의 값을 갖고 있다. 값이 true이면 사용자가 라디오 버튼에 체크를 했다는 뜻이고, 값이 false이면 사용자가 라디오 버튼에 체크를 해제 했다는 뜻이다.

그런데, 체크박스와 비교하여 큰 차이점이 있는데 체크박스의 경우는 한 번 클릭하여 선택했다가 다시 클릭하면 해제되는 토글 형태였지만 라디오 버튼의 경우는 한 번 클릭한 후 같은 항목을 다시 클릭하더라도 선택이 해제되지 않고 현재 선택된 항목이 아닌 다른 항목을 선택해야만 먼저 선택한 항목이 해제된다는 특징이 있다. 따라서 라디오 버튼은 초기에 모든 항목이 모두 비체크일 수는 있지만, 한 번 체크하기 시작하면 반드시 항목 중에 한 개만 true여야만 하고, 모든 항목이 비체크인 false가 될 수 없다.

2) defaultChecked

HTML 기반에서 라디오 버튼을 삽입할 때 특정 항목에 checked라는 속성을 삽입하면 브라우저에 표시할 때 체크가 된 상태로 표시한다. 이 때 이 체크 값은 radio 객체의 defaultChecked 속성에 저장이 된다. 속성 이름 그대로 defaultChecked이기 때문에 페이지가 시작될 때 라디오 버튼의 초기 상태가 체크된 상태인지 아닌지만을 나타낸다.

3) name

HTML 기반에서 라디오 버튼을 삽입할 때 설정한 name의 속성과 radio 객체의 name 속성은 같다. 자바스크립트를 통해 name 속성의 값을 수정할 수 있다.

4) value

HTML 기반에서 라디오 버튼을 삽입할 때 설정한 value의 속성과 radio 객체의 value 속성은 같다. 자바스크립트를 통해 value 속성의 값을 수정할 수 있다.

라디오 버튼 속성을 기반으로 간단한 예제를 작성해 보자. 기존 예제를 기반으로 하여 회원정보에 연령대를 라디오 버튼으로 배치하여 보자. 주의할 점은 중복 선택이 안될 만한 정보들인 경우에 라디오 버튼으로 구성해야 한다. 연령의 경우는 내가 20대이거나 30대일 수는 없다. 간혹 만 나이로 20대이고 실제 나이는 30대라고 주장하는 사람들이 있는데, 그런 논리는 배제하도록 하자. 아무튼 연령대는 반드시 한 개만 선택이 가능하게 되어 있다.

<13-13.html>

```
<html>
    <head>
        <meta charset = "utf-8"/>
    </head>
    <body>
        <form name = "test" onSubmit = "register()" onReset =
        "reWrite()">
            아이디 : <input type = "text" name = "id" size = "20"
            value = ""><p>
```

```
            패스워드 : <input type = "password" name = "password" size
            = "10" value=""><p>
            하고 싶은 말 :<p><textarea name="diary" rows="7"
            cols="50"></textarea><p><hr>
            연령대<p>
            <input type = "radio" name = "age" value = "10대">10대
            <input type = "radio" name = "age" value = "20대">20대
            <input type = "radio" name = "age" value = "30대">30대
            <input type = "radio" name = "age" value = "40대">40대<p>
            <input type = "submit" name = "btn1" value = "등록하기">
            <input type = "reset" name = "btn2" value = "다시작성">
        </form>
        <script = "text/javascript">
            function register()
            {
                for(var i = 0; i < document.test.age.length; i++)
                {
                    if(document.test.age[i].checked == true)
                        alert(document.test.age[i].value + "이군요
                        ~!!");
                 }
                document.test.submit();
                alert("회원가입을 축하합니다.");
            }
    </script>
    </body>
</html>
```

<실행 결과>

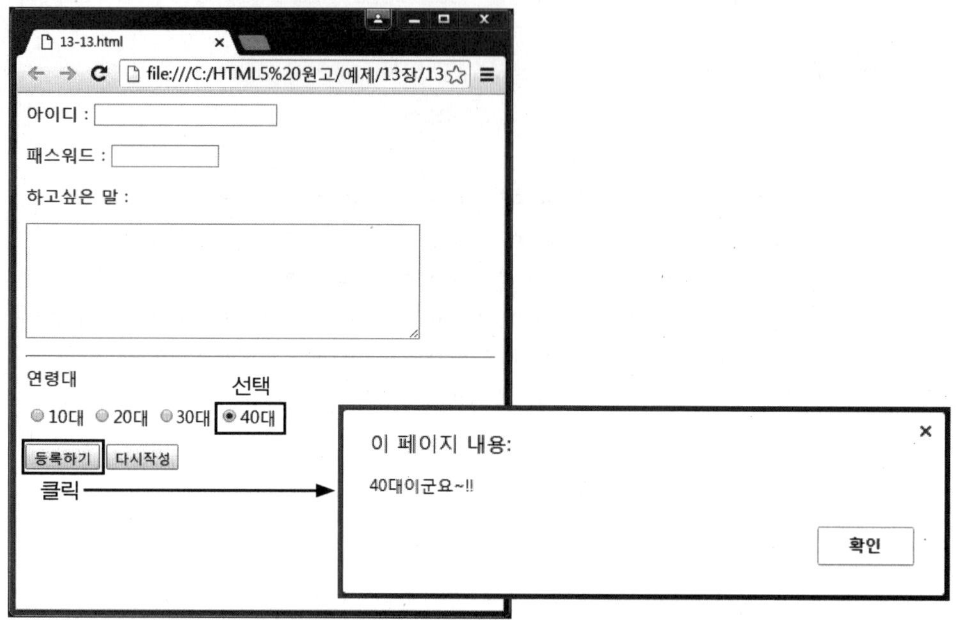

실행하여 라디오 버튼으로 구성된 연령대를 하나 선택한다. 그리고 '등록하기' 버튼을 클릭하면 선택한 라디오 버튼에 대한 메시지를 출력하도록 하였다. 연령대에 대한 네 개의 라디오 버튼을 배치한다. name은 age로 모두 같아도 상관 없다.

다만 value의 값을 각각 라디오 버튼 표식과 동일하게 10대, 20대... 등으로 지정하였다. 이제 '등록하기' 버튼을 클릭했을 때 선택한 라디오 버튼을 인식할 수 있어야 하는데, 라디오 버튼은 배치한 네 개중에 선택된 한 개만 true의 값을 가지고 있으므로 document.test.age.length 만큼 반복을 하면서 document.test.age[i].checked가 true인지 검사를 한다. 만약 true이면 해당 메시지를 출력한다. 눈여겨 보아야 할 부분은 document.test.age[i].checked 문장에서 age[i]가 배열로 처리되고 있다는 점인데, 라디오 버튼들은 하나의 그룹을 이루고 있기 때문에 같은 이름을 가지고 배열의 인덱스로 관리된다.

다음은 radio 객체 메소드에 대하여 알아보자. 라디오 객체에서 사용할 수 있는 동작은 체크박스와 마찬가지로 라디오를 클릭하는 것뿐이다. 동작의 형태는 체크와 체크 해제 두 가지이다.

메소드	설명
click()	라디오를 클릭한다.

[표 13-20] radio 객체 메소드

라디오의 메소드는 체크박스와 마찬가지로 click() 한 가지뿐이라고 하였다. 그렇다면 이에 따른 이벤트 또한 onClick 한 가지이다. 라디오를 클릭했을 때 실행할 명령이나 함수가 있다면 onClick 이벤트 핸들러를 사용하여 구현하면 된다. 라디오를 클릭을 하게 되면 무조건 onClick 이벤트 핸들러가 실행된다.

이벤트	설명
onClick	라디오를 클릭했을 경우 발생한다.

[표 13-21] radio 객체 이벤트

메소드와 이벤트는 체크박스에서처럼 클릭 이벤트 외에는 별다른 점이 없다. onClick 이벤트를 사용하여 예제를 작성해 보자. 이번에는 기존의 예제를 활용하지 말고, 새로 작성해 볼 것이다. 보통 라디오 버튼의 사용은 웹 기반에서 객관식 시험을 볼 때 사용할 수 있다. 객관식 문제에서는 정말 특별한 경우를 제외하고는 정답이 두 개인 경우는 극히 드물다. 정답은 유일하다고 보면 된다. 그래서 객관식 보기의 경우는 라디오 버튼을 사용하는 것이 적합하다.
이번 예제에서는 문제를 한 개 낼 것인데, 이에 네 개의 보기가 라디오 버튼으로 배치되고, 정답이라고 생각되는 라디오 버튼을 클릭하면 그에 해당하는 정답 또는 오답에 대한 메시지가 출력될 것이다. 즉, 라디오 버튼을 클릭할 때 onClick 이벤트가 발생하고, 연결된 이벤트 핸들러로 처리하는 것이다. 자, 다음과 같이 작성해 보자.

<13-14.html>

```
<html>
    <head>
        <meta charset = "utf-8"/>
    </head>
```

```
    <body>
        <form name = "test">
            <h3>메모리의 주소값을 저장하는 변수를 무엇이라고 하는가?</h3><p>
            <input type = "radio" name = "exam" value = "1" onClick =
            "result()">약수터<p>
            <input type = "radio" name = "exam" value = "2" onClick =
            "result()">화개장터<p>
            <input type = "radio" name = "exam" value = "3" onClick =
            "result()">포인터<p>
            <input type = "radio" name = "exam" value = "4" onClick =
            "result()">놀이터<p><p><p>
        </form>
        <script = "text/javascript">
            function result()
            {
                if(document.test.exam[2].checked==true)
                    alert("정답입니다.");
                else
                    alert("다시 풀어주세요.");
            }
        </script>
    </body>
</html>
```

<실행 결과>

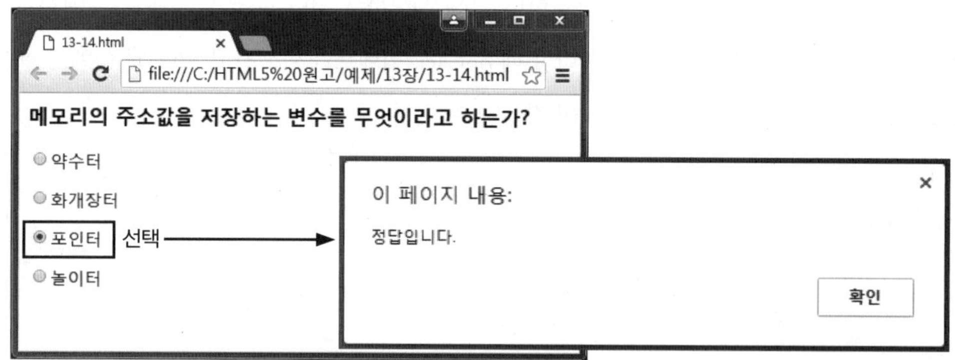

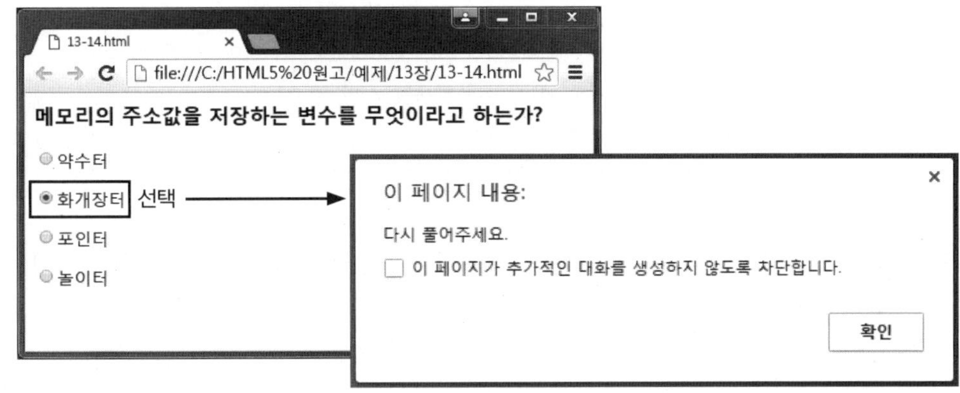

시험 문제와 보기 네 개를 배치하였다. 보기는 라디오 버튼으로 각각 name은 exam으로 통일하였다. 각각의 라디오 버튼에는 onClick 이벤트 핸들러를 등록하였는데, 버튼 클릭시 result() 함수가 호출된다. 이 문제의 정답은 세 번째 라디오 버튼인 '포인터'가 정답이다. 그래서 세 번째 '포인터'를 선택시 "정답입니다."라는 메시지를 출력하도록 하였다. 이 때 각 라디오 버튼은 exam이라는 이름의 배열로 관리되고 있는데, 인덱스는 0부터 시작하므로 인덱스 2가 정답이 된다. 즉 exam[2]가 true인 경우가 정답인 것이고, 그렇지 않는 경우는 사용자가 세 번째 라디오 버튼을 제외한 다른 라디오 버튼을 클릭한 것이다.
실행한 결과를 보면 세 번째 '포인터'를 선택한 경우는 "정답입니다."라는 메시지를 출력하고, 그 외에 두 번째 '화개장터'를 선택한 경우는 "다시 풀어주세요."라는 메시지가 출력된 것을 확인할 수 있다.

8. select 객체

이번에는 콤보 메뉴에 대해 알아보도록 하자. 콤보 메뉴라는 것은 콤보 박스와 리스트 박스의 형태를 섞어 놓은 것으로 리스트로 보여주고 싶은 메뉴를 리스트 형태로 보여주되, 항상 보이는 것은 아니고, 화면에는 메뉴 중 일부만 표시했다가 드롭다운 단추를 누르면 모든 메뉴를 펼쳐 보이게 하는 형태이다. 콤보 메뉴는 HTML에서 〈select〉 태그로 작성하였다. HTML 기반에서 콤보 메뉴를 입력하는 형태는 다음과 같다.

```
<select name="셀렉트명" size="표시할 메뉴 개수" multiple onFocus="처리 명령">
<option value = "옵션값" selected>표시할 텍스트</option>
</select>
```

이렇게 생성된 콤보 메뉴를 자바스크립트를 이용하여 접근하는 방법을 살펴보자. 앞에서 살펴본 여러 객체의 접근 방법과 동일하다.

```
document.폼 이름.셀렉트 이름
document.폼 이름.elements[인덱스]
document.폼 이름.셀렉트 이름.options[0]
```

다른 객체의 접근과 차이점은 options 속성에 접근할 수 있다는 점이다. 이 속성은 option으로 된 배열이고, 인덱스는 0부터 시작한다.

8.1 select 객체의 속성

다음은 select 객체의 속성이다.

속성	설명
length	select 객체의 option 개수를 알려준다.
name	select 영역의 이름을 지정한다.
options	select 객체의 옵션 항목들이 저장된다.
selectedIndex	select 객체에서 selected 속성이 있는 옵션의 인덱스를 갖는다.

[표 13-22] select 객체 속성

select 객체의 속성은 name을 제외한 나머지는 option과 관련된 속성들이다. 그만큼 select 객체에서는 options 속성의 비중이 크다.

1) length

select 객체의 option의 개수를 알려주는 속성이다. 이 값은 option 자체의 개수를 구하는 것이므로 options 객체의 length 속성을 통해서도 동일한 결과를 얻을 수 있다. 어떤 방법으로 option의 개수를 구할 것인지는 각자 사용하기 편한 방법으로 하기 바란다.

2) name

select 객체의 name 속성을 나타낸다. 〈select〉 태그의 name 속성과 동일하다.

3) options

select 객체의 옵션 항목들이 배열 형태로 저장된다. 예를 들어 폼에 입력된 첫 번째 요소가 〈select〉이고, 이 요소 안에 〈option〉의 요소가 여러 개 존재한다고 하면 옵션 객체를 이용하여 옵션 항목에 접근하는 형태는 다음과 같다.

```
document.test.elements[0].options[0];
```

options의 배열의 길이는 length에 저장이 되는데 select 객체의 options 개수와 동일하다.

4) selectedIndex

이 속성은 select 객체에서 selected 속성이 있는 옵션의 인덱스를 가지고 있다. 그래서 selectedIndex를 통해서 선택한 옵션이 몇 번째인지 알 수 있다. select 객체의 옵션은 지정한 순서대로 인덱스가 정의되고 그 순서에 따라 options 배열에 저장된다.

select 객체의 속성을 이용한 간단한 예제를 작성해 보도록 하자. 〈select〉 태그를 사용하여 세 개의 사이트를 등록하고, 콤보 메뉴에서 항목 선택시 해당 사이트로 이동하는 기능이다.

<13-15.html>

```
<html>
    <head>
        <meta charset = "utf-8"/>
    </head>
    <body>
        <h2>가볼만한 사이트</h2>
        <form name = "test">
            <select name = "page" onChange = "loadPage()">
                <option value="#">사이트 선택</option>
                <option value="http://www.hyejiwon.co.kr">혜지원</
                option>
                <option value="http://blog.naver.com/jamsuham75">잠수
                함 어록</option>
                <option value="http://edu.kosta.or.kr/index.
                action">kosta</option>
            </select>
        </form>
        <script = "text/javascript">
            function loadPage()
            {
                var obj = document.test.page;
                location.href = obj.options[obj.selectedIndex].value;
            }
        </script>
    </body>
</html>
```

<실행 결과>

〈select〉 태그를 사용하여 콤보 메뉴를 생성하였다. 이 때 onChange 이벤트 핸들러를 등록하여 메뉴의 선택이 변경될 때 이벤트 핸들러인 loadPage()가 호출되도록 하였다. 콤보 메뉴의 항목을 설정하기 위해 〈option〉 태그를 사용하여 value 속성에 사이트 주소를 지정하였다. 여기까지는 우리가 익히 알고 있는 HTML의 문법이다. 콤보 메뉴를 선택했을 때 해당 사이트로 이동하기 위해서는 loadPage() 안에서 select 객체를 이용하여 처리해 주어야 한다.

location.href에 우리가 선택한 항목의 사이트, 즉, 〈option〉 태그의 value 속성을 넘겨주어야 한다. 이 때 select 객체를 이용하는 문장이 길어지기 때문에 select 객체인 document.test.page 문장을 obj 객체로 대체하였다. 이 문장에서 option 객체의 value 속성에 접근하기 위해서는 obj.options[인덱스].value라고 작성하면 된다. 여기까지는 그런데로 간단하다. 충분히 이해했을 것이다.

그런데, 여기서 한 가지 문제가 생긴다. options의 인덱스는 사용자가 콤보 메뉴에서 선택한 항목을 말하는데 사용자가 선택한 콤보 메뉴의 인덱스를 어떻게 알아낼 수 있을까? 우리는 앞서 select 객체의 속성 중에 selectedIndex라는 속성을 살펴 본 적이 있다. 이 속성이 바로 사용자가 몇 번째 항목을 선택했는지의 정보를 가지고 있다. 그래서 인덱스 항목에 obj.selectedIndex가 삽입된 것이다. 실행해 보면 세 개의 사이트가 등록되어 있고, 이 중에 한 개의 사이트를 선택하여 보자. 곧 바로 해당 사이트로 이동하는 것을 확인할 수 있다.

8.2 select 객체의 메소드 및 이벤트

이번에는 select 객체에서 제공하는 메소드와 이벤트에 대해 알아보자. 먼저 select 객체의 메소드 목록이다.

메소드	설명
blur()	콤보 메뉴의 포커스를 제거한다.
focus()	콤보 메뉴에 포커스를 이동한다.

[표 13-23] select 객체 메소드

select 객체가 지원하는 메소드는 blur()와 focus() 두 가지이다. blur()는 콤보 메뉴에서 포커스를 제거하는 것이고, focus()는 콤보 메뉴에서 포커스를 지정하는 것이다. 어차피 메뉴를 선택하는 단순한 기능이기 때문에 특별한 것은 없다. 이번에는 select 객체에서 제공하는 이벤트 목록이다.

이벤트	설명
onBlur	콤보 메뉴의 포커스를 제거할 경우 발생한다.
onFocus	콤보 메뉴로 포커스를 이동할 경우 발생한다.
onChange	사용자가 항목을 선택시 발생한다.

[표 13-24] select 객체 이벤트

이벤트는 메소드와 비례한다. 마찬가지로 콤보 메뉴에서 포커스가 제거되는 경우 발생하는 onBlur와 콤보 메뉴로 포커스가 이동시 발생하는 onFocus, 추가로 사용자가 콤보 메뉴 선택시 발생하는 onChange가 있다.

1) onBlur

onBlur는 포커스를 잃었을 경우 발생하는 이벤트로 우리가 콤보 메뉴를 선택한 후 다른 폼 요소를 선택하거나 페이지 바탕을 선택했을 경우이다. 또한 앞의 예제처럼 콤보 메뉴에서 항목을 선택하여 페이지를 이동하게 되면 이 또한 포커스를 잃은 상황이므로 마찬가지로 onBlur 이벤트가 발생하게 된다.

2) onFocus

onFocus 이벤트는 콤보 메뉴에서 항목을 선택하기 위해 콤보 메뉴로 포커스를 지정했을 때 발생한다. 주의할 점은 콤보 메뉴의 항목 선택시 발생이 아니라 그 이전 단계인 콤보 메뉴 자체를 선택했을 때 발생한다는 점이다. 그래서 이러한 이벤트를 사용하여 처리하는 경우는 보통 메뉴 선택에 주의가 요구될 때 사용자에게 한 번 더 주의를 주기 위해 이 이벤트를 활용하기도 한다.

이번에는 select 객체의 이벤트를 활용하여 예제를 작성해보자. onFocus와 onBlur 이벤트 발생시 처리하는 이벤트 핸들러를 연결하고, 콤보 메뉴에 포커스가 갔을 때와 포커스가 제거 되었을 때 각각 경고 메시지를 출력하도록 작성해 보자.

<13-16.html>

```
<html>
    <head>
        <meta charset = "utf-8"/>
    </head>
    <body>
        <h2>가볼만한 사이트</h2>
        <form name = "test">
            <select name = "page" onChange = "loadPage()"
            onFocus="alertMsg()" onBlur = "byeMsg()">
                <option value="#">사이트 선택</option>
                <option value="https://www.whitehouse.gov/">백악관</
                option>
                <option value="http://www.mnd.go.kr/mbshome/mbs/mnd/">
                국방부</option>
```

```
                <option value="http://www.nasa.gov/">나사(NASA)</option>
                <option value="http://www.president.go.kr/">청와대</
                option>
            </select>
        </form>
        <script = "text/javascript">
            function loadPage()
            {
                var obj = document.test.page;
                location.href = obj.options[obj.selectedIndex].value;
            }
            function alertMsg()
            {
                alert("사이트 접속시 주의 요망하지 않습니다.");
            }
            function byeMsg()
            {
                alert("안녕히 가십시요.");
            }
        </script>
    </body>
</html>
```

<실행 결과>

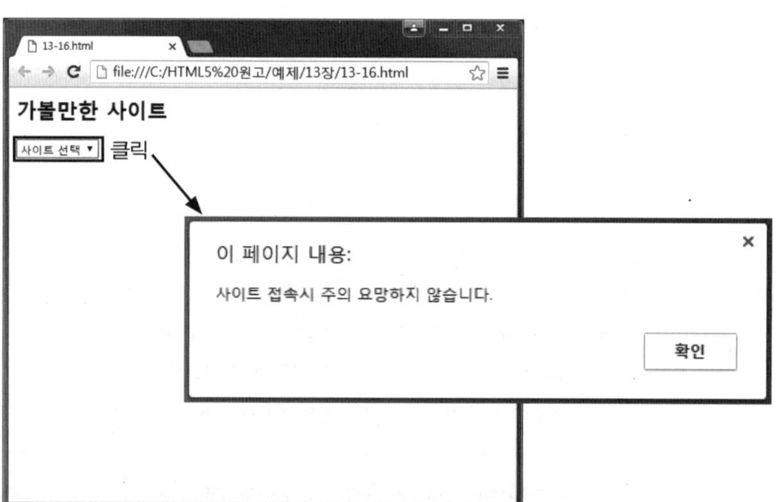

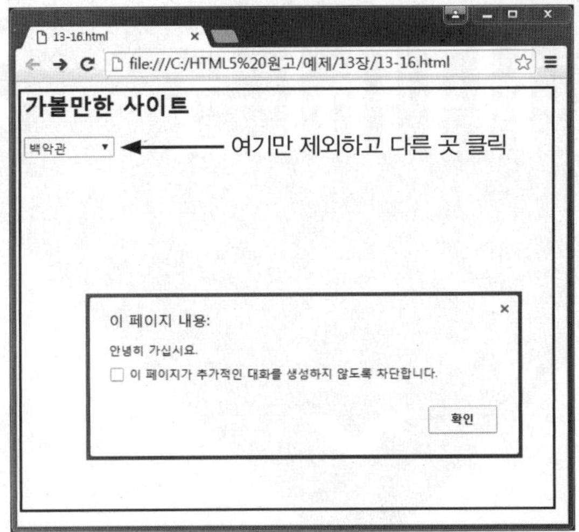

예제 13-15.html 기반에서 onFocus 이벤트와 onBlur 이벤트를 추가하고 이벤트 핸들러를 작성한 것 외에는 특이할 만한 사항은 없다. onFocus 이벤트 발생시 이벤트 핸들러 alertMsg()가 수행이 되는데, 수행 기능으로는 단순히 경고 메시지를 출력하는 수준이다. 마찬가지로 onBlur 이벤트 발생시 이벤트 핸들러 byeMsg()가 수행이 되고, 마찬가지로 경고 메시지를 출력한다. 예제를 실행하여 콤보 메뉴를 선택해 보고, 그 다음에는 페이지의 바탕을 선택해 보자. 각각 어떤 타이밍에 정확하게 onFocus와 onBlur 이벤트가 발생하는지 확인해 보도록 하자.

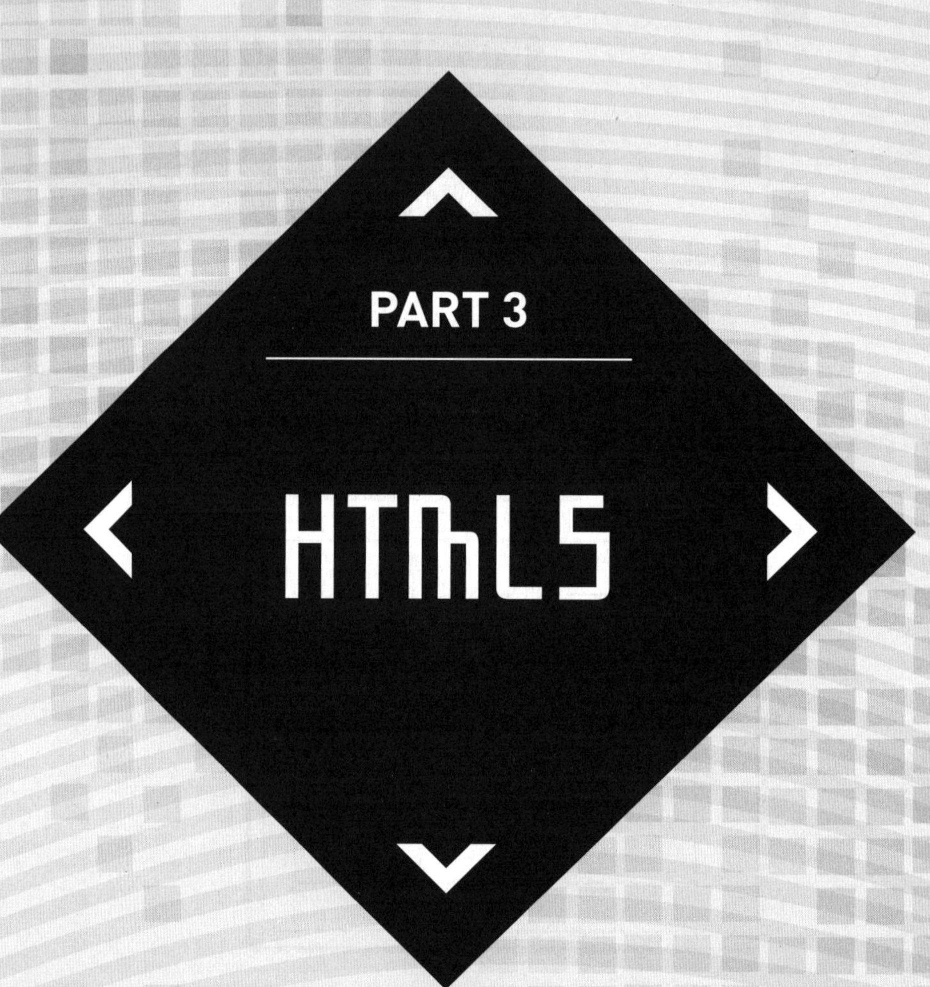

PART 3

HTML5

웹이라는 환경의 구조는 기본적으로 하나의 서버로부터 여러 클라이언트들에게 정보를 전달해 주는 형태였다. 그래서 클라이언트 기반에서는 구현할 수 있는 기능들이 제한되어 있었다. 어차피 거의 대부분의 정보는 서버에서 관리 및 처리하고 있었기 때문이다. 하지만, 이러한 구조는 서버에 과부하를 준다는 문제점과 웹에서의 표현을 제약한다는 문제점이 있었다. 웹이 능동적인 어플리케이션처럼 동작하기 위해서는 기존의 웹표준으로는 구현할 수 없었고, 별도의 플러그인을 설치하여 사용해 왔었다. HTML5에서는 이러한 웹의 근본적인 문제점을 해결하고 있다. 기존 웹표준에서 할 수 없었던, 캔버스 출력, 오디오 및 비디오 출력, 웹 스토리지 사용 및 위치정보 사용 등의 다양한 기능들을 제공하고 있다. 이번 파트에서는 이러한 HTML5의 다양한 기능들과 특징들을 살펴보고, 이러한 기술들을 사용한 실전 프로젝트로 간단한 게임을 제작해 보도록 할 것이다.

Chapter

14 HTML5 소개

사랑이란 서로 마주보는 것이 아니라
둘이서 똑같은 방향을 내다보는 것이라고 인생은 우리에게 가르쳐 주었다.
-생텍쥐페리-

1장 웹과 HTML에서 웹의 정의와 웹의 전반적 흐름 그리고 HTML의 역사에 대해서 알아보았다. 이번 시간에 소개하는 HTML5는 이러한 웹의 흐름 속에서 HTML5가 어떠한 배경으로 탄생되었는지 그리고 앞으로 HTML5는 어떠한 장점과 앞으로 어떠한 전망을 가지고 있는지 살펴보도록 하겠다.

1. HTML5의 개요

1.1 HTML5의 탄생 배경

기존의 웹 환경은 매우 정적이고 주로 텍스트와 하이퍼링크로 이루어져 있었다. 그래서 텍스트 기반의 정보나 이미지 정도로만 표현이 가능하였다. 물론 초창기 웹 환경이 다채롭지 못했던 이유중에 하나는 PC의 사양이나 네트워크 환경의 제약도 있었다. 이후 시간이 흐름에 따라 웹 환경은 변화하기 시작했다. 먼저, PC나 네트워크와 같은 물리적인 사양 수준이 올라감으로써 콘텐츠는 텍스트와 이미지에 더하여 음성이나 영상과 같은 다양한 콘텐츠로 확장되었다. 하지만 이러한 콘텐츠의 다양화로 인해 콘텐츠 기능 구현의 어려움이 생기기 시작했고, 이에 대한 대안으로 비표준적인 태그의 사용 및 서드파티 플러그인인 ActiveX, Flash 등의 사용으로 인하여 브라우저간의 호환성 및 웹을 표준화하는데 문제가 발생하였다.

대표적으로 지금까지 브라우저상에서 영상을 볼 때 많이 설치했던 플러그인이 Adobe 사의 Flash Player였다. 이것은 브라우저 자체 표준 기능이 아니라 외부 플러그인 설치를 통해 수행되는 기능이다. 또한 우리나라 자국민이 금융권에 인터넷으로 접속을 하려면 공인인증서 및 여러 가지 보안 프로그램을 설치해야 한다. 이것은 모두 ActiveX라는 플러그인 설치를 통해 이루어진다. 마찬가지로 이것 또한 웹 표준이 아니고, 마이크로소프트사의 인터넷 익스플로러(Internet Explorer)에서만 지원된다는 치명적인 단점이 있다. ActiveX는 현재 윈도우의 새 버전인 Window 10 기반에서는 지원하지 않는다. 그만큼 ActiveX는 갈수록 설 자리가 없어지는 추세이므로, 국내에서도 ActiveX를 대체할 대안을 찾아야 할 것이다. 어쨌든 HTML5는 지난 10여년간 이러한 여러 가지 요구들을 수용하여 기존의 문제점들을 보완함으로써 많은 기능들이 추가되었다.

1.2 HTML5의 개념 및 특징

1) HTML5의 개념

HTML5는 기존 텍스트와 하이퍼링크로만 표시했던 HTML에서 다양한 웹 어플리케이션으로 진화한 차세대 웹 표준 웹 프로그래밍 언어이다. 이 문장에서 중요한 키워드는 '웹 어플리케이션'이다. 기존의 HTML은 마크업 언어로 단순한 문서 정보를 제공하는 형태였다면, HTML5는 웹 어플리케이션, 즉 응용 프로그램의 기능으로 변모하고 있다는 점이다. HTML5는 W3C를 중심으로 하여 애플, 마이크로소프트, 구글, 모질라 등의 메이저 웹브라우저 벤더사가 참여하고 있는 산업 표준이기도 하다.

2) HTML5의 특징

웹 표준이 HTML5로 넘어오면서 여러 가지 새로운 기능 및 장점들이 있지만, 필자가 생각하는 가장 두드러진 특징은 크게 두 가지로 볼 수 있다. 첫 번째 특징은 원소스 멀티 플랫폼(one source multi platform)이 가능해졌다는 것이고, 두 번째 특징은 플러그인 없이도 오디오 및 비디오와 같은 미디어를 재생할 수 있게 되었다는 것이다. 먼저 원소스 멀티 플랫폼의 형태를 보도록 하자.

① 원소스 멀티 플랫폼

프로그램 개발을 하면서 가장 시간적인 비용을 많이 소요하는 것이 바로 새로운 플랫폼에 대한 포팅 작업이다. 예를 들어 여러분이 PC기반에서 게임을 하나 제작했다고 가정하자. 이 게임이 반응이 좋아서 안드로이드폰과 아이폰에도 올리고 싶다고 한다면, 그날부터 담당 개발자는 기약없는 밤샘 준비를 해야 한다. 일당백의 능력을 가진 개발자가 아닌 이상 하나의 포팅 플랫폼에는 적어도 한 명의 개발자가 담당해야 한다.
즉, 현재로써는 두 명의 개발자가 필요하고, 포팅과 최적화 그리고 테스팅 과정까지 거치게 되면 상당한 시간을 소요하게 된다. 심지어는 포팅하는 과정이 새로운 플랫폼 기반에서 프로그램을 작성하는 속도와 비슷할 수도 있다. 아무튼 지금까지의 개발은 플랫폼별로 따로 이루어짐으로써 많은 비용이 소모되었다.

그러나 HTML5 기반에서 게임을 제작하였다면 어차피 브라우저 기반에서 동작하기 때문에 HTML5를 지원하는 브라우저만 설치되어 있다면 동작하는데 큰 문제는 없다. 즉, PC(윈도우 기반), 안드로이드, 아이폰 기반 어디에서든지 잘 동작하게 될 것이다. 이러한 형태를 원소스 멀티 플랫폼(one source multi platform)이라고 한다.
소스 코드는 HTML5 기반의 한 가지이고, 여러 플랫폼에서 동작한다는 의미이다. 비단 게임뿐만 아니라 콘텐츠 기반의 어플리케이션들은 웹앱이라는 이름으로 이러한 형태로 사용되고 있다. 그림 14-1의 경우는 여러 플랫폼별로 게임이 존재하는데, 통합 플랫폼이 있다면 게임을 플랫폼별로 만들지 않아도 된다는 의미이다. 그러한 적절한 통합 플랫폼이 바로 HTML5이 될 것이다. 이론적으로는 HTML5가 게임의 통합 플랫폼으로써 이상적이기는 하지만, 반응속도에 민감한 게임 플랫폼으로써는 성능이 뒷받침되지 못해 아직까지는 크게 활성화되지 못하고 있다.

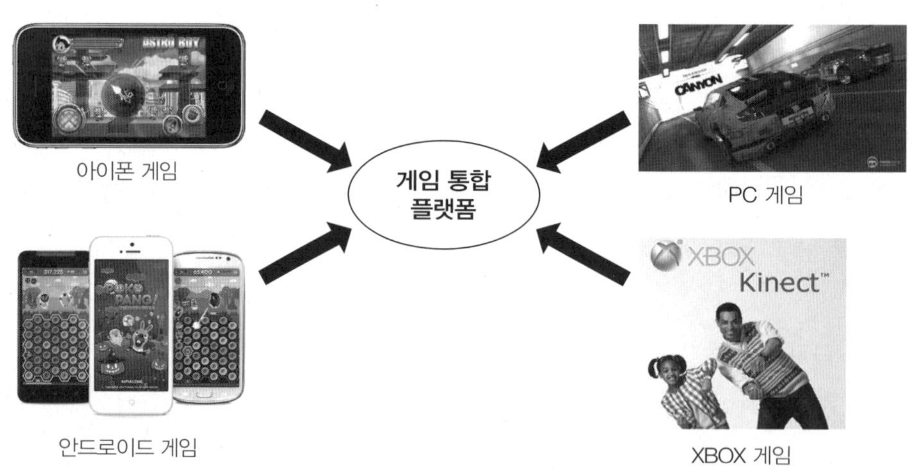

그림 14-1. 게임 통합 플랫폼으로써의 HTML5

② 플러그인 불필요

두 번째 특징으로 HTML5 기반에서는 플러그인이 불필요하다는 것이다. 브라우저상에서 플러그인을 제거한다는 것은 상당히 고무적인 일이다. 지금까지 인터넷을 하면서 알게 모르게 수많은 플러그인을 사용하고 있다. 가장 대표적인 플러그인이 멀티미디어 관련 재생도구인데 Adobe의 Flash, MS의 실버라이트, 각 콘텐츠 서비스 업체들의 미디어 재생기 등이 있고, 파일 업/다운로드시 다중 파일의 경우도 ActiveX를 통해 다운로더를 설치해야만 동작이 가능했었다. 그리고 우리 실생활에 가장 근접한 공인인증서와 각종 보안모듈 설치 등도 모두 ActiveX를 통해 이루어지고 있음을 볼 수 있다.

ActiveX는 전세계의 브라우저 중 MS사의 인터넷 익스플로러(Internet Explorer)에서만 사용할 수 있는데, PC를 주로 사용하던 90년대 말 우리나라에서 윈도우가 OS 점유율이 95% 이상이였기 때문에 ActiveX 사용은 큰 문제가 없었지만, 현재는 스마트기기의 보급화 및 다양한 플랫폼과 브라우저가 등장하고 사용함으로써 ActiveX는 걸림돌이 되고 있다. 한류 열풍이 부는 요즘 시대에 한국 드라마를 본 한 중국 여성이 드라마 여주인공이 입은 코트를 구매하려고 우리나라 쇼핑몰에 들어왔다가 공인인증서의 장벽에 막혀 결국 포기했다는 웃지 못할 헤프닝이 있었다. 이에 대통령까지 나서서 공인인증서의 대안을 마련하라고 지시했다는 기사를 언론을 통해 본 적이 있다. 중국 여성의 헤프닝과 대통령의 지시가 있어서 공인인증서의 플러그인을 없애야 한다는 말이 아니다. 중국 여성은 외국인이므로 다른 방법을 찾아보았으면 자신이 원하는 코트를 구매할 수 있었을 것이고, 대통령이 지시하지 않았어도 공인인증서를 비롯한 각종 플러그인들이 불필요하다는 것을 업계의 사람들은 전부터 모두 인지하고 있다.

필자가 말하고자 하는 핵심은 이것이다. 시대가 지금 멀티 플랫폼 기반으로 다양화되고 있으므로 하나의 플랫폼에 의존적인 기술은 의미가 없다. 이 사실은 거스를 수 없는 대세이다. 그러므로 기존의 플러그인 기술을 대체할 대안은 바로 HTML5라는 것이다.

그림 14-2. HTML5 기반에서 플러그인 불필요

2. HTML5의 주요 기능

앞서 HTML5의 특징으로 크게 원소스 멀티 플랫폼과 플러그인의 불필요한 두 가지가 있다고 설명하였다. 이러한 특징을 기반으로 하는 HTML5의 새로운 확장 기능들이 있는데 2D/3D 그래픽, 웹 소켓, 멀티미디어, 웹 스토리지, 위치 기반 서비스 등이 있다. 각 기능들에 대해 간략하게 소개하도록 하겠다.

2.1 2D/3D 그래픽

기존 HTML 표준에서는 선, 도형과 같은 그림을 그리는 기능은 없었다. 혹여 필요한 경우는 외부 플러그인을 통해 라이브러리를 설치 후 그림을 표현할 수 있었다. 그러나 HTML5에서는 SVG, 캔버스, WebGL을 통해 다양한 2D/3D 그래픽 기능을 제공한다. WebGL은 오픈 그래픽 라이브러리인 OpenGL(OpenGL ES 2.0)에 기반한 웹 표준 그래픽 라이브러리이다. WebGL을 이용하면 하드웨어 가속되는 3D 그래픽을 표현할 수 있다.

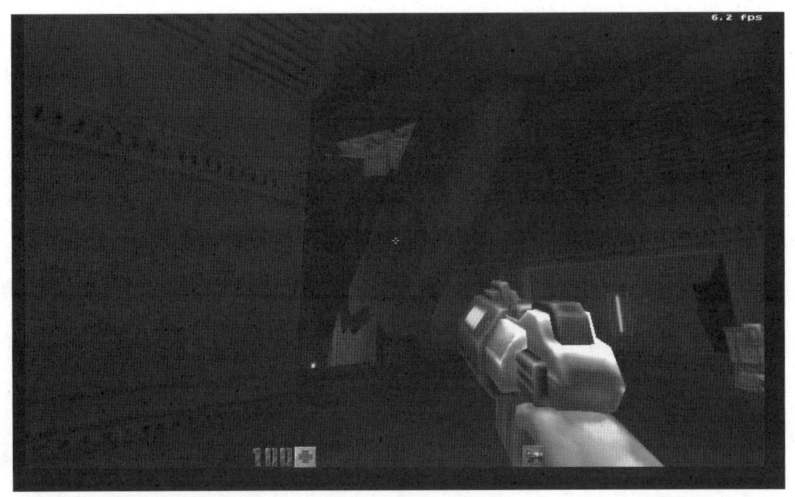

그림 14-3. HTML5 기반에서 WebGL을 이용한 3D 그래픽 구현 예

2.2 웹 소켓(Websocket)

웹 소켓(Websocket)의 가장 큰 의미는 웹 소켓을 통해 서버와 클라이언트간에 양방향 통신이 가능해졌다는 것이다. 기존 웹 환경에서는 클라이언트에서 요청을 보내야만 서버에서 응답하는 형식이었다. 즉, 서버에서 스스로 클라이언트에게 요청을 할 수 없는 단방향 구조였다. 그러나 웹 소켓을 이용하면 진정한 의미의 푸시(push)형 양방향 통신이 가능해진다. 양방향 통신을 사용하게 되면 네트워크의 부하 시간을 줄일 수 있기 때문에 성능상 매우 효율적이다.

그림 14-4. 서버와 클라이언트 양방향 통신이 가능한 웹 소켓

2.3 멀티미디어

HTML5에서의 플러그인 제거로 가장 두드러지게 눈에 띄는 것은 바로 멀티미디어이다. 기존 웹 기반에서 오디오나 비디오 관련 파일을 재생하기 위해서는 반드시 ActiveX에 의해 플레이어를 설치해야 했었다. 그래서 미디어 콘텐츠를 실행하기 위해서는 제공 벤더사의 플레이어를 설치해야 하는 불편함이 있었다. 다른 플러그인 설치는 기억이 안날지라도 아마 거의 대부분의 인터넷 사용자들은 멀티미디어 관련 플러그인을 거의 한 번쯤은 설치해 보았을 것이다. 하지만, HTML5 기반에서는 별도의 플러그인 없이 오디오와 비디오를 재생할 수 있다.

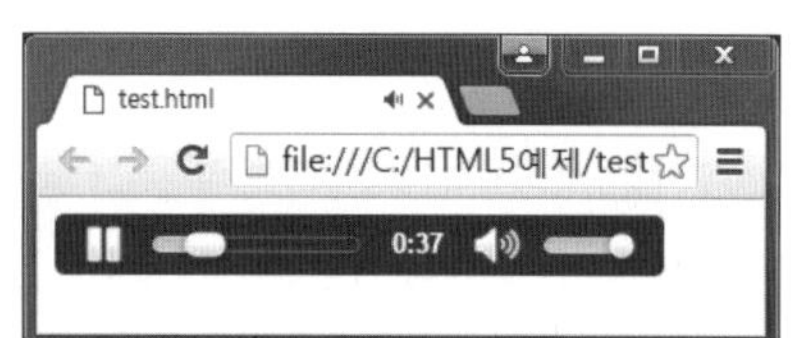

그림 14-5. HTML5 기반에서 음성/영상 코덱 및 플레이어 지원

2.4 웹 스토리지

기존의 웹 표준은 웹 사이트 정보를 로컬에서 관리하지 않았다. 엄밀하게 따지면 로컬에서 관리하는 매커니즘이 아예 없지는 않았는데, 바로 쿠키라는 방법을 사용하기는 했었다. 하지만, 쿠키는 데이터 저장소의 용도는 아니였기 때문에 스토리지로써는 한계가 있었다. 이러한 쿠키의 단점을 보완하고 데이터를 관리하기 위한 새로운 웹 스토리지 매커니즘이 HTML5 표준에 추가되었다. 로컬이 아닌 웹 기반에서 관리되고 매 요청시 서버로 전송이 되지 않으므로 쿠키에 비해 보안성이 더 높고, 개수나 용량 제한이 없으므로 쿠키에 비해 다량의 데이터를 저장할 수 있다.

그림 14-6.
HTML5 기반에서 웹 스토리지 지원

2.5 위치정보 서비스

위치정보 서비스는 우리 실생활에 매우 유용한 기능이다. 대중교통을 이용할 때나 낯선 곳에 와서 주소로 길 찾을 때 또는 운전 중 차량 네비게이션의 기능 그리고 현재 나의 위치 등을 나타낼 때 등 다양하게 사용되고 있다. HTML5에서는 기기에서 위치를 탐색하는 GPS와 같은 장치와 연동되는 Geolocation API가 제공된다. 장치로부터 위도와 경도 및 표고, 장치의 진행 방향 및 진행 속도 정보 등을 얻을 수 있다. 그리고 그림 14-7과 같이 구글 지도와 연동하여 현재의 나의 위치나 찾고자 하는 위치 정보 등을 검색할 수 있다.

그림 14-7. HTML5 기반에서의 위치 서비스 제공

3. HTML5의 전망

HTML5는 현재 스마트 기기의 다양한 보급화와 플랫폼 통합의 염원으로 많은 분야에서 사용될 것이다. 그 중에서도 특히 필자는 분야는 모바일 웹앱, 3D 게임 시장 그리고 스마트 가전 시장의 전망이 두드러질 것으로 예상하고 있다.

3.1 모바일 웹앱

웹앱이란 PC나 스마트폰 등 플랫폼이나 단말기에 상관없이 어떠한 환경이든 브라우저만 설치되어 있다면 같은 콘텐츠를 볼 수 있도록 하는 시스템이다. 하나의 소스로 여러 플랫폼에서 사용이 가능하므로 HTML5 기반의 콘텐츠 업체들 중심으로 확산되고 있다. 특히 스마트폰과 테블릿의 사용자가 증가하면서 웹콘텐츠는 점점 늘어나고 다양해지고 있다.

최근 브라우저의 성능도 개선되고, facebook의 API를 사용하여 만든 HTML5 기반의 웹앱인 fastbook의 성능이 결코 떨어지지 않는다는 것이 입증되면서 웹앱에 대한 관심이 커지고 있다. 기기의 사양이나 네트워크 환경이 물리적으로 개선되고 있는 상황에서 네이티브 앱과의 성능 차이만 더 좁혀진다면 HTML5 기반의 웹앱은 더욱 늘어날 것이라 생각한다.

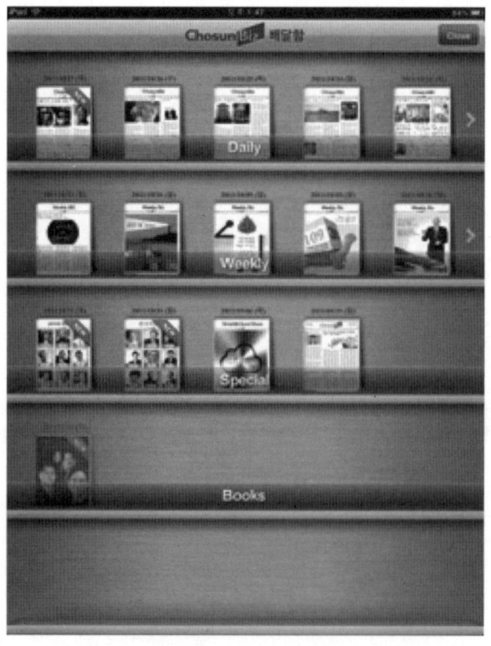

그림 14-8. HTML5 기반 웹앱의 형태 (조선 비즈)

3.2 3D 그래픽 시장

웹 기반에서 플러그인 없이 3D를 구현한다는 것은 HTML5의 스펙이 나오기 전까지 상상도 할 수 없는 일이었다. 그러나 HTML5에서는 WebGL API를 통해 3D 그래픽을 구현할 수 있게 되었다. 최근 3D 관련 시장은 점점 더 다양해지고 있다. 예를 들면 3D 프린터, 증강현실(Augmented Reality), 가상현실(Virtual Reality), 영화, 게임 산업 등이 대표적이다. 가상현실의 기술은 이미 실생활에서 매우 유용하게 활용되고 있는데, 포드 자동차의 경우 가상현실 기기를 생산되는 모든 과정에서 사용함으로써 작업자들의 부상률이 70%나 감소되었다고 보고되고 있고, 의료 분야에서도 가상현실을 통해 수술과정을 미리 시뮬레이션함으로써 수술의 성공률을 매우 높일 수 있었다고 보고되고 있다.

만약 HTML5 기반에서 3D 그래픽 개발이 보편화 된다면 앞서 언급했던 3D 산업 전반에 상당한 패러다임의 변화가 올 것이다. 그러나 아직까지 웹 기반에서의 3D 성능은 너무나 떨어진다. 이러한 성능상의 이유로 HTML5 기반의 3D 그래픽 시장의 부흥은 아직 꿈같은 이야기이다.

그림 14-9. HTML5 기반에서 3D 게임 구현

3.3 스마트 가전 시장

HTML5 웹 표준은 가전제품 플랫폼에서도 사용할 수 있다. 브라우저만 설치되어 있으면 어떠한 운영체제이든 상관 없이 동작이 가능하므로 모바일 기기나 TV 앱을 연동할 수 있는 멀

티 스크린 기능이나, 모바일 기기를 통해 집안 내의 가전 기기를 제어할 수 있는 앱을 만들 수도 있다. 예를 들면, HTML5 기반의 웹앱을 통해서 로봇 청소기를 동작시켜 청소를 시키거나, 퇴근 전 밥통의 취사를 동작하게 하여 밥을 짓게 할 수 있고 또한 외출 시 실내등을 켜놓고 나왔는지 기억이 나지 않을 때 on/off의 기능을 웹앱으로 처리할 수 있게 한다. 이러한 것들이 요즘 흔히 말하는 IoT 시스템의 형태인데, HTML5은 통합 플랫폼이기 때문에 이러한 기능들이 가능하다. 그러나 이 또한 아직까지는 필자의 전망일 뿐이고, 스마트 기기 산업 전반에 걸쳐서 적용해야 하는 부분이라서 시간이 걸릴 것으로 예상한다.

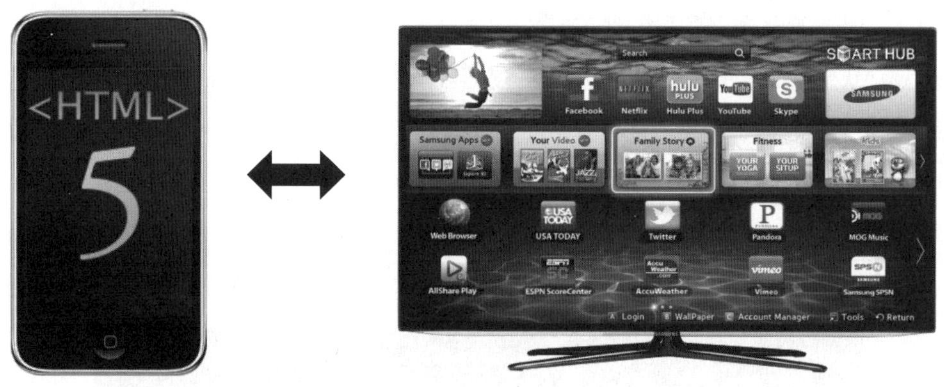

그림 14-10. HTML5 기반에서 모바일 기기와 스마트 TV의 연동

Chapter

15 캔버스 그리기

당신이 동의하지 않는 한 이 세상 누구도 당신이 열등하다고 느끼게 할 수 없다.
–엘리너 루스벨트–

HTML 기반의 웹문서는 노트와 같은 텍스트 기반 문서이다. 그러다 보니 HTML 기반에서 표현할 수 있는 정보의 범위는 텍스트와 이미지 정도였다. 그런데, HTML5의 표준으로 넘어와서는 기본적으로 선, 도형 등을 표현할 수 있고, 색상 설정 또한 가능하다. 기존 클라이언트 프로그램에서 가능했던 기능을 HTML5에서는 웹기반에서도 가능하게 한 것이다. HTML5 기반에서 그림을 그릴 수 있도록 가능하게 한 것을 캔버스라고 하는데, 캔버스 지원으로 인해 간단한 그림부터 2D 게임 제작까지도 가능해졌다.

1. 캔버스의 기본

1.1 캔버스란

캔버스(Canvas)라는 말은 어디서 들어본 적이 있는가? 아마도 미술 시간에 누구나 한 번쯤은 들어보았을 단어이다. 사전적 의미로는 '유화를 그릴 때 쓰는 천'인데 웹페이지에서 캔버스라는 용어가 사용된다면 웹페이지상에 그림을 그릴 수 있도록 기능을 제공한다는 뜻일 것이다. HTML 자체가 마크업 언어이다 보니 텍스트 문서의 형태였기 때문에 선 하나 긋기도 힘들었다. 그러나 지금은 플래시를 대체할 수 있을 정도로 현란한 그래픽을 지원하고 있다.
선 하나 그을 수 있게 만든 것이 생각보다 큰 파장을 일으킨다. 선을 그을 수 있다는 것은 그림을 그릴 수 있다는 것이고, 그림을 그린다는 것은 그래프 또는 애니메이션까지도 만들 수 있다는 얘기다. 오디오까지 더해지면 결국 웹어플리케이션 및 게임까지도 제작이 가능하다는 것이다. 필자가 마치 미래의 일처럼 말은 했지만 이미 HTML5 기반의 어플리케이션과 2D 게임은 웹상에서 많이 사용되고 있다.

1.2 <canvas> 엘리먼트

1) <canvas> 엘리먼트의 기본 구성

그럼 캔버스의 가장 기본적인 사용법부터 살펴보도록 하겠다. 캔버스를 논하기 위해서는 가장 먼저 〈canvas〉 엘리먼트를 구성할 수 있어야 한다.

```
<canvas> </canvas>
```

이와 같이 엘리먼트를 페이지에 추가하는 의미는 내가 웹페이지상에 그림을 그리며 마음껏 꿈을 펼칠 수 있는 공간을 만들겠다는 것이다. 그렇다고 웹페이지상에 조카의 크레파스를 이용해서 꿈을 펼치라는 것이 아니다. 우리가 〈canvas〉 엘리먼트 안에서 무엇을 할지는 아직 생각하지 말고, 그림을 그리기 위한 바탕을 만든다고만 우선 생각하자. 캔버스의 기본바탕의 영역을 지정해 주어야 하는데, 가로 세로의 영역을 지정하는 width, height 속성 및 영역이 눈에 보이도록 선을 나타내기 위한 style 속성의 border 및 solid 속성값 그리고 canvas의 id를 설정할 수 있다.

```
<canvas  id = "mycanvas"  width = "600" height = "400" style="border:
3px solid">
</canvas>
```

이 코드를 html 문서의 어느 위치에 작성해야 할지 순간 막막할 것이다. 필자가 정확하게 알려주겠다. 이 코드는 〈body〉와 〈/body〉 사이에 작성하면 된다. 다음 예제를 작성해보자.

<15-1.html>

```
<html>
    <head>
        <meta charset = "utf-8"/>
        <script = "text/javascript">
        </script>
    </head>
```

```
    <body>
        <canvas  id = "mycanvas"  width = "600" height = "400"
        style="border: 3px solid">
        </canvas>
    </body>
</html>
```

<실행 결과>

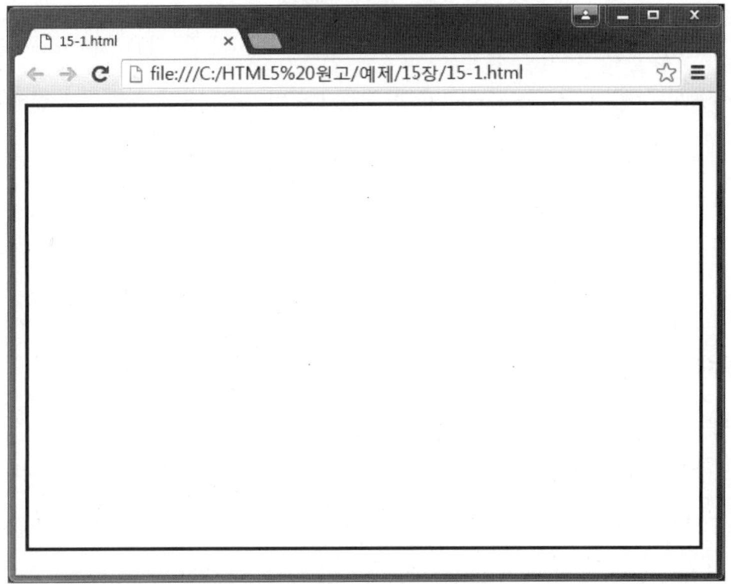

여기까지가 그림을 그리기 위한 캔버스의 바탕을 만드는 과정이었다. 이제 이 캔버스에 그림만 그리면 되는데, 그림을 그리는 코드는 자바스크립트를 이용할 것이다.

2) 자바스크립트를 이용한 캔버스 접근 구조

자바스크립트 코드에서 캔버스에 접근하려면 적어도 〈canvas〉 엘리먼트에 대한 식별자가 있어야 구분할 수 있는데, 그것이 바로 id이다. 자바스크립트 코드에서는 그리기에 앞서 〈canvas〉 엘리먼트에 접근하여 캔버스 객체를 생성한 후 이 객체를 통해 context 객체를 생성하게 되는데, 이 객체가 그림을 그리기 위한 다양한 API를 제공한다. 아무튼 캔버스에 그림을 그리기 위해서는 자바스크립트 코드 안에 앞서 설명했던 id를 통해 〈canvas〉 엘리먼트에 접근하여 context 객체를 생성하는 과정을 필수적으로 코딩하고 시작해야 한다. 다음은 그 과정을 작성한 코드이다.

```
var canvas = document.getElementById('mycanvas');
var mycontext = canvas.getContext('2d');
```

먼저, 〈canvas〉 엘리먼트의 id로 지정했던 'mycanvas'를 식별자로 이용하여 캔버스 DOM 객체인 canvas를 생성하였다. 그 다음에는 DOM 객체인 canvas를 이용하여 mycontext 객체를 생성하는데, 이 때 사용된 getContext('2d') 함수는 HTML5의 내장 객체를 반환하며 경로, 사각형, 원, 글자, 그림 등을 그리는데 많은 속성과 값을 가질 수 있다. 그러므로, 우리가 앞으로 배울 캔버스 API를 이용한 코드에서는 이 코드의 과정이 필수적으로 작성이 되어야 한다.

3) 지원 브라우저

최근에는 HTML5의 표준을 거의 모든 브라우저에서 지원하고 있지만 2014년 이전 과거에는 HTML5의 표준이 완벽하게 지원되지 않는 브라우저의 사용이 많았다. 시대가 바뀌었다고 모든 사람들의 PC나 스마트 기기가 바뀌는 것은 아니므로 혹여 자신의 기기가 조금 오래되어서 브라우저의 버전이 낮다면 우리가 배울 HTML5의 캔버스를 지원받지 못한다. 다음의 지원 브라우저 최소 버전을 참고하여 미지원 버전을 사용하고 있다면 업그레이드하기 바란다.

브라우저	지원 버전
크롬	4.0
인터넷 익스플로러	9.0
파이어폭스	2.0
사파리	3.1
오페라	9.0

[표 15-1] 캔버스 지원 브라우저

캔버스는 HTML5의 기능 중에 가장 기본적인 기능이다. 그러므로 캔버스의 지원 여부에 따라 브라우저의 HTML5의 지원 여부를 알 수 있을 정도이다. 그렇다고 캔버스를 지원한다고 해서 그 브라우저가 모든 HTML5 표준을 지원한다는 논리는 성립하지 않는다. 캔버스는 지원하더라도, HTML5의 다른 표준은 지원 안 할 수도 있다. 구글의 크롬 브라우저의 경우는 HTML5의 표준을 거의 지원한다고 할 수 있는데, 필자가 이 책에서 크롬 브라우저를 기준으로 설명하는 것도 그 이유이기도 하다.

인터넷 익스플로러 HTML5 미지원 버전

인터넷 익스플로러는 8.0 버전부터 그 이전 버전은 캔버스(<canvas>) 엘리먼트를 지원하지 않는다. 즉, HTML5 표준을 지원하지 않는다고 보아도 무방하다.

2. 캔버스 API 사용하기

2.1 캔버스 좌표 설정

그리기에 앞서서 먼저 알아야 할 것은 그림을 그리기 위한 2차원 도화지 좌표의 원점을 알아야 한다. 보통 수학에서 좌표의 원점은 좌표의 중앙인데, 우리가 다룰 캔버스 좌표의 원점은 좌상단 지점이다.

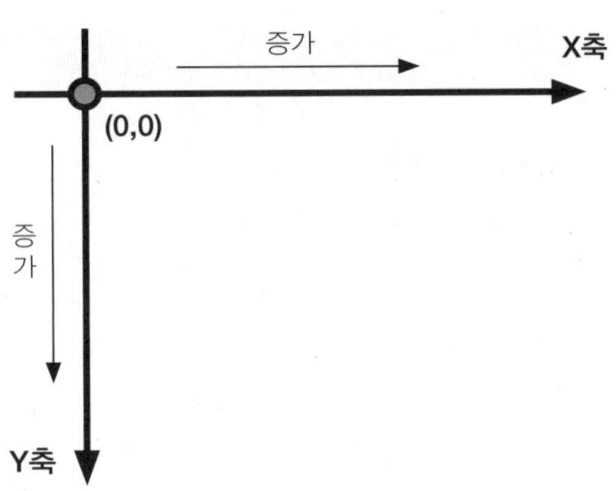

그림 15-1. 캔버스의 좌표 기준

원점이 좌상단이므로 x축으로는 가장 왼쪽을 기준으로 오른쪽으로 갈수록 x축의 값은 증가하고, 왼쪽으로 갈수록 x축의 값은 감소한다. y축의 경우 가장 위쪽이 기준이므로 아래쪽으로 갈수록 y축의 값은 증가하고, 위쪽으로 갈수록 값이 감소한다. 이러한 점의 위치를 기본적으로 알고 있어야만 우리가 지금부터 배울 원하는 글자나 도형을 정확한 위치에 그릴 수 있다.

2.2 사각형 그리기

사각형은 그리기에서 가장 쉽게 그릴 수 있는 도형이다. HTML5에서는 사각형을 그릴 수 있는 캔버스 API를 따로 제공하고 있는데, 다음과 같이 3개의 API를 지원한다.

메소드	설명
fillRect()	색으로 채운 사각형을 그린다.
strokeRect()	선만 있는 사각형을 그린다.
clearRect()	사각형의 영역을 지운다.

[표 15-2] 사각형 캔버스 API

1) 기본 전달인자

각 API에 공통적으로 들어가야 하는 전달인자들이 총 4개가 있다. 전달인자 목록은 다음과 같다.

전달인자	설명
x	사각형 좌상단의 x좌표이다.
y	사각형 좌상단의 y좌표이다.
width	사각형의 가로 넓이로 픽셀단위이다.
height	사각형의 세로 높이로 픽셀단위이다.

[표 15-3] 사각형 캔버스 API의 전달인자 목록

사각형을 그리기 위해서 필요한 점은 총 4개이다. 이는 수학시간에 사각형을 만들기 위한 조건에서 배우는 내용이다. 그러므로 사각형에 필요한 점은 (x1, x2), (x2, y2), (x3, y3), (x4, y4)

이렇게 4개의 점이 필요하겠지만 API에 들어가는 전달인자는 이러한 형태가 아니다. 좌상단의 점 1개와 사각형의 넓이값과 높이값을 가지고 사각형을 구성하고 있다.

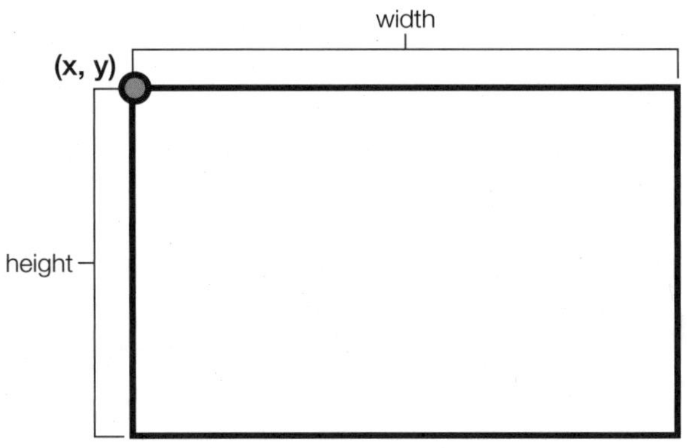

그림 15-2. 캔버스 API로 사각형을 그리는 형태

2) strokeRect() 메소드

선만 있는 사각형을 그리는 메소드로써 사각형을 그리는 가장 기본적인 메소드라고 할 수 있다. 사용 형태는 다음과 같다.

```
context.strokeRect(x, y, width, height);
```

앞서 살펴본 것처럼 총 4개의 전달인자를 갖는데 x, y는 좌상단의 원점이고, 이를 기준으로 width, height를 통해 사각형을 그리고 있음을 알 수 있다. 선의 색상의 경우는 따로 색을 지정하지 않는다면 기본적으로 검은색 선을 그린다. 선의 색을 비롯하여 기타 여러 스타일을 설정할 수 있는 속성이 있는데, 이것은 뒤의 스타일 설정에서 살펴보도록 하겠다.

3) fillRect() 메소드

사각형을 그리되 사각형 내부를 색으로 채워서 그리는 메소드이다. 채우는 공간의 색상의 경우도 따로 색을 지정하지 않는다면 기본적으로 검은색으로 채워진다. 사용 형태는 다음과 같다.

```
context.fillRect(x, y, width, height);
```

4) clearRect() 메소드

기존에 그려진 사각형 내부에 일정 영역의 사각형만큼을 지우는 기능을 한다. 사용 형태는 다음과 같다.

```
context.clearRect(x, y, width, height);
```

이 메소드의 전달인자는 기존의 사각형 내부에서 지워야 할 영역을 사각형의 좌표를 의미한다.

5) 예제 작성하기

우리는 사각형을 그리는 캔버스 API에 대해 알아보았다. 실제로 이 API를 활용한 예제를 작성해보자.

<15-2.html>

```
<html>
    <head>
        <meta charset = "utf-8"/>
    </head>
    <body>
        <canvas  id = "myCanvas"  width = "600" height = "400"
        style="border: 3px solid">
        </canvas>
        <script = "text/javascript">
            var ctx = document.getElementById("myCanvas");
            var myContext = ctx.getContext("2d");
```

```
            myContext.strokeRect(10, 10, 200, 150); //사각형의 선만 그림
            myContext.fillRect(250, 10, 200, 150);
            //사각형 내부를 색으로 채움
            myContext.fillRect(10, 170, 200, 150);
            myContext.clearRect(270, 20, 100, 50);  //사각 영역을 지움
        </script>
    </body>
</html>
```

<실행 결과>

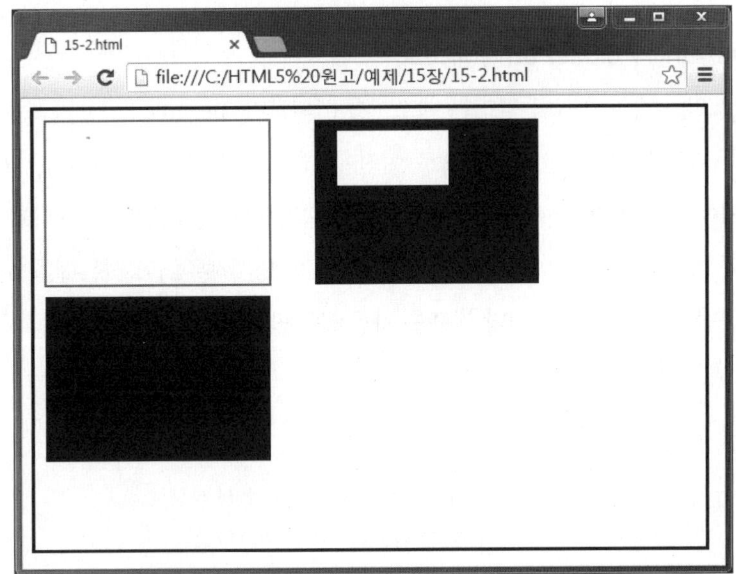

사각형을 그리는 캔버스 API는 앞서 설명도 했지만 워낙 직관적이여서 예제에 대한 별도의 설명이 필요 없을 정도이다. 굳이 눈여겨본다면 마지막 메소드인 clearRect()의 경우 색이 검은색으로 채워진 사각영역 안에서 전달인자로 지정한 영역만큼을 지웠다. 지운 영역의 형태는 검은색 배경 바탕의 사각형에 흰색으로 채워진 영역이다.

2.3 선 그리기

선을 그리는 캔버스 API에 대해 알아보도록 하자. 여기서의 선은 직선을 말하는 것인데, 선을 그릴 수 있다는 것은 선을 통해서 여러 개의 도형을 그릴 수 있다는 것이다. 직선이 3개면 삼각형, 4개면 사각형, 5개면 오각형, 6개면 육각형 등등 연결하는 직선의 개수에 따라 다각형을 만들 수 있는데, 이러한 도형들은 직선의 집합체로써 도형의 선들을 패스(Path)라고 한다. 결국 도형을 그린다는 것은 각각의 선을 연결한다는 의미이며, 이는 패스(Path)를 그리는 과정이다. 참고로, 사각형의 경우는 앞서 배운 것처럼 제공하는 캔버스 API가 있으므로 패스를 직접 그릴 필요는 없다.

1) beginPath() / closePath() 메소드

먼저, 패스의 시작과 종료를 알리는 메소드를 살펴보자. beginPath() 메소드는 캔버스에 패스 그리기를 시작하겠다고 알리는 것으로 이전에 그렸던 패스는 초기화한다. 그리고 반대로 패스 그리기를 종료할 때 closePath() 메소드를 명시적으로 호출한다. 보통 다각형을 그릴 때 시작 좌표와 마지막 좌표를 연결하는 과정을 한 번 더 명시해주어야 하는데, closePath() 메소드를 사용하면 시작 좌표와 마지막 좌표를 자동으로 연결해주는 역할을 한다. 사용 형태는 다음과 같다.

```
context.beginPath();
context.closePath();
```

2) moveTo() / lineTo() 메소드

선을 그리는 가장 기본적인 메소드로써 moveTo() 메소드는 시작점을, lineTo() 메소드는 종료점을 나타낸다. 각 함수의 전달인자는 동일하게 두 개이며 각각 x 좌표와 y 좌표를 나타낸다. 사용 형태는 다음과 같다.

```
moveTo(x1, y1);
lineTo(x2, y2);
```

패스 경로 즉, 좌표 (x1, y1)과 좌표 (x2, y2)와 직선으로 선을 잇는다. 선을 하나만 그리고 끝날 것은 아니다. 연속적으로 선을 그려야 하는데, 이러한 경우에는 lineTo() 메소드를 이어서 사용하면 된다. 예를 들어 삼각형을 그려야 한다면 연결할 세 개의 좌표가 필요하다.

```
context.moveTo(100, 20);
context.lineTo(40, 120);
context.lineTo(160, 120);
```

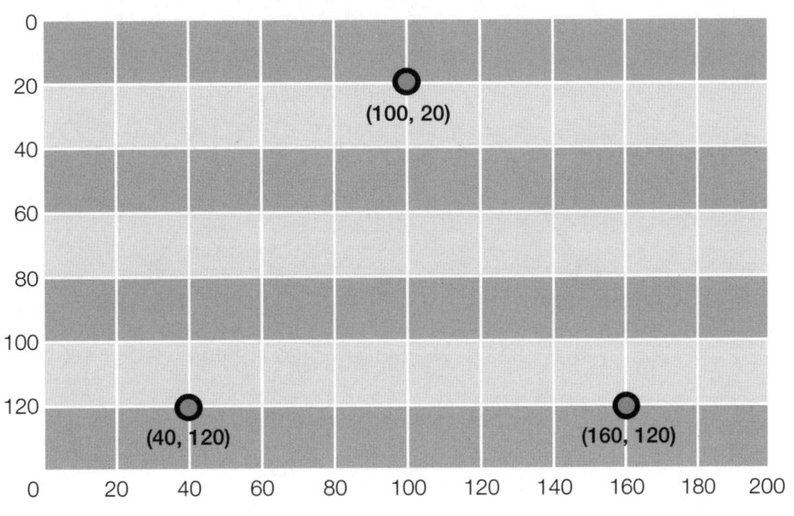

그림 15-3. 삼각형의 좌표 설정

moveTo()와 lineTo() 메소드로는 패스로 이어질 좌표만 지정한 것이고, 실제로 선을 연결하는 과정은 아니다. 그래서 그림 15-3에서처럼 좌표의 지점만 현재 지정되어 선을 연결할 준비를 하고 있는 것이다.

3) stroke() / fill() 메소드

실제로 패스 경로를 따라 그리는 메소드가 바로 strok()이다. 즉, 앞서 도형에 대해 세팅한 좌표 정보를 그대로 수행하는 기능이다. 앞에서 moveTo(), lineTo() 메소드로 다 세팅해 놓고 stroke() 메소드를 사용하지 않는다면 브라우저상에 도형이 나타나지 않는다. 마치 설계만 해놓고 구현은 안한 꼴이 되는 것이다. 여기에 추가로 fill() 메소드를 보자면, 영문의 의미대로 도형의 내부를 채우는 기능을 한다. 즉, 이전에 도형의 좌표를 세팅한 후 fill() 메소드를 사용하면 도형 내부가 색으로 채워진 형태로 브라우저에 출력된다. 색을 별도로 지정하지 않으면 기본적으로 검은색이 지정된다. 자, 앞서 삼각형 좌표를 세팅한 후 stroke() 메소드를 사용한 형태이다.

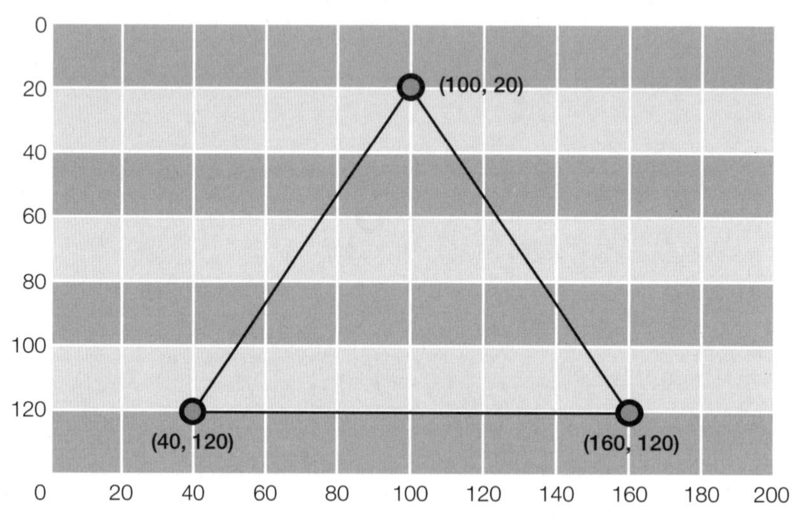

그림 15-4. 삼각형의 좌표 연결

시작점 (100, 20)을 기준으로 (40, 120), (160, 120)의 좌표를 직선으로 이어서 연결하여 삼각형이 완성되었다. 이러한 형태로 삼각형뿐만 아니라 오각형, 육각형 및 N각형의 형태를 그릴 수 있다. 앞서 설명했던 메소드들을 활용하여 예제를 작성해보자.

<15-3.html>

```
<html>
    <head>
        <meta charset = "utf-8"/>
    </head>
    <body>
        <canvas  id = "myCanvas"  width = "600" height = "400"
        style="border: 3px solid">
```

```
        </canvas>
        <script = "text/javascript">
            var ctx = document.getElementById("myCanvas");
            var myContext = ctx.getContext("2d");

            myContext.beginPath();          //패스 그리기 시작
            myContext.moveTo(100,20);       //패스 시작점 지정
            myContext.lineTo(40,120);       //패스 이동점 지정
            myContext.lineTo(160,120);
            myContext.fill();

            myContext.moveTo(300,20);       //패스 시작점 지정
            myContext.lineTo(200,60);       //패스 이동점 지정
            myContext.lineTo(200,120);
            myContext.lineTo(400,120);
            myContext.lineTo(400,60);
            myContext.closePath();
            myContext.stroke();             //패스 연결하기
        </script>
    </body>
</html>
```

<실행 결과>

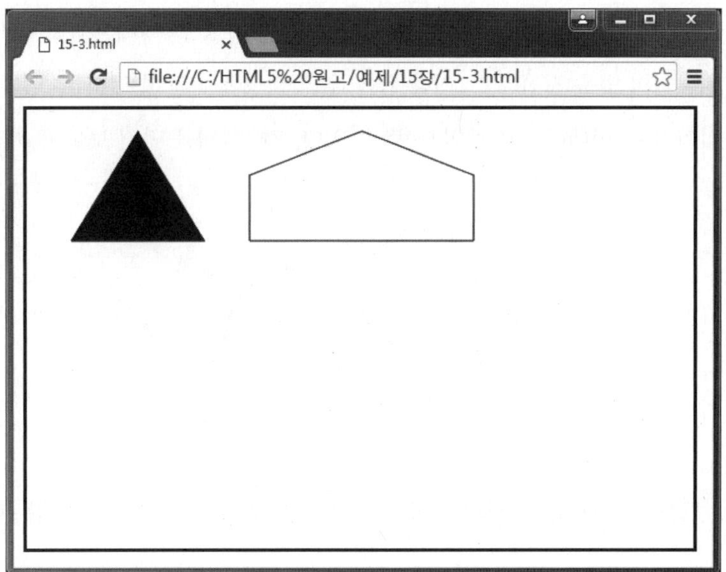

예제에서 눈여겨볼 부분은 삼각형 출력시 fill() 메소드를 사용하여 삼각형 내부를 검정색으로 채웠다는 점과 패스 설정하는 방법을 통해 삼각형뿐 아니라 오각형도 쉽게 그릴 수 있다는 점이다. 오각형이므로 다섯 개의 좌표를 설정하였고 closePath() 메소드를 통해 마지막 좌표와 시작 좌표를 자동으로 연결하였다. 그리고, stroke()를 통해 선만 표현하였다.

2.4 원 그리기

앞에서 살펴보았던 도형은 모두 직선이므로 삼각형, 사각형, 오각형 등을 그릴 수 있었지만, 곡선이나 원을 그릴 수는 없었다. 자, 이번에는 곡선이나 원을 그릴 수 있는 캔버스 API를 살펴보도록 하겠다.

메소드	설명
arc()	원이나 호를 생성한다.
quadraticCurveTo()	베지어 곡선의 하나로 2차 베지어 곡선이라고도 한다.
bezierCurveTo()	베지어 곡선의 하나로 3차 베지어 곡선이라고도 한다.

[표 15-4] 곡선 및 원 캔버스 API

1) arc() 메소드

원이나 호를 생성할 때는 arc() 메소드를 사용한다. 원과 호의 형태는 수학에서 배웠으므로 모르는 사람은 거의 없을 것이다. 그러나 원은 우리 일상에서 흔히 접할 수 있는 도형이지만, 호는 잘 쓰임이 없는 형태라서 긴가민가 할 수 있다. 자, 형태를 먼저 보도록 하자.

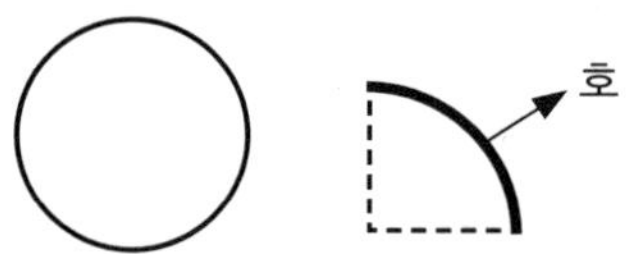

그림 15-5. 원과 호의 형태

arc() 메소드를 통해 이 두 형태의 도형을 나타낼 수 있는데 메소드의 형태는 다음과 같다.

```
arc(x, y, radius, startAngle, endAngle, anticlockwise)
```

총 여섯 개의 전달인자를 받는데 각각의 전달 인자의 쓰임에 대해 살펴보자.

전달인자	설명
x, y	원의 중심 좌표이다.
radius	원의 반지름을 나타낸다.
startAngle	라디안(호도법)에서의 호의 시작점
endAngle	라디안(호도법)에서의 호의 끝점
anticlockwise	불값으로 true이면 호를 시계 반대 방향으로, false이면 시계 방향으로 그린다. 기본값은 false이다.

[표 15-5] arc() 메소드의 전달인자 목록

전달인자의 설명만 봐서는 도대체 어떤 형태로 쓰인다는 것인지 잘 이해가 되지 않는다. arc() 메소드의 동작 원리를 다음 그림을 통해 살펴보도록 하자.

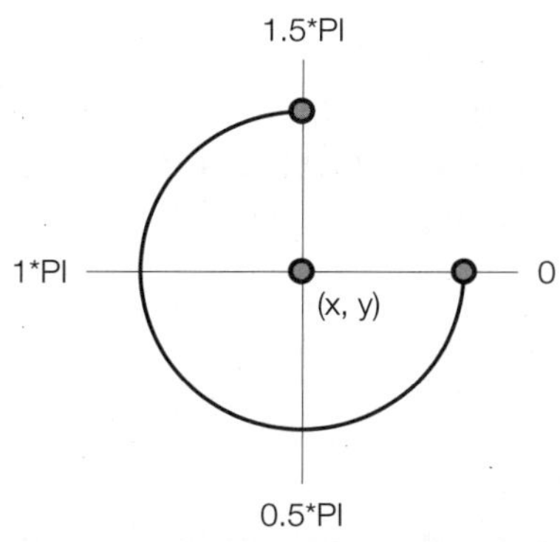

그림 15-6. arc() 메소드의 동작 원리

첫 번째, 두 번째 전달인자의 x, y는 원의 중심 좌표이다. 네 번째, 다섯 번째 전달인자가 호의 시작점과 끝점을 나타내는데 라디안에서 3시 방향이 0이고, 시계 방향 90도 간격으로 0.5*PI,

1*PI, 1.5*PI 간격으로 증가한다. 마지막 전달인자인 anticlockwise는 false인 경우 시계 방향으로 그린다고 하였다. 그림의 호가 시계 방향으로 그리고 있으므로 anticlockwise의 값이 false임을 짐작할 수 있다. arc() 메소드를 활용한 예제를 작성해 보도록 하자.

<15-4.html>

```
<html>
    <head>
        <meta charset = "utf-8"/>
    </head>
    <body>
        <canvas  id = "myCanvas"  width = "600" height = "400"
        style="border: 3px solid">
        </canvas>
        <script = "text/javascript">
            var ctx = document.getElementById("myCanvas");
            var myContext = ctx.getContext("2d");

            myContext.beginPath();
            myContext.arc(100,75,50,0,2*Math.PI);
            myContext.closePath();
            myContext.stroke();
            myContext.beginPath();
            myContext.arc(250,75,50,0,1.5*Math.PI);
            myContext.stroke();
        </script>
    </body>
</html>
```

<실행 결과>

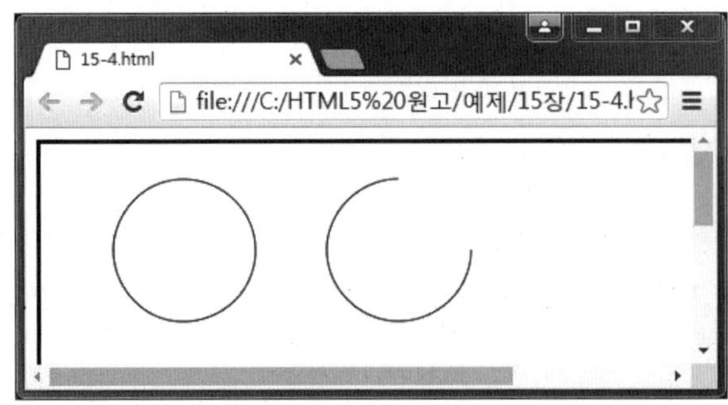

2) quadraticCurveTo() 메소드

2차 베지어 곡선을 그리는데 사용하는 메소드로 조절점과 끝점을 연결하여 곡선을 형성한다. 곡선의 형태는 다음과 같다.

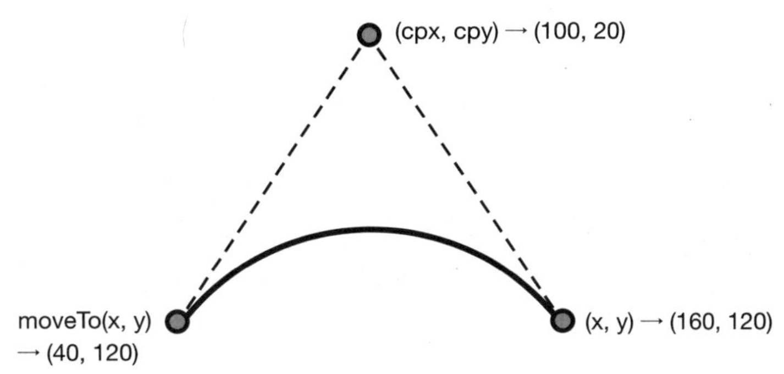

그림 15-7. 2차 베지어 곡선의 형태

직선과 마찬가지로 moveTo() 메소드의 좌표를 시작점으로 하여 조절점인 (cpx, cpy)와 끝점인 (x, y) 좌표로 연결한다. (cpx, cpy)가 왜 조절점인가 하면 이 좌표 위치가 삼각형 구도의 가운데 지점이고, 이 좌표의 위치에 따라서 곡선의 형태가 변경되기 때문이다. 2차 베지어 곡선을 지원하는 메소드는 quadraticCurveTo()이며 사용 형태는 다음과 같다.

```
quadraticCurveTo(cpx, cpy, x, y)
```

이 메소드는 조절점 cpx, cpy와 끝점 x, y를 전달인자로 받는다.

전달인자	설명
cpx, cpy	2차 베지어 곡선을 그리기 위한 조절점 좌표이다.
x, y	2차 베지어 곡선을 그리기 위한 끝점 좌표이다.

[표 15-6] quadraticCurveTo() 메소드의 전달인자 목록

2차 베지어 곡선을 출력하는 예제를 작성해보자.

<15-5.html>

```
<html>
    <head>
        <meta charset = "utf-8"/>
    </head>
    <body>
        <canvas  id = "myCanvas"  width = "600" height = "400"
        style="border: 3px solid">
        </canvas>
        <script = "text/javascript">
            var ctx = document.getElementById("myCanvas");
            var myContext = ctx.getContext("2d");

            myContext.beginPath();
            myContext.moveTo(40,120);
            myContext.quadraticCurveTo(100, 20, 160, 120);
            myContext.stroke();
        </script>
    </body>
</html>
```

<실행 결과>

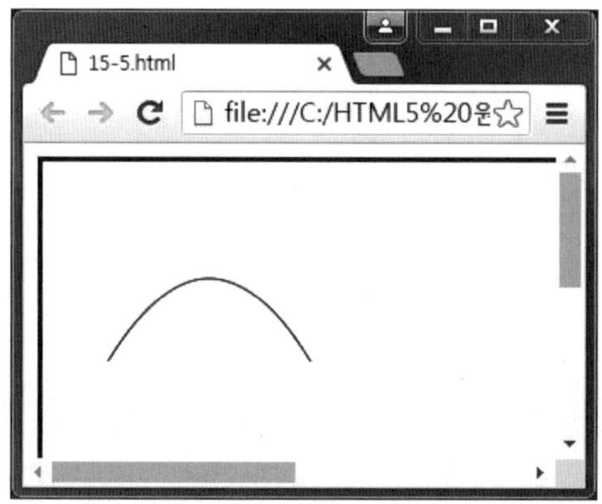

2차 베지어 곡선을 그리는 메소드인 quadraticCurveTo()를 이용하여 간단한 베지어 곡선을 그려보았다. 시작점 moveTo(40, 120)에서 시작하여, 조절점인 (100, 20), 끝점인 (160, 120)으로 삼각형 구도의 형태로 연결한 후 그 내부에서 내장된 공식에 의해 곡선을 그리고 있다.

2.5 도형 스타일 설정

우리는 도형을 그리되 도형의 선이나 색에 대해 별도의 설정을 하지 않았다. 도형을 생성할 때 원하는 스타일로 설정할 수 있는데 지금부터 살펴보도록 하자.

1) 색 설정

색의 경우 선이나 도형의 채우기 색은 모두 기본 설정색인 검은색만 사용하였다. 하지만, 도형을 원하는 색으로 설정할 수 있는데 선의 색과 채우기 색 모두 설정할 수 있다. 먼저 선의 색을 설정하는 방법이다.

```
strokeStyle = "색상"
```

색상을 지정시 red, green, blue와 같이 색의 이름을 입력할 수도 있고, 16진수의 값인 #ffffff의 형태나 rgb(255, 255, 0)와 같이 설정함으로써 모든 색상을 표현할 수 있다. 사용 형태는 다음과 같다. 빨간색을 설정하는 기준으로 색상 설정의 세 가지 형태이다.

```
strokeStyle = "red"
strokeStyle = "#FF0000"
strokeStyle = "rgb(255,0,0)"
```

사각형 도형을 기준으로 선의 색상을 설정하였다면 다음과 같은 형태로 출력될 것이다.

그림 15-8. 선의 색을 설정한 사각형

다음으로는 도형 내부를 채우는 색상을 설정하는 방법이다. 마찬가지로 색상 지정을 하지 않으면 검은색으로 표현된다. 도형 내부의 색을 채우는 설정 방법이다.

```
fillStyle = "색상"
```

도형 내부의 색을 채우는 스타일 속성은 fillStyle이며, 색상을 지정하는 방법은 strokeStyle 속성과 동일하다. 마찬가지로 빨간색을 설정하는 기준으로 색상의 세 가지 형태이다.

```
fillStyle = "red"
fillStyle = "#FF0000"
fillStyle = "rgb(255,0,0)"
```

사각형의 도형을 기준으로 도형 내부를 색으로 채우는 속성을 설정하였다면 다음과 같은 형태로 출력될 것이다.

그림 15-9. 도형 내부의 색을 설정한 사각형

다음 예제를 작성해보자.

<15-6.html>

```
<html>
    <head>
        <meta charset = "utf-8"/>
    </head>
    <body>
        <canvas  id = "myCanvas"  width = "600" height = "400"
        style="border: 3px solid">
        </canvas>
        <script = "text/javascript">
```

```
            var ctx = document.getElementById("myCanvas");
            var myContext = ctx.getContext("2d");

            //사각형 선만 그림
            myContext.beginPath();
            myContext.strokeStyle = "rgb(255,0,0)";
            myContext.strokeRect(10, 10, 100, 100);
            //사각형 내부 파란색으로 채움
            myContext.fillStyle = "blue";
            myContext.fillRect(150, 10, 100, 100);
            //삼각형 내부 빨간색으로 채움
            myContext.moveTo(80,120);
            myContext.lineTo(20,240);
            myContext.lineTo(140,240);
            myContext.lineTo(80,120);
            myContext.fillStyle = "#FF0000";
            myContext.fill();
            //원 내부 빨간색으로 채움
            myContext.arc(200,200,50,0,2*Math.PI);
            myContext.fill();
        </script>
    </body>
</html>
```

<실행 결과>

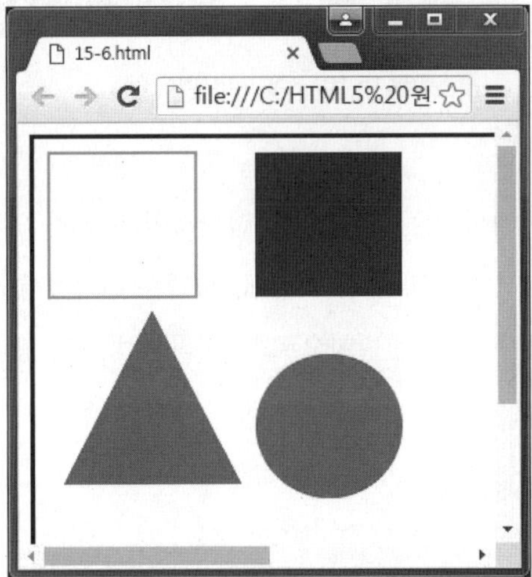

각각 사각형, 삼각형, 원을 출력하였는데 선만 그리는 사각형은 strokeRect() 메소드를, 사각형을 채우는 메소드는 fillRect() 메소드를 사용하였고, 선과 색을 채우는 스타일 속성으로 strokeStyle과 fillStyle을 사용한 것을 볼 수 있다. 삼각형은 moveTo(), lineTo() 메소드를 사용하여 그렸고, 원은 arc() 메소드를 사용하였다. 빨간색을 채우는 속성값이므로 fillStyle = "#FF0000"를 사용하였다.

2) 그라데이션 설정

도형의 스타일 속성 중에 선의 색이나 채움 색 외에도 그라데이션을 설정할 수도 있다. 그라데이션은 그래픽에서 사용되는 점진적인 변화의 기법으로 보통은 어두운 색에서 밝은 색으로 서서히 변화하는 형태이다. 물론 반대로 밝은 색에서 어두운 색으로 변화할 수도 있고, 한 색상에서 다른 색상으로 변화할 수도 있다. 그라데이션에는 다양한 종류가 있지만 우리가 배우는 HTML5에서 지원하는 그라데이션 표준에는 선형 그라데이션과 원형 그라데이션 두 종류가 있다. 먼저 선형 그라데이션에 대해 알아보자. 선형 그라데이션의 형태는 다음과 같다.

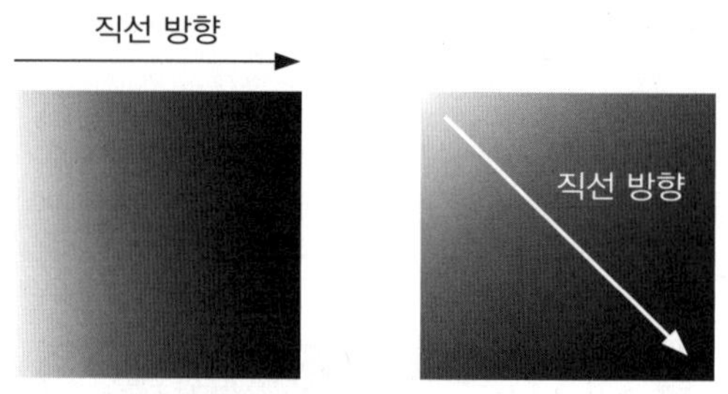

그림 15-10. 선형 그라데이션 형태

선형 그라데이션은 한 쪽에서 다른 한쪽으로 점진적인 변화가 있는 형태를 말한다. 그림 15-10의 경우가 그라데이션의 효과를 준 것인데, 하나는 왼쪽에서 오른쪽 수평 방향으로 또 다른 하나는 왼쪽에서 오른쪽 대각선 방향으로 모두 직선 방향의 형태이다. 다음은 선형 그라데이션 메소드의 원형이다.

```
createLinearGradient(x1, y1, x2, y2)
```

좌표 (x1, y1)에서 (x2, y2)까지 직선 방향으로 색이 변화한다. 색이 변하기 위해서는 두 종류의 색이 필요한데 시작점인 (x1, y1)과 끝점인 (x2, y2) 사이에 각각의 색을 지정할 수 있다. 이때, 각각의 위치에 색을 설정할 수 있는 메소드를 지원하는데 다음과 같다.

```
addColorStop(offset, color)
```

addColorStop() 메소드에는 두 개의 전달인자를 필요로 한다.

전달인자	설명
offset	범위값은 0.0 ~ 1.0 사이의 값이고, 0.0은 시작점을, 1.0은 끝점을 나타낸다.
color	색상을 나타낸다.

[표 15-7] addColorStop() 메소드의 전달인자

선형 그라데이션을 나타내는 예제를 작성해보자.

<15-7.html>

```
<html>
    <head>
        <meta charset = "utf-8"/>
    </head>
    <body>
        <canvas  id = "myCanvas"  width = "600" height = "400"
        style="border: 3px solid">
        </canvas>
        <script = "text/javascript">
            var ctx = document.getElementById("myCanvas");
            var myContext = ctx.getContext("2d");

            var gradient = myContext.createLinearGradient(0,0,
            100,0);
            gradient.addColorStop(0,"white");
```

```
            gradient.addColorStop(1,"blue");
            myContext.fillStyle = gradient;
            myContext.fillRect(10,10,100,100);

            gradient = myContext.createLinearGradient(150,0,250,100);
            gradient.addColorStop(0,"white");
            gradient.addColorStop(1,"red");
            myContext.fillStyle = gradient;
            myContext.fillRect(150,10,100,100);
        </script>
    </body>
</html>
```

<실행 결과>

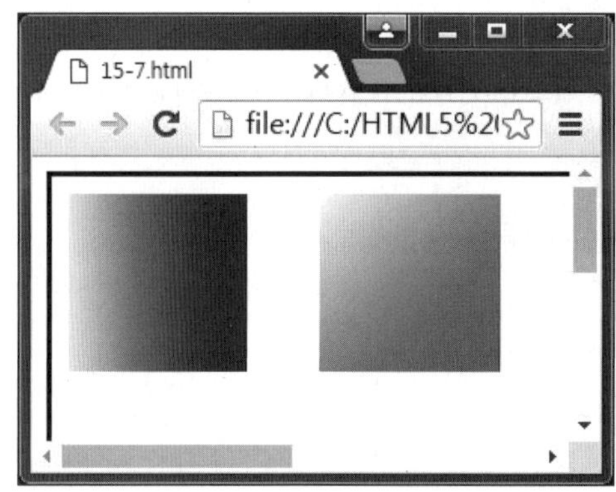

그라데이션의 방향은 각각 왼쪽에서 오른쪽 방향으로 수평방향과 대각선 방향이다. 첫 번째 그라데이션의 경우 좌표 (0, 0)에서 (100, 0)까지의 범위에서 그라데이션을 생성하되, 시작점은 "white"이고, 끝점은 "blue"로 설정하였다. 두 번째 그라데이션의 경우는 시작점의 좌표 (150, 0)부터 끝점의 좌표 (250, 100)까지의 범위이되, 시작점은 "white", 끝점은 "red"로 설정하였다. 끝점의 (x, y) 좌표가 오른쪽 하단으로 이동하므로 대각선 방향임을 알 수 있다.

다음으로 원형 그라데이션에 대해 알아보자. 원형 그라데이션은 원점을 중심으로 방사형 형태로 색이 변하는 형태이다. 다음은 원형 그라데이션의 형태이다.

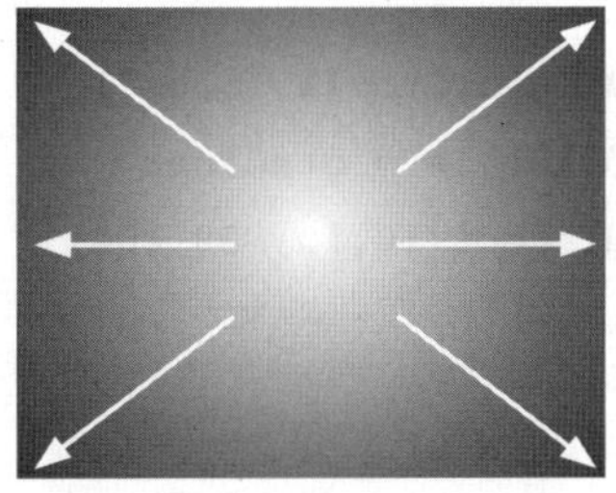

그림 15-11. 원형 그라데이션

원형 그라데이션을 사용하는 메소드의 원형은 다음과 같다.

```
createRadialGradient(x1, y1, r1, x2, y2, r2)
```

메소드의 전달인자는 총 여섯 개를 갖는데 두 개의 원을 나타낸다. 원의 중심이 (x1, y1)이고 반지름이 r1인 원에서 원의 중심이 (x2, y2)이고 반지름이 r2인 원까지 색이 변한다. 원형 그라데이션도 마찬가지로 addColorStop() 메소드를 사용하여 시작점과 끝점에 색을 지정한다.

<15-8.html>

```
<html>
    <head>
        <meta charset = "utf-8"/>
    </head>
    <body>
        <canvas  id = "myCanvas"  width = "600" height = "400"
        style="border: 3px solid">
        </canvas>
        <script = "text/javascript">
            var ctx = document.getElementById("myCanvas");
            var myContext = ctx.getContext("2d");

            var gradient = myContext.createRadialGradient(150,150,10,1
            50,150,200);
            gradient.addColorStop(0,"white");
```

```
            gradient.addColorStop(1,"blue");
            myContext.fillStyle = gradient;
            myContext.fillRect(10,10,300,300);
        </script>
    </body>
</html>
```

<실행 결과>

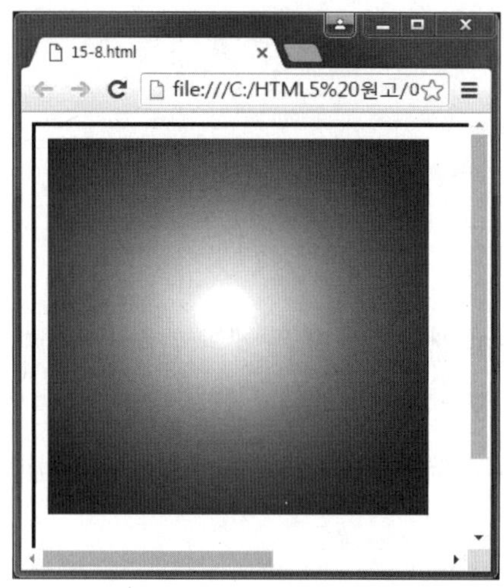

반지름이 10이고 원의 중점이 (150, 150)인 원에서 반지름이 200이고 원의 중점이 (150, 150)인 원까지 색이 점진적으로 변하되, 시작점의 색은 "white", 끝점의 색은 "blue"로 설정하였다. 원형이므로 원의 가운데에서부터 방사형으로 그라데이션이 적용되는 것을 확인할 수 있다.

3) 그림자 효과

이번에는 선이나 도형에 그림자 효과를 적용해보도록 하자. 그림자 효과를 주기 위해서 다음과 같은 그림자 효과 속성이 제공된다.

속성	설명
shadowColor	그림자 효과의 색을 지정한다.
shadowBlur	그림자의 블러 효과의 수준을 지정한다.
shadowOffsetX	원본 도형으로부터 그림자의 X축 위치를 설정한다.
shadowOffsetY	원본 도형으로부터 그림자의 Y축 위치를 설정한다.

[표 15-8] 그림자 효과 속성

그림자 효과의 속성을 통해 기본적으로 그림자의 위치를 설정할 수 있고, 그림자의 색상이나 블러 수준을 설정할 수 있다. 그림자 효과를 가장 잘 확인해 볼 수 있는 도형이 사각형일 것이다. 사각형 도형을 기반으로 그림자를 출력해보도록 하자.

<15-9.html>

```
<html>
    <head>
        <meta charset = "utf-8"/>
    </head>
    <body>
        <canvas  id = "myCanvas"  width = "600" height = "400"
        style="border: 3px solid">
        </canvas>
        <script = "text/javascript">
            var ctx = document.getElementById("myCanvas");
            var myContext = ctx.getContext("2d");

            myContext.shadowColor = "red";
            myContext.shadowBlur = 5;
            myContext.shadowOffsetX = 10;
            myContext.shadowOffsetY = 10;
            myContext.fillRect(10,10,200,200);
        </script>
    </body>
</html>
```

<실행 결과>

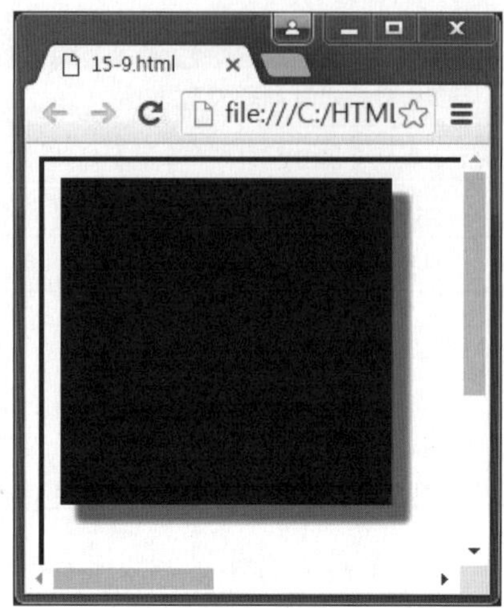

원본 도형은 넓이와 높이가 각각 200인 내부가 검은색으로 채워진 사각형이고, 도형에 적용될 그림자의 색은 빨간색, 블러의 수준은 5 정도로 설정하였다.

2.6 텍스트 그리기

캔버스에 선이나 도형을 그릴 수도 있지만 텍스트를 직접 그릴 수도 있다. 또한 그릴 수 있는 텍스트이기 때문에 여러 가지 설정할 수 있는 속성 및 메소드들이 제공된다.

1) 텍스트 메소드

기본적으로 캔버스에 텍스트를 그리기 위해 두 개의 메소드가 제공된다. 메소드의 원형은 다음과 같다.

```
fillText(text, x, y)
strokeText(text, x, y)
```

두 메소드 모두 첫 번째 전달인자인 text 문자를 좌표 (x, y)에 출력하는 기능을 한다. 차이가 있다면 메소드의 이름에서도 느낄 수 있듯이 fillText() 메소드는 문자의 내부가 색으로 칠해져 있고, strokeText() 메소드는 문자의 내부가 색으로 채워져 있지 않다는 점이다.

Text Text

그림 15-12. 텍스트의 형태

2) 텍스트 속성

텍스트를 그리기 위해 지원되는 속성들이 있다. 다음은 글자의 폰트 설정(크기와 모양 등), 텍스트 정렬 그리고 텍스트의 기준선 등의 설정 속성들이다.

속성	설명
font	텍스트의 폰트 속성을 설정한다.
textAlign	텍스트의 정렬을 설정한다.
textBaseline	텍스트에 적용할 기준선의 위치를 설정한다.

[표 15-9] 텍스트 속성

다음은 폰트 속성을 설정하는 사용 형태이다.

```
font = "12px arial bold italic"
```

폰트의 속성을 설정하는 방법은 위와 같이 설정값들 사이에 스페이스바 한 칸씩만 띄워주면 된다. 폰트의 크기, 종류, 굵게 여부, 이탤릭체 등의 설정을 하였지만 실질적으로 사용하는 것은 폰트의 크기와 종류이다. 그 외의 설정은 필요에 따라서 레퍼런스를 참고하여 설정하면 된다.

다음은 텍스트의 정렬을 설정하는 사용 형태이다.

```
textAlign = "center"
```

특정 기준점을 기준으로 왼쪽 정렬, 오른쪽 정렬, 가운데 정렬을 설정할 수 있다. 예를 들면 다음과 같은 형태이다.

그림 15-13. 텍스트 정렬의 형태

정렬의 속성값으로는 세 가지가 있는데 기준점을 기준으로 왼쪽으로 정렬할 때에는 "left", 오른쪽으로 정렬할 때에는 "right", 가운데로 정렬할 때에는 "center"로 설정할 수 있다. 텍스트의 정렬은 우리가 흔히 사용하는 워드 프로세서에서 제공하는 기능들과 동일하므로 이해하는데 큰 어려움은 없을 것이다.

다음은 텍스트에 적용할 기준선 위치를 설정하는 사용 형태이다.

```
textBaseline = "top"
```

앞에서 텍스트의 정렬은 왼쪽, 오른쪽, 가운데로 가능하다고 하였다. 즉, 세로축을 기준으로 한 정렬이였다. 반대로 기준선의 경우는 텍스트의 가로축을 기준으로 한 정렬이라고 할 수 있다. 기준선에도 세 가지의 형태로 설정할 수 있는데 텍스트의 위쪽이면 "top", 아래쪽이면 "bottom", 가운데면 "middle"이다.

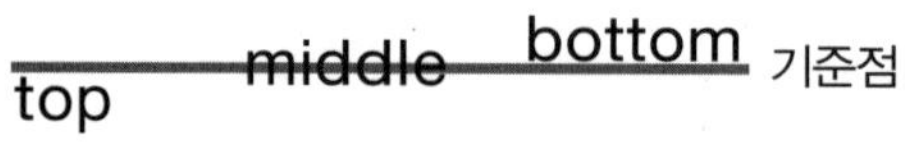

top middle bottom 기준점

그림 15-14. 텍스트 기준선 위치 형태

이제, 앞에서 살펴본 텍스트의 속성 및 메소드를 사용하여 텍스트를 출력해보도록 하자.

<15-10.html>

```
<html>
    <head>
        <meta charset = "utf-8"/>
    </head>
    <body>
        <canvas  id = "myCanvas"  width = "600" height = "400"
        style="border: 3px solid">
        </canvas>
        <script = "text/javascript">
            var ctx = document.getElementById("myCanvas");
            var myContext = ctx.getContext("2d");

            var text = "고단하지 말입니다.";
            myContext.font = "60px 궁서체";
            myContext.fillText(text, 10, 50);
            myContext.strokeText(text, 10, 150);
            text = "사랑과 정렬"
            myContext.font = "20px Arial bold";
            myContext.textAlign = "left";
            myContext.fillText(text, 150, 200);
            myContext.textAlign = "center";
            myContext.fillText(text, 150, 230);

            text = "삶은 달걀 한 개"
            myContext.textBaseline = "bottom";
            myContext.fillText(text, 100, 300);
            myContext.textBaseline = "middle";
            myContext.fillText(text, 300, 300);
        </script>
    </body>
</html>
```

<실행 결과>

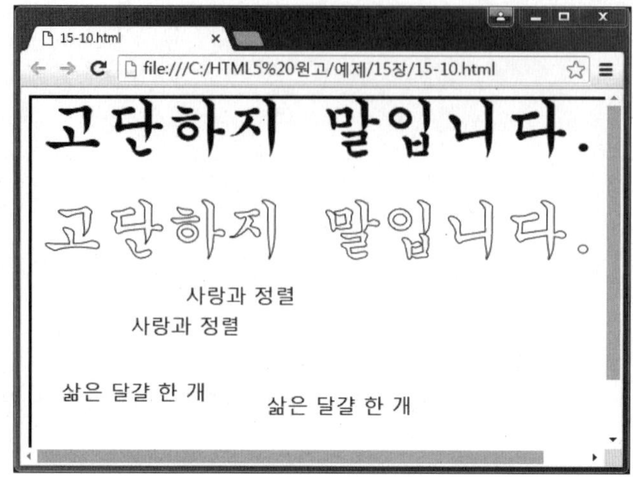

텍스트를 fillText()와 strokeText() 메소드를 사용하여 출력하면 텍스트 내부에 색의 채워짐 여부의 차이를 바로 확인할 수 있다. "사랑과 정렬" 텍스트 출력시 두 개의 텍스트가 textAlign의 속성값 차이로 설정하여 출력하였는데, 하나는 "center"이고, 또 하나는 "left"이다. 이는 세로축의 기준선을 기준으로 각각의 텍스트가 정렬된 것을 확인할 수 있다. 또한 "삶은 달걀 한 개" 텍스트의 경우는 기준선 textBaseline의 속성값 차이로 설정하여 출력하였는데, 하나는 "bottom" 또 하나는 "middle"이다. 이것은 가로축의 기준선을 기준으로 문자열이 설정 위치에 따라 출력되는 것을 확인할 수 있는데, y 좌표값이 두 텍스트 모두 300으로 동일하나 설정값의 위치에 따라 다르게 출력된 것을 확인할 수 있다.

2.7 이미지 삽입하기

캔버스에 선, 도형을 다양하게 그릴 수 있고, 텍스트 또한 여러 속성을 설정하여 그릴 수 있게 하였다. 하지만, 이것만 가지고서는 캔버스에 화려한 그림을 그리는데 한계가 있다. 캔버스에서 지원하는 이번 장의 마지막 API는 바로 이미지 또는 영상을 삽입할 수 있게 하는 drawImage() 메소드이다. drawImage() 메소드의 원형은 다음과 같다.

```
drawImage(image, x, y)
```

첫 번째 전달인자 image는 이미지 원본 소스를 의미하고 좌표 x, y는 캔버스 내에서 이미지를 출력할 위치를 나타낸다. drawImage() 메소드를 사용할 때 한 가지 주의할 점은 바로 호출 시점인데 이미지와 같은 리소스는 리소스가 완전 로딩한 후 호출이 되어야 한다. 그래서 이미지가 완전히 로딩한 후 발생이 되는 이벤트인 onload에서 구현하는 것이 일반적이다. 메소드를 이용하여 이미지를 삽입하는 예제를 작성해보도록 하자.

<15-11.html>

```
<html>
    <head>
        <meta charset = "utf-8"/>
    </head>
    <body>
        <canvas  id = "myCanvas"  width = "600" height = "400"
        style="border: 3px solid">
        </canvas>
        <script = "text/javascript">
            var ctx = document.getElementById("myCanvas");
            var myContext = ctx.getContext("2d");

            var image = new Image();
            image.src = "coffee.jpg";

            image.onload = function()
            {
                myContext.drawImage(image,10,10);
            }
        </script>
    </body>
</html>
```

<실행 결과>

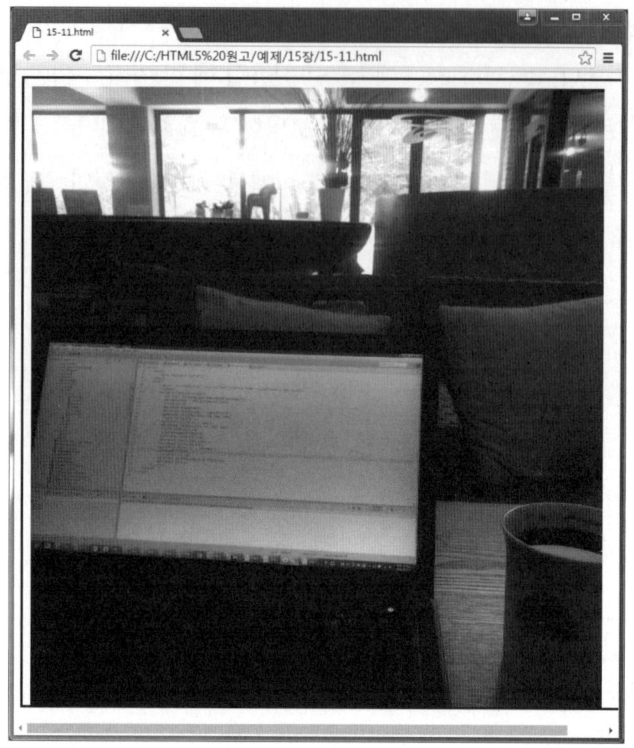

이미지 객체 Image()를 통해 인스턴스 image를 생성하고, image.src로 원본 이미지의 경로 및 이미지 소스를 저장한다. drawImage() 메소드를 사용하여 캔버스 내의 원하는 위치에 이미지 삽입하는 소스코드를 구현하는데 image.onload 이벤트 핸들러 안에서 구현한 이유는 앞에서도 언급했지만 이미지가 완전히 로딩한 후 삽입할 수 있게 하기 위함이다.

Chapter

16 오디오와 비디오

무엇을 선택하였든 그것이 당신을 행복하게 만들도록 하라.
-파울로 코엘료-

필자가 HTML을 처음 배웠을 당시에도 HTML 문법 가운데 가장 마음에 들었던 것이 바로 오디오/비디오를 출력하는 태그였다. 당시에 정보를 전달하는 문서에 음악을 함께 전달하거나 영상을 함께 보낼 수 있다는 것은 사람의 감수성을 자극하는 획기적인 기능이었다. 하지만, 문제는 기존의 웹표준에서는 기본적으로 오디오 및 비디오 재생의 표준화도 되어 있지 않았고, 플레이어 또한 플러그인을 사용하여 브라우저에 설치해야만 사용할 수 있었다. 이에 HTML5에서는 재생의 표준화 뿐만 아니라 별도의 플러그인 없이 재생할 수 있는 플레이어를 제공한다.

1. HTML5 오디오와 비디오의 개요

1.1 오디오와 비디오의 지원

오랜 기간동안 웹페이지상에서 오디오와 비디오를 지원하기 위해서는 플래시(Flash)나 실버라이트(Silverlight), 윈도우 미디어 플레이어와 같은 플러그인을 설치하여 사용할 수 밖에 없었다. 이렇게 브라우저에 따로 설치하여 멀티미디어를 재생하는 방식은 표준화와 거리가 멀었다. 이에 HTML5 표준에서는 브라우저에서 멀티미디어(오디오와 비디오) 지원 기능을 자체적으로 제공할 수 있도록 한다.

1.2 브라우저별 오디오 및 비디오 포맷 지원 현황

브라우저별로 오디오 및 비디오 포맷을 지원하는 현황이 제각각이다. 먼저 오디오 파일 포맷의 브라우저별 지원 현황을 살펴보자.

파일 포맷	IE	Chrome	Firefox	Safari	Opera
MP3	O	O	X	O	X
OGG	X	O	O	O	O
WAV	X	O	O	X	O

[표 16-1] 오디오 파일 포맷의 브라우저 지원 현황

MP3의 경우 Firefox와 Opera의 경우는 지원하지 않고, IE의 경우도 버전 9이상일 경우 지원한다. OGG의 경우는 IE를 제외하고 모든 브라우저가 지원하고 있으며, WAV는 IE와 Safari를 제외하고 모두 지원하고 있음을 볼 수 있다. 지원 여부 구분을 모두 외우고 브라우저를 사용하는 것은 힘든 일이다. 여기서 우리가 주목할 부분은 Chrome으로 모든 오디오 파일 포맷을 지원하고 있음을 알 수 있다.

다음은 비디오 파일 포맷의 브라우저별 지원 현황이다.

파일 포맷	IE	Chrome	Firefox	Safari	Opera
MP4(H.264 + ACC)	O	O	X	O	X
WebM(VP8+Vorbis)	X	O	O	X	O
OGV(Theora+Vorbis)	X	O	O	X	O

[표 16-2] 비디오 파일 포맷의 브라우저 지원 현황

MP4는 Firefox 및 Opera의 경우는 지원하지 않고, IE의 경우도 버전 9이상일 경우 지원한다. WebM 및 OGV의 경우는 IE와 Safari의 경우는 지원 안하고 있는 것이 특징이다. 오디오 포맷과 마찬가지로 비디오의 모든 파일 포맷을 지원하는 브라우저는 Chrome임을 알 수 있다. 사실, 브라우저별로 파일 포맷의 지원 현황을 살펴본 이유는 이렇게 브라우저 종류별로 파일 포맷이 지원되는 것을 구분하라는 목적도 있지만, 중요한 것은 모두 지원되는 브라우저를 사용하면 이러한 고민을 할 필요가 없다는 반증을 말하는 것이기도 하다. 이러한 단적인 자료만으로도 필자는 Chrome이 현재 HTML5 표준에 가장 적합하게 대응하는 브라우저라고 생각한다. 그리고 우리 책에서도 실행 결과의 기준은 Chrome 기반임을 다시 한 번 강조한다.

오디오, 비디오 지원 여부 체크

여러 브라우저에서 HTML5 코드를 수행하다보면 어떤 브라우저에서 지원하는지, 어떤 버전에서 지원하는지에 대한 지원 여부를 일일이 문서로 확인할 수는 없다. 지원 여부를 코드상에서 확인할 수 있는데, 다음과 같이 작성할 수 있다.

```
if(!!document.createElement('video').canPlayType)
{
        alert("현재 브라우저는 비디오를 지원합니다")
}
else
{
        alert("현재 브라우저는 비디오를 지원하지 않습니다")
}
```

createElement() 메소드와 그에 따른 속성인 canPlayType을 통해 지원 여부를 검사하고 있는데, 전달인자를 'video'라고 하면 비디오의 지원여부를 검사하는 것이고, 'audio'라고 하면 오디오의 지원여부를 검사하게 된다. 코드의 실행 결과가 브라우저에서 출력되지 않는 경우 코드의 오류인지 아니면 브라우저의 미지원 때문인지 명확하게 알아야 하기 때문에 이러한 지원여부검사 코드를 삽입하는 것도 좋은 방법이다.

2. 오디오 API 사용하기

2.1 오디오 태그 <audio>

1) 오디오 태그 사용 형태

HTML5에서는 웹페이지에서 음성 및 음악을 재생할 수 있도록 〈audio〉라는 전용 태그를 제공한다. 이 태그는 스크립트의 도움 없이도 사용할 수 있도록 설계되었고, 여러 오디오 파일을 지원할 수 있도록 오디오 파일의 포맷을 명시할 수도 있다. 기본 사용 형태는 다음과 같다.

```
<audio src = "test.mp3"  type = "audio/mp3"></audio>
```

가장 기본적인 형태는 출력할 음원인 src 그리고 어떤 형태의 음원인지를 나타내는 type만으로 설정하는 형태이다. 이 태그를 사용한 예제를 다음과 같이 작성해보자.

<16-1.html>

```
<html>
    <head>
        <meta charset = "utf-8"/>
    </head>
    <body>
        <audio src = "multimedia/Sleep Away.mp3" type = "audio/
        mp3"></audio>
    </body>
</html>
```

<실행 결과>

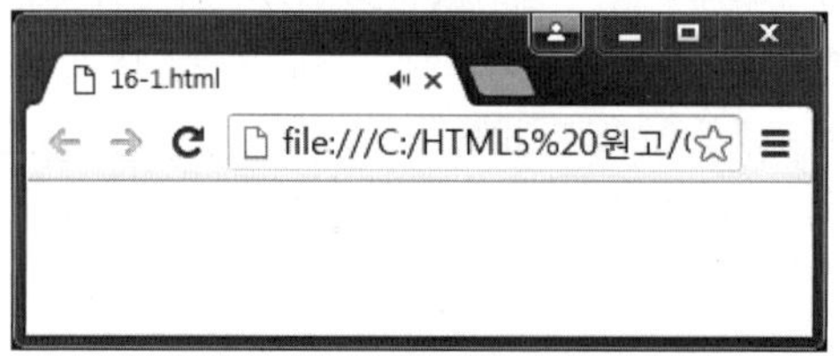

윈도우에서 제공하는 기본 음악 파일인 'Sleep Away.mp3' 파일을 지정하였다. 우리가 예상하는 바는 이 파일이 로드되어 음악이 나오는 것이다. 그러나 실행 결과를 보면 플레이어도 화면에 나오지도 않고 로드한 음악조차 흘러나오지 않는다. 아, 그러면 코드가 잘못된 것인가? 그렇지 않다. 코드는 정상적이다. 다만, 음악이 재생되기 위해서는 한 가지 설정만 추가해주면 된다.

```
<audio src = "multimedia/Sleep Away.mp3" autoplay="autoplay" type =
"audio/mp3"></audio>
```

autoplay의 속성을 "autoplay"값으로 설정하였는데, 이 속성은 음악 파일이 로드됨과 동시에 자동 재생할 것인지 여부를 설정하는 것이다. 앞의 예제의 경우는 음악 파일이 로드되었음에도 불구하고 재생이 되지 않았을 뿐이고, 수정한 코드와 같이 autoplay 속성을 추가하면 브라우저가 실행됨과 동시에 음악이 재생되는 것을 확인할 수 있다. 이와 같이 오디오 태그에 설정할 수 있는 속성들이 몇 가지 있는데, 기본적으로 재생도구의 출력 여부 및 재생의 반복 여부 등과 같은 속성들을 태그 기반에서 설정할 수 있다.

2) 오디오 태그의 속성

방금 설명했듯이 오디오 태그 〈audio〉를 통해 오디오의 기능이 속성으로 지원된다고 하였다. 기본적으로 멀티미디어는 플레이어가 제공되어야 하는데, 오디오 플레이어의 기능은(물론 비디오 플레이어도 거의 공통적이긴 하다) 재생, 멈춤, 중단, 음량조절 등의 기능을 제공할 수 있어야 한다. 〈audio〉는 태그 기반에서 이러한 기능 설정을 제공한다. 다음은 오디오 태그의 속성이다.

속성	값	설명
src	URL	오디오 파일의 경로를 지정한다.
controls	"controls"	오디오 재생도구의 출력 여부를 설정한다.
autoplay	"autoplay"	오디오를 자동 재생할지 설정한다.
loop	"loop"	오디오를 반복할지 설정한다.
muted	"muted"	오디오의 소리가 나오지 않게 설정한다.
preload	"none", "metadata", "auto"	오디오를 재생하기 전에 오디오 파일을 미리 가져올지를 설정한다. • "none" : 미리 가져오지 않는다. • "metadata" : 파일의 기본 정보(오디오 이름, 크기 등)만 가져온다. • "auto" : 오디오 파일을 미리 가져온다.

[표 16-3] 오디오 태그의 속성

오디오 태그의 속성을 이용하여 앞의 예제를 다음과 같이 수정해보도록 하자.

<16-2.html>

```
<html>
    <head>
        <meta charset = "utf-8"/>
    </head>
    <body>
        <audio src = "multimedia/Sleep Away.mp3"  controls = "controls"
        loop="loop"  autoplay="autoplay"  type = "audio/mp3"></audio>
    </body>
</html>
```

<실행 결과>

실행 결과를 보면 controls 속성에 의해 재생 플레이어가 출력된 것을 볼 수 있고, 음악의 곡이 끝나면 loop 속성에 의해서 다시 처음부터 반복 재생되는 것을 확인할 수 있다.

2.2 자바스크립트 기반의 오디오 제어 속성, 메소드 및 이벤트

앞에서처럼 〈audio〉 태그의 속성을 이용하여 오디오를 제어할 수 있지만, 외부의 UI 위젯과 자바스크립트를 통해서도 오디오를 제어할 수 있다. 오디오를 제어한다는 것은 결국 재생에 관련된 제어이므로 자바스크립트에서 제공하는 기본 속성 또한 〈audio〉 태그에서 제공하는 기능 속성과 중복되는 것들이 많다. 예를 들면, 재생시작, 멈춤, 중지, 재생속도, 볼륨크기, 음소거와 같은 기능들인데 상당 부분의 기능들이 오디오 태그의 기능과 중복된다.

1) 자바스크립트 기반의 오디오 제어 기본 형태

자바스크립트를 기반으로 오디오를 제어하는 기본 형태는 다음과 같다.

```
var music = document.getElementById("music");
music.play();
```

오디오의 DOM 객체를 생성하여 자바스크립트에서 제공하는 오디오 기반의 속성 및 메소드 등을 사용할 수 있다. DOM 기반의 형태로 자바스크립트를 사용하는 방법을 앞의 자바스크립트 단원에서 배웠으므로 구조 이해에 대한 어려움은 없을 것이다. 오디오를 제어하는 기본 형태를 간단한 예제를 통해 작성해보자. 앞서 살펴보았던 HTML5에서 제공하는 controls 속성은 사용하지 않으므로 플레이어가 나타나지는 않을 것이다.

<16-3.html>

```
<html>
    <head>
        <meta charset = "utf-8"/>
    </head>
    <body>
        <audio src = "multimedia/Sleep Away.mp3" id="music" type =
        "audio/mp3"></audio>
        <button onclick="musicPlay()">재생</button>
        <script = "text/javascript">
            var music = document.getElementById("music");
            function musicPlay()
            {
                music.play();
            }
        </script>
    </body>
</html>
```

<실행 결과>

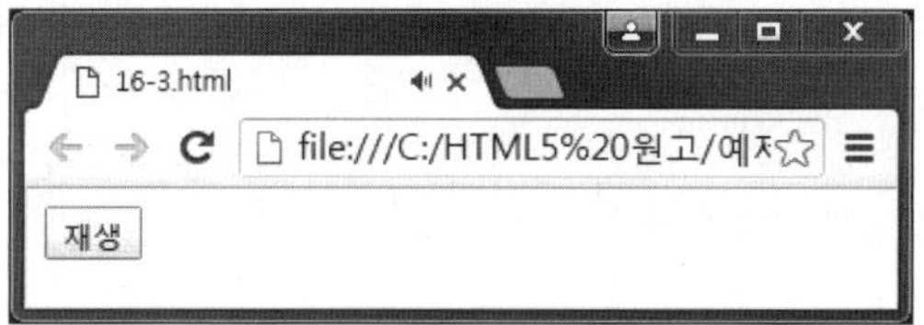

실행 결과를 보면 '재생'이라는 버튼이 나타날 것이다. 재생 버튼을 누르면 음악이 재생이 된다. 코드를 보면, <button> 태그를 이용하여 버튼을 만들고 onclick 이벤트가 발생하면 musicPlay()라는 정의된 함수를 호출하도록 하였다. 이 때 DOM 객체는 music으로 생성하였고, musicPlay() 함수 내부에서 music.play() 메소드를 호출함으로써 지정된 음악을 재생하는 기능을 하고 있다. 즉, '재생' 버튼을 누르면 onclick 이벤트에 의해 musicPlay() 함수가 호출되고, music.play() 메소드의 기능이 동작하는 것이다.

2) 오디오의 제어 속성, 메소드 및 이벤트

오디오 제어와 관련하여 자바스크립트에서 제공하는 다양한 기능들이 있는데 속성, 메소드, 이벤트 형태로 기능들이 제공된다. 각각의 제공 기능들을 살펴보도록 하자. 먼저 오디오 기능의 속성들이다.

속성	설명
currentTime	현재 재생중인 시간을 초 단위로 반환한다.
duration	전체 재생 시간을 초 단위로 반환한다
defaultPlaybackRate	기본 재생 속도를 반환한다.
playbackRate	현재 재생 속도를 반환한다.
volume	볼륨값을 반환한다.

[표 16-4] 오디오 제어 속성

보통 오디오 재생 플레이어에 나타나는 정보를 보면 기본적으로 재생 시간이 나오고, 재생 속도, 볼륨 조절 등의 속성값 정보들을 보여주는데 이러한 정보들은 오디오의 제어 속성으로 제공되어 출력하기 원하는 경우 값을 출력할 수 있다. 다음은 오디오의 주요 메소드 목록이다.

메소드	설명
load()	로드를 시작한다.
canPlayType(type)	type이 재생 가능한지 여부를 나타낸다.
play()	오디오를 재생한다.
pause()	오디오를 일시 정지한다.

[표 16-5] 오디오 제어 메소드

플레이어의 가장 기본적인 기능은 파일 로드 및 재생 그리고 정지하는 것이다. 자바스크립트의 DOM 객체를 통해 메소드를 호출하면 해당 기능들을 수행할 수 있다. 다음은 오디오의 제어 이벤트 발생시 이벤트 처리를 해줄 수 있어야 하는데, 이벤트 처리하는 방법은 앞서 자바스크립트 단원의 '이벤트와 이벤트 핸들러'에서 배운 바 있다. 오디오 제어시 어떤 시점에 어떤 이벤트가 발생되는지 살펴보고, 해당 이벤트를 이벤트 핸들러로 처리해주면 된다. 다음은 오디오의 주요 이벤트 목록이다.

이벤트	설명
play	재생할 때 발생한다.
timeupdate	재생 중에 지속적으로 발생한다.
ended	재생 종료시 발생한다.
error	로딩 및 재생 관련하여 에러가 있을 때 발생한다.

[표 16-6] 오디오 제어 이벤트

각각 이벤트 목록은 이벤트가 일어나는 시점이다. 이 중에서 timeupdate 이벤트의 경우는 재생 중에 지속적으로 발생하므로 주기적으로 정보를 표시해야 하는 경우 사용하기에 적합한 이벤트이다. 예를 들면 재생 시간 정보의 경우 1초마다 갱신되어 화면에 출력해주어야 하므로 timeupdate 이벤트에서 처리하기에 적합하다. 오디오 제어의 속성, 메소드, 이벤트를 활용하여 간단한 예제를 작성해보자. 예제 16-3.html 기반에서 다음과 같이 코드를 추가하자.

<16-4.html>

```
<html>
    <head>
        <meta charset = "utf-8"/>
    </head>
    <body>
        <audio src = "multimedia/Sleep Away.mp3" id="music" type =
        "audio/mp3"></audio>
        <button onclick="musicPlay()">재생</button>
        <button onclick="musicPause()">일시정지</button>
        <div id="time"></div>
            <script = "text/javascript">
                var music = document.getElementById("music");
                function musicPlay()
                {
                    music.play();
                }
                function musicPause()
                {
                    music.pause();
                }

                music.addEventListener("timeupdate",
                function(){
                    document.getElementById("time").innerHTML =
                    Math.floor(music.currentTime) + "/" +
                    Math.floor(music.duration) + "(초)"; }, false);

            </script>
    </body>
</html>
```

<실행 결과>

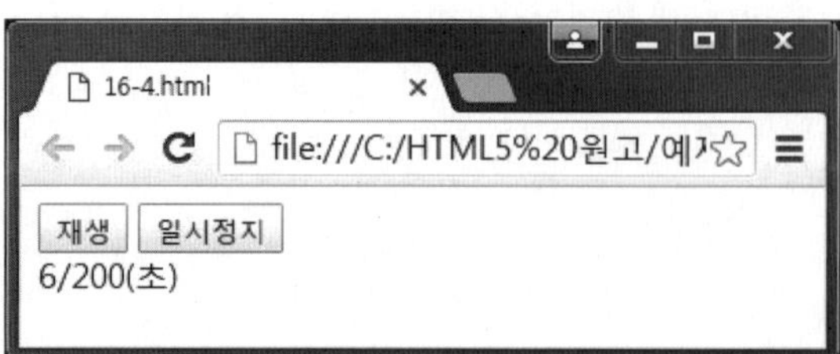

실행 결과를 보면 예제 16-3.html에서는 '재생' 버튼만 있었고, '재생' 버튼을 누르면 음악이 재생되는 단순한 기능이었다. 이번에는 '일시정지' 버튼을 추가하여 '일시정지' 메소드를 사용하였고, 버튼 아래쪽에는 오디오의 재생 시간 속성과 이벤트를 이용하여 재생 시간을 출력하고 있다.

먼저 〈button〉 태그로 '일시정지' 버튼을 추가하고, 버튼 클릭시 musicPause() 함수를 호출하도록 하였다. 이 때 musicPause() 함수는 오디오 제어 메소드인 pause()를 수행하도록 작성하였다. 재생시 재생 시간을 표시하기 위해서는 오디오 제어 속성인 currentTime과 duration의 값을 읽어오면 되는데, currentTime은 현재 재생중인 위치의 초 단위 값을 나타내고, duration은 전체 재생시간을 초 단위 값으로 나타낸다. currentTime의 경우는 음악이 재생됨에 따라 재생 위치가 변경됨으로 값이 변경된다.

이러한 변경된 값을 주기적으로 출력하기 위해서 예제에서는 timeupdate 이벤트를 사용하였는데, 이 이벤트는 재생중에 주기적으로 발생이 되므로 이 이벤트가 발생했을 때, 이벤트 핸들러에서 현재 재생중인 시간을 출력하도록 하였다.

3. 비디오 API 사용하기

3.1 비디오 태그 <video>

1) 비디오 태그의 사용 형태

HTML5에서는 웹페이지에서 동영상을 재생할 수 있도록 〈video〉라는 전용 태그를 제공한다. 이 태그는 오디오 태그와 마찬가지로 스크립트의 도움 없이도 사용할 수 있도록 설계되었고, 여러 동영상 파일을 지원할 수 있도록 동영상 파일의 포맷을 명시할 수도 있다. 기본 사용 형태는 다음과 같다.

```
<video src = "test.mp4"  type = "video/mp4"></ video>
```

가장 기본적인 형태는 출력할 영상인 src 그리고 어떤 타입의 영상인지를 나타내는 type만으로 설정하는 형태이다. 이 태그를 사용한 예제를 다음과 같이 작성해보자.

<16-5.html>

```
<html>
    <head>
        <meta charset = "utf-8"/>
    </head>
    <body>
        <video src = "multimedia/dinosaur.mp4"  type="video/mp4"></
        video>
    </body>
</html>
```

<실행 결과>

오디오에서와 마찬가지로 우리가 예상한 바와 다르게 파일은 로드되었지만 재생되지 않는 것을 확인할 수 있다. 당연한 결과이다. 우리는 자동 재생 설정도 안했고, 컨트롤러도 설정을 안했으므로 화면에는 동영상의 시작 정지 화면만 덩그러니 나타난다. 동영상이 재생되기 위해서는 오디오와 마찬가지로 autoplay 속성을 추가하면 된다. 다음과 같이 코드를 수정하자.

```
<video src = "multimedia/dinosaur.mp4" autoplay="autoplay"
type="video/mp4"></video>
```

브라우저가 실행됨과 동시에 동영상이 재생되는 것을 확인할 수 있다. 이와 같이 비디오 태그에 설정할 수 있는 속성들이 몇 가지 있는데, 오디오와 마찬가지로 재생도구의 출력 여부 및 재생의 반복 여부 등과 같은 속성을 태그 기반에서 설정할 수 있다.

2) 비디오 태그의 속성

앞서 설명했듯이 비디오 태그 〈video〉를 통해 비디오의 기능이 속성으로 지원된다고 하였다. 오디오와 마찬가지로 비디오 또한 플레이어가 제공되어야 하는데, 비디오의 기능은 오디오와 거의 중복되므로 부연 설명은 하지 않겠다. 멀티미디어이므로 공통적으로 재생, 멈춤, 중단, 음량조절 등의 기능을 제공할 수 있어야 하고, 다른 점이라면 동영상은 화면으로 보는 것이므로 화면을 설정하는(예를 들어 영상의 넓이와 높이 등) 속성을 눈여겨 보기 바란다.

속성	값	설명
src	URL	비디오 파일의 경로를 지정한다.
controls	"controls"	비디오 재생도구의 출력 여부를 설정한다.
autoplay	"autoplay"	비디오를 자동 재생할지 설정한다.
loop	"loop"	비디오를 반복할지 설정한다.
width, height	숫자	비디오의 높이 및 넓이의 픽셀 값이다.

[표 16-7] 비디오 태그의 속성

비디오 태그의 속성을 이용하여 앞의 예제를 다음과 같이 수정해보도록 하자.

<16-6.html>

```
<html>
    <head>
        <meta charset = "utf-8"/>
```

```
    </head>
    <body>
        <video src = "multimedia/dinosaur.mp4" controls="controls"
        loop="loop" autoplay="autoplay" type="video/mp4"></video>
    </body>
</html>
```

<실행 결과>

실행 결과를 보면 controls 속성에 의해 재생 플레이어가 출력된 것을 볼 수 있고, 동영상이 끝나면 loop 속성에 의해서 다시 처음부터 반복 재생되는 것을 확인할 수 있다.

3.2 자바스크립트 기반의 비디오 제어 속성, 메소드 및 이벤트

앞에서처럼 〈video〉 태그의 속성을 이용하여 비디오를 제어할 수 있지만 자바스크립트를 통해서도 비디오를 제어할 수 있다. 이는 앞에서 했던 오디오와 동일한 개념이다. 기능은 마찬가지로 재생시작, 재생멈춤, 볼륨크기, 음소거와 같은 태그에서 설정했던 기능들과 거의 중복되는 기능들이다.

1) 자바스크립트 기반의 비디오 제어 기본 형태

자바스크립트를 기반으로 비디오를 제어하는 기본 형태는 다음과 같다.

```
var vod= document.getElementById("vod");
vod.play();
```

비디오의 DOM 객체를 생성하여 자바스크립트에서 제공하는 비디오 기반의 속성 및 메소드 등을 사용할 수 있다. 이 방법은 앞에서 다루었던 오디오의 설명과 중복되므로 자세한 설명은 생략하도록 하겠다. 자바스크립트를 이용하여 비디오를 제어하는 간단한 예제를 작성해보자. 먼저, 자바스크립트만을 이용할 것이기 때문에 〈video〉 태그상의 재생 기능 설정들은 모두 제거하고, DOM 객체를 생성하기 위한 id 설정을 추가하도록 한다.

<16-7.html>

```
<html>
    <head>
        <meta charset = "utf-8"/>
    </head>
    <body>
        <video src = "multimedia/dinosaur.mp4" id = "vod" type="video/
        mp4"></video>
        <button onclick="vodPlay()">재생</button>
        <script = "text/javascript">
            var vod = document.getElementById("vod");
            function vodPlay()
            {
                vod.play();
            }
        </script>
    </body>
</html>
```

<실행 결과>

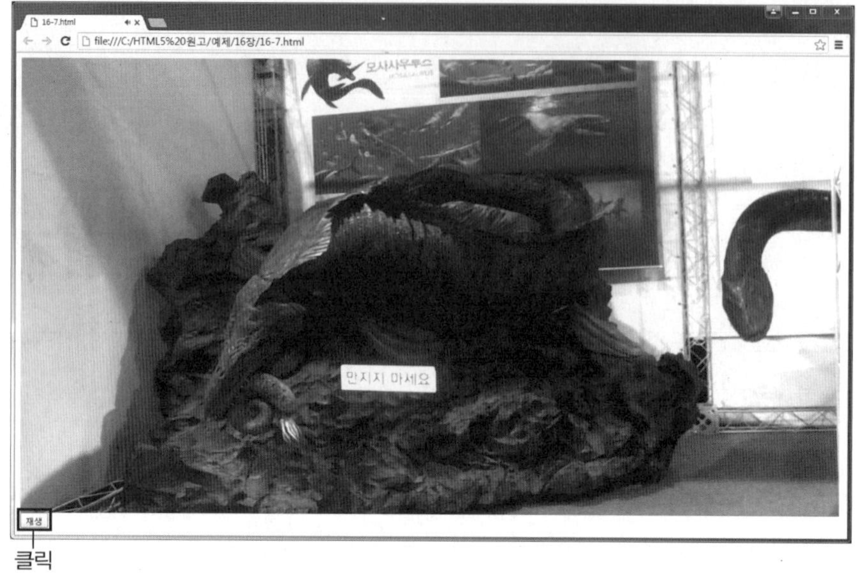

이 예제 또한 〈video〉 태그를 사용한다는 점만 제외하면 개념상 오디오와 동일하기 때문에 이해하는데 큰 어려움은 없을 것이다. '재생' 버튼을 누르면 vodPlay() 함수가 호출이 되는데, 함수의 기능은 단순히 play() 메소드를 호출하는 것이다. 즉, 지정된 경로의 동영상을 재생한다는 뜻이다.

2) 비디오의 제어 속성, 메소드 및 이벤트

비디오 제어 관련하여 자바스크립트에서 제공하는 다양한 기능들이 있는데, 속성, 메소드, 이벤트 형태로 기능들이 제공된다. 각각의 제공 기능들을 살펴보도록 하자. 앞서 살펴본 오디오의 내용과 크게 다른 것이 없으므로 자세한 설명은 생략하도록 하겠다.

속성	설명
currentTime	현재 재생중인 시간을 초 단위로 반환한다.
duration	전체 재생 시간을 초 단위로 반환한다
defaultPlaybackRate	기본 재생 속도를 반환한다.
playbackRate	현재 재생 속도를 반환한다.
volume	볼륨값을 반환한다.

[표 16-8] 비디오 제어 속성

메소드	설명
load()	로드를 시작한다.
canPlayType(type)	type이 재생 가능한지 여부를 나타낸다.
play()	비디오를 재생한다.
pause()	비디오를 일시 정지한다.

[표 16-9] 비디오 제어 메소드

이벤트	설명
play	재생할 때 발생한다.
timeupdate	재생 중에 지속적으로 발생한다.
ended	재생 종료시 발생한다.
error	로딩 및 재생 관련하여 에러가 있을 때 발생한다.

[표 16-10] 비디오 제어 이벤트

비디오 제어의 속성, 메소드, 이벤트를 활용하여 간단한 예제를 작성해보자. 예제 16-7.html 기반에서 다음과 같이 코드를 추가하자.

<16-8.html>

```
<html>
    <head>
        <meta charset = "utf-8"/>
    </head>
    <body>
        <video src = "multimedia/stream.mp4" id = "vod" type="video/
        mp4"></video><br>
        <button onclick="vodPlay()">재생</button>
        <button onclick="vodPause()">일시정지</button>
        볼륨 : <input id="volumecontrol" type="range" max="1" step="any"
        onchange="updateVolume()">
            <script = "text/javascript">
            var vod = document.getElementById("vod");
```

```
            function vodPlay()
            {
                vod.play();
            }
            function vodPause()
            {
                vod.pause();
            }
            function updateVolume()
            {
                vod.volume = volumecontrol.value;
            }
        </script>
    </body>
</html>
```

<실행 결과>

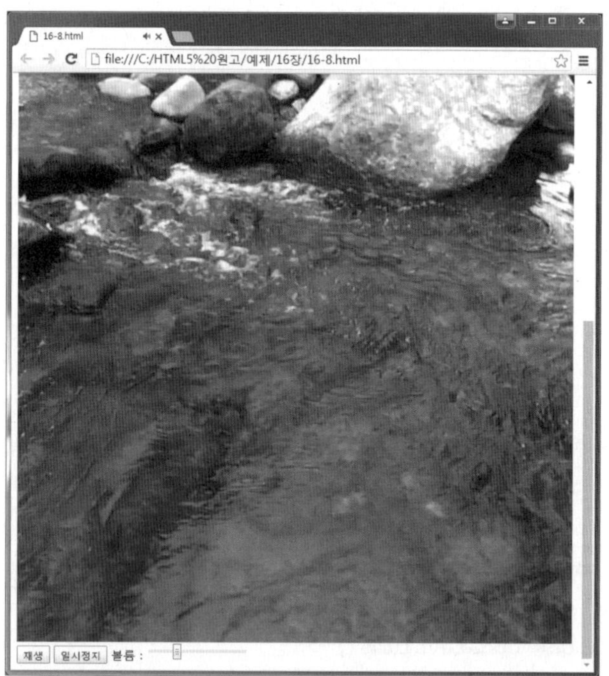

실행 결과를 보면 오디오의 예제와 크게 다를 것이 없다. 재생버튼, 일시정지 버튼은 공통적으로 들어가고, 재생 시간은 오디오의 예제에서 해보았기 때문에 이번에는 슬라이더바를 이용하여 볼륨 조절을 해보도록 하였다. 어차피 기능 자체가 오디오나 비디오가 거의 공통이니, 공통 기능 중에 다른 기능을 구현하는 것이 여러분들에게 덜 지루할 것 같아서이다. 또한 앞에서 공룡 모형 동영상만 보았는데, 마지막까지 공룡으로 장식하게 되면 서운할 것 같아서 지리산 산속에서 찍은 청량감 있는 물줄기 동영상으로 교체하였다.

슬라이더바를 HTML 태그로 설정하는 방법은 이미 우리가 앞의 HTML 단원에서 배운 바 있으므로 자세한 설명은 생략하겠다. type을 range라고 설정하였으므로 슬라이더 형태의 컨트롤이 배치되고, onchange 이벤트가 발생하면 즉, 컨트롤의 변화가 있을 경우에 updateVolume() 함수를 호출하도록 하였다. updateVolume() 함수의 기능은 슬라이더 바인 볼륨 컨트롤로부터 사용자가 설정한 값을 볼륨 속성에 대입함으로써 실제 볼륨의 기능을 제어하도록 하였다. 여러분이 슬라이더 바를 움직이면 소리의 볼륨에 변화가 생기는 것을 확인할 수 있다.

Chapter

17 위치 정보 사용

인간은 항상 시간이 모자란다고 불평을 하면서
마치 시간이 무한정 있는 것처럼 행동한다.
– 세네카 –

한 때 '오빠믿지'라는 위치추적 어플리케이션이 반짝 이슈화 되었던 적이 있었다. 이 어플의 기능은 서로의 합의하에 상대방에게 자신의 위치를 공유하는 것이다. 어플의 이름처럼 사용자들은 주로 오빠들이었던것 같다. 하지만, 이러한 어플로 인해 개인의 위치정보를 노출하고 공유하는 것은 사생활 침해라는 사회적 논란이 일어나기도 하였다 반면, 필자의 경우는 평소에 길찾기 서비스나 차량 네비게이션을 유용하게 사용하는데. 현재 나의 위치를 공유해야 받을 수 있는 서비스이다. 개인적으로 네비게이션 기능은 완전 길치인 필자에게는 정말 없어서는 안될 소중한 물건이다. 위치정보는 사생활 침해용으로 잘못 사용하면 논란이 될 수 있지만, 네비게이션이나 길찾기처럼 잘 사용하면 우리의 삶을 편리하게 해준다.

1. 위치 정보란

1.1 HTML5의 Geolocation API

예전에는 사용자의 위치를 파악하거나 해커의 위치를 파악할 때 사용했던 방법이 IP를 이용한 추적이었다. 그러나 GPS와 스마트기기의 등장으로 조금 더 정확하고 신뢰성 있는 위치 정보 파악이 가능해졌으며 특히 HTML5 표준인 Geolocation API가 제공됨으로써 위치 정보의 활용 범위가 더욱 넓어졌다. 물론 위치정보라는 것은 개인정보이므로 마음대로 사용할 수는 없고, 사용자 동의가 필요한 부분이기는 하다.

1.2 위치 정보를 활용한 서비스

스마트 기기에 GPS 기능이 장착되면서 위치 정보를 제공하는 여러 가지 서비스들이 등장했다. 가장 대표적으로는 현재 나의 위치와 주변 정보들이다. 여행을 할 때 주위에 어떠한 명소가 있는지 또 어떤 맛집이 있는지 등의 정보들이 필요하다. 예전에는 관광지도를 보면서 찾아가야 했지만 지금은 위치 정보 서비스를 통해서 더욱 다양한 여러 가지 정보를 얻을 수 있고 정확한 위치를 파악할 수 있게 되었다. 그리고, 위치 정보를 통해서 우리가 늘 출퇴근 할 때 막히는 구간에 대한 교통정보 및 내가 타야 할 버스의 위치 그리고 도착할 위치에 대한 길 안내 등 실생활에 매우 유용한 서비스를 제공하고 있다.

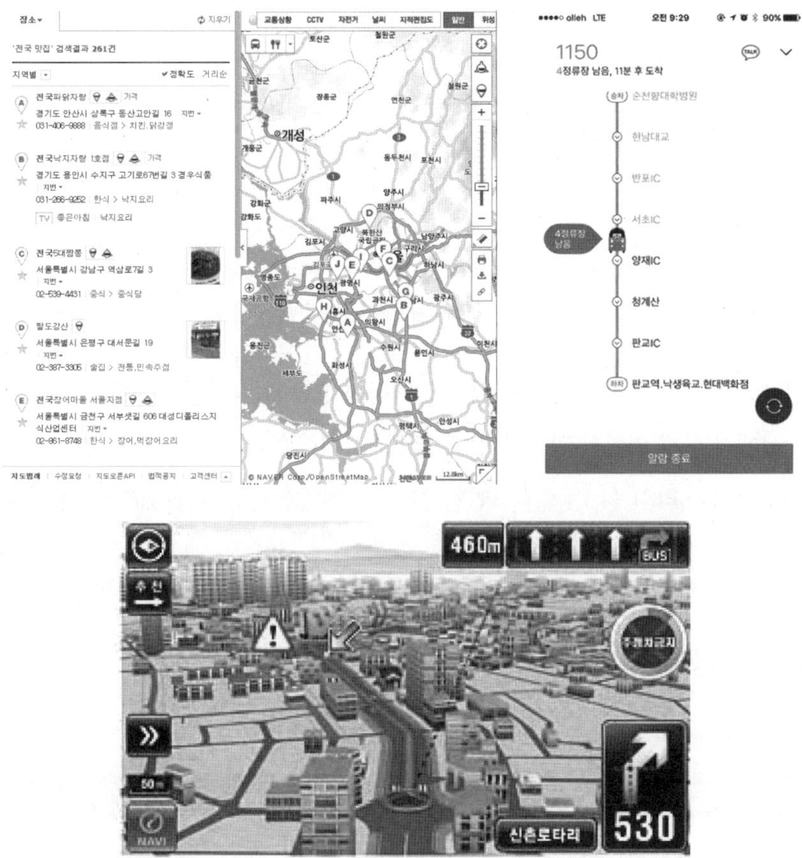

그림 17-1. 위치 정보를 활용한 서비스의 종류

이러한 다양한 서비스들을 웹 기반에서 구현이 가능하다. 특히 우리가 배우고 있는 HTML5 기반에서는 위치 정보 API를 제공함으로써 더욱 손쉽게 구현할 수 있다.

2. 위치 정보 API 사용하기

Geolocation API와 관련된 함수는 모두 window.navigator 객체에 정의되어 있다. 위치 정보를 얻기 위해서는 getCurrentPosition() 함수와 watchPosition() 함수를 사용하면 된다.

2.1 getCurrentPosition() 함수

이 함수는 현재의 위치를 한 번만 얻고자 할 때 사용한다. 주로 현재 나의 위치나 내 주변에 무엇이 있는지 확인하는 경우에 유용한데, 주로 움직이지 않는 정적인 대상을 조사하는 경우 주로 사용된다. 관광지나 맛집 탐색이 대표적인 사용 예라고 할 수 있겠다. 함수의 형태는 다음과 같다.

```
getCurrentPosition(successCallback, errorCallback, options)
```

첫 번째 전달인자는 함수 성공시 현재 위치 관련하여 호출되는 콜백함수이고, 두 번째 전달인자는 함수 실패시 현재 위치와 관련하여 호출되는 콜백함수이며, 세 번째 전달인자는 현재 위치 관련 지정 옵션이라고 할 수 있다. 먼저 첫 번째 전달인자인 successCallback 함수에서 얻을 수 있는 정보를 살펴 보도록 하자.

1) 현재 위치 관련 정보

현재 위치 관련하여 얻을 수 있는 정보들은 다음과 같다.

알아낼 수 있는 정보	설명
coords.longitude	위도
coords.altitude	경도
coords.latitude	표고
coords.altitudeaccuracy	위도, 경도의 오차
coords.heading	표고의 오차
coords.accuracy	디바이스의 진행 방향(북쪽 기준으로 시계방향의 각도 표시)
coords.speed	디바이스의 m/s 단위의 진행 속도
timestamp	위치 정보를 얻은 시각

[표 17-1] 현재 위치 관련 정보

대략 위도, 경도, 표고 등의 정보를 얻을 수 있는데, 이를 통해 현재 위치를 나타낼 수 있다. 간단한 예제를 통해 현재 위치를 위도와 경도로 표시해보자.
참고로 현재 위치 정보의 경우 크롬에서 위치 추적 허용 설정('모든 사이트에서 내 실제 위치를 추적하도록 허용')을 하여도 예외처리를 하지 않는 이상 정상 동작하지 않으므로 크롬에서 현재 위치 정보의 값을 가져오지 못한다면 인터넷 익스플로러 브라우저에서 실행하도록 한다.

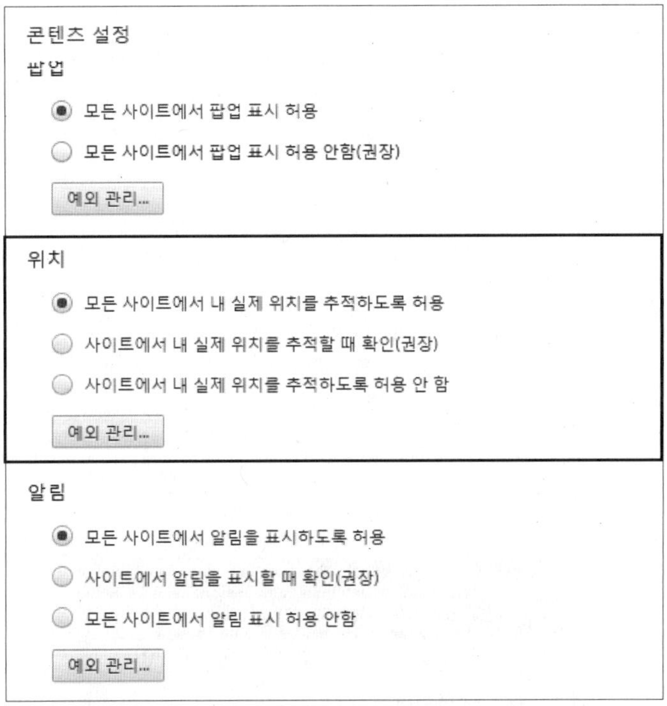

콘텐츠 설정
팝업
모든 사이트에서 팝업 표시 허용
모든 사이트에서 팝업 표시 허용 안함(권장)
예외 관리...
위치
모든 사이트에서 내 실제 위치를 추적하도록 허용
사이트에서 내 실제 위치를 추적할 때 확인(권장)
사이트에서 내 실제 위치를 추적하도록 허용 안 함
예외 관리...
알림
모든 사이트에서 알림을 표시하도록 허용
사이트에서 알림을 표시할 때 확인(권장)
모든 사이트에서 알림 표시 허용 안함
예외 관리...

그림 17-2. 크롬 콘텐츠 설정에서 내 위치 추적 허용 체크

<17-1.html>

```
<html>
    <head>
        <meta charset = "utf-8"/>
    </head>
    <body>
        <script = "text/javascript">
            function MyPosition()
            {
```

```
                if(navigator.geolocation)
                {
                    navigator.geolocation.getCurrentPosition(CurPosi
                    tion);
                }
            }
            function CurPosition(position)
            {
                var lat = position.coords.latitude;
                var lng = position.coords.longitude;
                document.getElementById("result").innerHTML ="위
                도:"+lat+" 경도:"+lng;
            }
        </script>
        <button onclick="MyPosition()" type="button">나의 현재 위치</
        button><p>
        <div id = "result"></div>
    </body>
</html>
```

<실행 결과>

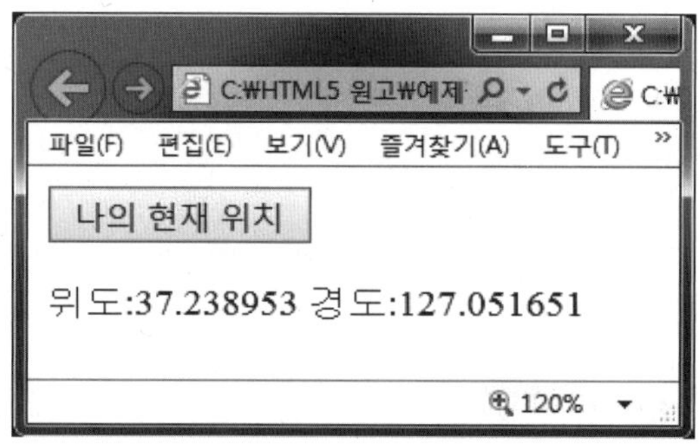

먼저, '나의 현재 위치' 버튼을 하나 만들어 배치한다. 이 버튼을 눌렀을 때 나의 현재 위치를 위도와 경도로 표시하는 기능을 만드는 것이다. 이 때 버튼 클릭시 발생하는 이벤트 핸들러를 MyPosition()이라고 정하였고, 이벤트 핸들러 안에서는 getCurrentPosition() 함수를 호출하고 있다. getCurrentPosition() 함수는 기본적으로 콜백함수를 전달인자로 갖게 되는데,

CurPosition() 함수를 콜백함수로 지정하였다. 이 함수의 전달인자로 position을 확인할 수 있는데, 이는 사용자의 위치를 알아내는 객체이며 이 객체를 통해서 현재 위치의 정보들을 모두 읽어올 수 있다. 그래서 예제에서도 위치의 기본 정보들인 위도(coords.latitude)와 경도(coords.longitude)를 position 객체를 통하여 브라우저에 출력하도록 하고 있다.

결과를 확인해보면 현재 내가 있는 위치의 위도와 경도를 소수점 6째자리까지 출력하는 것을 확인할 수 있다. 이 외에도 위도와 경도의 오차, 디바이스 진행 속도, 진행 방향 등의 정보 조회도 추가하여 조회 가능하므로 테스트 해보기 바란다.

위도와 경도

위도는 적도를 기준으로 북과 남을 가로로 표시하는 도표이다. 정 가운데가 적도인데, 적도가 0도가 되고, 적도를 기준으로 북쪽을 북위, 남쪽을 남위라고 표시한다. 따라서 북극은 북위 90도, 남극은 남위 90도라고 부르며, 북위의 표시는 North의 약자인 N, 남위는 South의 약자인 S로 표시한다.

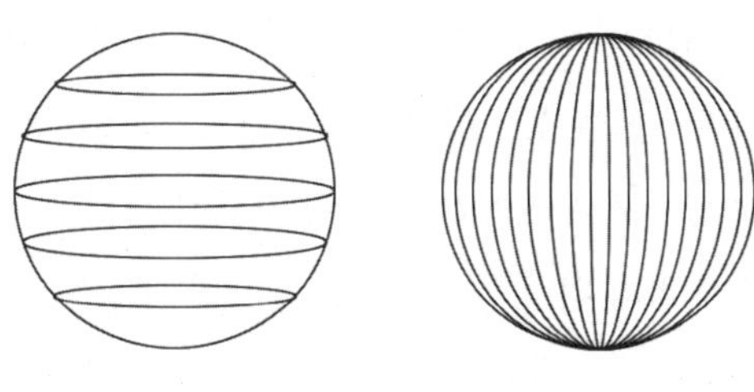

그림 17-3. 위도와 경도

경도는 영국의 그리니치 천문대를 기준으로 동쪽과 서쪽을 세로로 표시한 것이다. 그리니치 천문대 기준으로 오른쪽은 동경이라고 하고, 왼쪽은 서경이라고 한다. 동경과 서경이 만나는 180도 지점이 날짜가 변경되는 선이다. 동경은 East의 약자인 E, 서경은 West의 약자인 W로 표시한다.

2) 현재 위치 관련 오류 및 옵션

앞의 예제는 에러 핸들링이 없는 간단한 예제였다. 이번에는 에러에 대한 처리와 사용할 수 있는 옵션에 대해 알아보도록 하자. 앞서 살펴보았던 getCurrentPosition() 함수의 두 번째, 세 번째 전달인자를 기억하는가? 각각 errorCallback과 options이다. 이 두 요소에 대해 살펴보도록 하자. 먼저 현재 위치 관련 오류 속성은 다음과 같다.

오류 속성	설명
code	오류 코드를 나타내는 숫자
message	오류 메시지를 사람이 이해할 수 있는 문자열로 표시

오류 속성	설명
UNKNOWN_ERROR	0. 알 수 없는 오류
PERMISSION_DENIED	1. 권한 없음
POSITION_UNAVAILABLE	2. 위치 정보를 얻을 수 없음
TIMEOUT	3. 시간 제한 초과

[표 17-2] 현재 위치 관련 오류 속성

오류 속성들은 현재 위치를 구하지 못하였을 경우 호출되는 콜백함수 내에서 사용할 수 있는데, 주로 PERMISSION_DENIED(권한 없음)에 대한 오류가 가장 많이 나타난다. 위치 정보는 개인의 사생활 침해의 문제가 있으므로 개인의 동의를 구하고 접근해야 한다. 즉, 동의하지 않는 경우에는 위치 정보를 확인할 수 없으므로 권한에 대한 오류가 나타날 것이다. 만약 위치 정보를 동의하지 않는다면 우리가 작성하는 예제들도 제대로 수행하지 못할 것이고, 현재 살펴보고 있는 위치 관련 오류가 브라우저상에 '뿅' 하고 나타날 것이다. 앞서 작성했던 예제에 현재 위치 관련하여 오류 발생시 동작할 콜백함수를 추가 작성하도록 하자.

<17-2.html>

```
<html>
    <head>
        <meta charset = "utf-8"/>
    </head>
    <body>
        <script = "text/javascript">
            function MyPosition()
            {
                if(navigator.geolocation)
                {
                    navigator.geolocation.
                    getCurrentPosition(CurPosition,
                    ErrorCallback);
                }
            }
            function CurPosition(position)
```

```
            {
                var lat = position.coords.latitude;
                var lng = position.coords.longitude;
                document.getElementById("result").innerHTML ="위
                도:"+lat+" 경도:"+lng;
            }
            function ErrorCallback(error)
            {
                switch(error.code)
                {
                    case error.PERMISSION_DENIED:
                        document.getElementById("result").innerHTML =
                        "현재 위치 정보에 대한 권한이 없습니다";break;
                    case error.POSITION_UNAVAILABLE:
                        document.getElementById("result").innerHTML =
                        "현재 위치 정보를 구할 수 없습니다";break;
                    case error.TIMEOUT:
                        document.getElementById("result").innerHTML =
                        "시간 제한을 초과했습니다.";break;
                }
            }
        </script>
        <button onclick="MyPosition()" type="button">나의 현재 위치</
        button><p>
        <div id = "result"></div>
    </body>
</html>
```

이 예제를 실행하기 전에 다음과 같이 설정을 변경하도록 하자. 앞서 우리는 '모든 사이트에서 내 실제 위치를 추적하도록 허용'이라는 옵션에 의해 내 위치 추적을 허용하였다. 하지만, 지금의 예제는 내 실제 위치 추적을 허용하지 않음으로써 고의적인 오류 콜백함수를 수행하도록 유도할 것이다. 크롬의 설정 페이지에 들어가서 '위치' 항목을 다음과 같이 설정하고 실행하도록 하자.

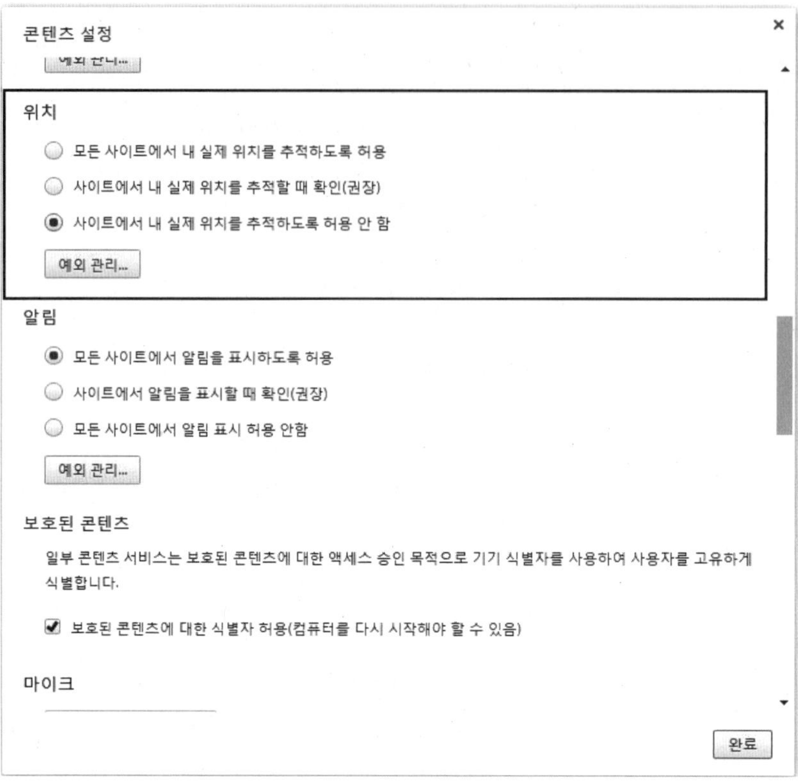

그림 17-4. 크롬 콘텐츠 설정에서 내 위치 추적 허용 안함 체크

<실행 결과>

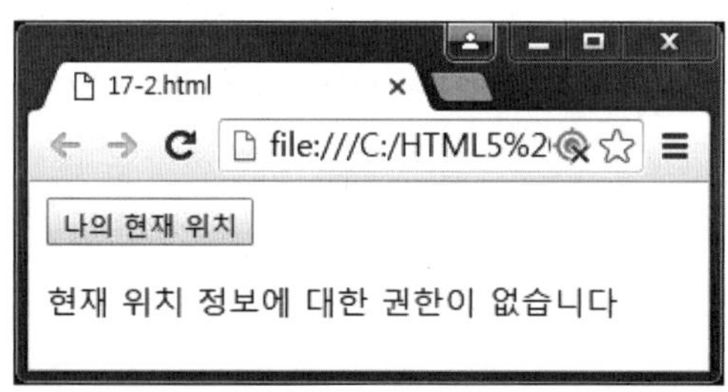

위치 추적에 관하여 허용이 안되어 정보를 가져올 수 없으므로 getCurrentPosition() 함수의 두 번째 전달인자인 ErrorCallback() 함수를 호출하게 된다. 이 때 이 함수의 전달인자인 error는 오류의 정보를 가지고 있는 객체로써 현재 어떠한 오류가 발생했는지 알아낼 수 있다. 이 예제의 경우는 error.code에 PERMISSION_DENIED 오류 메시지가 전달되어 해당 오류 메시지를 출력한다.

현재 위치 관련하여 옵션을 설정할 수 있는데, 옵션의 종류로는 표 17-3과 같이 세 가지가 있다.

옵션	설명
enableHighAccuracy	정확도가 높은 위치 정보 요청. 값이 true이면 장치에서 정확도가 높은 위치 정보를 제공할 수 있게 해준다. 값이 false이면 장치는 적은 전력을 사용하든 빠른 응답을 하든 자원을 적절히 사용할 자유를 갖게 된다.
timeout	위치 정보 확인에 대한 시간 제한 설정. 단위는 ms이고, 시간 제한 초과 시 TIMEOUT 오류를 발생시킨다.
maximumAge	위치 정보 유효 기간 설정 (유효 기간이 오래되면 해당 정보는 폐기하고 새 위치 정보 확인을 시도한다. 만약 0으로 지정하면 새로운 위치 정보를 요청하게 된다.)

[표 17-3] 현재 위치 관련 옵션

이 옵션들은 getCurrentPosition()을 호출하기 전에 설정하고, 옵션을 이 함수의 세 번째 전달 인자에 전달할 수 있다. 옵션을 적용한 다음 예제를 작성해보도록 하자. 앞의 예제에 옵션만 추가한 형태이다.

<17-3.html>

```
<html>
    <head>
        <meta charset = "utf-8"/>
    </head>
    <body>
        <script = "text/javascript">
            function MyPosition()
            {
                if(navigator.geolocation)
                {
                    var options = {enableHighAccuracy:true,
                    timeout:1, maximumAge:6000};
                    navigator.geolocation.
                    getCurrentPosition(CurPosition, ErrorCallback,
                    options);
                }
            }
            function CurPosition(position)
            {
```

```
                var lat = position.coords.latitude;
                var lng = position.coords.longitude;
                document.getElementById("result").innerHTML ="위
                도:"+lat+" 경도:"+lng;
            }
            function ErrorCallback(error)
            {
                switch(error.code)
                {
                    case error.PERMISSION_DENIED:
                        document.getElementById("result").innerHTML
                        = "현재 위치 정보에 대한 권한이 없습니다";break;
                    case error.POSITION_UNAVAILABLE:
                        document.getElementById("result").innerHTML
                        = "현재 위치 정보를 구할 수 없습니다";break;
                    case error.TIMEOUT:
                        document.getElementById("result").innerHTML
                        = "시간 제한을 초과했습니다.";break;
                }
            }
        </script>
        <button onclick="MyPosition()" type="button">나의 현재 위치</
        button><p>
        <div id = "result"></div>
    </body>
</html>
```

<실행 결과>

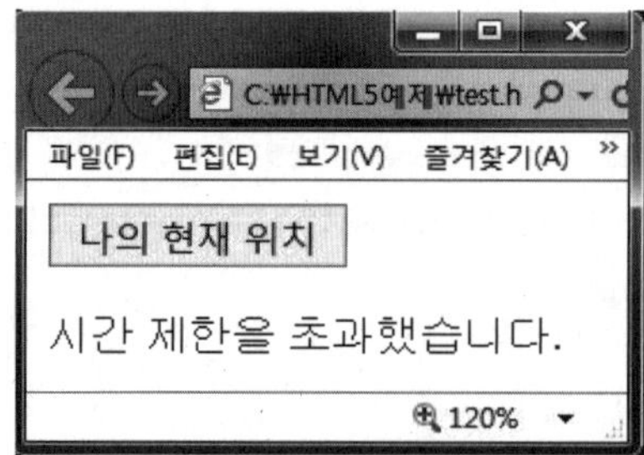

옵션 코드의 timeout의 단위가 ms이므로 1000이 1초인데, 우리는 1로 설정하였으므로 0.001초가 시간 제한 설정값이라고 보면 된다. 시간 제한을 이렇게 짧게 준 이유는 설정한 옵션이 제대로 동작하는지 알아보기 위해서 시간 제한 초과의 상황을 일부러 만든 것이다.

2.2 watchPosition() 함수

getCurrentPosition() 함수는 위치 정보를 일회성으로 받아올 때 사용하지만 watchPosition() 함수의 경우는 변경되는 위치의 정보를 계속해서 알고 싶을 때 사용하는 함수이다. 즉, 장치의 위치가 변경될 때마다 계속 호출되므로 위치의 변화를 지속적으로 감시할 수 있다. 이 함수의 경우는 주로 자동차 네비게이션이나 대중교통 위치 알림 서비스에 대표적으로 사용할 수 있다. 함수의 형태는 다음과 같다.

```
var id = watchPosition(successCallback, errorCallback, options)
```

함수의 세 개의 전달인자 모두 getCurrentPosition() 함수와 동일하다. successCallback 함수의 경우는 사용자가 움직여서 위치가 변경되거나 다른 기술을 통해 정확도가 높은 정보가 제공되었을 때 여러 번 호출된다. 그리고, errorCallback 함수는 앞서 살펴본 바와 같이 정상적인 결과를 반환할 수 없을 경우에 호출한다. options 및 나머지 속성 및 정보에 관한 내용들은 앞서 getCurrentPosition() 함수에서 살펴본 바와 동일하므로 별도의 설명은 생략하도록 하겠다. 다만, watchPosition() 함수는 반환값을 갖는다는 것을 기억하자. 반환값은 숫자로 된 watcher id인데, watcher를 식별하는데 사용한다. 이후에 디바이스로부터 위치 추적을 중단하고자 할 때 사용하는 식별자이다.

watchPosition() 함수를 이용한 예제를 하나 작성해보도록 하자. 이번에는 '위치 추적 시작' 버튼을 생성하고, 버튼에 대한 이벤트 핸들러를 작성하자.

<17-4.html>

```
<html>
    <head>
        <meta charset = "utf-8"/>
    </head>
    <body>
        <script = "text/javascript">
            var watcherId;
            function StartPos()
            {
                if(navigator.geolocation)
                {
                    var options = {enableHighAccuracy:true,
                    timeout:1000, maximumAge:6000};
                    watcherId =navigator.geolocation.
                    watchPosition(CurPosition, ErrorCallback, options);
                }
            }
            function CurPosition(position)
            {
                var lat = position.coords.latitude;
                var lng = position.coords.longitude;
                document.getElementById("result").innerHTML = "위도:" +
                lat + " 경도:" + lng;
            }
            function ErrorCallback(error)
            {
                switch(error.code)
                {
                    case error.PERMISSION_DENIED:
                        document.getElementById("result").innerHTML =
                        "현재 위치 정보에 대한 권한이 없습니다";break;
                    case error.POSITION_UNAVAILABLE:
                        document.getElementById("result").innerHTML =
                        "현재 위치 정보를 구할 수 없습니다";break;
                    case error.TIMEOUT:
                        document.getElementById("result").innerHTML =
                        "시간 제한을 초과했습니다.";break;
```

```
            }
        }

    </script>
    <button onclick="StartPos()" type="button">위치 추적 시작</
    button><p>
    <div id = "result"></div>
  </body>
</html>
```

<실행 결과>

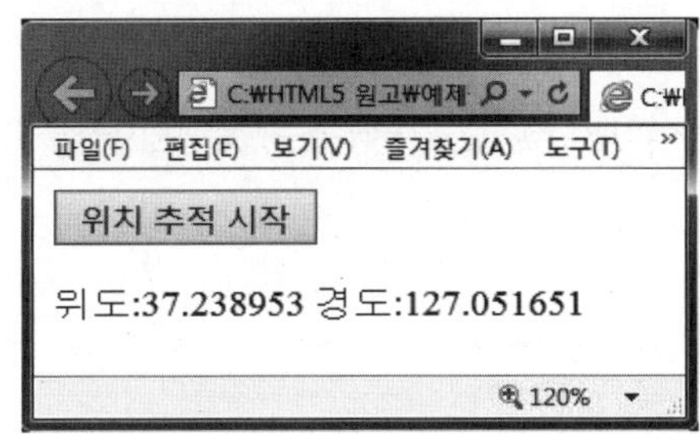

'위치 추적 시작' 버튼을 누르면 watchPosition() 함수가 동작하게 되고, 실시간으로 위치가 변경될 때마다 콜백 함수를 통해 새로운 정보가 업데이트된다. 다만, PC와 같이 정적인 디바이스에서는 정보의 업데이트를 확인하기 힘들다. 스마트폰과 같은 디바이스에서 이 예제를 브라우저에서 실행하면 디바이스의 위치에 따른 값의 변화를 확인할 수 있을 것이다.

참고 네비게이션의 대세는 HTML5

최근 몇 년 전부터 차량용 네비게이션은 필수품이 되었다. 그런데, 차량용 네비게이션을 만드는 업체들의 고민 중 하나는 운영체제(OS)가 각각 달라 어플리케이션을 따로 만들어야 한다는 점이다. HTML5는 웹 기반 플랫폼이므로 호환 브라우저만 설치되어 있으면 운영체제에 영향을 받지 않기 때문에 웹 기반의 네이게이션 제작에 자동차 회사들의 관심이 높아지고 있다.

2.3 clearWatch() 함수

watchPosition() 함수는 현재의 위치를 계속 추적하는 기능을 갖는다고 하였다. 앞에서 이 함수는 watcher id를 반환한다고 하였는데, 이 id를 통해서 위치 추적의 기능을 중단할 수 있다. 바로 clearWatch() 함수를 통해서이다. 함수의 형태는 다음과 같다.

```
clearWatch(Id)
```

앞의 예제에 '위치 추적 중단' 버튼을 하나 추가하고, 버튼의 이벤트 핸들러 안에서 clearWatch()를 호출함으로써 위치 추적을 중단시키는 기능을 구현해보도록 하자. 앞의 예제에서 코드의 하단 부분만 추가하면 되므로 전체 코드의 앞부분은 생략하도록 하겠다.

<17-5.html>

```
<html>
    <head>
        <meta charset = "utf-8"/>
    </head>
    <body>
        <script = "text/javascript">
            ------------------- 중간 생략 -------------------
            function EndPos()
            {
                navigator.geolocation.clearWatch(watcherId);
                document.getElementById("result").innerHTML = "위치 추적이
                종료 되었습니다.";
            }
        </script>
        <button onclick="StartPos()" type="button">위치 추적 시작</button>
        <button onclick="EndPos()" type="button">위치 추적 종료</button><p>
        <div id = "result"></div>      </body>
</html>
```

<실행 결과>

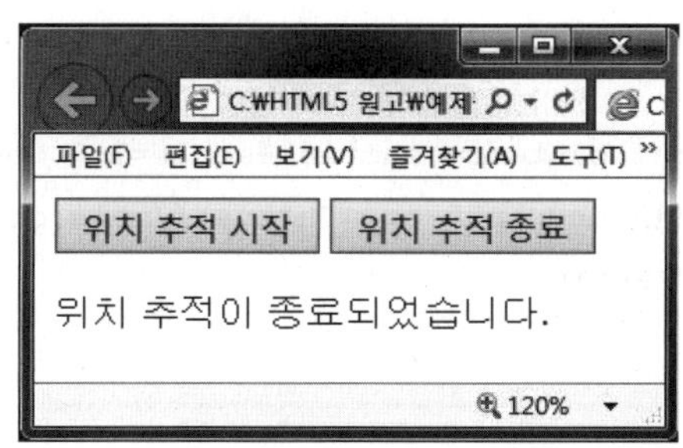

3. 위치 정보 API를 지도와 연동 구현

우리가 지금까지 작성했던 코드의 결과를 보면 단순히 위도와 경도 데이터를 브라우저상에 표시하였다. 이러한 데이터는 사실 수치값으로써는 의미 있지만, 그 위치가 우리에게 직관적으로 와닿지 않고, 매우 추상적으로만 다가온다. 위도 37도, 경도 127도의 데이터를 보고 "아, 여기는 대한민국의 수원에 위치한 지점이구나."라고 판단하는 것은 무리가 있다.
자, 이러한 위치값을 직관적으로 나타날 수 있는 대안이 어떤 것이 있을까? 그렇다. 바로 지도이다. 위도와 경도의 값으로 찾은 위치를 지도상에 보여주면 그것만큼 더 이상 좋은 방법은 없을 것 같다. 사실 지도를 연동한 위치 정보의 구현은 이번 장의 가장 핵심이기도 하다. 우리가 사용할 지도 API는 전세계적으로 사용되고 있는 구글 지도에 연동하여 나의 현재 위치를 표시하도록 하겠다. 지도 API를 사용한다는 것은 자바스크립트를 이용하여 구현하겠다는 의미이다.
앞서 배웠던 내용들을 중심으로 예제를 작성해보도록 하자.

3.1 HTML 페이지 작성하기

먼저 구글 지도와 연동하기 위한 웹 페이지의 밑바탕을 작성해보도록 하겠다. HTML의 〈head〉〈/head〉에 다음과 같이 구글 지도의 위치 정보 API를 위한 메타 태그와 위치 정보 API를 가져올 소스 주소를 추가한다.

```
<head>
<meta name="viewport" content="initial-scale=1.0, user-scalable=no">
<script type="text/javascript" src="https://maps.google.com/maps/api/
js?sensor=false"> </script>
</head>
```

다음은 <body></body> 태그 사이에 실제 지도를 그릴 영역의 넓이와 높이를 설정한다.

```
<body>
<div id="map" style="width: 500px; height: 500px"></div>
</body>
```

지도를 그릴 넓이는 500픽셀, 높이도 500픽셀로 설정하였고, id를 map이라고 지정하였다. id는 이후에 자바스크립트 코드에서 지도를 그릴 영역의 타겟으로 지정할 때 사용할 것이다. 자, 여기까지 자바스크립트를 뺀 웹 페이지 코드를 작성해보도록 하자.

<17-6.html>

```
<html>
    <head>
        <meta charset = "utf-8"/>
        <meta name="viewport" content="initial-scale=1.0, user-
        scalable=no">
        <script type="text/javascript" src="https://maps.google.com/
        maps/api/js?sensor=false"></script>
    </head>
    <body>
        <script = "text/javascript">
        </script>
        <button onclick="MyPos()" type="button">현재 나의 위치</button><p>
        <div id = "result"></div>
        <div id="map" style="width: 500px; height: 500px"></div>
    </body>
</html>
```

3.2 구글 지도와 연동하기

자, 이제부터 실질적으로 구글 지도와 연동하는 자바스크립트 코드를 작성해보도록 하자. 그에 앞서 한 가지 마커 이미지를 준비해야 하는데, 지도상에서 특정 위치를 찾을 때 해당 위치를 나타내는 포인터 마커를 본 적 있을 것이다. 포인터 마커는 이미지로써 준비해야 한다. 필자가 예제 폴더에 Marker.png라는 이름으로 이미지를 저장했고, 우리 예제에서는 이 이미지를 사용하여 포인터 마커의 표현을 할 것이다. 먼저 자바 스크립트 코드의 가장 처음에는 포인터 마커 이미지를 로딩하는 코드를 작성한다.

```
<script = "text/javascript">
    var markerIcon = new google.maps.MarkerImage("marker.png");
</script>
```

다음으로 주목해야 할 포인트 코드는 실제로 구글 지도와 연동하는 코드이다. 이 부분의 코드가 구글 지도와 연동하는 가장 핵심 코드이다.

```
<script = "text/javascript">
    var options = {
        zoom: 15,
        center: latlng,
        mapTypeId: google.maps.MapTypeId.ROADMAP
    };
    var map = new google.maps.Map(document.getElementById("map"),
    options);
</script>
```

options의 첫 번째 요소 zoom은 지도의 확대 비율을 설정하는 것으로, 값이 클수록 지도가 확대되어 표현된다. center는 나의 현재 위치를 중앙에 배치하겠다는 의미이고, mapTypeId는 지도의 타입을 나타내는 것으로 현재 지도를 구글 지도를 사용하겠다는 설정이다. 이 options의 내용을 Map()이라는 구글 API에 전달인자로 넘겨주면 "map"이라고 앞서 HTML에서 지정한 브라우저 영역에, options에 부합하는 구글 지도를 그리겠다는 의미가 된다. 앞의

HTML 웹 페이지 코드에 자바스크립트 코드를 추가하여 완성시켜보도록 하자.

<17-6.html>

```
<html>
    <head>
        <meta charset = "utf-8"/>
        <meta name="viewport" content="initial-scale=1.0, user-
        scalable=no">
        <script type="text/javascript" src="https://maps.google.com/
        maps/api/js?sensor=false"></script>
    </head>
    <body>
        <script = "text/javascript">
            var markerIcon = new google.maps.MarkerImage("marker.png");

            function MyPos()
            {
                if(navigator.geolocation)
                {
                    navigator.geolocation.
                    getCurrentPosition(CurPosition, ErrorCallback);
                }
            }
            function CurPosition(position)
            {
                var lat = position.coords.latitude;
                var lng = position.coords.longitude;
                document.getElementById("result").innerHTML = "위도:" +
                lat + " 경도:" + lng;
                var latlng = new google.maps.LatLng(lat, lng);
                var options = {
                    zoom: 15,
                    center: latlng,
                    mapTypeId: google.maps.MapTypeId.ROADMAP
                };
                var map = new google.maps.Map(
```

```
                document.getElementById("map"),
                options
            );
            var marker = new google.maps.Marker({
                map: map,
                icon: markerIcon,
                title : "현재 위치",
                position: latlng
            });
        }
        function ErrorCallback(error)
        {
            switch(error.code)
            {
                case error.PERMISSION_DENIED:
                    document.getElementById("result").innerHTML
                    = "현재 위치 정보에 대한 권한이 없습니다";break;
                case error.POSITION_UNAVAILABLE:
                    document.getElementById("result").innerHTML
                    = "현재 위치 정보를 구할 수 없습니다";break;
                case error.TIMEOUT:
                    document.getElementById("result").innerHTML
                    = "시간 제한을 초과했습니다.";break;
            }
        }
    </script>
    <button onclick="MyPos()" type="button">현재 나의 위치</button><p>
    <div id = "result"></div>
    <div id="map" style="width: 500px; height: 500px"></div>
  </body>
</html>
```

<실행 결과>

그다지 큰 수고를 들이지 않고도 구글 지도를 이용하여 멋진 위치 정보 서비스 어플리케이션을 제작하였다. 비록 지금은 현재의 위치만을 표시하는 기능만 가지고 있지만, 이것을 응용하여 다양한 정보 서비스를 제공하는 어플리케이션 제작이 가능하다. 또한, 구글 지도만을 연동하여 살펴 보았지만, 국내의 대표적인 포털 사이트인 네이버나 다음 커뮤니케이션즈에서 제공하는 지도 또한 연동이 가능하다. 물론 각 사에서 제공하는 API 표준 가이드를 따라서 작성해야 하는 것은 당연한 이야기이다.

Chapter

18 드래그 앤 드롭 (Drag and Drop)

진리 이외에는 아무것도 없고 진리 앞에서는 만인이 평등하다.
-로맹 롤랑-

필자의 기억으로 불과 10여년 전까지만 하더라도 웹페이지 상에 파일을 업로드하려면 해당 웹페이지 내에서 로컬 PC의 해당 업로드할 파일을 찾아들어가야 했다. 당시 필자뿐만 아니라 누구나의 염원이였을 것이라 생각하지만, 탐색기에 있는 파일을 업로드할 페이지에 마우스로 그냥 끌어다 붙이면 복사되도록 하고 싶었을 것이다. 이러한 직관적인 UI와 UX는 사용자에게 편리함을 가져다 준다. HTML5에서는 이러한 직관적인 기능을 제공하고 있다. 우리는 이러한 행위를 드래그(끌기)하여 드롭(놓기)한다고 하여 통상 드래그 앤 드롭이라고 부른다.

1. 드래그 앤 드롭의 개요

드래그 앤 드롭(Drag & Drop)의 의미는 직역하면 "끌어다가 떨어뜨린다."라는 뜻이다. 비록 직역을 했지만 직역의 의미가 정확하다. 우리가 이번 시간에 학습할 내용은 특정 영역 A 안에 있는 임의의 요소를 마우스로 끌어다가 특정 영역 B에 갖다 놓는 것이다. 물론 반대로 B 영역의 요소를 A 영역에 마우스로 끌어다 놓을 수도 있다.

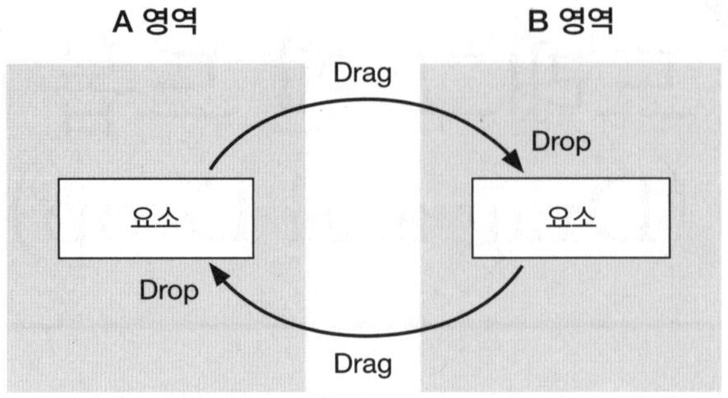

그림 18-1. 드래그 앤 드롭 개념

웹 기반에서 A 영역과 B 영역은 문서 단위이며 하나의 문서 내에서 또는 문서와 문서 간에 드래그 앤 드롭이 모두 가능하다. 사실, 드래그 앤 드롭 기술이 독자들에게는 생소하지 않을 것이다. 윈도우 운영체제를 사용하는 PC의 대부분이 마우스를 사용하고 있는데, 드래그 앤 드롭은 마우스를 사용하면서부터 가능했던 기술이다. 그래서 기존에 MFC나 C# 기반에서 제작된 윈도우 기반의 어플리케이션의 경우에는 드래그 앤 드롭과 같은 기능이 제공되고 있었다. 그러나 웹 기반에서는 HTML5 이전에 드래그 앤 드롭 기능을 제공하는 기능이 없었다. HTML 자체가 어플리케이션이 아닌 문서의 개념이다 보니 로컬의 파일을 웹 문서에 자유자재로 끌어다 올리고 내리는 개념이 자연스럽지는 않았다. 물론 기능을 아예 구현 못하지는 않았다. 자바스크립트의 마우스 이벤트를 사용하여 복잡하게 구현할 수는 있었지만 개발 비용이 많이 소요되는 일이였다.

드래그 앤 드롭의 기능은 사용자의 편의성을 고려한 편리한 UI 기능이다. 필자 또한 과거에 웹 사용자 입장에서 드래그 앤 드롭 기능이 있었으면 편리하겠다는 생각을 종종 했었다. 가장 대표적인 사례가 메일의 첨부파일 기능이나 웹하드의 파일 업다운로드 그리고 자주 사용하는 쇼핑몰의 쇼핑 카트에 구매할 상품을 끌어다 놓을 때 등이 있다. 과거에는 파일을 업로드하거나 다운로드하기 위해서는 파일 열기 대화상자를 통해 대상이 되는 파일의 경로를 찾아 들어가 선택해야만 했다. 하지만 지금은 그림 18-2에서처럼 로컬에 저장되어 있는 파일을 웹브라우저에 마우스로 직접 끌어다 놓으면 파일이 업로드되고 반대로 웹브라우저에 있는 파일을 로컬에 끌어다 놓으면 파일이 다운로드된다.

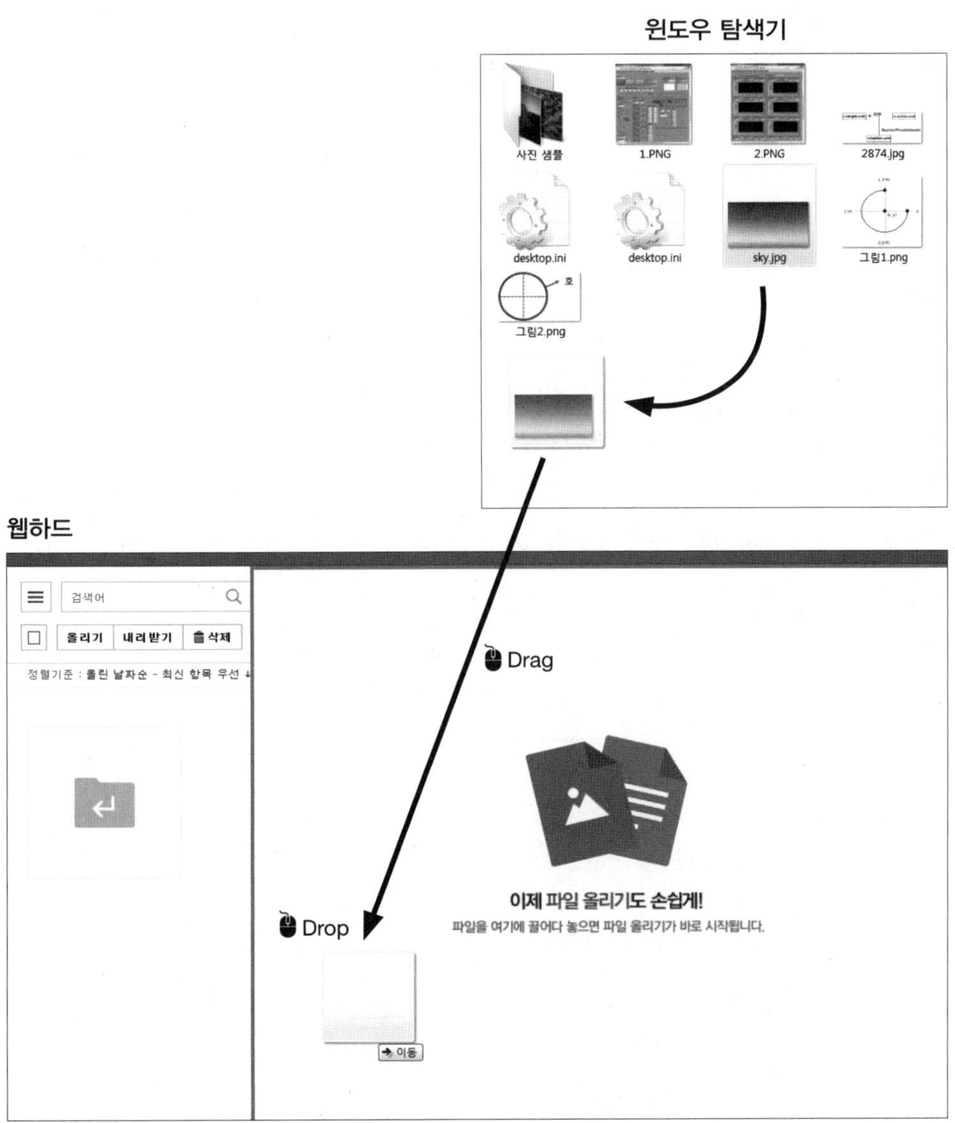

그림 18-2. 웹하드에서 드래그 앤 드롭 형태

2. 드래그 앤 드롭 API

2.1 draggable 속성

드래그 앤 드롭 API에서 지원하는 속성으로는 draggable이 있다. draggble은 드래그 가능 여부를 나타내는 속성으로 속성값으로는 true/false/auto를 갖는다. 즉, true 상태는 드래그할 요소를 드래그할 수 있다는 뜻이고, false는 드래그할 수 없다는 뜻이다. auto의 경우는 브라우

저에게 해당 요소를 드래그할 것인지 여부를 알아서 하도록 한다. draggable 속성을 설정하는 형태는 다음과 같다.

```
<div  id = "jamsuham"  draggable="true"/>
```

요소에 속성값을 설정할 수도 있지만, 이 속성은 값을 반환하기도 한다. 현재 요소를 드래그 할 수 있도록 설정하였다면 true, 그렇지 않다면 false를 반환한다.

다음 예제를 통해 draggable 속성을 이용하여 드래그 가능 여부를 테스트 해 보자. 간단하게 브라우저 상에 세 개의 박스를 배치하고, 각각 draggable의 속성을 달리 설정하여 드래그 여부를 확인한다.

<18-1.html>

```
<html>
    <head>
        <meta charset = "utf-8"/>
        <style type = "text/css">
            #box1, #box2, #box3
            {
                width : 75px;
                height : 70px;
                padding : 5px;
                margin : 5px;
            }
            #box1{background-color : red;}
            #box2{background-color : green;}
            #box3{background-color : blue;}
        </style>
        <script = "text/javascript">
        </script>
    </head>
    <body>
        <h2>draggable 속성 설정 테스트</h2>
```

```
        <div id = "box1" draggable="true"></div>
        <div id = "box2" draggable="false"></div>
        <div id = "box3" draggable="auto"></div>
    </body>
</html>
```

<실행 결과>

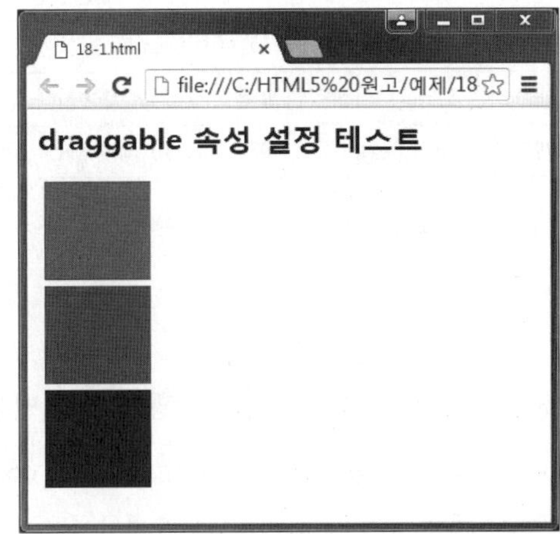

실행하여 빨강, 초록, 파랑 박스를 각각 마우스로 드래그 해보자. 결과는 어떤가? 소스 코드에서 빨강 박스의 id는 box1이고, draggable의 설정이 "true"로 되어 있다. 즉, 드래그가 가능하게 설정되어 있으므로 마우스로 빨강 박스를 드래그하면 드래그가 되는 것을 확인할 수 있다. 두 번째 초록 박스의 id는 box2이고, draggable의 설정이 "false"로 되어 있다. 즉, 드래그가 되지 않도록 설정 된 것으로 초록 박스를 마우스로 드래그하면 드래그가 되지 않는 것을 확인할 수 있다. 세 번째 파랑 박스의 id는 box3이고, draggable의 설정이 "auto"로 되어 있다. "auto"의 경우에는 브라우저의 설정값에 따르기 때문에 브라우저 설정에 따라 드래그가 될 수도 있고, 되지 않을 수도 있다.

2.2 관련 이벤트

앞에서 draggable 속성을 통해 드래그 가능 여부를 설정할 수 있었다. 이 때 "true"값으로 설정하여 요소를 마우스로 드래그 가능하도록 한 후에 드래그 및 드롭을 해보면 다음과 같은 이벤트들이 발생한다.

이벤트	설명
dragstart	드래그하는 요소가 드래그 시작될 때 발생한다.
drag	드래그 동작을 계속한다.
dragend	드래그하는 요소의 드래그가 끝났을 때 발생한다.
dragenter	드래그하는 요소가 target 안에 처음 들어갈 때 발생한다.
dragleave	드래그하는 요소가 target 영역에서 벗어날 때 발생한다.
dragover	드래그하는 요소가 target 위에 올라갔을 때 발생한다.
drop	드래그한 요소가 target 요소 위에서 drop 되는 순간 발생한다.

[표 18-1] 드래그 앤 드롭 이벤트

각각의 이벤트들은 요소를 드래그 및 드롭시 동작의 상황에 따라 발생한다. dragstart 이벤트는 드래그를 막 시작했을 때, drag 이벤트는 드래그 동작 중일 때, dragenter 이벤트는 드롭할 target 영역에 들어갔을 때 등등 각각 시점에 따라 각각 발생한다.

1) 드래그(drag) 관련 이벤트

마우스 드래그시 발생하는 이벤트에 대한 각각의 이벤트 핸들러를 정의하여 동작 상황에 따라서 이벤트가 발생하는지 확인해 보는 예제를 작성해 보자. 이번에는 target 영역은 작성하지 않고, 단순히 드래그 동작에 관한 이벤트만 살펴볼 것이다. 앞에서 작성했던 18-1.html 예제를 수정하여 다음과 같이 작성한다.

<18-2.html>

```
<html>
    <head>
        <meta charset = "utf-8"/>
        <style type = "text/css">
            #box1, #box2, #box3
            {
```

```
            width : 75px;
            height : 70px;
            padding : 5px;
            margin : 5px;
        }
        #box1{background-color : red;}
        #box2{background-color : green;}
        #box3{background-color : blue;}
    </style>
    <script = "text/javascript">
    </script>
</head>
<body>
    <h2>드래그 이벤트 발생 테스트</h2>
    <div id = "box1" draggable="true"
    ondragstart="dragstart(event)"
    ondrag="dragging(event)"
    ondragend="dragend(event)"></div>
    <div id = "box2" draggable="false"></div>
    <div id = "box3" draggable="auto"></div>
    <div id = "result"></div>
    <script = "text/javascript">
        function dragstart(e)
        {
            document.getElementById("result").innerHTML = "드래그가
            시작되었습니다.";
        }
        function dragging(e)
        {
            document.getElementById("result").innerHTML = "드래그중
            입니다.";
        }
        function dragend(e)
        {
            document.getElementById("result").innerHTML = "드래그가
            끝났습니다.";
        }
```

```
        </script>
    </body>
</html>
```

<실행 결과>

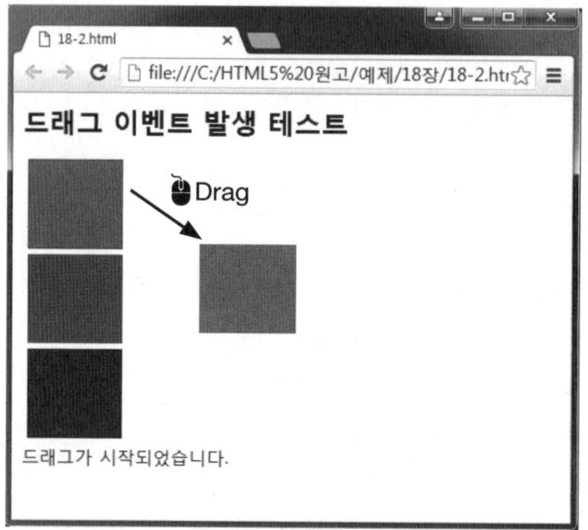

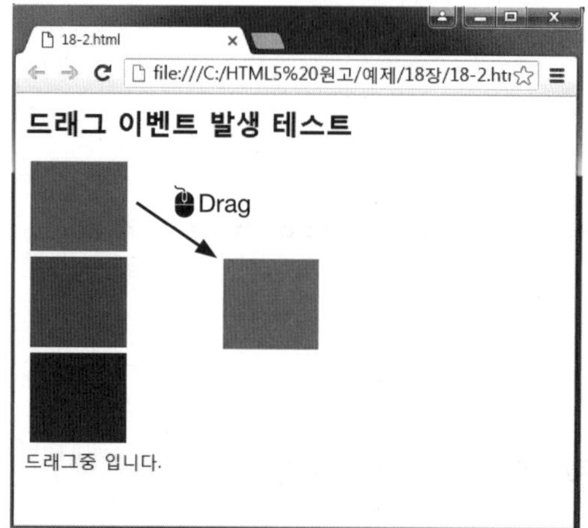

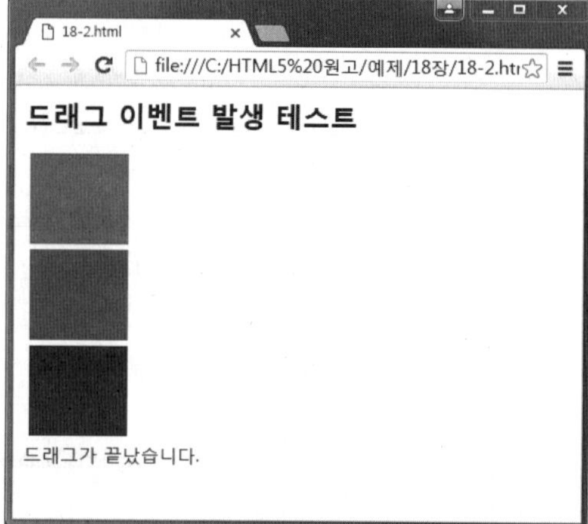

드래그가 가능한 박스는 draggable 속성을 "true"로 설정한 box1이다. 예제를 실행하여 빨간색 박스인 box1을 드래그하는 순간 "드래그가 시작되었습니다."라는 메시지가 브라우저 하단에 출력된다. 드래그 중인 경우에 다시 "드래그중 입니다."라는 메시지가 출력된다. 마우스 드래그를 끝내면 "드래그가 끝났습니다."라는 메시지가 출력된다. 드래그의 각 상황에 맞게 이벤트가 발생한 것을 확인할 수 있다. 자, 그러면 이러한 이벤트가 발생할 수 있도록 작성한 소스 코드를 살펴 보도록 하자. 먼저, 세 개의 박스 중 draggable 속성값이 true인 box1이 드래그가 가능하므로 box1에 드래그 관련 이벤트 핸들러를 다음과 같이 등록할 수 있다.

```
<div id = "box1" draggable="true" ondragstart="dragstart(event)"
        ondrag="dragging(event)"
        ondragend="dragend(event)"></div>
```

dragstart 이벤트가 발생하면 이벤트 핸들러 ondragstart에 의해 dragstart(event) 함수가 호출되고, 마찬가지로 ondrag와 ondragend 또한, 각각의 이벤트가 발생하면 dragging(event)와 dragend(event) 함수가 호출된다. 각각의 함수에 대한 정의는 자바스크립트 영역에 다음과 같이 작성하였다.

```
function dragstart(e)
{
    document.getElementById("result").innerHTML = "드래그가 시작되었습니다.";
}
function dragging(e)
{
    document.getElementById("result").innerHTML = "드래그중 입니다.";
}
function dragend(e)
{
    document.getElementById("result").innerHTML = "드래그가 끝났습니다.";
}
```

발생한 이벤트에 대한 처리만 확인하면 되므로 각각 이벤트 발생시 브라우저상에 간단하게 메시지 출력만 하도록 하였다.

2) target 영역에서 발생하는 이벤트

앞에서는 단순히 마우스로 드래그하는 동작에 관한 이벤트를 살펴 보았다. 이번에는 드래그 동작과 함께 target 영역에서 발생하는 이벤트를 살펴보도록 하겠다. 이미 앞에 표에서 살펴본 바 있지만, 다시 한 번 살펴 보자면 요소를 드래그하여 target 영역 안에 진입하는 순간 dragenter 이벤트가 발생하고, 드래그한 상태로 target 위에서 움직일 때 dragover 이벤트가 발생하며, target 위에서 움직이다가 영역을 벗어나는 순간 dragleave 이벤트가 발생한다. 그리고, 요소를 드래그(drag)하여 target 영역에 드롭(drop)하는 순간 drop 이벤트가 발생한다. 각 이벤트의 발생을 확인할 수 있도록 이벤트 핸들러를 작성하고, 드롭할 수 있는 target 영역을 작성하도록 하자.

<18-3.html>

```
<html>
    <head>
        <meta charset = "utf-8"/>
        <style type = "text/css">
            #box1, #box2, #box3
            {
                width : 75px;
                height : 70px;
                padding : 5px;
                margin : 5px;
            }
            #box1{background-color : red;}
            #box2{background-color : green;}
            #box3{background-color : blue;}
            #target
            {
                width : 500px;
                height :200px;
```

```
                padding : 5px;
                margin : 5px;
                border : 3px solid;
                background-color : gray;
            }
        </style>
    </head>
    <body>
        <h2>드롭 이벤트 발생 테스트</h2>
        <div id = "box1" draggable="true"></div>
        <div id = "box2" draggable="false"></div>
        <div id = "box3" draggable="auto"></div>
        <div id = "target" ondragenter = "dragenter(event)"
         ondragover = "dragover(event)"
         ondragleave = "dragleave(event)"></div>
        <div id = "result"></div>
        <script = "text/javascript">
        function dragenter(e)
        {
            document.getElementById("result").innerHTML = "target 영역에
            진입하였습니다.";
        }
        function dragover(e)
        {
            document.getElementById("result").innerHTML = "target 영역 위
            에 있습니다.";
        }
        function dragleave(e)
        {
            document.getElementById("result").innerHTML = "target 영역에
            서 나갔습니다.";
        }
        </script>
    </body>
</html>
```

<실행 결과>

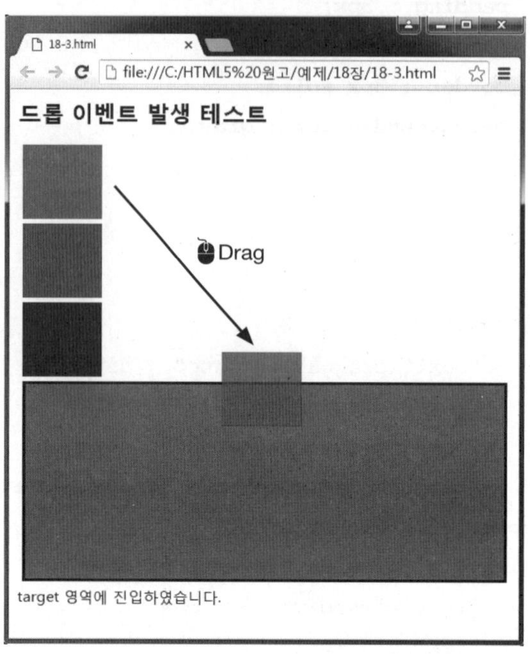
18-3.html
file:///C:/HTML5%20원고/예제/18장/18-3.html
드롭 이벤트 발생 테스트
Drag
target 영역에 진입하였습니다.

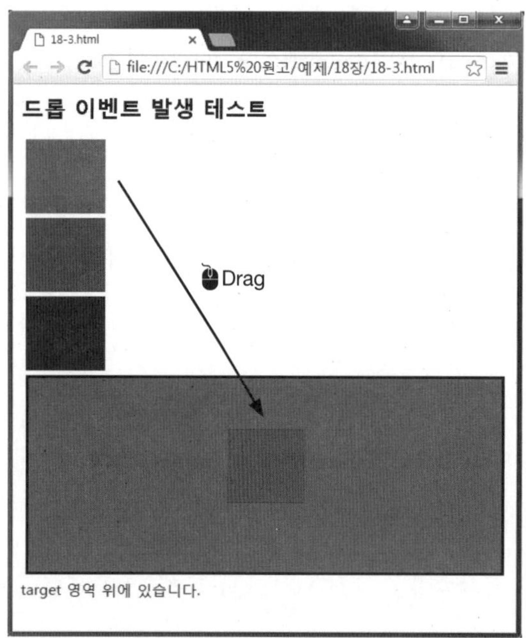
18-3.html
file:///C:/HTML5%20원고/예제/18장/18-3.html
드롭 이벤트 발생 테스트
Drag
target 영역 위에 있습니다.

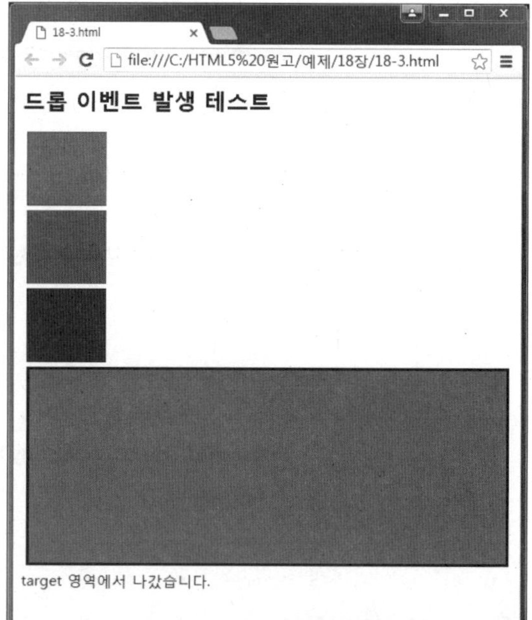
18-3.html
file:///C:/HTML5%20원고/예제/18장/18-3.html
드롭 이벤트 발생 테스트
target 영역에서 나갔습니다.

이번 예제에서는 드롭이 가능한 target 영역을 회색 사각형으로 생성하였다. 회색 사각 영역의 id는 "target"이라고 정하고, 이 영역에서 발생할 이벤트 dragenter, dragover, dragleave를 각각 등록하였다.

```
<div id = "target" ondragenter = "dragenter(event)"
         ondragover = "dragover(event)"
         ondragleave = "dragleave(event)"></div>
```

드래그 가능한 요소를 회색 사각형 영역에 끌어오면 해당 이벤트가 발생한다. 예제를 실행 후 빨간색 박스를 드래그하여 회색 사각형 박스에 진입시키면 dragenter 이벤트가 발생하여 "target 영역에 진입하였습니다."라는 메시지가 출력되는 것을 확인할 수 있다. 드래그를 회색 사각형 박스 안쪽으로 더 이동시키면 dragover 이벤트가 발생하여 "target 영역 위에 있습니다."라는 메시지가 출력되는 것을 볼 수 있다. 그리고, 드래그를 회색 사각형 박스 바깥쪽으로 이동시키면 dragleave 이벤트가 발생하여 "target 영역에서 나갔습니다."라는 메시지가 출력되는 것을 확인할 수 있다. 이렇게 동작하는 이유는 다음과 같이 각 이벤트 발생시 이벤트 핸들러를 정의하였기 때문이다.

```
function dragenter(e)
{
    document.getElementById("result").innerHTML = "target 영역에 진입하였
    습니다.";
}
function dragover(e)
{
   document.getElementById("result").innerHTML = "target 영역 위에 있습니다.";
}
function dragleave(e)
{
    document.getElementById("result").innerHTML = "target 영역에서 나갔
    습니다.";
}
```

3) 드롭(drop) 관련 이벤트

지금까지의 이벤트는 단순한 드래그에 관한 이벤트 및 target 영역에서의 드래그 관련 이벤트에 관한 내용이었다. 그런데, 마우스로 드래그를 시작했다면 어딘가에 드롭이라는 행위를 해야만 한다. 평생 드롭은 안하고 드래그한 상태로 있을 것은 아니지 않는가? 드롭을 해야만 또다시 또 다른 드래그를 할 수 있는 것이다. 이번에는 드롭했을 때의 이벤트에 관하여 학습해 보도록 하자.

드롭시 발생하는 이벤트는 drop이다. drop 이벤트는 드래그하는 요소가 아닌 드롭하는 대상 영역에서 정의를 해야 한다. 이벤트가 발생하는 시점은 요소를 target 영역, 즉 대상 영역에 드래그하여 놓는 순간 발생한다. 드롭 대상에서는 이 이벤트를 수신하여 dataTransfer 객체를 통해 데이터를 드롭 대상에 넣었다 뺐다 하는 작업을 할 수 있다. 다음 예제를 통해 drop 이벤트를 등록하고, 처리하기 위한 이벤트 핸들러를 작성해 보도록 하자.

<18-4.html>

```
<html>
    <head>
        <meta charset = "utf-8"/>
        <style type = "text/css">
            #box1, #box2, #box3
            {
                width : 75px;
                height : 70px;
                padding : 5px;
                margin : 5px;
            }
            #box1{background-color : red;}
            #box2{background-color : green;}
            #box3{background-color : blue;}
            #target
            {
                width : 500px;
                height :200px;
                padding : 5px;
                margin : 5px;
```

```
            border : 3px solid;
            background-color : gray;
        }
    </style>
</head>
<body>
    <h2>드래그 이벤트 발생 테스트</h2>
    <div id = "box" ondrop = "drop(event)" ondragover =
    "dragover(event)">
        <div id = "box1" draggable="true" ondragstart="dragstart(
        event)"></div>
        <div id = "box2" draggable="false"></div>
        <div id = "box3" draggable="auto"></div>
    </div>
    <div id = "target" ondragover = "dragover(event)"
     ondrop = "drop(event)"></div>
    <div id = "result"></div>
    <script = "text/javascript">
    function dragstart(e)
    {
        e.dataTransfer.setData("Text", e.target.id);
    }
    function dragover(e)
    {
        document.getElementById("result").innerHTML = "target 영역
        위에 있습니다.";
        e.preventDefault();
    }
    function drop(e)
    {
        var id = e.target.getAttribute("id");
        var data = e.dataTransfer.getData("Text");
        e.target.appendChild(document.getElementById(data));
        if(id == 'target')
        {
            alert("target에 드롭되었습니다.");
        }
```

```
            else
            {
                alert("원래 영역에 드롭되었습니다.");
                e.preventDefault();
            }
        }
    </script>
  </body>
</html>
```

<실행 결과>

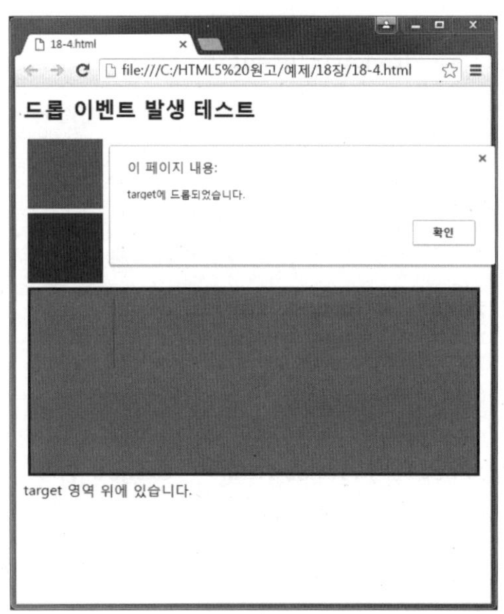

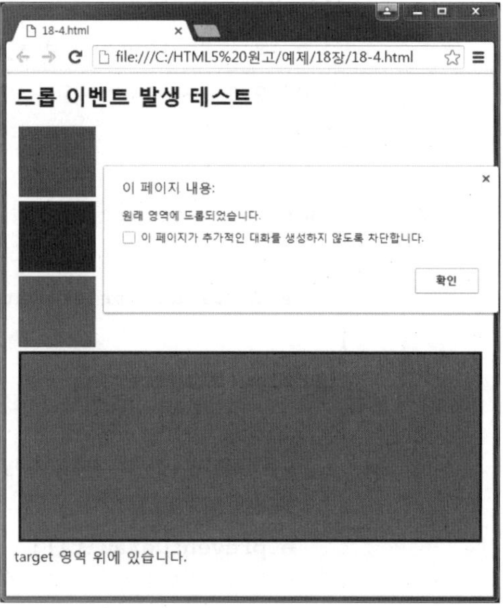

실행하여 빨간색 박스를 드롭 영역인 회색 박스에 드래그 및 드롭을 해보자. 이벤트 발생 처리에 의해서 "target에 드롭되었습니다."라는 메시지 박스가 출력될 것이다. 드롭 영역에 빨간색 박스가 드롭되었다면 반대로 드롭된 빨간색 박스를 다시 꺼내서 원래 영역으로 다시 드래그 및 드롭을 해보자. 이번에도 마찬가지로 이벤트 발생 처리에 의해서 "원래 영역에 드롭되었습니다."라는 메시지 박스가 출력될 것이다. 이러한 동작 처리는 앞의 18-3.html 예제와 비

교하여 살펴 보도록 하자. 먼저 구조적인 면에서 보면 크게 두 가지의 추가 작업이 나타나는데, 첫 번째는 드래그 요소가 되는 세 개의 박스를 포함하는 영역을 생성하였다는 점이다.

```
<div id = "box" ondrop = "drop(event)" ondragover = "dragover(event)">
    <div id = "box1" draggable="true"  ondragstart="dragstart(event)">
    </div>
    <div id = "box2" draggable="false"></div>
    <div id = "box3" draggable="auto"></div>
</div>
```

이러한 작업이 필요한 이유는 드롭 영역에 들어간 요소가 다시 드래그 및 드롭하여 원래 영역으로 돌아갈 때 드롭되기 위한 자신의 영역이 필요하기 때문이다. 한마디로 돌아갈 내 집이 필요하다는 뜻이다. 그래서, 요소를 드롭할 drop 이벤트나 대상 영역 위에서 움직이는 dragover 이벤트의 정의는 box1이 아니라 바깥쪽 영역인 box에서 설정하였다.
두 번째는 드래그 대상 및 드롭 대상이 되는 요소에 모두 drop 이벤트를 정의하였다는 것이다. 드롭 기능을 양쪽 영역에서 모두 사용하므로 요소를 자유자재로 넣다 뺐다 할 수 있다.

```
<div id = "box"  ondrop = "drop(event)" ondragover = "dragover(event)">
..................................... 생략 .....................................
</div>

<div id = "target" ondragover = "dragover(event)"  ondrop =
"drop(event)"></div>
```

동작의 큰 구조는 이해를 할 수 있었다. 자, 이제부터는 실제로 동작하기 위한 dragstart, dragover 및 drop 이벤트 핸들러의 소스코드를 분석해 보도록 하자. 먼저 dragstart 이벤트의 경우는 드래그 가능한 box1 요소에 정의되어 있는데, 다음과 같다.

```
function dragstart(e)
{
    e.dataTransfer.setData("colorbox", e.target.id);
}
```

dataTransfer.setData(key, data) 함수는 드롭할 요소의 id를 설정한다. 두 개의 전달인자를 갖는데, 첫 번째 전달인자는 드래그되는 데이터의 키를 나타내는 것으로, 여러분이 원하는 문자열을 지정하면 된다. 두 번째 전달인자는 데이터로써 예제에서는 드롭할 요소의 id를 설정한다. 요소의 드래그를 시작하자마자 이렇게 세팅을 하는 이유는 내가 드래그를 시작했을 때 드래그한 요소(드롭할 요소이기도 함)의 정보를 알고 있어야 하기 때문이다. 다음은 dragover 이벤트가 발생했을 때 처리하는 소스코드이다.

```
function dragover(e)
{
    document.getElementById("result").innerHTML = "target 영역 위에 있습니다.";
    e.preventDefault();
}
```

이 코드에서 처리하는'것은 e.preventDefault() 메소드 뿐이다. 그렇다면 이 메소드가 하는 역할은 무엇인가? 이 메소드는 현재 진행중인 이벤트가 다른 이벤트에 의해 방해 받지 않도록 하는 기능을 갖는다. 즉, 드래그를 하는 중에 다른 이벤트가 발생이 되서 현재 진행중인 드래그가 종료되지 않도록 하는 것이다. 이것은 매우 중요한 기능이다. 여러분이 만약 드래그를 하는 중에 외부의 다른 이벤트가 발생이 되어서 드래그 이벤트가 중지 된다면 상당히 당황스러울 것이다. 만약 peventDefault() 메소드와 같은 기능이 없다면 이러한 일은 비일비재하게 일어날 것이다. 자, 드래그하여 target 위를 움직일 수 있었다면 그 다음은 target 위에 요소를 드롭하는 일이다. 다음은 drop 이벤트가 발생했을 때 처리하는 소스코드이다.

```
function drop(e)
{
    var id = e.target.getAttribute("id");
    var data = e.dataTransfer.getData("colorbox ");
    e.target.appendChild(document.getElementById(data));
    if(id == 'target')
    {
        alert("target에 드롭되었습니다.");
    }
    else
    {
        alert("원래 영역에 드롭되었습니다.");
        e.preventDefault();
    }
}
```

이 코드의 핵심은 앞에서 setData의 키로 설정했던 "colorbox"를 통해 한 쌍으로 저장되어 있는 데이터를 얻은 후 appendChild() 메소드를 통해 얻은 데이트를 드롭 대상 영역에 추가한다. 이 때 얻어온 id가 드롭의 대상 영역이 'target'인 경우는 회색 사각 박스이므로 "target에 드롭되었습니다."라는 메시지가 출력되고, 드롭 대상 영역이 'target'이 아닌 경우는 회색 사각 박스 외의 영역으로 간주하므로 "원래 영역에 드롭되었습니다."라는 메시지를 출력하게 하였다.

3. dataTransfer 객체

우리는 앞의 예제에서 드래그 앤 드롭 처리시 dataTransfer 객체를 이용하여 getData() 및 setData() 메소드를 사용한 바 있다. dataTransfer 객체는 드래그 앤 드롭 동작 지원을 위해 추가한 이벤트 객체로, 이 객체 사용을 위해서는 드래그 앤 드롭 동작 시작시 전달된 이벤트 객체를 통해 접근할 수 있다. dataTransfer 객체를 통해 사용할 수 있는 속성 및 메소드는 다음과 같이 제공된다.

속성 및 메소드	설명
effectAllowed	어떤 형태의 드래그 앤 드롭 동작을 지원할지 설정한다. 값을 설정하여 동작을 변경할 수 있다.
dropEffect	현재 선택된 동작의 종류를 반환한다.
files	드래그 되고 있는 파일이 있다면, 해당 FileList를 반환한다.
getData()	드래그 앤 드롭시 명시된 데이터를 반환한다. 데이터가 없다면 빈 문자열을 반환한다.
setData()	드래그 앤 드롭시 명시된 데이터를 추가한다.
clearData()	명시된 데이터를 제거한다. 만약 매개변수가 없을 경우 모든 데이터를 제거한다.
setDragImage()	드래그될 요소의 이미지를 명시할 때 사용한다.

[표 18-2] dataTransfer 객체를 통해 사용할 수 있는 속성 및 메소드

이 중에 주요 속성 및 메소드들의 특징들을 각각 살펴 보도록 하자.

3.1 effectAllowed 속성

우리가 윈도우 탐색기에서 같은 드라이브 내에서 파일을 드래그시 파일이 이동하고, 다른 드라이브로 파일 드래그시에는 파일이 복사하는 것을 경험한 적이 있을 것이다. effectAllowed 속성은 드롭할 요소를 드롭 영역 위에 진입하거나 움직일 때(dragenter 및 dragover 이벤트가 발생할 때) 어떠한 형태의 드롭 동작을 지원할지 동작의 종류를 설정한다. 이 때 설정할 수 있는 값으로는 다음과 같은 값들이 있다.

속성값	설명
none	드래그 조작이 허용되지 않는다.
copy	원본은 그대로 둔 상태에서 드롭할 요소만 드롭 영역에 복사된다.
copylink	드롭할 요소가 복사 또는 연결될 수 있다.
copymove	드롭할 요소가 복사 또는 이동될 수 있다.
link	드롭할 요소가 원본과의 링크를 사용하여 드롭 영역과 공유된다.
linkmove	드롭할 요소가 연결 또는 이동될 수 있다.
move	드롭할 요소가 드롭 영역으로 복사되고, 원본 위치에서도 제거된다.
all	드롭할 요소가 복사, 이동, 연결 모두 될 수 있다.
uninitialized	effectAllowed 값이 초기화되지 않았다.

[표 18-3] effectAllowed 속성값

effectAllowed 속성을 설정하는 형태는 다음과 같다.

```
dataTransfer.effectAllowed = "move";
```

주로 드래그를 시작하는 dragstart 이벤트 핸들러에서 설정을 하며, dataTransfer 객체의 속성인 effectAllowed를 "move"라고 설정하였으므로 드래그한 데이터는 드롭시 이동을 할 것이다.

3.2 dropEffect 속성

이 속성은 현재 사용자가 선택한 동작을 나타내는 속성으로 드롭 영역에서 현재 상태에 맞게 동작한다. 다음과 같은 네 가지의 효과와 일치해야만 드롭 허용이 되고, 일치하지 않으면 드롭이 허용되지 않는다.

속성값	설명
none	드래그(Drag)한 데이터를 드롭(Drop)할 수 없다.
copy	드래그(Drag)한 데이터를 드롭(Drop) 시 복사한다.
link	드래그(Drag)한 데이터를 드롭(Drop)시 링크한다.
move	드래그(Drag)한 데이터를 드롭(Drop) 시 이동할 수 있다.

[표 18-4] dropEffect 속성값

주로 드롭 영역에 진입하는 dragover 또는 dragenter 이벤트 핸들러에서 설정을 한다.

3.3 files 속성

이 속성은 외부의 파일을 웹페이지로 드롭시 드래그되는 파일 리스트를 반환한다. 그래서 이 속성의 경우는 같은 웹 페이지간의 드래그 시에는 사용하지 않는다. 외부의 파일을 웹 페이지 내부로 가져와서 읽어들이는 형태이므로 File API인 FileReader()를 이용하여 객체를 생성한다. 사용 형태는 다음과 같다.

```
var filelist = dataTransfer.files;
var file = dataTransfer.files[0];
```

첫 번째 형태인 dataTransfer.files의 경우는 드래그되는 파일 리스트가 반환된다. 두 번째 형태인 dataTransfer.files[0]의 경우는 드래그되는 파일 리스트의 가장 첫 번째 요소를 반환한다. 외부의 파일을 드래그시 주로 요소 한 개씩 드래그 앤 드롭하므로 두 번째 형태의 코드를 이용한다. 이와 관련된 예제 코드는 뒤에 나오는 '외부 페이지의 파일 드래그 앤 드롭하기' 설명 부분에서 작성해 보도록 하겠다.

3.4 dataTransfer 메소드들

자, 이제 dataTransfer 객체의 나머지 메소드들을 살펴 보도록 하겠다. getData()와 setData() 메소드의 경우는 이미 앞에서 다루었기 때문에 별도의 설명은 생략하도록 하겠다. clearData() 메소드는 setData() 메소드로 설정한 데이터를 제거할 때 사용한다. 사용 형태는 다음과 같다.

```
dataTransfer.clearData("colorbox");
```

다음으로 setDragImage() 메소드는 드래그하는 동안 보여줄 이미지를 설정한다. 사용 형태는 다음과 같다.

```
dataTransfer.setDragImage (image, 0, 0);
```

첫 번째 전달인자는 보여줄 이미지의 객체이고, 두 번째, 세 번째 전달인자는 이미지의 x, y 좌표를 나타낸다.

4. 동일한 페이지 내에서 항목을 드래그 앤 드롭하기

우리는 앞에서 색깔있는 박스를 이용하여 드래그 앤 드롭하는 예제를 작성하고 분석해 보았다. 그리고, 드래그 앤 드롭에 있어서 핵심 객체인 dataTransfer에 대해 살펴 보았다. 이제 여러분은 HTML5의 드래그 앤 드롭에 대해서 기본적인 개념은 모두 학습한 것이다. 이제 드래그 앤 드롭의 요소를 조금 더 다양하게 다루어 보도록 하겠다. 먼저 텍스트 항목을 드래그 앤 드롭하는 방법을 살펴 보도록 하자.

4.1 텍스트 항목 드래그 앤 드롭

드래그 및 드롭의 대상은 리스트 박스의 텍스트 항목들로 구성하며, 〈select〉 태그의 〈option〉 항목들로 구현할 것이다. 다음과 같이 작성해 보자.

<18-5.html>

```
<html>
    <head>
        <meta charset = "utf-8"/>
    </head>
    <body>
        <h2>텍스트 요소 드래그 앤 드롭</h2>
        부언어      주언어<br>
        <select size = 10  id = "myDrag" ondragstart="dragstart(event)">
            <option id = "list1" draggable="true">Java</option>
            <option id = "list2" draggable="true">PHP</option>
            <option id = "list3" draggable="true">Android</option>
        </select>  
        <select size = 10  id = "myDrop" ondragover="dragover(event)"
        ondrop="drop(event)">
            <option id = "list4">HTML5</option>
            <option id = "list5">C/C++</option>
            <option id = "list6">MFC</option>
        </select>
        <script = "text/javascript">
```

```
            function dragstart(e)
            {
                if(e.target.tagName.toLowerCase()=="option")
                {
                    e.dataTransfer.setData("list", e.target.id);
                }
                else
                {
                    e.preventDefault();
                }
            }
            function dragover(e)
            {
                e.preventDefault();
            }
            function drop(e)
            {
                var id = e.target.getAttribute("id");
                var data = e.dataTransfer.getData("list");
                var optionElement = document.getElementById(data);
                if(optionElement && optionElement.parentNode !=
                e.currentTarget)
                {
                    optionElement.parentNode.removeChild(optionElement);
                    e.target.appendChild(optionElement);
                }
                e.stopPropagation();
            }
            </script>
        </body>
    </html>
```

<실행 결과>

참고로 구글 크롬(Chrome) 브라우저에서는 〈option〉 태그에서 draggable 속성이 지원되지 않는다. 이 예제의 실행 결과는 〈option〉 태그에서 draggable 속성이 지원되는 파이어폭스(Firefox) 브라우저에서 수행한 것이다.

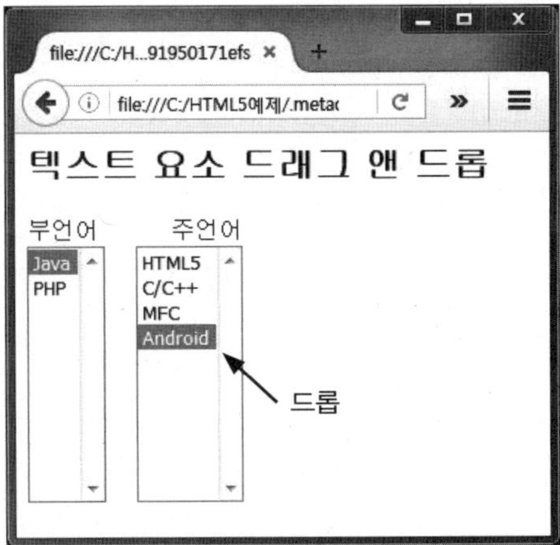

부언어 항목을 주언어 항목에 끌어다 놓기 위해서 부언어 항목의 각 요소인 〈option〉 태그에 draggable="true" 속성을 설정함으로써 드래그가 가능한 상태로 하였다. 그리고 드래그 동작이 시작시 발생하는 dragstart 이벤트 안에서 dataTransfer.setData() 메소드를 통해 드래그되는 각 항목의 id를 저장하고 있다.

이렇게 드래그되는 항목을 드롭하기 위해서는 dragover와 drop 이벤트를 구현해야 한다. dragover 이벤트에서는 preventDefault() 함수를 호출함으로써 현재 드래그 이벤트 이외의 간섭되는 이벤트를 보호하고 있고, drop 이벤트에서는 드래그하는 데이터 정보를 얻어와서, appendChild() 메소드에 의해 드롭 영역에 데이터를 추가하고 있다.

4.2 이미지 항목 드래그 앤 드롭

드래그 및 드롭의 대상은 박스 영역 안에 이미지 항목으로 구성하며, 박스 영역은 〈div〉 태그 하위에 〈img〉 태그들로 구현할 것이다. 우리가 쇼핑몰에서 물건을 구매할 때 온라인 카트에 상품 이미지를 드래그하여 담을 수 있도록 되어 있다. 이러한 원리와 비슷하게 지금 작성하는 예제에서도 드래그하는 대상을 책의 상품 목록이라고 하고, 드롭하는 영역을 카트라고 하자. 구매 의사가 있는 책을 카트에 담는 형태이다. 다음과 같이 작성해 보자.

<18-6.html>

```
<html>
    <head>
        <meta charset = "utf-8"/>
        <style type = "text/css">
            #itemlist, #cart
            {
                width : 500px;
                height :200px;
                padding : 5px;
                margin : 5px;
                border : 3px solid;
            }
        </style>
    </head>
    <body>
        <h2>이미지 요소 드래그 앤 드롭</h2>
        베스트 셀러 리스트 <br>
        <div id = "itemlist" ondrop = "drop(event)" ondragover =
        "dragover(event)">
            <img id = "MFC" src = "image/MFC.jpg" width="100"
            height="150" hspace = 20 draggable="true"
            ondragstart="dragstart(event)">
            <img id = "API" src = "image/API.jpg" width="100"
            height="150" hspace = 20 draggable="true"
            ondragstart="dragstart(event)">
            <img id = "CPLUS" src = "image/C++.jpg" width="100"
            height="150" hspace = 20 draggable="true" ondragstart="d
            ragstart(event)">
        </div><br><br>
        쇼핑 카트<br>
       <div id = "cart" ondragover = "dragover(event)" ondrop =
       "drop(event)"></div>
        <script = "text/javascript">
            function dragstart(e)
            {
                e.dataTransfer.setData("books", e.target.id);
            }
```

```
            function dragover(e)
            {
                e.preventDefault();
            }
            function drop(e)
            {
                var id = e.target.getAttribute("id");
                var data = e.dataTransfer.getData("books");
                e.target.appendChild(document.getElementById(data));
                if(id == 'cart')
                {
                    alert("카트에 도서를 담았습니다.");
                }
                else
                {
                    alert("도서를 카트에서 꺼냈습니다.");
                }
                e.preventDefault();
            }
        </script>
    </body>
</html>
```

<실행 결과>

베스트셀러 리스트에서 상품 이미지를 한 개 선택하여 드래그 한 뒤 쇼핑 카트에 끌어다 놓는 과정이다. 쇼핑 카트에 드롭하는 순간 "카트에 도서를 담았습니다."라는 메시지가 출력된다.

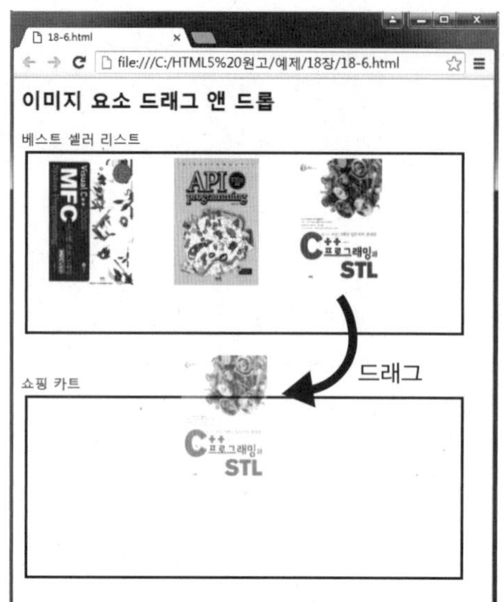

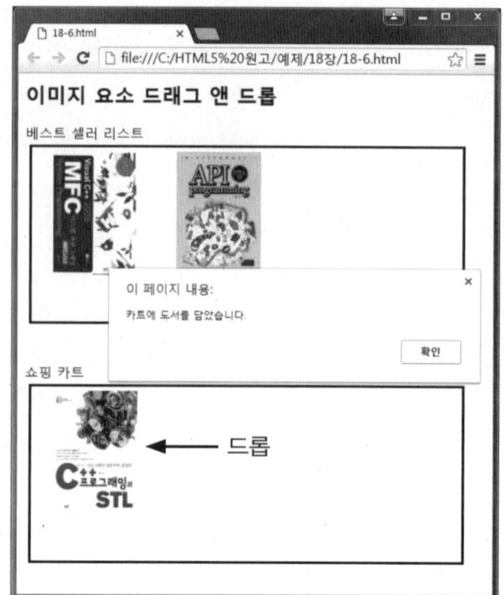

이번에는 반대로 쇼핑 카트에서 베스트셀러 리스트로 상품 이미지를 끌어다 놓는 과정이다. 베스트셀러 리스트에 드롭하는 순간 "도서를 카트에서 꺼냈습니다."라는 메시지가 출력된다.

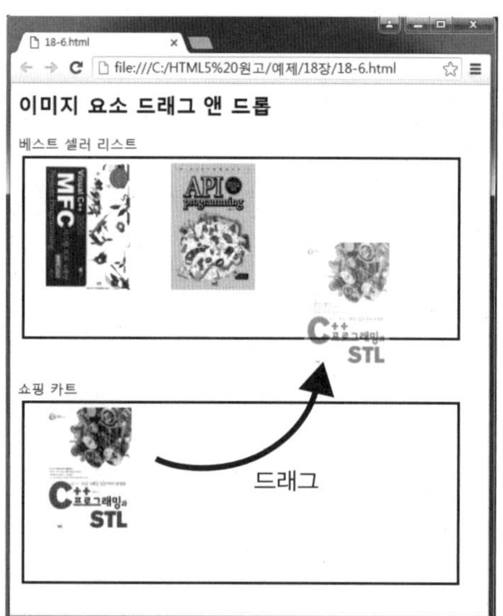

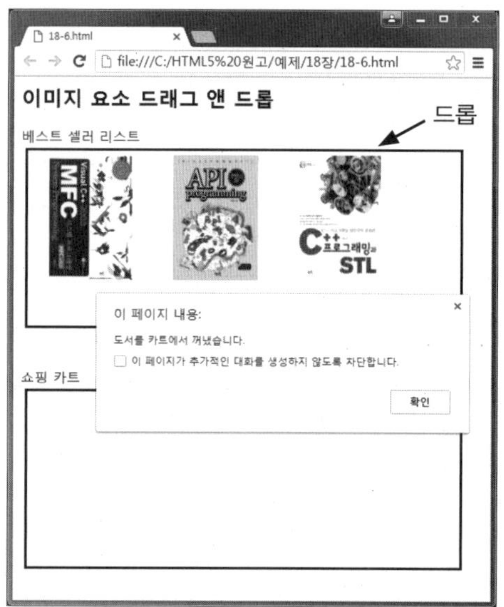

이미지 항목을 사용한다는 것 외에는 텍스트 항목 드래그 앤 드롭과 큰 차이가 없다. 이미지의 요소인 〈img〉 태그에 draggable="true" 속성을 설정함으로써 드래그가 가능한 상태로 하였

고, 각 항목이 드래그 이벤트 발생시 dragstart 이벤트 안에서 dataTransfer.setData() 메소드를 통해 드래그되는 각 항목의 id를 저장하고 있다. 또한 이렇게 드래그 되는 항목을 드롭하기 위해서는 dragover와 drop 이벤트를 구현하였는데, dragover 이벤트에서는 preventDefault() 함수를 호출함으로써 현재 드래그 이벤트 이외의 간섭되는 이벤트를 보호하고 있고, drop 이벤트에서는 드래그하는 데이터 정보를 얻어와서, appendChild() 메소드에 의해 드롭 영역에 데이터를 추가하고 있다. 각 이벤트를 처리하는 코드는 텍스트 항목 기반이나 이미지 항목 기반이나 큰 차이가 없음을 알 수 있다.

5. 외부 파일을 웹페이지로 드래그 앤 드롭하기

지금까지는 같은 페이지 안에서의 드래그 앤 드롭에 관한 동작을 하였다. 하지만 항상 드래그 앤 드롭이 항상 같은 페이지 안에서만 일어나지는 않는다. 보통 파일을 웹페이지에 첨부 하거나 웹하드에 올릴 때 내 로컬 PC에 있는 파일을 끌어다 놓는 것을 볼 수 있다. 그래서 이번에는 외부파일인 내 PC의 파일을 웹페이지로 드래그 앤 드롭하는 예제를 작성해 보자. 예제를 간단히 설명하면 내 PC의 이미지를 드래그하여 웹페이지의 드롭 영역에 드롭하면 이미지가 표시되도록 하는 것이다.

<18-7.html>

```
<html>
    <head>
        <meta charset = "utf-8"/>
        <style type = "text/css">
            #droparea {
                margin: auto;
                width: 1024px;
                height: 768px;
                border: 5px solid black;
                margin-top: 30px;
            }
```

```
    </style>
</head>
<body>
    <h2>이미지 요소 드래그 앤 드롭</h2>
    <div id="droparea" ondragenter="dragenter(event)"
    ondragover="dragover(event)" ondrop="drop(event)">
    </div>
    <script type="text/javascript">
        var droparea = document.getElementById("droparea");
        var dropImage = document.createElement("img");

        function dragenter(e)
        {
            e.preventDefault();
        }
        function dragover(e)
        {
            e.preventDefault();
        }
        function drop(e)
        {
            var file = e.dataTransfer.files[0];
            var reader = new FileReader();

            reader.onload = (function(theFile){
                return function(e){
                    alert("ondrop")
                    dropImage.src = e.target.result;
                    droparea.appendChild(dropImage);
                };
            })(file);

            reader.readAsDataURL(file);

            e.stopPropagation();
            e.preventDefault();
```

```
            }
        </script>
    </body>
</html>
```

<실행 결과>

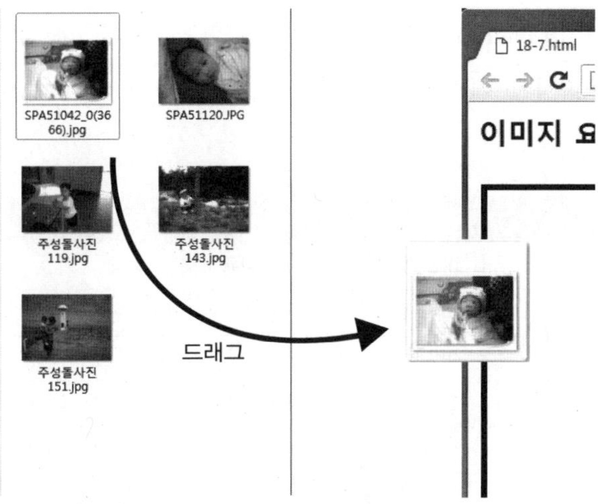

위의 실행 결과와 같이 이미지를 하나 드래그하여 웹페이지에 끌어다 놓으면 아래의 결과처럼 웹페이지상의 드롭 영역에 이미지가 표시되는 것을 확인할 수 있다.

드롭 영역에 진입시 발생하는 dragEnter 이벤트와 드롭 영역 위에서 움직일 때 발생하는 dragOver 이벤트의 경우는 preventDefault()를 함으로써 드래그시 외부의 다른 이벤트의 간섭을 막아주고 있다. 이 소스코드에서의 핵심은 드롭 영역에 drop 이벤트 발생시 처리하는 루틴이다. drop() 함수를 보자. 가장 먼저 나오는 코드가 dataTransfer.files[0]인데, 현재 드래그한 파일 항목을 가져온다. 그 다음 라인은 var reader = new FileReader()인데, 전달된 파일을 읽기 위해 File API인 FileReader() 객체를 사용하였다. 다음은 File의 내용을 읽을 수 있는 FileReader() 객체의 속성 및 메소드이다.

속성 및 메소드	설명
error	에러 발생시 에러의 정보를 나타낸다.
onload	파일을 읽어들일 때 호출하는 이벤트 핸들러이다.
onprogress	파일을 읽어들이는 진행상황을 얻을 수 있는 이벤트 핸들러이다.
result	읽어들인 파일의 내용이다.
readAsBinaryString(file)	파일의 내용을 읽어서 바이너리 형태로 저장한다.
readAsDataURL(file)	파일의 내용을 읽어서 dataURL 형식의 문자열로 저장한다.
readAsText(file, encoding)	파일의 내용을 읽어서 텍스트 문자열로 저장한다.

[표 18-5] FileReader() 객체의 속성 및 메소드

FileReader()를 통해 생성한 객체 reader는 onload 속성을 통해 파일을 읽어들일 시 이벤트 핸들러를 호출하여 appendChild() 메소드에 의해 드롭 영역에 이미지를 추가한다. 그리고 reader.readAsDataURL(file) 코드에 의해 파일 정보를 읽어온다.

Chapter 19 웹 스토리지

네가 더 나이가 들면 손이 두 개라는 걸 발견하게 된다.
한 손은 너 자신을 돕는 손이고, 다른 한 손은 다른 사람을 돕는 손이다.
– 오드리 햅번 –

웹사이트상의 쇼핑몰에 들어가서 마치 백화점의 아이쇼핑하듯 돌아다니다가 나온 경험들이 있을 것이다. 당장 사야할 상품이 아니라면 눈으로 보고만 나오는데, 다음날 혹은 그 이후에 들어가보면 내가 보았던 상품의 목록이나 또는 비슷한 추천 상품들이 브라우저상의 배너에 떠 있는 것을 본 적 있을 것이다. 물론 대부분의 사람들은 상품에 대해 잊고 있었기 때문에 화면에 나타난 상품을 보고 구매에 대해 다시 생각하게 된다. 브라우저는 어떻게 나의 생각을 저장하고 있었을까?

1. 웹 스토리지의 개요

1.1 전형적인 스토리지 시스템의 형태

초기의 웹은 단순히 정보를 보여주는 도구에 불과했다. 그래서 주로 정보처리는 서버에서 이루어졌고, 클라이언트는 단순한 뷰어의 기능에 불과했다. 이러한 형태가 조금씩 발전이 되면서 스크립트 언어를 통해 클라이언트에서도 정보를 처리하는 형태로 발전하기 시작했다. 하지만 여전히 웹의 기본 시스템의 형태는 웹 서버의 일방적인 형태를 벗어나지 못했다. 웹서버를 통해 다량의 데이터를 저장하여 사용하였고, 만약 네트워크가 끊어진 경우에는 데이터를 사용할 수 없고, 항상 서버로부터 데이터를 읽어와야 했기 때문에 성능상의 문제점도 있었다.

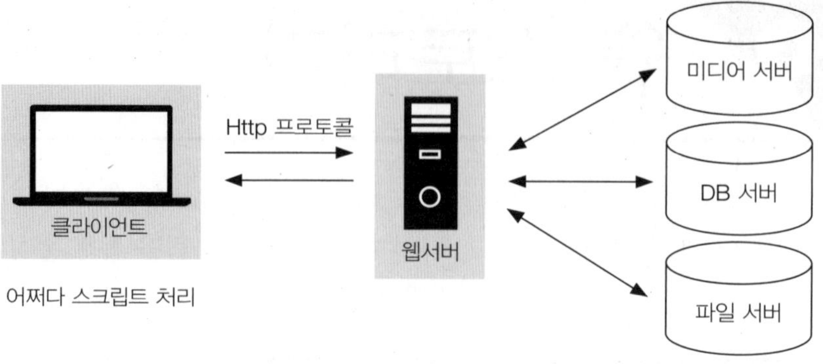

그림 19-1. 전형적인 서버 클라이언트 시스템

HTML5의 체제로 넘어와서는 서버 의존적이었던 형태를 탈피하기 시작했다. 스마트 기기의 다양화 및 클라우드 컴퓨팅의 발전 그리고 통합 기술과 플랫폼 표준화에 대한 필요성이 요구되면서 HTML5의 표준은 네트워크가 가능하지 않은 상태에서도 스스로 독립적으로 동작할 수 있는 웹 어플리케이션의 형태를 가능하게 만들었다. 그것을 가능하게 한 중요한 요소 중에 하나가 바로 서버의 전유물이였던 데이터 관리인데, HTML5의 웹 표준 기반에서 어플리케이션 스스로 데이터를 관리할 수 있는 매커니즘을 제공하게 된 것이다.

1.2 웹 스토리지의 등장

엄밀하게 따지면 기존의 웹브라우저에 데이터 관리 메커니즘이 아예 없던 것은 아니다. 우리가 아직도 사용하고 있는 쿠키는 클라이언트의 단편적인 정보만을 관리하는데 국한되고, 문자열만 저장할 수 있다는 특성 때문에 데이터 관리 시스템으로써는 턱없이 부족하다. 이에 HTML5의 웹 스토리지는 이러한 쿠키에 대한 보안이라고 할 수 있다. 웹 스토리지는 웹 표준 API를 통해 데이터를 생성, 저장, 사용이 가능하다. 그리고 쿠키에 비해 보안에 안전하고, 데이터 저장에 대한 제약이 상대적으로 적다. 다음은 웹 스토리지와 쿠키의 특징을 간략하게 비교한 것이다.

웹 스토리지	쿠키
데이터를 최대 5MB까지 저장 가능	데이터를 4KB까지 저장 가능
데이터를 서버로 전송하지 않는다	매번 HTTP 요청 헤더에 붙여 서버로 전송(트래픽 문제)
상대적으로 보안에 안전하다	보안에 취약하다
데이터 개수의 제한은 없다	데이터의 개수는 20개 정도로 제한되어 있다

[표 19-1] 웹 스토리지와 쿠키의 비교

웹 스토리지의 저장 프로세스는 크게 두 가지로 나눌 수 있다. 하나는 로컬 스토리지(Local Storage)이고 또 하나는 세션 스토리지(Session Storage)인데, 두 개로 나눈 것은 데이터 정보가 세션 단위에서 관리할 것인지, 도메인 단위에서 관리할 것인지에 대한 차이이다.

쿠키(cookie)

쿠키는 서버에서 여러 사이트를 방문하는 사용자의 클라이언트 정보를 알아내기 위해서 로컬 PC에 쿠키와 같은 과자 부스러기를 흘려 넣어놓고 흔적을 남겨놓은 것이다. 엄마 몰래 과자를 먹은 순수한 아이의 입이나 주변에는 과자 부스러기와 같은 흔적이 남기 마련이다. 이와 비슷하게 사용자가 방문했던 사이트의 흔적을 저장하는 데이터를 쿠키라고 한다. 쿠키의 값은 사용자가 사이트를 방문할 때마다 전송된다. 따라서 한 번 방문했던 사이트의 경우는 로그인 정보나 쇼핑몰에서 선택한 아이템 정보를 보관했다가 사용자에게 다시 정보를 제공하는 편리함을 준다.

2. 웹 스토리지 API 사용하기

2.1 웹 스토리지 API

웹 스토리지에는 기능적으로 로컬 스토리지와 세션 스토리지로 나누어지지만, 사용하는 API는 동일하다. 웹 스토리지에서 제공하는 속성 및 메소드는 다음과 같다.

속성 및 메소드	설명
length	스토리지에 저장되어 있는 데이터의 수를 반환한다
Key(index)	인덱스(index)를 지정하여 스토리지에 저장되어 있는 데이터를 반환한다.
setItem(key, value)	key와 value 데이터를 스토리지에 저장한다
getItem(key)	key에 대응하는 value의 값을 반환한다
removeItem(key)	key와 value 한 쌍의 데이터를 삭제한다
clear()	모든 key와 value 데이터를 삭제한다

[표 19-2] 로컬 스토리지 API의 속성 및 메소드

속성과 메소드의 양이 그리 많지 않다. 표의 내용을 대충 쓰윽 훑어 보면 눈치 빠른 독자는 파악했을 것이다. 그렇다. 스토리지, 즉, 저장소의 기능이기 때문에 제공하는 API는 저장, 읽기, 삭제가 전부이다. 데이터베이스의 가장 기본 기능이라고 할 수 있다. 사용법도 매우 간단하다. 이제부터 이 API를 사용하여 로컬 스토리지와 세션 스토리지의 사용법을 살펴보도록 할 것이다. 너무나 정형화된 문법이기 때문에 어려움은 없을 것이다.

이에 앞서 한 가지 처리해야 할 요소가 있는데, 최신 브라우저의 경우는 거의 대부분 HTML5 표준을 따르기 때문에 웹 스토리지가 지원이 되는데, 혹여 웹 스토리지를 지원하지 않는 구 버전의 브라우저를 사용하는 독자가 있을 수도 있다. 이러한 경우 스토리지 코드를 작성했는데도 실행 결과는 전혀 반응조차 없어서 급기야 여러 번 반복하다가 멘붕 상태가 올 수도 있다. 웹브라우저는 개발 툴이 아니기 때문에 오류에 대해서 친절하게 표시하기보다는 그냥 모른척 넘어가는 경우가 많다. 그래서 현재 내가 사용하는 브라우저가 스토리지를 지원하는지에 대한 여부를 확인하고 코딩하는 것이 안전하다. 코드상에 다음과 같이 브라우저에서 웹 스토리지 기능이 지원되는지 판단할 수 있다.

<19-1.html>

```
<html>
    <head>
        <meta charset = "utf-8"/>
    </head>
    <body>
```

```
        <script = "text/javascript">
            function Available()
            {
                if(typeof(Storage)!="undefined")
                {
                    document.getElementById("result").innerHTML = "이
                    브라우저는 웹스토리지를 지원합니다.";
                }
                else
                {
                    document.getElementById("result").innerHTML = "이
                    브라우저는 웹스토리지를 지원하지 않습니다.";
                }
            }
        </script>
        <button onclick="Available()" type="button">웹 스토리지 지원 여부</
        button><p>
        <div id = "result"></div>
    </body>
</html>
```

<실행 결과>

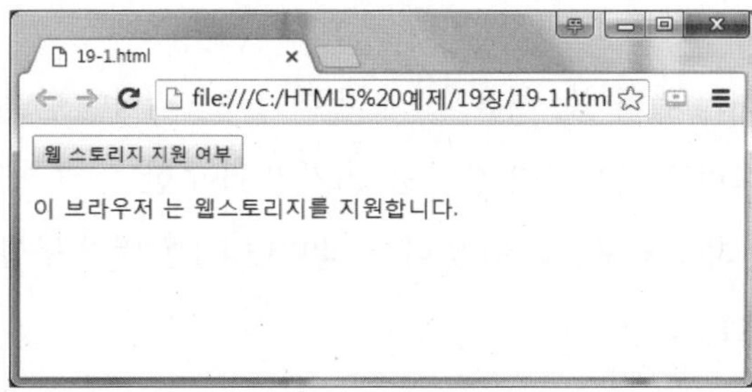

2.2 로컬 스토리지(Local Storage)

로컬 스토리지는 우리가 상식적으로 생각하는 내 PC의 데스크톱 저장 시스템과 비슷하게 생각하면 된다. 저장된 데이터는 내가 삭제하지 않는 이상 영구히 보존되고, 데이터를 생성한 어플리케이션, 즉 같은 도메인상에서는 언제든지 사용 가능하다. 기본적으로 스토리지에서

제공되는 기능으로는 데이터의 개수, 데이터 조회, 데이터 저장, 데이터 삭제 등이다. 로컬 스토리지에서 메소드들을 사용하려면 localStorage 객체를 사용하면 된다. 각각의 기능을 코드상에서 어떻게 사용되는지 기능별로 살펴보도록 하겠다.

1) 데이터 저장

웹 스토리지의 데이터는 키와 값을 한 쌍으로 관리한다. 그래서 데이터 저장시 키와 값을 함께 저장해야 한다. 저장 방식의 형태는 다음과 같이 세 가지의 형태로 가능하다.

```
localStorage.setItem(key, data);
localStorage.key = data;
localStorage[key] = data;
```

setItem() 메소드의 첫 번째 전달인자는 키 값으로 "key"를 대입하였고, 이 키에 대응한 값으로 두 번째 전달인자에 data라는 값을 대입하였다. 이를 꼭 setItem() 메소드를 사용하지 않아도 나머지 두 형태로도 작성할 수 있는데, 형태는 다르지만 키와 값을 한 쌍으로 다루고 있다는 점은 동일하다. 이를 기반으로 실제로 로컬 스토리지에 값을 저장하는 예제를 작성해보도록 하자.

먼저, 데이터 저장을 하기 위해서는 사용자로부터 데이터를 입력을 받을 수 있는 텍스트박스와 데이터 저장 버튼 그리고 결과 출력 창의 등 UI가 있어야 한다. 그 이후에 자바스크립트를 이용하여 데이터 저장 기능을 구현할 수 있다. 그렇다면 UI를 먼저 구성하도록 해보자. 대략 다음과 같은 형태의 UI를 구성하자.

키 : 값 :

데이터 저장

상태 출력 및 데이터 출력

그림 19-2. UI 구성 형태

<19-2.html>

```
<html>
    <head>
        <meta charset = "utf-8"/>
    </head>
    <body>
        키 : <input type = "text" id = "key">
        값 : <input type = "text" id = "data"><br><br>
        <input type = "button" onclick = "saveData()" value = "데이터
        저장"><br><br>
        <div id = "result"></div>
        <script = "text/javascript">
        </script>
    </body>
</html>
```

<실행 결과>

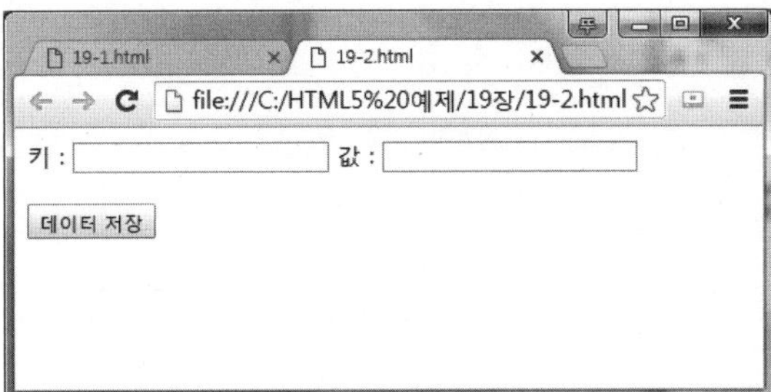

각각의 키와 그에 대응하는 값을 입력한 후 '데이터 저장' 버튼을 누르면 로컬 스토리지에 데이터가 저장되도록 하는 형태이다. 키와 값을 입력하는 텍스트박스의 타입은 'text'이고, 자바스크립트에서 값을 얻어오기 위해 사용할 id를 각각 'key'와 'data'로 설정하였다. '데이터 저장' 버튼의 이벤트 핸들러는 버튼 클릭시 savaData() 함수를 호출하도록 설정하였다. saveData() 함수의 기능은 사용자로부터 입력한 키와 값을 로컬 스토리지에 저장하는 기능이다. 이 함수는 지금 자바스크립트에서 구현할 것이다. 방금 UI를 구성한 예제에 다음과 같이 자바스크립트 코드를 추가 작성해보자.

<19-2.html>

```
<html>
    <head>
        <meta charset = "utf-8"/>
    </head>
    <body>
        키 : <input type = "text" id = "key">
        값 : <input type = "text" id = "data"><br><br>
        <input type = "button" onclick = "saveData()" value = "데이터
        저장"><br><br>
        <div id = "result"></div>

        <script = "text/javascript">
        var key = document.getElementById("key");
        var data = document.getElementById("data");
        function saveData()
        {
            localStorage.setItem(key.value, data.value);
            document.getElementById("result").innerHTML = "데이터 저장 완
            료";
        }
        </script>
    </body>
</html>
```

<실행 결과>

예제를 실행한 후 키와 값 텍스트박스에 각각 다음과 같이 입력한 후 '데이터 저장' 버튼을 눌러보자.

키	값
contents1	HTML + CSS
contents2	Javascript
contents3	HTML5

[표 19-3] 로컬 스토리지에 저장할 키와 값

키와 값이 한 쌍씩 총 세 쌍의 데이터가 로컬 스토리지에 저장된다. 그런데, 이렇게 '저장된다.'라고만 필자는 말하고 있는데, 정작 저장되었다는 것을 어떻게 증명할 것인가? 방법은 간단하다. 로컬 스토리지에 저장된 정보를 꺼내서 보여주면 증명이 되는 것이다.
첫 번째 방법은 키를 통해 값을 얻어오는 API를 사용하여 값을 보여주면 되는 것이고, 두 번째는 저장된 정보를 각 브라우저에 내장되어 있는 개발 툴에서 확인해 보는 것이다. 첫 번째 방법인 값을 얻어오는 API를 사용하는 방법은 바로 뒤에서 배울 내용이므로 넘어가고, 두 번째 방법인 브라우저 내장 개발 툴을 이용하여 확인하는 방법을 살펴 보도록 하겠다. 우리는 현재 크롬 브라우저를 사용하고 있으므로 크롬의 내장 개발 툴을 열어보도록 하겠다.

여러분의 크롬 브라우저를 띄운 상태에서 'F12' 키를 눌러보자. 다음과 같이 개발자 도구가 나타나는데 먼저, 개발자 도구의 상단 탭의 'Resources'를 선택하고, 왼쪽 패널의 'LocalStorage' 항목 하위의 'file://'를 선택하면 오른쪽 패널에 key/value 타입으로 데이터가 저장되어 있는 것을 확인할 수 있다.

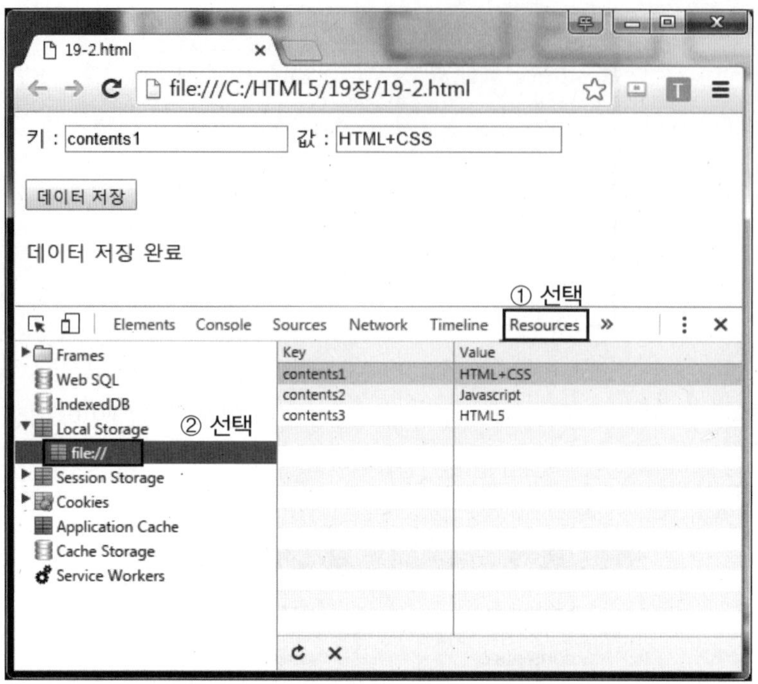

그림 19-3. 크롬 개발자 도구를 통해 로컬 스토리지 데이터 확인

우리가 저장한 각각의 키와 값의 목록이 Key와 Value라는 항목으로 나타나는 것을 확인할 수 있다. 물론 개발 툴 상에서 데이터의 값을 변경할 수 있고, 삭제도 가능하다.

2) 데이터 조회

방금 개발툴을 통해서 저장된 로컬 스토리지의 값을 확인할 수 있었다. 하지만, 로컬 스토리지 값 데이터를 조회하는 API를 이용하여 코드 상으로 구현할 수 있다. 값 조회 방식의 형태는 다음과 같이 세 가지의 형태로 가능하다.

```
var data = localStorage.getItem(key);
var data = localStorage.key;
var data = localStorage[key];
```

getItem() 메소드는 키를 통해 로컬 스토리지에 저장된 값을 가져온다. 즉, 전달인자로 key를 전달하면 그에 해당하는 값을 반환한다. 나머지 두 형태도 데이터 저장 형태와 비슷한데, 저장시에 오른쪽에 있던 data의 값이 왼쪽으로 오면서 로컬 스토리지의 키를 통해 값을 받아오는 형태이다.

이를 기반으로 실제로 로컬 스토리지에 값을 읽어오는 예제를 작성해보도록 하자.

<19-3.html>

```
<html>
    <head>
        <meta charset = "utf-8"/>
    </head>
    <body>
        키 : <input type = "text" id = "key">
        값 : <input type = "text" id = "data"><br><br>
        <input type = "button" onclick = "saveData()" value = "데이터
        저장">
        <input type = "button" onclick = "loadData()" value = "데이터
        읽기"><br><br>
        <div id = "result"></div>

        <script = "text/javascript">
            function saveData()
            {
                var key = document.getElementById("key");
                var data = document.getElementById("data");
                localStorage.setItem(key.value, data.value);
                document.getElementById("result").innerHTML = "데이터
                저장 완료";
            }
            function loadData()
            {
                var value = localStorage.getItem("contents1");
                document.getElementById("result").innerHTML = "value
                : " + value;
            }
```

```
        </script>
    </body>
</html>
```

<실행 결과>

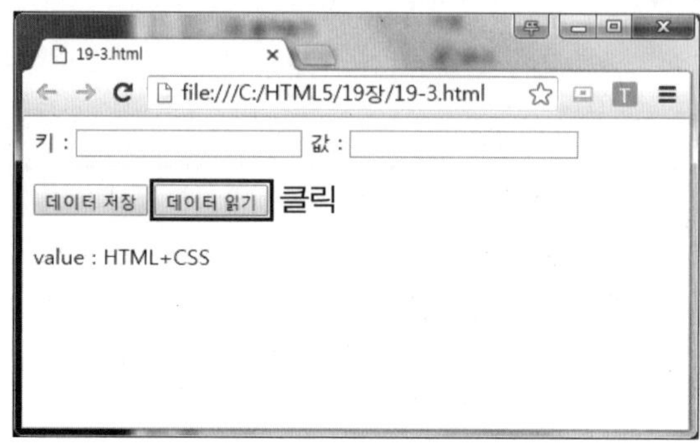

'데이터 읽기' 버튼을 추가하고, 버튼을 누르면 이벤트 핸들러에 의해 연결된 loadData() 함수가 호출되도록 하였다. loadData() 함수 내부에는 우리가 임의로 저장한 데이터의 키를 getItem() 함수에 전달하여 값을 반환한 후 그 결과값을 브라우저에 출력하는 기능이다. 그런데, 이 방식은 사용자가 키 데이터를 모두 알고 있어야 한다는 단점이 있고, 로컬 스토리지에 저장되어 있는 모든 데이터를 한번에 읽어오는 로직으로도 적합하지는 못하다. 이 문제는 인덱스를 통해 키를 조회하는 메소드를 사용하면 해결할 수 있다. 바로 key() 메소드인데, 전달인자로 인덱스를 전달하면 데이터의 저장 순서대로 키를 반환한다. 인덱스는 0부터 시작하는 정수값이고, length 속성을 통해 로컬 스토리지에 저장된 데이터 개수를 알 수 있으므로 인덱스를 0부터 length – 1까지 조회하면 데이터 전체의 키 값을 얻어올 수 있다. 사용 형태는 다음과 같다.

```
var key = localStorage.key(index);
```

이 메소드를 이용하여 로컬 스토리지에 저장되어 있는 모든 데이터를 읽어오는 예제를 작성해보자.

<19-4.html>

```
<html>
    <head>
        <meta charset = "utf-8"/>
    </head>
    <body>
        키 : <input type = "text" id = "key">
        값 : <input type = "text" id = "data"><br><br>
        <input type = "button" onclick = "saveData()" value = "데이터 저
        장">
        <input type = "button" onclick = "loadData()" value = "데이터 읽
        기"><br><br>
        <div id = "result"></div>
        <script = "text/javascript">
        var key = document.getElementById("key");
        var data = document.getElementById("data");

        function saveData()
        {
            localStorage.setItem(key.value, data.value);
            document.getElementById("result").innerHTML = "데이터 저장 완
            료";
        }

        function loadData()
        {
            document.getElementById("result").innerHTML = "";
            for(var i = 0; i < localStorage.length; i++)
            {
                var myKey = localStorage.key(i);
                document.getElementById("result").innerHTML += myKey +
                " : " + localStorage.getItem(myKey) + "<br>";
            }
        }
        </script>
    </body>
</html>
```

<실행 결과>

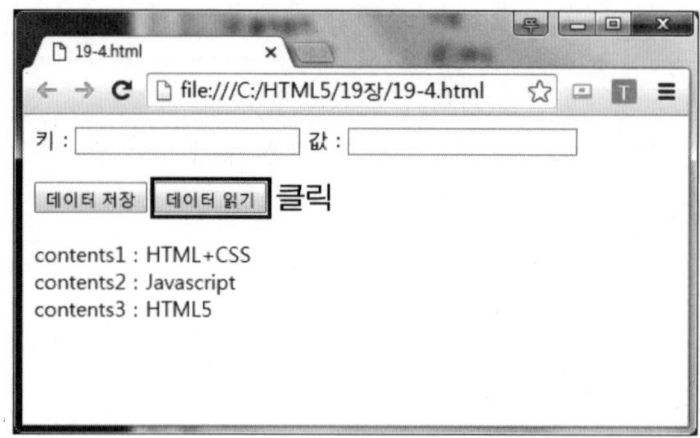

로컬 스토리지의 전체 데이터를 얻어오기 위해서 먼저 전체 데이터의 개수를 localStorage.length를 통해 얻어온다. 그리고, for 반복문을 이용하여 전체 개수만큼 반복을 하면서 키 값을 얻어온다. 이 때 키 값을 얻어오는 메소드로는 key()를 사용하였는데 key(0), key(1)...와 같이 key() 메소드에 인덱스를 대입하면 인덱스 순서에 맞게 키 값이 반환된다. 다시 그 키를 localStorage.getItem(myKey) 메소드에 대입을 하면 키에 대응하는 값 데이터가 반환된다. 이렇게 인덱스에 해당하는 키와 값을 구하여 데이터 전체 개수만큼 반복하여 출력하면 로컬 스토리지에 저장되어 있는 전체 데이터를 확인할 수 있다.

3) 데이터 삭제

다음은 로컬 스토리지에서 데이터의 항목을 삭제할 때 사용하는 메소드이다. 다음과 같이 세 가지 형태로 삭제가 가능하다.

```
localStorage.removeItem(key);
delete localStorage.key;
delete localStorage[key];
```

대표적으로 removeItem() 메소드를 이용하여 전달인자로 키 값을 입력하면 해당 키에 해당하는 데이터가 삭제된다. 나머지 두 방법은 delete 키워드를 이용하여 삭제하는 방법이다.
데이터 전체 항목을 삭제하는 경우는 clear() 메소드를 사용하면 된다. 사용 형태는 다음과 같다.

```
localStorage.clear();
```

데이터를 삭제하는 예제를 작성해보자.

<19-5.html>

```
<html>
    <head>
        <meta charset = "utf-8"/>
    </head>
    <body>
        키 : <input type = "text" id = "key">
        값 : <input type = "text" id = "data"><br><br>
        <input type = "button" onclick = "saveData()" value = "데이터
        저장">
        <input type = "button" onclick = "loadData()" value = "데이터
        읽기">
        <input type = "button" onclick = "removeData()" value = "항목
        삭제">
        <input type = "button" onclick = "removeAll()" value = "전체 삭
        제"><br><br>
        <div id = "result"></div>

        <script = "text/javascript">
        var key = document.getElementById("key");
        var data = document.getElementById("data");
        function saveData()
        {
            localStorage.setItem(key.value, data.value);
            document.getElementById("result").innerHTML = "데이터 저장 완
            료";
        }
        function loadData()
        {
            document.getElementById("result").innerHTML = "";
```

```
            for(var i = 0; i < localStorage.length; i++)
            {
                var myKey = localStorage.key(i);
                document.getElementById("result").innerHTML += myKey
                + " : " + localStorage.getItem(myKey) + "<br>";
            }
        }
        function removeData()
        {
            document.getElementById("result").innerHTML = key.value
            + " 데이터 삭제";
            localStorage.removeItem(key.value);
        }
        function removeAll()
        {
            document.getElementById("result").innerHTML = key.value
            + " 전체 데이터 삭제";
            localStorage.clear();
        }
        </script>
    </body>
</html>
```

<실행 결과>

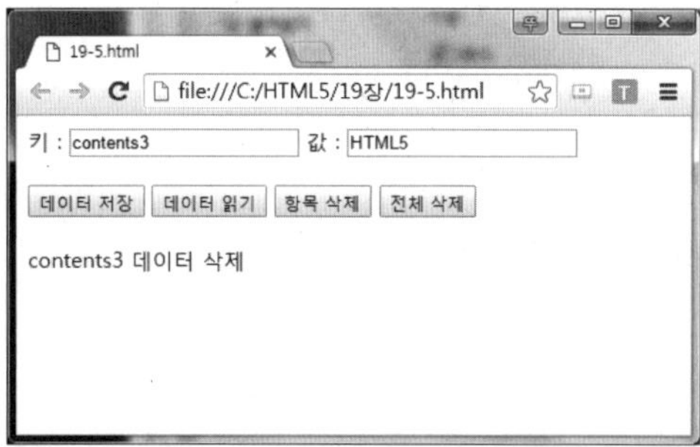

항목별로 데이터를 삭제하기 위한 기능과 전체 데이터를 삭제하기 위한 기능을 추가하였다. 먼저, '항목 삭제' 버튼과 '전체 삭제' 버튼을 배치하고, 각각의 이벤트 핸들러 removeData() 함수와 removeAll() 함수를 추가하였다. '항목 삭제' 기능은 키 텍스트박스에 삭제하고자 하는 키의 이름을 입력하고, '항목 삭제' 버튼을 클릭하면 removeItem(key.value) 메소드에 의해 입력된 해당 키 데이터만 삭제하게 된다. 예제에서는 contents3 키를 입력하고 '항목 삭제' 버튼을 눌러서 해당 데이터를 삭제하였다. '전체 삭제' 기능은 '전체 삭제' 버튼을 클릭하면 clear() 함수가 호출되어 로컬 스토리지에 저장된 모든 데이터를 삭제하였다.

2.3 세션 스토리지(Session Storage)

세션 스토리지는 앞에서 살펴본 로컬 스토리지와 함께 웹 스토리지를 구성하고 있는 스토리지의 한 종류이다. 로컬 스토리지를 사용하기 위해서는 localStorage 객체를 사용하여 객체가 제공하는 속성과 메소드를 사용하였듯이 세션 스토리지를 사용하기 위해서는 세션 스토리지 객체를 사용하여 속성과 메소드를 사용하면 된다. 이 때 사용할 세션 스토리지 객체로는 sessionStorage를 사용하면 되고, 제공하는 속성과 메소드의 종류는 로컬 스토리지와 동일하므로 사용법은 같다고 보면 된다.

1) 로컬 스토리지와 세션 스토리지의 비교

두 스토리지는 사용방법은 같지만 동작 방식에는 차이가 있다. 두 스토리지의 차이점을 살펴보도록 하자.

로컬 스토리지	세션 스토리지
• 하나의 도메인 단위로 데이터가 저장된다. 도메인 단위이므로 브라우저를 종료해도 데이터는 유지된다. • 사용자가 직접 삭제하기 전까지는 데이터는 보존된다. • 도메인이 다르면 서로의 로컬 스토리지에 접근할 수 없다.	• 하나의 세션은 하나의 브라우저라고 보면 되는데, 각 세션마다 데이터가 별도로 저장된다. • 세션을 종료하면 데이터가 사라진다. • 같은 도메인이라도 세션이 다르면 서로 다른 데이터 영역을 사용한다. 즉, 스크립트를 이용해 세션을 복제한 경우 같은 값을 가진 세션 스토리지가 복제된다.

[표 19-4] 로컬 스토리지와 세션 스토리지의 비교

2) 세션 스토리지 API

세션 스토리지 API는 로컬 스토리지 API와 동일하다. 다만 속성과 메소드를 사용하려면 객체만 바꾸어주면 되는데 로컬 스토리지에서 사용했던 localStorage를 sessionStorage로만 변경하면 사용방법은 모두 동일하다. 각각 데이터 저장, 조회, 삭제 메소드의 사용 형태이다.

<데이터 저장>

```
sessionStorage.setItem(key, data);
sessionStorage.key = data;
sessionStorage [key] = data;
```

<데이터 조회>

```
var data = sessionStorage.getItem(key);
var data = sessionStorage.key;
var data = sessionStorage [key];
```

<데이터 삭제>

```
sessionStorage.removeItem(key);
delete sessionStorage.key;
delete sessionStorage [key];
```

<데이터 전체 삭제>

```
sessionStorage.clear();
```

메소드 단위의 기능은 로컬 스토리지와 동일하므로 별도의 설명은 생략하도록 하겠다. 세션 스토리지의 특징을 살펴보기 위해서 예제를 작성해보도록 하자. 우리가 앞서 작성했던 로컬 스토리지의 예제를 재활용해보자. 예제 19-5.html을 복사하여 localStorage를 sessionStorage로 변경만 해주면 된다.

<19-6.html>

```
<html>
    <head>
        <meta charset = "utf-8"/>
    </head>
    <body>
        키 : <input type = "text" id = "key">
        값 : <input type = "text" id = "data"><br><br>
        <input type = "button" onclick = "saveData()" value = "데이터
        저장">
        <input type = "button" onclick = "loadData()" value = "데이터
        읽기">
        <input type = "button" onclick = "removeData()" value = "항목
        삭제">
        <input type = "button" onclick = "removeAll()" value = "전체 삭
        제"><br><br>
        <div id = "result"></div>

        <script = "text/javascript">
        var key = document.getElementById("key");
        var data = document.getElementById("data");
        function saveData()
        {
            sessionStorage.setItem(key.value, data.value);
            document.getElementById("result").innerHTML = "데이터 저장 완
            료";
        }
        function loadData()
        {
            document.getElementById("result").innerHTML = "";
            for(var i = 0; i < sessionStorage.length; i++)
            {
                var myKey = sessionStorage.key(i);
                document.getElementById("result").innerHTML += myKey
                + " : " + sessionStorage.getItem(myKey) + "<br>";
            }
        }
```

```
            function removeData()
            {
                document.getElementById("result").innerHTML = key.value
                + " 데이터 삭제";
                sessionStorage.removeItem(key.value);
            }
            function removeAll()
            {
                document.getElementById("result").innerHTML = key.value
                + " 전체 데이터 삭제";
                sessionStorage.clear();
            }
            </script>
        </body>
    </html>
```

<실행 결과>

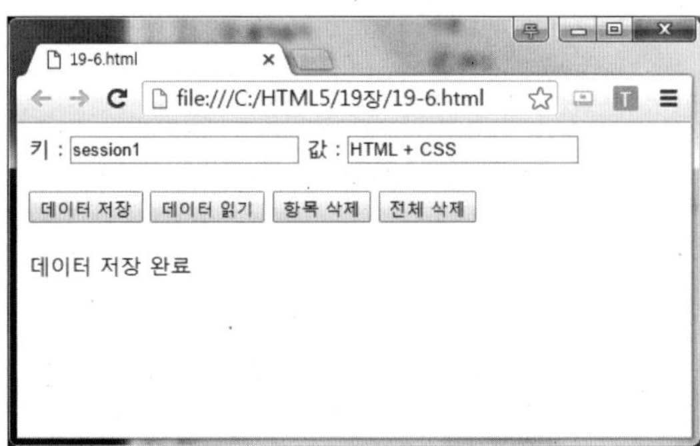

실행을 해보면 예제 19-5.html의 결과와 동일한 형태의 UI가 나타난다. 키와 값 텍스트박스에 각각 다음과 같이 입력한 후 '데이터 저장' 버튼을 눌러보자.

키	값
session1	HTML + CSS
session 2	Javascript
session 3	HTML5

[표 19-5] 세션 스토리지에 저장할 키와 값

데이터의 저장이 끝났으면 '데이터 읽기' 버튼을 눌러보자. 방금 저장했던 데이터의 목록이 브라우저 화면에 나타난다. 그리고, 앞서 살펴보았던 크롬의 개발도구를 열어보자. 단축키 'F12'를 누르면 개발도구가 나타난다.

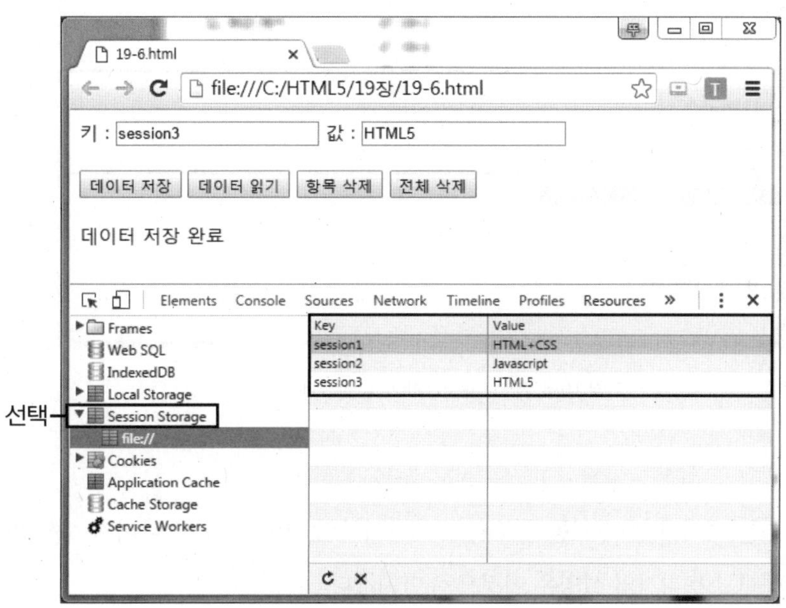

그림 19-4. 세션 스토리지에 저장된 데이터 형태

왼쪽 패널의 'Session Storage' 항목의 'file://'을 선택하고, 오른쪽 패널의 key/value 항목을 보면 현재 세션 스토리지에 저장되어 있는 데이터의 내용들이다. 데이터 확인 후 현재 브라우저를 닫고, 다시 예제를 수행 후 다시 'F12'를 통해 개발 도구를 열어보자. 세션 스토리지를 확인해보면 앞서 확인했던 데이터 목록이 사라진 것을 확인할 수 있다. 세션 스토리지는 세션 단위로 관리되므로, 브라우저가 종료되는 순간 저장되어 있던 데이터가 사라진다고 앞서 언급했었다. 이 예제를 통해 세션 스토리지는 세션 단위로 관리되고 있다는 점을 확인할 수 있었다.

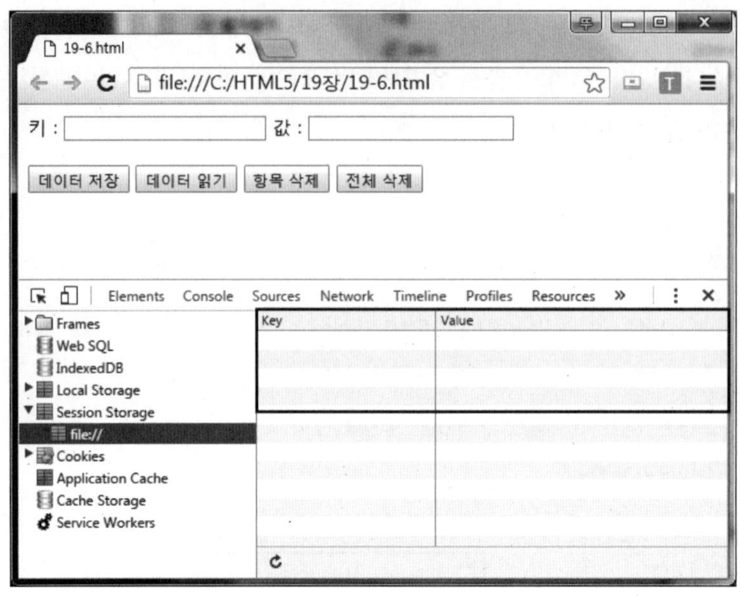

그림 19-5. 세션 스토리지에서 삭제된 데이터 형태

세션 스토리지는 데이터 관리 기능만 로컬 스토리지와의 차이가 있고, 나머지 사용법은 모두 동일하므로 세션 스토리지의 설명은 이것으로 마치겠다.

3. 스토리지 이벤트 처리하기

스토리지 이벤트는 로컬 스토리지가 변경될 때 발생하며 이벤트 핸들러는 변경에 대한 세부 정보를 가진 StorageEvent 객체를 받는다. 다음은 StorageEvent 객체의 속성 목록이다.

속성	설명
key	변경된 항목의 키
oldValue	변경 전의 값
newValue	변경 후의 값
url	이벤트가 발생한 출처

[표 19-6] StorageEvent 객체의 속성 목록

window 객체에 이벤트를 할당하는 방식으로 처리할 수 있다. 이벤트 리스너는 다음과 같다.

```
window.addEventListener('storage', 이벤트 핸들러 이름)
```

로컬 스토리지는 동일한 도메인 상에서는 데이터를 공유하므로 두 개 이상의 동일한 페이지가 로드 되었을 때 정보 변경시 동기화의 문제가 발생하게 된다. 이러한 문제점의 대안으로 스토리지 이벤트가 포함되게 되었다. 이 이벤트는 스토리지 공간에서 변경이 일어날 때마다 동일한 다른 페이지에 변경이 일어났다는 사실을 알려줌으로써 필요한 경우에 무엇인가 처리하는데 사용할 수 있다. 예제를 다음과 같이 작성해보자.

<19-7.html>

```
<html>
    <head>
        <meta charset = "utf-8"/>
    </head>
    <body>
        키 : <input type = "text" id = "key">
        값 : <input type = "text" id = "data"><br><br>
        <input type = "button" onclick = "saveData()" value = "데이터
        저장">
        <input type = "button" onclick = "loadData()" value = "데이터
        읽기">
        <input type = "button" onclick = "removeData()" value = "항목
        삭제">
        <input type = "button" onclick = "removeAll()" value = "전체 삭
        제"><br><br>
        <div id = "result"></div>
        <script = "text/javascript">
        var key = document.getElementById("key");
        var data = document.getElementById("data");
        function saveData()
        {
            localStorage.setItem(key.value, data.value);
```

```
            document.getElementById("result").innerHTML = "데이터 저장 완
            료";
        }
        function loadData()
        {
            document.getElementById("result").innerHTML = "";
            for(var i = 0; i < localStorage.length; i++)
            {
                var myKey = localStorage.key(i);
                document.getElementById("result").innerHTML += myKey
                + " : " + localStorage.getItem(myKey) + "<br>";
            }
        }
        function removeData()
        {
            document.getElementById("result").innerHTML = key.value
            + " 데이터 삭제";
            localStorage.removeItem(key.value);
        }
        function removeAll()
        {
            document.getElementById("result").innerHTML = key.value
            + " 전체 데이터 삭제";
            localStorage.clear();
        }
        function printStorageEvt(evt)
        {
            var msg = "key : " + evt.key + "\n" +
                "oldValue : " + evt.oldValue + "\n" +
                "newValue : " + evt.newValue + "\n" +
                "url : " + evt.url + "\n";
            alert(msg);
        }
        window.addEventListener("storage", printStorageEvt, true);
        </script>
    </body>
</html>
```

<실행 결과>

예제 소스를 동시에 두 개 실행하여 한 쪽 창에서 데이터 저장을 하면 다른 한 쪽 창에서는 변경 이벤트가 발생하여 해당 변경 정보가 경고창에 나타난다.

참고로 이 예제의 실행 결과는 크롬에서 정상 동작하지 않으므로 파이어폭스에서 수행하였다.

① 데이터 저장

② 변경 이벤트 발생

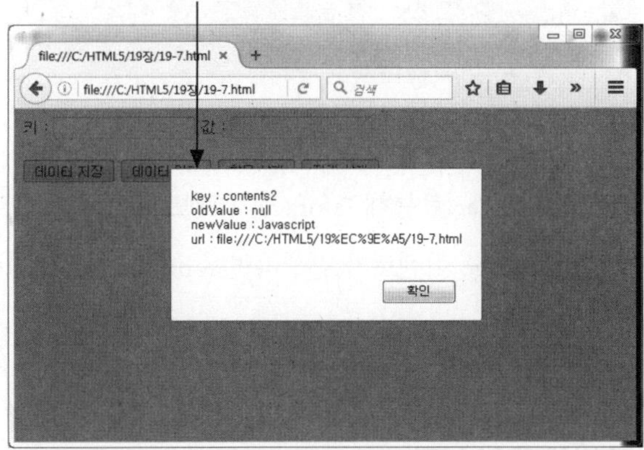

이번에는 한 쪽 창에서 contents1 항목의 데이터를 삭제하면 다른 한 쪽 창에서는 삭제로 인해 변경 이벤트가 발생하여 해당 변경 정보가 경고창에 나타난다.

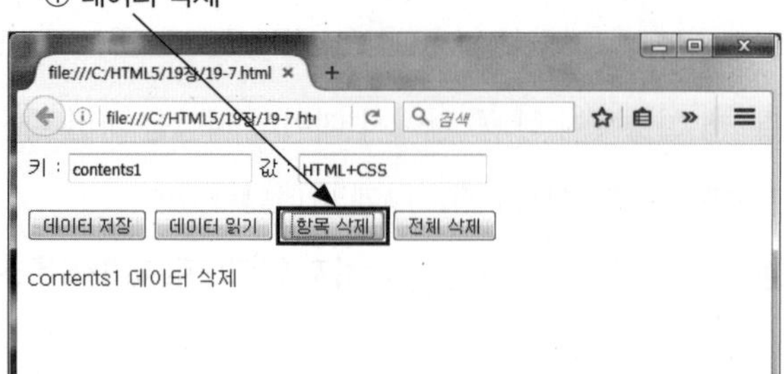

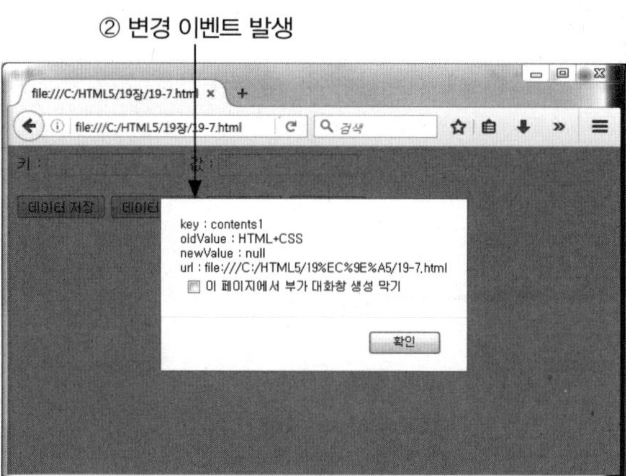

소스 코드를 보면 addEventListener를 통해 “storage” 이벤트를 등록함으로써 데이터의 저장, 변경, 삭제가 일어나게 되면 storage 이벤트가 발생하면서 printStorageEvt() 함수가 호출된다.

 storage 이벤트 발생 유의 사항

storage 이벤트가 발생하려면 같은 웹페이지상에서는 발생하지 않고, 같은 페이지를 다른 탭이나 새 창에서 두 개 이상 띄워 놓아야 한다. 즉, 하나의 페이지에서 데이터의 변경 사항은 문제 될 것이 없지만, 같은 사이트를 두 개 이상의 페이지에서 데이터를 변경하게 되면 동기화의 문제가 발생하므로 이벤트 발생을 통해 변경사항을 알려주는 것이다.

Chapter 20 웹 워커

걱정은 흔들의자와 같다.
계속 움직이지만 아무 데도 가지 않는다.
– 윌 로저스 –

스타크래프트라는 게임을 해 본적 있는가? 2000년대 초반 우리나라 게임 시장을 뒤흔든 게임으로써 세 종족간의 전투를 하는 전략 시뮬레이션 게임이다. 필자에게 게임이란 1차원적인 오락실 게임으로 보통 주인공 한 명만 신경 쓰면 되는 게임이 대부분이였다. 그런데, 스타크래프트와 같은 게임의 경우는 일꾼을 지정하여 일시키면 알아서 하고, 기지에서 병력 생산을 명령하면 알아서 병력을 생산한다. 또한 Attack 포인트를 지정하면 병력이 알아서 공격한다. 즉, 플레이어가 매번 수행에 관여하는 것이 아니라 한 번 지정하면 내부적으로 알아서 동작한다. 우리가 배울 HTML5의 웹워커가 동작 원리가 이와 비슷하다. 스타크래프트의 일꾼처럼 한 번 설정을 하면 이 후에는 백그라운드로 알아서 동작한다.

1. 웹 워커 개요

1.1 웹 워커란

웹 워커란 자바스크립트 코드를 백그라운드에서 실행시키기 위한 기술이다. 웹 페이지를 수행하다 보면 처리 시간이 긴 경우에는 브라우저의 동작이 멈춘 것처럼 보이는 경우가 있는데 포커스도 이동되지 않고 강제로 브라우저를 종료해야 하는 상황까지 이르게 된다. 이러한 이유는 기존 웹 표준에서는 멀티 스레드가 지원되지 않았기 때문이다.

즉, 여러 작업을 동시에 수행하지 못하기 때문에 하나의 작업이 모두 끝나야만 다음 작업을 수행할 수 있는 구조였기 때문이다. 그러나 웹 워커로 구현하면 이러한 문제를 해결할 수 있다. 웹 워커는 UI 스레드와 별개의 백그라운드 처리를 할 수 있기 때문이다. 일반 응용프로그램의 멀티 스레드와 같은 기능을 할 수 있게 된 것이다. 이러한 기능은 기존 브라우저의 한계를 넘어서 웹 어플리케이션 제작을 하는데 많은 영향을 주었다.

1.2 웹 워커의 생성 및 사용법

1) 워커의 생성 방법

웹 워커의 작업 방식은 의외로 간단하다. 웹 워커는 HTML 페이지 안에서 Worker라는 객체를 통해 생성된다. Worker 객체 생성시 Worker의 작업을 정의한 자바스크립트 파일인 worker.js를 전달인자로 넘겨주어야 한다. worker.js 파일에는 시간이 오래 소요되는 코드를 작성한다. 먼저, 워커 객체를 생성하는 형태를 보도록 하자.

```
var worker = new Worker("worker.js");
```

Worker() 클래스 생성자의 전달인자로는 워커로 사용할 코드가 있는 파일의 위치를 나타내고, new 연산자를 통해 객체를 반환한다. 객체명과 워커 파일명은 사용자가 임의로 정할 수 있다. 우리는 편의상 객체명을 worker로, 워커 파일명을 worker.js라고 하였다. 이렇게 생성된 워커 객체를 통해 메인 문서는 워커와 메시지를 송수신 할 수 있다.

2) 워커의 제공되는 메소드와 이벤트

워커 객체를 통해 제공되는 메소드와 이벤트는 다음과 같다.

메소드 및 이벤트	설명
postMessage()	메인 문서와 워커 코드 사이에서 메시지를 보내거나 받을 때 사용하는 메소드이다. 메시지의 속성은 문자열 또는 Json 객체이다.
terminate()	워커의 작업을 중지하게 하는 메소드이다.
onmessage	메시지를 리스닝하는 이벤트로 메인 문서는 워커 코드가 보낸 메시지를 수신한다.

[표 20-1] 웹 워커 메소드 및 이벤트

① postMessage() 메소드

postMessage() 메소드의 사용법은 다음과 같다.

```
worker.postMessage(메시지);
```

워커 객체인 worker를 통해 호출한 postMessage() 메소드에 메시지를 전달인자로 넘겨줄 수 있다. 이 메시지는 워커로 전달된다. 그리고 워커에서 postMessage()를 호출하면 메인 문서의 이벤트 리스닝에 의해 메시지를 수신한다.

② onmessage 이벤트

onmessage 이벤트의 사용법은 다음과 같다.

```
onmessage = function(event)
{
    event.data;
    postMessage(메시지);
}
```

onmessage 이벤트는 메시지 리스닝을 하고 있다가 postMessage() 메소드에 의해 전달된 메시지를 이벤트 객체 event로 받는다. 전달된 메시지는 event.data이며, 메시지를 처리하고, 다시 postMessage()를 통해 메시지를 전달한 곳으로 다시 메시지를 보낼 수 있다.

3) 워커의 동작 구조

앞서 살펴본 워커의 이벤트와 메소드를 기반으로 워커의 동작 구조를 살펴보자.

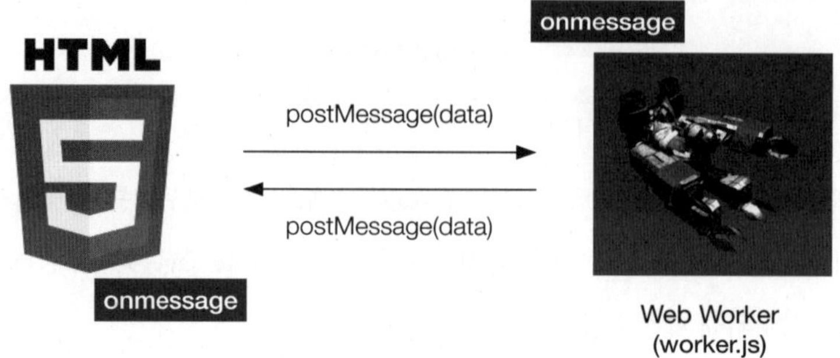

그림 20-1. 웹 워커의 동작 구조

HTML5 메인 문서와 웹 워커 사이에 postMessage() 메소드를 통해서 서로 양방향으로 메시지를 주고 받을 수 있고, onmessage() 이벤트를 통해 전달되는 메시지를 수신하고 있다.

2. 웹 워커 API 사용하기

2.1 웹 워커 지원 여부 확인

지금은 많은 브라우저에서 HTML5 표준을 대부분 따르기 때문에 웹 워커가 지원되는데, 아직 구 버전의 브라우저를 사용하는 독자인 경우에는 웹 워커가 지원되지 않을 수 있다. 현재 내가 사용하고 있는 브라우저가 웹 워커를 지원하는지에 대한 여부를 확인하고 코딩하는 것이 안전하다. 코드상에 다음과 같이 브라우저에서 웹 워커 기능이 지원되는지 판단할 수 있다.

<20-1.html>

```
<html>
    <head>
        <meta charset = "utf-8"/>
    </head>
    <body>
        <script = "text/javascript">
            function Available()
            {
```

```
                if(window.Worker)
                {
                    document.getElementById("result").innerHTML = "이
                    브라우저는 웹워커를 지원합니다.";
                }
                else
                {
                    document.getElementById("result").innerHTML = "이
                    브라우저는 웹워커를 지원하지 않습니다.";
                }
            }
        </script>
        <button onclick="Available()" type="button">웹 워커 지원 여부</
        button><p>
        <div id = "result"></div>
    </body>
</html>
```

<실행 결과>

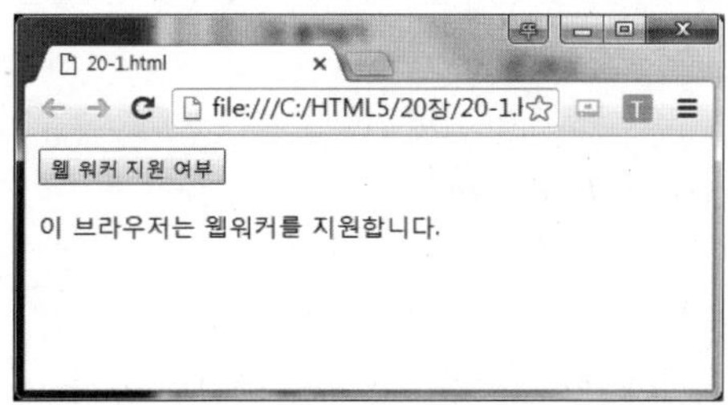

2.2 웹 워커 미적용 코드

웹 워커의 장점을 알기 위해서는 웹 워커 사용시 단점을 알아야 한다. 그 단점을 웹 워커로 보완하여 성능이 좋아졌다는 식으로 접근해야만 웹 워커의 장점과 필요성을 알 수 있기 때문이다. 따라서, 먼저 웹 워커를 적용하지 않은 코드를 작성해 볼 것이다.

먼저 워커를 적용하지 않았다는 의미를 나타내기 위해서는 어떤 특정 함수(기능)에서 수행 시간이 오래 걸려야 한다. 즉, 수행 시간이 오래 걸리는 코드를 작성하면 된다. 그렇다고 컴퓨터

에게 작업을 이것 저것 준다고 한들 워낙 연산 속도가 빨라서 아마 0.1초 내로 다 끝내버릴 것이다. 혹시 컴파일 언어인 C 언어나 자바와 같은 언어를 다루어본 독자라면 무한반복(무한루프)라는 말을 들어본 적이 있는가? 들어본 적이 없다고 할지라도 전혀 걱정할 것은 없다.
무한반복은 말 그대로 반복을 특정 기간 없이 무한하게 반복하는 것을 말한다. 가끔 반복문을 사용하다가 로직이나 문법 사용의 오류로 무한반복에 빠지게 되면 해당 프로세스는 제어권의 독점으로 강제종료하지 않는 이상 계속 무한반복의 연산을 수행하게 된다. 우리는 이에 착안하여 수행 시간이 오래 걸리는 작업을 만들되 무한반복이 아닌 시간 제한이 있는 유한반복의 기능을 사용함으로써 해당 시간 동안은 연산을 수행하는 것이다. 이 때 시간값을 얻어오기 위해서 Date() 객체를 사용할 것이고 수행 시간은 5초로 설정하도록 하겠다. 버튼 두 개를 배치하자. 하나는 '워커 미적용 수행'이라는 버튼으로 시간이 오래 걸리는 수행을 하는 함수이다.

또 하나는 '깨어날 시간'이라는 버튼으로 '워커 미적용 수행'이라는 버튼을 클릭 전, 클릭 후에 이 버튼도 클릭해 볼 것이다.

<20-2.html>

```
<html>
    <head>
        <meta charset = "utf-8"/>
    </head>
    <body>
        <button onclick="stopOperation()" type="button">워커 미적용 수행</
        button>
        <button onclick="awake()" type="button">깨어날 시간</button><p>
        <div id = "result"></div>
        <script = "text/javascript">
            function stopOperation()
            {
                var endTime = new Date().getTime() + 5000;
                while (new Date().getTime() < endTime);
                document.getElementById("result").innerHTML ="일어날 시간
                입니다~!!";
            }
```

```
            function awake()
            {
                alert("애기야 일어나자.");
            }
        </script>
    </body>
</html>
```

<실행 결과>

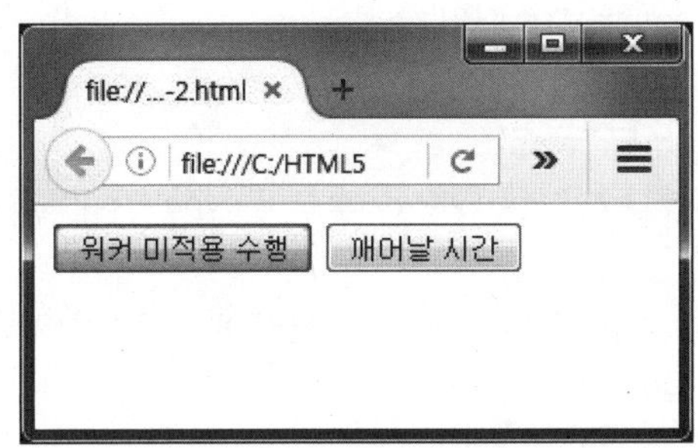

실행하여 '워커 미적용 수행' 버튼을 클릭하면 5초간 어떤 다른 곳으로도 포커스가 이동하지 않는다. '워커 미적용 수행' 버튼 클릭 후 타이틀바나 '깨어날 시간' 버튼을 클릭해보자. 어떤가? 미동도 하지 않을 것이다. 즉, var endTime = new Date().getTime() + 5000; 코드로 인해서 현재 시간에 + 5초를 더한 시간과 다시 구한 현재 시간을 비교하여 while (new Date().getTime() 〈 endTime); 코드를 통해 5초간 반복을 계속 하는 것이다. 반복하는 동안 자원을 독점하고 있으므로 다른 작업이 끼어 들어올 틈이 없는 것이다. 이 반복이 5초 후에 끝나면 그제서야 포커스가 다른 곳으로 이동이 가능하고, '깨어날 시간' 버튼도 클릭하면 잘 동작한다.

2.3 웹 워커 적용 코드

위와 같이 자원을 독점하는 문제는 새롭지 않다. 컴파일 기반 언어의 응용 프로그램(어플리케이션)에서는 늘 있었던 문제였고, 이에 대한 대안으로 멀티 스레드라는 기법이 존재하고 있다. 웹도 HTML5 기반으로 어플리케이션화 되면서 자원의 독점 문제에 자유로울 수 없게 되었다. 그래서 HTML5에서는 이에 대한 대안으로 웹 워커를 제공하고 있다. 기존의 멀티 스레드 기법과 동작 개념은 비슷하지만, 사용법은 매우 간단하다. 앞의 20-2.html 예제를 웹 워커를 사용하여 해결해보도록 하자.

참고로 이 예제의 실행 결과는 크롬에서 정상 동작하지 않으므로 파이어폭스에서 수행하였다.

<20-3.html>

```
<html>
    <head>
        <meta charset = "utf-8"/>
    </head>
    <body>
        <button onclick="applyWorker()" type="button">워커 적용 수행</
        button>
        <button onclick="awake()" type="button">깨어날 시간</button><p>
        <div id = "result"></div>
        <script = "text/javascript">
        function applyWorker()
        {
            if(window.Worker)
            {
                worker = new Worker("worker.js");
                worker.postMessage("워커가 동작합니다.");
                worker.onmessage = function(event)
                {
                    document.getElementById("result").innerHTML =
                    event.data;
                };
            }
            else
            {
                document.getElementById("result").innerHTML ="현재 브라
                우저는 웹 워커를 지원하지 않습니다";
            }
        }
        function awake()
        {
            alert("애기야 일어나자.");
```

```
        }
        </script>
    </body>
</html>
```

<worker.js>

```
onmessage = function(event)
{
    var rcvData = event.data;
    stopOperation();
    var sendData = rcvData + " 백 그라운드에서 동작합니다."
    postMessage(sendData)
}
function stopOperation()
{
    var endTime = new Date().getTime() + 5000;
    while (new Date().getTime() < endTime);
}
```

<실행 결과>

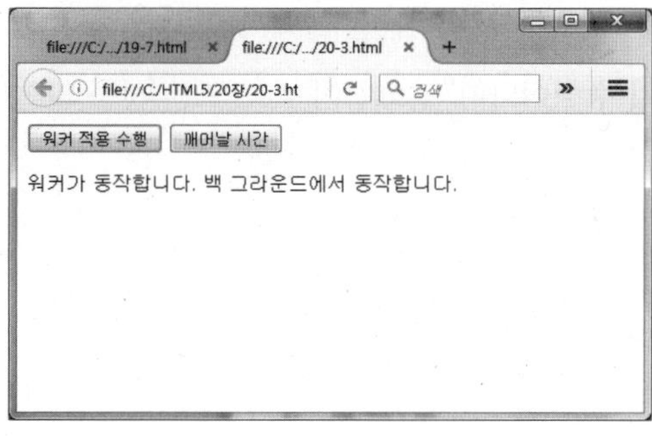

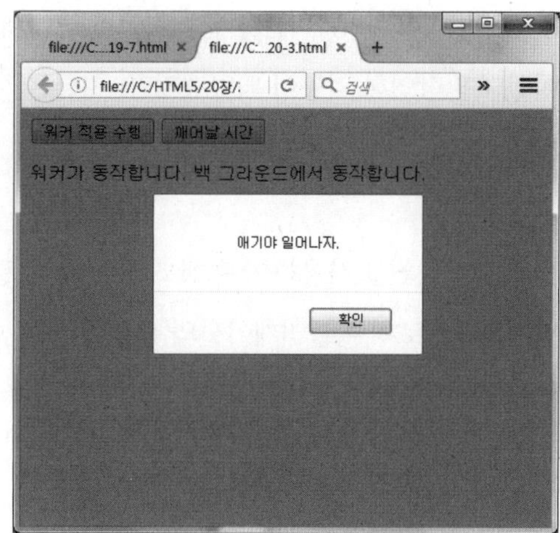

웹 워커를 사용하기 위해서는 먼저 물리적으로 파일을 두 개 만들어야 한다. 하나는 기존의 HTML5 메인 문서이고, 다른 하나는 수행 시간이 오래 걸릴만한 기능을 구현할 자바스크립트 파일(*.js)이다.

예제에서는 HTML5 문서를 20-3.html으로, 자바스크립트 파일은 worker.js로 생성하였다. '워커 적용 수행'이라는 버튼을 클릭하면 applyWorker()라는 함수를 호출하게 된다. 이 함수는 worker라는 객체를 생성하는데 worker = new Worker("worker.js"); 코드를 통해 객체 생성 시 worker.js 파일을 가져온다. 그리고, postMessage() 함수를 통해 워커로 메시지를 보낸 후 worker.onmessage = function(event) 이벤트를 등록하여 워커로부터 들어오는 메시지를 수신한다. 눈치 채셨겠지만 앞서 수행 시간이 오래 걸리는 코드는 이 코드에 나타나지 않았다. 아마 worker.js 파일에 구현되어 있을 것이라고 추측해볼 수 있다.

그럼 worker.js 파일을 보도록 하자. stopOperation() 함수가 여기에 구현되어 있는데, 마찬가지로 5초간 루프를 도는 루틴이다. 여기서 주목해야 할 부분은 onmessage = function(event) 이벤트인데, HTML5 메인 문서로부터 postMessage()로 보낸 메시지를 수신하는 루틴이다. 앞서 applyWorker() 함수에서 객체 생성 후 worker.postMessage("워커가 동작합니다.");로 메시지를 보냈다. 이 메시지를 onmessage 이벤트에서 받는 것이다. event.data를 수신한 후 stopOperation(); 함수를 수행한다. 우리가 알고 있는 상식 선에서는 이 루틴에서 5초간은 모든 동작이 올스톱이 되어야 맞을 것이다. 하지만 실행 결과를 보면 동작이 올스톱 되지 않는다. '워커 적용 수행' 버튼을 클릭하고 5초 이내로 '깨어날 시간' 버튼을 클릭하면 워커 적용 전이었다면 당연히 먹통이 되었겠지만, 지금은 '애기야 일어나자' 경고창이 바로 뜨는 것을 확인할 수 있다.

정리하면 워커를 사용하여 수행 시간이 오래 걸리는 작업은 워커가 백그라운드로 동작하도록 맡겨놓음으로써 어플리케이션의 수행에 있어 여러 가지 기능을 동시에 효율적으로 동작할 수 있도록 하였다.

2.4 웹 워커 에러 처리

우리는 앞서 멀티스레드와 같은 워커의 강력한 동시적 병렬 처리 메커니즘을 보았다. 우리는 간단한 예제를 통해 워커의 구조를 본 것이지만, 워커의 기능이 복잡해지거나 코드의 양이 많아지게 되어 복잡도가 증가하게 되면 이에 대한 오류를 검출하기가 쉽지 않게 된다. 이에 웹 워커는 에러를 확인하고 에러에 관한 정보를 리턴하는 특정 이벤트를 제공한다.

1) error 이벤트 정보

onerror 이벤트의 사용법은 다음과 같다.

```
onerror = function(error)
{
    오류에 관한 정보 출력
}
```

onerror 이벤트는 워커로부터 특정한 오류가 발생하게 되면 HTML5 메인 문서로 오류에 관한 정보 메시지를 보낸다. 이에 에러 메시지만 수신하는 onerror 이벤트가 이를 받아서 오류에 관한 정보를 확인할 수 있다. 다음은 error 이벤트를 통해 얻을 수 있는 정보의 종류이다.

error 객체 속성 정보	설명
message	에러 메시지를 나타낸다.
filename	에러를 일으킨 코드가 있는 파일명을 나타낸다.
lineno	에러가 발생한 줄 번호를 반환한다.

[표 20-2] error 객체 속성 정보

2) 에러 처리 작성하기

워커가 반환한 에러를 보여주는 코드를 작성해 보도록 하자. 앞의 예제 20-3.html을 기반으로 볼드체로 표시한 코드만 추가하도록 한다.

참고로 이 예제의 실행 결과는 크롬에서 정상 동작하지 않으므로 파이어폭스에서 수행하였다.

<20-4.html>

```
<html>
    <head>
        <meta charset = "utf-8"/>
    </head>
    <body>
        <button onclick="applyWorker()" type="button">워커 적용 수행</
        button>
        <button onclick="awake()" type="button">깨어날 시간</button><p>
        <div id = "result"></div>
        <script = "text/javascript">
        function applyWorker()
        {
            if(window.Worker)
            {
                worker = new Worker("worker.js");
                worker.postMessage("워커가 동작합니다.");
                worker.onmessage = function(event)
                {
                    document.getElementById("result").innerHTML =
                    event.data;
                };
                worker.onerror = function(error)
                {
                    document.getElementById("result").innerHTML = "메
                    시지: " + error.message + "<br>";
                    document.getElementById("result").innerHTML +="파
                    일이름: " + error.filename + "<br>";
                    document.getElementById("result").innerHTML +="줄
                    넘버: " + error.lineno + "<br>";
                };
            }
            else
            {
                document.getElementById("result").innerHTML ="현재 브라
                우저는 웹 워커를 지원하지 않습니다";
            }
```

```
        }
        function awake()
        {
            alert("애기야 일어나자.");
        }
        </script>
    </body>
</html>
```

<worker.js>

```
onmessage = function(event)
{
    var rcvData = event.data;
    stopOperation();
    var sendData = rcvData + " 백 그라운드에서 동작합니다."
    postMessage(sendData)
}
function stopOperation()
{
    test();
    var endTime = new Date().getTime() + 5000;
    while (new Date().getTime() < endTime);
}
```

<실행 결과>

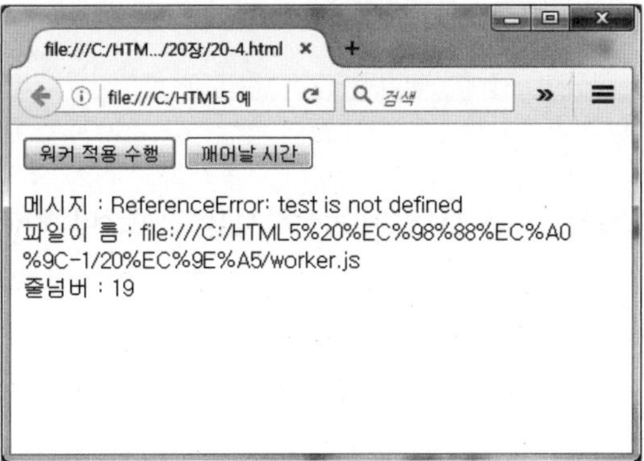

20−4.html 코드는 20−3.html 코드와 거의 동일하다. 다만, 생성한 워커 객체를 통해 onerror 이벤트 등록을 추가로 작성하였다. 자바스크립트 파일인 워커 코드에 오류가 발생하면 오류 정보 객체는 onerror 이벤트에 수신된다. 예제에서는 고의적인 에러를 유발하기 위해 워커 내에서 정의되어 있지 않는 test()라는 함수를 호출하였다. 이에 워커는 오류를 발생시키고, 오류정보 객체를 호출한 메인 문서인 20−4.html로 보낸다. 에러 메시지를 worker.onerror = function(error)에서 받아 각각 message, filename, lineno 정보를 브라우저상에 출력한다.

이번에는 다른 에러를 발생시켜보도록 하자. 다음과 같이 int i = 0;이라는 문장을 추가한다. 자바스크립트에서는 데이터 타입이 모두 var이므로 int라고 선언한 것은 문법 오류가 된다. 이에 대한 오류 메시지를 확인해보자.

<worker.js>

```
onmessage = function(event)
{
    var rcvData = event.data;
    stopOperation();
    var sendData = rcvData + " 백 그라운드에서 동작합니다."
    postMessage(sendData)
}
function stopOperation()
{
    var endTime = new Date().getTime() + 5000;
    while (new Date().getTime() < endTime);
    int  i = 0;
}
```

참고로 이 예제의 실행 결과는 크롬에서 정상 동작하지 않으므로 파이어폭스에서 수행하였다.

<실행 결과>

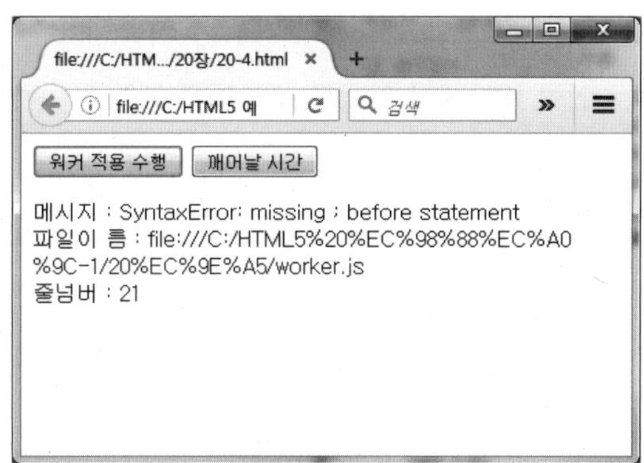

2.5 웹 워커 종료

1) 웹 워커 종료 메소드

이번에는 웹 워커의 종료에 대해 알아보도록 하겠다. 워커의 수행은 주로 백그라운드에서 동작한다고 하였다. 이러한 수행의 경우는 특별한 목적을 위해 필요하다. 그러므로 일반적으로는 워커의 구조대로 프로그래밍을 하지 않으며 사용하게 된 경우에는 언젠가는 종료를 시킬 수 있는 구조가 되어야 한다. 그래서 종료를 위한 웹 워커의 API가 제공되는데, 바로 terminate()와 close()이다.

종료 메소드	설명
terminate()	메인 코드에서 워커를 종료한다.
close()	워커 내부에서 워커를 종료한다.

[표 20-3] 웹 워커의 종료 메소드

워커가 종료되면 실행중인 어플리케이션의 동작도 중단된다.

2) 종료 처리 작성하기

이 두 개의 종료 메소드를 이용하여 워커를 종료시키는 예제를 작성해보도록 하자. 먼저 terminate() 메소드를 이용하여 종료하기 위해 버튼을 추가로 하나 배치하고, '워커 종료'라고 하겠다. 이 버튼을 누르면 killWorker() 메소드가 호출되고, 내부에서 terminate() 메소드를 호출하도록 할 것이다. 두 번째 메소드인 close()의 경우는 '워커 내부 종료' 버튼을 배치하도록 하겠다. close()의 경우는 워커 내부에서 워커를 종료하게 하는 함수이므로 메인 문서에서 사용할 수 없다. 그러므로 '워커 내부 종료' 버튼을 클릭시 postMessage() 함수를 통해 보낸 메시지의 값을 보고 워커 내부에서 스스로 종료를 할 것인지 여부를 결정한다. 자, 대략 아키텍처를 이해했으니 직접 코드를 작성해보도록 하자.

<20-5.html>

```
<html>
    <head>
        <meta charset = "utf-8"/>
    </head>
    <body>
        <button onclick="applyWorker()" type="button">워커 적용 수행</
        button>
        <button onclick="awake()" type="button">깨어날 시간</button>
        <button onclick="killWorker()" type="button">워커 종료</button>
        <button onclick="closeWorker()" type="button">워커 내부 종료</
        button><p>
        <div id = "result"></div>
        <script = "text/javascript">
        function applyWorker()
        {
            if(window.Worker)
            {
                worker = new Worker("worker.js");
                worker.postMessage("워커가 동작합니다.");
                worker.onmessage = function(event)
                {
                    document.getElementById("result").innerHTML =
                    event.data;
                }
            }
            else
            {
                document.getElementById("result").innerHTML ="현재 브라우
                저는 웹 워커를 지원하지 않습니다";
```

```
            }
        }
        function awake()
        {
            alert("애기야 일어나자.");
        }
        function killWorker()
        {
            worker.terminate();
            document.getElementById("result").innerHTML = "워커가 종료되
            었습니다.";
        }
        function closeWorker()
        {
            worker.postMessage("close");
        }
        </script>
    </body>
</html>
```

<worker.js>

```
onmessage = function(event)
{
    var sendData;
    var rcvData = event.data;
    if(rcvData != "close")
    {
        sendData = rcvData + " 백 그라운드에서 동작합니다.";
    }
    else
    {
        sendData = "워커를 종료합니다.";
        close();
    }
    stopOperation();
```

```
        postMessage(sendData)
    }
    function stopOperation()
    {
        var endTime = new Date().getTime() + 5000;
        while (new Date().getTime() < endTime);
    }
```

<실행 결과>

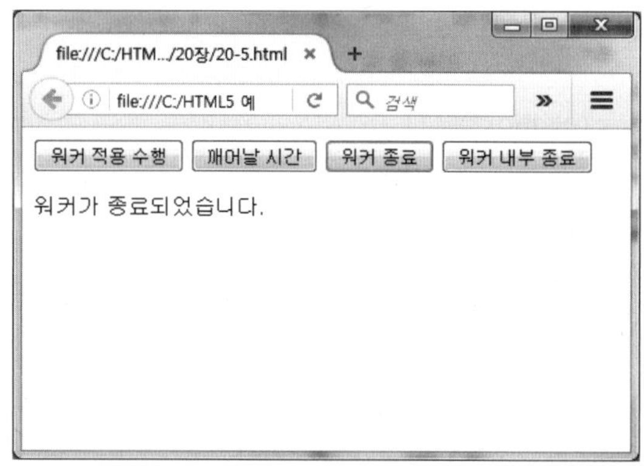

실행 순서를 보면 워커가 동작 중에 종료를 해야 하므로 먼저 '워커 적용 수행' 버튼을 눌러서 워커를 수행한 후 '워커 종료' 버튼을 누르면 백그라운드로 동작하고 있던 워커가 곧바로 종료된다. 워커 내부의 반복문 수행여부와 상관 없이 바로 종료된다. 즉, 5초 이내 또는 이후 어느 때 버튼을 클릭하든 상관 없이 종료된다는 의미이다.

이번에는 워커 내부에서 스스로 종료하게끔 하는 경우이다.

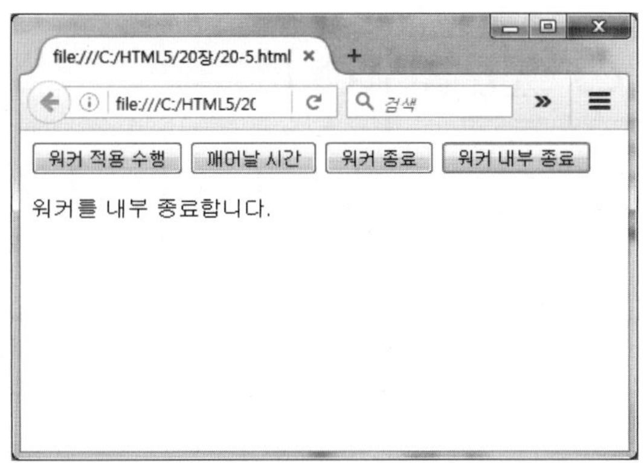

실행 순서는 마찬가지로 워커가 동작중에 종료를 해야 하므로 먼저 '워커 적용 수행' 버튼을 눌러서 워커를 수행한 후 이번에는 '워커 내부 종료' 버튼을 클릭한다. 그런데, 앞에서 수행했던 '워커 종료'와 어떤 차이가 있을까? 각 코드를 보면 '워커 종료'인 killWorker() 함수의 경우는 worker.terminate() 메소드를 호출하므로써 그 자리에서 워커를 바로 강제 종료시킨 것이지만 '워커 내부 종료'인 closeWorker() 함수의 경우는 그 자리에서 종료가 아닌 postMessage() 함수를 통해서 "close"라는 메시지를 워커에게 보내고 있다. 그 이유는 워커를 내부에서 종료하기 위해 지금 종료하라는 싸인만 워커에게 보내고, 실제로 종료하는 작업은 워커에서 하도록 하기 위함이다.

워커 내부의 코드를 보면 event.data 값이 "close"일 경우에 close() 함수를 호출하도록 되어 있다. '워커 내부 종료' 버튼을 눌렀다면 "close" 메시지가 워커에게 전달되었을 것이기 때문에 close() 함수가 호출될 것이다. 그런데 한 가지 terminate() 메소드와 차이점이 하나 있다. terminate() 메소드의 경우는 실행 즉시 워커를 바로 강제 종료시켰지만, close() 메소드의 경우는 강제 종료가 아닌 현재 수행중인 워커의 동작을 끝마치면 안전하게 워커를 종료시킨다.

Chapter 21

오프라인 웹 어플리케이션

인간은 항상 시간이 모자란다고 불평을 하면서
마치 시간이 무한정 있는 것처럼 행동한다.
– 세네카 –

어느날 장문의 메일을 쓰다가 '보내기' 버튼을 눌렀는데, 갑자기 네트워크가 끊겼다거나 다른 이유로 인해서 '서버에 연결할 수 없습니다.'라는 문구가 나타나면 머리가 하얘지면서 멘붕 상태가 온다. 브라우저의 뒤로 가기로 해도 방금 힘들게 썼던 메일의 내용은 복구가 안되기 때문이다. 또한 네트워크가 되지 않는 지역에 가게 되었을 때 이메일 등으로 받은 자료를 다시 확인해야 할 경우가 있을 수 있다. 이러한 두 가지 경우만 봐도 기존 웹 환경은 서버에서 모두 관리하므로 네트워크 기반에서만 동작 가능했지만, HTML5의 오프라인 웹 어플리케이션의 경우는 네트워크가 오프라인일 경우에도 정보가 클라이언트에 저장이 된다. 이것이 서버 중심의 웹이 어플리케이션이라는 이름이 붙게 된 주요한 특성이다.

1. 오프라인 웹 어플리케이션의 개요

1.1 오프라인 웹 어플리케이션을 사용해야 하는 이유

1) 기존 웹 사이트의 단점

웹 사이트에 접속하기 위해서 무엇을 가장 하는가? 그렇다. 네트워크가 물리적으로 연결되어 있어야 한다. 흔히 인터넷에 연결되어 있어야 한다고 말한다. 그렇다면 인터넷이 연결되어 있지 않는 상황에서 웹 사이트에 접속해 본 적이 있는가? 인터넷을 자주 사용하는 사용자라면 적어도 한 번은 '서버에 연결할 수 없습니다'라는 친절한 문구를 보았을 것이다. 그런데, HTML5로 넘어오면서 한 가지 새로운 스펙이 추가되었는데, 바로 기존에 인터넷이 연결되어야만 사용할 수 있었던 웹 사이트를 오프라인 상태에서도 사용할 수 있도록 하였다.

2) 오프라인 웹 어플리케이션의 이점

굳이 왜 오프라인 웹 어플리케이션을 사용해야 하는가? 요즘과 같이 인터넷이 빵빵한 환경에서 이러한 기능이 필요한가 하는 의문이 들 것이다. 요즘 커피숍만 가도 와이파이가 지원이 될 정도로 우리나라는 인터넷 공화국이다. 하지만, 최근 스마트 기기가 늘어나면서 위치의 이동이 잦아졌고, 교통 수단이 발달되면서 비행기나 버스, 지하철 등에서는 인터넷 지원이 아직 미비하다. 또한, 여러분이 해외를 여행한다면 인터넷 지원을 못받을 가능성이 매우 크다. 그래서 이러한 경우 오프라인 웹 어플리케이션을 사용한다면 편리한 이점들을 누릴 수 있다.

① 실 예로 이메일을 보도록 하자. 필자는 메일을 자주 확인하는 편이다. 하루에 오는 이메일이 수십통이 되기 때문인데 보통은 메일을 한 번 보고 버리는 것이 아니라, 정보성 메일도 많기 때문에 어떤 메일은 여러 날에 걸쳐 참고해야 하는 경우도 있다. 또한 보내온 메일을 바탕으로 PC로 작업을 해야 하는 경우도 있고, 답장을 보내야 하는 경우도 있다. 그런데, 이 모든 것이 인터넷이 연결되어 있을 경우에만 가능하기 때문에 필자는 인터넷이 되지 않는 출장지나 장소에 있을 때 매우 불편함을 느낀 적이 여러 번 있었다. 그러나, 오프라인 웹 어플리케이션 기반이라면 이러한 메일의 정보들을 클라이언트에 저장하기 때문에 오프라인 상태에서도 메일의 내용을 얼마든지 확인할 수 있다.

② 기존의 웹 사이트의 경우는 크고 작은 데이터의 요청시 매 번 서버에 요청을 하고 응답을 받아 처리하는 형태였다. 그러나 오프라인 웹 어플리케이션 기반에서는 클라이언트에 캐시된 리소스를 가져와 사용하므로 매번 서버로 요청을 하지 않아도 된다. 특별히 콘텐츠가 업데이트되어 있는 요소가 없다면 서버에 요청하지 않고, 캐시된 리소스를 사용한다. 따라서, 성능적으로도 요청에 대한 응답성도 향상되고, 네트워크 부하도 줄일 수 있는 장점이 있다.

1.2 어플리케이션 캐시란

어플리케이션 캐시(Application Cache)란 인터넷 연결 없이 오프라인에서도 웹 사이트를 사용할 수 있도록 리소스를 캐시하는 기능을 말한다. 리소스의 요소로는 HTML, CSS, javascript, 이미지 파일, 폰트 파일 등으로 구성되어 있는데, 사용자가 특정 웹 사이트에 접속시 해당 리소스는 로컬 저장소에 다운로드하여 저장(캐시)하고, 브라우저는 네트워크를 통해 서버로부터 리소스를 가져오는 것이 아니라 캐시되어 있는 리소스를 이용하게 된다. 그렇다면 이러한 리소스 파일들이 캐시되도록 판단하는 기준은 무엇인가? 바로 캐시 매니페스트 파일의 내용을 통해 캐시 파일의 여부를 판단할 수 있다.

매니페스트는 캐시될 리소스들을 정의할 수 있는 구성 파일로 메인 페이지(html)에 매니페스트 사용을 명시해주면 어플리케이션 캐시가 자동으로 동작한다. 다음 그림은 어플리케이션 캐시의 동작 구조와 리소스의 구성 요소들을 나타낸 것이다.

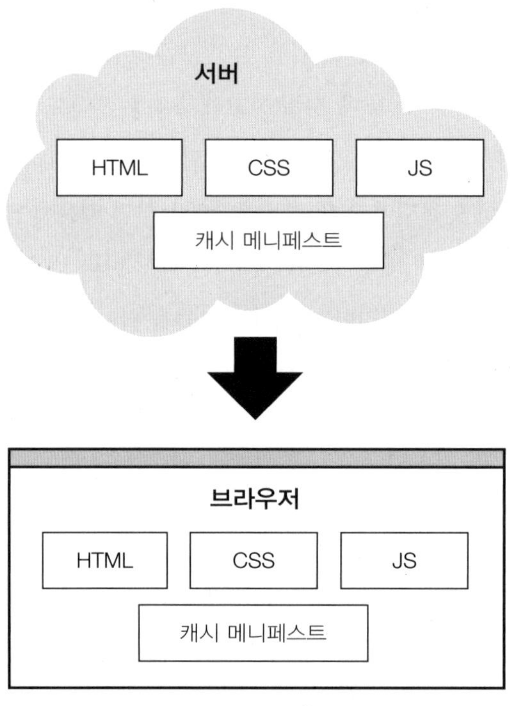

그림 21-1. 어플리케이션 캐시의 동작 구조

이렇게 어플리케이션 캐시를 이용한 오프라인 어플리케이션의 대표 사례가 바로 구글 메일인 Gmail 오프라인이다.

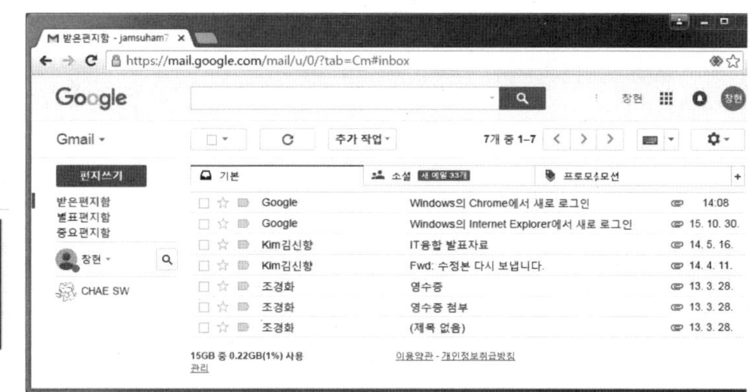

그림 21-2. Gmail 오프라인

일반적으로 사용하는 웹메일이지만 네트워크 연결이 없는 환경에서도 메일의 내용을 확인할 수 있다. 물론 메일 쓰기와 같이 내용을 업데이트시키는 작업은 할 수 없고, 순수하게 읽기 전용이다.

1.3 어플리케이션 캐시와 임시 인터넷 파일의 차이점

우리는 사실 웹브라우저 상에서 임시 인터넷 파일을 통해 캐시라는 개념을 이미 사용하고 있었다. 즉, HTML5 기반에서 오프라인 웹 어플리케이션의 캐시 개념을 새롭게 발표한 것이 아니라는 것이다. 기존 방식의 경우도 그림의 설정과 같이 임시 인터넷 파일을 설정함으로써 동일한 웹 리소스를 요청하였을 경우 서버로부터 새로 리소스를 받아오지 않고 로컬에 다운로드한 리소스에 접근한다.

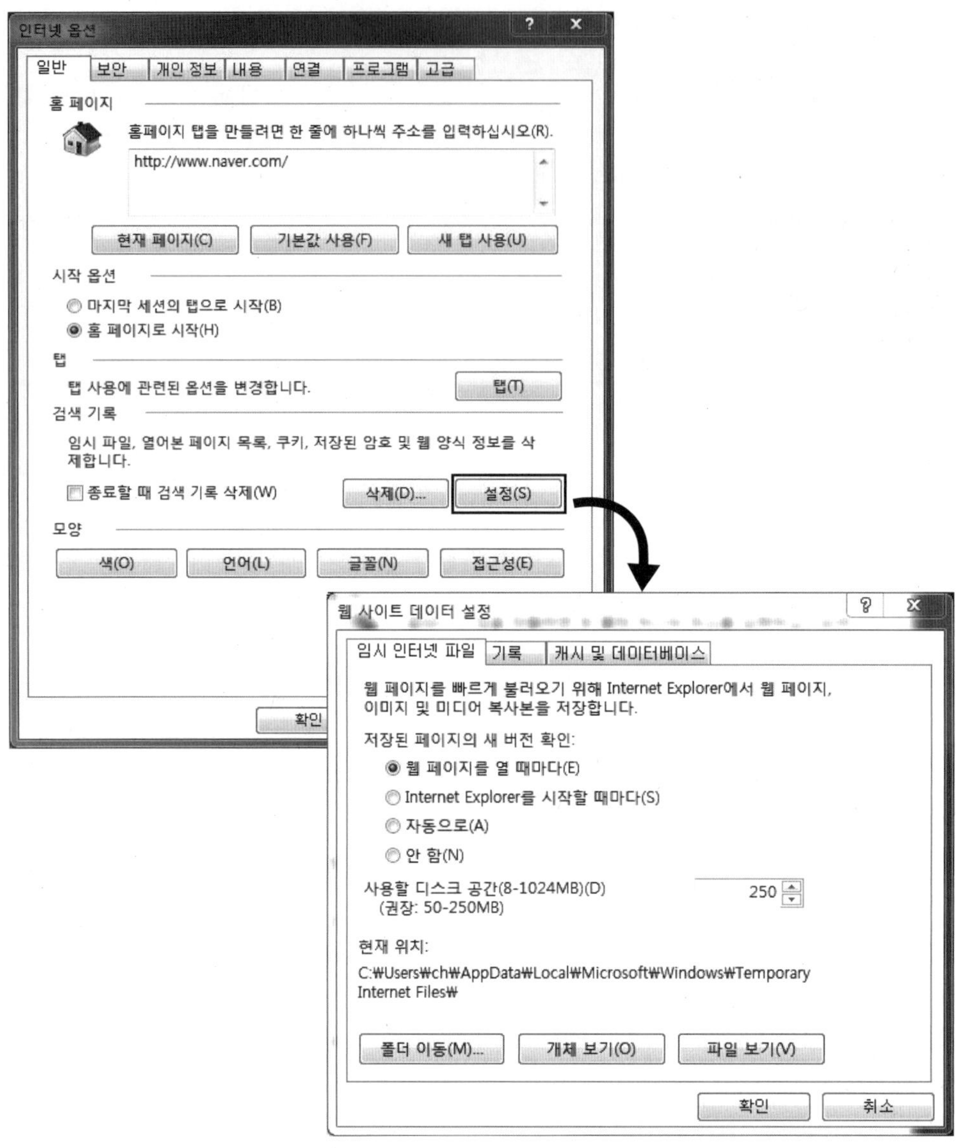

그림 21-3. 임시 인터넷 파일 설정 창

결국 로컬에 저장되어 있는 리소스를 사용한다는 측면에서는 어플리케이션 캐시 기능과 동일하다는 생각이 들지 않는가? 그런데 두 방식의 결정적인 차이가 있다.

1) 오프라인 사용 여부

먼저 오프라인 사용 여부를 들 수 있다. 여러분은 지금까지 인터넷을 사용하다가 오프라인 되었을 경우 일반적으로 어떤가? 현재 오프라인 된 페이지에서 아무것도 할 수 없게 된다. 그렇다면 앞서 얘기했던 캐시된 임시 인터넷 파일은 무슨 역할을 한다는 말인가? 이 경우에는 사용자가 동일한 웹 사이트에 다시 접속을 하는 경우 웹에 있는 리소스와 로컬에 있는 리소스를 비교하여 변경된 사항이 없을 경우에 캐시된 리소스를 사용하고, 변경된 사항이 있으면 서버로부터 변경된 리소스를 다시 다운로드 받는다. 즉, 임시 인터넷 파일은 오프라인시 사용하기 위한 목적이 아니라 리소스의 변경 사항 체크를 하여 변경 리소스를 업데이트하기 위한 목적이다.

반대로 어플리케이션 캐시의 경우는 최초 한 번 캐시된 이후에는 각 파일의 변경 체크를 온라인으로 하지 않는다. 따라서, 임시 인터넷 파일의 경우는 오프라인에서는 동작하지 않지만, 어플리케이션 캐시의 경우는 오프라인에서도 잘 동작한다는 것이다.

2) 리소스 파일 체크 방법

앞서 오프라인 사용 여부를 설명하면서 리소스의 파일 체크를 언급하였다. 리소스의 파일 체크는 매우 중요하다. 이것을 통해 리소스의 업데이트 여부를 결정하기 때문이다. 임시 인터넷 파일의 경우는 모든 리소스 파일을 일일히 체크하지만 어플리케이션 캐시의 경우는 매니페스트의 문서를 보고 변경 사항을 체크한다. 모든 파일을 체크하는 것보다는 문서의 목록으로 변경 사항을 체크하는 것이 더 효율적이라는 것은 당연한 이치이다.

3) 캐시 항목의 설정

기존의 방식인 임시 인터넷 파일의 경우 별도의 설정 없이도 캐시 기능을 자동으로 사용하였다. 즉, 브라우저의 기본 설정으로 캐시하도록 되어 있어서 알아서 처리가 되었다. 그만큼 웹사이트의 개발자나 사용자가 개입할 여지가 별로 없다는 의미이다. 그러나 어플리케이션 캐시의 경우는 캐시할 리소스와 제외할 리소스 그리고 대체할 리소스 등 자유롭게 설정이 가능하다.

1.4 캐시 매니페스트 작성

어플리케이션 캐시 동작의 가장 핵심이 되는 요소가 바로 캐시 매니페스트이다. 캐시 매니페스트는 캐시할 리소스 파일을 정의한 일종의 설정 파일로써 작성 형태는 다음과 같다.

```
CACHE MANIFEST
# 캐시할 리소스 목록
appCache.html
appCache.js
appCache.css
```

캐시 매니페스트는 단순한 텍스트 파일로 확장자는 *.manifest로 저장하는 것이 관례이다. 가장 첫 줄은 CACHE MANIFEST라는 문자열로 시작해야 하고, 그 이하로 나오는 파일 목록들이 캐시로 저장할 리소스 파일 목록들이다.

1) 캐시 매니페스트 추가 전

캐시 매니페스트를 전혀 고려하지 않는 형태로, 즉 평소에 사용했던 형태로 표현을 하자면 다음과 같이 appCache.html, appCache.css, appCache.js 세 개의 파일이 존재하고, appCache.html 문서에서 각각의 css와 js 파일을 로딩하는 형태이다.

<appCache.html>

```
<html>
    <head>
        <link rel="stylesheet" type="text/css" href=" appCache.css">
        <script type="text/JavaScript" src=" appCache.js"></script>
    </head>
    <body>
    </body?
</html>
```

이러한 구조에서 오프라인으로 이 파일을 열려고 한다면 "페이지를 표시할 수 없습니다."라는 문구를 표시할 것이다. 위의 소스코드 구조를 표시하면 다음과 같다.

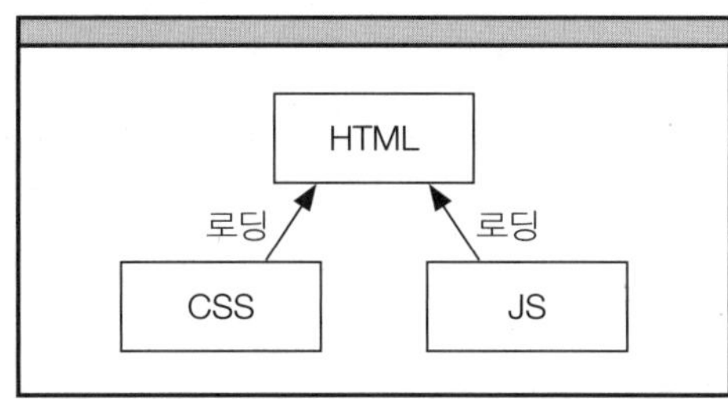

그림 21-4. 캐시 매니페스트 추가 전 페이지 로딩 구조

2) 캐시 매니페스트 추가 후

자, 이번에는 같은 세 개의 파일을 캐시 매니페스트를 추가한 형태로 변경하여 보자. 같은 내용이지만 매니페스트 관련 내용이 추가된다.

<appCache.html>

```
<html manifest="cache.manifest">
    <head>
        <link rel="stylesheet" type="text/css" href=" appCache.css">
        <script type="text/JavaScript" src=" appCache.js"></script>
    </head>
    <body>
    </body>
</html>
```

<cache.manifest>

```
CACHE MANIFEST
#Version 1.0.0.1
appCache.html
appCache.js
appCache.css
```

먼저 appCache.html 파일의 〈html〉 태그에 manifest = "cache.manifest"라는 매니페스트 파일이 있는 URL을 추가해 줌으로써 매니페스트 파일을 지정한다. 이 설정으로 페이지가 호출되면 캐시는 동작하게 된다. 그리고, 실제 캐시 매니페스트 파일을 작성한다. 캐시 매니페스트 작성시 가장 첫 줄에 CACHE MANIFEST라는 문구를 작성한 후 그 이하에 캐시하고자 하는 파일 리스트를 작성하면 된다. 브라우저는 manifest 속성에 지정된 캐시 매니페스트를 자동으로 다운로드하여 파일에 작성된 캐시하고자 하는 모든 리소스들을 캐시한다. 위 소스 코드의 구조는 다음과 같이 표현할 수 있다.

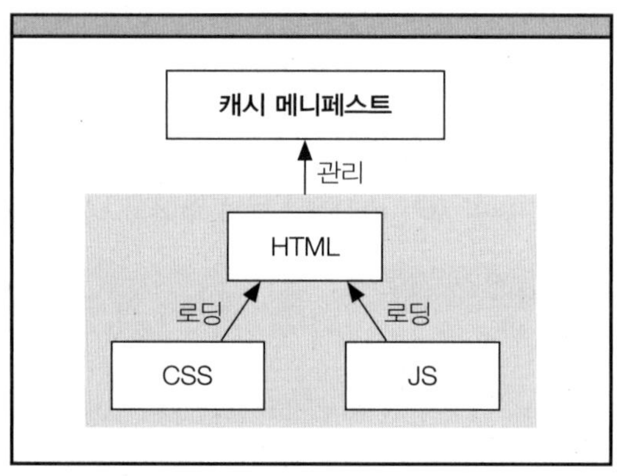

그림 21-5. 캐시 매니페스트 추가한 페이지 로딩 구조

3) 캐시 매니페스트 사용시 주의점

캐시 매니페스트는 내가 로컬에 캐시하고 싶은 리소스 파일들의 목록이다. 그런데, 여기서 주의해야 할 사항이 있다.

내가 캐시하고 싶은 리소스 파일만 매니페스트에 지정을 했다면 지정하지 않은 리소스 파일은 당연히 캐시되지 않을 것이다. 그런데, 여기에서 미묘한 문제점이 하나 생긴다. 나는 캐시하고 싶지 않아서 기재를 안했을 뿐인데, 다시 해당 웹사이트에 접속을 하게 되면 아예 그 리소스를 받아오지 못하는 문제가 생긴다. 즉, 캐시 매니페스트 파일에 기재하지 않은 리소스는 사용하지 않겠다는 의미인 것이다. 그래서 캐시만 하지 않겠다는 의미의 리소스는 목록에서 아예 빼는 것이 아니라, 캐시 메니페스트 파일의 NETWORK: 항목에 추가해야 한다.

2. 오프라인 웹 어플리케이션 API 사용하기

지금까지 오프라인 웹 어플리케이션의 기본적인 구조와 사용 방법들에 대해서 이야기하였다. 지금부터 실제로 구현을 해보도록 하자.

2.1 어플리케이션 캐시 지원 여부 확인

예제를 작성하기 앞서서 가장 먼저 브라우저의 어플리케이션 캐시 지원 여부를 체크하도록 한다. 많은 브라우저에서 HTML5의 표준을 따르고 있지만 구 버전의 브라우저를 사용하고 있는 독자들도 있을 것이기 때문에 다음과 같이 브라우저가 어플리케이션 캐시를 지원하는지에 대한 여부를 확인하고 코딩하는 것이 안전하다.

<21-1.html>

```
<html>
    <head>
        <meta charset = "utf-8"/>
    </head>
    <body>
        <script = "text/javascript">
        function Available()
        {
            if(window.applicationCache)
            {
                document.getElementById("result").innerHTML = "이 브라
                우저는 어플리케이션 캐시를 지원합니다.";
            }
            else
            {
                document.getElementById("result").innerHTML = "이 브라
                우저는 어플리케이션 캐시를 지원하지 않습니다.";
            }
        }
        </script>
       <button onclick="Available()" type="button">어플리케이션 캐시 지원 여
       부</button><p>
```

```
        <div id = "result"></div>
    </body>
</html>
```

<실행 결과>

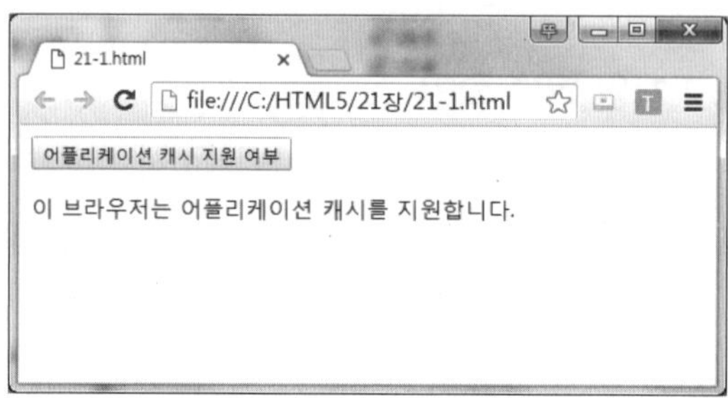

2.2 웹 서버 설치

오프라인에서 어플리케이션 캐시 동작을 설명하려면 먼저 온라인에서 리소스 데이터를 받아올 수 있어야 한다. 그러기 위해서는 웹서버가 있어야 하는데, 간단한 테스트를 하기 위해 외부의 웹서버를 이용하는 것은 상당한 비용이 발생하는 부분이다. 그렇다고 우리 과정에서 직접 웹 서버 만드는 과정을 다루는 것도 주제를 벗어난 내용이므로 적절하지 못하다. 따라서 필자는 현재 여러분이 가장 많이 사용하고 있는 윈도우 OS에 간단한 웹서버를 하나 설치하려고 한다. 즉, 내 PC에 웹서버를 설치하고, 내 PC의 브라우저(클라이언트)에서 localhost로 접속하는 방법이다.

수많은 상용 웹서버들과 오픈소스 웹서버들이 있는데, 필자는 단순한 것을 좋아하기 때문에 bitnami 웹서버를 설치하도록 하겠다. 필자가 사용해 본 웹서버 중에 설치 및 사용이 매우 간단하였다. 독자분들 중에 이미 사용하고 있는 웹서버가 있거나 또는 사용하는데 익숙한 웹서버가 있다면 그것을 사용하여도 무방하다.

1) bitnami 사이트 접속 및 설치파일 다운로드

먼저 다음의 주소로 사이트 접속을 한다. 바로 bitnami 사이트 주소이다.

```
https://bitnami.com/stacks
```

접속하였으면 다음과 같이 WAMP로 이동하여 오른쪽 패널에 LOCAL INSTALL에서 파일을 다운로드 받는다. 현재까지 윈도우 기반의 최신 버전은 bitnami-wampstack-5.6.21-2-windows-installer.exe이다.

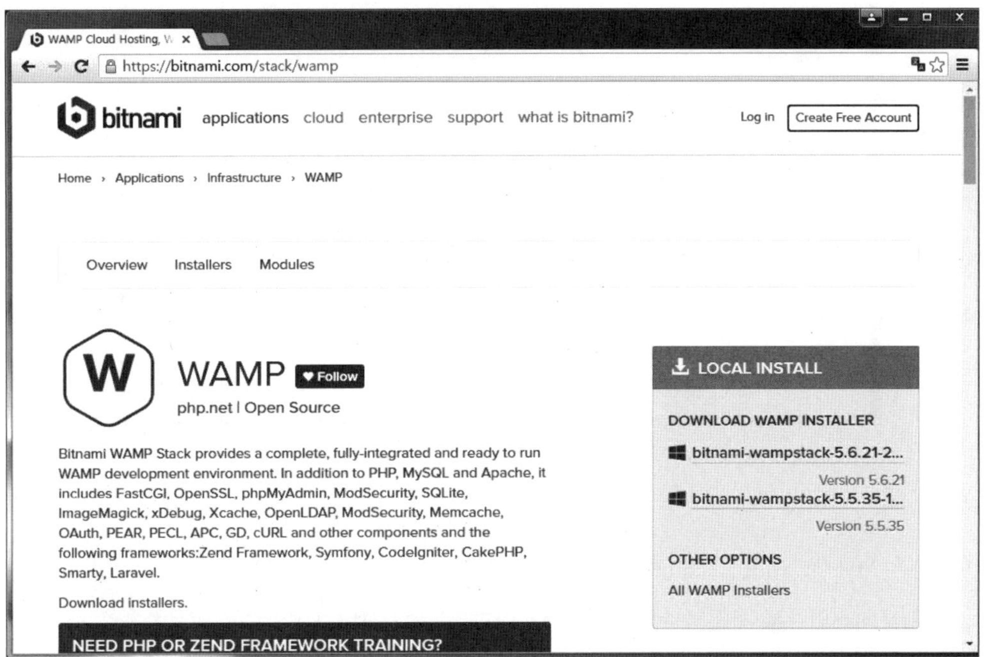

그림 21-6. bitnami-Wamp 웹서버 설치파일 다운로드

2) 설치

설치 파일을 더블 클릭하면 설치 마법사가 나타난다. 여러분은 특별한 사항만 없으면 'Next'만 눌러서 넘어가면 된다. 다음과 같은 마법사 창의 경우에는 디폴트로 체크박스의 모든 체크가 다 체크 되어 있을 것이다. 이 때 우리가 사용할 것은 마지막에 PhpMyAdmin 외에 나머지는 사용하지 않을 것이므로 모두 체크 해제를 한다. 그리고 'Next' 버튼을 누른다.

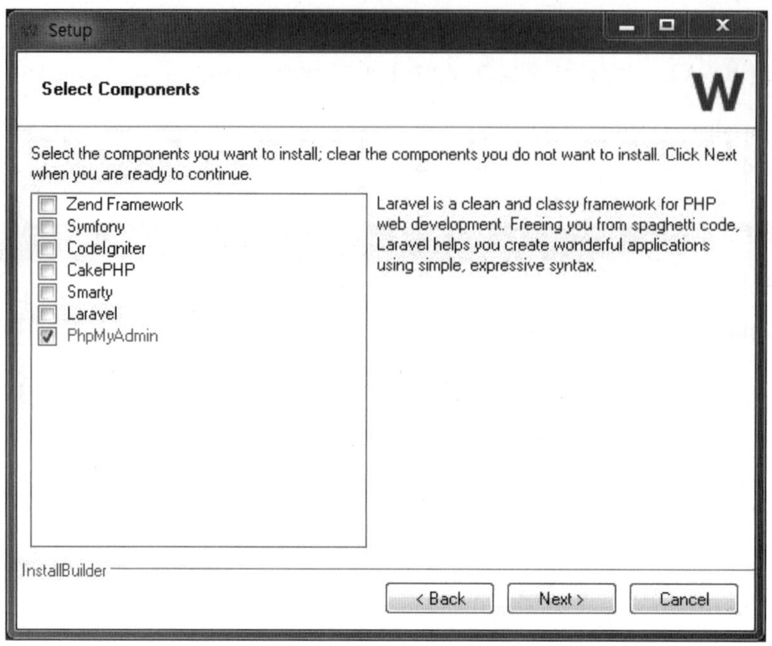

그림 21-7. Select Components

그 다음은 MySQL root Account 생성을 위한 패스워드를 설정해야 한다. 6자리 이상의 기억하기 쉬운 패스워드를 설정하도록 한다. 패스워드 설정이 끝났으면 'Next' 버튼을 누른다.

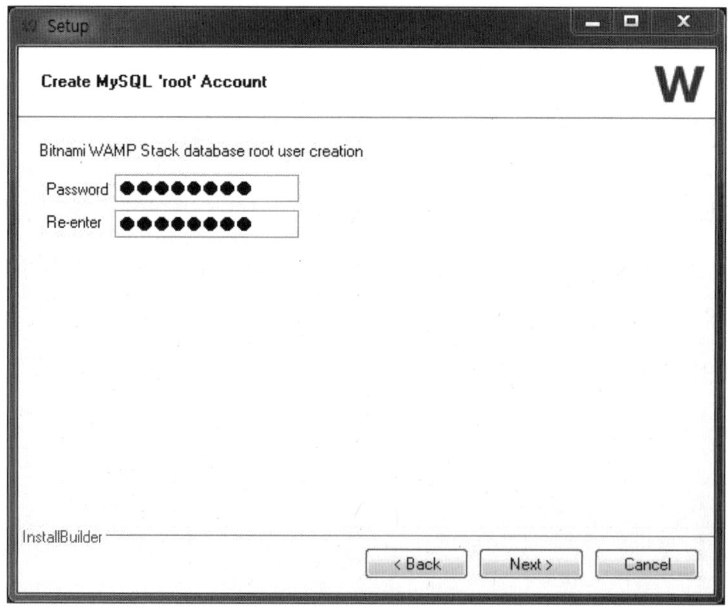

그림 21-8. Create MySQL root Account

이번에는 Web Server Port를 설정해야 하는데, 기존에 사용되고 있는 포트번호를 피해서 설정한다. 예제에서는 5000으로 설정하였다. 'Next' 버튼을 눌러서 다음으로 넘어가자.

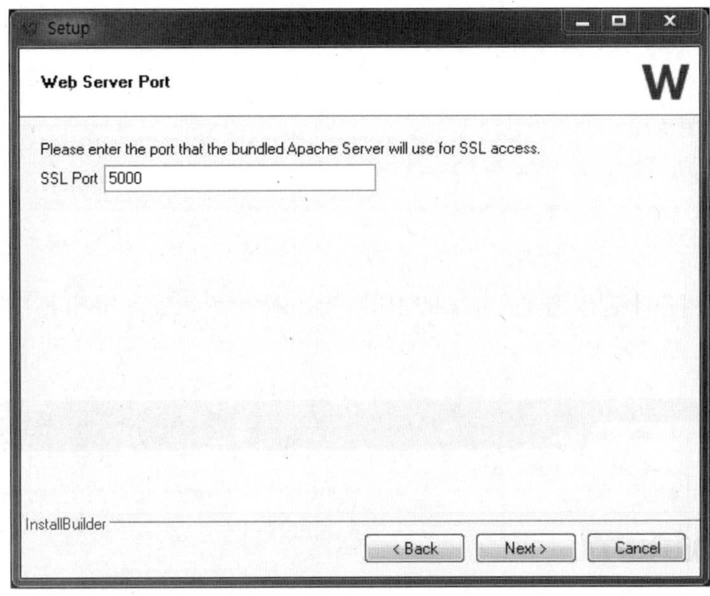

그림 21-9. Web Server Port

설치가 다 끝나면 다음과 같은 'Bitnami WAMP Stack' 대화상자가 하나 나타날 것이다. 이 어플리케이션이 웹 서버를 관리하는 역할을 한다.

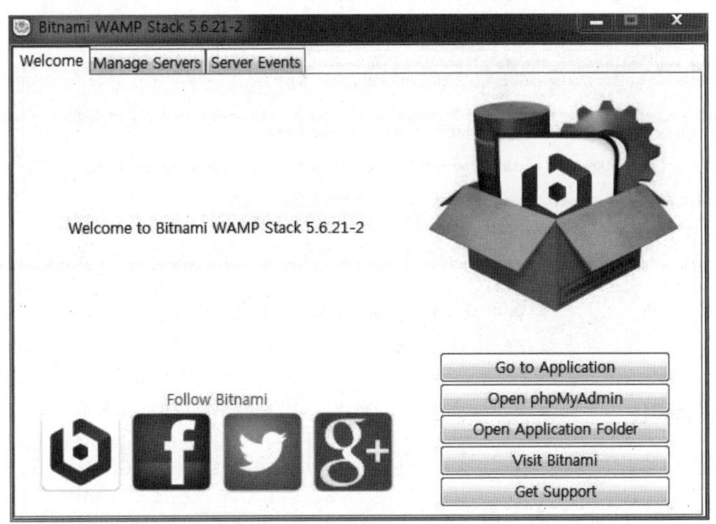

그림 21-10. 'Bitnami WAMP Stack

이렇게 해서 웹서버 구축을 끝낸 것이다. 너무 간단해서 허무한 생각이 드는가? 자고로 웹서버라고 한다면 클라이언트가 접속하여 정보를 얻을 수 있어야 한다. 이것이 웹서버의 가장 기본적인 기능이다. 이 기능이 가능한지 간단하게 테스트 해보자. 크롬 브라우저를 띄우고 주소창에 다음과 같이 주소값을 입력해 보자.

```
http://localhost:5000/index.html
```

어떤가? 아마 다음과 같은 웹페이지가 로딩되는 것을 확인할 수 있을 것이다.

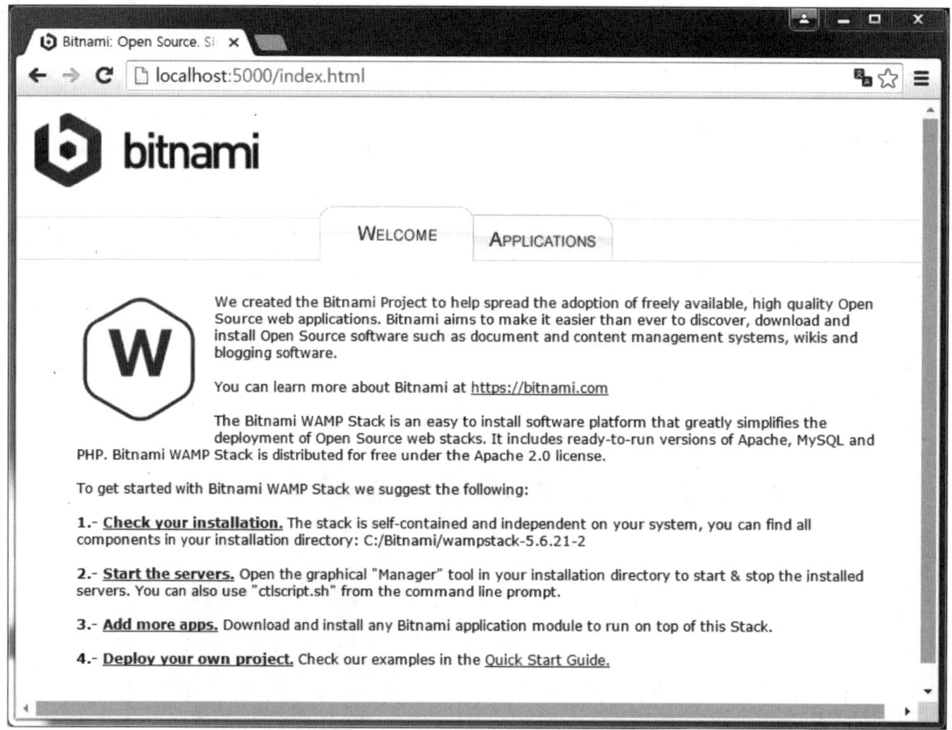

그림 21-11. 웹서버의 index.html 페이지 로딩

3) 웹 서버 디렉토리

localhost는 서버 자신의 내부 주소이고, 웹 서버의 포트는 설치시 5000이라고 설정하였으므로 접속하는데 있어 전혀 문제 없다. 해당 localhost 위치의 index.html 파일을 로딩한 것이다.

그렇다면 우리가 설치한 웹 서버의 localhost의 위치는 어디인가? 윈도우 탐색기를 열어서 다음의 위치로 이동해보자.

```
C:₩Bitnami₩wampstack-5.6.21-2₩apache2₩htdocs
```

이 위치가 바로 localhost이다. htdocs 폴더 내부 파일의 목록을 보면 index.html이라는 파일이 존재하는 것을 볼 수 있을 것이다. 앞에서 웹 서버에 접속하여 보았던 페이지이다. 만약 만든 웹 페이지가 있다면 index.html 대신 로딩하는 것도 가능하다. 가령 21-2.html이라는 파일을 작성하여 웹 서버에 저장하고, 브라우저에서 접속하여 읽어보도록 하자.

<21-2.html>

```
<html>
    <head>
        <meta charset = "utf-8"/>
    </head>
    <body>
        <h1> 웹 서버 테스트입니다. 너무 감격스러워요</h1>
    </body>
</html>
```

<실행 결과>

21-2.html 파일을 작성하여 앞서 언급했던 localhost 위치인 htdocs에 복사&붙여넣기 하였다. 그리고 이번에는 브라우저 주소창에 'https://localhost:5000/21-2.html'이라고 입력하였다. 자, 여기까지 문제없이 동작하였다면 웹서버 준비는 끝난 것이기 때문에 이제 어플리케이션 캐시를 동작시키는 클라이언트를 작성해 보도록 하자.

2.3 캐시 매니페스트 작성

1) 테스트 시나리오

자, 이제 웹 서버 구축은 끝났으니 오프라인 웹 어플리케이션만 잘 만들어서 테스트 해보면 된다. 그렇다고 그냥 무작정 작성해서 실행한다고 될 일은 아니다. 왜냐하면 테스트하여 검증하고 싶은 것은 최초 웹 사이트에 접속하여 캐시 매니페스트의 시나리오대로 리소스를 받고, 두 번째 접속 시에는 오프라인 상태에서 웹 사이트가 제대로 동작하는지 확인해야 하기 때문에 테스트 시나리오를 단계별로 계획해서 수행해야 한다.

① 웹 서버를 동작시킨다. 그리고 작성한 리소스 파일(html, css, js, 이미지) 및 manifest 파일을 웹 서버 위치인 htdocs에 넣어 놓는다.

② 웹브라우저를 실행시키고, 주소창에 'http://localhost:5000/xxx.html'이라고 입력한다. 작성한 웹 페이지가 정상적으로 수행되는지 확인한다.

③ 웹 서버를 중단시킨다(웹 서버가 원격에 위치하고 있다면 랜선을 뽑아 네트워크를 끊어도 같은 효과이다). 서버와 클라이언트가 한 PC에 공존하고 있기 때문에 웹 서버를 중단시켜야 네트워크가 끊어진 효과를 얻을 수 있다.

④ 다시 웹브라우저를 실행시키고, 주소창에 'http://localhost:5000/xxx.html'이라고 입력한다. 웹 페이지가 정상적으로 수행되는지 확인한다.

2) 캐시 매니페스트 작성하기

자, 이제 캐시 매니페스트를 작성해 보도록 하자. 그런데 그에 앞서 캐시 매니페스트의 섹션에 대해 잠깐 살펴보고 넘어가자. 앞에서 캐시 매니페스트의 내용은 무조건 캐시될 리소스 파일 리스트라고만 얘기했는데 엄밀하게 따지면 캐시될 리소스의 섹션이 있고, 그 외에 두 가지 섹션이 더 있는데, 무조건 네트워크를 통한 온라인상에서 접근해야 하는 리소스 영역과 리소스를 가져오지 못하였을 때 대체할 수 있는 대체 리소스 영역이다.

① CACHE 섹션

캐시 매니페스트의 가장 중요한 섹션으로 로컬에 캐시될 항목들을 지정하는 섹션으로 캐시 매니패스트의 존재의 이유이기도 하다. 그리고 이 섹션은 캐시 매니페스트의 기본값으로 섹션을 직접 명시하지 않고 파일을 명시하면 기본적으로 CACHE 섹션이 된다. 이 섹션에 명시되어 있는 파일들은 가장 처음 로드되고 나서 캐시에 저장된다. 그러므로, 네트워크가 끊어진 오프라인 상태에서도 접근이 가능하게 된다. 또한 현재의 manifest 파일을 지정한 html 파일은 이 섹션에 없더라도 자동으로 캐시에 저장된다.

```
CACHE :
appCache.html
```

② NETWORK 섹션

CACHE 섹션과는 반대의 개념이다. 이 섹션에 명시되어 있는 파일들은 무조건 온라인상에서만 읽을 수 있다. 만약 오프라인일 경우에는 이 파일들은 읽어올 수가 없다. 왜냐하면 캐시가 되지 않기 때문이다. 이 섹션을 사용하는 파일의 경우는 보통 자주 업데이트되는 리소스의 경우에 유용하다.

```
NETWORK :
me.jpg
```

③ FALLBACK 섹션

대체할 리소스를 지정하는 용도의 섹션이다. 리소스 로딩에 실패했을 경우 대신 로딩할 파일을 지정하는 것이다. 예를 들어 A와 B 파일이 있을 경우 A 파일의 로딩에 실패하면 B 파일을 대신 로딩하도록 설정한 것이다.

```
FALLBACK :
./home     fallback.html
```

3) 예제 작성하기

이제 예제를 작성하도록 하자. 앞에서 언급했던 테스트 시나리오대로 작성할 것이다.

① 웹 서버를 동작시키고, 각 파일에 대한 내용을 작성하여 htdocs 폴더에 복사하자. 웹 서버는 Bitnami WAMP Stack 어플리케이션 대화상자에서 두 번째 탭인 Manage Servers의 'Start'와 'Stop' 메뉴로 제어할 수 있다. 'Start' 버튼이 비활성화되어 있다면 웹 서버는 현재 동작하고 있는 것이다. 웹 서버를 중단시키고 싶다면 'Stop' 버튼을 누르면 된다.

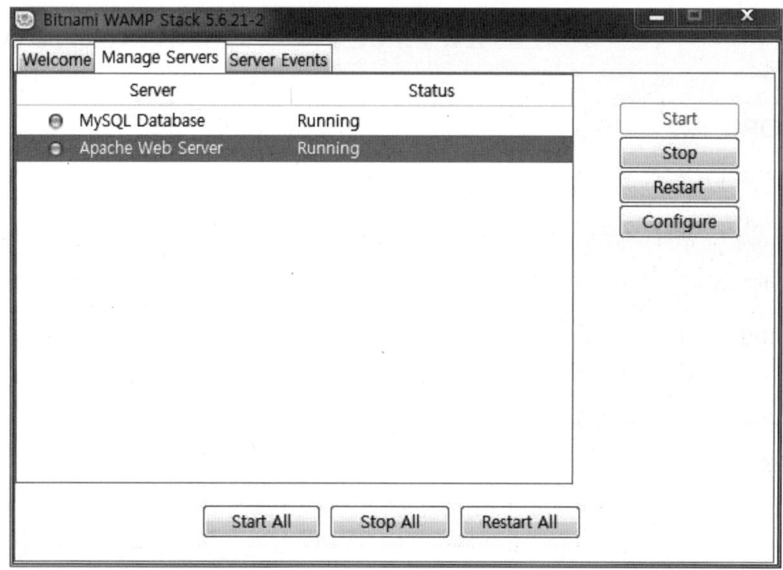

그림 21-12. Bitnami WAMP Stack의 Manage Servers

먼저 html 파일의 내용을 작성하도록 하자. 메인 문서는 간단한 회원 가입 페이지를 작성하도록 하겠다.

<21-3.html>

```
<html manifest="cache.manifest">
    <head>
        <meta charset = "utf-8"/>
        <title>회원 가입 페이지</title>
```

```
    <link rel="stylesheet" type="text/css" href="style.css">
    </head>
<body>
<s1>
    <div id="wrapper">
    <form>
    <table border="0" cellpadding="3" cellspacing="1"
    bgcolor="#6CAEFC" align="center">
        <tr>
            <td bgcolor="#B6CFF1" colspan="2" align="center">
            <b>회원 기본 정보</b>
        </td>
    </tr>
    <tr>
        <td bgcolor="#EAEAEA" align="center"><b>사용자 프로필 사진 :</
        b></td>
        <td bgcolor="#FFFFFF">
        <img src = "me.jpg">
    </tr>
    <tr>
        <td bgcolor="#EAEAEA" align="center"><b>사용자 이름 :</b></
        td>
        <td bgcolor="#FFFFFF">
        <input type="text" name="id" size="15"></td>
    </tr>
    <tr>
        <td bgcolor="#EAEAEA" align="center"><b>희망 아이디 :</b></
        td>
        <td bgcolor="#FFFFFF">
        <input type="text" name="id" size="15"><br>
        </td>
    </tr>
    <tr>
            <td bgcolor="#EAEAEA" align="center"><b>별명 설정 :</
            b></td>
            <td bgcolor="#FFFFFF">
            <input type="text" name="pwd1" size="15"><br>
```

```
                <font color="red">한글 1~10자, 영문 대소문자 2~21자, 숫자를 사용할
                수 있습니다.</font><br>
                </td>
            </tr>
            <tr>
                <td bgcolor="#EAEAEA" align="center"><b>비밀번호 :</
                b></td>
                <td bgcolor="#FFFFFF">
                <input type="password" name="id" size="15"><u>비밀번호
                도움말</u></td>
            </tr>
            <tr>
                <td bgcolor="#EAEAEA" align="center"><b>비밀번호확인:</
                b></td>
                <td bgcolor="#FFFFFF">
                <input type="password" name="pwd2" size="15"></td>
            </tr>
        </table><br>
        <center>
        <a href = "message.html">   회원 가입 </a>
        </center>
        </form>
        </div>
    </s1>
    </body>
</html>
```

다음은 스타일을 지정하는 css 파일 내용이다. 파일명은 style.css로 정하였고, 스타일은 폰트 크기 14pt에 궁서체로 설정하였다. css 파일을 링크하는 방법은 앞에서 이미 다 학습한 내용이므로 별도의 설명은 하지 않겠다. css 파일을 별도로 분리한 이유는 캐시 매니페스트의 캐시 파일 목록에 추가하기 위함이다.

<style.css>

```
s1{
    font-size : 14pt;
    font-family:궁서;
}
```

이제 캐시 매니페스트 파일을 작성하도록 하겠다. 매니페스트 파일의 이름은 cache.manifest 라고 정하였고, 캐시 매니페스트에 등록할 파일은 각각 21-3.html, style.css, me.jpg 이렇게 세 개다. 모두 CACHE 섹션에 등록하였는데, 이유는 오프라인시 캐시 데이터의 로딩으로 웹 어플리케이션의 동작을 확인해 보는 것이기 때문이다.

<cache.manifest>

```
CACHE MANIFEST
#Version 1.0.0.0

CACHE:
21-3.html
style.css
me.jpg

NETWORK:
FALLBACK:
```

② 자, 여기까지 작성이 완료되었으면 작성한 21-3.html, style.css, me.jpg, cache.manifest 네 개의 파일을 복사하여 C:₩Bitnami₩wampstack-5.6.21-2₩apache2₩htdocs 경로에 붙여넣기 하자. 그리고 크롬 브라우저를 실행하여 주소창에 다음과 같이 주소를 입력해 보자.

```
http://localhost:5000/21-3.html
```

실행 결과는 다음과 같다.

<실행 결과>

이 결과를 통해서 우리가 알 수 있는 것은 첫 번째로 웹 서버에 접속하여 온라인으로 리소스 데이터를 브라우저상에 출력했다는 것이고, 두 번째로는 캐시 매니페스트를 통해 21-3.html, style.css, me.jpg 파일들이 로컬에 캐시되었다는 것이다. 참고로 cache.manifest 파일은 별도의 설정 없이도 서버로부터 클라이언트로 무조건 다운로드된다. 다음은 예제상의 웹 서버와 웹브라우저간의 통신 구조이다.

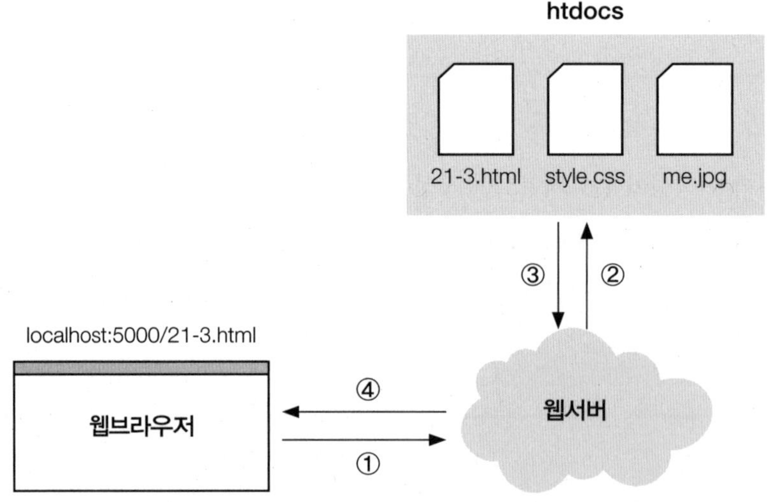

그림 21-13. 웹브라우저와 웹 서버간의 통신 구조

번호는 동작의 순서를 의미한다. 웹브라우저는 먼저 웹 서버에 접속을 시도하면 웹 서버는 요청한 파일을 htdocs에서 찾아 다시 웹브라우저로 보낸다. 즉, 웹브라우저 화면에 뿌려준다는 의미이다.

③ 이번에는 웹 서버를 중단시키고, 다시 웹브라우저를 실행시켜보겠다. 웹 서버 중단을 위해서 Bitnami WAMP Stack의 Manage Servers에서 'Stop' 버튼을 누른다.

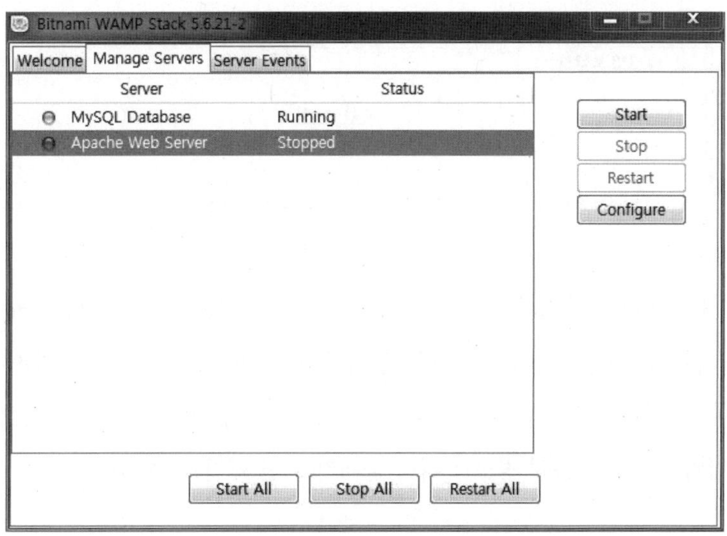

그림 21-14. Bitnami WAMP Stack의 Manage Servers

④ 이제 마지막 단계로 다시 웹브라우저의 주소창에 주소를 입력하여 현재 웹 서버가 동작하지 않는 오프라인 상태에서도 온라인 상태와 똑같은 화면이 나타나면 성공이다. 즉, 똑같은 화면이 출력되었다는 것은 캐시된 리소스를 사용하였다는 의미이다.

```
http://localhost:5000/21-3.html
```

<실행 결과>

실행 결과를 보면 온라인일 때의 실행 결과와 동일함을 확인할 수 있다. 이는 캐시 매니페스트에 의해 캐시된 리소스를 읽어온 것임을 알 수 있다. 일단 이론적으로는 캐시된 리소스가 사용되었다는 것에 대해 확신을 할 수 있지만 그래도 눈으로 확인해 보면 더 확실할 것 같다. 크롬 브라우저의 캐시는 다음의 경로로 따라 들어가 보면 확인할 수 있다.

```
C:\Documents and Settings\"사용자 이름"\Local Settings\Application Data\
Google\Chrome\User Data\Default\Application Cache\Cache
```

Cache 폴더 안에는 폴더의 이름대로 캐시된 리소스 파일들이 저장되어 있음을 알 수 있다. 리소스 데이터는 바이너리로 저장되어 있기 때문에 파일의 내용까지 알 수는 없다. 그런데, 여기서 한 가지 확인할 수 있는 단서가 있는데 'f_000004'라는 이름의 파일은 다른 파일과 이름의 패턴도 다르고, 용량이 필자의 프로필 원본 사진과 19KB로 동일하다. 왠지 이미지 캐시 파일 같은 느낌이 팍! 온다.

이름	수정한 날짜	유형	크기
data_0	2016-05-13 오전 3:52	파일	44KB
data_1	2016-05-13 오전 3:52	파일	264KB
data_2	2016-05-13 오전 3:52	파일	1,032KB
data_3	2016-05-12 오후 6:14	파일	8KB
f_000004	2016-05-12 오후 6:47	파일	19KB
index	2016-05-12 오후 6:14	파일	513KB

그림 21-15. Chrome 브라우저의 Cache 저장 경로

느낌 아니까 'f_000004' 파일의 확장자를 jpg로 변경해보자. 그래도 원본은 존중해줘야 하기 때문에 파일을 복사&붙여넣기 하여 복사본의 파일 확장자를 jpg로 변경한다.

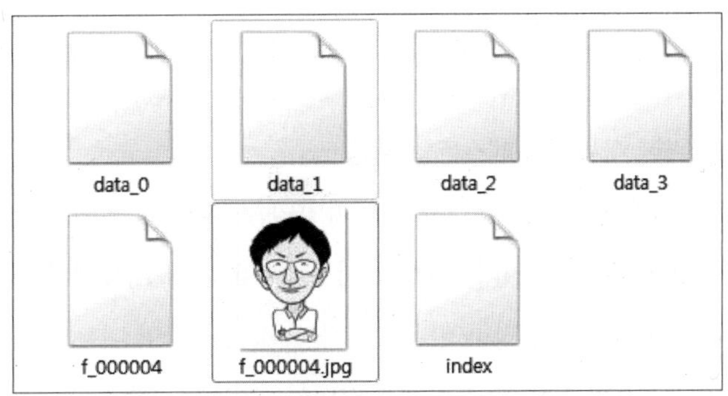

그림 21-16. Chrome 브라우저의 Cache 리소스 확인

확장자를 변경하고 보니 필자가 이미지 파일이였다는 예상이 적중했다. 오프라인에서 Cache 경로의 리소스 데이터를 읽어온다는 사실이 더욱 확실해진 것이다.

2.3 캐시 업데이트

1) 캐시 업데이트의 여부 기준

이번에는 캐시 업데이트 방법에 대해 알아보자. 오프라인 웹 어플리케이션의 기본 동작 매커니즘은 이제 이해할 수 있다. CACHE 섹션에 등록된 리소스 파일 항목들은 로컬에 캐시되어 다시 웹 사이트 재접속시 서버로 요청하지 않고, 로컬에 캐시된 리소스를 사용한다고 하였다.

그런데, 만약 서버의 리소스 파일 내용이 변경되었다면 어떻게 될까?

변경된 파일을 다시 로컬로 캐시해야 하는데, 이것을 어떻게 반영해야 하는가? 여기서부터 우리는 캐시의 업데이트 문제에 봉착하게 된다. 자, 상식적으로 접근해보자. 파일을 업데이트하는 문제의 기본은 기존 파일과 업데이트할 파일의 비교에서부터 시작된다. 두 파일을 비교하여 같으면 놔두고, 다르면 새로운 파일로 업데이트해야 한다. 어플리케이션 캐시 기반에서도 동일한 방법으로 체크하는가? 그렇지 않다. 일일이 모든 리소스 파일의 변경사항을 확인하지 않는다. 수많은 리소스의 변경 사항을 일일히 체크한다는 것은 매우 비효율적인 프로세스이다. 그래서 캐시 매니페스트가 존재한다.

리소스 파일의 리스트를 가지고 있는 캐시 매니페스트 파일의 변경 사항을 확인하여 캐시의 업데이트 여부를 판단하는 것이다.

2) 캐시 업데이트를 위한 캐시 매니페스트의 사용

캐시 업데이트의 여부 기준은 캐시 매니페스트 파일의 변경 내용을 보고 판단한다고 하였다. 그런데, 이렇게만 말하면 문제가 있다. 예를 들어 style.css 파일 내용에서 font-family의 내용을 기존의 '궁서'에서 '돋움'으로 변경하였다고 하자. style.css 파일 내부의 내용이 변경된 것이다. 하지만, 캐시 매니페스트 파일의 내용이 변경되었는가?

그렇지 않다. 파일의 이름은 그대로 style.css이다. 즉, 외부에서 보면 파일 이름은 그대로 있으므로 파일의 내용 변경 여부를 알 수 없다. 그렇다고, 내용 변경 시 파일 이름을 매번 style1.css, style2.css ... 이런식으로 변경할 수도 없는 노릇이다. 우리가 원하는 형태는 파일의 내용이 변경되면 캐시 항목들을 다시 다운로드하여 업데이트하고, 다시 캐싱하는 것이다. 따라서 style.css와 같이 캐시된 리소스를 업데이트하기 위해서는 캐시 매니페스트 파일의 내용을 변경하면 되는데, 바로 버전을 이용하는 방법이다. 혹시 앞서 캐시 매니페스트 작성시 두 번째 줄에 버전이 주석으로 작성되어 있던 것을 기억하는가?

<cache.manifest>

```
CACHE MANIFEST
#Version 1.0.0.0
.............................................
```

이 버전이 존재하는 이유가 바로 캐시를 업데이트하기 위함이다. 앞서 언급했듯이 파일명이 변경되거나, 추가, 삭제가 된다면 캐시 매니페스트의 내용이 변경되는 것이므로 캐시의 업데이트가 가능하다. 하지만, 파일명은 변경되지 않고, 리소스 파일 내용만 변경이 된다면 캐시 매니페스트 파일만으로 업데이트 여부를 알 수 없으므로 이럴 때는 버전 번호를 업데이트해 주면 캐시 매니페스트 파일이 변경된 것과 같으므로 리소스 파일 업데이트가 가능하다. 다음은 지금까지 설명한 캐시 업데이트 여부의 체크 흐름을 모식화한 플로우 차트이다.

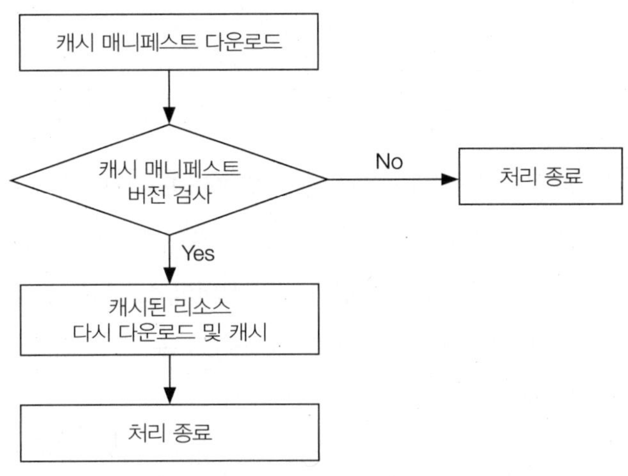

그림 21-17. 캐시 업데이트 여부 체크 흐름

캐시 업데이트 예제를 작성해보자. 서버의 htdocs 폴더로 이동하여 다음의 리소스의 내용을 바꾸고 캐시 매니페스트의 버전을 업데이트하도록 하겠다.

<style.css>

```
s1{
    font-size : 14pt;
    font-family:돋움;
}
```

<cache.manifest>

```
CACHE MANIFEST
#Version 1.0.0.1

CACHE:
21-3.html
style.css
me.jpg

NETWORK:
FALLBACK:
```

style.css 파일의 내용을 기존 '궁서'에서 '돋움'으로 변경한 후, 캐시 매니페스트에서 기존 버전 1.0.0.0을 1.0.0.1로 변경하였다. 그리고, 크롬 브라우저를 실행하여 주소창에 'http://localhost:5000/21-3.html'를 입력한다. 이렇게 하면 서버의 cache.manifest와 캐시된 로컬의 cache.manifest의 버전이 달라서 서버로부터 21-3.html, style.css, me.jpg 리소스를 새로 다운로드 받아 다시 캐싱하게 된다.

<실행 결과>

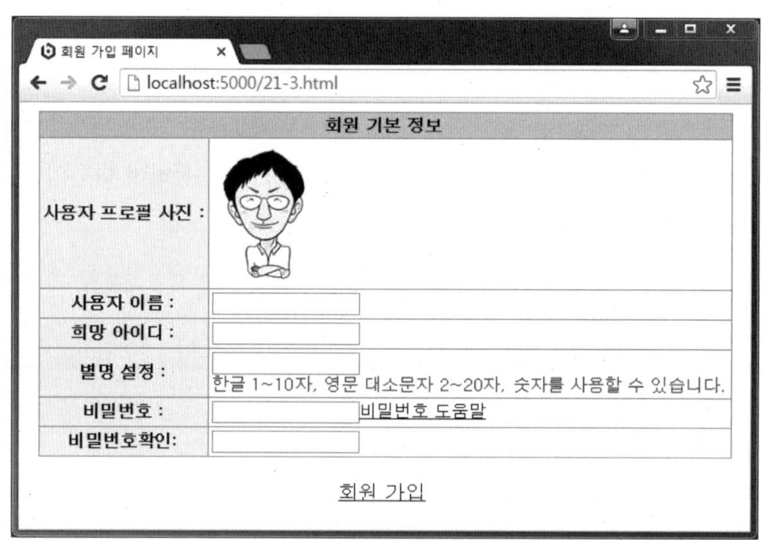

결과를 보면 폰트체가 기존의 '궁서'에서 '돋움'으로 모두 변경된 것을 확인할 수 있다.

2.4 어플리케이션 캐시의 이벤트 처리

어플리케이션 캐시는 앞에서 살펴본 바와 같이 캐시 매니페스트 파일 기준으로 동작하지만, 자바 스크립트에서 조금 더 정밀한 제어를 할 수 있도록 속성, 메소드 및 이벤트가 제공이 된다. 이 때 어플리케이션 캐시를 나타내는 객체는 applicationCache이다.

1) 어플리케이션 캐시의 속성 및 메소드

어플리케이션 캐시 객체에는 다음과 같은 속성과 메소드가 정의되어 있다.

① status

어플리케이션 캐시의 현재 상태를 반환하는 값으로 applicationCache.status의 형태로 사용한다.

다음과 같이 6개의 상태값을 가질 수 있다.

status 값	설명
0, UNCACHED	캐시에 연결되지 않았다.
1, IDLE	브라우저가 최신 버전의 어플리케이션 캐시로 업데이트하였고, 더 이상 업데이트 할 버전이 없는 최신 상태를 말한다.
2, CHECKING	캐시 매니페스트 파일이 업데이트되었는지 체크하는 상태이다.
3, DOWNLOADING	캐시할 파일들을 다운로드하는 상태이다.
4, UPDATEREADY	최신 캐시를 다운로드 받았고, 적용할 준비가 된 상태이다.
5, OBSOLETE	에러에 의해 캐시가 무효화 된 상태이다.

[표 21-1] 캐시의 status 값 정보

status 값은 상수와 정수값이 공존하는데 상수가 정수의 값으로 정의되어 있는 것이다. 그 이유는 상수를 사용하는 것이 상태를 인식하기에 이해하기 쉽기 때문이다.

② update()

어플리케이션 캐시의 업데이트를 처리하는 것으로 캐시 다운로드를 시작한다. 업데이트는 비동기로 진행되고, 업데이트할 캐시가 없으면 INVALID_STATE_ERR 예외를 반환한다.

③ swapCache()

어플리케이션 캐시를 최신 내용으로 변경한다. 어플리케이션 캐시의 업데이트 처리는 웹 사이트가 사용자에게 표시되고 나서 그 다음에 백그라운드로 처리되는 것이기 때문에 그 사이에 업데이트가 된 경우 사용자가 이미 웹사이트를 보았던 이전 캐시의 상태와 새로운 캐시가 업데이트되어 존재하는 시점이 있다. 이런 상황일 때 swapCache() 메소드를 호출하면 캐시를 최신의 내용으로 교체할 수 있다. 즉, UPDATEREADY 상태에서 IDLE 상태로 변경되는 것이다. 업데이트할 캐시가 없으면 INVALID_STATE_ERR 예외를 반환한다.

예제를 하나 작성해보자. 웹 사이트에 접속을 하여 현재 캐시의 상태 변화를 applicationCache.status 속성을 이용하여 알아보고, 만약 UPDATEREADY 상태인 경우에는 swapCache() 메소드를 수행하여 IDLE 상태로 변경하는 예제이다.

<21-4.html>

```
<html manifest="cache2.manifest">
    <head>
        <meta charset = "utf-8"/>
        <script type="text/JavaScript">
        function cacheStatus()
        {
            switch(applicationCache.status)
            {
                case applicationCache.UNCACHED:
                    document.getElementById("result").innerHTML ="캐
                    시를 사용중이 아닙니다.";
                    break;
                case applicationCache.IDLE:
                    document.getElementById("result").innerHTML ="최
                    신 캐시 사용중입니다.";
                    break;
                case applicationCache.CHECKING:
                    document.getElementById("result").innerHTML ="업
                    데이트 체크 중입니다.";
                    break;
```

```
                case applicationCache.DOWNLOADING:
                    document.getElementById("result").innerHTML ="캐
                    시를 다운로드 하고 있습니다.";
                    break;
                case applicationCache.UPDATEREADY:
                    document.getElementById("result").innerHTML ="최
                    신 캐시를 이용할 수 있습니다.";
                    break;
                case applicationCache.OBSOLETE:
                    document.getElementById("result").innerHTML ="에
                    러 발생으로 캐시가 무효화 되었습니다.";
                    break;
            }
        }
        function newCache()
        {
            applicationCache.swapCache();
            cacheStatus();
        }
    </script>
    </head>
    <body>
        <button onclick="cacheStatus()" type="button">어플리케이션 캐시 상
        태</button>
        <button onclick="newCache()" type="button">swapCache 적용</
        button><p>
        <div id = "result"></div>
    </body>
</html>
```

다음과 같이 cache2.manifest 파일을 작성한다. 캐시를 관리하는 파일이므로 이 정보를 통해서 캐시의 업데이트 관리를 한다.

<cache2.manifest>

```
CACHE MANIFEST
#Version 1.0.0.1

CACHE:
21-4.html

NETWORK:
FALLBACK:
```

여기까지 작성이 끝났으면 21-4.html 파일과 cache2.manifest 파일을 복사하여 'C:₩Bitnami₩wampstack-5.6.21-2₩apache2₩htdocs' 경로에 붙여넣기 한다. 그리고 크롬 브라우저를 실행하여 주소창에 다음과 같이 주소를 입력한다.

```
http://localhost:5000/21-4.html
```

<실행 결과>

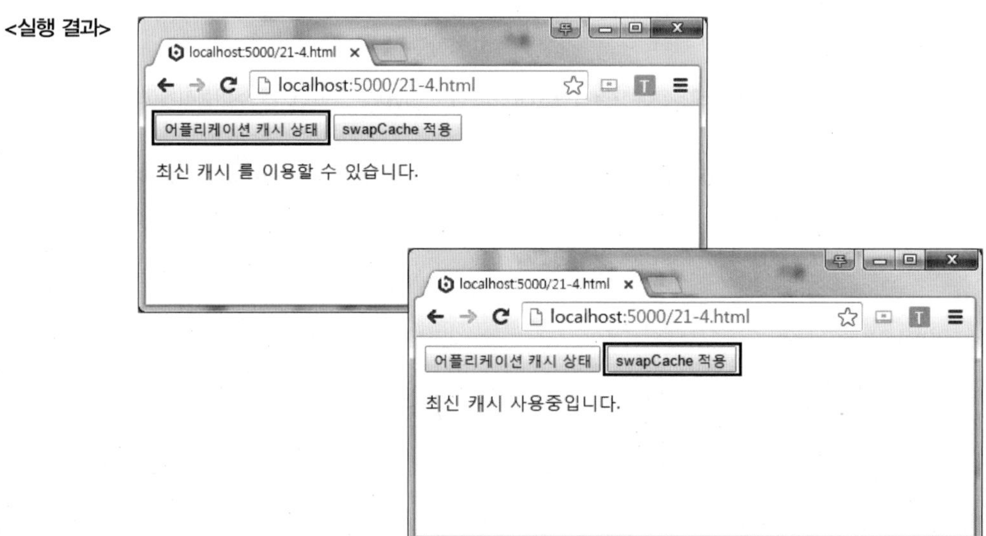

'어플리케이션 캐시 상태' 버튼을 누르면 cacheStatus() 함수를 호출하게 된다. 이 함수의 기능은 switch ~ case문을 이용하여 applicationCache.status의 값에 대한 정보를 출력하는 것이다.

21-4.html 파일의 경우 최초 접속이므로 무조건 파일을 다운로드하여 캐시 할 준비를 할 것이다.

cache2.manifest 버전을 처음 적용할 때에는 '최신 캐시를 이용할 수 있습니다.'라는 문구가 한 번 나오고, 그 이후에는 '최신 캐시 사용중입니다.'라는 문구가 나온다. 즉, '최신 캐시를 이용할 수 있습니다.'라는 문구는 캐시 첫 적용시 한 번 나오는거고, 이 예제를 따라서 실행하는 독자들은 캐시를 처음 적용하는 것이기 때문에 예제의 결과대로 나올 것이다.

이미 한 번 캐시를 적용한 이후 예제의 결과대로 나오게 하려면 cache2.manifest 파일을 열고, #version 1.0.0.1 버전을 1.0.0.2로 버전업하고, 브라우저를 다시 새로고침 후 버튼을 눌러보자. 그러면 실행 결과와 동일하게 나올 것이다.

'최신 캐시를 이용할 수 있습니다.'라는 문구가 출력된 것은 현재 캐시의 상태가 UPDATEREADY라는 것이다. 'swapCache 적용' 버튼을 누르게 되면 swapCache() 메소드가 호출되는데, 이 메소드는 앞서 설명했듯이 캐시를 최신 내용으로 교체할 수 있다. 물론 이 메소드를 사용하기 위해서는 전제 조건이 현재 상태가 UPDATEREADY, 즉 교체할 새로운 캐시를 다운로드 받아 캐시 적용 준비 상태여야 한다. 실행 결과를 보면 '최신 캐시 사용중입니다.'라는 문구가 출력되는데, IDLE 상태로 변경된 것이다.

다음은 swapCache() 메소드를 사용하였을 때 캐시의 상태를 나타낸 것이다. 새로운 캐시를 다운로드 받은 상태이지만 표시중인 페이지는 여전히 이전 캐시를 참조하고 있다. 이 때 swapCache() 메소드를 수행하면 다운로드 받은 새로운 캐시가 적용된다.

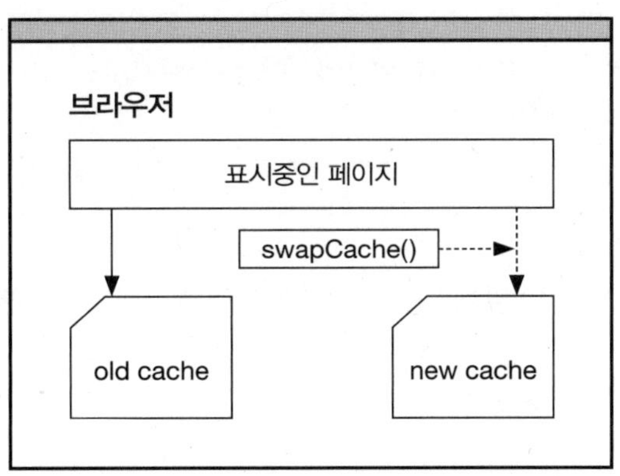

그림 21-18. swapcache() 메소드 동작 구조

2) 어플리케이션 캐시 이벤트

앞서 알아본 내용은 현재의 캐시 상태에 관한 것이였다. '캐시가 사용중이 아니다.', '캐시가 다운로드 되었다.', '최신 캐시가 사용중이다' 등의 상태 말이다. 그런데, 이러한 상태의 변화에 따라서 처리할 수 있는 이벤트가 제공된다. 이벤트의 목록은 다음과 같다.

이벤트	설명
checking	manifest 파일을 처음으로 다운로드 받을 때나 업데이트된 manifest 파일이 있는지 확인 시 발생한다.
error	파일의 다운로드를 실패하거나 그 외에 다양한 에러가 나타나면 발생한다.
noupdate	업데이트 할 파일이 없을 때 발생한다.
downloading	처음으로 캐시할 파일을 다운받거나 업데이트 된 캐시가 있을 때 발생 화면에 업데이트 상황을 표현해 줄 수 있다.
progress	캐시할 파일이 각각 다운로드될 때마다 발생한다.
updateready	새로 업데이트된 캐시의 모든 리소스가 다운로드되었을 때 발생한다. 이 이벤트가 발생하면 새로운 캐시 사용 준비가 완료된 것이므로 swapCache() 함수를 호출하여 캐시 완료 상태로 적용할 수 있다.
cached	모든 리소스가 다운로드되어 어플리케이션이 캐시가 완료되었을 때 발생한다.
obsolete	manifest 파일을 찾을 수 없을 경우이다. 404 또는 410 에러를 표시한다.

[표 21-2] 어플리케이션 캐시 이벤트

이러한 이벤트를 처리하려면 addEventListener()를 통해 이벤트 핸들러를 등록하여 사용하면 된다.

updateready 이벤트 발생시 다음과 같이 처리하면 된다.

```
applicationCache.addEventListener('updateready', function(){
    //updateready 이벤트 처리
}, false);
```

또는 다음과 같이 이벤트 이름 앞에 'on'을 붙여 이벤트 핸들러를 등록할 수 있다.

```
applicationCache.onupdateready =  function(){
    //updateready 이벤트 처리
}
```

간단한 예제를 하나 작성해보도록 하자. 이벤트라는 것은 어차피 등록만 해놓고, 원하는 이벤트가 발생하도록 상황을 만들어주기만 하면 된다. 캐시는 체크, 다운로드 및 업데이트가 주 기능이므로 캐시 다운로드(downloading) 및 캐시 업데이트(updateready) 두 가지 이벤트를 등록하여 작성해보자.

<21-5.html>

```
<html manifest="cache3.manifest">
    <head>
        <meta charset = "utf-8"/>
        <script type="text/JavaScript">
            function cacheUpdate()
            {
                setInterval(function() {
                    applicationCache.update();
                }, 5000);
            }

            applicationCache.addEventListener('updateready',
            function() {
                if(confirm("업데이트 하시겠습니까?"))
                {
                    applicationCache.swapCache();
                }
            }, false);

            applicationCache.addEventListener('downloading',
            function() {
                alert("최신 리소스가 다운로드 완료 되었습니다.");
            }, false);
        </script>
    </head>
    <body>
        <button onclick="cacheUpdate()" type="button">어플리케이션 캐시 업
        데이트</button><p>
    </body>
</html>
```

'어플리케이션 캐시 업데이트'라는 버튼을 등록하고, 버튼과 연결된 함수 cacheUpdate()는 setInterval()을 이용하여 5초마다 캐시 업데이트를 하는 기능을 구현하였다. 만약 새로운 캐시가 체크되면 어플리케이션 캐시는 등록된 'downloading' 이벤트가 발생하여 캐시 다운로드가 진행되고, 캐시의 다운로드가 완료되면 어플리케이션 캐시의 상태는 'updateready'로 변경되어 이벤트가 발생한다. 예제에서는 두 개의 이벤트만을 사용했지만, 'checking', 'noupdate', 'error' 등의 이벤트를 추가로 등록하여 이벤트 발생을 확인할 수 있다.

마찬가지로 리소스 파일을 관리하는 cache3.manifest 파일을 작성한다. 캐시를 관리하는 파일이므로 이 정보를 통해서 캐시의 업데이트 관리를 한다.

<cache3.manifest>

```
CACHE MANIFEST
#Version 1.0.0.1

CACHE:
21-5.html

NETWORK:
FALLBACK:
```

여기까지 작성이 끝났으면 21-5.html 파일과 cache3.manifest 파일을 복사하여 'C:₩Bitnami₩wampstack-5.6.21-2₩apache2₩htdocs' 경로에 붙여넣기 한다. 그리고 크롬 브라우저를 실행하여 주소창에 다음과 같이 주소를 입력한다.

```
http://localhost:5000/21-5.html
```

다음과 같이 '어플리케이션 캐시 업데이트' 버튼을 먼저 클릭한다. 만약 처음으로 21-5.html에 접속하는 것이라면 리소스 파일을 새로 다운로드 하여 캐싱하겠지만, 두 번째, 세 번째 테스트를 하는 경우에는 버튼을 클릭해도 아무 반응이 없을 것이다. 왜냐하면 이미 캐시된 리소스를 가져오기 때문에 applicationCache.update()이 수행이 되도 noupdate 이벤트만 발생하기 때문이다. 그래서 이러한 경우에는 직접 캐시 매니페스트 파일을 수정해주면 리소스 파일을 다시 다운로드하게 되고, 업데이트 관련 이벤트가 발생한다. 캐시 매니페스트 파일의 버전 정보를 1.0.0.2로 수정 후 저장하자.

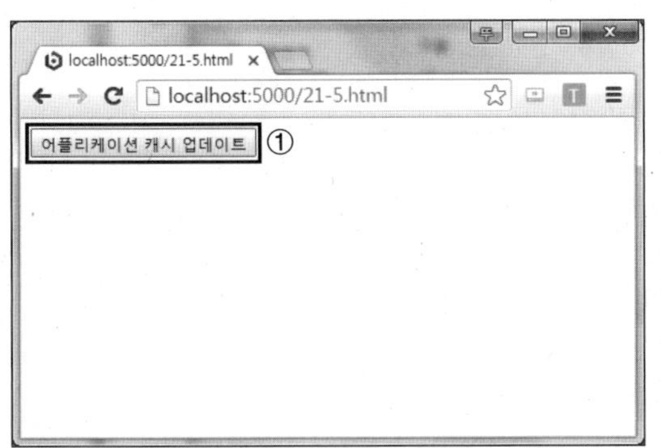

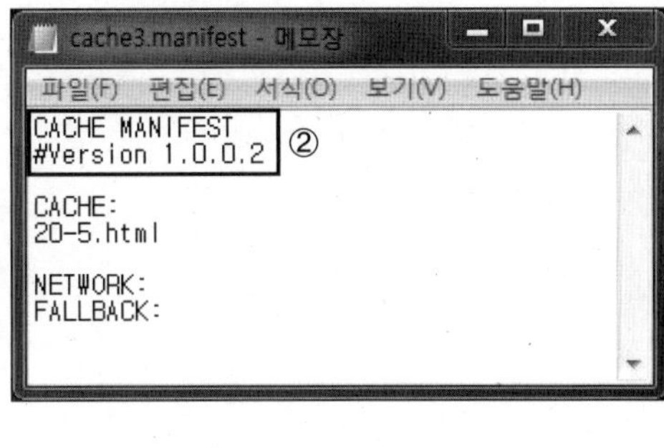

캐시가 업데이트 되면 'downloading' 이벤트가 발생하고, 등록되어 있는 'downloading' 이벤트 핸들러가 수행되어 '최신 리소스가 다운로드 완료되었습니다.'라는 메시지 창이 출력된다.

<실행 결과>

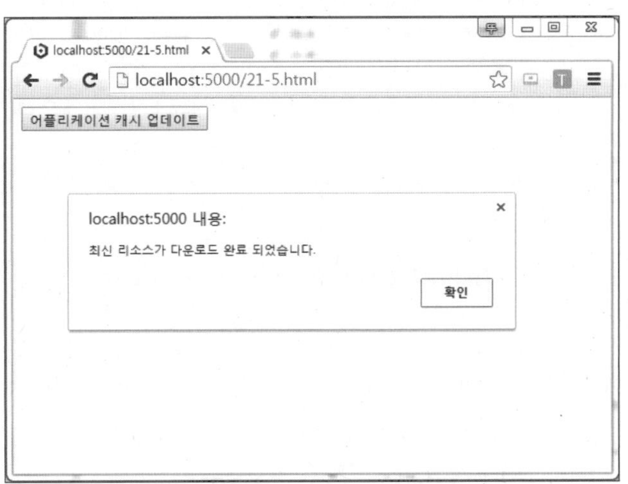

리소스의 다운로드가 완료되면 캐시의 상태는 'updateready'로 변경되어, 5초 후에 'updateready' 이벤트가 발생하고, 등록되어 있는 'updateready' 이벤트 핸들러가 수행되어 '업데이트를 하시겠습니까?'라는 메시지 창이 출력된다.

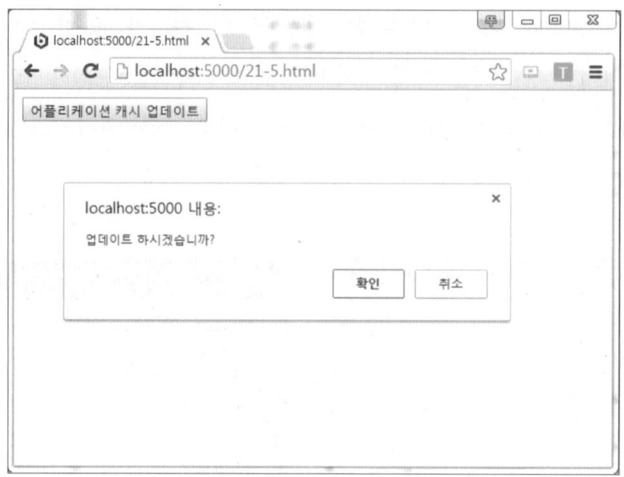

2.5 브라우저 상태 관련 이벤트

어플리케이션 캐시 관련 이벤트 외에도 브라우저 상태 관련 이벤트도 지원한다.

속성 및 이벤트	설명
navigator.onLine	onLine은 navigator 객체의 속성으로 브라우저가 인터넷에 접속되어 있는지 상태를 체크하는 속성이다. 반환값은 온라인 상태일 때 true, 오프라인 상태일 때 false를 반환한다.
online	이벤트로써 window 객체로부터 발생한다. 네트워크가 연결이 되는 시점에 발생한다.
offline	이벤트로써 window 객체로부터 발생한다. 네트워크 연결이 끊어지는 시점에 발생한다.

[표 21-3] 브라우저 상태 관련 속성 및 이벤트

브라우저 상태 관련 이벤트를 기반으로 간단한 예제를 작성해 보도록 하자. navigator.onLine 속성을 통해서 현재 브라우저의 네트워크 상태를 체크하고, 'online', 'offline' 이벤트 핸들러를 각각 등록하여 온/오프라인 시점에 이벤트가 발생하는지 체크한다.

<21-6.html>

```
<html>
    <head>
```

```
        <meta charset = "utf-8"/>
        <script type="text/JavaScript">
            function stateCheck()
            {
                if(navigator.onLine)
                    document.getElementById("result").innerHTML = "온
                    라인 상태입니다.";
                else
                    document.getElementById("result").innerHTML = "오
                    프라인 상태입니다.";
            }

            addEventListener('online', function() {
                alert("인터넷에 연결되었습니다.");
            }, false);

            addEventListener('offline', function() {
                alert("인터넷이 끊어졌습니다.");
            }, false);
        </script>
    </head>
    <body>
        <button onclick="stateCheck()" type="button">브라우저 상태 체크</
        button><p>
        <div id = "result"></div>
    </body>
</html>
```

<실행 결과>

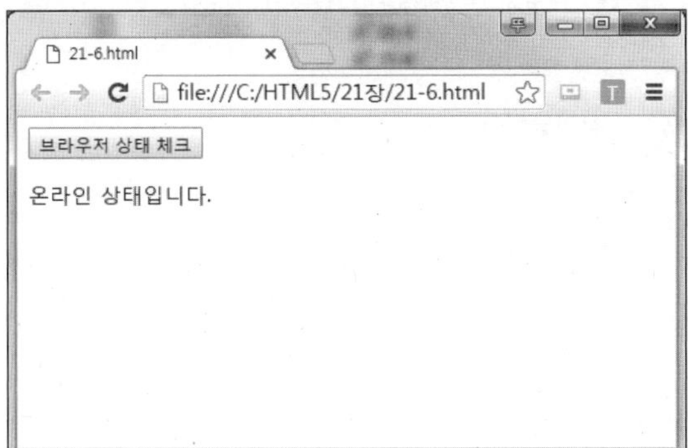

실행을 하고, '브라우저 상태 체크' 버튼을 클릭하면 '온라인 상태입니다'라는 문구가 출력된다. 버튼과 연결된 stateCheck() 함수는 navigator.onLine 속성값을 보고 온/오프라인을 판단한다. 속성값이 true일 경우는 온라인 상태로, false일 경우는 오프라인 상태로 판단한다. 이번에는 현재 연결되어 있는 네트워크 연결을 끊어보도록 하자. 다음과 같이 '인터넷 연결이 끊어졌습니다.'라는 메시지 창이 출력될 것이다.

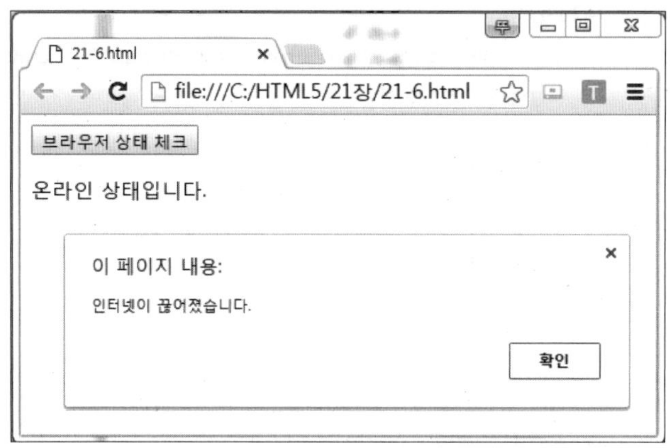

이 메시지 문구가 나오는 이유는 오프라인 시점에서 'offline' 이벤트가 발생하는데, 소스 코드에서 addEventListener() 함수를 통해 이미 'offline'이라는 이벤트 핸들러를 등록하여 처리하고 있기 때문이다. 이 상태에서 '브라우저 상태 체크' 버튼을 눌러보면 navigator.onLine 속성값에 의거하여 '오프라인 상태입니다'라는 메시지가 출력되는 것을 확인할 수 있다.

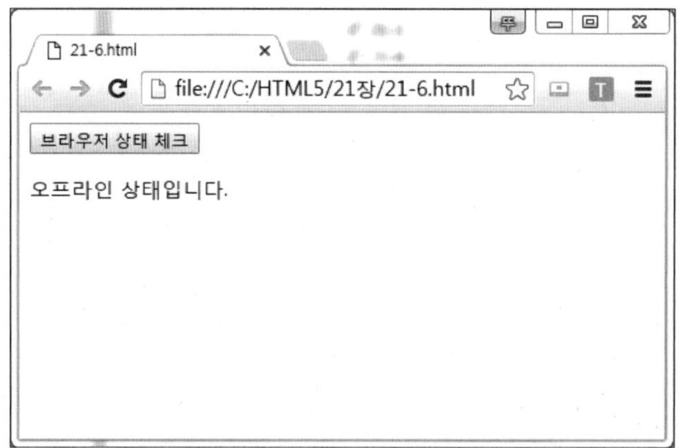

끊었던 네트워크를 다시 연결하여 보자. 이번에는 '인터넷에 연결되었습니다.'라는 메시지 창이 출력될 것이다.

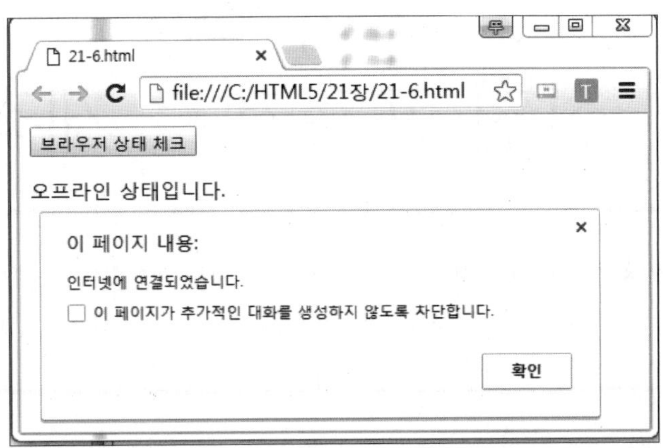

네트워크가 다시 접속되면서 'online' 이벤트가 발생하는데, 마찬가지로 소스 코드상에서 addEventListener() 함수를 통해 이미 'online'이라는 이벤트 핸들러를 등록하여 처리하고 있기 때문에 해당 문구가 출력되는 것이다.

Chapter 22

HTML5 기술을 이용한 실전 프로젝트 제작

현재 위치가 소중한 것이 아니라 가고자 하는 방향이 소중하다.
– 올리버 웬델 홈즈 –

이번 시간에는 HTML5 과정의 마지막 시간으로 전 과정을 정리하는 차원에서 HTML5 기반의 간단한 2D 게임을 하나 만들어 보기로 하겠다. 기존의 표준 웹 기반에서는 플래시와 같은 플러그인 없이는 꿈도 못 꿀 일이지만 HTML5에서 제공하는 Canvas 및 그 외 API를 사용하면 충분히 가능한 일이다. 엄청 근사한 게임은 아니지만, 여러분이 충분히 따라서 작성할 수 있고, 코드상 이해할 수 있는 게임을 선정하였다. 관련 서적 10권을 백날 읽는 것보다는 간단하지만 여러분이 한 개의 프로젝트를 끝까지 수행해 보는 것이 성취감을 갖는데 매우 큰 효과가 있다. 자, 그럼 시작해 보도록 하자.

1. submarine 게임 설계

자, 지금부터 간단한 게임을 만들어 볼 것인데, 코드의 복잡도를 고려하여 조금 슬림한 게임을 만들어 보기로 하자. 먼저 어떤 게임인지 말로 설명하는 것보다는 한 번 보여주는 것이 이해하는데 효과적이다. 다음 그림이 우리가 만들어야 할 게임인데, 완성된 게임의 실행 장면이다.

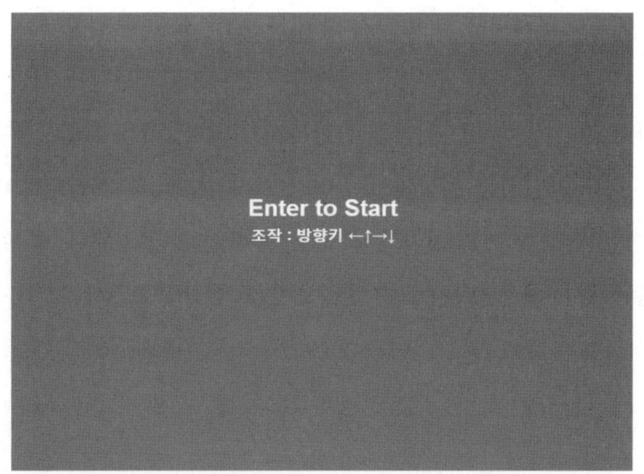

그림 22-1. 게임 실행 장면

어떤가? 그림만 보고 어떻게 하는 게임인지 감이 오는가? 혹자는 게임이 너무 단순해 보여서 실망했는가? 아니면 너무 훌륭해 보여서 감탄했는가? 어찌되었든간에 게임이라는 것 자체가 종합 예술이라서 우리가 생각하는 것만큼 간단하지가 않다. 사용자 입장에서 아무리 유치하고 쉬운 게임일지라도 개발하는 입장에서는 여러 가지 알고리즘 기반으로 머리 터지게 고민해야 한다. 이렇게 간단해 보이는 게임도 코드가 300라인 가까이 된다. 물론 HTML5에서 지원하는 API가 훌륭해서 이 정도이지 그렇지 않으면 몇 천라인 그 이상이 될 수도 있다.

1.1 게임 정보

1) 게임 방식

먼저 스크린샷으로만으로는 이 게임이 정확하게 무엇을 하는 게임인지 파악이 되지 않을 수 있다. 게임 방식을 설명하자면 바다 속 한 가운데 잠수함 한 대가 정처 없이 떠돌아 다니고 있는데, 갑자기 주위에서 정체 모를 수많은 장애물들이 랜덤하게 공격을 한다. 잠수함은 이 장애물들을 얼마나 오랫동안 피하느냐에 따라 스코어가 올라가고, 스코어를 많이 획득하는 사람이 이기는 게임이다.

2) 잠수함 캐릭터

잠수함 캐릭터는 필자가 성인이 되었던 그 즈음부터 사용했던 것 같다. 닉네임도 그 때부터 잠수함이였다. 당시 PC 통신에서 인터넷 전용선으로 넘어오던 시기였는데 온라인 활동이 이제 태동하던 시기이기도 했다. 아, 너무 오래전이라 아재스러운가? 벌써 20년이 지났다. 아무튼 이 캐릭터 이미지도 그 오랜 역사를 같이 하고 있어서 애착이 있다. 종종 몇몇 분들이 물어본다. "왜 잠수함인가요?" 필자는 군대 갔다가 복학한 후 학교 도서관에 죽치고 있었는데 어느 날 잡지에서 우연히 잠수함의 기사를 보았다. 물론 잠수함이라는 무기를 전부터 모를리는 없었을 터이지만 기사를 통해 잠수함의 위력을 보고서 그 특징에 매료되었다. 과거 전쟁의 역사를 보면 잠수함이 전쟁의 승패의 주요 역할을 할 정도로 위력이 강력했다. 바다 아래에 있기 때문에 드러나지도 않고, 수많은 군함을 밑에서 어뢰로 공격하기 때문에 투자대비 공격의 효용성이 매우 크다.

필자가 앞서 말했듯이 20년전 그 옛날, IT의 역사로 따지면 고려시대라고 할 수 있는 그 시절에는 필자를 비롯하여 IT 새내기들이 바글바글 하던 시기였다. 필자 또한 가뜩이나 개뿔 아는 것도 없으면서 열정과 허세로만 가득했었다. 조금 오글거리거나 유치하게 들릴 수 있겠지만, 당시 필자는 IT계의 잠수함이 될 것이라는 포부를 가지고, 그 때부터 이 닉네임을 사용하기 시작했다. 물론 이러한 이유도 있었겠지만, 필자의 어린 시절부터 드러내지 않고 수줍기만 했던 성향이 잠수함과 부분적으로 동질감을 느껴서 더 끌렸던 것은 아닐까 생각한다. 아무튼 표면에 드러나지는 않지만, 은은하고 묵묵하게 막대한 힘을 발휘하는 잠수함. 멋있지 않은가?

3) 게임의 시나리오

게임은 시나리오가 있어야 좀 있어 보인다. 여러분은 PC나 모바일로 게임을 한 번쯤은 다 해보았을 것이다. 규모가 작은 게임이든 큰 게임이든 대부분의 게임에는 시나리오가 있다. 드라마 작가나 영화 작가가 시나리오를 작성하듯이 게임 시나리오 또한 과정은 비슷하다. 크게 3단계의 과정을 거친다.

① 구상

구상은 그냥 일상생활에서 밥먹다가, 자다가, 똥싸다가 갑자기 불현듯 생각날 때 하는 것이다. 물론 머릿속의 관심은 안드로메다에 있는데 갑자기 구상이 될 리는 없다. 늘 구상에 매여 있을 필요는 없지만, 게임 시나리오를 구상하기로 마음 먹었으면 일상 생활을 하면서 늘 염두해 두고 있어야 한다. 그러면, 예상치 못한 상황에서 좋은 아이디어가 떠오르곤 한다. 한 마디로 브레인 스토밍 단계라고 볼 수 있다.
본 게임의 경우에도 처음부터 바다를 배경으로 한 잠수함을 생각하지 않았다. 실전 프로젝트의 예제를 구상하던 중 불현듯 HTML5 기반으로 간단한 게임을 제작해보면 독자들에게 흥미도 유발되고, 학습 효과가 좋을 것 같다는 생각으로 간단한 슈팅 게임을 제작해야겠다는 생각까지만 구상했었다.

② 뼈대 만들기

간단한 슈팅 게임을 제작해야겠다는 추상적인 생각을 바탕으로 이제 윤곽을 잡아야 할 시간이다. 그렇다면 배경은 무엇으로 할 것인가? 캐릭터는 무엇으로 할 것인가? 상대의 적은 무엇으로 할 것인가? 게임의 배경 동기는 어떠한 내용으로 할 것인가? 구체적이지는 않아도 전체적인 아웃라인은 잡아야 한다. 배경은 바다속이고, 캐릭터는 잠수함이다. 상대의 적은 둥근 장애물이고, 게임의 배경은 먼 미래 지구의 바다속이다. 대략 이 정도의 내용을 뼈대로 스토리를 구체화시켜보도록 하겠다.

③ 구체화하기

스토리의 뼈대를 바탕으로 이야기에 살을 붙이는 작업이다. 이 단계에서 스토리라인의 구체적인 내용을 구성한다. 만약 게임에 맵이 있다면 기본 맵 구조 및 각 맵에 대한 스토리를 구성하고, 각각의 캐릭터의 설명 및 게임의 전체 줄거리 또는 프롤로그 정도를 구성해야 한다. 또한 게임의 전개 과정에 대한 내용도 구성하는 단계이다. 우리가 제작하는 게임에서는 간단하게 프롤로그와 캐릭터에 대한 설명만 하도록 하겠다.

■ 프롤로그

먼 미래 2900년 바다 속!
꼬마 잠수함 워키는 아무 이유 없이 평화롭게 살고 있었다. 그런데 갑자기 찾아온 금융 위기, 집값 상승 및 청년 실업으로 워키에게는 심각한 경제 위기가 찾아온다.
자신을 고철로라도 팔아보겠다고 고물상에 찾아갔지만 고물상 주인에게 1000원도 쳐 줄 수 없다는 이야기를 듣는다. 이에 충격을 받고 워키는 자신을 찾아 여행을 떠나게 되는데 어느 날 갑자기 바다 한가운데에서 엑시드(EXID)라는 괴물에 의해 공격을 받게 된다.
그런데, 그 공격 성향이 조금 특이하다. 위, 아래 위위 아래아래…..
이 괴물은 과거에 꿈이 가수였던 가수 지망생이였으며, 특기가 역주행이라고 하였다. 공격을 하면서 왜 이런 이야기를 하는지 모르겠다. 아무튼 무질서한 혼돈 상태인 것 같으면서도 은근 나름 질서 있게 리듬을 타면서 공격한다.
어차피 한 번 죽는 인생, 워키는 얼마나 오래 버틸 수 있을까?

■ 캐릭터 설명

꼬마 잠수함 워키는 매우 내성적인 조용한 성격의 소유자이다. 하지만, 자기 고집이 강한 B형으로 상남자다. 사물에 대한 호기심이 많고, 평소에 책을 좋아해서 연애까지 글로 배웠다. 늘 수줍은 듯 한 꼬마이지만, 가끔 아재개그를 발휘해서 주위를 빵빵 터뜨리기도 한다.

4) 조작 방법

게임 자체가 간단하기 때문에 조작 방법 또한 어려움은 없다. 크게 3단계로 게임 시작, 게임 동작, 게임 다시 시작 단계로 나눌 수 있다.

① 게임시작

게임을 시작하기 위해서는 키보드의 엔터키를 누르면 된다.

② 게임 동작

게임에서 동작시켜야 할 주인공 캐릭터는 잠수함이다. 잠수함을 움직이게 하기 위해서는 방향키(위, 아래, 왼쪽, 오른쪽)를 누르면 방향키의 방향대로 동작하게 된다.

③ 게임 다시 시작

게임이 종료되었을 경우 다시 시작할 수 있는데 스페이스바를 먼저 누르면 게임의 초기 상태로 돌아가고, 앞에서 게임을 시작했던 단계와 같이 엔터키를 누르면 게임을 시작하게 된다.

1.2 고려할 사항

필자가 아직 개발 시작도 안 한 게임을 먼저 캡쳐 화면으로 보여준 이유가 있다. 어떠한 소프트웨어 개발도 마찬가지겠지만 무언가 만들기 위해서는 사용자의 필요에 의한 요구사항이 필요하다. 물론 지금 우리가 만들고자 하는 게임은 누군가의 요구사항에 의해 만드는 것은 아니지만, 내 머릿속에 최종 산출물에 대한 청사진이 그려있지 않는다면 개발의 완성도는 현저하게 떨어진다.

먼저 완성된 청사진을 놓고 여러분은 요구사항과 고려사항을 함께 고려하며, 개발의 대한 설계를 해야 한다. 우선 우리는 고객의 요구사항에 의해 제안 받은 것은 아니라, 우리 스스로 만드는 솔루션이므로 요구사항은 제외하고 고려할 사항에 대해서만 고민해 보도록 하겠다. 게임의 스크린샷과 시나리오를 기반으로 이 게임을 구현시 고려할 사항을 다음과 같이 뽑을 수 있다.

1) 캔버스에 글자 그리기

게임을 시작하기 전 첫 번째 스크린샷을 보면 "Enter To Start"와 같은 문장이 캔버스상에 그려져 있는 것을 볼 수 있다. 캔버스에 글자를 출력하는 방법을 알고 있던 모르던 그것은 중요하지 않다. 캔버스에 글자 출력을 일단 고려해야 한다는 사실이다. 지금 그 방법을 잘 모르거나 생각이 나지 않아도 걱정할 필요 없다. 이미 앞에서 다 학습했던 내용이고, 잘 모르겠으면 다시 앞부분을 복습하면 되는 것이다.

2) 엔터키 입력시 게임 시작하기

"Enter To Start" 문장의 의미처럼 엔터키를 누르면 게임이 시작되어야 한다. 이 때 막연하게나마 고려할 사항은 엔터키 눌렀을 때를 인식하고 처리할 수 있어야 한다는 점이다. 앞서 말했지만 방법은 당장 생각나지 않아도 상관 없다. 지금은 이러한 기능을 고려해야 한다는 사실을 인식만 하면 된다.

3) 유닛(잠수함) 움직이게 하기

유닛을 움직이게 해야 한다는 것은 너무나도 당연하다. 다만, 어떻게 움직이게 할 것인가를 생각해야 한다. 대부분 슈팅 게임은 캐릭터를 방향키(←↑→↓)로 상하좌우를 움직이게 한다. 이 게임도 예외없이 방향키로 움직이도록 고려하자. 왜냐하면 방향키가 이름 그대로 방향을 나타내는데 직관적이기 때문이다. 엔터키와 마찬가지로 잠수함 유닛을 움직이는데 있어서 방향키를 눌렀을 때 인식하고 처리할 수 있어야 한다.

4) 유닛(잠수함) 대각선으로 움직이게 하기

게임에서 고려할 사항 중 중요한 것은 유닛의 자연스러운 움직임이다. 유닛의 움직임이 직각으로만 이루어진다면 다소 매끄럽지 못할 것이다. 그래서 방향키 두 개의 조합이 이루어졌을 때 유닛이 자연스럽게 대각선으로 움직일 수 있도록 처리하는 기능도 고려해야 한다.

5) 장애물 랜덤하게 생성하기

이 게임에서 잠수함 유닛에 상대하는 것이 바로 장애물들이다. 이 장애물들이 바로 잠수함 유닛이 피해야 하는 것들인데, 장애물을 얼마나 많이, 어떤 속도로 생성할 것인지 등에 대한 기능을 고려해야 한다.

6) 유닛(잠수함)과 장애물과 충돌 계산

유닛과 장애물과의 충돌시 게임은 종료가 된다. 이 때 유닛과 장애물과의 충돌에 대한 거리 계산이 이루어져야 하는데, 이에 대한 알고리즘 또한 고려해야 할 사항이다.

7) 스코어 구현

스포츠에도 스코어라는 기록이 있듯이 게임에 있어서 스코어는 유저의 실력을 나타내는 척도이다. 이 게임을 제작하는데 있어서 우리는 스코어를 어떻게 구현할 것인지 고려해 볼 필요가 있다.

8) 스페이스바 입력시 게임 다시 시작하기

게임이 끝났을 때 게임을 바로 다시 시작할 수 있는 기능을 고려해 볼 필요가 있다. 스크린샷의 마지막 장면이다. 반드시 있어야 할 기능은 아니지만 있으면 매우 편리하다.

1.3 구조 설계

이제 머릿속에 있는 게임 구현에 대한 구상을 직접 설계하여 문서화하는 단계이다. 인간은 망각의 동물이기 때문에 순간의 기억력을 신뢰하는 것은 위험하다. 평소에 갑자기 좋은 아이디어나 문장이 생각났을 때 기록하지 않으면 금방 잊어버리게 된다. 특히 코딩을 하는데 있어서 즉흥적으로 하나의 기능을 작성할 때는 문제 없지만, 작은 모듈이나 아니면 전체 구조를 설계해야 하는 경우에는 즉흥적으로 바로 코딩에 들어가게 되면 하다가 내 의도와 방향을 잃어버릴 수 있게 된다. 그래서 설계를 하는 경우에는 신중하고 꼼꼼하게 여러 번 검토를 하면서 생각하고 작성해야 한다.

우리가 앞에서 살펴본 게임을 작성하는데 고려해야 할 사항과 우리가 앞서 학습했던 HTML5 및 자바스크립트의 지식을 기반으로 submarine 게임을 구현하는데 있어서 그림 22-2와 같이 구조 설계를 할 수 있다.

게임의 전체적인 수행 기능은 크게 4가지로 게임 시작, 초기화 루틴, 반복 루틴, 게임 종료로 나눌 수 있다.

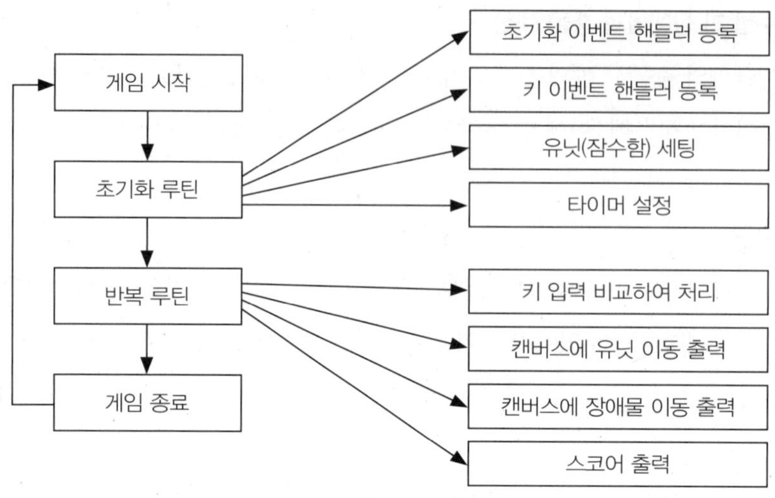

그림 22-2. submarine 게임 구조 설계

그림을 그리는데 있어서 가장 먼저 할 것은 그림을 그리기 위한 도화지를 준비하는 것이다. 그리고, 도화지에 그림을 그릴 기법과 재료들을 준비한다. 이것이 바로 초기화 루틴에서 수행해야 할 기본 기능들이다. 먼저 그림을 그릴 캔버스의 객체를 얻고, 캔버스의 크기를 설정한다. 그리고 캔버스에 그릴 유닛 이미지를 설정하고, 유닛을 이동시킬 키 이벤트 핸들러를 등록한다. 두 번째로 반복 루틴에서는 초기화 루틴에서의 설정을 기반으로 입력한 키에 대한 처리와 키 처리로 인한 유닛 이동 그리고 장애물의 생성 및 이동, 스코어 계산 및 출력을 처리하도록 한다.
이러한 처리를 반복 루틴에서 하는 이유는 유닛의 이동이나 장애물의 이동 및 스코어 등의 처리는 지속적으로 처리해야 하기 때문에 주기적으로 반복하며 검사하는 루틴 안에서 구현해야 한다.

이제 구조 설계를 기반으로 하여 실제로 게임을 구현하는 코드를 작성해 보도록 하자.

2. submarine 게임 구현하기

이제 본격적으로 게임을 구현해 보도록 하자. 먼저 구현할 html 파일을 생성하도록 하자. 생성할 파일 이름은 submarine.html이라고 한다. 그런데 구현하는 과정에서 필자는 여러분에게 구현 과정을 보여주어야 하므로 완성된 소스인 submarine.html이 아닌 과정의 소스 코드를 차근차근 보여줄 것이다. 여러분은 그 과정 코드를 submarine.html 파일에 필자가 설명하는 순서대로 작성하면 학습하는데 도움이 될 것이다. 먼저, 이 코드의 기능 구현에 앞서서 가장 기본적인 HTML의 기반이 되는 뼈대 코드를 먼저 작성해야 한다. 다음과 같이 작성하자.

<22-1.html>

```
<!DOCTYPE html>
<html>
<head>
    <meta charset = "utf-8"/>
    <title>submarine</title>
</head>
<body>
<script type  = "text/javascript">
</script>
</body>
</html>
```

지금부터 작성하는 이후의 코드들은 이 HTML의 뼈대를 기반으로 작성할 것이다.

2.1 초기화 루틴

먼저, 초기화 루틴을 작성해 보자. 이 영역은 게임을 수행하기 앞서서 필요한 배경 설정 및 발생될 이벤트에 대한 등록 등의 작업을 수행하는 영역이다.

1) 배경색 등록 및 캔버스 크기 설정

HTML의 뼈대 기반에서 가장 먼저 할 것은 내가 게임을 만들 영역을 확보하는 일이다. 즉, 그릴 영역인 캔버스의 크기를 정하고, 캔버스의 색상과 전체 배경색을 설정할 수 있다. 다음과 같이 작성하자.

<22-2.html>

```
<!DOCTYPE html>
<html>
<head>
    <meta charset = "utf-8"/>
    <title>submarine</title>
    <style>
    body {
        background-color: #000000;
        margin: 0px;
    }
    canvas{
        background-color: #0099FF;
    }
    </style>
</head>
<body>
    <canvas id="canvas" width="800" height="600">
    </canvas>
<script type  = "text/javascript">
</script>
</body>
</html>
```

<실행 결과>

각각 body와 canvas의 background-color를 #000000와 #0099FF로 설정하였다. #000000은 검은색이므로 페이지의 전체 배경은 검은색이고, #0099FF은 하늘색이므로 캔버스의 배경은 하늘색으로 설정된다. 그리고 canvas의 넓이와 높이를 각각 다음과 같이 800과 600으로 설정하였다.

```
<canvas id="canvas" width="800" height="600">
</canvas>
```

실행 결과를 보면 검은색 전체 배경 위에 800 * 600 크기의 캔버스가 하늘색으로 그려져 있는 것을 확인할 수 있다.

2) 변수 선언 및 이벤트 등록

이번에는 각 함수에서 사용할 변수를 등록하고, 게임 수행시 발생하는 이벤트를 처리할 이벤트 핸들러를 등록해 보도록 하겠다. 사실 실무에서는 내가 사용할 변수를 미리 완벽하게 알고 모든 변수를 선언할 수는 없다. 그래서 앞에서 설계한 내용을 바탕으로 기능을 고려하여 변수를 선언해야 한다. 한 번 선언한 변수는 수정의 여지가 늘 있으므로 추후에 구현하면서 변수는 추가로 생성하기도 하고, 삭제되기도 한다. 필자가 게임을 구현하면서 사용한 변수들이다. 각 변수에 주석으로 설명을 덧붙였으므로 변수의 쓰임을 파악하는데 도움이 될 것이다.

<22-3.html>

```
        ............................................ 생략 ............................................
<body>
    <canvas id="canvas" width="800" height="600">
    </canvas>
    <script type  = "text/javascript">
        //캔버스 객체
        var canvas;
        var ctx;
        var canvasBuffer;
        var bufferCtx;
        var threadSpeed = 16;

        //잠수함
        var submarine;
        var sx, sy, sw = 60, sh = 35;

        //배경이미지
        var background;

        //장애물
        var enemy = new Array();
        var enemyColor = ["red", "blue", "white"];
        var ellapse = 10;

        //타이머 인스턴스
```

```
        var loopInstance;

        //게임의 상태
        var STATE_START = false;
        var STATE_GAMEOVER = false;

        //키 상태
        var keyPressed = [];

        //경과 시간
        var oldTime;
        var startTime;
        var totalTime;

        window.addEventListener("load", initialize, false);
        window.addEventListener("keydown", getKeyDown, false);
        window.addEventListener("keyup", getKeyUp, false);
    </script>
</body>
</html>
```

변수들은 각각 캔버스 객체, 유닛 이미지 및 좌표, 크기, 배경 이미지, 장애물, 타이머 인스턴스, 게임의 상태 변수, 키 상태 변수, 경과 시간 변수 등이다. 그리고, 다음과 같이 이벤트 핸들러를 등록하였다.

```
window.addEventListener("load", initialize, false);
window.addEventListener("keydown", getKeyDown, false);
window.addEventListener("keyup", getKeyUp, false);
```

"load" 이벤트 발생시, 즉, 해당 페이지 로딩시 initialize() 이벤트 핸들러를 수행하겠다는 의미이고, 마찬가지로 "keydown", "keyup" 이벤트 발생시, 즉, 해당 페이지에 키다운 이벤트 및 키업 이벤트가 발생하면 각각 getKeyDown()과 getKeyUp() 이벤트 핸들러를 수행하겠다는 의미이다.

3) 캔버스 객체 생성

기본적인 변수 선언과 이벤트 핸들러 등록이 끝나고, 캔버스도 배치하였으면 이제 다음으로 캔버스에 그리기 함수를 호출하여 그려야 할 캔버스 도구를 만들어야 한다. 즉, 그림을 그릴 때 도구가 있어야 하듯이 캔버스에 그려야 할 객체를 생성해야 한다. 객체를 생성하는 경우는 전체 수행의 초기에 이루어져야 하는 작업이므로 페이지 로딩시에 처리되는 것이 바람직하다. 그러므로 앞에서 우리가 "load" 이벤트 발생시 등록했던 initialize() 이벤트 핸들러 함수가 있는데 이 함수 안에서 캔버스 객체를 생성하는 코드를 작성하도록 하자.

<22-4.html>

```
        ............................................ 생략 ............................................
        window.addEventListener("load", initialize, false);
        window.addEventListener("keydown", getKeyDown, false);
        window.addEventListener("keyup", getKeyUp, false);

        function initialize()
        {
            canvas = document.getElementById("canvas");
            if(canvas==null || canvas.getContext==null) return;
            ctx = canvas.getContext("2d");

            canvasBuffer= document.createElement("canvas");
            canvasBuffer.width = canvas.width;
            canvasBuffer.height = canvas.height;
            bufferCtx = canvasBuffer.getContext("2d");
        }
        </script>
    </body>
    </html>
```

getElementById() 함수로 캔버스 객체를 먼저 찾고, 캔버스의 getContext() 함수로 그리기 컨텍스트 객체인 ctx를 구한다. 이 때 canvas 객체가 null이면 그릴 캔버스 영역이 없다는 뜻이고, getContext가 null이면 브라우저가 캔버스를 지원하지 않는다는 의미이므로 이 경우에는 바로 return한다. 그리기 컨텍스트인 ctx를 통해서 우리는 캔버스 영역에 그리기를 할 수 있다. 그런데, 한 가지 눈 여겨 볼 부분이 있다. 바로 다음의 문장이다.

```
canvasBuffer= document.createElement("canvas");
```

위에서 이미 canvas로 생성한 객체를 다시 생성하고 있다. 즉, 같은 캔버스 영역에 그리기 객체를 한 개 또 생성하고 있는 것이다. 그렇게 해서 결국 bufferCtx라는 컨텍스트 객체를 생성한다. 결국 하나의 캔버스에 ctx와 bufferCtx라는 두 개의 그리기 객체가 존재하는 것인데, 이것을 더블 버퍼링 기법이라고 한다. 즉, 버퍼를 두 개 사용함으로써 그래픽의 랜더링을 부하 없이 자연스럽게 출력하고자 하는 것이다. 보통 그래픽 출력 버퍼의 경우 버퍼를 한 개 사용하면 화면 출력시 깜박임이 생기는 경우도 있다. 그래서 그래픽 출력시에는 더블 버퍼링으로 처리하는 것이 관례이다.

4) 텍스트 그리기

이제 그리기 위한 그래픽 컨텍스트 객체가 생성되었으므로 캔버스에 도형이든, 글자든 그릴 수 있는데, 먼저, 게임 시작시 나타나는 "Enter to Start"라는 문장을 캔버스에 그려보도록 하자. 코드를 다음과 같이 굵은 글씨체로 표시한 부분만 이어서 추가하도록 하자.

<22-5.html>

```
.................................................. 생략 ................................................
function initialize()
{
    canvas = document.getElementById("canvas");
    if(canvas==null || canvas.getContext==null) return;
    ctx = canvas.getContext("2d");

    canvasBuffer= document.createElement("canvas");
    canvasBuffer.width = canvas.width;
    canvasBuffer.height = canvas.height;
```

```
        bufferCtx = canvasBuffer.getContext("2d");

        //게임 시작 메시지
        startMessage();
    }

    function startMessage()
    {
        drawText(ctx, "Enter to Start", canvas.width/2, canvas.
        height/2 - 60, "bold 30px arial", "#ffff00", "center", "top");
        drawText(ctx, "조작 : 방향키 ←↑→↓", canvas.width/2, canvas.
        height/2 - 20, "bold 20px arial", "#ffffff", "center", "top");
    }
    function drawText(ctx, text, x, y, font, color, align, base)
    {
            if (font != undefined) ctx.font = font;
            if (color != undefined) ctx.fillStyle = color;
            if (align != undefined) ctx.textAlign = align;
            if (base != undefined) ctx.textBaseline = base;
            ctx.fillText(text, x, y);
    }
    </script>
</body>
</html>
```

<실행 결과>

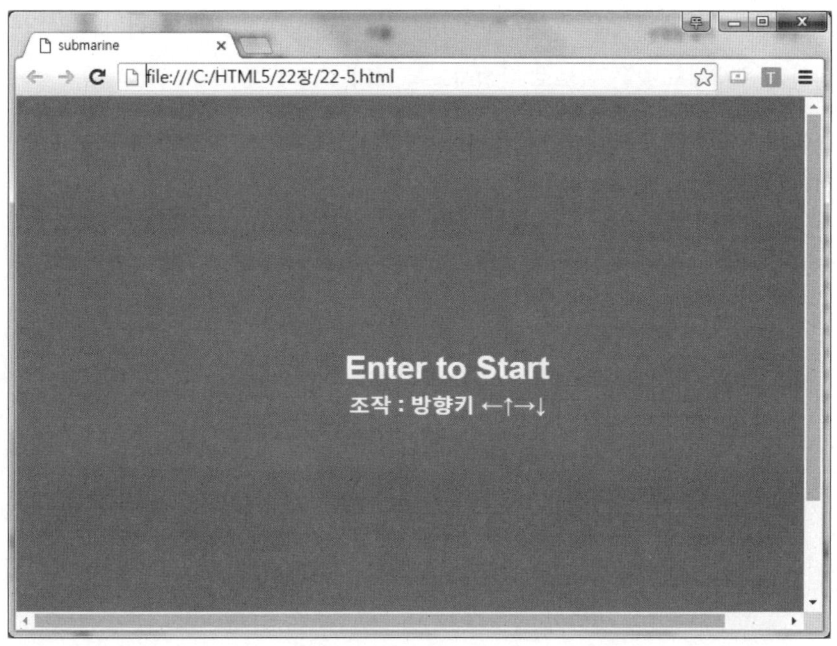

실행 결과를 보면 텍스트 문장들이 캔버스 배경으로 출력되는 것을 확인할 수 있다. 이 때 우리가 생성한 함수가 startMessage()와 drawText()인데, 텍스트를 캔버스 기반에서 출력하게 해주는 함수는 drawText()이고, 이 함수를 이용하여 게임의 시작 메시지를 출력하는 함수가 바로 startMessage()이다. drawText() 함수 정의의 아래쪽에 보면 fillText() 함수가 있는데, 이것이 실제로 입력한 텍스트를 캔버스의 지정한 위치 x, y에 출력해주는 HTML5 API이다. 그에 앞서 폰트나 색상, 정렬등과 같은 속성을 미리 지정하게 함으로써 텍스트 출력시 종합적인 설정이 가능하게 래핑된 함수가 바로 drawText() 함수인 것이다. 그래서 startMessage() 함수 내부에서는 미리 정의한 drawText() 함수에 전달인자만 넘겨줌으로써 원하는 스타일의 문장을 손쉽게 캔버스에 출력할 수 있다.

5) 이미지 설정

초기에 게임에 사용할 이미지를 설정한다. 우리가 제작하는 게임에서는 두 개의 이미지를 사용할 것인데 하나는 잠수함 유닛 이미지이고 또 하나는 게임의 배경 이미지이다. 각 이미지의 저장 경로는 예제의 22장/image에 jamsuham.png와 sea.jpg의 이름으로 위치하고 있다. 여러분이 작성하는 예제에도 같은 경로로 작성하도록 하자.

<22-6.html>

```
    ........................................ 생략 ........................................
    function initialize()
    {
        canvas = document.getElementById("canvas");
        if(canvas==null || canvas.getContext==null) return;
        ctx = canvas.getContext("2d");

        canvasBuffer= document.createElement("canvas");
        canvasBuffer.width = canvas.width;
        canvasBuffer.height = canvas.height;
        bufferCtx = canvasBuffer.getContext("2d");

        //게임 시작 메시지
        startMessage();
        //이미지 설정
        setImage();
    }

    function setImage()
    {
        submarine = new Image();
        submarine.src = "image/jamsuham.png";
        background = new Image();
        background.src = "image/sea.jpg";
    }
    ........................................ 생략 ........................................
    </script>
</body>
</html
```

잠수함 이미지 객체와 배경 이미지 객체를 각각 submarine과 background로 생성하고, 속성인 src를 통해 이미지가 저장되어 있는 경로를 각각 저장한다. 이 단계에서는 이미지 경로만 설정한 것이지 이미지 출력이 이루어지는 것은 아니다.

6) 주기적인 반복 설정

setInterval() 함수를 설정하여 주기적으로 반복 수행하는 기능이다. 이 기능이 이 게임 수행 루틴에서 가장 핵심적이고 중요한 기능이라 할 수 있다. 게임은 지속적으로 캐릭터의 움직임이나 장애물의 움직임 등의 처리를 하여 화면에 출력해야 하는데, 그러한 움직임을 계속 감지하려면 반복적인 루틴에 의해서 계속 검사해야 한다. 다음의 굵은 글씨체의 코드를 추가 작성하여 보자.

<22-7.html>

```
.................................................. 생략 ..............................................
function initialize()
{
    canvas = document.getElementById("canvas");
    if(canvas==null || canvas.getContext==null) return;
    ctx = canvas.getContext("2d");

    canvasBuffer= document.createElement("canvas");
    canvasBuffer.width = canvas.width;
    canvasBuffer.height = canvas.height;
    bufferCtx = canvasBuffer.getContext("2d");

    //게임 시작 메시지
    startMessage();
    //이미지 설정
    setImage();
    //반복 동작 설정
    loopInstance = setInterval(update, threadSpeed);
}
//주기적으로 반복되는 루틴
```

```
    function update()
    {
    }
    ................................................ 생략 ................................................
    </script>
</body>
</html>
```

초기에 반복 동작 설정을 할 수 있는데 setInterval() 함수를 이용하면 가능하다.

```
loopInstance = setInterval(update, threadSpeed);
```

첫 번째 전달인자 update는 주기적으로 반복할 함수를 나타내고, 두 번째 전달인자인 threadSpeed는 주기적인 반복 시간을 나타낸다. setInterval() 함수의 리턴값인 loopInstance는 인스턴스 객체로써 이 함수의 동작을 제어할 때 사용할 수 있다. 주기적으로 반복되는 루틴 함수는 다음과 같이 작성할 수 있다.

```
function update()
{
}
```

지금은 반복하면서 처리해야 할 기능을 구현하지 않았지만, 이제 앞으로 뒤에 반복 루틴에서 처리해야 할 모든 기능들은 지금 정의한 update() 함수 내에서 구현해야 한다.

2.2 반복 루틴

자, 이제 게임의 초기 설정이 끝났다면 이제부터가 진짜 구현의 시작이라고 할 수 있다. 게임의 동작은 반복 루틴 안에서 지속적인 검사를 통해 수행되므로 지금부터 구현하는 처리 및 기능들은 반복 루틴인 update() 함수 안에서 이루어진다.

1) 키 입력 처리

먼저 키 처리하는 부분을 살펴보도록 하자. 앞서 우리가 등록했던 이벤트 핸들러를 살펴보면, "keydown"과 "keyup" 이벤트 발생시 각각 getKeyDown()과 getKeyUp() 함수를 수행하도록 설정하였다.

```
window.addEventListener("keydown", getKeyDown, false);
window.addEventListener("keyup", getKeyUp, false);
```

앞에서 getKeydown() 함수와 getKeyUp() 함수를 정의하지 않았다. 다음과 같이 정의하도록 하자.

<22-8.html>

```
        ................................................ 생략 ................................................
        function update()
        {
        }

        function getKeyDown(event)
        {
            keyPressed[event.keyCode] = true;
        }

        function getKeyUp(event)
        {
            keyPressed[event.keyCode] = false;
        }
        </script>
    </body>
</html>
```

키가 눌려졌을 때 "keydown" 이벤트가 발생하고, getKeyDown() 이벤트 핸들러가 수행되는데 이 때, 매개변수인 event의 속성인 keyCode를 통해 내가 키보드의 어떤 키를 눌렀는지 키코드를 얻어올 수 있다. 눌려진 키를 뗐을 때 발생하는 "keyup" 이벤트 또한 getKeyUp() 이벤트 핸들러가 수행되는데, 마찬가지로 키코드를 얻을 수 있다. 얻어진 키코드는 앞서 선언한 변수 keyPressed라는 배열의 요소로 입력하고, 키를 눌렀을 때는 true, 키를 뗐을 때는 false 값으로 설정한다.

2) 엔터키 입력시 게임 시작 처리

키 입력 처리 구현이 완성되었으므로 가장 먼저 엔터키를 눌렀을 때 처리하는 기능을 구현해보자. 게임의 시나리오는 엔터키를 누르면 게임이 시작되는 형태이다. 엔터키의 키코드 값은 '13'이다. 함수 update()에 엔터키 및 게임 시작 상태 검사 코드를 작성하고, 게임 시작시 수행할 startGame() 함수를 정의 해보자.

<22-9.html>

```
........................................ 생략 ........................................
function update()
{
    if((keyPressed[13] == true) && !STATE_START) //enter
    {
        startGame();
    }
}
function startGame()
{
    //게임 시작 상태
    STATE_START = true;
    //캐릭터의 초기 위치
    sx = canvas.width/2 - 18;
    sy = canvas.height/2 - 18;
    sw = 60;
    sh = 35;
}
```

```
    </script>
</body>
</html>
```

keyPressed의 키코드가 13이고, 값이 true이면 엔터키가 눌려졌을 경우이고, !STATE_START이면 STATE_START가 false일 경우, 즉 게임 시작 전 상태여야 한다. 이 두 조건을 만족해야만 startGame() 함수를 수행할 수 있다. 이 함수 안에서는 STATE_START 상태값을 true로 변경하고, 유닛의 초기 위치를 설정한다. 장애물의 생성과 현재 시간 저장하는 코드도 추가가 되지만, 지금은 엔터키 눌렀을 때 게임 시작 상태를 변경하는 것이 목적이므로 나머지 코드는 뒤에서 살펴보도록 하겠다. 아직까지는 현재 코드에서 수행하였을 경우 엔터키를 눌러도 아무런 변화도 없다. 왜냐하면 설정만 해놓고, 컨텍스트 객체를 통해 캔버스에 출력은 하지 않았기 때문이다. 자, 그럼 출력하는 함수를 구현해 보도록 하자.

3) 캔버스에 출력하기

캔버스에 출력하는 함수를 drawAll()이라고 정하고, 다음과 같이 drawAll() 함수를 구현해 보자. 그리고, 반드시 빠뜨려서는 안되는 것은 drawAll() 함수를 update() 함수 내부에서 반드시 호출하도록 해야 한다. 왜냐하면 주기적으로 캔버스상에 계속 그려주어야 하기 때문이다.

drawAll() 함수 내부에는 크게 세 가지 모드로 나누어 수행하는데, 첫 번째는 STATE_START가 false일 경우 즉 게임이 시작 전일 때 두 번째는 STATE_START가 true일 경우인 게임이 진행중인 경우 세 번째는 STATE_GAMEOVER인 게임이 끝났을 경우이다.

STATE_START가 false인 경우는 게임 시작 전으로 게임 화면을 캔버스에 그릴 필요가 없으므로 바로 return한다. 그와 반대의 경우인 STATE_START가 true일 때에는 게임이 진행 중이므로 게임에 필요한 리소스를 캔버스에 그려야 한다. 즉, 게임의 배경 이미지나 유닛 이미지 등을 캔버스에 출력해야 한다. STATE_GAMEOVER 상태는 게임이 종료되는 경우인데, 이 때에는 진행중이던 게임을 멈추고, 게임을 다시 시작하기 위한 문구를 캔버스에 출력하도록 한다.

<22-10.html>

```
........................................ 생략 ........................................
function update()
{
    if((keyPressed[13] == true) && !STATE_START) //enter
    {
        startGame();
    }
    drawAll();
}

function drawAll()
{
    if(!STATE_START)
    {
        return;
    }
    else if(STATE_GAMEOVER)
    {
        stopGame();
        drawText(ctx, "Game Over", canvas.width/2, canvas.height/2
        - 60, "bold 30px arial", "#ffff00", "center", "top");
        drawText(ctx, "Spacebar to Restart", canvas.width/2,
        canvas.height/2 - 20, "bold 25px arial", "#ffffff",
        "center", "top");
    }
    else
    {
        //배경 이미지 출력
        drawBk();
        //잠수함 출력
        drawPlayer();
        ctx.drawImage(canvasBuffer, 0, 0);
    }
}
function stopGame()
{
```

```
        STATE_START = false;
    }
    //잠수함 유닛 출력
    function drawPlayer()
    {
            bufferCtx.drawImage(submarine, sx-sw/2, sy-sh/2);
    }
    //게임 배경 이미지 출력
    function drawBk()
    {
        bufferCtx.drawImage(background,0,0);
    }
    </script>
</body>
</html>
```

<실행 결과>

게임 시작시 엔터키를 눌렀을 때

실행 결과를 보면 처음에 "Enter to Start"라는 문구가 캔버스에 출력이 된다. 엔터키에 대한 처리를 하였으므로 실제로 엔터키를 누르면 게임 실행 모드로 변경되고, 배경 이미지와 잠수함 유닛이 지정한 위치에 출력하게 된다.

잠수함 유닛은 drawPlayer() 함수에서 drawImage() 함수를 이용하되, 캔버스 좌표 (sx−sw/2, sy−sh/2)에 출력하도록 하였다. 배경 이미지 또한 drawBk() 함수 안에서 drawImage() 함수를 이용하여 캔버스 좌표 (0, 0)에 출력하였다. 상태가 STATE_GAMEOVER인 경우에는

stopGame() 함수를 수행하여 STATE_START를 false로 바꾸어 게임 시작 전 상태로 변경하고, drawText() 함수를 통해 “Game Over” 문장을 캔버스에 출력한다.

4) 유닛 이동 처리

잠수함 유닛을 캔버스에 배치하였으므로 이번에는 잠수함 유닛을 캔버스상에서 이동시키는 기능을 작성해보자. 각각 눌려진 키에 따라 유닛의 좌표를 조정하고, 방향별로 우주선의 회전 각도를 angle에 대입한다. 상하좌우의 키값은 각각 38, 40, 37, 39이다. update() 함수에 굵은 글씨체의 코드를 추가 작성하자.

<22-11.html>

```
.................................................. 생략 ..............................................
function update()
{
    if((keyPressed[13] == true) && !STATE_START) //enter
    {
        startGame();
    }
    if (keyPressed[38])
    {
        sy -= 3;
        angle = 0;
    }
    if (keyPressed[40])
    {
        sy += 3;
        angle = 180;
    }
    if (keyPressed[37])
    {
        sx -= 3;
        angle = 270;
    }
```

```
        if (keyPressed[39])
        {
            sx += 3;
            angle = 90;
        }
        drawAll();
    }
    ...................................................... 생략 ..................................................
    </script>
</body>
</html>
```

<실행 결과>

눌려진 키가 저장된 keyPressed의 값에 따라 sx, sy, angle의 값이 변경이 됨으로써 잠수함 유닛의 위치가 이동하는 것을 확인할 수 있다. 각 키의 이동 단위는 3픽셀로 정하였고, 방향키

를 이용하여 이리저리 움직여보면 자연스럽게 이동하는 것을 볼 수 있다. 방향키를 동시에 두 개를 눌러서 대각선으로 이동하는 것도 가능하다.

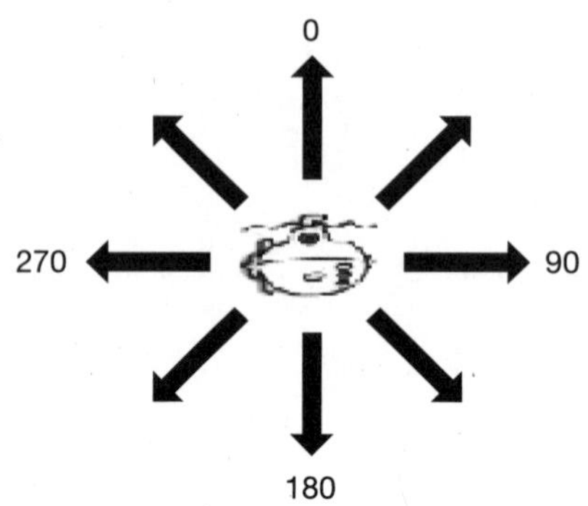

그림 22-3. 유닛의 이동 방향

5) 장애물의 생성, 이동, 출력

게임에서 가장 구현하기 까다로운 부분 중에 하나가 적 캐릭터를 생성, 이동, 출력하는 것이다. 이 게임에서는 굳이 적을 캐릭터로 만들지는 않았지만, 생성, 이동, 출력하는 과정이 코드의 양도 많고, 이해하는데 있어서도 다른 코드와는 다르게 심혈을 기울여야 한다. 장애물을 구현하는데 있어서 제목 그대로 크게 생성하는 기능, 이동하는 기능, 출력하는 기능 이렇게 세 부분으로 나누었다. 앞의 코드에 이어서 코드를 작성하되 먼저 장애물의 생성, 이동, 출력 각각의 기능을 담당하는 함수인 createObstacle(), moveObstacle(), drawObstacle()을 먼저 작성하고, 각 함수를 각각 호출하는 위치에 호출시키는 코드를 추가하도록 하자.

<22-12.html>

```
..................................................... 생략 ...............................................
function startGame()
{
    //게임 시작 상태
    STATE_START = true;
    //캐릭터의 초기 위치
    sx = canvas.width/2 - 18;
```

```
    sy = canvas.height/2 - 18;
    sw = 60;
    sh = 35;

    //장애물 생성
    createObstacle();
}

function createObstacle()
{
    enemy.length = 0;
    for(var i = 0; i < 60; i++)
    {
        enemy.push({
            x:Math.random() * canvas.width,
            y: (i < 60/2 ? 20 : canvas.height-20),
            vx:Math.random() * 200 - 100,
            vy:Math.random() * 200 - 100,
            color:Math.floor(Math.random() * 5)
        });
    }
}

function update()
{
    ............................................. 생략 .............................................

    //장애물의 이동
    moveObstacle(ellapse);
    drawAll();
}

function moveObstacle(ellapse)
{
    //장애물의 이동
    for (var i = 0;i < 60; i++)
    {
```

```
            var mx = enemy[i].vx * ellapse / 1000;
            var my = enemy[i].vy * ellapse / 1000;
            enemy[i].x += mx;
            enemy[i].y += my;
            if (enemy[i].x > canvas.width) enemy[i].x=0;
            if (enemy[i].x < 0) enemy[i].x=canvas.width;
            if (enemy[i].y > canvas.height) enemy[i].y=0;
            if (enemy[i].y < 0) enemy[i].y=canvas.height;
        }
    }

    function drawAll()
    {
        if(!STATE_START)
        {
            return;
        }
        else if(STATE_GAMEOVER)
        {
            stopGame();
            drawText(ctx, "Game Over", canvas.width/2, canvas.height/2
            - 60, "bold 30px arial", "#ffff00", "center", "top");
            drawText(ctx, "Spacebar to Restart", canvas.width/2,
            canvas.height/2 - 20, "bold 25px arial", "#ffffff",
            "center", "top");
        }
        else
        {
            //배경 이미지 출력
            drawBk();
            //잠수함 출력
            drawPlayer();
            ctx.drawImage(canvasBuffer, 0, 0);

            //장애물 출력
            drawObstacle();
        }
```

```
    }
    //장애물 출력
    function drawObstacle()
    {
        for (var i = 0;i < 60; i++)
        {
            ctx.beginPath();
            ctx.arc(enemy[i].x, enemy[i].y,5,0,2*Math.PI);
            ctx.fillStyle=enemyColor[enemy[i].color];
            ctx.closePath();
            ctx.fill();
        }
    }
    ................................................ 생략 ...............................................
    </script>
</body>
</html>
```

<실행 결과>

실행 결과를 보면 캔버스의 위 아래에서부터 빨강, 파랑, 흰색의 장애물들이 랜덤하게 생성되어 가운데 위치한 잠수함쪽으로 몰려오는 것을 확인할 수 있다. 처음부터 잠수함 유닛에 가까이 붙어 있으면 피하기 어려우므로 화면의 위, 아래에서 시작하도록 한 것이다. 그리고 장애물의 속도 또한 랜덤하게 설정하여 속도 또한 제각각이다. 장애물 사이로 잠수함 유닛을 자유롭게 이동시켜보자. 지금은 장애물과 잠수함이 부딪혀도 아무런 반응이 없다. 아직 충돌에 대한 계산을 적용하지 않았기 때문이다. 각 함수의 코드를 분석해 보자.

① createObstacle()

앞에서 enemy 변수를 배열로 선언한 바 있다. 이 배열에 총 60개의 장애물을 생성하여 추가할 것이다. enemy.push()를 통해 enemy 배열에 생성한 값이 저장되는데 반복문을 60까지 설정하였으므로 총 60개의 데이터가 생성된다. 생성 데이터의 x 좌표는 x축이면 어디든 상관없으므로, Math.random() * canvas.width라고 지정하였고, y 좌표는 i 〈 60/2 ? 20 : canvas.height−20라고 하였는데, 이 의미는 데이터의 절반인 30개는 y좌표 20, 즉, 위에서 시작하고, 나머지 절반인 30개는 canvas.height−20, 즉, 아래에서 시작하라는 것이다.
장애물의 방향값인 vx, vy와 색상값인 color 또한 랜덤값으로 설정한다. 이렇게 생성한 60개의 장애물은 각각의 설정값을 가지고 enemy 배열에 저장되어 있고, 실제 움직이는 동작은 moveObstacle() 함수에서 이루어진다.

② moveObstacle()

enemy 배열에 저장되어 있는 60개의 데이터를 꺼내서 움직여보자. enemy의 각 요소의 x, y의 값을 주기적으로 업데이트한다. x의 값이 canvas.width보다 크면 x = 0으로 초기화하고, y의 값이 canvas.height보다 크면 y = 0으로 초기화한다. 이 함수는 update() 함수에서 호출하기 때문에 주기적으로 갱신된다. 주기적으로 갱신하여 x, y에 저장을 하여도 화면에 출력하지 않으면 아무 소용없다. drawObstacle() 함수를 통해 화면 출력이 가능하다.

③ drawObstacle()

이 함수는 enemy 배열에 저장되어 있는 60개의 데이터를 꺼내서 원 모양으로 출력하고, 색상 또한 랜덤하게 출력하는 함수이다. 이 함수는 drawAll() 함수에서 호출하는데, drawAll()

함수는 update() 함수에서 호출하는 함수이다. 즉, 이 함수 또한 주기적으로 갱신하므로 moveObstacle() 함수에서 갱신되는 x, y 좌표를 그대로 화면에 출력한다.

6) 유닛과 장애물 충돌 계산하기

유닛도 생성하여 움직이고, 장애물도 생성하여 움직이게 하였다. 이제 두 객체는 서로 따로 노는 것이 아니라 하나의 세계에 공존하는 것이므로 서로 충돌을 감지할 수 있어야 한다. 충돌 검사 함수인 crashObstacle() 함수를 추가하여 moveObstacle() 함수에서 호출하도록 다음과 같이 구현하자.

<22-13.html>

```
.................................................. 생략 ..................................................
function moveObstacle(ellapse)
{
    //장애물의 이동
    for (var i = 0;i < 60; i++)
    {
        var mx = enemy[i].vx * ellapse / 1000;
        var my = enemy[i].vy * ellapse / 1000;
        enemy[i].x += mx;
        enemy[i].y += my;
        if (enemy[i].x > canvas.width) enemy[i].x=0;
        if (enemy[i].x < 0) enemy[i].x=canvas.width;
        if (enemy[i].y > canvas.height) enemy[i].y=0;
        if (enemy[i].y < 0) enemy[i].y=canvas.height;

        //충돌 검사
        crashObstacle(i);
    }
}
function crashObstacle(index)
{
    var mx = enemy[index].x;
    var my = enemy[index].y;
```

```
        if (mx > sx-sw/2 && mx < sx+sw/2 && my > sy-sh/2 && my <
        sy+sh/2)
        {
            STATE_GAMEOVER = true;
        }
    }
    ....................................................... 생략 .................................................
    </script>
</body>
</html>
```

<실행 결과>

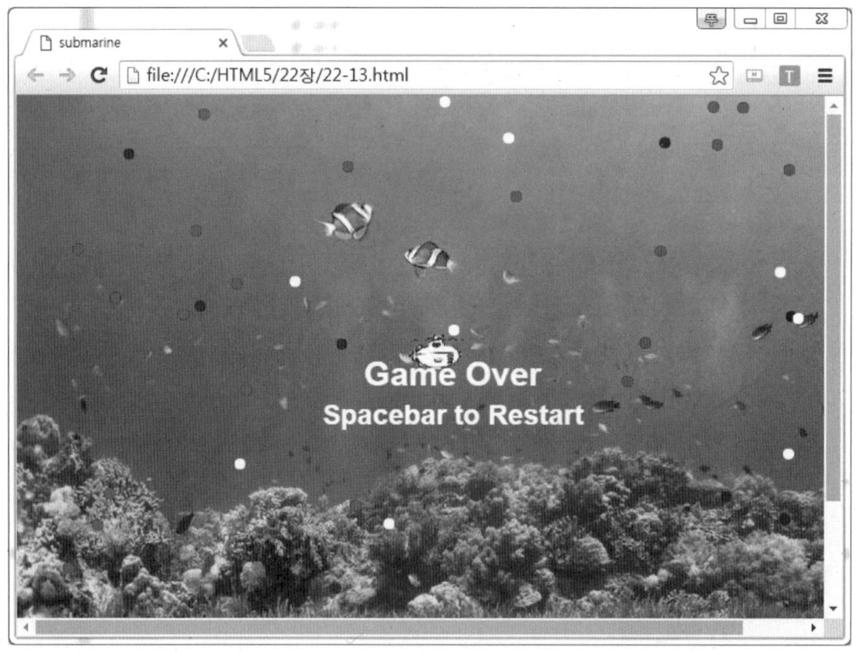

실행해 보면 화면의 위, 아래쪽에서 랜덤한 형태의 장애물이 나타나는데 잠수함 유닛을 움직여서 피하다가 장애물에 부딪히게 되면 실행 결과와 같이 Game Over 문구와 함께 게임이 종료된다. 이렇게 되는 이유는 유닛과 장애물의 충돌 계산에 의해서이다. 충돌 계산을 하는 핵심 코드는 다음과 같다.

```
if (mx > sx-sw/2 && mx < sx+sw/2 && my > sy-sh/2 && my < sy+sh/2)
{
    STATE_GAMEOVER = true;
}
```

조건문의 조건이 모두 만족해야 충돌이 된 것으로 간주를 하는데, 조건식만 가지고 보면 도대체 무슨 의미인지 알 수가 없다. mx, my가 장애물의 위치를 나타내는 좌표인데, 대략 코드를 보면 mx 및 my의 좌표 범위가 유닛의 범위 안에 들어오면 충돌한 것으로 간주한다는 내용이다. 코드의 충돌 계산 좌표의 원리를 다음 그림을 통해 분석해 보도록 하자.

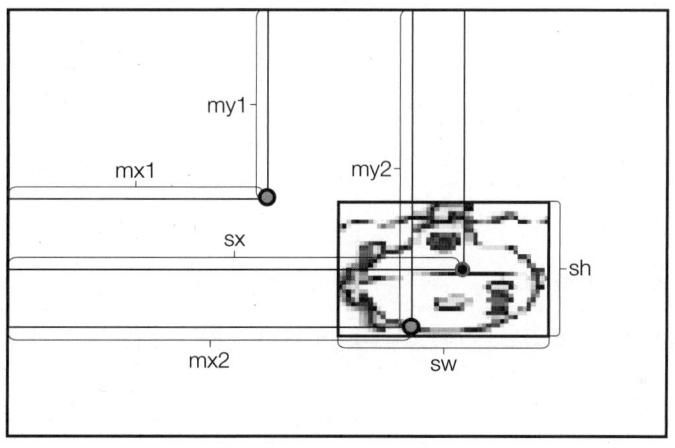

그림 22-4. 충돌 계산 좌표

좌표(mx1, my1)는 유닛과 충돌하지 않는 장애물의 좌표이고, 좌표(mx2, my2)는 유닛과 충돌한 경우의 장애물 좌표이다. 예를 들어, 잠수함 유닛의 넓이와 높이 sw와 sh의 값은 각각 60과 36라고 하자. 그리고 캔버스상의 잠수함 유닛 위치 sx와 sy 좌표는 (150, 100)이라고 하자.

① 유닛과 장애물이 충돌하지 않는 경우

그림 22-4에서 mx1과 my1의 좌표는 다음과 같다고 하자.

```
(mx1, my1) -> (100, 70)
(sx, sy) -> (150, 100)
sw : 60
sh : 36
```

이 좌표들을 기반으로 다음의 충돌 계산식에 대입하여 조건에 부합하는지 살펴보자.

```
mx1 > sx-sw/2 && mx1 < sx+sw/2 && my1 > sy-sh/2 && my1 < sy+sh/2
= 100 > 150-60/2 && 100 < 150+60/2 && 70 > 100-36/2 && 70 < 100+36/2
= 100 > 120 && 100 < 180 && 70 > 82 && 70 < 118
```

첫 번째 조건 100 〉 120과 세 번째 조건 70 〉 82가 조건에 맞지 않으므로 이 문장은 거짓이다. 즉, 장애물과 유닛이 충돌하지 않았다는 의미이다.

② 유닛과 장애물이 충돌한 경우

위 그림에서 mx2와 my2의 좌표는 다음과 같다고 하자. 나머지 좌표는 앞과 동일하다.

```
(mx2, my2) -> (130, 110)
(sx, sy) -> (150, 100)
sw : 60
sh : 35
```

이 좌표들을 기반으로 다음의 충돌 계산식에 대입하여 조건에 부합하는지 살펴보자.

```
mx2 > sx-sw/2 && mx2 < sx+sw/2 && my2 > sy-sh/2 && my2 < sy+sh/2
= 130 > 150-60/2 && 130 < 150+60/2 && 110 > 100-36/2 && 110 < 100+36/2
= 130 > 120 && 130 < 180 && 110 > 82 && 110 < 118
```

이 네 조건을 모두 살펴보면 모두 맞는 조건이므로 이 문장 전체는 참이다. 즉, 장애물이 유닛 좌표 내부에 들어와 충돌했다는 의미이다.

슈팅 게임에서는 말 그대로 슈팅을 하여 개체끼리의 충돌이 나면 처리하는 형태가 기본이므로 이러한 충돌 계산식에 대한 이해는 필요하다. 그리고 반드시 슈팅 게임이 아니더라도 다른 장르의 게임에서도 충돌에 대한 처리는 빈번하게 일어난다. 필자는 충돌 계산의 알고리즘을 위와 같이 사용했지만 조금 더 효율적으로 충돌 계산을 할 수 있는 알고리즘이 있거나 혹은 여러분이 직접 고민하고 연구하여 알고리즘을 구현할 수 있다면 얼마든지 충돌 계산 알고리즘을 변경해서 사용해도 된다.

7) 스코어 출력하기

이번에는 게임에 있어서 없어서는 안될 스코어에 대해 알아보도록 하겠다. 스코어는 게임의 동작에 절대적인 영향을 미치지는 않는다. 즉, 게임 동작시 스코어는 없어도 게임을 즐길 수는 있다. 하지만, 게임의 흥미유발이나 동기부여를 위해서는 스코어가 반드시 필요하다.

<22-14.html>

```
.................................................. 생략 ..................................................
// 현재 시간 구함
function getTime()
{
    var date = new Date();
    var time = date.getTime();
    delete date;
    return time;
}

function startGame()
{
    //게임 시작 상태
    STATE_START = true;
    //캐릭터의 초기 위치
```

```
        sx = canvas.width/2 - 18;
        sy = canvas.height/2 - 18;
        sw = 60;
        sh = 35;

        //장애물 생성
        createObstacle();

        //현재 시간 저장
        startTime = getTime();
    }

    function drawAll()
    {
        ................................................... 생략 ...............................................
        else
        {
            //배경 이미지 출력
            drawBk();
            //잠수함 출력
            drawPlayer();
            ctx.drawImage(canvasBuffer, 0, 0);
            //장애물 출력
            drawObstacle();
            //경과 시간 출력
            totalTime = (getTime() - startTime);
            drawText(ctx, totalTime, canvas.width - 10, 10, "20px
            arial", "yellow", "right", "top");
        }
    }
    ................................................... 생략 ...............................................
    </script>
</body>
</html>
```

<실행 결과>

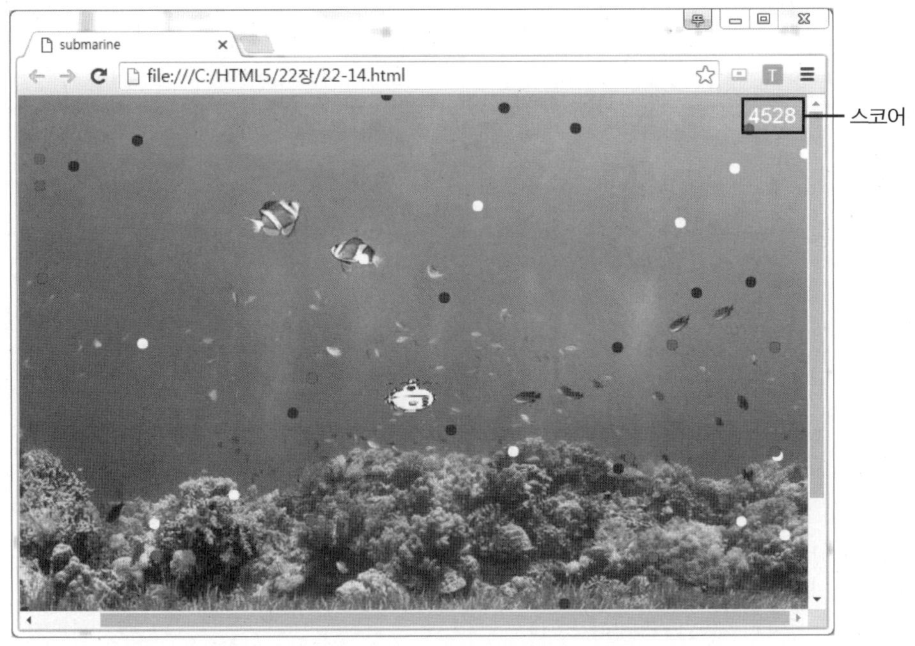

실행을 해보면 화면의 우측 상단에 스코어가 표기되어 있는 것을 확인할 수 있다. 스코어는 현재시간을 ms로 환산하여 표기하는데, 먼저 게임 시작시 호출되는 startGame() 함수 안에서 현재 시간을 구하여 저장하고, 주기적으로 반복해서 호출하는 drawAll() 함수 안에서 다시 현재 시간을 구하여 앞의 startGame() 함수 안에서 구한 현재 시간(지금은 과거 시간)을 뺀다. 그 차이만큼이 스코어로 표기되는데 drawAll() 함수는 반복적으로 호출되므로 현재 시간과 과거 시간의 차이는 점점 커지게 된다. 즉, 스코어는 시간이 흐를수록 증가하게 되는 것이다.

8) 스페이스바 입력시 게임 다시 시작 처리

이제 게임이 거의 완성되었다. 게임 동작도 되고, 스코어까지 갖추었으므로 거의 완벽한 게임으로써 손색이 없을 정도이다. 그런데, 게임을 한 판하고 나서 다시 게임을 시작하려니까 조금 불편하다. 브라우저를 껐다가 다시 켜거나, 인위적으로 새로고침을 해주어야 다시 게임을 시작할 수 있다. 게임 자체적으로 게임 종료시 다시 시작할 수 있는 유도 멘트 및 기능이 있었으면 좋겠다.

다음과 같이 update() 함수의 끝부분에 다음과 같이 코드를 추가하자.

<22-15.html>

```
.................................................. 생략 ..................................................
function update()
{
    if((keyPressed[13] == true) && !STATE_START) //enter
    {
        startGame();
    }
    if (keyPressed[38])
    {
        sy -= 3;
        angle = 0;
    }
    if (keyPressed[40])
    {
        sy += 3;
        angle = 180;
    }
    if (keyPressed[37])
    {
        sx -= 3;
        angle = 270;
    }
    if (keyPressed[39])
    {
        sx += 3;
        angle = 90;
    }
    if (keyPressed[32] == true)
    {
        document.location.reload();
        startGame();
    }
}
.................................................. 생략 ..................................................
```

```
    </script>
</body>
</html>
```

<실행 결과>

게임 종료시 스페이스바를 눌렀을 때

게임이 종료된 후 스페이스바를 누르면 다시 처음 게임을 시작할 수 있는 상태로 돌아간다. 키코드 '32'는 스페이스바의 값으로 keyPressed[32] == true는 스페이스바가 눌렸을 때를 의미한다. 이 때 document.location.reload(); 문장이 수행되는데, 현재 브라우저를 명시적으로 새로고침하는 것이다. 우리가 브라우저의 새로 고침 메뉴를 클릭하는 것과 같은 효과이다. 그리고 startGame() 함수를 호출함으로써 게임을 시작한다.

인덱스